LES RELIGIONS DU MONDE

Perspective canadienne

Consultante à l'édition française
Sylvia de Bruycker
(Ottawa)

Traduit de l'anglais par
Jean-Luc Crucifix et
Guy Rivest

Les religions du monde
Perspective canadienne

Traduction de : *Exploring World Religions : The Canadian Perspective* de Don Quinlan et coll. © 2001, Oxford University Press Canada (ISBN 0-19-541660-0).

© 2003 Les Éditions de la Chenelière inc.

Coordination : Sabine Cerboni
Révision linguistique : Renée-Léo Guimont
Correction d'épreuves : Sabine Cerboni et Joëlle Gardette
Infographie : Intramédia

Conception graphique : Joan Dempsey
Maquette de la couverture : Joan Dempsey

7001, boul. Saint-Laurent
Montréal (Québec)
Canada H2S 3E3
Téléphone : (514) 273-1066
Télécopieur : (514) 276-0324
info@cheneliere-education.ca

Tous droits réservés.

Toute reproduction, en tout ou en partie, sous quelque forme et par quelque procédé que ce soit, est interdite sans l'autorisation écrite préalable de l'Éditeur.

ISBN 2-7650-0107-3

Dépôt légal : 1er trimestre 2003
Bibliothèque nationale du Québec
Bibliothèque nationale du Canada

Imprimé au Canada

2 3 4 5 IIM 07 06 05

Nous reconnaissons l'aide financière du gouvernement du Canada par l'entremise du Programme d'aide au développement de l'industrie de l'édition (PADIÉ) pour nos activités d'édition.

L'Éditeur a fait tout ce qui était en son pouvoir pour retrouver les copyrights. On peut lui signaler tout renseignement menant à la correction d'erreurs ou d'omissions.

Table des matières

Chapitre 1
L'élan religieux — **2**

Introduction	3
Objectifs d'apprentissage	**4**
L'élan religieux	5
Vérifie ta compréhension	6
Explorer la religion	6
Portrait : Rita Shelton Deverell	**8**
Vivre ma religion : Sandy Mackellar	**12**
Vérifie ta compréhension	13
Habiletés de recherche : Les sources primaires et secondaires	**14**
Comprendre la religion et la culture	16
Vérifie ta compréhension	20
La religion dans le Canada actuel	20
Vérifie ta compréhension	22
Activités	23
Glossaire	24

Chapitre 2
La spiritualité autochtone — **26**

Introduction	27
Objectifs d'apprentissage	**28**
La spiritualité autochtone : Les origines	30
Portrait : l'Artisan de la paix	**34**
Vérifie ta compréhension	35
Les croyances	35
Vérifie ta compréhension	38
Les pratiques, les rituels, les symboles et les festivals	38
Les symboles et les emblèmes : L'Arbre de la paix	**41**
Portrait : Les gardiens de la foi	**42**
Vérifie ta compréhension	43
Les événements marquants de la vie	43
Vérifie ta compréhension	44
Les écrits sacrés	45
Vérifie ta compréhension	45
Texte sacré : Le Code de Handsome Lake	**46**
Lieu saint : La longue maison de Sour Springs	**47**
Vérifie ta compréhension	48
Les groupes et les institutions	48
Étude d'une communauté : Le Centre culturel Woodland	**50**
Vivre ma religion : Chris Warner et Courtney Thomas	**51**
Vérifie ta compréhension	52

L'influence culturelle	52
Une question à explorer : La cérémonie de purification	**55**
Habiletés de recherche : Les exposés oraux	**56**
Vérifie ta compréhension	57
Activités	58
Glossaire	59

Chapitre 3
Les religions anciennes — 60

Introduction	61
Objectifs d'apprentissage	**62**
Le zoroastrisme : Les origines	64
Vérifie ta compréhension	64
Les croyances	65
Les événements marquants de la vie et les symboles	65
Les symboles et les emblèmes : Le feu	**66**
Les écrits sacrés	67
Texte sacré : Yasna	**67**
Vivre ma religion : Sherna Bharucha	**68**
L'influence culturelle	69
Vérifie ta compréhension	69
Le jaïnisme : Les origines	70
Vérifie ta compréhension	71
Les croyances	71
Vérifie ta compréhension	73
Les événements marquants de la vie et les symboles	73
Les symboles et les emblèmes : Le svastika et la paume ouverte	**74**
Les écrits sacrés	75
Texte sacré : Kalpa Sutra	**75**
Les groupes et les institutions	76
L'influence culturelle	76
Vérifie ta compréhension	77
Une question à explorer : Le végétarisme	**78**
Le taoïsme : Les origines	79
Vérifie ta compréhension	82
Les croyances	82
Les pratiques, les rituels et les symboles	83
Les symboles et les emblèmes : Le yin-yang	**84**
Vérifie ta compréhension	85
Les écrits sacrés	85
Texte sacré : Tao Te King	**85**
Étude d'une communauté : Le Centre international de taï chi taoïste	**86**
L'influence culturelle	88
Vérifie ta compréhension	88
Le confucianisme : Les origines	89
Portrait : Mencius	**91**

Vérifie ta compréhension	92
Les croyances	92
Vérifie ta compréhension	95
Les événements marquants de le vie et les symboles	95
Les symboles et les emblèmes : Confucius et les cinq vertus	**96**
Les écrits sacrés	97
Texte sacré : Extrait des conseils de Yu	**97**
L'influence culturelle	98
Vérifie ta compréhension	98
Le shintoïsme : Les origines	99
Vérifie ta compréhension	100
Les croyances	100
Les pratiques, les rituels et les symboles	101
Les symboles et les emblèmes : Le torii	**102**
Les écrits sacrés	103
Texte sacré : Nihongi	**103**
Habiletés de recherche : La recherche dans Internet	**104**
Les groupes et les institutions	106
L'influence culturelle	106
Vérifie ta compréhension	107
Conclusion	107
Activités	110
Glossaire	112

Chapitre 4
L'hindouisme — 114

Introduction	115
Objectifs d'apprentissage	**116**
L'hindouisme : Les origines	118
Vérifie ta compréhension	120
Les croyances	120
Portrait : Mahatma Gandhi	**127**
Vérifie ta compréhension	129
Les pratiques, les rituels, les symboles et les cérémonies	129
Lieu saint : La ville de Varanasi	**132**
Les symboles et les emblèmes : Om	**133**
Vérifie ta compréhension	136
Les événements marquants de la vie	136
Une question à explorer : Les mariages arrangés	**138**
Vérifie ta compréhension	140
Les écrits sacrés	141
Vérifie ta compréhension	143
Texte sacré : La Bhagavad-Gita	**144**
Les groupes et les institutions	145
Vérifie ta compréhension	147
Étude d'une communauté : La Swaminarayan Organization	**148**

L'influence culturelle	149
Vivre ma religion : Chaaya Raghunanan	**150**
Vérifie ta compréhension	151
Habiletés de recherche : La recherche quantitative	**152**
Activités	154
Glossaire	156

Chapitre 5
Le bouddhisme — **158**

Introduction	159
Objectifs d'apprentissage	**160**
Le bouddhisme : Les origines	162
Lieu saint : Le temple Mahabodi	**166**
Vérifie ta compréhension	168
Les croyances	168
Vérifie ta compréhension	174
Habiletés de recherche : La recherche qualitative	**175**
Les pratiques, les rituels, les symboles et les fêtes	178
Les symboles et les emblèmes : La roue de la vie, Le mandala	**184**
Vérifie ta compréhension	187
Les événements marquants de la vie	188
Vérifie ta compréhension	189
Vivre ma religion : Christopher Lawley	**190**
Les écrits sacrés	191
Texte sacré : Jataka	**192**
Vérifie ta compréhension	193
Les groupes et les institutions	193
Vérifie ta compréhension	199
Portrait : Le 14ᵉ dalaï-lama	**200**
L'influence culturelle	202
Étude d'une communauté : Le Centre bouddhiste Chandrakirti	**204**
Vérifie ta compréhension	205
Une question à explorer : Le Falun Gong	**206**
Activités	208
Glossaire	210

Chapitre 6
Le judaïsme — **212**

Introduction	213
Objectifs d'apprentissage	**214**
Le judaïsme : Les origines	216
Vérifie ta compréhension	224
Lieu saint : Le Mur des Lamentations	**225**
Les croyances	226
Vivre ma religion : Avi Schwartz	**227**

Vérifie ta compréhension	230
Les pratiques, les rituels, les symboles et les fêtes	230
Les symboles : L'étoile de David, La menora	**233**
Vérifie ta compréhension	235
Les événements marquants de la vie	235
Vérifie ta compréhension	237
Les écrits sacrés	238
Vérifie ta compréhension	238
Texte sacré : Les dix commandements	**239**
Portrait : Maïmonide	**240**
Les groupes et les institutions	241
Vérifie ta compréhension	244
Habiletés de recherche : La rédaction d'une dissertation	**245**
L'influence culturelle	247
Vérifie ta compréhension	251
Étude d'une communauté : La congrégation Beth Tzedec	**252**
Une question à explorer : Les criminels de guerre nazis au Canada	**254**
Activités	255
Glossaire	257

Chapitre 7
Le christianisme — **260**

Introduction	261
Objectifs d'apprentissage	**262**
Le christianisme : Les origines	264
Vérifie ta compréhension	269
Les croyances	269
Une question à explorer : Le clonage humain	**272**
Vérifie ta compréhension	275
Les pratiques, les rituels, les symboles et les célébrations	275
Lieu saint : L'église du Saint-Sépulcre	**278**
Les symboles et les emblèmes : La croix	**279**
Vérifie ta compréhension	284
Les événements marquants de la vie	284
Portrait : Mère Teresa de Calcutta	**288**
Vérifie ta compréhension	289
Les écrits sacrés	290
Texte sacré : Le Sermon sur la montagne	**291**
Vérifie ta compréhension	293
Habiletés de recherche : L'entrevue en profondeur	**294**
Les groupes et les institutions	296
Portrait : Martin Luther	**301**
Étude d'une communauté : L'Armée du Salut	**304**
Vérifie ta compréhension	305

L'influence culturelle	305
Vivre ma religion : Renée DesRivieres	**308**
Vérifie ta compréhension	309
Activités	310
Glossaire	312

Chapitre 8
L'islam — 314

Introduction	315
Objectifs d'apprentissage	**316**
L'islam : Les origines	318
Portrait : Les prophètes	**323**
Portrait : Les Califes	**327**
Vérifie ta compréhension	328
Les croyances	329
Vérifie ta compréhension	331
Les pratiques, les rituels, les symboles et les célébrations	332
Vivre ma religion : Abir Karout	**335**
Lieux saints : La Ka'bah, La mosquée du Prophète, La Coupole du Rocher	**338**
Vérifie ta compréhension	340
Les événements marquants de la vie	340
Vérifie ta compréhension	343
Les écrits sacrés	343
Texte sacré : Le verset du trône	**344**
Vérifie ta compréhension	345
Les groupes et les institutions	345
Vérifie ta compréhension	346
Étude d'une communauté : La Canadian Society of Muslims	**347**
L'influence culturelle	348
Habiletés de recherche : Le travail efficace en groupe	**349**
Vérifie ta compréhension	352
Une question à explorer : Les femmes et l'islam	**353**
Activités	355
Glossaire	356

Chapitre 9
Le sikhisme — 358

Introduction	359
Objectifs d'apprentissage	**360**
Le sikhisme : Les origines	362
Portrait : Les gourous	**365**
Vérifie ta compréhension	367

Les croyances	367
Vérifie ta compréhension	369
Habiletés de recherche : Les technologies de la communication	**370**
Les pratiques, les rituels et les célébrations	372
Lieu saint : Amritsar	**376**
Les symboles et les emblèmes : Le khanda	**377**
Vivre ma religion : Talwinder Khubar	**379**
Vérifie ta compréhension	380
Les événements marquants de la vie	380
Vérifie ta compréhension	383
Les écrits sacrés	384
Texte sacré : Guru Granth Sahib	**386**
Vérifie ta compréhension	388
Les groupes et les institutions	388
Étude d'une communauté : La khalsa Durbar de l'Ontario	**389**
Vérifie ta compréhension	390
L'influence culturelle	390
Vérifie ta compréhension	392
Une question à explorer : La Gendarmerie royale du Canada	**393**
Conclusion	394
Activités	395
Glossaire	396

Chapitre 10
La religion dans le nouveau millénaire — **398**

Introduction	399
Objectifs d'apprentissage	**400**
Le nouveau siècle – Ton siècle	401
Habiletés de recherche : L'étude démographique	**402**
Étude d'une communauté : Le Scarboro Missions Interfaith Desk	**406**
Textes sacrés : Citations de diverses confessions	**407**
Activités	409
Glossaire	410
Sources	411
Index des termes du glossaire	414
Index	416

Veuillez noter que, dans le but d'alléger le texte et d'en faciliter la lecture, nous avons employé seulement le masculin pour désigner les fidèles d'une religion présentée dans un chapitre. Les lectrices et les lecteurs verront à interpréter selon le contexte.

De nos jours, on peut découvrir les religions du monde sans même franchir les frontières du Canada.

Chapitre un
L'élan religieux

1

Regarde le collage photographique et réponds aux questions suivantes :

1. Qu'est-ce que tu vois d'abord lorsque tu regardes ce collage ?
2. Que révèle ce collage sur la particularité de la société canadienne ? Explique.

Introduction

Imagine un pays où, chaque matin, à leur réveil, les jeunes commencent la journée de façon très différente. La plupart se lavent et s'habillent, déjeunent rapidement et se rendent tout simplement à l'école. Certains se tournent vers le soleil levant et font une prière de remerciement, tandis que d'autres se rendent à l'église pour y prier ou chanter des hymnes religieux. D'autres encore vont à la **synagogue** du quartier pour y lire des extraits de la **Torah**. Une jeune fille se lève et déroule un tapis à prière. Elle l'oriente soigneusement en direction de **Makkah** (La Mecque) et commence une série de prières et de prosternations. Ailleurs, un jeune garçon passe plusieurs minutes à enrouler sa longue chevelure d'une main experte, puis à la recouvrir d'un turban. Puis, très tôt le matin, avant de se présenter à une série d'examens, un élève s'installe dans la position du lotus. Une heure durant, il médite en silence, cherchant à se concentrer avant d'affronter sa journée agitée. Enfin, deux frères commencent leur journée par une **cérémonie de purification** : ils brûlent des herbes odorantes afin de purifier leur corps et leur âme.

Cette description aux multiples facettes se veut une image de la réalité religieuse et culturelle de *notre pays* – le Canada. Selon les Nations unies, le Canada est la société la plus multiculturelle de la planète, et Toronto en est la ville la plus multiculturelle. Le Canada héberge une telle diversité de groupes culturels qu'il est devenu le théâtre de l'un des rapprochements majeurs du monde moderne : l'interaction entre les grandes traditions religieuses de la planète. Le **pluralisme religieux** est donc une caractéristique centrale, dominante et incontestable de la société canadienne contemporaine. Il n'est pas exagéré d'affirmer que les différentes traditions religieuses du monde constituent maintenant une trame importante, sinon essentielle, du tissu social du Canada.

Objectifs d'apprentissage

À la fin de ce chapitre, tu pourras expliquer le but et la démarche de *Les religions du monde : Perspective canadienne*. Tu pourras aussi :

- explorer le monde religieux ;
- connaître quelques-unes des religions actuellement représentées au Canada et comprendre en quoi le pluralisme religieux est un élément constitutif de la société canadienne ;
- déterminer les caractéristiques communes des religions et les grandes questions relatives au fait religieux ;
- soulever les problèmes et les questions les plus courants en rapport avec la recherche de sens et de spiritualité ;
- examiner les grands enjeux auxquels font face les religions et les croyants du monde ;
- établir la relation entre la religion et la morale ;
- évaluer la place de la religion dans une société très marquée par la technologie et la science ;
- explorer et utiliser les sources d'information primaires et secondaires de façon appropriée pour effectuer un travail de recherche ;
- démontrer ta capacité à reconnaître les préjugés et les partis pris dans les sources d'information primaires et secondaires ;
- distinguer les faits des opinions et des débats dans le domaine de l'étude des religions ;
- déterminer le rôle de la religion dans l'expérience et la culture humaines ;
- faire la différence entre religion et appartenance ethnique ;
- expliquer en quoi les idées fausses et préconçues peuvent influencer la façon de considérer les différentes religions, croyances et pratiques religieuses ;
- distinguer le symbolisme populaire du symbolisme religieux lors d'une grande célébration religieuse au Canada ;
- comprendre la relation entre la religion et l'État au Canada.

Figure 1.1
En décembre 2000, trois grandes religions ont partagé d'importantes célébrations religieuses au cours de la même semaine. Les chrétiens ont célébré Noël, les juifs ont fêté Hanoukka et les musulmans, après un mois complet de jeûne de l'aube au crépuscule, ont clôturé la période sainte du ramadan par l'Aïd el-Fitr, une grande fête de remerciement. Chacune de ces religions est régie par son propre calendrier, mais cette année-là, exceptionnellement, les trois célébrations ont coïncidé dans le temps.

L'ÉLAN RELIGIEUX

La vérité est ailleurs.

Slogan de la série télévisée *Aux Frontières du réel*

Es-tu une personne **religieuse**? Que te suggère le mot *religieux*? Crois-tu en un dieu ou en plusieurs dieux? Sens-tu que tu as une **âme**? Y a-t-il une réalité au-delà du monde matériel? La mort marque-t-elle une fin ou bien est-elle un nouveau commencement? La vie a-t-elle une raison d'être ou s'agit-il seulement d'une suite d'événements aléatoires? Le bien et le mal, ou ce que l'on définit comme tels, existent-ils vraiment? Et toi, en quoi crois-tu?

Les racines de la religion plongent au plus profond de l'humanité. Elles ont très nettement précédé la civilisation et pourraient être plus anciennes que l'*Homo sapiens* lui-même. Il est démontré que les tout premiers êtres humains, comme les **néandertaliens**, avaient déjà une compréhension des forces surnaturelles. Selon certains observateurs, l'une des caractéristiques essentielles de l'humanité est d'avoir la foi, ainsi qu'une perception intuitive du surnaturel – c'est-à-dire d'une force, d'une puissance ou d'une réalité existant au-delà du monde matériel. On peut donc considérer que le fil conducteur commun aux innombrables religions humaines réside dans l'instinct ou l'impulsion à vouer un culte à *quelque chose* ou à *quelqu'un*.

Beaucoup de gens affirment qu'ils ont perçu, au moins de façon occasionnelle, l'existence du surnaturel ou d'une réalité **spirituelle** plus importante que notre monde quotidien. Il semble que nous vivions aujourd'hui une époque de renaissance religieuse. Pour certains, il s'agit d'un nouvel âge au cours duquel chacun peut emprunter des éléments aux différentes traditions religieuses pour se créer une foi individuelle personnalisée. L'**élan religieux**, si apparent dans les sociétés traditionnelles, semble donc toujours s'épanouir à notre époque d'avancées scientifiques et de merveilles technologiques.

Qu'est-ce qu'une religion?

La religion constitue une partie fondamentale du développement de la civilisation. Il est toutefois surprenant de constater la variété de définitions que l'on donne au terme *religion*, comme tu peux le voir ci-dessous. À la lecture de ces définitions, essaie de définir ou d'expliquer le terme *religion*. Quels sont les éléments qui te semblent communs à toutes ces définitions?

Selon moi, il y a au moins trois aspects présents dans toutes les grandes religions: la foi, l'espérance et la charité. La foi, c'est la **théologie**, *l'espérance, c'est le* **rituel** *et la charité, c'est la* **morale**. *(Traduction libre)*

Lewis Browne, *The World's Great Scriptures*

La religion est le culte rendu à des puissances supérieures en réponse à un sentiment de besoin. (Traduction libre)

Allan Menzies, cité par S. A. Nigosian, *World Religions*

La religion est un système unifié de croyances et de pratiques relatives à des choses sacrées – c'est-à-dire séparées et interdites – croyances et pratiques qui unissent en une même communauté morale, appelée Église, tous ceux qui y adhèrent.

Émile Durkheim, *Les formes élémentaires de la vie religieuse*

La religion a été définie comme l'attitude d'individus, vivant en communauté, envers des puissances dont ils considèrent qu'elles ont la maîtrise ultime sur leur destinée et leurs intérêts. (Traduction libre)

J. Lewis, *The Religions of the World*

Située dans le champ du supranormal, la religion peut être définie comme un lien entre le fini et l'infini, ou comme une compréhension par les [êtres humains] de quelque chose se trouvant au-delà d'[eux-mêmes] et qui [leur] donne une raison d'être. (Traduction libre)

Gerald L. Berry, *Religions of the World*

Reconnaissance par l'être humain d'un pouvoir ou d'un principe supérieur de qui dépend sa destinée et à qui obéissance et respect sont dus.

Le Petit Robert

Recherche Internet

Dans le cadre de ce chapitre d'introduction, tu peux visiter les sites Web dont les liens sont sur notre site **www.dlcmcgrawhill.ca** pour obtenir plus d'informations sur le fait religieux en général, le dialogue entre religions et les questions religieuses d'actualité. RDI diffuse des émissions consacrées aux communautés religieuses du Canada.

Vérifie ta compréhension

1. Pourquoi le Canada est-il un endroit privilégié pour découvrir les religions du monde ?
2. Quel est le sens de l'expression *élan religieux* ?
3. Quelle est ta définition personnelle du terme *religion* ?
4. D'une façon générale, jusqu'à quel point es-tu « religieuse » ou « religieux » ? Explique.

EXPLORER LA RELIGION

Les caractéristiques communes aux diverses religions

On pourrait tenter de définir les différentes croyances, expériences et pratiques propres à chacune des religions, mais l'entreprise serait difficile. Il nous est apparu plus utile de déterminer les caractéristiques qui semblent être communes à l'ensemble des expressions et des pratiques religieuses. Ainsi, on peut considérer que la plupart des religions partagent un grand nombre des caractéristiques suivantes, sinon toutes :

- une croyance dans le surnaturel et dans un monde spirituel situé au-delà de notre monde physique et matériel ;
- une croyance dans l'existence d'une âme ;
- un recueil de textes ou d'écritures sacrés ;
- des institutions organisées ;
- un sens profond de la famille et de la communauté, qui s'appuie sur des fêtes et des rituels qui mettent en scène et célèbrent les croyances et les pratiques communes ;
- une série de réponses aux questions qui tourmentent le plus le genre humain, par exemple le sens de la souffrance ;
- des règles de conduite conçues pour aider les croyants à mener une vie respectable et pour apporter ordre et signification à la vie individuelle et collective ;
- un système éthique servant de guide pour la conduite morale ;
- des fondateurs remarquables ou des dirigeants inspirés, suscitant la foi ou encourageant son expansion ;
- une recherche de la perfection ou du salut ;
- une vie de foi et d'adoration ;
- des techniques destinées à capter et à conduire la conscience de l'individu ;
- un effet enrichissant sur la vie de leurs adeptes.

Pourquoi pratique-t-on une religion ?

Depuis les origines de son existence, l'homme s'est tourné vers la religion sous une forme ou une autre. L'élan religieux semble donc faire partie intégrante de l'être humain. Il y a beaucoup de raisons à cela. Ce peut être pour se protéger contre quelque chose, par exemple la peur, ou encore pour répondre à un besoin ou à la quête d'une vie meilleure qui paraît inaccessible. En dehors des besoins physiques qu'il nous faut satisfaire, nous avons aussi l'intuition que quelque chose existe au-delà du monde matériel. Nous sentons qu'une réalité plus vaste nous entoure, mais il est difficile de nous en assurer avec nos modes de connaissance traditionnels ou nos cinq sens. Plusieurs facteurs peuvent pousser une personne à se tourner vers la religion ou le monde spirituel. Examinons ces facteurs :

La peur

Malgré toutes les avancées et les perfectionnements modernes, l'être humain continue de nos jours à éprouver les mêmes peurs profondes que ses ancêtres. Notre éducation, nos richesses et notre confiance en nous-mêmes sont impuissantes à calmer nos peurs et notre insécurité vis-à-vis de la mort, de la solitude et de la justesse de nos choix ou de nos actes. Souvent, les défis posés par la vie ou nos problèmes personnels semblent nous écraser. Nous ressentons une douleur physique ou émotive face à la maladie, à la perte ou au vide. La vie peut parfois nous paraître terriblement triste, voire tragique et sans espoir. Les épreuves de la vie nous sont tout simplement insupportables ou impossibles à résoudre par nos propres moyens. La plupart d'entre nous essaient d'être bons ou de s'améliorer en tant qu'individus, mais la seule idée de perdre foi en cet objectif ne cesse de nous préoccuper. Nous craignons la puissance de la nature, nous nous méfions de nos tendances autodestructrices et nous fuyons les conflits personnels ou externes. Nous remettons en question la façon dont nous menons notre vie. Notre vie est-elle dénuée de toute signification ? A-t-elle seulement un sens ?

Le merveilleux

Pour beaucoup, ce monde est d'une splendeur mystérieuse. Les étoiles dans le ciel, la puissance des tempêtes, la beauté de la nature, la diversité et la complexité de l'univers restent des phénomènes largement inexpliqués. Le miracle de la création n'est pas expliqué par la science dans des termes compréhensibles par la majorité des gens. Car, plutôt que d'expliquer réellement ce miracle, la science se contente généralement de le décrire.

Comment et pourquoi tout cela est-il apparu ? Y a-t-il un projet à l'origine du monde ? Le développement de la terre est-il le résultat d'une série d'accidents ou peut-il vraiment être réduit à des formules et des axiomes ? Existe-t-il une conception générale de la vie et de l'univers ? Il semble y avoir tellement de choses qui ne sont pas expliquées de façon claire. Aussi certains d'entre nous croient à l'existence d'un monde plus spirituel au-delà de la vie quotidienne. Le mouvement du **nouvel âge** est, en grande partie, une tentative de ressentir le monde de façon plus directe et de laisser nos sens prendre contact sans détour avec le merveilleux de l'existence.

Le questionnement

Beaucoup d'entre nous ne peuvent accepter le fait que l'être humain soit simplement limité à naître, à vivre et à mourir. La grande insécurité liée à la durée de notre vie ne cesse de nous ébranler. Il semble, en effet, que notre vie ne tienne qu'à un fil, et que ce dernier pourrait être coupé à tout moment à la suite d'un accident, d'un défaut génétique ou d'un mauvais choix fait lors d'une situation difficile. Certains font remarquer que de nombreuses personnes semblent mener une vie peu gratifiante. Nous sommes constamment confrontés à nos échecs et à nos faiblesses. Pourtant, le désir de nous améliorer, de nous élever ou d'être arrachés à notre condition est présent chez la plupart d'entre nous, à un moment ou un autre de notre existence. Peu d'entre nous sont prêts à accepter le fait que nous vivons et que nous mourrons seuls. Nous ne voulons pas croire que nos vies soient déterminées uniquement par le hasard ou les accidents, comme s'il s'agissait d'une loterie dans laquelle certaines personnes gagnent une vie longue et heureuse, tandis que d'autres font face à une vie plus courte ou plus difficile.

Certains considèrent donc que la religion offre des réponses à toutes ces questions. Elle leur permet de célébrer la beauté de leur vie et d'éprouver le sentiment d'appartenir à un groupe qui partage leur foi.

Portrait
Rita Shelton Deverell

Figure 1.2

Le nouveau visage du Canada est multiculturel, multiracial et, bien entendu, **multiconfessionnel**. Rita Shelton Deverell, « le visage de Vision TV », est l'une des pionnières de cette révolution sociale au Canada. *Vision* est la seule chaîne de télévision canadienne qui se consacre exclusivement aux questions religieuses, spirituelles et morales. Mme Deverell en est la vice-présidente ainsi que la consultante en nouveaux concepts. Elle est aussi la directrice de production de *Skylight*, l'émission phare du réseau. Elle explique ainsi le caractère unique de cette série : *« Dans* Skylight*, l'approche des questions que se pose l'être humain se veut plus profonde, plus réfléchie. Cela permet de soulever des questions sérieuses, qui touchent directement les gens. La réflexion sur la dimension éthique et spirituelle qu'on trouve dans Skylight […] offre au téléspectateur une véritable alternative, bien plus optimiste et plus positive que les émissions d'actualités traditionnelles. »*

Née au Texas, Rita Deverell est arrivée au Canada en 1967. Elle a été actrice, communicatrice, conseillère artistique et professeure d'université. En tant que femme noire, elle a subi certaines discriminations. Cela ne l'empêche pas de croire fermement à la diversité du Canada et à son potentiel pour l'avenir. Elle a reçu le prix du *Canadian Ethnic Journalists' and Writers' Club* pour ses *« qualités de franchise, de courage et d'objectivité dans sa présentation de la diversité raciale et culturelle du Canada »*.

Mme Deverell est enthousiaste à propos de la société multiculturelle canadienne : *« Dieu merci, nous vivons dans un pays où les religions, les couleurs de peau, les langues, les sexes, les générations et les groupes ethniques coexistent dans une relative harmonie. »*

Questions
1. Pourquoi peut-on considérer Rita Deverell comme représentative du Canada ?
2. Regarde RDI pendant une semaine et fais par écrit l'analyse de sa programmation. Explique ta réaction.

L'identité

Les êtres humains ne sont-ils qu'une présence physique simple dotée d'un nom et d'une série d'expériences de vie ? Peut-on nous résumer par une seule description physique – grand, petit, gros, maigre, fort ou faible ? Nos goûts musicaux et vestimentaires peuvent-ils réellement définir la personne que nous sommes ? La vie humaine peut-elle vraiment être classée par catégories sous des termes tels qu'*étudiant, sportif, professeur, fille,* etc. ? Beaucoup d'entre nous souffrent d'une crise d'identité au moment d'affronter les interrogations sur le sens et le but de la vie. Arrivés à une certaine étape de la vie, la plupart des gens perçoivent l'existence d'une réalité plus profonde et plus durable, quelque chose qui se situe bien au-delà d'une simple description physique ou culturelle et qui est bien plus immuable et essentielle. Certains utilisent le terme « âme » pour décrire cette réalité.

L'intuition

Le sentiment de frustration est de plus en plus grand face à l'esprit mercantile et au matérialisme qui prévalent dans la vie moderne au Canada. Notre esprit rationnel nous a permis de dominer la terre, mais nous éprouvons tout de même une impression de manque. Beaucoup de religions ont été fondées par des meneurs d'hommes qui avaient eu une inspiration ou des révélations spéciales. Ils ont eu la vision d'une réalité différente. Certaines pratiques religieuses ont été conçues pour se protéger de la soi-disant réalité du monde et pour se mettre à l'écoute d'une vérité mystique plus profonde.

De grandes interrogations... sans réponses évidentes

La plupart des gens, et les jeunes en particulier, se posent des questions sur la vie. Qu'est-ce qui est bien et qu'est-ce qui est mal ? Qui sommes-nous ? Pourquoi sommes-nous ici ? Comment le monde a-t-il été créé ? Y a-t-il un dieu ou plusieurs dieux ? Quel est le sens fondamental de la vie ? Pourquoi y a-t-il tant de souffrance dans le monde ?

Fais une pause et établis la liste des « grandes questions » que tu t'es posées ou que tu continues peut-être à te poser à ce moment de ta vie. Choisis-en au moins cinq, puis partage-les avec tes camarades de classe.

Ton credo

Les religions du monde : Perspective canadienne touche aux différents aspects de la religion, y compris aux convictions personnelles. Prends un moment pour examiner tes convictions avec calme et application. Fais une liste, rédige un paragraphe ou fais un collage de celles qui te sont les plus chères et qui se trouvent au plus profond de toi. Tu es libre de faire des commentaires sur tout ce qui est vraiment important pour toi. Il peut s'agir de ta famille, de tes valeurs, de la vie, de la mort, du bien et du mal, etc. Intitule ton travail « Mon credo personnel ». Un **credo** est une profession de foi.

L'objet de ce manuel

Le credo que tu as rédigé est un élément central de ta personnalité et de ta vie d'aujourd'hui. Il est probable que certaines de tes convictions changeront avec le temps. Tu as peut-être eu des difficultés à exprimer certaines de tes idées. Il est possible que tu aies plus de questions que de réponses à cette étape de ta vie. Il peut être frustrant de constater que tes convictions sont non seulement limitées ou hésitantes, mais aussi qu'elles peuvent être en conflit les unes avec les autres.

Ce manuel t'invite à examiner une grande variété de systèmes de croyances, de pratiques et d'expériences religieuses. Tu es libre de les accepter ou de les rejeter, mais il est utile d'essayer de comprendre ces religions avant de prendre des décisions quant à leur bien-fondé ou à leur signification pour ta vie. Cela te permettra d'avoir une nouvelle perspective ou une nouvelle appréciation sur des traditions religieuses que tes parents t'ont peut-être enseignées. Les religions étudiées dans ce livre jouent un rôle complexe et central aujourd'hui au Canada. Elles nous permettent d'aller au plus profond de nous-mêmes et de trouver des réponses aux mystères de la vie. Tu découvriras sans doute des points communs entre toutes ces croyances, mais tu remarqueras aussi les barrières qui semblent les séparer les unes des autres. Au cours de ton exploration des grandes traditions religieuses, peut-être trouveras-tu des réponses à tes questions, voire un credo personnel.

Figure 1.3
Le marché de Kensington se trouve dans un quartier multiculturel du vieux Toronto. Chaque année, au mois de décembre, les habitants du quartier organisent le Festival des lumières du marché de Kensington, qui est un mélange de traditions chrétiennes, juives et **païennes**. Organisée le 21 décembre, jour le plus court de l'année, cette fête populaire haute en couleurs célèbre à la fois Noël, Hanoukka et le solstice d'hiver.

À la recherche de réponses

Il arrive que la musique et la chanson populaires traitent de questions se trouvant au centre de nos préoccupations, y compris de sujets relatifs à la spiritualité et à la morale. Lis les paroles de cette chanson, qui fut un grand succès du groupe irlandais U2, puis réponds aux questions qui suivent.

« Je n'ai pas encore trouvé ce que je cherche »

J'ai gravi les plus hautes montagnes
J'ai couru à travers les champs
Seulement pour être avec toi

Seulement pour être avec toi
J'ai couru
J'ai rampé
J'ai escaladé les murailles de cette ville

Les murailles de cette ville
Seulement pour être avec toi
Mais je n'ai pas encore trouvé ce que je cherche
Mais je n'ai pas encore trouvé ce que je cherche

J'ai embrassé des lèvres de miel
Senti la guérison au toucher de ses doigts
Ça brûlait comme le feu
Ce désir brûlant

J'ai parlé la langue des anges
*J'ai tenu la main d'un **diable***
C'était chaud dans la nuit
J'étais froid comme une pierre

Mais je n'ai pas encore trouvé ce que je cherche
Mais je n'ai pas encore trouvé ce que je cherche

Je crois à l'arrivée du royaume
Où toutes les couleurs se fondront en une seule
Se fondront en une seule

Mais je cours encore
Tu as cassé les cordes
Tu as desserré les chaînes
Tu as porté la croix
De ma honte
De ma honte
Tu sais que j'y croyais

Mais je n'ai pas encore trouvé ce que je cherche
Mais je n'ai pas encore trouvé ce que je cherche...

(Traduction libre)

QUESTIONS

1. Quel est le message central de cette chanson ?
2. À ton avis, quelle est la tonalité générale de la chanson ?
3. Penses-tu que beaucoup de gens ont l'impression de n'avoir « *pas encore trouvé ce qu'[ils] cherchent* » ?
4. As-tu trouvé ce que tu cherchais ? Explique.
5. À quelle foi religieuse le compositeur semble-t-il faire allusion dans ces paroles ? À quoi le remarques-tu ?

La religion et la morale

La plupart d'entre nous ont le désir d'être bons et de faire le bien. La vie nous offre une multiplicité de choix, dont certains s'avèrent complexes et difficiles. Lorsque nous faisons une mauvaise action, nous nous sentons souvent coupables ou honteux. Il peut alors nous arriver de projeter sur les autres la colère et les déceptions que nous ressentons vis-à-vis de nous-mêmes. Mais, malgré tout, nous souffrons des émotions négatives que génèrent nos mauvaises actions.

Aussi bien la religion que la morale se soucient des questions relatives au « bon » et au « bien ». On peut définir la morale comme étant la recherche du bon jugement dans nos actes et nos comportements.

Dans leur ouvrage[1], Daniel Bonevac, William Boon et Stephen Phillips la décrivent en ces termes :

> *Il s'agit d'une discipline* **pratique** *qui se concentre sur des questions telles que :*
> *Que devrais-je faire ?*
> *Quel genre de vie devrais-je mener ?*
> *Quel genre de personne devrais-je essayer de devenir ?*
> *Comment puis-je distinguer le bien du mal ?*
> *Quelles obligations ai-je envers les autres ?*
> *Quand est-il légitime que je critique les autres ?*
> *Quand est-il légitime que les autres me critiquent ?*

Beaucoup de gens croient que la morale et la religion sont identiques, ou, à tout le moins, inséparables. D'autres considèrent que la morale ne dépend pas nécessairement de la religion, ni du fait d'être religieux. Robert Buckman, auteur canadien, est **humaniste**. Les humanistes estiment que mener une vie bonne et utile devrait être l'objectif principal de notre existence. Dans un de ses ouvrages[2], Buckman affirme que ce qui compte, en définitive, dans la vie, c'est la façon dont nous vivons depuis la naissance jusqu'à la mort.

Les religions que tu découvriras dans ce manuel offrent une grande variété d'idées et d'expériences dont le but est d'aider les individus à mener une vie bonne et utile. Avec le temps, tu remarqueras probablement d'importantes différences entre les diverses confessions, mais tu pourras aussi observer qu'elles ont un grand nombre d'éléments de base en commun. Que l'on considère que la morale et la religion soient séparées ou fondamentalement et éternellement entrelacées, il n'en reste pas moins que le défi de faire le bien reste une préoccupation centrale pour la majorité d'entre nous.

La science et la religion

Dans le passé, et même encore aujourd'hui, on a souvent considéré la science et la religion comme des forces opposées et rivales. L'une et l'autre semblent en effet se concurrencer dans la course à la compréhension et à l'explication de la véritable nature du monde : ses origines, sa raison d'être et son évolution future. Dans le passé, les théories **évolutionnistes** de Charles Darwin, qui suggèrent que tous les êtres vivants ont évolué à partir de quelques formes simples, ont semblé annoncer un choc frontal entre la science et la religion, en dépit du fait que Darwin lui-même n'a jamais cessé d'être croyant. Prise textuellement, la vérité propagée par la religion, en particulier le christianisme, se trouvait en effet en contradiction avec les découvertes mesurables et quantifiables de la science. Les XIXe et XXe siècles ont été, en grande partie, le cadre d'une bataille éprouvante entre les scientifiques et les religieux qui défendaient leur explication concurrente du monde.

On aurait pu s'attendre à ce que cette lutte continue au XXIe siècle, mais il semble bien que ce ne soit pas le cas jusqu'à présent. En lieu et place, les similitudes entre la science et la religion semblent offrir des possibilités de partenariat complémentaire et de respect mutuel. Par exemple, la science et la religion sont toutes deux concernées par la vérité et la compréhension, et plus spécialement par la recherche d'un but et d'un sens. Elles partagent aussi des questions pratiques sur les origines de la terre et les forces qui la régulent. Pour plusieurs, les vérités de la science et celles de la religion peuvent donc se soutenir mutuellement et se compléter. Certains croyants peuvent accepter et prendre en considération les faits et les découvertes scientifiques, même si ce n'est pas le cas de tous. De son côté, la science a appris à reconnaître ses limites. Le flux ininterrompu de la connaissance

---

1. *Beyond the Western.*
2. *Can We Be Good without God ?*

Vivre ma religion

Sandy Mackellar

Figure 1.4

Sandy Mackellar est une élève de 11ᵉ année à Scarborough (Ontario). Découvre son point de vue sur la religion, puis réfléchis aux questions qui suivent.

Je n'ai jamais été une personne extrêmement religieuse, mais je me suis souvent demandé s'il y avait un dieu ou une religion authentique. J'ai étudié quelques religions à l'école, mais aucune d'entre elles n'a jamais véritablement exprimé ce que je croyais. J'ai toutefois senti qu'il devenait de plus en plus important pour moi de savoir en quoi je croyais, alors qu'auparavant je ne m'étais jamais vraiment préoccupée de cette question. Il y avait des aspects de certaines religions auxquels je pouvais croire ou me référer, mais je n'avais jamais trouvé une religion à laquelle j'aurais pu me consacrer totalement. Je crois en une puissance supérieure. Je pense que le fait d'avoir la foi est pour moi plus important que de pouvoir cataloguer cette foi dans une religion déterminée.

Le problème que j'ai avec la religion, c'est qu'il m'est très difficile d'investir autant de confiance et de foi dans quelque chose dont rien ne prouve l'existence. Auparavant, il était important pour moi de trouver la religion qui me conviendrait le mieux. Maintenant, je suis satisfaite de sentir que je n'ai pas besoin de faire partie d'une religion organisée pour prouver que je suis croyante.

Je crois en plusieurs choses dans la vie, mais je ne peux toutes les relier à une religion en particulier. Je crois que chaque personne a un but dans la vie et que chaque chose a sa raison d'être. Je crois que c'est le destin, en définitive, qui choisit le chemin que va prendre notre vie et que la vie ne se termine pas nécessairement après la mort. Il s'agit là d'une pensée rassurante, mais je me demande souvent si ce n'est pas pour cela que la religion a été créée au départ.

La religion peut être extrêmement attirante, car on peut trouver en elle énormément de choses à explorer. Mais il n'existe aucune « preuve » de la vérité d'une religion en particulier. C'est pourquoi, en ce moment, je crois seulement en ce que je crois, sans me consacrer à une religion précise.

QUESTIONS

1. Quelles sont les opinions de Sandy à propos de la religion que tu partages ? Quelles sont celles avec lesquelles tu n'es pas d'accord ? Explique.
2. Crois-tu que Sandy est une personne « religieuse » ? Explique.

---

scientifique continue à suggérer l'idée d'un monde ordonné. D'une façon générale, tant du côté des partisans de la science que de ceux de la religion, il semble y avoir, de plus en plus, une acceptation réciproque. Les uns et les autres semblent comprendre que chacune des deux disciplines a son rôle à jouer dans la compréhension de l'univers.

La technologie

Nous vivons à l'âge technologique, une époque où, grâce à l'ingéniosité et à l'effort des hommes, se sont ouvertes un grand nombre de possibilités nouvelles pour l'humanité. Non seulement la technologie a transformé le monde en un village planétaire, mais elle a aussi, d'une certaine manière, rétréci l'univers. De science-fiction spéculative qu'elle était, l'exploration spatiale est devenue une réalité historique. De nouvelles inventions et découvertes mènent l'homme bien au-delà des merveilles du début de la révolution industrielle : dans un monde numérique, sans fil, qui se caractérise essentiellement par la dynamique et la généralité du changement.

Les biotechnologies et les recherches en génétique repoussent les limites de la vie humaine et réduisent les menaces de maladies liées au vieillissement, qui ont toujours déterminé le temps que les hommes passent sur la terre. Selon plusieurs personnes, cet avenir de plus en plus technologique annonce une ère exceptionnelle de bien-être, de santé et de bonheur.

Mais selon d'autres personnes, la technologie ne fournit pas toutes les réponses et ne satisfait pas tous les besoins. Certains font observer que la destruction environnementale est l'un des sous-produits néfastes du développement technologique; d'autres font remarquer que c'est bien au-delà de ses besoins de base que l'être humain doit chercher un sens à sa vie et un bonheur véritable. Dans un monde technologique particulièrement difficile à comprendre et à maîtriser, la recherche du sens continue donc. Malgré toutes les promesses des nouvelles technologies, beaucoup de personnes estiment que les questions fondamentales qui sont au cœur de la plupart des religions restent sans réponse. C'est le cas des questions suivantes :

- Qui suis-je ?
- Pourquoi suis-je ici ?
- Comment devrais-je vivre ma vie ?
- Quel est mon rapport aux autres ?
- Y a-t-il une vie ou une existence après la mort ?
- Comment et pourquoi l'univers a-t-il été créé ?

« Nous vous remercions de votre appel. Si vous voulez un miracle, appuyez sur le 1. Si vous voulez vous confesser, appuyez sur le 2. Si vous voulez laisser une prière, veuillez attendre le signal… »

Figure 1.5
Même à une époque technologique aussi extraordinaire que la nôtre, alors que les communications sont instantanées et permanentes, beaucoup de gens ressentent le besoin de communiquer avec une autre réalité – une puissance supérieure ou un dieu. L'élan religieux est profondément ancré chez la plupart des êtres humains. Pourquoi crois-tu qu'il en est ainsi ?

Vérifie ta compréhension

1. Définis cinq caractéristiques communes aux religions.

2. À ton avis, quelles sont les deux explications principales au fait que l'homme, depuis toujours, s'est tourné vers la religion ? Pourquoi ?

3. Quelle est la différence essentielle entre la religion et la morale ?

4. Penses-tu que la science et la religion peuvent coexister ? Explique.

Habiletés de recherche
Sources primaires et secondaires

Dans toute discipline d'études, on a besoin d'outils pour faciliter le travail. Ainsi, un graphiste utilisera un ordinateur et un logiciel d'application graphique, tandis qu'un chercheur en sciences biomédicales aura besoin d'un microscope et de spécimens biologiques. Quant à la personne étudiant les religions du monde, elle aura besoin, à titre d'outils de recherche, de sources d'information primaires et secondaires.

On appelle sources primaires les preuves originales, telles que des comptes rendus de témoins, des photographies, des vidéos et des objets. Les sources secondaires, quant à elles, sont des exposés de seconde main, effectués par des personnes qui n'ont pas réellement vécu un événement donné, mais qui se sont appuyées, pour faire leur recherche, sur des sources primaires. Les sources secondaires peuvent comprendre des documentaires, des livres (autres que des biographies ou des journaux personnels) et d'autres formes de médias imprimés tels que des quotidiens, des magazines et des sites Web.

En choisissant ses sources primaires et secondaires, un chercheur doit pouvoir les évaluer d'un œil critique afin de s'assurer de la fiabilité et de l'exactitude de l'information qu'elles contiennent. Il doit aussi identifier tout parti pris qui pourrait se trouver dans ces documents.

Le parti pris

Une personne fait preuve de parti pris lorsque, sans avoir examiné les faits dans leur totalité et en toute honnêteté, elle formule une opinion ferme sur quelqu'un ou quelque chose. Un parti pris peut être de nature positive ou négative, mais – et c'est là l'important – il s'agit souvent d'une vision inexacte ou tronquée d'une chose, d'un événement ou d'une personne. Dans sa pire forme, il s'agit d'une opinion tendancieuse et partiale.

Les partis pris se développent généralement à partir de notre cadre de référence personnel : nos expériences, notre famille, nos amis, notre religion, notre métier, etc. Ce cadre de référence peut nous prédisposer à certaines opinions et valeurs et nous fermer aux personnes, aux idées et aux informations qui nous sont étrangères ou qui remettent en question nos convictions essentielles. Si, dès le début de notre recherche, nous avons un parti pris, ce dernier déformera toute l'information que nous collecterons. L'objectif de la recherche est d'être critique, mais aussi ouverte, par rapport à toute information nouvelle. Si nous n'identifions ou ne réprimons pas nos partis pris, nous pourrions passer à côté d'informations nouvelles et simplement renforcer ces partis pris. En conséquence, nos résultats de recherche présenteront un point de vue mal fondé et gravement déformé.

Reconnaître les partis pris

Dans un premier temps, il nous faut comprendre que la plupart des gens ont, jusqu'à un certain point, des partis pris. Nous ne partons jamais de zéro. Nous véhiculons un ensemble d'idées préconçues et, éventuellement, de préjugés. Le défi consiste à reconnaître nos partis pris, de façon à ne pas en devenir prisonniers.

Au cours de ta recherche, tu dois être capable d'identifier le cadre de référence d'un auteur et de distinguer rapidement les partis pris existant dans une source, que ce soit un livre, un site Web ou les déclarations d'un spécialiste. Quelquefois, il peut être facile de détecter les partis pris, mais ils sont souvent subtils et implicites. Sache cependant que même si l'information est biaisée, elle peut avoir de la valeur. Tout dépend de la façon dont on l'utilise. Il te faut donc devenir habile à séparer l'information de tes conclusions personnelles. Dans des cas extrêmes, une source peut manquer totalement de fiabilité en raison du parti pris flagrant qu'elle affiche. Au moment de valider tes sources, sois attentif aux indices qui peuvent signaler un parti pris ou un préjugé :

- La proportion de faits et d'opinions dans le document *(voir la section suivante)*.
- Le nombre de simplifications et de généralisations. Si la source fournit des réponses simples ou trop générales à des questions complexes, sois prudente ou prudent.

Habiletés de recherche — Sources primaires et secondaires

- Le ton de la source. Les documents comportant des titres accrocheurs, des affirmations toutes faites et un langage chargé d'émotions peuvent être intéressants à lire, mais ils peuvent aussi masquer un point de vue lourd de préjugés. Si la source cherche à « persuader » de façon trop évidente, elle est probablement biaisée.
- Les personnes et les éléments inclus ou exclus du texte et de la documentation. Un cadre de référence étroit n'aboutit généralement pas à un compte rendu équilibré.
- Qui ? Quoi ? Quand ? Où ? Pourquoi ? La source couvre-t-elle ces cinq questions fondamentales dans sa présentation de l'information ? Dans le cas contraire, elle pourrait omettre des éléments importants.

Les faits, les opinions et les arguments

Un fait est un élément qui est exact et déterminé. Nous savons qu'il existe ou qu'il s'est déroulé, et nous pouvons prouver qu'il est vrai. Par exemple, comme nous l'avons vu antérieurement, la célébration en décembre 2000, pendant la même semaine, de trois fêtes importantes par trois grandes religions, est un fait. Les chrétiens ont célébré Noël, les juifs ont fêté Hanoukka et les musulmans ont terminé le mois sacré du ramadan avec l'Aïd el-Fitr.

Les opinions sont des points de vue, des réflexions et des sentiments qui peuvent être basés ou non sur des faits. Dans ce chapitre, par exemple, les auteurs du livre ont exprimé l'opinion suivante : « *[Nous croyons que] l'extrême variété des traditions religieuses apparues ailleurs sur la planète et actuellement pratiquées au Canada présente un grand potentiel d'expériences positives, ouvertes à tous les Canadiens.* »

Les arguments sont des explications ou des considérations destinées à appuyer ou à rejeter un point de vue ou une opinion. Ils sont basés sur des faits et essaient de fournir une explication à un événement afin d'en tirer ensuite une conclusion. Les arguments comportent souvent des termes comme *parce que*, *étant donné que* et *par conséquent*. Par exemple, dans l'introduction de ce chapitre, les auteurs écrivent : « *Le Canada héberge une telle diversité de groupes culturels qu'il est devenu le théâtre de l'un des rapprochements majeurs du monde moderne : l'interaction entre les grandes traditions religieuses de la planète.* » Il s'agit d'une argumentation : c'est *parce que* le Canada héberge... qu'il est devenu...

Mets en pratique !

1. Dans la liste ci-dessous, quelles sont les sources d'information primaires et secondaires ? Explique comment tu les reconnais.
   - une photographie d'un membre de la nation algonquine
   - le site Web des *Musulmans du Canada*
   - un entretien avec un prêtre de l'Église catholique romaine
   - une carte numérique des religions du monde
   - un objet autochtone
   - un article sur l'histoire de l'hindouisme
   - un journal appartenant au Dalaï-lama
   - un documentaire sur le prophète Mahomet
   - une affiche d'un festival shintoïste
   - une vidéo sur Joseph Brant
   - des statistiques sur les religions du monde

2. Lis le paragraphe suivant et indique, pour chacune des phrases, s'il s'agit d'un fait (F), d'une opinion (O) ou d'un argument (A).

Le multiculturalisme et le pluralisme religieux sont des caractéristiques de la société canadienne. Les Canadiennes et les Canadiens sont beaucoup plus tolérants et ils ont une bonne compréhension des différences culturelles et religieuses. Le Canada est le meilleur endroit au monde pour étudier les religions. Dans un pays aussi vaste, il est probable que certains Canadiens n'aient pas conscience de l'ampleur de la diversité culturelle et religieuse du Canada. Étant donné la grande diversité du Canada, ce pays est susceptible d'occuper une position clé sur la scène mondiale au cours du XXIe siècle.

Comprendre la religion et la culture

La religion et l'appartenance ethnique

Il est fréquent de confondre religion et origine ethnique. Alors que la religion se rapporte essentiellement aux croyances, aux rituels et aux pratiques, l'appartenance ethnique touche les origines, la race ou la culture d'une personne, mais pas nécessairement sa religion. Par exemple, il y a des Asiatiques du Sud qui sont chrétiens et il y a des Nord-Américains de diverses origines culturelles qui sont bouddhistes. On ne peut prétendre connaître la religion d'une personne si celle-ci ne s'en réclame pas. Les éléments clés permettant de déterminer l'adhésion d'une personne à une religion sont les croyances et les pratiques, et non l'appartenance ethnique.

La religion et la culture populaire

Il est également facile de confondre les croyances et les pratiques d'une religion avec le reflet que nous en donne la culture populaire. Observe le nombre de livres, d'émissions de télévision, de films et de chansons qui traitent d'une façon ou d'une autre de sujets religieux ou surnaturels (*voir la figure 1.6*). Prends le temps de dresser une liste d'éléments de culture populaire qui font référence à la religion.

La culture populaire est un phénomène passionnant, stimulant, mais aussi envahissant, qui a atteint un énorme pouvoir unanimement reconnu dans les sociétés modernes. Peut-être ne mérite-t-elle pas ce niveau de respect et d'acceptation. À travers elle, des images stéréotypées, souvent de tonalité négative, peuvent être appliquées à certains groupes sociaux. Par exemple, la communauté musulmane du Canada s'est souvent insurgée contre les images simplistes du « terroriste arabe » que perpétuent les films et les émissions de télévision.

Figure 1.6
Très influente, la culture populaire – en particulier le cinéma – présente souvent un point de vue inexact sur la religion. Que te suggèrent ces images à propos de la religion ?

Les vidéoclips, les émissions-débats de fin de soirée, les films, etc., sont d'importantes sources d'information pour beaucoup d'entre nous. Notre compréhension du monde est largement influencée par notre exposition à cette culture populaire omniprésente. Il faut pourtant reconnaître que cette culture n'offre trop souvent qu'un bien pauvre substitut à ce que devrait être une compréhension profonde des réalités.

Pour étudier les grandes traditions religieuses des Canadiens d'aujourd'hui, il faut avoir la volonté de mettre de côté nos préjugés afin de découvrir ces religions à partir de leur propre discours. Nous devons aussi prendre conscience du fait que certaines caractéristiques et certaines qualités associées à une religion peuvent être, en réalité, d'origine culturelle. Lorsqu'une religion s'étend à d'autres parties du monde, elle se conjugue souvent à de nouvelles croyances ou de nouvelles pratiques enracinées dans la culture d'accueil. Mais ces croyances et pratiques ne font pas réellement partie du noyau original de cette religion. Pour l'observateur, il peut, par conséquent, s'avérer difficile de discerner le message central, les rituels et les valeurs de cette religion. Pour illustrer ce point particulièrement complexe, examinons en détail l'une des traditions les plus populaires en Amérique du Nord, celle de Noël.

Noël

Noël est sans doute la fête collective la plus connue en Amérique du Nord. Pratiquement tout le monde, indépendamment de son appartenance religieuse, est familier de cet événement et influencé par lui. La période de Noël a un impact énorme sur l'économie, et la période d'achats qui y est associée peut déterminer le succès ou l'échec financier d'une entreprise pour toute l'année. Certains économistes estiment que 40 % des achats annuels se font durant cette période. Beaucoup de gens s'endettent pendant des mois ou même des années à la suite des « folies » de Noël. Plusieurs prennent des vacances à cette époque et un grand nombre d'entreprises et d'organismes interrompent leurs activités pendant plusieurs jours, voire pendant deux semaines. Les centres culturels présentent des concerts et des spectacles de Noël. Les salles de cinéma sortent un grand nombre de nouveaux films, dont certains traitent de sujets de circonstance. Les émissions de radio et de télévision diffusent de la musique de Noël qui est à la fois **sacrée** et **profane** (c'est-à-dire en rapport avec le monde matériel).

Les gens tendent à changer de comportement pendant la période de Noël. Que ce soit sous forme d'argent, de biens ou de temps – leur avoir le plus précieux –, ils se montrent plus généreux envers les organismes caritatifs. Ils ont souvent l'esprit plus léger et ils souhaitent facilement un « Joyeux Noël ! », de « Joyeuses fêtes ! » ou une « Bonne année ! ». Les services postaux et Internet sont inondés de cartes de vœux. Quelle que soit l'appartenance religieuse de chacun, il est difficile de ne pas être emporté par le tourbillon frénétique de Noël. Beaucoup d'enfants et d'adultes attendent avec impatience de célébrer, généralement en famille, les nombreuses traditions et pratiques qui sont celles de Noël. Mais tous ne connaissent pas nécessairement les origines ou la signification purement religieuse de Noël.

S'agissant d'une des célébrations essentielles de la foi chrétienne, beaucoup de chrétiens croyants craignent de voir se perdre la signification religieuse de Noël dans le tohu-bohu d'une société largement athée. De même, les adeptes de religions non chrétiennes sont parfois troublés de voir leurs proches et leurs amis être plongés dans une célébration qui est au cœur d'une tradition religieuse différente de la leur. Ils peuvent être amenés à s'inquiéter pour l'avenir de leur propre religion, l'unité de leur famille ou encore craindre la confusion provoquée par les divers messages que véhicule la fête de Noël.

Noël est l'exemple parfait d'une célébration ayant de profondes racines religieuses et qui, avec le temps, a adopté un large éventail de **symboles**, de pratiques, de traditions et d'idées sans grand rapport avec le christianisme. Ainsi, on ne connaît pas la date exacte de la naissance du Christ, mais il est peu probable que ce soit le 25 décembre. Cependant, avec le temps, c'est cette date que la plupart des chrétiens ont choisie pour célébrer cet événement.

L'essence de Noël

La vague annuelle de vœux de Noël qui submerge l'Amérique du Nord au mois de décembre peut être une expérience pénible pour un non-chrétien. De nos jours, les festivités de Noël ont un caractère à la fois spirituel et profane. Les participants eux-mêmes n'ont pas conscience, le plus souvent, de ce qu'ils sont en train de célébrer.

À l'origine, Noël a pour objet la naissance miraculeuse de Jésus-Christ, le fondateur du christianisme. Jésus est né de Marie et de Joseph, un jeune couple de villageois. Ceux-ci ont dû donner naissance à leur fils dans une humble étable du village de Bethléem. Ils reçurent la visite de bergers et de trois **rois mages**, que l'on qualifie parfois de « sages ». (On dit que ces sages étaient des prêtres zoroastriens guidés par une étoile divine jusqu'au lieu du miracle.) Pour ajouter au drame, le nouveau-né était recherché par le roi Hérode Ier. Ce dernier avait en effet ordonné à ses hommes de tuer l'enfant, car il craignait que se réalisent les prophéties affirmant que cet enfant allait devenir roi.

Au Canada et ailleurs dans le monde, on célèbre Noël d'une façon qui n'a absolument aucun rapport avec les origines sacrées de la tradition. En réalité, dans la fête de Noël, on trouve un mélange curieux

Figure 1.7
*Deux représentations de Noël : l'une sacrée (la **Nativité**) et l'autre profane (le Père Noël). Laquelle est la plus proche de ta représentation personnelle ? Explique.*

de tradition, de culture populaire et de simple mercantilisme (*voir la figure 1.7*). Examinons par exemple la tradition du Père Noël.

Bien que le Père Noël soit devenu, particulièrement pour les enfants, un élément central de la tradition de Noël, ce personnage n'a aucun rapport réel avec la naissance de Jésus-Christ. Saint Nicolas, connu pour être le patron des enfants, est originaire de Turquie. En Hollande, on l'a désigné sous le nom de Sinter Cleas. Ce sont les colons hollandais qui ont apporté en Amérique du Nord la tradition de pendre ses chaussettes près du feu pour les retrouver le lendemain matin pleines de cadeaux.

En 1822, l'Américain Clement Moore écrivit pour ses enfants un poème[3]. Connu par la majorité des Nord-Américains, ce poème décrivait l'image populaire de Santa Claus telle que nous la connaissons aujourd'hui. Ce fut une tentative – particulièrement réussie – de créer un distributeur de cadeaux typiquement américain différent du *Father Christmas* britannique.

Plus tard, la compagnie Coca-Cola présenta l'image saisissante d'un bon vivant revêtu de fourrure et transportant ses sacs de cadeaux destinés aux enfants du monde entier. Tandis que son traîneau, tiré par huit rennes, planait dans le ciel du crépuscule en apportant joie et cadeaux, le bon Santa Claus criait sur tous les toits *« Joyeux Noël et bonne nuit à tous ! »*

Noël au XXIe siècle

La manière de célébrer Noël continuera sans doute à changer et à s'adapter dans les années à venir. Pour les chrétiens, il est préoccupant que les origines véritables de cet événement sacré soient étouffées sous l'effet du mercantilisme (la commercialisation et le matérialisme liés aux achats de Noël), et par l'ajout de traditions étrangères, voire opposées à la signification originale de l'événement. Plutôt que de Noël, on parle déjà, dans certains pays, de « vacances d'hiver », ce qui permet d'accueillir dans cette célébration d'autres croyances et traditions. Dans beaucoup d'écoles du Canada, la célébration de Noël a été remplacée par une fête multiconfessionnelle, comprenant des chansons et des traditions d'autres origines religieuses et culturelles. À mesure que le Canada et le monde deviennent de plus en plus multiculturels, les traditions religieuses vont probablement continuer à s'estomper, tandis que les coutumes et les traditions auront tendance à se chevaucher. Ellie Tesher, un écrivain vivant dans une famille multiconfessionnelle de Toronto, fait l'observation suivante à propos de la période des fêtes :

> *Comme bien d'autres gens, je vis aujourd'hui dans cette ville polyglotte pleine de couleurs et de lumière, dans un brassage continuel avec mes enfants et mes beaux-enfants, dont les amis et l'entourage proviennent de tous les coins du monde. Il y aura une menora de Hanoukka et un arbre de Noël dans la maison, sans oublier une photo du **Dalaï-lama**, de l'encens et des textes bouddhistes. Mais il n'y aura aucune confusion – car chacun sait qui il est et d'où il vient.*

---

3. *The Night Before Christmas.*

Vérifie ta compréhension

1. Explique en détail la différence entre appartenance ethnique et religion.

2. De quelle façon la culture populaire a-t-elle influencé ta vision de la religion ?

3. Connais-tu des exemples de pratiques ou de coutumes multiconfessionnelles ? Décris-en au moins une.

LA RELIGION DANS LE CANADA ACTUEL

La religion et l'État

Au Canada, la religion et l'État sont des institutions séparées. La religion est une affaire personnelle, et non politique. Elle ne se trouve pas sous la responsabilité fédérale. Les Canadiennes et les Canadiens sont libres de suivre et de célébrer la tradition religieuse de leur choix. Ils sont libres également de ne suivre aucun précepte religieux. Les Canadiennes et les Canadiens peuvent donc être **athées** (c'est-à-dire croire que Dieu n'existe pas) ou être **agnostiques** (c'est-à-dire croire qu'on ne peut rien savoir sur l'existence d'un dieu) tout comme qu'ils peuvent être hindous, musulmans, chrétiens, bouddhistes, juifs, etc. Cette liberté de religion est spécifiquement établie dans la *Charte canadienne des droits et libertés*. Quelques extraits de cette Charte sont reproduits dans les encadrés *Les libertés fondamentales* et *Les droits à l'égalité*.

Les libertés fondamentales

- *Liberté de conscience et de religion*
- *Liberté de pensée, de croyance, d'opinion et d'expression, y compris la liberté de la presse et des autres moyens de communication*

Les droits à l'égalité

- *Droit à la même protection et au même bénéfice de la loi, indépendamment de toute discrimination, notamment des discriminations fondées sur la race, l'origine nationale ou ethnique, la couleur, la religion, le sexe, l'âge ou les déficiences mentales ou physiques*

Toutefois, la liberté de religion et la séparation de l'Église et de l'État ne sont pas absolues, et une majorité de Canadiens n'accepterait sans doute pas qu'il en soit ainsi. L'existence d'un dieu est explicitement reconnue par d'importantes institutions nationales, telles que la *Constitution canadienne* :

Attendu que le Canada est fondé sur des principes qui reconnaissent la suprématie de Dieu et la primauté du droit : [...]

Extrait de la *Loi constitutionnelle*, 1982

Sous l'œil de Dieu, près du fleuve géant [...]

Extrait de « Ô Canada »

On demande souvent à des représentants de différentes religions d'inaugurer ou de clôturer des cérémonies lors d'événements importants organisés par les trois niveaux de gouvernement – fédéral, provincial et municipal.

Ces cérémonies revêtent de plus en plus un caractère multiconfessionnel et les participants proviennent d'une grande variété de traditions religieuses. Ainsi, lorsque des représentants des groupes autochtones participent à des événements organisés par le gouvernement fédéral, ils présentent souvent des traditions et des rituels qui leur sont propres.

Par ailleurs, les statistiques semblent suggérer que la participation aux services religieux tend à décliner sérieusement. Une étude de Statistique Canada indique que la participation régulière (au moins une fois par mois) des Canadiens à des services religieux a diminué de presque 10 % entre 1988 et 1998. L'étude révélait également que les fidèles les plus réguliers étaient des couples mariés avec des enfants, des personnes âgées, des immigrants récents (spécialement originaires d'Asie) et des habitants des zones rurales.

De nombreux sentiers... une seule direction

Par le dialogue, nous laissons Dieu être présent parmi nous. Car lorsque nous nous ouvrons l'un à l'autre, nous nous ouvrons à Dieu. (Traduction libre)

Le Pape Jean-Paul II

Dans *Les religions du monde : Perspective canadienne*, nous avons adopté la position suivante : la poursuite de la vérité est un objectif qui vaut la peine ; la plupart des gens sont avides d'approfondir leur connaissance d'eux-mêmes et des mystères de la vie. Les auteurs de ce livre croient que l'extrême variété des traditions religieuses, apparues ailleurs sur la planète et actuellement pratiquées au Canada, présente un grand potentiel d'expériences positives, ouvertes à tous les Canadiens.

En explorant les différentes religions dans ce livre, nous pourrons voir la manière dont chacune d'elles définit la vérité et s'efforce de l'atteindre. Grâce à la découverte des croyances et des pratiques des religions du monde établies au Canada, nous en apprendrons plus sur les autres Canadiens et sur notre propre pays. Car, en réalité, c'est au travers du dialogue et de la compréhension que nous pouvons nous découvrir.

> *Nous ne pouvons nous permettre d'ignorer ce que nos voisins d'à côté (certains distants seulement d'un petit courriel) peuvent penser de la nature et de la destinée de l'humanité. (Traduction libre)*
>
> Jordan Pearlson, rabbin fondateur du temple Sinaï, Toronto

Notre approche

On mesure une religion à ses idéaux. On attend des autres qu'ils évaluent notre religion à travers ses manifestations les plus nobles, et la courtoisie la plus élémentaire nous demande en retour d'agir de même envers les autres religions. (Traduction libre)

Floyd H. Ross et Tynette Hills, *Les grandes religions*

Les auteurs du présent ouvrage voient la diversité du Canada comme un signe de force et de richesse. Nous t'invitons à partager notre émerveillement, notre curiosité et notre respect pour les diverses manières de comprendre et de connaître notre monde. Dans ce manuel, nous irons à la recherche des aspects les plus positifs de ces religions, tout en étant attentifs à l'histoire éprouvante des conflits religieux qui n'ont que trop marqué le passé. Notre approche est comparative, et non « concurrentielle ». Nous ne cherchons pas à établir une hiérarchie. Nous croyons que le Canada est un pays unique dans un monde unique.

Les origines de la plupart des religions que nous allons étudier se trouvent loin des frontières du Canada et se perdent souvent dans l'histoire. Dans *Les religions du monde : Perspective canadienne*, nous considérons toutefois ces traditions religieuses comme bien vivantes, et faisant partie intégrante de la vie quotidienne de leurs adeptes au Canada. Tout en étant attentifs aux origines et aux racines de ces traditions religieuses, nous mettrons l'accent sur le contexte canadien actuel et sur la diversité religieuse dans le Canada d'aujourd'hui.

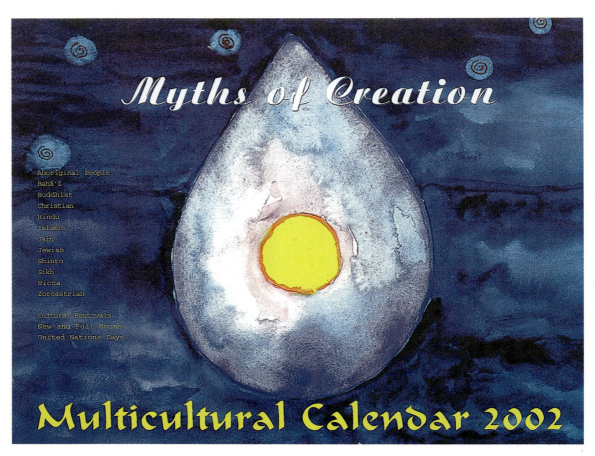

Figure 1.8
Le caractère de plus en plus multiculturel du Canada a incité une Canadienne, Sheena Singh, à créer ce qui est peut-être le premier calendrier multiculturel du monde. Ce calendrier fait une place à toutes les grandes religions du monde, y compris à une confession comme le zoroastrisme. Il mentionne pratiquement toutes les grandes célébrations culturelles et religieuses des peuples du monde. Selon son auteur, « le calendrier ouvre le dialogue entre des peuples de différentes origines et les encourage à mettre en partage ce qui fait d'eux ce qu'ils sont ». Pour en savoir plus sur ce calendrier, visite notre site Web www.dlcmcgrawhill.ca. (Ce calendrier n'existe qu'en version anglaise.)

Vérifie ta compréhension

1. Comment la liberté religieuse est-elle protégée au Canada ?

2. Comment peux-tu expliquer le fait que les couples mariés, les personnes âgées, les immigrants récents et les Canadiens des régions rurales soient les plus enclins à assister aux services religieux ? Fais un bref commentaire sur chacune de ces catégories.

Activités

Vérifie ta compréhension

1. Définis l'expression *pluralisme religieux*. Donne des exemples.

2. Présente quatre raisons pour lesquelles les gens se tournent vers la religion. Laquelle des quatre, si tel est le cas, s'applique à toi ?

3. Explique pourquoi l'appartenance ethnique ne peut être considérée comme un indicateur fiable de la religion d'une personne.

Réfléchis et exprime-toi

4. Crois-tu en un seul dieu ou en plusieurs dieux ? Si tu es croyante ou croyant, et si on te donnait la possibilité de t'adresser à cette puissance supérieure, que lui dirais-tu ?

5. En petits groupes, discutez des plus grandes questions morales auxquelles sont confrontés, selon vous, de nos jours les Canadiens. Sur une feuille, faites la liste des diverses réponses trouvées et préparez-vous à échanger vos réflexions avec toute la classe.

6. Par groupe de deux, débattez des questions suivantes : comment déterminer ce qui est bien et ce qui est mal ? Selon vous, essayez-vous toujours de faire ce qui est bien ? Expliquez.

7. Rédige un poème qui résume ou exprime ce que tu recherches dans la vie.

8. Es-tu une personne tolérante ou intolérante à l'égard de la religion d'une autre personne ? Explique-toi.

Applique tes connaissances

9. Visite le site Web du calendrier multiculturel (à partir de www.dlcmcgrawhill.ca) et fais un compte rendu sur les célébrations religieuses prévues cette semaine. [Ce site n'existe qu'en anglais.]

10. Parcours la programmation télévisée de la semaine à venir et entoure toutes les émissions traitant d'un sujet religieux. Présente à la classe un rapport sur ce que tu as découvert et sur les conclusions que tu en tires.

11. Imagine que tu viennes d'être nommé directeur d'une école multiculturelle, dans laquelle la plupart des traditions religieuses du monde sont représentées parmi les élèves. Comment organiserais-tu l'école, par exemple lors de la planification d'activités spéciales, afin que soient reflétées les différentes valeurs et traditions des étudiants ?

12. Trouve des exemples de chansons populaires traitant de sujets religieux. Recopies-en les paroles et présentes-en une courte interprétation. Pour trouver des paroles, tu peux visiter notre site Web www.dlcmcgrawhill.ca.

Glossaire

agnostique (f/m). Personne doutant que l'être humain puisse avoir connaissance de l'existence d'un éventuel dieu ou d'une quelconque vie après la mort.

âme (f). Partie spirituelle ou immatérielle d'un être humain ou d'un animal.

athée (f/m). Personne affirmant que Dieu n'existe pas.

cérémonie de purification (f). Rituel spirituel accompli pour se purifier, par les membres de diverses religions.

credo (m). Ensemble des principes sur lesquels on fonde les croyances.

Dalaï-lama. Dirigeant et chef spirituel du Tibet. *Dalaï lama* signifie « océan de sagesse ».

diable (m). Esprit supérieur du mal dans plusieurs religions.

élan religieux (m). Besoin universel de croire à quelque chose se trouvant au-delà de nous-mêmes.

évolutionniste (f/m). Personne croyant que l'évolution explique l'origine des espèces.

humaniste (f/m). Adepte de l'humanisme, perspective ou système de pensée considérant que l'homme en tant que tel, plutôt que la spiritualité ou la religion, se trouve à la source de toutes les valeurs ou significations.

Makkah (La Mecque). Ville d'Arabie Saoudite, où a lieu le pèlerinage musulman le plus important.

morale (f). Système de règles pour la conduite humaine. L'éthique est la science de la morale.

multiconfessionnel. Qui regroupe ou concerne plusieurs religions.

Nativité. Naissance de Jésus-Christ, le fondateur du christianisme.

néandertalien (m). Forme primitive d'être humain qui peuplait l'Europe pendant l'époque de la glaciation (on dit aussi « homme de Néandertal »).

nouvel âge (m). Large mouvement se caractérisant par son approche alternative de la culture occidentale, spécialement en ce qui touche à la spiritualité, au mysticisme, à l'holisme, etc.

païen (m). Personne ayant des croyances religieuses polythéistes. Dans le passé, ce terme était souvent utilisé par les chrétiens pour désigner les non-chrétiens.

pluralisme religieux (m). Attitude positive en faveur de la cohabitation de plusieurs religions dans une société.

profane. Relatif au monde matériel ou appartenant à celui-ci.

religieux (m). Qui se dédie à la religion.

rituel (m). Ensemble de règles et de cérémonies prescrit par une religion.

rois mages (m). Les « trois sages » qui se sont rendus au lieu de naissance de Jésus-Christ. Il pourrait s'agir de prêtres zoroastriens.

sacré. Relatif à la religion, au divin.

spirituel. Touchant au sacré ou au religieux et relatif à l'esprit ou à l'âme humaine.

symbole (m). Marque, caractère ou objet servant à représenter une idée, un procédé ou une fonction.

synagogue (f). Lieu de culte du judaïsme.

théologie (f). Étude de la religion, spécialement des religions basées sur la foi en Dieu.

Torah (f). Ensemble des cinq premiers livres de la Bible en Pentateuque.

1990 : au moment où l'assemblée législative du Manitoba proposait un vote concernant la réforme constitutionnelle, le député Elijah Harper demeurait assis, impassible, une plume d'aigle à la main, et refusait résolument d'accorder à l'assemblée législative manitobaine le vote dont elle avait besoin.

En mars 1997, Melissa Labrador, une Micmac de la Nouvelle-Écosse, était expulsée de la Chambre des communes parce qu'elle portait une plume d'aigle. L'agent de sécurité qui l'escortait hors de la Chambre croyait que la plume pouvait servir d'arme.

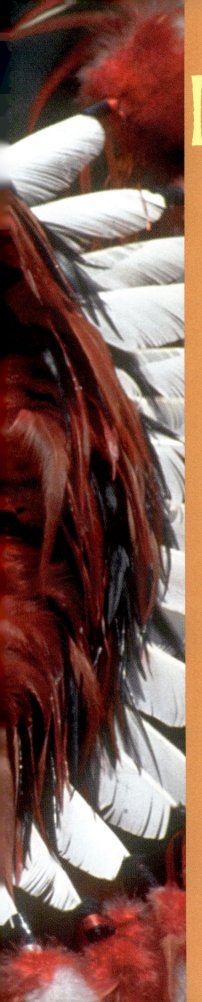

Chapitre deux
La spiritualité autochtone

Examine les photos et les légendes de la page ci-contre et lis le texte d'introduction ci-après. Réponds aux questions suivantes :

1. Qu'est-ce qui prouve que la plume d'aigle est importante aux yeux des peuples autochtones ?
2. Décris le symbolisme de la plume d'aigle. Trouve un symbole que tu utilises dans ta propre vie pour représenter des liens avec d'autres choses. Pourquoi as-tu choisi ce symbole ?
3. Rédige un titre de journal qui résume ce qui est arrivé à Melissa Labrador, la jeune Micmac de la Nouvelle-Écosse, lorsqu'elle a visité la Chambre des communes à Ottawa.

Introduction

La plume d'aigle, un symbole de puissance, donne à celui qui la porte le pouvoir de représenter les autres. Elle constitue souvent un signe de reconnaissance pour une personne qui défend les peuples **autochtones** ou un peuple d'ascendance autochtone, qui lutte pour eux ou négocie en leur nom.

Plusieurs croient que, comme l'aigle vole tout près du Créateur, il peut voir l'ensemble du territoire. Quand l'aigle vole dans le ciel, cela signifie que la Terre-Mère prospérera. Certains peuples autochtones croient que le Créateur préfère l'aigle parce qu'il symbolise la dualité, ou les contradictions, de la vie – l'homme et la femme, la lumière et l'obscurité, l'été et l'hiver. Même ses plumes sont divisées en deux parties – pâle et foncée – rappelant aux humains la dualité de la vie. Certains **aînés**, ou membres respectés de la collectivité, décrivent la plume d'aigle comme un symbole de saines relations. Le tuyau de la plume maintient le lien entre les gens. Il est plus large en bas, ce qui symbolise le début d'une relation, la période où l'on apprend le plus.

Objectifs d'apprentissage

À la fin de ce chapitre, tu pourras :

- comprendre les différents points de vue sur les origines des peuples autochtones ;
- comparer et mettre en opposition les croyances, les pratiques et les rituels des groupes culturels autochtones du Canada ;
- identifier les personnages qui ont influé sur l'évolution de la spiritualité autochtone et expliquer leurs contributions ;
- reconnaître les principaux passages de la Loi suprême et du Code de Handsome Lake et expliquer leur signification ;
- comprendre le rôle et l'influence des enseignements oraux sur la spiritualité autochtone ;
- reconnaître et interpréter les histoires orales importantes dans la spiritualité autochtone ;
- examiner le rôle et l'importance des symboles dans la spiritualité autochtone ;
- comprendre et interpréter la signification du surnaturel dans la spiritualité autochtone ;
- distinguer l'origine et l'importance des pratiques, rituels et festivals autochtones ;
- manifester ta compréhension de la méditation, de la prière et du jeûne dans la spiritualité autochtone ;
- examiner l'impact d'événements clés dans l'évolution de la spiritualité autochtone ;
- interpréter les œuvres d'art autochtones ;
- utiliser efficacement les documents de base ;
- communiquer au moyen d'exposés oraux.

- **1800 ap. J.-C.** On élabore le Code de Handsome Lake

- **1000 ap. J.-C.** La première rencontre connue entre des Européens (les *Vikings*) et les peuples autochtones à Terre-Neuve

- **1815 ap. J.-C.** Handsome Lake meurt le 10 août

- **35 000-15 000 av. J.-C.** Selon les scientifiques, ces peuples auraient migré d'Asie en Amérique du Nord par le détroit de Béring

- **Années 1830 ap. J.-C.** Création d'un système de pensionnats indiens

- **1784 ap. J.-C.** Sous le leadership de Joseph Brant, les Mohawks s'installent sur la rivière Grand après avoir été déplacés à la suite de la Révolution américaine

- Plusieurs peuples autochtones affirment qu'ils ont toujours habité l'Amérique du Nord et ils présentent une variété d'histoires sur la création

Centre culturel Woodland

- **1999 ap. J.-C.** Création du nouveau territoire du Nunavut

- **1996 ap. J.-C.** Instauration de la Journée nationale des autochtones le 21 juin

- **1998 ap. J.-C.** Le gouvernement canadien exprime aux peuples autochtones du Canada son profond regret pour les mauvais traitements infligés dans le passé et émet une déclaration de réconciliation

- **1990 ap. J.-C.** Elijah Harper met fin au processus de l'Accord du lac Meech

- **1970 ap. J.-C.** Un pensionnat indien devient le Centre culturel Woodland à Brantford en Ontario

- **1990 ap. J.-C.** La crise d'Oka explose lorsque des projets de terrain de golf menacent un cimetière sacré autochtone

- **1884 ap. J.-C.** Le gouvernement fédéral interdit les cérémonies de Potlatch

- **1876 ap. J.-C.** Adoption de la Loi sur les Indiens

Chronologie

La spiritualité autochtone

Les origines

Il est impossible d'établir précisément une origine ou de désigner un fondateur de la spiritualité autochtone. Parfois, une personne importante apparaît pendant une crise et renouvelle la foi, mais il n'y a pas de fondateur unique.

Figure 2.1
Ce « wampum » est une ceinture de coquillages blancs et pourpres parallèles faite de coquillages de l'Atlantique. Utilisé par de nombreuses nations autochtones, le wampum servait à consigner l'histoire et les ententes sacrées survenues jusqu'à il y a 400 ans.

Figure 2.2
Des pictogrammes sur des saillies rocheuses dépeignent les croyances et les pratiques autochtones.

La spiritualité autochtone dans le monde possède une longue histoire. Certains peuples **indigènes**, ou les habitants autochtones d'une région, croient qu'ils « sont issus de cette terre », une théorie qui, dans les faits, signifie que leurs origines sont antérieures à la mémoire des hommes. Il existe un profond désaccord sur l'origine, mais certaines preuves archéologiques appuient une seconde théorie, selon laquelle les peuples autochtones ont migré de l'Asie à l'Amérique du Nord et du Sud en traversant le détroit de Béring (situé entre l'Alaska et la Russie), il y a environ 35 000 ans.

Quoi qu'il en soit, il est évident que les peuples autochtones habitent les Amériques depuis plus longtemps que quiconque. Les archéologues, qui étudient l'histoire humaine, ont trouvé des artefacts autochtones datant de plus de 10 000 ans. Ils ont découvert des **wampums**, ou ceintures perlées (*voir la figure 2.1*), des peintures d'animaux sur des saillies rocheuses (*voir la figure 2.2*), des os représentant différents rites funéraires et des sculptures sur bois, qui attestent tous de pratiques et croyances spirituelles autochtones remontant à plusieurs siècles. Les histoires traditionnelles autochtones sur la **genèse**, ou les origines, véhiculent une grande puissance spirituelle. Ces histoires de création représentent d'importants instruments de transmission des croyances autochtones.

La spiritualité autochtone dans le monde

Bien que ce chapitre se concentrera sur l'Amérique du Nord, et surtout sur le Canada, il importe de noter qu'il existe, partout dans le monde moderne, une immense diversité au sein de la spiritualité autochtone. Des peuples indigènes vivent dans presque toutes les régions du globe. Certains sont bien connus, comme les groupes aborigènes d'Australie, les Maoris de Nouvelle-Zélande ou les Guaranis du Paraguay, qui apparaissaient dans le film *La Mission*. Certains groupes, comme les Beothuks du Canada atlantique ou les Caribes des Antilles, ont maintenant disparu, mais des milliers de personnes à travers le monde revendiquent toujours le statut d'indigène, même si elles ne pratiquent pas nécessairement leur religion indigène. De nos jours, 80 % des quelque 300 millions d'autochtones du monde vivent en Asie, alors que 13 % vivent en Amérique du Nord et du Sud (*voir la figure 2.3*).

Les anthropologues, qui étudient les sociétés et les coutumes, estiment qu'à l'époque de Christophe Colomb, environ 100 millions d'indigènes habitaient les Amériques, ce qui, en 1500 ap. J.-C., aurait représenté un cinquième de l'espèce humaine. Certains vivaient dans d'immenses villes (la ville actuelle de Mexico en comptait 250 000) et d'autres étaient des fermiers ou des chasseurs nomades. À ce jour, 12 millions parlent encore le quechua, la langue des Incas d'Amérique du Sud. En Amérique centrale, 6 millions de personnes parlent la langue ancestrale des Mayas, ce qui se compare au nombre de francophones au Canada. À l'heure actuelle, plus de 800 000 autochtones vivent au Canada et ils sont présents dans toutes les provinces.

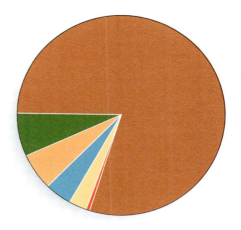

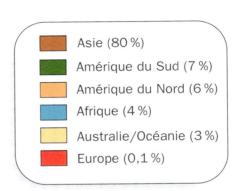

Figure 2.3
Répartition mondiale des peuples autochtones. La Chine, l'Inde, le Mexique, le Pérou, le Pakistan et les Philippines ont tous une population qui comprend plus de cinq millions d'indigènes.

- Asie (80 %)
- Amérique du Sud (7 %)
- Amérique du Nord (6 %)
- Afrique (4 %)
- Australie/Océanie (3 %)
- Europe (0,1 %)

Beaucoup d'autochtones dans le monde croient encore en certains aspects de leurs religions traditionnelles et ils les mettent en pratique. Les autochtones de l'Arctique canadien qui, dans leur langue, se nomment *Inuits*, partagent une identité culturelle avec deux grands groupes en Alaska et au Groenland. Les Inuits de ces trois endroits sont chrétiens, mais un nombre croissant d'entre eux reviennent à leur patrimoine religieux et culturel. Par exemple, le tambourinage et les chants qui accompagnaient autrefois les anciennes prières lors des événements officiels sont réapparus à l'occasion des récentes célébrations entourant la proclamation du nouveau territoire canadien du Nunavut.

Que les peuples aborigènes aient migré de l'Asie aux Amériques et soient devenus des **Premières Nations**, ou qu'ils aient été ici depuis les temps les plus anciens, le fait demeure qu'ils ont évolué en plusieurs grands groupes culturels en Amérique du Nord. L'environnement géographique dans lequel ils vivaient les définissait. Le Canada comprend au moins six groupes culturels distincts de peuples autochtones situés dans :

- les régions boisées du nord-est ;
- les grandes plaines ;
- la côte nord-ouest du Pacifique ;
- le plateau ;
- la région subarctique ;
- l'Arctique.

Chaque culture est partagée par plusieurs nations. En tant que groupes, leurs croyances comportent des aspects similaires, même si ces croyances se traduisent par différents types de pratiques. Par exemple, chaque culture comprend des clans familiaux représentés par des animaux qui les protègent, comme le corbeau ou le loup, mais les animaux varient et ont une signification différente selon la région. De plus, un groupe culturel peut partager des caractéristiques qui l'identifient à un environnement particulier, mais il existe souvent une grande diversité parmi les nations au sein de ce vaste environnement culturel. Les régions boisées du nord-est, par exemple, se divisent en deux groupes linguistiques, les Algonquins et les Iroquois. Les nations algonquine et iroquoise se distinguent par leurs croyances et pratiques religieuses différentes.

La région subarctique

La région subarctique s'étend sur toute la largeur du Canada et comprend les forêts denses et les montagnes de l'est, le bouclier canadien de roc et de marais, et les prairies du nord aux arbres clairsemés et aux nombreux lacs et rivières. Les Innus ou Montagnais, les Cris de la Baie-James et les Dénés étaient des chasseurs nomades de chevreuils et de caribous.

Au cours des années 1990, le grand chef cri Matthew Coon Come a contribué à persuader le Québec d'annuler les plans du projet de la Baie-James 2 après avoir été témoin des effets environnementaux nuisibles du projet de la Baie-James 1. M. Coon Come est présentement chef national de l'Assemblée des Premières Nations.

Le plateau

Les peuples autochtones du plateau vivent séparés des nations des plaines et de la côte du Pacifique, au pied des montagnes Rocheuses. La chaîne montagneuse des Kootenays tire son nom de l'une des nombreuses nations du plateau. Les peuples du plateau étaient jadis des chasseurs nomades de wapitis, d'ours et de caribous.

En 1995, au lac Gustafsen en Colombie-Britannique, plusieurs campeurs avaient utilisé le terrain d'un ranch pour y tenir une cérémonie de danse du soleil. Lorsque le propriétaire leur a demandé de partir, ils ont refusé en disant que la terre n'avait pas été cédée, qu'aucun traité n'avait été signé et qu'il s'agissait d'un site sacré. Après quatre mois, la confrontation a pris fin avec un règlement négocié par un chaman albertain.

Figure 2.4
Groupes culturels autochtones au Canada

Côte nord-ouest du Pacifique

Pendant des générations, les nations Haïda, Tlingit et Salish dépendaient de la mer et vivaient dans des maisons de planches de cèdre sur les plages. Ils chassaient la baleine au harpon et piégeaient le saumon. Ils utilisaient le cèdre pour faire des maisons, des paniers et des pirogues qui pouvaient transporter jusqu'à 70 personnes.

Les représentants de la culture de la côte nord-ouest du Pacifique sculptaient de nombreux **totems** dans un seul long poteau communément appelé **mât totémique**. Un totem est une entité protectrice ayant souvent la forme d'un animal, qui est associée à un groupe culturel ou à une nation. Aujourd'hui, on peut trouver dans les parcs et musées de toute la Colombie-Britannique de magnifiques exemples d'art totémique.

En 1998, les Nisga'a, une Première Nation vivant au nord-ouest de la Colombie-Britannique, a signé une entente historique avec le gouvernement fédéral et celui de la Colombie-Britannique. Le traité Nisga'a était le premier traité concernant des revendications territoriales en Colombie-Britannique depuis 1871. Il accordait un territoire, un règlement financier et un modèle d'autonomie gouvernementale à la nation Nisga'a.

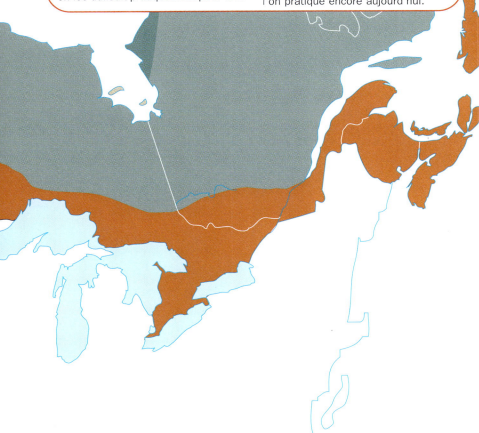

L'Arctique

Les Inuits, dont le nom signifie « les hommes », vivent au-delà de la limite forestière, dans une région recouverte de neige huit mois par année. Pendant des générations, les nations, dont les Mackenzies, les Labradors et les Caribous, chassaient le phoque et dépendaient de lui. Les peaux de phoque fournissaient des bottes, des sacs, des kayaks, des revêtements d'igloo et des vêtements. On utilisait l'huile de phoque pour le chauffage, la cuisine et l'éclairage.

De nos jours, de nombreux membres de ces groupes vivent dans un univers moderne; ils sont informés sur le monde grâce à la technologie et sont instruits dans des écoles. Certains Inuits parlent au passé de leurs mœurs traditionnelles.

Les grandes plaines

Il existe sept langues distinctes et plus de 30 nations des grandes plaines, notamment les Sioux, les Cris et les Siksikas, ou Pieds-noirs. Par le passé, ces gens dépendaient généralement du bison. En fait, quand les bisons se comptaient par millions, on les utilisait pratiquement pour tout. Le cuir fournissait le revêtement pour les semelles de mocassins, les boucliers et les maisons — des tentes de forme conique appelées **tipis**. Les côtes du bison devenaient des patins de traîneau. On utilisait le crâne pour l'autel de la danse du soleil, une cérémonie qui comporte des chants et une purification, et que l'on pratique encore aujourd'hui.

Les régions boisées du nord-est

Les Iroquois vivent le long du Saint-Laurent et des Grands Lacs. Ils ont déjà été des fermiers-chasseurs et ont vécu dans des **longues maisons**, dans des villages d'environ 1500 personnes. Ils cultivaient le maïs, la courge et les fèves, qu'ils appelaient « les trois sœurs ». La longue maison iroquoise avait d'habitude la forme d'un cigare. Elle mesurait environ cinquante mètres de long et dix mètres de large et pouvait contenir plusieurs familles apparentées.

Les Iroquois formaient une confédération de six nations : les Cayugas, les Mohawks, les Oneidas, les Onondagas, les Sénécas et les Tuscaroras. Déplacées après la Révolution américaine, les six nations, sous la direction de Joseph Brant, se sont réinstallées dans une réserve au sud-ouest de Brantford, en Ontario. Parmi les autres réserves bien connues, on compte Kanesatake, près d'Oka, au nord-ouest de Montréal et Akwesasne, près de Cornwall, en Ontario.

Aujourd'hui, les Iroquois pratiquent la religion de la **Longue Maison** dans une construction identique à la longue maison traditionnelle. Les **gardiens de la foi** sont des membres de la collectivité choisis pour maintenir les traditions spirituelles des Iroquois.

Les Algonquins de cette région étaient des chasseurs nomades qui dépendaient des forêts, des rivières et de la mer pour leur subsistance. Les forêts, en particulier, jouaient un rôle important dans leur survie. Ils utilisaient les aiguilles du pin blanc pour faire un thé qui protégeait contre le scorbut et soulageait le rhume. Pour traiter les brûlures d'estomac, ils préparaient un autre thé à base de racines de pissenlit.

Les animaux représentaient une ressource importante pour la satisfaction des besoins physiques et spirituels. Dans plusieurs collectivités, les clans (groupements familiaux) se définissaient par les attributs de l'animal auquel ils s'associaient.

Parmi les nations algonquines, on compte les Beothuks, qui ont maintenant disparu, les Micmacs, les Ottawas, les Cris et les Ojibways. Collectivement, il n'y avait pas de mouvement spirituel identifiable, mais certaines nations comme les Ojibways étaient reliées spirituellement à la *Grand Medecine Society* (Midewinin). Le spiritualisme était profondément personnel chez les Algonquins et il se définissait selon chaque collectivité.

De nos jours, le lien avec leur environnement naturel demeure une source de leur spiritualisme.

Portrait
l'Artisan de la paix

Les nations de chaque groupe culturel nord-américain ont leur propre interprétation de la façon de vivre leur vie. Pour certains, le Créateur donne des directives pour un meilleur mode de vie. Les Iroquois des régions boisées du nord-est racontent l'histoire de l'Artisan de la paix, un personnage central de leur culture et de leur religion. Les membres de la nation iroquoise croient qu'on ne devrait jamais prononcer le nom de l'Artisan de la paix, Dekanawida, avant la fin du monde, lorsque son nom sera appelé.

L'Artisan de la paix est né d'une jeune vierge huronne. Sa grand-mère avait honte parce qu'il ne semblait pas y avoir de père. Elle ordonna alors à sa fille de jeter le bébé dans l'eau glacée, mais la fille n'a pas pu. Quand la grand-mère elle-même a tenté en vain de le tuer, elle a compris qu'il était exceptionnel et qu'il deviendrait un grand homme. Le peuple huron violenta le jeune garçon. Il le battit, le garda en isolement et le ridiculisa. Tel qu'il lui avait été prédit dans un rêve, il alla vivre chez une autre nation iroquoise, les Mohawks.

Les nations iroquoises étaient toujours en conflit et le méchant magicien, Tadodaho, semblait être l'instigateur des troubles. L'Artisan de la paix chanta des chansons de paix devant la hutte du sorcier au corps voûté et aux cheveux faits de serpents. Dès que l'Artisan de la paix a pu toucher Tadodaho, son corps se redressa et son esprit guérit. Une fois le mal terrassé, l'Artisan de la paix rassembla les Cinq Nations et planta l'Arbre de la paix au sein de la nation Onondaga. Il dit que ses racines iraient au nord, au sud, à l'est et à l'ouest. À son sommet, il plaça un aigle qui verrait très loin et préviendrait les nations du danger. Il leur livra alors un message appelé « La Grande Loi de la paix » et les nations en guerre se réconcilièrent. Le message contenait cent lois régissant entre autres choses les funérailles, les clans, l'adoption et l'émigration. Une loi stipulait que les rites et les festivals de chaque nation demeureraient inchangés «... car ils avaient été transmis par le peuple des temps anciens comme étant utiles et nécessaires au bien-être des hommes ».

Le message de l'Artisan de la paix peut se diviser en trois parties principales. Il dit à la femme, Jigonsaseh, ou Nouveau Visage, qui avait été la première personne à accepter ce qu'il proclamait : « Le message comporte trois parties : la droiture, la santé et le pouvoir. La droiture signifie la justice, la santé signifie la solidité du corps et de l'esprit, et le pouvoir signifie l'autorité de la loi et des coutumes, et de la religion, car la justice appliquée représente la volonté de Celui qui occupe les cieux. »

Questions

1. Quelles contributions l'Artisan de la paix a-t-il apportées aux Cinq Nations ?
2. Décris en quoi le message de « droiture, santé et pouvoir » représente une bonne règle de vie.
3. L'histoire de l'Artisan de la paix ressemble-t-elle à d'autres histoires qui t'ont été racontées ? Lesquelles ?

Vérifie ta compréhension

1. Explique le désaccord concernant les origines des peuples autochtones.

2. Décris les six groupes culturels du Canada et le lien qu'ils entretiennent avec leur environnement.

3. Énumère trois choses que tu as apprises sur la culture traditionnelle des peuples autochtones. Choisis celle qui, à ton avis, est la plus impressionnante et explique pourquoi.

LES CROYANCES

L'animisme

Plusieurs adeptes de la spiritualité autochtone croient que tout est vivant dans le monde. Toutes les choses vivantes sont étroitement liées, vivent en harmonie les unes avec les autres et se déplacent par cycles *(voir la figure 2.5)*. Même dans l'après-vie, leur esprit retourne dans la nature. Les peuples autochtones reconnaissent les puissances qui les entourent : dans les cieux, chez les fantômes et les esprits humains, chez les animaux et les plantes, et dans la température.

La spiritualité autochtone exprime une croyance dans l'**animisme**, qui soutient que toute chose, humaine ou non, possède un esprit ou une âme, et que la personne ou l'animal continue de vivre après la mort grâce à la présence de cet esprit.

Certains observateurs ont prétendu que la spiritualité autochtone était **polythéiste**, croyant en plusieurs dieux, plutôt que **monothéiste**, croyant en un seul dieu. La plupart des peuples autochtones croient en un Créateur suprême.

Toutefois, la puissance dans l'univers est aussi accordée à d'autres esprits personnifiés qui sont moins puissants que le Créateur, mais qui guident également l'activité humaine. Les Inuits appellent la mer « Mer-Femme » ; les Iroquois appellent le ciel « Ciel-Femme » ; et les Algonquins nomment le ciel « Grand-Père ».

La spiritualité autochtone se tourne vers de nombreux esprits parce que les peuples autochtones croient qu'ils ont plus d'un besoin spécifique dans la nature ou dans la vie. Par exemple, un pêcheur s'efforce d'être en bons termes avec l'esprit de la mer ; un fermier souhaite plaire à l'esprit de la pluie ou du soleil. La foi dans les forces naturelles et surnaturelles qui relient les êtres humains à tous les autres êtres vivants imprègne la vie de presque toutes les sociétés aborigènes.

Black Elk, né en 1863, était un saint homme sioux des grandes plaines *(voir la figure 2.6)*. Il disait : « Nous savons que nous sommes tous liés et ne faisons qu'un avec les cieux et la terre… Puissions-nous être toujours conscients de ce lien qui existe entre les quadrupèdes, les bipèdes et la gent ailée… »

Les histoires sur la Création

Les histoires sur la Création, qui étaient souvent orales, jouent un rôle important dans les cultures autochtones en offrant une réponse aux questions de l'existence, comme l'endroit d'où nous venons, pourquoi certains éléments de l'environnement sont ainsi faits et où nous allons après la mort.

Chaque groupe culturel possède sa propre identité et ses propres histoires sur la Création. Certains croient être nés d'une palourde et avoir été aidés par le corbeau ou un autre animal. Plusieurs racontent la légende d'un homme tombant du ciel *(voir la figure 2.7)*.

Figure 2.5
La galerie d'art de Thunder Bay abrite une collection d'œuvres d'art autochtones de même que des œuvres comme des masques, des paniers et autres artefacts naturels. Cette peinture de l'artiste ojibway Roy Thomas intitulée Relationship to nature montre l'interrelation entre les êtres humains et l'environnement. Note qu'elle superpose plusieurs animaux comme au «rayon X» autour d'une silhouette humaine. Peux-tu identifier les oiseaux, le poisson, l'ours, le castor et les tipis? Explique l'animisme dans ce tableau.

Les régions boisées du nord-est

«L'Île de la tortue» représente une histoire de création autochtone *(voir la figure 2.8)*. Les peuples des régions boisées du nord-est croient qu'après une grande inondation, l'eau a recouvert la Terre. Plusieurs animaux et oiseaux marins ont tenté d'apporter de la boue à la surface de l'eau. Un rat musqué a finalement réussi. La Femme-Ciel a alors répandu la boue sur le dos d'une tortue et créé l'Amérique du Nord, ou l'Île de la tortue.

Figure 2.6
Black Elk, aîné spirituel des Sioux, 1863-1950.

La côte nord-ouest du Pacifique

Bill Reid, artiste haïda bien connu, illustrait l'histoire de la création de sa culture par celle du corbeau qui encourageait le peuple d'origine à sortir d'une coquille de palourde et à s'installer sur la Terre *(voir la figure 2.9)*. La célèbre sculpture se trouve au musée d'anthropologie de l'Université de la Colombie-Britannique.

Figure 2.7
Birth of the Earth, de l'artiste onondaga Arnold Jacobs. Dans ce tableau, une femme tombe du ciel et crée la Terre avec l'aide des animaux. Il illustre la croyance autochtone dans le lien entre les êtres humains et la nature.

La vie et l'après-vie

La croyance en une vie après la mort représente un élément fondamental de la plupart des religions. Plusieurs légendes aborigènes racontent des histoires de **réincarnation** ou de renaissance. Les Sioux des grandes plaines croient que quatre âmes quittent le corps à la mort d'une personne. L'une d'elles voyage le long du « sentier de l'esprit » et elle est jugée par une vieille femme. Celle-ci décide si l'esprit devrait poursuivre sa route pour se lier à nouveau à ses ancêtres ou retourner sur Terre en tant que fantôme. Les autres âmes entrent dans des fœtus et renaissent dans de nouveaux corps. Dans les régions boisées du nord-est, les Iroquois croient que les âmes ou les esprits peuvent pénétrer des objets fabriqués par l'homme, comme des filets de pêche ou des lances. D'autres groupes croient que les âmes habitent les nombreuses étoiles de la Voie lactée.

L'Arctique

Les Inuits rendent hommage aux âmes des animaux tués en plaçant l'animal dans la direction d'où il est venu afin que son âme puisse y retourner. Lorsqu'ils tuent un phoque, ils lui donnent une gorgée d'eau pour que son esprit puisse revenir à la mer. Lors d'un festival annuel, les Inuits rassemblent toutes les vessies des phoques capturés l'année précédente et les rejettent à la mer afin que les phoques puissent se reproduire.

Les totems

Les **totems** lient les peuples autochtones à leurs ancêtres mythiques. Les totems sont les entités protectrices – des plantes, des animaux ou des êtres mythologiques – d'un clan ou d'un individu. Les Ojibways identifient chaque groupe totémique par le nom d'un oiseau, d'un poisson ou d'un reptile. On considère comme des parents proches les personnes liées à un même totem et elles ne peuvent se marier entre elles.

Figure 2.8
Turtle Island, de Stanley R. Hill, un artiste mohawk. Cette sculpture sur bois illustre la création du monde et représente l'Arbre sacré de la paix. Note que l'aigle, symbole de force et de puissance, est au sommet de l'arbre.

Figure 2.9
The Raven and the First Men, de Bill Reid.

Figure 2.10
Peace Doe-dem (totem), de Blake Debassige. Les Anishnawbeks ont différents totems auxquels appartiennent les familles. L'un d'eux est le goéland, un symbole de paix.

Vérifie ta compréhension

1. Explique l'animisme dans la phrase suivante : « Certains croient qu'ils devraient marcher avec des chaussures souples ou pieds nus au printemps parce que la Terre-Mère est enceinte et qu'ils ne doivent pas la blesser. »

2. Raconte une histoire sur la création ou l'après-vie qui traduit le point de vue autochtone selon lequel les frontières entre le monde humain et le monde surnaturel sont facilement franchies.

3. Même s'il existe une très grande diversité parmi les cultures autochtones, décris trois croyances communes dans leurs religions.

4. Explique l'importance des totems dans la spiritualité autochtone.

Figure 2.11
Pow-wows est un mot algonquin qui désigne des rassemblements culturels. Ils connaissent actuellement une renaissance. Les participants mangent de la nourriture d'origine sioux, iroquoise ou haïda. Ils exécutent des danses traditionnelles, du tambourinage et des chants qui font tous partie intégrante de plusieurs pratiques et rituels autochtones.

Figure 2.12
Les cultures autochtones communiquent et racontent des histoires au moyen de la danse. Plusieurs danses racontent des événements ou des coutumes du passé. Aujourd'hui, les peuples autochtones ont recours à la danse pour redécouvrir leur passé et partager avec le monde leurs connaissances et leur culture.

LES PRATIQUES, LES RITUELS, LES SYMBOLES ET LES FESTIVALS

Les pratiques et les rituels

De nos jours, les peuples autochtones gardent leur spiritualisme vivant en participant à des festivals traditionnels et en représentant leurs croyances à travers leur art et leurs symboles. La volonté de réapprendre les croyances et pratiques ancestrales illustre bien la force et la fierté que tirent les peuples autochtones de leur renaissance culturelle.

Certaines pratiques religieuses, bien que régionales, sont devenues communes à tous les peuples autochtones au fil du temps. Nombre de rituels des peuples des grandes plaines ont franchi les barrières culturelles et se sont intégrés à la spiritualité autochtone. Ces pratiques permettent à tous les groupes culturels autochtones de démontrer leur solidarité par des moyens spirituels.

La danse du Matin

Chaque printemps, les Ojibways du sud de l'Ontario exécutent la danse du matin, également appelée la Wabeno. La danse rend hommage à « l'arbre de l'univers ». Tous les participants jeûnent et se purifient d'abord, puis un aîné joue du tambour et mène la danse dans une clairière autour de l'arbre choisi. Les enfants, les adultes et les personnes âgées dansent de l'aube jusqu'à midi. Au moment où chaque danseur passe près de l'arbre, le joueur de tambour lui fait signe de toucher le tronc en guise de remerciement. Au milieu de la journée, on sert un grand festin de viande et de poisson.

La danse du Soleil

Les nations des grandes plaines tiennent l'été un important festival qui dure de huit à seize jours et comprend la danse du Soleil *(voir la figure 2.13)*. Ce festival des grandes plaines est si important, et la danse représente un rituel tellement symbolique que le gouvernement canadien l'avait interdit à la fin des années 1880.

La cérémonie identifie le cercle comme un symbole important, et reconnaît et respecte le soleil en tant que source de vie. Cet événement se produit au début de l'été et les participants dansent pendant de longues périodes autour d'un poteau central, un peuplier ou « arbre de l'univers ». Ils font face au soleil et rendent hommage aux pouvoirs de création de la vie du soleil. Pendant la cérémonie, certains danseurs s'enfoncent profondément dans la poitrine des crochets de bois pointus, puis les attachent à des lanières de cuir qui pendent du sommet du peuplier. En dansant, ils tirent sur les bandes et se déchirent la chair. Les cicatrices qui en résultent témoignent de leur foi. Les danseurs pratiquent ce rituel parce qu'ils croient que le corps est la seule chose qu'ils contrôlent et qu'ils peuvent offrir en sacrifice au Créateur. Ils croient qu'en supportant ainsi la douleur, ils empêcheront les autres de souffrir de la famine, de la guerre ou de la maladie. Pendant la danse du Soleil, on récite des prières pour tous les peuples et on adresse des vœux au Grand Esprit.

Cette célébration de renouvellement et de réunion avec toute la création, y compris la danse du perçage, est à nouveau pratiquée aujourd'hui.

Figure 2.13
Sun Dance on the Reserve, *par Allen Sapp*

La cérémonie du Potlatch

Les nations de la côte nord-ouest du Pacifique pratiquent la cérémonie du Potlatch *(voir la figure 2.14)*, que le gouvernement canadien a interdite en 1884. Les représentants gouvernementaux estimaient que le Potlatch contribuait à l'oisiveté et il leur semblait « rétrograde » et inutile. Le gouvernement a levé l'interdit en 1951.

Le jeûne, la distribution de richesses et le partage de chants et de danses font tous partie d'un Potlatch. L'hôte donne une fête pour célébrer un important événement comme un mariage, la désignation d'un héritier, ou pour réparer une humiliation. Plus l'hôte fait cadeau de ses biens, plus il gagne en importance et en grandeur.

Ainsi, le clan hôte accroît son prestige. Les danses et les chants sont exécutés pour honorer le Grand Esprit.

Plusieurs traditions anciennes liées au Potlatch, y compris la danse et les chants, se poursuivent de nos jours.

Figure 2.14
La cérémonie du Potlatch, une pratique spirituelle importante parmi les peuples autochtones, a été interdite en 1884. Le gouvernement canadien a levé l'interdit en 1951.

L'étuve (ou hutte de transpiration)

La cérémonie de l'étuve, très répandue parmi les nations des grandes plaines, purifie l'âme et aide à se recentrer. L'étuve nettoie à la fois le corps et l'esprit. Sous la direction d'un **chaman**, à la fois guérisseur et chef spirituel, les participants érigent une construction semblable à un sauna appelée une étuve. L'étuve est un dôme fait d'arbrisseaux. Une couverture formée de peaux d'animaux, de cèdre ou d'une bâche rendent l'endroit sombre et hermétique. On place des pierres chauffées au centre de l'étuve et on asperge d'eau les roches. Les participants s'accroupissent et s'entassent autour des pierres dans un espace restreint. La chaleur intense et la vapeur les font transpirer abondamment, nettoyant ainsi leur corps tant physiquement que spirituellement. Habituellement, on partage des prières et une pipe sacrée. Un aîné ou un chaman s'occupe de coordonner la cérémonie.

La cérémonie de la tente secouée

Le rituel de la tente secouée, pratiqué par les groupes autochtones de la région subarctique jusqu'à celle des grands lacs, illustre les croyances et les valeurs de certains peuples autochtones au sujet du monde surnaturel et de son étroite relation avec le vivant. Grâce à cette cérémonie, on peut communiquer avec les esprits. On construit la tente au moyen de quatre ou huit poteaux profondément enfoncés dans le sol pour former un cercle d'environ un mètre de diamètre. Un cercle de bois entoure les poteaux à leur sommet et parfois à leur base. La forme cylindrique, ouverte sur le ciel afin de permettre l'entrée des esprits, est enroulée dans de l'écorce de bouleau ou dans une peau. Les personnes qui ont exigé la cérémonie prennent un arrangement avec le chaman. Il entre alors dans la tente et intercède auprès des esprits. Il demande aux esprits de régler des problèmes tels que retrouver un objet perdu, communiquer avec un ancêtre, localiser une personne disparue ou prédire le résultat d'un événement. La cérémonie a toujours lieu la nuit.

Les symboles et les emblèmes

L'Arbre de la paix

Figure 2.15

L'arbre, qui relie la Terre et le Ciel, représente un symbole essentiel dans certaines religions autochtones. Il fait partie intégrante de certaines pratiques comme la danse du Soleil. La danse est centrée autour d'un poteau de peuplier auquel les danseurs s'attachent avec des lanières de cuir.

Le pin blanc constitue un symbole important pour les Iroquois. Le héros, l'Artisan de la paix, avait déclaré qu'à chaque fois que les Iroquois se rassembleront près du Grand Arbre, ils « offriront des remerciements à la Terre…, aux cours d'eau…, au maïs et aux fruits, aux arbres et aux plantes médicinales, aux animaux qui servent de nourriture et donnent leur fourrure pour les vêtements…, aux messagers du Créateur qui transmettent ses désirs et au Grand Créateur…, maître de la santé et de la vie. »

Aux yeux des groupes de la côte ouest, le cèdre est un important porteur de symboles puisqu'on l'utilise dans la création de mâts totémiques.

QUESTIONS

1. L'arbre représente un symbole commun à l'ensemble de l'humanité. Les universitaires l'appellent l'*axis mundi* ou cœur du monde. Décris les attributs de l'arbre qui en font un parfait symbole mondial.
2. Comment l'arbre reflète-t-il les principales croyances de certains peuples autochtones ?
3. Décris le rôle de l'arbre dans une autre religion que tu connais.

Les festivals

Figure 2.16
Les Iroquois des terres boisées du nord-est pratiquent un ensemble de cérémonies liées au cycle agricole : la Cérémonie du milieu de l'hiver, en janvier ; les rituels du Sirop d'érable et des Semences en avril ; les célébrations de la Fraise, de la Fève et du Maïs vert, en été ; et le Festival de l'Action de grâce ou de la Récolte, tenu un jour en novembre.

Cette illustration représente du maïs corné et des courges, des aliments associés au Festival de l'Action de grâce. Les Iroquois considèrent les récoltes et la nourriture comme des cadeaux du Créateur.

Portrait
Les gardiens de la foi

Figure 2.17
Dorothy Green

Le Créateur observe et écoute, et les gens se tournent vers vous pour obtenir aide et direction.

Les femmes iroquoises ont toujours eu un grand pouvoir dans la société. Elles vivaient au sein d'une société matrilinéaire où la mère avait le contrôle. La famille étendue de la matriarche vivait dans la longue maison et elle nommait les **sachems**, ou chefs de clan. Les autres mères du clan, les mères du même groupe familial, validaient ensuite la nomination du sachem.

Aujourd'hui, les mères du clan de la longue maison désignent encore les gardiens de la foi — trois hommes et trois femmes — afin qu'ils les aident pendant leurs cérémonies. Le gardien de la foi préserve et transmet le système de croyances spirituelles en dirigeant les cérémonies rituelles. D'habitude, on choisit un homme et une femme pour leurs qualités de meneurs et leur talent oratoire. La personne choisie comme gardien de la foi d'une longue maison est obligée d'accepter cette charge.

Dorothy Green est la personne la plus âgée de la longue maison Onondaga et elle a été pendant longtemps la gardienne de la foi cayuga. Elle fait également partie du clan de la Tortue. À titre de gardienne de la foi, elle a assisté à toutes les cérémonies, chanté toutes les chansons et dansé toutes les danses jusqu'à ce que l'arthrite l'en empêche. Aujourd'hui, elle demeure active en fabriquant des mocassins, des vestes et des jambières. On l'appelle Kiduwitu, ce qui signifie « marche dans les jardins ».

Question

Décris trois façons dont Dorothy Green contribue à conserver l'importance de la religion aux yeux des gens.

Vérifie ta compréhension

1. Explique la procédure et la signification de la danse du Soleil et de la danse du Matin.

2. Quels festivals « cycliques » partages-tu avec les Iroquois ? Compare-les entre eux.

LES ÉVÉNEMENTS MARQUANTS DE LA VIE

La quête d'une vision

Le rite de passage vers l'âge adulte, souvent exprimé dans le cadre d'une cérémonie, comprend la **quête d'une vision** ou rêve. La quête d'une vision est une cérémonie répandue dans la plupart des religions autochtones.

On purifie d'abord la personne en quête d'une vision, ce qui comprend une confession, ou tout au moins un désir d'expiation. Cela se passe habituellement dans une étuve *(voir la figure 2.18)*. Le guérisseur demande alors au jeune de s'éloigner du camp. Le jeune prie, jeûne en n'absorbant ni nourriture ni eau, et subit les éléments pendant plusieurs jours en attendant une « vision ». À la fin d'une période de jeûne et de prière, la personne souhaite recevoir un message d'un esprit protecteur, qui peut apparaître sous l'aspect d'un animal, d'un objet ou d'une autre forme naturelle. Toutefois, il peut arriver que la personne n'ait pas de vision et qu'elle doive alors réessayer. Souvent, le chaman aide à interpréter la vision et son message.

Figure 2.18
Une jeune autochtone participe à une cérémonie de l'étuve.

John Fire Lame Deer (1903-1976), un saint homme sioux, a décrit sa quête d'une vision lorsqu'il était jeune. Le rêve renforçait les croyances et les valeurs de sa religion tout en confirmant à ses yeux l'équilibre et l'harmonie entre la Terre et le Ciel.

Le vieil homme me laissa au sommet de la colline. Il m'avait accompagné dans l'étuve et avait prié: « Oh pierres saintes, nous recevons votre souffle blanc, la vapeur. C'est le souffle de la vie. Laissez ce jeune homme l'inhaler. Rendez-le fort. » J'avais encore l'esprit léger par suite du bain de sueur purifiant et ma peau picotait. Cela semblait rendre ma tête vide mais peut-être était-ce une bonne chose… beaucoup d'espace pour la vision. Des sons ont émergé de la nuit mais j'ai soudain pris conscience de la présence d'un immense oiseau qui volait autour de moi. Je pouvais entendre ses cris et sentir ses plumes. Tout à coup, je me suis retrouvé dans le ciel avec l'oiseau. J'ai entendu une voix qui disait: « Nous sommes le peuple des volatiles, la gent ailée, les aigles et les chouettes. Tu seras notre frère. Tu nous comprendras chaque fois que tu viendras sur cette colline chercher une vision. Tu connaîtras les herbes et les racines et la façon de guérir les gens. La vie d'un homme est brève. Fais en sorte que la tienne soit valable. »

Je sentais que les voix étaient bonnes et je n'avais plus peur. Je perdis toute notion du temps. Puis, je vis une personne émerger de l'obscurité et de la brume tourbillonnante.

C'était mon arrière-grand-père qui avait été tué par un soldat blanc. Je vis le sang qui coulait de sa poitrine. Alors j'ai compris qu'il voulait que j'adopte son nom, Lame Deer, et cela me rendit extrêmement heureux. J'ai senti mon âme en moi et une force m'a envahi comme une inondation. J'ai alors su que j'allais devenir un guérisseur et j'ai pleuré de joie.

Finalement, le vieil homme m'a secoué doucement. Il m'a dit que j'étais demeuré sur la colline pendant quatre jours et quatre nuits. Il m'a donné de l'eau et de la nourriture et je lui ai raconté ce que j'avais entendu et vu. Il me dit que je n'étais plus un enfant, mais que j'étais devenu un homme. Maintenant j'étais Lame Deer.

Vérifie ta compréhension

1. Quel rôle joue la purification lorsqu'on entreprend la quête d'une vision?

2. Pourquoi est-il important qu'un aîné ou un chaman participe à la quête d'une vision?

3. Qui choisirais-tu pour t'accompagner si tu participais à la quête d'une vision?

LES ÉCRITS SACRÉS

Les enseignements oraux

Dans les cultures autochtones, les prières sont transmises aux nouvelles générations en contant et transmettant le récit des événements. Les membres, tels que les aînés ou les chamans, mémorisent les histoires et deviennent les gardiens qui transmettent les mots. Ils communiquent leurs histoires et leçons en parlant de manière fluide, en écoutant et en comprenant, une aptitude appelée **fluidité verbale**. Parfois l'orateur a recours à un collier de perles ou wampum, ou même à un mât totémique, pour l'aider à raconter l'événement.

Au début du XXe siècle, on a fait des efforts pour consigner les histoires orales des autochtones. Handsome Lake, un prophète iroquois, a transmis son « bon message » ou *Gaiwiio* à six membres de sa nation. Les six personnes ont mémorisé ce que leur avait enseigné Handsome Lake et ils récitaient, deux fois l'an, le message à leur peuple. Le récit entier du *Gaiwiio* durait trois jours. En 1912, A. C. Parker, un archéologue, a écouté l'une de ces personnes et a transcrit les paroles sous forme de texte.

Handsome Lake (1735-1815)

La vie de Handsome Lake, un saint homme iroquois de la nation Seneca, a coïncidé avec le déclin de la puissance iroquoise après la Révolution américaine. Il avait été un guerrier dans le clan de la Tortue mais, après avoir perdu sa terre natale dans l'État de New York en 1783, il a souffert de diverses maladies débilitantes et il est devenu alcoolique. En 1799, il renonça solennellement à l'alcool et retourna à son lit de malade. En juin de cette année, un Handsome Lake repentant fit l'expérience de la mort et revint à la vie. Après sa guérison, il expliqua qu'il avait eu des visions et qu'il avait reçu un bon message, un *Gaiwiio*. Ceci engendra un mouvement de réforme, doté d'un nouveau code moral, visant à renverser le déclin social des Iroquois restants, dont le nombre avait chuté à environ 4 000.

Handsome Lake racontait avoir vu quatre messagers célestes du Créateur qui disaient : « … quatre mots racontent une grande histoire d'injustice, et le Créateur est triste en raison des problèmes qu'ils apportent, alors va et dis-le à ton peuple. » Les quatre mots étaient alcool, sorcellerie, magie noire et avortement. Les autres maux auxquels il s'attaqua étaient l'adultère, la violence contre les femmes et les enfants et la désertion.

Vérifie ta compréhension

1. La tradition orale est-elle aussi fiable que la tradition écrite ?

2. Peut-on transmettre, interpréter, consolider, codifier et formaliser des histoires transmises oralement depuis la nuit des temps ?

Texte sacré

Le Code de Handsome Lake

Les enseignements de Handsome Lake ont été consignés 40 ans après sa mort par son frère Cornplanter qui, en 1905, les transmit à son neveu A. C. Parker.

Le Bon Message comportait deux thèmes principaux. La première partie contient l'annonce d'un désastre imminent si les gens ne changent pas leurs habitudes. La seconde partie stipule que seules les personnes qui refusent de se repentir et de changer souffriront et périront, et iront à la Maison de l'expiateur, qui est le frère du Créateur. Il existe plus de 130 « messages ».

Le premier mot est one'ga (whisky). Il semble que vous n'ayez jamais su que ce mot signifie un mal monstrueux et diabolique et qu'il a généré un grand monticule d'os. Hélas, beaucoup l'aiment trop. Ainsi, tous doivent maintenant dire : « Je ne l'utiliserai plus jamais. J'arrête dès maintenant. » Ainsi doivent-ils tous dire lorsqu'ils entendent le message.

Le Code de Handsome Lake, partie I
(Traduction libre)

Le Créateur a ordonné que l'homme et la femme élèvent bien leurs enfants, qu'ils les aiment et les gardent en santé. Voilà la règle du Créateur.

Le Code de Handsome Lake, partie VII
(Traduction libre)

Voici maintenant un autre message à transmettre à votre peuple. Les gens mariés vivent souvent bien ensemble pendant un moment. Puis l'homme adopte un tempérament vil et il violente sa femme. Il semble en retirer du plaisir. De telles choses attristent fort le Créateur. Alors, il nous demande de vous dire de mettre un terme à de tels actes odieux. L'homme et la femme ne doivent pas se frapper l'un l'autre.

Le Code de Handsome Lake, partie X
(Traduction libre)

QUESTIONS

1. Quel message pourrais-tu mettre en pratique selon le Code de Handsome Lake, et où éprouverais-tu de la difficulté ? Explique ta réponse à un autre élève.
2. Penses-tu qu'un code d'éthique est bon pour toujours ou qu'il devrait subir des changements au fil du temps ?
3. Si tu devais choisir quatre mots qui formeraient la base de ton code d'éthique personnel, quels seraient-ils ?

Lieu saint

La longue maison de Sour Springs

La longue maison de Sour Springs (eaux saumâtres, en français) est située sur la réserve des Six Nations près de Brantford en Ontario. Son nom lui vient du goût sulfureux de son eau. La vieille construction en bois carré est un centre de cérémonie depuis 1855. Les fidèles mettent en pratique les enseignements de Handsome Lake, et leurs cérémonies se déroulent conformément à son influence.

Le concept de « dualité » guide la stricte organisation de la longue maison et représente une vision symbolique de l'univers. Il existe deux principaux clans : celui de la Tortue et celui du Loup. On appelle frères et sœurs les personnes qui appartiennent au même clan et cousins et cousines, celles de l'autre clan. Lorsqu'ils viennent dans la longue maison, les membres du clan du Loup entrent par la porte de l'ouest, et les membres du clan de la Tortue entrent par l'est. L'endroit où sont assises les personnes change selon la cérémonie dans chaque longue maison. À un endroit, les femmes s'assoient face aux hommes de leur clan. Chaque côté, ou clan, participe alors à la cérémonie de la longue maison. Par exemple, l'orateur d'un clan peut amorcer les travaux et l'orateur de l'autre clan peut y mettre fin, les deux clans contribuant ainsi à la communauté de la longue maison.

QUESTIONS

1. Explique la signification de la dualité dans l'univers. Comment la longue maison représente-t-elle le concept de dualité ?
2. Décris la façon dont les cérémonies de la longue maison de Sour Springs traduisent le concept de collectivité.

Figure 2.19

Vérifie ta compréhension

1. Quels sont les quatre mots des messagers ? Choisis-en un et explique comment Handsome Lake en parle dans son code.

2. Décris l'élaboration du Code de Handsome Lake.

3. Explique l'expression « fluidité verbale ».

4. De quelle façon un wampum ou un mât totémique peuvent-ils aider un orateur à raconter un événement ?

LES GROUPES ET LES INSTITUTIONS

Les aînés

> « La connaissance était inhérente à toutes choses. Le monde était une bibliothèque dont les livres étaient les pierres, les feuilles, l'herbe, les ruisseaux… »
>
> Luther Standing Bear

Figure 2.20 Dans les collectivités autochtones d'aujourd'hui, les aînés aident les jeunes à se rattacher à leur patrimoine.

Les aînés sont des hommes ou des femmes dont la communauté reconnaît la sagesse, les vastes connaissances et l'expérience (voir la figure 2.20). Les aînés transmettent les connaissances pratiques quotidiennes et ils sont aussi les gardiens de la tradition. Ils racontent l'histoire de leur religion et ils servent de guides spirituels. Par exemple, un aîné pourrait enseigner l'animisme en disant à un jeune enfant de ne pas frapper un animal, même s'il est mort, parce qu'il s'agit de nourriture et qu'on doit le respecter. Ils pourraient renseigner les jeunes sur les herbes et les médecines naturelles. Les aînés représentent un lien important avec le passé. Ils dispensent des connaissances et des compétences pour le présent et l'avenir et sont très appréciés au sein de leur communauté.

Les aînés aujourd'hui

Dans les communautés autochtones, le rôle des aînés connaît présentement une renaissance culturelle. Pour relever le défi de l'avenir, plusieurs peuples autochtones se tournent vers leur passé et vers l'autorité, la sagesse et les connaissances des aînés. Les faits suivants illustrent l'intérêt accru que l'on porte aux aînés :

- dans plusieurs écoles autochtones, on enseigne maintenant les connaissances traditionnelles, celles des aînés, et les gouvernements du Nunavut et des Territoires du Nord-Ouest s'y réfèrent

lorsque les politiciens prennent des décisions importantes ;
- dans plusieurs communautés, les aînés agissent en tant que conseillers et enseignants auprès des jeunes autochtones qui s'efforcent de relever les défis de la société contemporaine. À Toronto, les conseils des aînés servent de tribunaux pour les petits délinquants. Ces conseils se préoccupent de guérison, et non de punition ;
- l'Assemblée des Premières Nations, une puissante organisation politique de peuples autochtones au Canada, est conseillée et guidée par un conseil des aînés ;
- beaucoup de Canadiennes et de Canadiens, autochtones ou non, participent à la préservation des enseignements des aînés autochtones. Ils s'emploient à enregistrer, filmer et consigner les histoires et les avis des aînés.

La Société des faux-visages

La Société des faux-visages est un groupe iroquois respecté dont les membres connaissent bien les pouvoirs naturels des herbes, et qui font des prières rituelles. On les appelle « faux-visages » parce qu'ils portent des masques narquois et grimaçants qui ont été sculptés dans des arbres vivants. Les masques représentent des êtres puissants qui vivent dans la forêt. Plusieurs masques ont le nez courbé, ce qui reflète une légende selon laquelle le Créateur a fait en sorte que le Grand faux-visage se brise le nez après une compétition.

> *Hadui, un être à l'image de l'homme, met le Créateur au défi pour voir qui pourrait faire bouger une montagne. Hadui la fit bouger un peu, puis ce fut le tour du Créateur. Hadui entendit un grondement derrière lui et, lorsqu'il se retourna, il se frappa le visage contre la montagne et se brisa le nez. Le Créateur avait davantage de pouvoir et il avait déplacé la montagne aussi vite et aussi loin. « Je suis vaincu... mais je suis tout de même très puissant. Je ne veux pas être banni de cette terre. Si vous me permettez de rester, je promets d'aider les peuples à venir. Votre peuple sculptera des masques à mon image pour qu'il se souvienne de cet événement et de ma promesse de guérir les malades et de chasser les mauvais esprits. »*

Recherche Internet

Si tu t'intéresses aux enseignements des aînés, Internet représente un moyen d'accès moderne pour accéder au passé. Visite le Cercle virtuel à l'adresse **www.dlcmcgrawhill.ca**. Examine la pertinence de ces enseignements dans notre vie aujourd'hui.

Étude d'une communauté

Le Centre culturel Woodland

Figure 2.21
Une murale créée par l'artiste des Six Nations, Bill Powless, pour le Centre culturel Woodland. Cette scène dépeint un aîné (à droite) dirigeant les peuples autochtones qui se sont éloignés de leurs traditions en un cercle sans fin dans lequel tous sont égaux.

Le Centre culturel Woodland à Brantford, en Ontario, présente des œuvres autochtones d'artistes renommés, tels Tom Hill et Norval Morriseau. Lorsqu'on regarde le logo du Centre, qui affiche deux aigles volant vers l'étoile (voir page 29), il est évident que l'animisme et le spiritualisme sont fortement présents dans les valeurs autochtones.

Le Centre culturel Woodland, situé sur une réserve, était auparavant un pensionnat indien. Depuis 1972, il a respecté sa mission de préserver et de promouvoir le patrimoine culturel des nations algonquine et iroquoise. Les visiteurs se renseignent sur l'histoire et le patrimoine des Premières Nations, sur leurs modes de vie contemporains ainsi que sur les questions sociales et culturelles qui leur sont liées. Les expositions du musée comptent entre autres un village iroquois, une forêt vespérale mythique présentant l'environnement typique des régions boisées du nord-est, et l'intérieur d'une longue maison du XIXe siècle. La bibliothèque de recherche renferme actuellement plus de 6000 volumes.

De nos jours, les aînés et ceux qui parlent la langue œuvrent d'arrache-pied à des projets qui reflètent la renaissance des cultures des régions boisées du nord-est. De fait, «... le centre représente un pont entre le passé et le présent, et soulève des questions quant aux orientations futures qui serviront à la "septième génération", ou celle qui suivra la génération de notre génération ; autrement dit, l'avenir de nos enfants... Le centre établit la validité du passé, célèbre le présent et cherche, auprès des aînés et de nos enfants, des réponses pour l'avenir. »

Questions

1. Explique ce que signifie le logo du Centre culturel Woodland en ce qui a trait au spiritualisme et à l'animisme.
2. Décris trois façons dont le Centre culturel Woodland préserve le patrimoine et la religion autochtones.
3. La «septième génération» fait référence aux générations qui nous suivent. «Ce que nous faisons dans nos vies devrait refléter notre responsabilité envers les générations futures.» Es-tu d'accord avec cet énoncé ? Que fais-tu pour mettre en pratique cette croyance ?

Vivre ma religion

Chris Warner et Courtney Thomas

Figure 2.22

L. E. Raths, un enseignant américain qui a étudié les valeurs et les croyances, disait que le processus de la foi comporte quatre étapes ou phases. Pendant la première étape, nous sommes « conscients », et nous connaissons nos croyances ; à la deuxième étape, nous « attachons beaucoup d'importance » à nos croyances ; à la troisième étape, nous les « choisissons » parmi beaucoup d'autres ; et à la quatrième étape, nous « agissons » par rapport à elles de manière cohérente et intégrée.

Deux étudiants autochtones de la *Pauline Johnson Collegiate and Vocational School* de Brantford, en Ontario, ont de toute évidence franchi les quatre étapes de Raths. Courtney Thomas (19 ans) et Chris Warner (20 ans) assistent régulièrement aux cérémonies de la longue maison sur la réserve des Six Nations. Ils vont à l'école en ville, mais tentent de préserver leur religion, leur langue et leur culture sur la réserve et hors de celle-ci. Courtney appartient au clan de la Tortue et Chris à celui du Loup. Tous deux affirment que les membres des clans sont des enseignants et des protecteurs.

Les membres d'un même clan ne se marient pas entre eux. Ils croient que trois ou quatre esprits protecteurs, habituellement des ancêtres, veillent sur eux. Il est très important de préserver les liens dans le clan. De strictes traditions réglementent la religion dans la longue maison, comme où s'asseoir et par quelle porte entrer.

Les croyances et les valeurs exprimées dans la longue maison sont celles de l'Artisan de la paix et de Handsome Lake. Mais la longue maison est aussi le lieu des rencontres communautaires telles que les mariages, les funérailles, la collecte d'argent pour un événement particulier ou l'envoi d'une personne à un concours de danse ou de tambourinage. La longue maison offre un soutien pendant les rites de passage. L'humour, tout comme le sens de la communauté, fournissent une orientation. À la puberté, la communauté peut avertir le garçon de ne pas nager ou siffler parce que sa voix ne muera jamais. Lors des premières menstruations d'une jeune fille, des personnes l'aident pendant le « temps de guérison ». Une coutume exige qu'une jeune fille se lave les mains dans la cendre pour établir un lien avec le foyer et pouvoir continuer à cuisiner. Chris apprend sa langue, le cayuga, afin de pouvoir prier et chanter convenablement si un jour il doit faire brûler du tabac. Courtney a appris que la nourriture devait être recouverte pour la protéger et conserver sa valeur nutritive. Leur sens du spiritualisme et de l'animisme est puissant.

Lorsqu'on leur demande ce qu'ils retirent de leur religion autochtone, les deux affirment en tirer force et énergie. Lorsqu'ils se rendent à la longue maison, ils doivent avoir de bonnes pensées afin de se purifier. Ils ont certainement le sentiment qu'il est plus facile de communiquer avec les autres adhérents et qu'il existe un lien étroit entre eux. Ils croient que s'ils n'avaient pas la religion et la communauté de la longue maison, leurs traditions se perdraient, leur langue en souffrirait et leur identité disparaîtrait. « Ce serait une espèce de mort. »

Questions

1. Décris trois façons dont Courtney et Chris ont intégré dans leur vie quotidienne les croyances et les valeurs traditionnelles.
2. Explique à quelle étape, parmi les quatre, Raths, Courtney et Chris se situeraient en ce qui concerne leurs croyances.
3. Décris une croyance spirituelle que tu as et explique comment les étapes de Raths s'appliquent à toi et à ta croyance.
4. Énumère les tabous et les interdits de ta religion.

Recherche Internet

Si tu t'intéresses au Centre culturel Woodland, visite www.dlcmcgrawhill.ca pour connaître les activités à venir.

Vérifie ta compréhension

1. Les musées et les galeries représentent-ils des éléments importants pour garder vivante la spiritualité autochtone ? Explique.

2. Décris l'importance des aînés, des chamans et des femmes dans la spiritualité autochtone.

3. Quelle importance ont les aînés dans ton groupe social ?

L'INFLUENCE CULTURELLE

Les Européens et les peuples autochtones

Il n'y a pas de doute : les Européens et les peuples autochtones ont eu à la fois une incidence positive et négative les uns sur les autres. Les peuples autochtones ont exposé les premiers explorateurs à de nouvelles techniques agricoles et à de nouvelles façons de relever les défis de la survie, alors que les Européens ont fourni des outils qui ont favorisé l'évolution de la culture autochtone.

En 1755, les Britanniques ont créé le premier ministère des Affaires autochtones du Canada. Il avait pour but de maintenir de bonnes relations avec les peuples autochtones et d'assurer leur soutien à la Grande-Bretagne. Leur allégeance était essentielle au cours des années où la Grande-Bretagne combattait les Français ou les Américains. En 1900, toutefois, les cultures autochtones ont frôlé l'extinction à cause des nombreuses années de guerre et de maladie. Souvent, la variole, la rougeole et la tuberculose emportaient les personnes âgées et les jeunes — le passé et l'avenir.

Avant l'arrivée des Européens en Amérique du Nord, les peuples autochtones se gouvernaient eux-mêmes. Au cours des siècles, leur administration s'est affaiblie à cause de politiques de contrôle et d'assimilation. Les lois indiennes de 1876 et de 1895 incitaient les peuples autochtones à abandonner leur culture et à adopter les « façons de faire des Blancs ». Les politiques créant les réserves ou encourageant l'assimilation ont eu des résultats mitigés.

Les pensionnats indiens

Au milieu du XVIIIe siècle, le gouvernement canadien finançait un système de pensionnats indiens pour les peuples autochtones. On retirait les enfants de leur réserve et on les plaçait, souvent loin de leur communauté, dans des pensionnats dirigés surtout par des ordres religieux de l'Église catholique, de l'Église unie et de l'Église anglicane. Du tournant du siècle jusqu'aux années 1960, on enseignait souvent aux enfants autochtones du Canada qu'il était mal de mettre en pratique leurs traditions culturelles. Parfois, les punitions pour avoir tenté de conserver les mœurs traditionnelles étaient sévères. Elles consistaient, par exemple, à enfoncer une aiguille dans la langue pour avoir parlé la langue autochtone, ou à obliger un garçon à porter une robe s'il avait tenté de communiquer avec une parente. Les pensionnats indiens ont brisé le lien entre les enfants, leurs parents et leur culture. Plusieurs enfants, isolés pendant des années et incités à oublier leurs mœurs traditionnelles, rejetaient souvent leur passé.

Le rapport de l'Assemblée des Premières Nations intitulé *Briser le silence* affirmait qu'il y avait, en 1909, 77 pensionnats indiens et que 60 étaient toujours ouverts dans les années 1960. Le Mohawk Institute, qui est devenu le Centre culturel Woodland, a fermé ses portes en 1970. En 1996, le rapport de la Commission royale sur les peuples autochtones désignait les pensionnats indiens comme la principale cause des taux élevés d'abus de substances toxiques et de suicide. À ce moment, toutefois, plusieurs étudiants avaient déjà amorcé leur processus de guérison en redécouvrant leur culture et leur spiritualité traditionnelles autochtones.

Tout au long des années 1990, de nombreux changements importants sont survenus chez les peuples autochtones du Canada. La décennie a débuté par une confrontation concernant les revendications territoriales et s'est terminée avec la naissance du nouveau territoire et mère-patrie des Inuits, le Nunavut.

Confrontation à Oka

Parfois, l'incidence culturelle de la société dominante sur la vie autochtone se transforme en violence. À l'endroit où la rivière Outaouais rejoint le lac des Deux-Montagnes et le Saint-Laurent, il y a une réserve Mohawk appelée Kanesatake, tout près de la ville d'Oka. À la limite de la ville, dans le boisé appelé Les Pins, quelques hommes d'affaires d'Oka ont acheté le titre foncier et, en 1959, ont construit un terrain de golf de neuf trous. En 1989, ils voulaient agrandir le terrain de golf à 18 trous. La terre qu'ils convoitaient était un

Figure 2.23
Oka, 1990 : un Mohawk et un soldat canadien se tiennent face à face lors d'une confrontation tendue.

cimetière ancestral que les Mohawks considéraient comme un lieu sacré. Toutefois, les tribunaux ont rejeté la revendication des Mohawks. Ceux-ci ont décidé de ne pas demeurer inactifs et de ne pas se laisser prendre leur terre. Ils ont érigé une barricade sur la route et 11 semaines de confrontation armée ont commencé. Pendant la confrontation, les Mohawks ont tambouriné et chanté autour d'un feu sacré pour obtenir le pouvoir de la puissance rituelle des faux-visages. Un des protestataires mohawks a montré comment la spiritualité mohawk était présente : « ... Nous avions des ballots de remèdes que nous portions autour du cou et qui contenaient des cendres du feu sacré. Les fusils ne représentaient rien. Nous n'avions pas assez de munitions pour résister à l'armée pendant 10 minutes. Tout cela était symbolique. »

La Journée nationale des autochtones

La renaissance culturelle autochtone s'accentue et les éléments qui ont survécu dans les religions autochtones jouent un rôle important. En 1996, le Canada a déclaré que le 21 juin deviendrait la Journée nationale des autochtones. Chaque année, les peuples autochtones célèbrent leur passé et leur avenir dans le cadre d'activités pan-autochtones.

La réconciliation

En 1998, le gouvernement canadien reconnaissait son rôle dans les répercussions culturelles et spirituelles sur les cultures autochtones. Il a rendu publique la « Déclaration de réconciliation », dans laquelle il exprimait officiellement son profond regret pour les gestes passés. Cette déclaration comportait également un plan d'action visant à contribuer à la guérison des élèves des pensionnats indiens, à améliorer les conditions de santé et à accélérer le règlement des revendications territoriales. Ces dernières années, les Églises chrétiennes ont également reconnu une part de culpabilité et ont fait quelques tentatives de réconciliation auprès des communautés autochtones.

Le Nunavut

Pour certains groupes autochtones, l'autonomie gouvernementale représente une façon de protéger leur patrimoine et leurs valeurs religieuses. En ayant la maîtrise de leurs propres territoires et de leurs lois, les sociétés autochtones pourraient espérer protéger et préserver davantage leurs valeurs traditionnelles. Le 1er avril 1999, le Canada créait son plus récent gouvernement territorial dans la moitié est de la région qui faisait autrefois partie des Territoires du Nord-Ouest (voir la figure 2.24). Le Nunavut abrite une population de plus de 27 000 habitants, dont 80 % à 85 % sont des Inuits. Il s'étend sur presque deux millions de kilomètres carrés de régions sauvages arctiques, traverse trois fuseaux horaires et est plus vaste que tout autre territoire ou province du Canada. En inuktitut, la langue inuit, « Nunavut » signifie « Notre Terre ». Les résidents du Nunavut espèrent qu'en maîtrisant leurs propres affaires, ils pourront moderniser leur société tout en conservant les valeurs essentielles de leur culture autochtone. Le gouvernement s'est engagé à respecter et à mettre en application la IQ (Inuit Qaujim-ajatuqangit), ou savoir traditionnel inuit — la connaissance des aînés. En fait, au sein de la législature, les aînés non élus siègent directement derrière les représentants élus du gouvernement.

Figure 2.24
Des artistes et des jeunes gardes forestiers inuits arborent les drapeaux des dix provinces et des trois territoires du Canada pendant la célébration inaugurale à Iqaluit, au Nunavut, le 1er avril 1999.

Une question à explorer : La cérémonie de purification

Figure 2.25
Une métisse procède à une cérémonie de purification.

Un professeur qui avait invité deux conférenciers dans sa classe d'études autochtones était inquiet lorsque ses invités ont sorti des herbes odorantes et un chaudron fumeux et qu'ils ont invité les élèves à une **cérémonie de purification**. Des règlements scolaires explicites interdisaient de fumer à l'école, mais il s'agissait d'une cérémonie culturelle de purification et d'un symbole d'unité. (Dans une université en 1999, cinq étudiants ont été suspendus* quand on a découvert qu'ils se réunissaient chaque semaine pour se purifier dans la fumée de sauge et d'herbes odorantes. Les dirigeants de l'école pensaient qu'ils fumaient de la marijuana ou qu'ils présentaient un risque d'incendie et ils ont donc interdit cette activité.) De toute évidence, le professeur permettait d'enfreindre une loi pour exécuter une pratique rituelle.

Les deux invités ont mis du tabac et des herbes odorantes dans un petit bol, allumé le contenu et soufflé doucement sur celui-ci jusqu'à ce qu'une fumée odorante se mette à flotter dans la pièce. Ils ont expliqué qu'il s'agissait d'une croyance et d'une pratique religieuses qu'ils voulaient exécuter avant de commencer à conter leurs histoires. Ils ont invité les élèves autochtones et non autochtones à tenir le bol d'une main et, de l'autre, à attirer la fumée vers leur visage et leur corps, puis à inhaler la fumée. Les élèves étaient quelque peu nerveux à l'idée de transgresser un règlement, mais ils ont affirmé par la suite qu'ils avaient éprouvé un sentiment de paix, d'empathie accrue envers les conférenciers et une plus grande solidarité avec leurs camarades de classe comme jamais auparavant.

*Les étudiants de l'université ont contesté leur suspension, utilisé l'audience pour renseigner les dirigeants sur les croyances et le symbolisme qui sous-tendaient la cérémonie et obtenu une annulation de la suspension.

LE DÉBAT : Est-ce qu'une telle cérémonie, qui est un rituel de purification autochtone, devrait être interdite dans les écoles ? Pourquoi ?

La purification de l'esprit et de l'âme joue un rôle important dans la spiritualité autochtone. Le fait de brûler des herbes odorantes et du tabac dans un chaudron fumeux et d'attirer de façon rituelle la fumée vers son visage, sa tête, ses bras et son torse, puis d'inhaler la fumée, tout ça fait partie d'une cérémonie de purification. On considère le tabac comme une plante sacrée et la fumée représente une manière spirituelle d'éclaircir les idées, de se débarrasser des impuretés, de se concentrer sur sa tâche avec une fraîcheur et un enthousiasme renouvelés et de créer un lien avec ses compagnons de purification. La cérémonie des herbes odorantes et de la purification est une activité culturelle et religieuse des grandes plaines liée à la quête d'une vision, mais de nombreux peuples autochtones ont adopté cette pratique.

Toute institution possède des règles de santé et de sécurité. Les écoles ne sont pas différentes. Il existe des règlements anti-fumée qui interdisent de fumer à l'école. De plus, la fumée engendre un problème d'accoutumance et de santé que les éducateurs et les gouvernements tentent de réprimer. Les étudiants peuvent être suspendus pour avoir fumé à l'école et, bien sûr, s'ils provoquent un incendie, en particulier dans les classes. Il s'agit à la fois d'une question de santé et d'un risque d'incendie. Les administrateurs scolaires et les professeurs sont responsables selon la loi s'ils permettent de fumer ou d'allumer quelque feu que ce soit dans les écoles.

QUESTIONS

Quel énoncé appuierais-tu ? Justifie ton point de vue.

1. Dans un contexte multiculturel, les pratiques autochtones sont valables et permissibles.
2. On devrait suspendre les étudiants qui participent à une cérémonie de purification et interdire le rituel.

Habiletés de recherche
Les exposés oraux

La capacité de faire des exposés oraux efficaces constitue un talent important, en particulier dans le monde contemporain du travail où de nombreux emplois impliquent des interventions et des présentations publiques.

Le fait de présenter un exposé oral exige de la planification, de l'organisation, une connaissance du sujet et de la pratique. Plus tu feras de présentations, plus cette habileté deviendra facile. Si tu es préparé et enthousiaste, ton auditoire montrera de l'intérêt et participera.

Voici quelques trucs utiles pour débuter :

Étape 1 : Planifie ton exposé

- Choisis un sujet et un sous-sujet. Effectue une recherche pour identifier les questions liées à ton sujet principal.
- Rédige un plan de l'exposé. Commence par identifier le thème principal. Élabore une introduction efficace afin de capter l'attention de ton auditoire. Examine la possibilité d'utiliser une citation, une image, une statistique intéressante ou une expérience personnelle émouvante. Ton auditoire sera davantage intéressé à ton exposé si tu l'illustres par des exemples et des images. Rédige un résumé qui renforce ton message. Tu pourrais utiliser une citation, une question ou une anecdote intéressante.
- Tiens compte de ton auditoire. Qui le compose et combien sont-ils ?

Étape 2 : La répétition

- Répète ton exposé devant un miroir. Utilise des gestes qui te viennent naturellement.
- Chronomètre ton exposé. Laisse du temps pour les questions ou une discussion.
- Écoute des orateurs professionnels, comme les lecteurs de nouvelles télévisées, et remarque le rythme et le ton de leur voix. Écoute-toi sur un enregistrement.
- Utilise les images de manière stratégique. Elles peuvent aider à contrôler et à varier le rythme de la présentation.
- Prépare-toi des fiches aide-mémoire auxquelles tu pourras te référer durant ta présentation.

Étape 3 : Présente l'exposé

Choses à faire

- ✓ Arrive tôt pour organiser ta présentation et t'assurer que l'équipement est disponible et fonctionne bien.
- ✓ Assure-toi d'avoir suffisamment de documents à distribuer pour tous les membres de l'auditoire.
- ✓ Repose-toi bien afin d'avoir l'esprit alerte.
- ✓ Aie des fiches aide-mémoire que tu peux consulter à l'occasion.
- ✓ Tiens-toi debout pendant l'exposé pour être bien vu et entendu.
- ✓ Parle d'une voix claire et forte.
- ✓ Établis un contact visuel avec les membres de l'auditoire de façon à ce que tous se sentent inclus.
- ✓ Utilise des images préparées avec soin (graphiques, tableaux, photos, etc.) pour améliorer ta présentation.
- ✓ Aie recours à des stratégies de mémorisation pour éviter de simplement lire tes fiches aide-mémoire.
- ✓ Souris et sois plein d'entrain.

Trucs pour t'aider à te souvenir

- La mnémonique est l'aptitude qui consiste à améliorer la mémoire en ayant recours à une formule, à un code ou à un objet associatif. On peut entre autres créer un acronyme en formant un mot à partir des premières lettres du texte à retenir. Par exemple, dans une présentation concernant les groupes culturels autochtones du Canada, tu pourrais créer un acronyme (CHIEN) pour t'aider à retenir l'ordre de tes sous-sujets (Canada, histoire, Indiens, environnement, nations).

Habiletés de recherche — Les exposés oraux

Choses à éviter
- ✓ Arriver en retard et demander du temps supplémentaire.
- ✓ Se limiter à lire ton exposé. Évite le plus possible de regarder tes fiches aide-mémoire.
- ✓ Regarder le professeur tout au long de l'exposé. Ce sont les étudiants qui forment ton auditoire.
- ✓ Parler d'un ton monotone.
- ✓ Adopter une mauvaise posture.
- ✓ Croiser les bras.
- ✓ Faire des bruits incongrus avec un stylo, des clefs, etc.
- ✓ Mâcher de la gomme ou manger des friandises.
- ✓ Ne faire que parler, sans références visuelles.

Mets en pratique !

Effectue des recherches et prépare un exposé oral sur l'un des sujets suivants :

- un des six groupes culturels autochtones d'Amérique du Nord ;
- une histoire autochtone de la Création, sa signification et son importance ;
- un centre culturel autochtone ;
- l'Artisan de la paix ;
- Handsome Lake ;
- l'évolution du Nunavut depuis sa création ;
- la crise d'Oka ;
- la Déclaration de réconciliation.

Vérifie ta compréhension

1. Décris un exemple de conflit culturel lié à la spiritualité autochtone.

2. Comment les valeurs religieuses autochtones peuvent-elles jouer un rôle dans l'évolution future des peuples autochtones du Canada ?

3. Quels éléments de la spiritualité autochtone pourraient bénéficier à tous les Canadiens ? Explique.

Activités

Vérifie ta compréhension

1. Choisis cinq termes dans le glossaire de la page suivante et explique la signification et l'importance de chacun par rapport à la spiritualité autochtone.

2. Décris la façon dont les éléments ou les personnes ci-dessous ont contribué à la spiritualité autochtone : Handsome Lake, les aînés, Elijah Harper, le chaman, Lame Deer, l'Artisan de la paix, l'animisme, Melissa Labrador.

3. Quels problèmes la spiritualité autochtone a-t-elle dû surmonter en ce qui concerne chacun des éléments suivants : la purification, le Potlatch, la danse du Soleil ?

4. Décris ce qu'ont en commun les paires suivantes :
   - Handsome Lake – l'Artisan de la paix
   - La danse du Soleil – la danse du Matin

Réfléchis et exprime-toi

5. Décris brièvement une croyance ou une pratique autochtone qui, à ton avis, pourrait être essentielle à une vie équilibrée dans la société contemporaine.

6. Décris une façon appropriée de commémorer le 21 juin, Journée nationale des autochtones. Donne au moins trois raisons qui justifient ta décision.

7. Interviewe ou effectue une recherche sur une des personnes suivantes afin de cerner et d'analyser ses croyances et pratiques spirituelles : un aîné, une personne ayant fréquenté un pensionnat indien, un gardien de la foi, Matthew Coon Come. Présente tes conclusions à une ou un camarade de classe pour révision et commentaires.

8. Crée un collage ou une affiche qui montrerait où et comment la spiritualité autochtone conviendrait au monde d'aujourd'hui.

9. Prépare une annonce ou une publicité qui favorise la protection d'un lieu sacré autochtone, comme un cimetière ou une terre contestée, **ou** qui souligne un événement sacré, comme la mort de Handsome Lake.

10. Explique les défis que doit relever une personne qui pratique une religion autochtone de nos jours.

11. Effectue des recherches sur le cercle d'influences et le capteur de rêves pour mieux comprendre leur signification en tant que symboles de la spiritualité autochtone. Présente tes conclusions à la classe dans le cadre d'un exposé oral.

12. Effectue une recherche sur d'autres groupes autochtones comme la Midewiwin Society, un groupe de spiritualité ojibway.

Applique tes connaissances

13. Choisis une question environnementale, par exemple la protection d'une espèce menacée, la préservation des espaces verts, l'élimination des déchets toxiques, l'exploitation forestière, etc. Cherche des témoignages sur la question. Explique à un groupe environnementaliste, au conseil municipal ou à un député les mesures qui devraient être adoptées, en utilisant au moins trois références à la spiritualité autochtone.

14. Explique comment on pourrait résoudre un problème mondial en ayant recours à une perspective spirituelle autochtone.

15. Si toi ou des amis vous vous sentez « perdus » ou « déprimés », quelles croyances, pratiques ou valeurs autochtones pourraient vous aider à régler vos problèmes ?

Glossaire

aîné. Une personne (homme ou femme) vénérée pour son âge et sa sagesse.

animisme (m). L'attribution d'une âme vivante aux plantes, aux animaux, aux objets inanimés et aux phénomènes naturels.

autochtone (f/m). D'ascendance aborigène, habitant ou occupant d'un territoire depuis les temps anciens ou avant la colonisation.

cérémonie de purification (f). Un rituel de purification pendant lequel on brûle des herbes odorantes en attirant de façon rituelle la fumée vers son corps.

chaman (m). Un guérisseur ou un chef spirituel.

fluidité verbale (f). L'aptitude à s'exprimer de manière fluide par la parole et de comprendre une langue parlée.

gardien de la foi (m). Membre d'une nation choisi pour préserver les cérémonies et rituels traditionnels.

genèse (f). L'origine, le commencement, la formation de quelque chose.

indigène (f/m). Qui provient naturellement d'une région, qui appartient naturellement à un milieu, à un groupe de gens nés dans une région.

longue maison (f). Maison iroquoise en forme de cigare, d'environ 50 m de longueur et 10 m de largeur, une habitation que partagent plusieurs familles nucléaires.

Longue Maison. Religion des Iroquois.

mât totémique (m). Un long poteau dans lequel on a sculpté plusieurs totems afin de raconter une histoire.

monothéisme (m). La croyance en un seul dieu.

polythéisme (m). La croyance en plusieurs dieux ou l'adoration de plus d'un dieu.

pow-wow (m). Un rassemblement d'autochtones comportant des danses, du tambourinage et des chants rituels.

Premières Nations (f). Une bande autochtone, ou une communauté fonctionnant comme tel, mais n'ayant pas le statut de bande. L'expression «Premières Nations» ne comprend pas les Inuits et les Métis.

quête d'une vision (f). Le processus de purification et de jeûne dans le but de se rendre sensible à une vision ou à des voix qui pourraient guider une personne ; une cérémonie sacrée.

réincarnation (f). La croyance dans la renaissance de l'âme dans un nouveau corps ou sous une autre forme.

sachem (m). Le chef suprême d'un clan.

tipi (m). Tente de forme conique et habitation chez les nations des grandes plaines.

totem (m). Une entité protectrice ayant la forme d'un animal, d'un objet naturel ou d'une plante.

wampum (m). Une ceinture de perles colorées utilisée pour confirmer un traité, ou contribuer à une plus grande fluidité verbale.

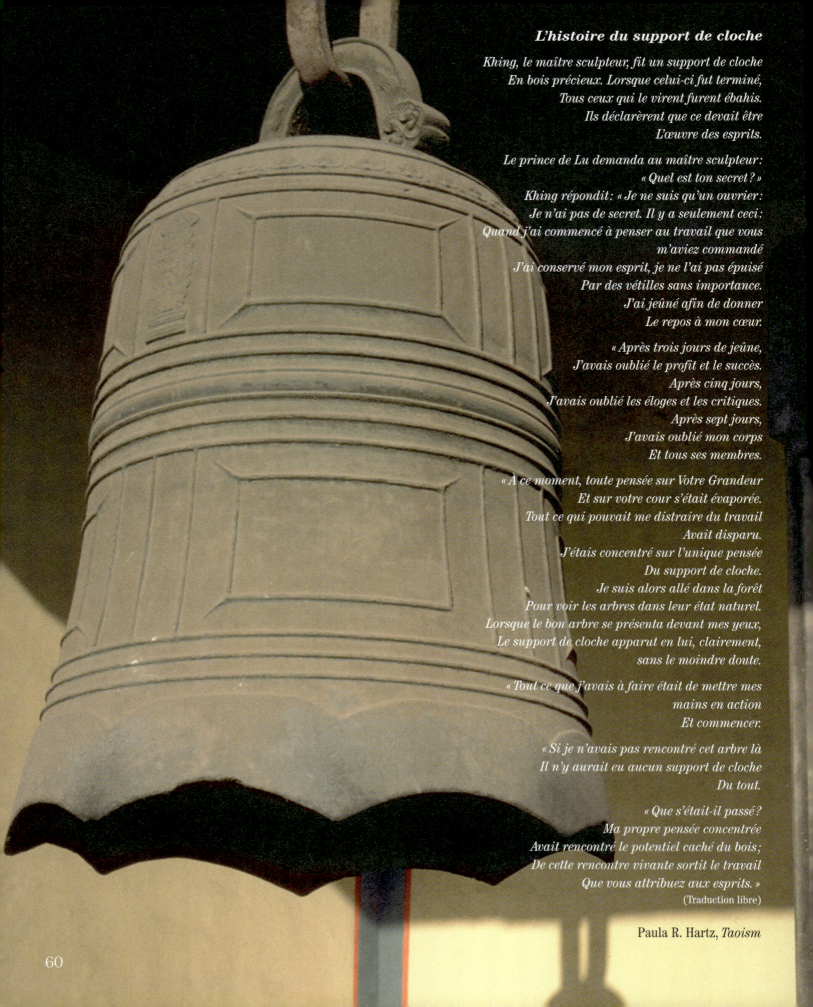

L'histoire du support de cloche

Khing, le maître sculpteur, fit un support de cloche
En bois précieux. Lorsque celui-ci fut terminé,
Tous ceux qui le virent furent ébahis.
Ils déclarèrent que ce devait être
L'œuvre des esprits.

Le prince de Lu demanda au maître sculpteur :
« Quel est ton secret ? »
Khing répondit : « Je ne suis qu'un ouvrier :
Je n'ai pas de secret. Il y a seulement ceci :
Quand j'ai commencé à penser au travail que vous
m'aviez commandé
J'ai conservé mon esprit, je ne l'ai pas épuisé
Par des vétilles sans importance.
J'ai jeûné afin de donner
Le repos à mon cœur.

« Après trois jours de jeûne,
J'avais oublié le profit et le succès.
Après cinq jours,
J'avais oublié les éloges et les critiques.
Après sept jours,
J'avais oublié mon corps
Et tous ses membres.

« À ce moment, toute pensée sur Votre Grandeur
Et sur votre cour s'était évaporée.
Tout ce qui pouvait me distraire du travail
Avait disparu.
J'étais concentré sur l'unique pensée
Du support de cloche.
Je suis alors allé dans la forêt
Pour voir les arbres dans leur état naturel.
Lorsque le bon arbre se présenta devant mes yeux,
Le support de cloche apparut en lui, clairement,
sans le moindre doute.

« Tout ce que j'avais à faire était de mettre mes
mains en action
Et commencer.

« Si je n'avais pas rencontré cet arbre là
Il n'y aurait eu aucun support de cloche
Du tout.

« Que s'était-il passé ?
Ma propre pensée concentrée
Avait rencontré le potentiel caché du bois ;
De cette rencontre vivante sortit le travail
Que vous attribuez aux esprits. »
(Traduction libre)

Paula R. Hartz, *Taoism*

Chapitre trois
Les religions anciennes 3

Lis « L'histoire du support de cloche » et réponds aux questions suivantes :

1. Pourquoi les gens considéraient-ils que le support de cloche était « l'œuvre des esprits » ?
2. Le maître sculpteur est un modèle d'humilité. Que signifie le mot *humilité* ? Donne trois exemples, tirés de cette histoire, qui témoignent de l'humilité du maître sculpteur.
3. Les esprits ont-ils fait le support de cloche ? Explique ta réponse.
4. Que signifie pour toi le mot *esprit* ?

Introduction

La religion commence par le questionnement. Les individus ressentent le besoin de comprendre le monde de façon plus concrète et ils se posent des questions telles que : pourquoi le ciel est-il bleu ou pourquoi l'arbre grandit-il ? Avec le temps, les questions se font plus complexes et les réponses plus difficiles à trouver. Une personne religieuse ne tient rien pour acquis et cherche des réponses à ces questions complexes.

La quête de ces réponses commence souvent par un casse-tête, comme celui auquel fait face Zhuangzi dans l'histoire suivante :

Zhuangzi rêva qu'il était un papillon. Il était rempli de félicité comme peut l'être un papillon, volant avec grâce et sans effort. Il était content de lui-même et satisfait de ce qu'il était. Il ne savait rien de ce que signifiait être Zhuangzi. Mais à son réveil, il se rendit compte qu'il était Zhuangzi. Il ne savait pas s'il avait rêvé qu'il était un papillon ou si le papillon avait rêvé qu'il était Zhuangzi.

Avec l'arrivée de la civilisation et le développement des nations, les hommes se sont trouvés en face du « casse-tête » de la vie. Ils furent forcés de s'interroger sur la nature de l'être et sur la nature de l'existence. Aussi, certains considèrent qu'il n'y a pas eu d'époques plus importantes pour la pensée religieuse et philosophique que la période qui va de 700 à 200 av. J.-C.

Les religions anciennes représentent une avancée par rapport aux systèmes de croyances basés sur les **mythes,** qui existaient précédemment. En lieu et place de ces derniers, on assiste à l'émergence de systèmes de philosophie, de croyances et de rituels qui correspondent à une compréhension nouvelle de l'homme et de l'humanité. Avec l'avènement du zoroastrisme, du jaïnisme, du taoïsme, du confucianisme et du shintoïsme, les hommes se sont posé les questions les plus fondamentales sur la période qui a précédé la création. Des réponses élaborées ont commencé à émerger.

Objectifs d'apprentissage

À la fin de ce chapitre, tu pourras:

- expliquer les origines du zoroastrisme, du jaïnisme, du taoïsme, du confucianisme et du shintoïsme;
- expliquer de quelle manière et dans quelles régions ces religions sont apparues;
- reconnaître et expliquer l'importance de Zoroastre, de Mahavira, de Laozi, de Zhuangzi, de Confucius et de Mencius;
- expliquer les grands événements historiques qui ont marqué le développement de ces religions anciennes;
- démontrer ta compréhension du surnaturel dans le zoroastrisme, le jaïnisme, le taoïsme, le confucianisme et le shintoïsme;
- expliquer les origines et la signification des divers rituels, pratiques et symboles du zoroastrisme, du jaïnisme, du taoïsme, du confucianisme et du shintoïsme;
- démontrer ta compréhension du rôle que jouent le signe et le symbole dans ces religions anciennes;
- analyser les pratiques et les rituels de ces religions anciennes;
- lire des extraits des enseignements oraux et des écrits sacrés de ces religions, puis en faire une évaluation;
- décrire l'impact social, idéologique et géographique de ces religions anciennes sur leurs cultures respectives;
- évaluer les avantages et les inconvénients du végétarisme jaïniste;
- décrire les formes sous lesquelles ces religions anciennes sont actuellement représentées au Canada;
- reconnaître les groupes religieux associés au zoroastrisme, au jaïnisme et au taoïsme au Canada;
- définir les mots clés du zoroastrisme, du jaïnisme, du taoïsme, du confucianisme et du shintoïsme;
- utiliser Internet pour approfondir ton étude de ces religions anciennes.

- **456-536 ap. J.-C.**
Taoïsme: théorie des trois grottes; reconnaissance des trois vérités: le taoïsme, le confucianisme et le bouddhisme

- **142 ap. J.-C.**
Taoïsme: apparition du mouvement des Maîtres célestes

- **300 av. J.-C. (env.)**
Jaïnisme: formation des sectes des « vêtus de ciel » et des « vêtus de blanc »

- **200 ap. J.-C. (env.)**
Shintoïsme: arrivée de religions chinoises au Japon

- **1700-600 av. J.-C. (?)**
La date exacte de la naissance de Zoroastre est encore débattue par les spécialistes

- **604-479 av. J.-C.**
Laozi (vers 604-vers 532), Mahavira (599-527), Bouddha (563-483), Confucius (551-479). Premiers signes de croyances shintoïstes

- **Vers 371-238 av. J.-C.**
Mencius (vers 371-289), Zhuangzi (369-286), Hsun Tzu (298-238)

- **1991 ap. J.-C.**
Cent mille personnes participent au premier Festival de l'esprit de la terre, une célébration conjointe des communautés autochtone, chinoise et japonaise de Toronto

- **1971 ap. J.-C.**
Fondation de la Société zoroastrienne de l'Ontario

- **1995 ap. J.-C.**
Ouverture à Toronto de l'Institut international de taoïsme Fung Loy Kok

- **1964 ap. J.-C.**
Ouverture du Centre culturel japonais canadien à Toronto

- **1970 ap. J.-C.**
Le maître Moy Lin-Shin fonde la Société internationale de taï chi taoïste

- **1130-1200 ap. J.-C.**
Confucianisme : regroupement des quatre livres par Chu Hsi

- **1945 ap. J.-C.**
Shintoïsme : défaite du Japon lors de la Seconde Guerre mondiale ; abolition du shintoïsme d'État

- **1869 ap. J.-C.**
Shintoïsme : fondation du shintoïsme d'État

Chronologie

Le zoroastrisme
Les origines

Figure 3.1
La tradition raconte que Zoroastre est né en Azerbaïdjan, au nord de la Perse.

L'ancienne Perse était une société polythéiste, organisée de façon assez souple. Une société polythéiste croit en plusieurs dieux. Cette réalité préoccupait un homme appelé Zoroastre qui, selon les spécialistes, aurait vécu à une époque située entre 1700 et 600 av. J.-C. (les dates exactes sont très discutées). Zoroastre était convaincu que le **polythéisme** ne parvenait pas à satisfaire les besoins des peuples d'Asie. Afin de trouver une réponse à cette question, Zoroastre fit ce qu'ont fait tous les grands sages: il se retira pour réfléchir. Il espérait qu'en consacrant du temps à étudier le fonctionnement du monde, il pourrait obtenir certaines réponses. Durant sa méditation, il reçut une révélation qui confirma ses soupçons: ce n'était pas une multitude de dieux concurrents qui dominaient le monde des esprits; c'était au contraire un dieu unique qui dirigeait l'univers. Ce dieu s'appelait **Ahura Mazda**, et Zoroastre passa le reste de sa vie à prêcher, à enseigner et à se battre pour convaincre les gens de la puissance de ce dieu unique. Ses premiers efforts se soldèrent par un échec. Mais certains affirment qu'au moment de sa mort, à l'âge de 77 ans, le zoroastrisme, « la bonne religion », était devenu la religion d'État de la Perse.

La vie de Zoroastre a été présentée au monde sous forme de légende, car la description historique s'avère très peu fiable. La légende dit qu'à sa naissance, au lieu de pleurer, Zoroastre a ri. Durant sa jeunesse, il aurait apparemment apprivoisé des bêtes sauvages. Il aurait aussi accompli des guérisons miraculeuses et fait fuir le diable en récitant de simples prières et en chantant des hymnes. Les adeptes du zoroastrisme respectent beaucoup la légende de Zoroastre.

La vie de Zoroastre n'est pas sans ressembler, de façon frappante, à celle de Jésus de Nazareth (*voir le chapitre 7*). La tradition raconte que Zoroastre a été conçu par un jet de lumière et qu'il est né d'une jeune vierge. On a pu remonter 45 générations dans son ascendance, jusqu'à l'équivalent perse d'Adam. Durant sa jeunesse, il a eu des débats avec des sages et, comme Jésus, à l'âge de 30 ans, il s'est retiré dans le désert. C'est là qu'il a reçu la révélation qui allait changer sa vie, ainsi que celle de tant d'autres personnes.

Vérifie ta compréhension

1. Qu'a découvert Zoroastre après s'être retiré pour méditer sur le fonctionnement du monde ?

2. Quelles similitudes y a-t-il entre la vie de Zoroastre et celle de Jésus de Nazareth ?

Les croyances

Les zoroastriens croient qu'Ahura Mazda est le Seigneur souverain de l'univers. Son principal rival est **Angra Mainyu**, un dieu de puissance similaire qui, ayant renié la vérité, en arriva à représenter les forces du mal. Ahura Mazda et Angra Mainyu représentent donc la bataille entre le bien et le mal. Durant cette lutte longue de 12 000 ans, Ahura Mazda est parvenu à conserver le dessus, grâce à sa puissance qui était légèrement supérieure à celle de Angra Mainyu.

Cette croyance centrale du zoroastrisme est significative pour deux raisons. En premier lieu, elle établit un parallèle avec la bataille entre le bien et le mal existant au sein de chaque individu. La tentation de faire le mal peut souvent être affaiblie par la présence du bien dans la conscience humaine. Deuxièmement, elle offre une réponse à une question théologique fondamentale : si Dieu est bon, pourquoi le mal existe-t-il dans le monde? Dans le zoroastrisme, la réponse est très simple. Le mal existe dans le monde car il y a deux divinités : l'une est souveraine et représente le bien, l'autre est presque aussi puissante et représente le mal. Il existe donc dans le monde un équilibre presque parfait entre le bien et le mal, mais c'est le bien qui prévaut, au bénéfice de l'humanité.

Les événements marquants de la vie et les symboles

La mort du corps

L'un des éléments les plus intéressants du zoroastrisme est l'ancien rituel relatif à la mort. De nos jours encore en Inde, et jusqu'en 1971 en Iran, les corps des morts étaient rendus à la nature de façon spectaculaire. À la mort d'une personne, la famille faisait une veillée qui durait trois jours. À la suite de cette période de deuil, le corps était emmené vers un ***dakhma***. Un *dakhma* est une structure circulaire, à l'air libre, entourée de hauts murs, sur laquelle est placé le corps du défunt. Sous l'effet combiné des éléments naturels (comme les rayons du soleil) et des oiseaux charognards (tels que les vautours) qui se nourrissent du cadavre, les restes du mort sont alors peu à peu éliminés. Une fois le corps décomposé, les os sont placés dans un puits construit spécialement au centre du *dakhma*. Il est important de faire remarquer que les *dakhmas* sont érigés sur des élévations rocheuses situées à l'écart des centres habités.

De nos jours, cette façon de disposer du corps du défunt est critiquée pour deux raisons : pour des questions de santé publique, liées au fait de laisser des corps se décomposer à l'air libre ; et parce qu'il semblerait que les vautours ne soient pas assez nombreux pour consommer les cadavres humains. Mais cette façon de traiter le corps d'un mort est le reflet de valeurs zoroastriennes. D'une part, tant les riches que les pauvres sont placés dans le *dakhma*, ce qui reflète bien l'égalité de tous devant Ahura Mazda. D'autre part, les zoroastriens croient que l'âme est destinée à quelque chose de plus grand, tandis que le corps doit être rendu à la terre.

De nos jours, les zoroastriens s'adaptent aux conventions funéraires établies dans les sociétés dans lesquelles ils vivent. Le service funéraire, d'une durée de quatre jours, est en général présidé par un prêtre. Au Canada, le corps est emmené dans un salon funéraire où il est préparé pour la cérémonie funèbre. Celle-ci comprend le lavage rituel du corps, qui est ensuite enveloppé dans un *sudreh* (un sous-vêtement blanc doté d'un sac symbolique destiné à récolter les bonnes actions), ainsi que, plusieurs fois par jour, le dénouement et le renouement du fil sacré (*kusti*). Comme le corps est considéré impur une fois que l'âme l'a quitté, les zoroastriens ne le touchent pas. Puis le corps est enterré ou incinéré. Si le corps est incinéré, ses cendres sont dispersées sur un terrain destiné à cette fin que possède et entretient la communauté zoroastrienne.

Le voyage de l'âme

Tandis que le corps est laissé à la nature, l'âme s'engage dans une expérience très différente. Les zoroastriens considèrent qu'à la mort d'une personne, un esprit protecteur accompagne l'âme jusqu'au « Pont du trieur ». Il s'agit du pont du jugement où les bonnes et les mauvaises actions de l'individu sont mises en balance. Lorsque quelqu'un s'avance, le pont s'élargit pour ses actions vertueuses et se rétrécit pour ses mauvaises actions. Une large voie permet à la personne de faire la traversée jusqu'au ciel et d'être accompagné par Zoroastre lui-même. Par contre, une voie étroite peut provoquer la chute de la personne dans le gouffre de l'enfer.

Les symboles et les emblèmes

Le feu

Le feu est le symbole le plus important du zoroastrisme. Il est fréquent que des représentations du feu apparaissent sur les reliques zoroastriennes. Le feu représente la présence divine. Il est aussi le principe organisateur dans le lieu de dévotion des zoroastriens : le temple du feu. Ce dernier tient plus d'un lieu saint que d'un endroit de rassemblement de la communauté. Dans le sanctuaire, on trouve un foyer carré doté d'une grille et d'un conduit pour laisser s'échapper la fumée. Entretenu par un prêtre zoroastrien, le feu brûle continuellement dans une grande urne de métal. La permanence du feu signifie ici aussi la présence divine continuelle de Ahura Mazda. La figure 3.2 montre un prêtre se trouvant près de l'autel de feu situé au cœur du temple zoroastrien de Toronto.

QUESTION
Que symbolise le feu pour les zoroastriens ?

Figure 3.2

Les écrits sacrés

La partie essentielle des écrits sacrés des zoroastriens est connue sous le nom d'*Avesta*. Dans sa forme actuelle, l'*Avesta* comprend cinq parties : la liturgie Yasna, les Yashts, le Visperad, le Vendidad et le Khordeh Avesta (l'Avesta mineur). Ce recueil d'écrits sacrés est une combinaison d'hymnes, de règles, de prières et d'enseignements théologiques. Le premier de ces livres, la liturgie Yasna, comprend 72 chapitres, dont 17 furent rédigés par Zoroastre. Ces chapitres, connus sous le nom de **Gathas**, sont regroupés en cinq hymnes traitant spécifiquement de thèmes religieux en rapport avec Ahura Mazda. Les Gathas forment donc le noyau spirituel de la liturgie Yasna.

Texte sacré

Les textes sacrés zoroastriens attachent énormément d'importance à la lutte entre le bien et le mal. Rappelons-nous que les zoroastriens croient que la bataille entre Ahura Mazda, le Seigneur souverain de l'univers, et Angra Mainyu, qui avait renié la vérité, durera 12 000 ans. On peut observer le sens de cette bataille dans le passage suivant :

Yasna 30 : 3-6

Dès le commencement, les deux Mainyu, les esprits jumeaux, l'un bon, l'autre mauvais, apparurent ensemble en pensée, en parole, en action, mais entre Vahyo qui est le bien et Akem qui est le mal, seul le sage choisit le bien.

Lorsqu'à l'origine les deux esprits se rencontrèrent, ils créèrent Gaya qui est vie et Ajyaiti qui est néant, de sorte qu'à la fin le pire soit la part de ceux qui suivent le mensonge et le mieux, la part de ceux qui cherchent la vérité.

Les deux esprits ont fixé leur choix : au méchant le mal, les actions mauvaises, les pires choses ; à l'esprit très saint revêtu des splendeurs des cieux, à tous ceux qui veulent complaire à Ahura Mazda, la droiture, l'immuable lumière.

Entre les deux esprits, les faux dieux n'ont pas reconnu le bien car, alors qu'ils se concertaient, l'erreur s'est emparée d'eux, ils ont donc choisi la pensée mauvaise, le mal. Puis, ils se sont élancés vers la violence pour opprimer les hommes.

Questions

1. D'après ce que tu as appris du zoroastrisme, qui étaient les deux esprits de l'origine ?
2. Que s'est-il passé lorsque ces deux esprits se sont affrontés ?
3. Crois-tu qu'il se produit parfois une bataille entre le « bien » et le « mal » lorsque tu prends une décision ? Explique ta réponse.
4. Personnellement, comment peux-tu expliquer l'existence du mal dans le monde ?

Vivre ma religion

Sherna Bharucha

Figure 3.3

Sherna Bharucha mène sa vie comme la plupart des étudiants d'école secondaire. Elle aime rencontrer ses amis, mais lorsque c'est le moment de faire sérieusement ses devoirs, elle s'y applique vraiment. De temps en temps, la question de la pratique religieuse est discutée dans l'un ou l'autre des cours qu'elle suit à l'école secondaire de Markham, en Ontario. Lorsqu'on l'interroge sur sa religion, elle répond à ses compagnons de classe qu'elle est zoroastrienne. Cela éveille leur curiosité et ils lui demandent d'expliquer en quoi consiste cette tradition religieuse. D'après Sherna, c'est parce que, pour beaucoup de personnes, le zoroastrisme est un concept nouveau et différent que les gens se montrent en général curieux et qu'ils désirent en savoir plus.

À l'âge de cinq ans, on a inscrit Sherna à des cours d'éducation religieuse. À huit ans, elle a été initiée officiellement à la religion. Cet événement, appelé **navjote**, est la célébration par la communauté de l'entrée de l'enfant dans le monde du zoroastrisme. Le *navjote* de Sherna a commencé chez elle. En présence de sa famille, un prêtre zoroastrien a récité des prières et fait des offrandes pour la préparer à l'événement. Elle a ensuite pris un bain rituel, appelé *nahn*. Les prières sont censées nettoyer l'esprit, et le *nahn*, le corps. Une fois purifiée, Sherna était donc prête à passer à l'étape suivante de son *navjote*.

Dans ce cas précis, les parents de Sherna avaient loué une salle pour la célébration de son *navjote*. À son arrivée dans la salle, Sherna a été accueillie par sa mère. Celle-ci la salua en tournant sept fois autour d'elle avec une noix de coco et un œuf, qu'elle brisa ensuite. Cette partie de l'initiation symbolise la rencontre entre le monde intérieur et le monde extérieur. Sherna a ensuite été escortée jusqu'à une scène où le prêtre, utilisant des objets symbolisant le bien (comme des fleurs, du sucre cristallisé et du riz), fit des prières pour la jeune initiée. Sherna se joignit alors aux prières du prêtre, puis on lui donna son *sudreh* (un sous-vêtement sacré qu'elle devra porter tous les jours) et son *kusti* (un cordon fait de 72 fils de laine de mouton). Le *kusti* doit être noué d'une façon spéciale et, chaque fois que Sherna le mettra, elle devra réciter certaines prières du Khordeh Avesta. Après les prières, le *navjote* prit fin : Sherna était maintenant une vraie zoroastrienne.

Les solides bases religieuses de Sherna l'ont incitée à devenir l'une des assistantes enseignantes du Comité d'éducation religieuse zoroastrienne. D'octobre à mai, Sherna et dix autres professeurs aident les jeunes zoroastriens à approfondir leur connaissance de leur religion et de leurs traditions. Il faut savoir que les parents de Sherna ont toujours mis l'accent sur l'importance de l'éducation religieuse. Cela s'explique entre autres par le fait que la communauté zoroastrienne étant relativement petite, elle ressent très fortement le besoin de conserver son identité. Il n'y a aucun doute que ce fort attachement à la religion, transmis à Sherna par ses parents, a eu une profonde influence sur elle.

QUESTIONS

1. D'après Sherna Bharucha, comment les gens réagissent-ils lorsqu'ils apprennent qu'elle est zoroastrienne ?
2. Qu'est-ce que la cérémonie du *navjote* ? Que sont le *sudreh* et le *kusti* ?
3. Sherna est impliquée dans la vie religieuse de sa communauté. Penses-tu qu'il est important de s'impliquer activement dans sa religion ? Comment les services rendus aux autres peuvent-ils contribuer à une compréhension plus profonde de sa propre religion ?

L'INFLUENCE CULTURELLE

Il y a approximativement 140 000 zoroastriens dans le monde aujourd'hui, dont la majorité vivent en Inde et en Iran. Les zoroastriens vivant dans le sous-continent indien sont appelés Parsis. Le centre de la culture zoroastrienne se trouve à Mumbai (Bombay), en Inde.

Selon des estimations récentes, la population zoroastrienne en Amérique du Nord comprendrait environ 12 000 personnes. En Ontario, la communauté zoroastrienne forme un groupe religieux réduit, mais visible. Certains estiment qu'après l'Iran et l'Inde, c'est l'Ontario qui, avec une communauté d'environ 4000 personnes, héberge la plus grande population de zoroastriens. Le principal lieu de rassemblement de cette communauté est le Darbe Meher sur les avenues Bayview et Steeles, à Toronto. Le Darbe Meher est le centre où ont lieu les cérémonies religieuses, les cours d'éducation religieuse et les réunions communautaires des zoroastriens. Dans l'une de ses salles se trouve un autel de feu qui sert aux services religieux exceptionnels.

Des chercheurs en sciences sociales ont étudié le zoroastrisme dans la perspective de sa contribution historique aux autres grandes religions. C'est ainsi que, dans une approche historique, les concepts de vie après la mort, de jugement dernier, de rédemption, de même que l'idée de Satan comme rival de Dieu – des concepts qui sont tous très importants dans la culture judéo-chrétienne – pourraient avoir été influencé par les zoroastriens à l'époque de l'exil babylonien. Cet exil correspond à la période durant laquelle les juifs, alors sujets des autorités babyloniennes, furent déracinés de leur patrie et emmenés en captivité. En 538 av. J.-C., Cyrus le grand, roi de Perse, conquiert Babylone et incite les juifs à rentrer en Israël et à continuer à pratiquer leur foi. Les juifs ont alors considéré Cyrus comme un libérateur faisant partie du plan de Dieu. Si bien que Cyrus pourrait avoir ouvert les cœurs et les esprits des juifs à certains aspects du zoroastrisme. Ce point de vue reste sujet à discussion, mais il n'en reste pas moins que la période postérieure à l'exil babylonien a influencé le développement de la théologie juive.

Vérifie ta compréhension

1. Donne deux raisons pour lesquelles la bataille entre Ahura Mazda et Angra Mainyu a un rapport avec ta vie de tous les jours.

2. a) Qu'est-ce qu'un *dakhma*?
   b) En faisant référence au dakhma, explique la façon dont les zoroastriens s'occupent de la mort d'un membre de leur communauté.
   c) Où l'âme d'un individu voyage-t-elle après sa mort physique?

3. Quelle partie de ce chapitre sur le zoroastrisme a le plus attiré ton attention? Explique tes raisons.

LE JAÏNISME

L'esprit du jaïnisme se reflète dans l'**ahimsa**, le noble art de la non-violence, comme le souligne le texte sacré jaïniste appelé Anga :

> *Certains tuent des êtres vivants pour faire des sacrifices, certains tuent pour expier leurs péchés, certains tuent pour la chair, d'autres encore pour le sang, le cœur, le foie, la graisse, les plumes ou les dents, certains ont des raisons particulières, d'autres n'en ont pas, certains tuent par peur (pour se défendre).*
>
> *Celui qui n'a aucune inclination à tuer le plus petit être vivant sait ce qu'est la souffrance, car celui qui connaît son propre bonheur et ses propres peines connaît aussi ceux des autres, et celui qui connaît les sentiments des autres connaît ses propres sentiments. Telle est la manière dont on doit se comparer aux autres. Celui qui a atteint cette connaissance ne voudra jamais vivre aux dépens d'autres êtres vivants.*
>
> Sutra Acaranga, strophe 1.6.55
>
> (Traduction libre)

LES ORIGINES

Peu de temps après que Zoroastre a reçu sa révélation concernant Ahura Mazda, un enfant est né dans le nord de l'Inde. Il deviendra un modèle de non-violence. Vardhamana Mahavira (599-527 av. J.-C.) est l'homme qui arriva pour « réorganiser » l'approche traditionnelle de la vie religieuse. Mahavira (*voir la figure 3.4*) a été élevé en Inde, alors que l'hindouisme était la religion dominante. Même s'il acceptait certains aspects de l'hindouisme, il sentait que certains changements étaient nécessaires.

Les jaïns croient que Mahavira était l'un des 24 Tirthankara (faiseurs de passage) venus enseigner la voie de la maîtrise personnelle. Il n'est donc pas considéré comme le fondateur d'une religion, mais comme un professeur venu rétablir les anciens enseignements. Mahavira était un **jina**, ou « vainqueur », qui cherchait à donner à ses adeptes une voie claire vers l'illumination.

Mahavira consacra sa vie et son enseignement à l'art de l'ahimsa, ou non-violence. La façon dont il en est venu à adopter l'ahimsa est tout à fait étonnante. À l'âge de 30 ans, l'âge auquel Zoroastre et Jésus ont débuté leur ministère, Mahavira décide d'abandonner l'hindouisme et de poursuivre ses aspirations spirituelles en se faisant ascète. L'**ascétisme** était une pratique courante dans l'hindouisme indien à cette époque. Les ascètes sont des personnes qui se privent de plaisirs terrestres dans le but d'atteindre un état de fusion avec leur esprit. Beaucoup d'hindous ont choisi la voie de l'ascétisme, comme ce fut le cas d'un contemporain de Mahavira, Siddartha Gautama Sâkyamuni (563-483 av. J.-C.), que l'on

Figure 3.4
Cette statue de Mahavira se trouve dans le temple Vimalsha au Rajasthan, en Inde, l'un des lieux saints du jaïnisme.

connut plus tard sous le nom de Bouddha. Pour en revenir à Mahavira, il a commencé sa vie ascétique en abandonnant tous ses biens terrestres, à l'exception d'une pièce de tissu pour se vêtir. Dans sa poursuite d'un mode de vie ascétique, il est aussi devenu végétarien.

L'une des principales pratiques spirituelles des ascètes est la **méditation** (*voir la figure 3.5*). Celle-ci consiste à éliminer toute pensée centrée sur soi-même pour s'unir à l'esprit qui commande l'univers. Mahavira a vécu une vie de méditation intense jusqu'à ce qu'il atteigne l'illumination et qu'il devienne, à l'âge de 42 ans, un « conquérant ». Durant les trente années suivantes, Mahavira, totalement éclairé, enseigna, ordonna des moines ascétiques (hommes et femmes) et élabora la philosophie qui allait devenir le fondement du jaïnisme. Mahavira acheva sa « libération » à l'âge de 72 ans, par un long jeûne qui le conduisit à la mort.

Figure 3.5
Le jaïnisme considère la méditation comme un acte essentiel car cette pratique permet aux individus de se libérer de leurs attaches terrestres et d'atteindre la compréhension et l'illumination nécessaires au salut.

Vérifie ta compréhension

1. Quelle est la relation entre le jaïnisme et l'hindouisme ?

2. Que penses-tu du mode de vie ascétique de Mahavira ? Comment as-tu réagi en apprenant qu'il « a abandonné tous ses biens terrestres » ?

LES CROYANCES

L'ahimsa

La croyance centrale des jaïns est l'ahimsa. Certains considèrent en effet que l'ahimsa peut se définir comme la forme la plus noble de la conduite religieuse. L'ahimsa signifie bien plus qu'une simple adhésion à la non-violence physique. Il s'agit en fait d'un engagement envers toutes les formes de la vie sur la terre, ainsi qu'en faveur de la survie de la planète. L'ahimsa consiste à éviter de s'engager dans des pratiques qui pourraient causer un quelconque dommage à la terre. Elle consiste aussi à éviter toute conduite qui soit mentalement et émotionnellement dommageable pour soi-même ou pour autrui. En d'autres termes, l'ahimsa englobe l'ensemble de la vie de l'individu. Selon la tradition jaïniste, elle constitue la voie la plus claire et la plus intelligente vers la libération.

Figure 3.6
Les moines et les religieuses jaïnistes portent un masque de tissu sur la bouche pour écarter les insectes volants. Ils transportent aussi de petits balais au moyen desquels ils éloignent du chemin, avec délicatesse, toute créature vivante qu'ils pourraient écraser accidentellement.

On peut observer l'ahimsa dans de nombreux aspects de la vie des jaïns. Les moines jaïnistes balaient souvent leur siège avec une petite brosse avant de s'asseoir, de façon à ne pas tuer les insectes qui pourraient s'y trouver. D'autres portent des masques pour éviter d'avaler un insecte pendant qu'ils se déplacent. Pour les moines, la période la plus sainte de l'année correspond aux quatre mois solennels connus sous le nom de Caturmas. Durant cette période, les déplacements sont restreints afin d'éviter les morts accidentelles d'insectes et d'animaux. Même si de telles pratiques peuvent paraître extrêmes aux yeux d'un lecteur nord-américain, elles expriment bien le sérieux avec lequel les jaïns considèrent l'ahimsa.

Le concept d'ahimsa est maintenant largement répandu au Canada. Certains organismes qui militent en faveur de la paix et de la justice sociale tirent leur inspiration de champions de la non-violence tels que Mohandas K. Gandhi et Martin Luther King Jr. Ils utilisent parfois dans leur logo la paume ouverte (*voir la figure 3.7*) en tant que symbole de la non-violence. Les défenseurs des droits des pauvres et des opprimés font partie d'organisations telles que les Voix interconfessionnelles pour la paix et la justice, laquelle compte parmi ses membres la société jaïniste de Toronto. De façon de plus en plus évidente, l'ahimsa, principe organisateur du jaïnisme, devient un idéal internationalement reconnu. Car on s'aperçoit des conséquences désastreuses que peut avoir la violence entre les êtres humains, ainsi que la violence à l'égard de l'environnement.

Le karma, la réincarnation et les cinq pratiques

Le **karma** est la croyance qu'il existe une conséquence à chaque action. Le karma affecte les gens pendant leur vie sur terre, mais il a aussi un impact sur leur vie suivante. Les jaïns croient en effet en la **réincarnation**, concept selon lequel on possède une âme éternelle qui renaît dans différents corps au cours de nombreuses vies. Le but de la vie présente est de payer sa dette karmique afin d'obtenir le salut, ou **moksha**. Le moksha résulte de l'élimination des effets du karma dans sa vie. On l'atteint par la méditation et la bonne conduite. La bonne conduite implique de montrer son engagement envers l'ahimsa, comme on peut le voir dans ce qu'on appelle les cinq pratiques du jaïnisme. Par celles-ci, on encourage les jaïns à faire le vœu de respecter, dans leurs comportements, les cinq principes suivants :

1. la non-violence (ahimsa);
2. l'authenticité;
3. la prohibition du vol;
4. le célibat;
5. la non-possession.

Le respect de ces cinq pratiques oriente la vie d'une personne dans le sens de la bonne conduite. Comme on peut le voir, les cinq pratiques sont étroitement liées et tournent toutes autour de la rigueur. Par conséquent, tout au long de sa vie, le jaïn devra avoir la conduite appropriée qui devra le mener soit au moksha dans sa vie actuelle, soit encore à une meilleure renaissance dans la vie suivante.

Recherche Internet

Pour en savoir plus sur la philosophie des Voix interconfessionnelles pour la paix et la justice, visite notre site
www.dlcmcgrawhill.ca

L'atomisme

Les jaïns croient également que toute chose vivante sur la planète possède une âme, ou *jiva*. Même les éléments qui composent la nature, les atomes, possèdent une âme individuelle. Lorsque ces atomes se combinent pour former un plus grand objet – éventuellement un être humain –, une âme englobant la dimension de cet objet émerge également.

L'enseignement de l'**atomisme** démontre que les quatre éléments que sont la terre, l'eau, l'air et le feu sont composés d'atomes, chacun de ceux-ci possédant une âme. Une fois combinés, les atomes forment des objets, qui ont aussi des âmes. Par conséquent, dans le système de pensée des jaïns, un lien clair est établi entre les mondes physique et spirituel. Considérant cette croyance dans la perspective de l'ahimsa, les jaïns croient que les gens sont forcés d'agir avec plus de compassion à partir du moment où ils reconnaissent que chaque élément est composé d'un esprit et d'une âme. Poussant cet aspect à l'extrême, une secte jaïniste va jusqu'à éviter d'utiliser des fleurs dans le cadre de ses rituels sacrés, parce qu'elle considère qu'en cueillant une fleur, on pourrait blesser l'âme de celle-ci.

L'absence d'absolu

Dans le jaïnisme, toutes les vérités dépendent de la perspective depuis laquelle on les observe. Si plusieurs personnes regardent une même rivière, différentes perspectives peuvent apparaître :
- la rivière se jette dans le lac Huron ;
- il y a une grande diversité de poissons et de plantes vivant dans la rivière ;
- je pourrais descendre cette rivière en canot ;
- on devrait construire un barrage pour exploiter l'énergie hydroélectrique de la rivière.

Les quatre perspectives sont valables. Aucune d'elles n'est fausse, même si elles ont des effets différents sur la vie de la rivière. Il n'en reste pas moins qu'aucune des déclarations n'est absolument exacte. Si on étend cette théorie à tous les phénomènes naturels observables, on verra que rien ne peut être considéré comme absolument exact ou absolument inexact. La position des jaïns est donc qu'il n'existe pas d'absolu. On doit vivre sa vie conformément à l'ahimsa et éviter les déclarations bien arrêtées qui font passer pour des certitudes ce qui n'est en fait qu'illusion.

Vérifie ta compréhension

1. a) Qu'est-ce que l'ahimsa ? Pourquoi est-ce tellement important pour les jaïns ?

   b) Donne deux exemples de la façon dont les moines ou les religieuses jaïnistes pratiquent l'ahimsa.

2. Selon la tradition jaïniste, qu'est-ce que le *jiva* ? Où le *jiva* réside-t-il ?

3. Quels changements devrais-tu faire dans ta vie si tu devais suivre les cinq pratiques du jaïnisme ?

LES ÉVÉNEMENTS MARQUANTS DE LA VIE ET LES SYMBOLES

Le sallekhana

Comme nous l'avons mentionné précédemment, Mahavira est mort à la suite d'un long jeûne à l'âge de 72 ans. On appelle cette pratique le **sallekhana**.

Les symboles et les emblèmes

Le svastika et la paume ouverte

Parasparopagraho Jivanam
Figure 3.7

C'est 2500 ans après l'émancipation de Mahavira que fut adopté, en 1973, le symbole qui représente la communauté jaïniste. Ce symbole résume les principes du jaïnisme. La forme du symbole évoque la représentation jaïniste de l'univers : elle ressemble à une personne debout avec les jambes écartées et les mains reposant sur les hanches.

Le svastika représente les quatre formes de naissance dans lesquelles une âme peut se réincarner pendant son voyage dans l'univers. Les trois points au-dessus du svastika symbolisent les trois joyaux de la philosophie jaïniste permettant d'atteindre la libération : la foi correcte, la connaissance correcte et la conduite correcte. La demi-lune désigne la résidence des âmes libérées, et le point à l'intérieur de celle-ci représente l'âme pure et libérée.

La main stylisée fait un geste de bénédiction et de protection. La paume avec sa roue de 24 rayons représente les *jinas*. Y est inscrit le mot *ahimsa* – l'essence de l'enseignement moral jaïniste.

La phrase au bas du symbole signifie : « La mission des êtres vivants est de s'aider les uns les autres. »

QUESTIONS

1. Quelle a été ta première réaction lorsque tu as vu le symbole du svastika sur cette page ?
2. Comment le symbole représente-t-il l'esprit du jaïnisme ? Explique en détail.

Une personne qui meurt d'un trouble de l'alimentation comme l'anorexie ne se livre pas à un *sallekhana*. Et le *sallekhana* n'est pas considéré non plus comme une forme de suicide, même si les personnes qui y participent désirent se diriger, en toute conscience, vers leur propre mort. Il peut être difficile, pour la plupart d'entre nous, de comprendre la rationalité se trouvant derrière un tel acte. Toutefois, le *sallekhana* est considéré comme une pratique sainte et sacrée, et non comme une forme d'autodestruction.

Le *sallekhana* doit être entrepris uniquement par des individus spirituellement aptes (généralement des moines ou des religieuses) et se faire sous la supervision des autorités religieuses. On le considère comme une mort dans la dignité et le détachement. L'attitude des jaïns à l'égard du *sallekhana* de Mahavira est traduite dans le passage suivant du Kalpa Sutra :

LES RELIGIONS ANCIENNES

> *Au quatrième mois de la saison des pluies…, le vénérable ascète Mahavira mourut, partit, quitta le monde, sépara les liens de la naissance, du vieil âge et de la mort; il devint un Siddha, un Mukta, un artisan de la fin (de toutes les misères), finalement libéré, libéré de toutes les peines…*
> (Traduction libre)

La mort de Mahavira est donc vue comme une libération et un accomplissement, et non comme un suicide ou une angoisse. La mort volontaire par le jeûne démontre une renonciation complète aux biens terrestres. Elle donne aux participants l'occasion de mourir en pleine conscience méditative, en respectant leur vœu jusqu'à la fin de leur existence terrestre.

Les écrits sacrés

Les sectes des « vêtus de ciel » (Digambaras) et des « vêtus de blanc » (Svetambaras) possèdent chacune leurs livres sacrés (ces sectes seront étudiées plus loin, à la page 76). La secte des « vêtus de ciel » considère les recueils *Satkandagama* et *Kasay-aprabhrta* comme sacrés, tandis que celle des « vêtus de blanc » se réfère au recueil *Agama*. En plus de ces recueils, d'autres livres, tels que le *Kalpa Sutra*, sont également révérés.

Texte sacré

Les écrits sacrés du jaïnisme s'appellent les *Agama*. Ceux-ci reprennent les différents aspects du système philosophique et religieux jaïniste. À l'origine, ils étaient transmis oralement de génération en génération. Au IIIe siècle avant Jésus-Christ, ils ont été reconstitués en 12 branches (les angas). Le douzième anga comprenait 14 purvas. Parmi les textes traduits en français, signalons l'*Acharanga*, le *Tattvartha Sutra*, le *Kalpa Sutra*, le *Samana Suttam* et l'*Uttaradhyayana*.

Kalpa Sutra 1
Obéissance aux arhats !
Obéissance à ceux qui sont libérés !
Obéissance aux guides religieux !
Obéissance aux instructeurs religieux !
Obéissance à tous les saints du monde !
(Traduction libre)

Questions

1. Définis l'*obéissance* et la *bénédiction*.
2. À ton avis, pourquoi ce passage demande-t-il de révérer les grands maîtres spirituels du monde ?
3. De nos jours, respecte-t-on les maîtres spirituels ? Explique ta réponse.

Recherche Internet

Pour obtenir plus d'informations sur le monde du jaïnisme, visite notre site www.dlcmcgrawhill.ca Tu obtiendras des détails sur les Digambaras et les Svetambaras.

Les groupes et les institutions

Les Digambaras et les Svetambaras

La communauté jaïniste est formée de moines, de religieuses et de laïques. On y distingue deux groupes religieux : les **Digambaras** (vêtus de ciel, ou dévêtus) et les **Svetambaras** (vêtus de blanc). Ces deux sectes partagent la doctrine religieuse qui forme l'essence du jaïnisme, mais leurs pratiques diffèrent. La division entre les jaïns vêtus de ciel et ceux vêtus de blanc s'est vraisemblablement produite aux alentours de 300 av. J.-C. autour de deux questions : la nature de Mahavira et la nudité des moines.

Les jaïns vêtus de ciel défendaient le point de vue selon lequel Mahavira était de nature plus divine qu'humaine. Les jaïns vêtus de blanc considéraient que Mahavira avait mené une vie relativement ordinaire et atteint la libération de manière tout à fait naturelle. Bien que ce point de désaccord soit d'importance, c'est la nudité monastique qui s'avéra être le réel point de division.

L'une des explications de cette division est la suivante : le groupe qui sera connu plus tard sous le nom de « vêtus de ciel » a suivi vers le sud un chef jaïniste qui prédisait l'arrivée d'une famine dans le nord. Ce groupe est resté à l'écart pendant une longue période. À son retour, la secte des « vêtus de blanc » avait commencé à porter des vêtements blancs, en contradiction apparente avec la pratique antérieure de la nudité des moines. Le débat a alors commencé. Le groupe vêtu de ciel prétendait que le port de vêtements par les moines était en contradiction avec le renoncement aux biens terrestres, élément important des cinq pratiques. Le groupe vêtu de blanc, tout en considérant la nudité des moines comme un idéal important, ne voyait pas en quoi le port de certains vêtements pouvait être un problème. Ces divergences n'ont pu être surmontées, si bien que, de nos jours encore, les jaïns vêtus de ciel forment une secte distincte et séparée des jaïns vêtus de blanc.

Terminons la présentation de ces sectes par quelques précisions supplémentaires. D'une part, il faut savoir que de nos jours, les moines vêtus de ciel se recouvrent lorsqu'ils se trouvent en public. D'autre part, signalons qu'il n'a jamais été permis aux femmes d'être vêtues de ciel. C'est pourquoi, pour la secte vêtue de ciel, les femmes sont incapables de parvenir à la libération. La secte vêtue de blanc, par contre, reconnaît que les femmes peuvent atteindre la libération, indépendamment de la question de la nudité monastique.

L'influence culturelle

Il y a approximativement quatre millions de jaïns dans le monde. La plupart d'entre eux vivent en Inde, et de petites communautés se sont établies au Canada, au Royaume-Uni et aux États-Unis.

La contribution la plus importante du jaïnisme à la pensée universelle est le concept de l'ahimsa. Il est indiscutable que cette croyance a influencé le grand dirigeant hindou Mohandas Gandhi (*voir la page 127*). Gandhi considérait que les Britanniques jouaient le rôle de maîtres dans la maison de l'Inde et qu'on devait les forcer à quitter le pays. Il décida de lancer une campagne de non-violence visant à expulser les Britanniques. Lorsque les matraques britanniques frappèrent les manifestants indiens, ces derniers n'ont pas répondu aux coups. Les Britanniques ont été forcés de se rendre compte qu'ils frappaient des gens qui ne ripostaient pas. Finalement, la campagne de refus non violent de coopérer prôné par

LES RELIGIONS ANCIENNES

Figure 3.8
Martin Luther King s'est opposé à la discrimination contre les Noirs américains en organisant une résistance non violente et des manifestations de masse pacifiques. En 1965, King (au premier rang, troisième à partir de la droite) a accompagné 10 000 manifestants défilant en faveur des droits civiques lors de la dernière étape de la marche qui les a menés de Selma à Montgomery, en Alabama.

Gandhi a conduit les Britanniques à se retirer de l'Inde. À son tour, Gandhi a influencé Martin Luther King Jr., dont la campagne en faveur des droits civiques a eu un impact décisif aux États-Unis. Ses manifestations non violentes et ses discours inspirés ont touché la conscience des Américains. En fin de compte, l'opinion publique a admis que la communauté noire souffrait d'injustices. On commença alors une réforme en profondeur des droits civiques. Même si le jaïnisme n'est pas la religion la plus connue dans le monde, il est clair qu'elle a eu des effets véritables sur le développement spirituel universel.

Vérifie ta compréhension

1. Explique le rituel du *sallekhana*. Quelle est ton opinion sur cette pratique spirituelle ? Argumente.

2. Quelle est la signification du svastika dans le jaïnisme ?

3. Quel désaccord a entraîné la formation des deux sectes jaïnistes ?

4. Penses-tu que les manifestations non violentes peuvent être efficaces ? Explique ta réponse.

Une question à explorer : Le végétarisme

La communauté jaïniste suit un strict régime végétarien. Ce régime, mode d'expression de l'ahimsa, se veut la concrétisation de la croyance en la sainteté de toutes les formes de vie. Par conséquent, un jaïn s'engage dans le végétarisme par responsabilité ou impératif moral.

Les jaïns se privent de vin, de viande, d'œufs et de miel. Ils ne boivent pas de vin parce que des microbes sont tués pendant le processus de fermentation et parce que le vin est source d'intoxication chez la personne qui le consomme. Étant donné qu'elle entrave le bon jugement, cette intoxication rend la personne plus susceptible d'agir à l'encontre de l'enseignement moral de l'ahimsa. L'ingestion de viande est, quant à elle, interdite parce qu'il faut tuer un « être mobile » – un animal – pour en obtenir la chair. La viande étant ainsi le résultat d'une mise à mort, en manger équivaut à se faire complice du meurtre de l'animal, ce qui contrevient au principe de l'ahimsa. Quant aux œufs, les jaïns n'en mangent pas parce que leur consommation contribue à la mort d'un embryon de poule. Enfin, le miel est interdit parce qu'il provient de la régurgitation des abeilles. De plus, pour produire le miel, les abeilles dépouillent les plantes de certains de leurs nutriments essentiels.

Le végétarisme jaïniste ne va pas sans poser de problèmes. Ainsi, où faut-il tracer la limite ? Si l'idée de l'atomisme est vraie et que chaque atome individuel possède une âme (*jiva*), pourquoi serait-il alors permis de récolter certains légumes pour les consommer ? Après tout, le fait de manger un légume conduit à la mort du légume, de la même façon que manger de la viande est la conséquence de la mise à mort d'un animal. Le fait qu'une plante est immobile et que l'animal est mobile n'a que peu d'effet sur ce résultat.

De leur côté, les jaïns font valoir que le végétarisme diminue la quantité de souffrance dans le monde, et qu'en outre la consommation et la production de viande impliquent une énorme pression sur les ressources de la terre. EarthSave Canada, une organisation canadienne faisant la promotion du végétarisme, affirme que le bétail doit consommer 5,4 kg (12 livres) de céréales pour produire 0,5 kg (1 livre) de viande. La même quantité de céréales pourrait servir à faire huit pains ou vingt-quatre portions de spaghetti. Même si l'élimination complète de la souffrance est un objectif impossible à atteindre, un régime végétarien a pour conséquence non seulement la mise en pratique de l'ahimsa, mais aussi la diminution de la souffrance dans le monde.

Le mouvement végétarien est devenu très populaire au Canada. Alors que certains végétariens disent qu'ils « ne mangent rien qui possède un cerveau », d'autres vont aussi loin que les jaïns végétariens et éliminent de leur régime les œufs et le lait. Beaucoup de Canadiennes et de Canadiens adoptent un régime végétarien par souci de leur santé personnelle. Quelquefois, ils le font dans un but écologique, pour promouvoir une culture plus respectueuse des ressources de la planète. Les restaurants essaient de répondre aux demandes des végétariens en ajoutant des plats végétariens à leur menu, tandis que les épiceries cherchent à améliorer le choix et la quantité de légumes dans leurs rayons. Indépendamment des raisons expliquant la popularité croissante du végétarisme, il apparaît évident que certaines de ces raisons ont fait leur chemin dans la vie quotidienne et dans le régime alimentaire de beaucoup de Canadiennes et de Canadiens.

Questions

1. En quoi le végétarisme des jaïns se distingue-t-il de celui des Nord-Américains ?
2. Nomme quatre ingrédients interdits dans le régime des jaïns. Pourquoi sont-ils interdits ?
3. Évalue la pratique du végétarisme des jaïns. Qu'est-ce que tu en penses ? Le végétarisme contribue-t-il à la diminution de la souffrance dans le monde ?
4. Est-il possible de suivre un régime végétarien chez toi ou dans ton école ? Explique ta réponse.

LE TAOÏSME

Le *Tao Te King* (que l'on écrit parfois Daodejing) déclare ce qui suit :

> *La voie engendre le un*
> *Le un engendre le deux*
> *Le deux engendre le trois*
> *Trois engendre la multiplicité des êtres*
>
> Tao Te King, traduction par Ma Kon
> Albin Michel, 1984

Le **Tao** est la force qui a existé avant toute chose. En donnant naissance à « un », le Tao a donné au monde un mécanisme d'équilibre. La naissance du « deux » signifie la naissance des contraires. La naissance du « trois » se réfère à l'existence du ciel, de la terre et de l'humanité. Par conséquent, toute création peut être mise en relation avec le Tao, la grande source silencieuse de l'harmonie.

LES ORIGINES

Tandis que le zoroastrisme devenait prédominant en Perse et que le jaïnisme se répandait en Inde, la Chine abordait une ère religieuse de première importance. Les différentes religions populaires chinoises se préparaient à entamer un mouvement de convergence. Cette convergence se réalisera avec la reconnaissance du Tao en tant que force qui gouverne l'univers.

Huang Di

Avant d'étudier l'émergence du taoïsme (appelé parfois daoïsme) et du confucianisme, il nous faut parler d'un empereur de Chine du nom de Huang Di. La légende raconte que, dans la 19ᵉ année de son règne, Huang Di rendit visite à un ermite et lui posa une question. L'ermite refusa d'y répondre, mais l'empereur insista et, finalement, l'ermite parla. Le message de l'ermite était d'une telle sagesse et d'une telle profondeur qu'il changea la façon de gouverner de l'empereur. Le peuple l'appela l'« empereur jaune » en raison de sa conduite pleine de compassion et de bienveillance. On le considérait comme un guérisseur et un magicien. Plus tard, on l'a reconnu comme le plus grand empereur que la Chine ait connu. Mais quel était donc le secret que l'ermite avait confié à Huang Di ? Ce secret était le Tao.

Littéralement, Tao signifie « voie ». Suivre le Tao consiste à pratiquer la voie de la nature. On a comparé le Tao à l'eau : elle est fluide et douce, mais elle peut aussi faire preuve d'une force énorme et finir par user les roches les plus dures. Dans un monde de contraires, le Tao est l'équilibre entre des forces opposées. Huang Di adopta la sagesse du Tao. Il créa l'harmonie à l'intérieur de lui-même, puis créa l'harmonie à l'intérieur de son royaume.

Laozi

Traditionnellement, on attribue la fondation du taoïsme à Laozi (parfois écrit Lao Tseu). Cependant, les spécialistes ont émis des doutes quant à l'existence réelle d'une personne appelée Laozi (*voir la figure 3.9*). Ils font valoir plusieurs raisons à cela : en premier lieu, Laozi signifie « vieux maître », ce qui est un titre et non un véritable nom ; et deuxièmement, la sagesse que l'on associe au nom de Laozi semble être un amalgame de l'œuvre de trois personnes différentes. En tout cas, si Laozi a existé, il pourrait bien avoir été un homme répondant au nom de Li Erh, un archiviste du palais royal de Luoyang, la capitale de l'empire Chou.

Figure 3.9
Selon la légende, Laozi était le bibliothécaire en chef des archives impériales à Luoyang. À ce poste, Laozi acquit une excellente connaissance de l'histoire, de la philosophie et de la littérature – ce qui lui permit d'acquérir sagesse et jugement.

Si l'on accepte la théorie selon laquelle Laozi était Li Erh, il est possible d'établir une biographie rudimentaire du père du taoïsme. Il semblerait, selon certaines traditions, que Laozi était un contemporain de Confucius, bien qu'il fût plus âgé que ce dernier. Il a travaillé à la cour jusqu'à un âge très avancé. Mais, fatigué de travailler pour le gouvernement, il abandonna ce poste. Il était sur le point de quitter la province de Ch'u lorsqu'un garde frontalier, reconnaissant le vieux maître, lui demanda de laisser quelque chose en témoignage de sa sagesse. Ce fut à ce moment que Laozi écrivit le *Tao Te King*, un court recueil plein de sagesse, rédigé en vers, qui résumait l'essentiel de la « voie ».

Zhuangzi

Par beaucoup d'aspects, le *Tao Te King* intéressait plus les lettrés et les membres les plus privilégiés de la société. Aussi fallait-il faire quelque chose pour amener le Tao dans la vie quotidienne des gens du peuple. Cette responsabilité revint à Zhuangzi (369-286 av. J.-C.), l'autre grand sage du taoïsme (*voir la figure 3.10*). D'un point de vue biographique, on connaît peu de choses sur la vie de Zhuangzi (parfois écrit Chuang Tseu), si ce n'est le fait qu'il est l'un des auteurs de l'ouvrage qui porte son nom. *Zhuangzi* est un recueil d'histoires, écrites en prose plutôt qu'en vers, qui cherchent à enseigner le Tao pour son application dans la vie pratique et quotidienne.

Au moment de la mort de Zhuangzi en 286 av. J.-C., les fondements du taoïsme étaient déjà posés. On avait notamment donné forme au récit de la rencontre entre Huang Di et l'ermite, et à son grand secret. Le taoïsme philosophique était né.

Le taoïsme philosophique

Après la mort de Zhuangzi, le taoïsme continua à se développer grâce à l'école Huang Lao, qui avait été fondée au IVe siècle av. J.-C. Cette école a reçu son nom en l'honneur de Huang Di (l'empereur jaune) et de Laozi (l'auteur du *Tao Te King*). L'une de ses plus grandes contributions est d'avoir clarifié l'enseignement du **wu wei**. *Wu wei* signifie le « non-agir ». Les taoïstes croient en effet que les actions ne doivent pas être réalisées inutilement et qu'il ne faut entreprendre aucune action qui soit contraire à la nature. Par conséquent, la non-action est souvent préférable à l'action, car cette dernière peut perturber le fragile équilibre de la nature. C'est pourquoi, dans son enseignement, l'école Huang Lao demandait aux individus de n'accomplir que des actions qui soient en rapport avec l'époque à laquelle ils vivaient et avec la place qu'ils occupaient dans la société.

Le taoïsme religieux

Au IIe siècle av. J.-C., l'école Huang Lao était florissante. Plus tard, sous la dynastie Han (206 av. J.-C.-220 ap. J.-C.), le taoïsme est même devenu la philosophie dominante. Mais un glissement allait se produire : le taoïsme, qui était jusqu'alors un mouvement essentiellement philosophique, se déplaça dans la sphère de la religion. Si l'on remonte au temps de l'empereur jaune, la Chine était une nation à prédominance polythéiste. Même si la philosophie introduite par le taoïsme posait un réel défi à la mythologie des anciens, le polythéisme et la religion populaire n'ont jamais totalement disparu. Cependant, avec l'apparition de Chang Chiao et de Chang Tao-ling, la religion populaire allait plutôt revêtir une nouvelle forme : celle du taoïsme religieux.

La Voie des Maîtres célestes

Au tout début du premier millénaire, le taoïsme se transforma sous l'effet de deux événements. Le premier fut l'arrivée de Chang Tao-ling (34-156 ap. J.-C.) et l'émergence de la « Voie des Maîtres célestes ». Élevé dans le sud-ouest de la Chine, Chang Tao-ling fut témoin de l'attraction qu'exerçait de plus en plus le bouddhisme sur la population locale. Ce qui attirait les gens, c'était les rituels et les divinités d'une nouvelle religion qui possédait un grand nombre de croyances semblables à celles du taoïsme et du confucianisme. Mais Chang, un confucianiste qui s'était tourné vers le taoïsme, voulait assurer la survivance d'une forte tradition religieuse chinoise. Après s'être immergé dans les écrits et les enseignements taoïstes, il reçut une révélation du Très Vénérable Seigneur Lao, l'esprit déifié de Laozi.

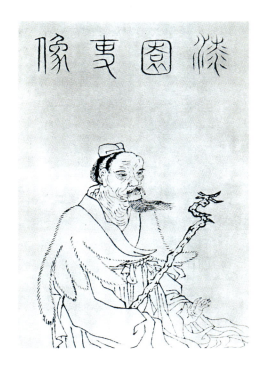

Figure 3.10
Dans ses écrits, Zhuangzi affirmait que, toutes les choses étant reliées entre elles au travers de processus naturels, l'humanité devait essayer de vivre en harmonie avec la nature et non pas s'imposer à elle. Il croyait aussi que les individus pouvaient accomplir plus de choses en s'abstenant d'agir.

Selon cette révélation, Chang devait organiser le taoïsme en une religion constituée afin de contrebalancer la montée du bouddhisme en Chine. Chang voyagea dans les campagnes pour enseigner, guérir des malades et fonder des lieux de culte. Finalement, Chang et ses disciples en arrivèrent à former la secte connue sous le nom de Voie des Maîtres célestes. Celle-ci existe encore et le soixante-troisième Maître céleste réside actuellement à Taïwan.

La rébellion des « Turbans jaunes »

Le taoïsme prit ensuite de l'ampleur lors de la rébellion des « turbans jaunes » en 184 ap. J.-C. L'objectif du chef rebelle, Chang Chiao, était d'établir un nouvel empire spirituel qui suivrait le Tao du ciel jaune de Laozi et de l'empereur jaune. La bande de rebelles de Chiang Chiao, qui portaient des turbans jaunes en signe de loyauté à la « voie », ont tenté de renverser la dynastie Han en place. Mais les militaires les ont battus et ont mis fin à leur courte rébellion. Malgré tout, les semences du taoïsme religieux avaient été plantées.

Au cours des siècles, le taoïsme devait tour à tour prospérer et décliner, mais il n'a jamais totalement disparu. Il continue à jouer un rôle important dans la culture chinoise. Avec le confucianisme et le bouddhisme, il en est l'une des composantes principales. Il est important de faire remarquer que les taoïstes, de même que les confucianistes et les bouddhistes, reconnaissent les qualités inhérentes à chacune de ces religions. Ils n'ont que rarement agi d'une manière préjudiciable aux autres.

Vérifie ta compréhension

1. Qu'est-ce que le Tao ?

2. Explique en quoi Huang Di, l'empereur jaune, est un personnage important.

3. Quels sont les deux événements qui ont transformé le taoïsme au début du premier millénaire ?

4. Penses-tu qu'il est possible de modeler sa propre vie sur la « voie de la nature » ? Explique ta réponse.

LES CROYANCES

Le *wu wei*

Comme nous l'avons déjà mentionné, l'une des croyances centrales du taoïsme est le *wu wei*, ou le « non-agir ». Le *wu wei* n'est pas une invitation à la paresse ou à l'oisiveté. Il s'agit plutôt d'une démarche spirituelle consistant à laisser les choses comme elles sont et à laisser la nature suivre son cours. Ainsi, une personne ne devrait pas, par exemple, manipuler la pensée et l'esprit d'autrui afin de le forcer à penser d'une certaine manière. Au lieu de cela, il convient d'avoir foi dans le Tao et de permettre aux gens de trouver leur propre voie en se fondant sur le Tao éternel qui est à la base de toute existence. L'école Huang Lao a donné une définition plus large du concept de *wu wei* dans le livre *Huai Nan Tzu*. On peut y lire la description suivante :

> …*Wu wei* signifie que des motifs égoïstes ne peuvent être permis dans la conduite des affaires publiques ; on ne doit pas laisser les désirs insensés détruire les principes qui sont justes.
>
> …(Wu wei) ne signifie pas qu'on ne doive pas réagir aux émotions, ni répondre à la pression. Si l'on veut assécher un puits, ou irriguer une montagne près de la rivière Huai, ce sont des actes définitivement opposés à la nature. Pourtant ils sont appelés « prendre action » (yu wei). Si vous prenez un bateau pour aller sur l'eau, une charrette spéciale pour aller dans le désert ou un traîneau spécial pour vous déplacer sur la boue… ce n'est pas ce qui est appelé « agir » (wei).
> (Traduction libre)

Par conséquent, le *wu wei* signifie bien plus que le fait de simplement s'asseoir sans rien faire, en communion apparente avec la nature. Au contraire, les individus sont impliqués de façon vitale dans ce qui se passe autour d'eux. Leurs actions sont fondées sur un sens de la simplicité grâce auquel ils se comportent de manière à nuire le moins possible au monde naturel.

Les pratiques, les rituels et les symboles

Le bien-être physique

Les taoïstes attachent une énorme importance à la santé physique et à la longévité. Cela remonte au temps de Liu An (mort en 221 av. J.-C.) et des maîtres du Huainan. La cour de Liu An comprenait de nombreux sages qui étudiaient et enseignaient le Tao. Rapidement, les arts médicaux ont commencé à se développer, car Liu An encourageait ses savants à découvrir une potion capable de donner l'immortalité physique à un individu. Les sages n'ont évidemment pas réussi à trouver le fameux élixir, mais leur travail a transformé la compréhension taoïste de la santé physique. L'équilibre et l'harmonie à l'intérieur du corps lui-même sont devenus aussi importants que la quête spirituelle de ces mêmes objectifs.

Les efforts de Liu An et des maîtres du Huainan ont eu des conséquences à très long terme. Des milliers d'années plus tard, les pratiques des premiers taoïstes ont fait leur chemin jusqu'à entrer dans la culture ordinaire au Canada. Nous décrivons ci-dessous les trois plus notables d'entre elles.

Le taï chi

Le taoïsme encourage les activités physiques susceptibles d'amener une personne à atteindre l'harmonie avec le Tao. Cette harmonie s'exprime, et continue à s'exprimer, dans des arts martiaux tels que le taï chi (parfois écrit taiji). Créé au XIIe siècle après J.-C. par Chan San Feng, le taï chi permet d'harmoniser le flux d'énergie (***chi***) dans le corps. Il réalise cela au moyen d'une série de mouvements qui amènent le système physique d'une personne à un état d'harmonie. On estime que le taï chi a un effet positif sur le système nerveux, la circulation sanguine et le tonus musculaire de l'individu. Les mouvements du taï chi feraient également l'effet d'un massage sur les organes internes de la personne.

La médecine chinoise et l'acupuncture

Comme le taï chi, la médecine chinoise essaie d'apporter un équilibre au flux d'énergie (***chi***) interne. L'équilibre est perturbé lorsqu'il y a un trouble ou un blocage dans le flux du ***chi*** qui circule dans le corps. On peut remédier à ce blocage par des exercices physiques, la prise de médicaments à base de plantes ou des techniques comme l'acupuncture.

L'acupuncture est une technique qui cible des points de pression sur le corps, dans le but de conserver le flux approprié de ***chi***. Les praticiens appliquent alors de fines aiguilles sur les points d'acupuncture du corps. Dans la médecine chinoise traditionnelle, on comptait 365 points principaux, mais en raison du développement de la recherche en acupuncture, on estime qu'il y en a actuellement plus de 800.

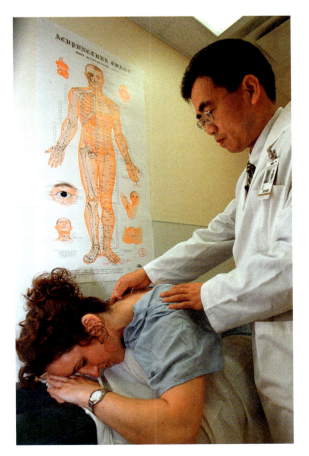

Figure 3.11
La popularité et l'acceptation de plus en plus grandes de la médecine chinoise et de l'acupuncture au Canada ont mené à la formation d'un grand nombre d'organisations. L'Association canadienne de médecine chinoise et d'acupuncture a été fondée en 1983 dans le but de rassembler les praticiens dans une organisation professionnelle et d'informer le public sur toutes les questions concernant ces pratiques ancestrales. En 1990, l'Académie canadienne d'acupuncture et de médecine chinoise a été fondée avec pour objectif de former et de diplômer les praticiens de l'acupuncture et de la médecine chinoise.

Le feng shui

S'appuyant sur l'ancien idéal chinois d'une vie en harmonie avec l'environnement, l'art de construire des bâtiments conformément au Tao est apparu. Appelé feng shui, ce style de construction remonte à plusieurs milliers d'années. Un adepte traditionnel du feng shui cherchera à harmoniser une construction avec son environnement, dans le but d'utiliser au mieux l'énergie spirituelle. Pour ce faire, il placera les portes, les escaliers, les fenêtres et les pièces selon une disposition géométrique précise. Tous les choix seront faits en gardant à l'esprit l'utilisation optimale de l'énergie spirituelle. Les adeptes du feng shui considéreront également des éléments tels que la configuration des routes, les caractéristiques environnementales et l'emplacement des entrées du bâtiment. Un bâtiment conçu selon les principes du feng shui – que ce soit un bureau ou une maison – est donc construit selon l'idée d'équilibre et de flux positif d'énergie.

Les symboles et les emblèmes
Le yin-yang

Figure 3.12

Le symbole principal du taoïsme est le **yin-yang**. Le symbole lui-même suggère l'harmonie et l'équilibre inhérents à la philosophie taoïste. Il est composé de deux surfaces contrastées de couleurs noire et blanche, la surface noire contenant un petit point blanc et la surface blanche, un petit point noir. Certains interprètent ces points de couleurs opposées dans chacune des surfaces comme l'illustration du fait que dans tout mal existe un élément de bien, tandis que dans tout bien existe un élément de mal. Mais avant tout, le symbole en tant que tel attire l'attention sur l'existence de paires opposées, telles que le foncé et le clair, la nuit et le jour, le sec et l'humide, l'agressif et le passif, le soleil et la pluie, etc. Les courbes suggèrent le mouvement, et correspondent à la croyance taoïste selon laquelle tout est sujet à changement.

Chacun des côtés possède également une signification spéciale. La partie blanche du symbole est le yang. Celui-ci représente la force du ciel et est apparenté au mouvement, à la lumière, au feu, à la chaleur et à la vie. Le yang est considéré comme le souffle qui a formé les cieux. Le sens littéral de yang est « côté ensoleillé ». La partie noire du symbole est le yin, qui représente le « côté ombragé » de l'existence. Le yin est considéré comme le souffle qui a formé la terre. Il faut noter que ces deux éléments sont indissociables – c'est-à-dire que l'un ne peut exister sans l'autre.

QUESTIONS

1. Comment le yin-yang reflète-t-il les éléments d'équilibre et de mouvement ?
2. Quelle est la différence entre le yin et le yang ?
3. Ta vie est-elle « équilibrée » ou non ? Explique ta réponse.

Vérifie ta compréhension

1. Quelles contributions Liu An et les maîtres du Huainan ont-ils apportées aux sciences médicales?

2. Qu'est-ce que l'acupuncture? Accepterais-tu de te faire soigner de cette façon? Explique ta réponse.

3. À quoi voit-on que la médecine chinoise et l'acupuncture sont acceptées au Canada?

4. Qu'est-ce que le feng shui?

LES ÉCRITS SACRÉS

Comme nous l'avons mentionné plus haut, le *Tao Te King* et le *Zhuangzi* sont les deux principaux livres sacrés du taoïsme. Le *Tao Te King* est un recueil de quatre-vingt-un courts poèmes. Leurs sujets sont variés : depuis des conseils destinés aux dirigeants jusqu'aux grandes questions de la vie. Le *Zhuangzi*, par contre, est écrit en prose. Les histoires ont pour thème central l'unité avec le Tao par l'abandon des conventions de la société. Alors que le *Tao Te King* donne des conseils aux rois, le *Zhuangzi* fait preuve de dédain et de défiance à l'égard du gouvernement.

Lu Xiujing (406-477 ap. J.-C.) a mis au point un système de classification des nombreux écrits connu sous le nom des « trois grottes ». Son objectif était d'encourager les sages à étudier les écrits taoïstes et de rendre le taoïsme plus attirant aux souverains de son époque.

Texte sacré

Le *Tao Te King* traite de l'exercice de la vertu dans tous les aspects de la vie. Cette pratique spirituelle concerne l'individu aussi bien que la société considérée comme un tout. Le passage suivant parle du bon guerrier :

Tao Te King, 68
Un véritable guerrier n'est pas belliqueux,
Un véritable lutteur n'est pas violent,
Un véritable vainqueur évite le combat,
Un véritable chef reste humble devant ses hommes.
Ceci révèle
La vertu qui ne rivalise pas,
L'art de conduire les hommes,
L'union avec les lois cosmiques.

QUESTIONS

1. Selon le *Tao Te King*, quelles sont les qualités d'un bon guerrier?

2. Explique la « vertu qui ne rivalise pas » avec tes propres mots.

Étude d'une communauté

Le Centre international de taï chi taoïste Orangeville (Ontario)

De nos jours, des milliers de Canadiens pratiquent le taï chi. La ville d'Orangeville, en Ontario, héberge le Centre international de taï chi taoïste. Il a été fondé par Moy Lin-Shin, maître de taï chi et moine taoïste de Hong Kong qui a immigré au Canada en 1970. Le but du maître Moy était de montrer au grand public les bienfaits que peut apporter le taï chi à la santé. Il était convaincu que le taï chi parvient à donner à ceux qui le pratiquent une sensation de calme intérieur, car il met l'accent sur le mouvement naturel. Cette conviction, le maître Moy l'a conjuguée avec les services incessants qu'il a offerts à la collectivité. Il a enseigné le taï chi tout particulièrement aux personnes du troisième âge et aux personnes souffrantes. Après une vie de travail, le maître Moy a laissé un héritage incroyable : il a fondé la Société internationale de taï chi taoïste, dont le siège est au Canada et qui possède plus de 500 filiales dans le monde entier. Il a aussi participé à la fondation de l'Institut de taoïsme Fung Loy Kok de Toronto. Le maître Moy est mort en 1998, mais son œuvre continue sous la gouverne du conseil d'administration de la société, ainsi que sous la forme d'une équipe internationale de bénévoles qui partagent sa vision du bonheur et de la santé par le taï chi.

Recherche Internet

Pour en savoir plus sur le maître Moy et les activités de la Société internationale de taï chi taoïste, visite le site Web de cette dernière à partir de www.dlcmcgrawhill.ca

Figure 3.13

Il vaut la peine d'attirer l'attention sur un aspect de la Société internationale de taï chi taoïste : la création à Orangeville du Centre de guérison par le taï chi taoïste. Lorsqu'il étudiait le taï chi, le maître Moy s'inquiétait de ce que la formation à cet art martial était trop orientée vers l'autodéfense et n'accordait pas toute son importance à la composante santé. C'est pour pallier à cette situation qu'il a fondé le taï chi taoïste, qui met l'accent sur l'amélioration de la santé. Son objectif est devenu réalité lorsqu'il acheta un terrain et des bâtiments près d'Orangeville, en Ontario. Cet endroit allait devenir le foyer international du taï chi taoïste. Mais le centre taï chi allait aussi se mettre au service des personnes souffrant de problèmes de santé, tels que des accidents vasculaires cérébraux, des maladies du cœur, la maladie de Parkinson, la sclérose en plaques, l'hypertension et le diabète. Le maître Moy était persuadé que les personnes souffrant de ces diverses affections pouvaient retirer de grands bénéfices du taï chi. C'est dans cette optique que le centre de guérison a construit des résidences et mis sur pied des programmes destinés à améliorer la santé par le taï chi. Les gens peuvent maintenant s'inscrire aux sessions mensuelles qu'offre le centre pour canaliser l'énergie de leur corps dans un but de croissance, de rajeunissement et de guérison.

La contribution du taï chi à la société canadienne ne se mesure pas facilement. Par ses efforts, le maître Moy a montré l'exemple d'une compassion et d'une générosité extraordinaires. La Société internationale de taï chi taoïste a hérité de cet exemple et continue son œuvre. Entre-temps, le taï chi, à l'instar des autres arts martiaux, a gagné en popularité. La pratique du taï chi est devenue « commune », dans le meilleur sens du terme.

QUESTIONS

1. Qui était le maître Moy ? Qu'a-t-il fait pour que le Canada devienne un centre international pour le développement du taï chi taoïste ?
2. Quelle fonction joue le Centre de guérison ?
3. Quels sont les aspects du taï chi qui t'intéressent le plus ? Explique.

L'INFLUENCE CULTURELLE

Le taoïsme a connu trois périodes de croissance distinctes. La première fut celle de la fondation du taoïsme par Laozi et Zhuangzi, avec l'apparition de l'école Huang Lao. Cette période de développement a donné au taoïsme sa forme et son identité. La seconde période a été marquée par l'apparition du taoïsme religieux. Confronté au défi que représentaient le bouddhisme et le confucianisme, le taoïsme a dû se définir en tant que croyance. C'est surtout la Voie des Maîtres célestes de Chang Tao-Ling qui a donné au taoïsme cette base religieuse. Cette assise allait se développer de façon exponentielle au long des siècles et donner lieu à la formation de groupes tels que la secte de la haute pureté.

La troisième période a été marquée par le déclin de la religion traditionnelle chinoise au début du XXe siècle. En 1911, la chute de la dynastie Ching signifia la fin de l'appui de l'État au taoïsme et au confucianisme. Entre 1911 et 1949, ces deux religions furent victimes des seigneurs de la guerre et des vandales. Dans cette ère de renouveau nationaliste chinois, les trésors religieux n'ont cessé de subir des attaques. Finalement, la guerre se termina par la victoire du Parti communiste chinois en 1949. Vint ensuite la grande Révolution culturelle (1966-1976) au cours de laquelle Mao Zedong tenta d'éliminer l'héritage du taoïsme et du confucianisme. Mao ne parvint pas à ses fins, mais cette période restera marquée par la tragédie. La Chine commença alors à se détourner de ses politiques antireligieuses, tandis que le reste du monde marquait un intérêt de plus en plus affirmé pour l'ancienne spiritualité chinoise.

Beaucoup de Chinois ont quitté leur pays pour s'installer dans des pays comme la Corée, le Vietnam, l'Indonésie et la Malaisie. De nos jours, Taïwan – où est exilé le Maître céleste – s'affirme comme la nation taoïste la plus active au monde et offre l'image d'une communauté taoïste prospère.

Des estimations récentes font état d'une population totale de 20 millions de taoïstes. Trente mille d'entre eux sont installés en Amérique du Nord, notamment à Vancouver et à Toronto. L'influence du taoïsme sur la culture canadienne se manifeste avant tout dans le domaine des arts martiaux, de la phytothérapie, de la médecine holistique, de la méditation et de l'acupuncture.

Vérifie ta compréhension

1. Que veulent dire les taoïstes par le *wu wei* ?

2. Quelle est la signification du yin-yang ?

3. Quels événements historiques ont freiné le développement du taoïsme au XXe siècle ?

4. À ton avis, quels aspects du taoïsme ont reçu la meilleure application dans la vie du Canada d'aujourd'hui ? Explique en détail.

LE CONFUCIANISME

LES ORIGINES

Le Maître dit : « Paroles astucieuses et manières prétentieuses vont rarement de pair chez l'homme vertueux. »
— Les *Analectes* de Confucius, Livre 1

Le Maître dit : « Étudier sans réfléchir est vain. Méditer sans étudier est désolant. »
— Les *Analectes* de Confucius, Livre 2

Confucius était un contemporain de Laozi, qui était plus âgé que lui. Bien qu'elle soit différente dans son application, sa philosophie partage avec le taoïsme certains contenus fondamentaux. Par exemple, l'idée d'harmonie, le yin-yang et les racines ancestrales remontant au grand empereur jaune sont également des éléments essentiels du confucianisme. Avec l'arrivée de Confucius, le Tao de Laozi a dû faire face au défi du Tao de la « Voie céleste ».

Les spécialistes ont souvent eu de la difficulté à déterminer si le confucianisme était une simple philosophie ou bien s'il s'agissait d'une philosophie et d'une religion. D'une part, le confucianisme est bien un mouvement philosophique, car il met l'accent sur l'étude et l'érudition. Mais d'autre part, il enseigne la « Voie céleste » et il offre un enseignement moral cohérent à tonalité religieuse. C'est cette combinaison de philosophie et de religion qui est à l'origine du malentendu.

Le confucianisme est tellement pratique et raisonnable que bien souvent on le dédaigne en le considérant comme une simple liste de suggestions pour un mode de vie équilibré. Mais c'est précisément la nature pratique du confucianisme qui en fait une grande religion. Confucius demandait non seulement à ses adeptes de développer un esprit alerte, un corps en santé et une âme pure, mais il leur enseignait aussi à vivre conformément à la Voie céleste. Pour les confucianistes, le ciel existe ici et maintenant. Ce point de vue est étonnamment semblable à ce que proclamera Jésus de Nazareth, 500 ans plus tard, en parlant du royaume de Dieu. En définitive, les spécialistes ont dû concéder que le confucianisme est à la fois une philosophie et une religion – deux traditions que la culture chinoise ne considérait pas comme dissociées.

Confucius

Qu'en est-il de l'homme que l'on connaît sous le nom de Confucius ? Confucius est né en 551 av. J.-C. dans la province chinoise de Lu. Son premier et plus important professeur fut sa mère. Elle lui donna une formation rigoureuse qui lui permit d'acquérir la maîtrise des six arts : le rituel, la

Figure 3.14
Dans les Analectes, *les disciples de Confucius décrivent leur maître comme suit :* « Confucius était totalement libéré de quatre choses : il n'avait pas de conclusions préconçues, pas de dogmatisme, pas d'obstination et pas d'égoïsme. » *De quelle façon ces traits peuvent-ils aider une personne à acquérir sagesse et discernement ?*

musique, le tir à l'arc, la conduite de chars, la calligraphie et l'arithmétique. Son père, mort alors que Confucius n'avait que trois ans, était commandant de district à Lu. À l'âge de 19 ans, Confucius était un jeune homme de bonne éducation. Il se maria et fonda une famille. Il avait un peu plus de 20 ans lorsqu'il perdit sa mère. Après une période de deuil, Confucius devint professeur. Sa réputation était celle d'un homme de vertu affectionnant la culture chinoise et ses valeurs.

Le manque de moralité dans la province de Lu irritait Confucius. Le déclin de la dynastie Chou avait entraîné une vague de cynisme et de corruption qui le perturba fortement. Comme les taoïstes, Confucius révérait l'empereur jaune et avait la nostalgie du temps passé, lorsque dominaient le gouvernement vertueux et la stabilité politique. Finalement, il acquit la conviction que le seul moyen de remédier au malaise de la société était d'enseigner aux gens la ligne de conduite de l'empereur jaune et de les encourager à se responsabiliser.

À l'âge de 50 ans, Confucius fut nommé magistrat de la ville de Chung-Tu, puis il occupa le poste de ministre de la Justice de Lu. Sous son égide, Lu devint un symbole de justice et d'équité. Toutefois, la puissance de Confucius ne tarda pas à faire des envieux au sein de la cour impériale. En 496 av. J.-C., on l'obligea à se démettre de ses fonctions. Il voyagea et dispensa son enseignement à l'extérieur de Lu pendant onze ans, puis rentra chez lui à l'âge de 77 ans. Il continua à étudier et à enseigner jusqu'à sa mort en 479 av. J.-C. Confucius avait alors 72 disciples (qui avaient tous la maîtrise des six arts) et 3000 adeptes.

> **Recherche Internet**
>
> Pour en savoir plus sur la vie de Confucius, clique sur le lien correspondant dans notre site Web à l'adresse www.dlcmcgrawhill.ca

Mencius

À ses débuts, le confucianisme a fait l'objet de critiques. Le philosophe chinois Mozi (479-380 av. J.-C.) reprocha l'absence apparente de divinité dans le confucianisme, affirmant que les confucianistes se préoccupaient avant tout de musique, de rituel et de déterminisme. Mencius (vers 371-289 av. J.-C.) marqua son désaccord avec Mozi. Il considérait au contraire que les gens avaient besoin de rester proches de leurs racines, qu'ils devaient éviter de s'accrocher aux dieux et vivre plutôt le moment présent. Il déclara que « … le vrai grand homme s'attache à l'humanité et avance sur le sentier de la rigueur pour le bien de la voie. » Mencius croyait que l'homme est naturellement bon et que le mal s'apprend. Il se fit tout d'un coup le grand défenseur de la Voie céleste. Il donna ainsi au confucianisme la clarté qui lui avait manqué depuis la mort de son fondateur.

Hsun Tzu

Confucius et Mencius ont consolidé les fondements de la philosophie confucianiste. Mais ce fut Hsun Tzu (298-238 av. J.-C.) qui, grâce à sa clarté et à sa précision, donna une seconde vie au confucianisme. Par un processus d'étude systématique, il fut capable d'expliquer que, d'un point de vue philosophique, il était important de mener une vie vertueuse. Il mit en garde contre le fait que la nature humaine était foncièrement mauvaise et qu'elle pouvait être aisément corrompue, à moins que l'on n'enseigne le contraire à l'individu. Au cours de sa vie, Hsun Tzu écrivit trente-deux textes dans lesquels il chercha à clarifier le système de croyances du confucianisme.

Portrait
Mencius
(vers 371–289 av. J.-C.)

Figure 3.15

Mencius fut le second grand sage du confucianisme. Né à Chao, Mencius a passé sa vie à étudier sous la direction de sa mère et, selon la légende, du petit-fils de Confucius. Lorsqu'il arriva à l'âge adulte, il avait développé sa propre appréciation des enseignements de Confucius. Il en arriva bientôt à la conclusion que la nature humaine est foncièrement bonne et que la pratique du bien est la meilleure façon d'arriver à l'accomplissement. Finalement, il mit l'accent sur la théorie politique et, comme Confucius, voyagea de province en province pour enseigner aux gouvernants locaux ce que devait être une administration juste. Malgré tous les efforts faits par Mencius, son enseignement ne fut pas accueilli avec enthousiasme, car il remettait en question le sentiment de supériorité qu'avaient développé de nombreux rois. Ses enseignements lui ont survécu dans le Livre de Mencius, un recueil de textes rassemblés par ses disciples après sa mort.

La philosophie de Mencius accorde une grande importance au concept confucianiste de *jen* (vertu). Mencius met l'accent sur l'enseignement des mérites de l'altruisme et de la bienveillance. Car la vertu s'exprime dans nos relations avec autrui. Mencius s'appuie sur le fait que les personnes ont des relations les unes avec les autres et que, pour le bien de ces relations, elles sont tenues d'agir vertueusement. L'action vertueuse est pour lui la réponse naturelle d'une personne qui cherche à créer une harmonie dans sa relation avec une autre personne. Agir vertueusement consiste à reconnaître l'humanité de l'autre personne et à traiter celle-ci avec gentillesse et bienveillance.

Ce concept peut être étendu à la façon dont les gouvernants administrent leurs sujets. Pour Mencius, les gens ont besoin de paix pour développer le *jen*. Cette paix dépend nécessairement de la sécurité matérielle, représentée par la nourriture, un toit et du travail. Par conséquent, si les gouvernants ne peuvent fournir cette sécurité à leur peuple, ils doivent être forcés à se retirer.

Mencius croyait également que c'est du sang, de la sueur et des larmes que naissent les sages. Il disait :

Le Ciel, lorsqu'il est prêt à placer une lourde responsabilité sur un homme, met avant tout à l'épreuve son esprit de détermination, lui use les nerfs et les os sous le labeur, expose son corps à l'inanition, le soumet à une extrême misère, fait avorter ses efforts de manière à stimuler son esprit, à endurcir sa nature et à redresser ses faiblesses.

Mencius, Livre VI, Kao Tzu, 2ᵉ partie, 15

Malgré toutes ces épreuves, Mencius fait observer que la compagne de la sagesse est la joie. « Il n'y a pas de plus grande joie que de découvrir, en faisant son propre examen, que l'on est vrai envers soi-même », dit-il. « Ce que vous n'aimeriez pas qu'on vous fasse, ne le faites pas aux autres. Vous découvrirez que c'est là le plus court chemin vers l'humanité. » La règle d'or de la bienséance et de la réciprocité édictée par Confucius est donc invoquée, par le second grand sage, Mencius.

QUESTIONS

1. Pourquoi les enseignements de Mencius n'étaient-ils pas accueillis avec enthousiasme par les gouvernants locaux ?
2. Comment l'idéal confucianiste du *jen* (voir la page 93) s'intègre-t-il dans la philosophie de Mencius ?
3. Selon Mencius, quelles sont les obligations des gouvernants vis-à-vis de leurs sujets ? Qu'en est-il lorsqu'ils ne satisfont pas à ces obligations ?

> **Vérifie ta compréhension**
>
> 1. Le confucianisme est-il une philosophie ou une religion ? Explique.
>
> 2. Quel impact a eu Confucius sur la vie de ses disciples ?
>
> 3. Quelles contributions ont apportées Mencius et Hsun Tzu au développement du confucianisme ?
>
> 4. Es-tu d'accord avec le point de vue de Mencius selon lequel les hommes sont naturellement bons ? Explique.

LES CROYANCES

La sagesse

Le Maître a dit : « Est-ce que je possède la sagesse ? Je n'ai pas la sagesse. Si un homme inculte me posait une question en toute candeur, je ferais de mon mieux pour en exploiter les deux extrêmes. »

Les *Analectes* de Confucius, Livre 9

Un jour, on demanda à Confucius si une personne devait toujours être aimable. Il répondit : « … réponds à la malveillance par la justice, mais réponds à l'amabilité par l'amabilité. » Une autre fois, Confucius conseilla à ses disciples de se conduire conformément à la « règle d'or » du confucianisme : « Ne faites pas aux autres ce que vous ne voudriez pas que l'on vous fasse. » Précision et sagesse, voilà ce qui définissait son conseil. Il encourageait les gens à se conduire d'une manière qui ne portait pas atteinte à leur sens de la vertu ni au sens de la vertu des autres. Par là, il voulait montrer qu'un défenseur de la vertu doit faire preuve de fermeté à l'égard de ceux qui agissent de façon cruelle ou malveillante. L'important était de savoir comment et quand utiliser la force de la justice, en conservant toujours à l'esprit le bien-être des autres. En guise de règle de conduite générale, Confucius conseillait aux gens de faire preuve d'empathie dans leurs pensées, leurs actions et leurs façons de s'exprimer. La clarté de son message ne laissait aucun doute dans l'esprit de ceux qui l'écoutaient.

Mais d'où provient cette grande sagesse ? Il semble bien que Confucius avait une réponse claire pour chaque question. Il affirmait qu'il était seulement un propagateur de sagesse et que tout ce qu'il disait avait déjà été dit auparavant. Il déclara un jour : « Je transmets, mais je ne crée pas. Étant un amoureux de la vérité, je suis un admirateur du temps passé. » Il avait simplement acquis ses connaissances par l'étude intensive des anciens, et, en conséquence, il avait l'apparence d'un sage. Confucius n'a jamais cherché un quelconque degré d'originalité. La sagesse de ses paroles, de ses conseils et de ses enseignements reposait sur ce que les ancêtres lui avaient transmis. Comme Mahavira, le « réorganisateur » du jaïnisme, il travailla avec l'héritage de ceux qui l'avaient précédé.

Ce sens de l'humilité ne faisait qu'ajouter à la force de ses enseignements. Les gens ont commencé à l'écouter parce que, comme le maître sculpteur du récit sur le support de cloche (voir la page 60), Confucius semblait absorbé par la pureté de la nature. Il ne cherchait pas à obtenir de la reconnaissance pour ce qu'il disait, mais faisait en sorte, au contraire, que les choses qu'il disait soient reconnues pour elles-mêmes. C'est pourquoi, lorsque Confucius donna la règle d'or à ses disciples, ceux-ci étaient déjà prêts à l'accepter parce qu'ils savaient que les paroles venaient d'une personne pratiquant la vertu qu'elle prêchait. Dans un style proche des taoïstes, Confucius

LES RELIGIONS ANCIENNES

déclara : « La voie de la nature doit être authentique. Être authentique signifie agir véritablement sans se forcer, atteindre sa propre nature sans y réfléchir, et la réaliser automatiquement et spontanément. Ainsi est l'homme sage. » La sagesse de Confucius est véritablement authentique et naturelle.

La vertu

Alors que le taoïsme cherche à enseigner le Tao de la nature, le confucianisme met l'accent sur le Tao du ciel. La différence entre les deux réside dans l'importance que confèrent les confucianistes à la transformation de l'individu en exemple vivant de vertu, stricte nécessité pour accéder au ciel. Confucius croyait que cette transformation se trouvait dans le potentiel de perfection qui existe en chaque individu. On atteint cette perfection en enseignant la Voie céleste et en stimulant un processus constant de progrès personnel. Confucius était avide de savoir. Il a toujours cherché le progrès personnel et l'a fait en étudiant les voies des anciens, et spécialement la vieille dynastie Chou et l'administration de Huang Di, l'empereur jaune. À la fin, Confucius considéra que les hommes avaient le devoir d'agir comme des gardiens de la création des cieux. En tant que gardiens de la création, les hommes, s'appuyant sur leur habileté à vivre vertueusement dans le cadre d'une communauté, déterminent le cours de l'histoire et de la nature.

Les cinq vertus

Fan Ch'ih s'interrogeait sur la bienveillance. Le Maître dit : « Chez toi, sois courtois, au travail, sois respectueux. En traitant avec le peuple, sois loyal. Agis ainsi même lorsque tu es parmi les barbares de l'est ou du nord. »

Les *Analectes* de Confucius, Livre 13

Le confucianisme est la poursuite active du Tao. Cela implique de choisir des actions qui sont conformes au devoir sacré de suivre la Voie céleste. Les confucianistes atteignent cet objectif par la pratique des cinq vertus.

Les cinq vertus sont le *jen*, le *yi*, le *li*, le *chih* et le *hsin*. Comme le yin-yang, elles sont en rapport les unes avec les autres. Elles sont nécessaires à l'individu pour qu'il puisse accéder à une sensation de paix et d'équilibre. **Jen** signifie bonne volonté, sympathie à l'égard d'autrui, politesse et générosité. Il implique aussi diligence et persévérance. **Yi** signifie rectitude et honnêteté. Pour les confucianistes, cela veut dire accomplir ses devoirs en tant que gardien de la nature et de l'humanité. **Li** est l'art du comportement correct : les convenances. Cela signifie que les confucianistes doivent avoir un comportement bienséant dans tout ce qu'ils font. Cette bienséance signifie que leur attitude intérieure doit se manifester dans leurs comportements extérieurs. **Chih** veut dire sagesse. On exprime celle-ci en faisant preuve de *jen*, de *yi* et de *li*. La dernière vertu est le **hsin**, qui veut dire fidélité et loyauté. Cette vertu démontre que le sage est devenu un exemple manifeste de bonne volonté, de dévouement et de bienséance.

La gouvernance confucianiste et les vertus

Le Maître a dit : « Régner avec vertu, c'est être comme l'étoile polaire qui reste en place et autour de laquelle évoluent toutes les autres étoiles, en hommage. »

Les *Analectes* de Confucius, Livre 2

Tant Confucius que Mencius se sont préoccupés de la façon de gouverner le peuple. Ils ont ainsi élargi la portée de la croyance taoïste dans la « voie » : ils affirmaient que les gens pourraient plus facilement suivre leur inclination naturelle à être bons s'ils disposaient d'un exemple vivant en la personne de leur roi. Pour trouver des exemples, les gens devaient étudier l'action des dirigeants du temps de l'empereur jaune, ou bien, plus idéalement, celle de leurs propres dirigeants. Pour Confucius, les gouvernants devaient pratiquer les cinq vertus. Ils devaient le faire simplement parce qu'ils étaient des fils ou des filles du ciel. Confucius estimait que la vertu était une exigence pour le gouvernant et qu'il s'agissait là d'un élément essentiel pour que les individus puissent développer un sentiment de dignité et de solidarité au sein de la collectivité. La pratique des cinq vertus est par ailleurs une inclination naturelle, car, selon Confucius et Mencius, la nature humaine possède naturellement une propension à faire le bien.

Les cinq relations et la vénération des ancêtres

Le Maître a dit : « À la maison, les jeunes doivent faire preuve de piété filiale et à l'extérieur, d'amour fraternel. Ils doivent aimer leur prochain et se rapprocher de ceux qui sont bienveillants. Ils doivent ensuite consacrer le reste de leurs forces à la littérature. »

Les *Analectes* de Confucius, Livre 1

Deux croyances confucianistes sont communément mal interprétées : l'enseignement des cinq relations et la vénération des ancêtres. Les cinq relations sont les suivantes :

- le père et le fils ;
- le gouvernant et le citoyen ;
- l'époux et l'épouse ;
- le frère aîné et le frère cadet ;
- l'ami et l'ami.

Mencius a conçu l'enseignement des cinq relations dans le but de montrer aux gens l'importance de la réciprocité dans leurs relations avec autrui. Chaque relation implique, pour qu'elle soit harmonieuse, le respect et la reconnaissance mutuelle. Par conséquent, les dirigeants ont l'obligation morale de gouverner leurs citoyens avec justice, tandis que les citoyens ont la responsabilité d'obéir et de rester loyaux envers leurs dirigeants. Les problèmes surviennent lorsqu'on néglige l'importance accordée par Mencius à la réciprocité. Si un dirigeant devient autoritaire et oppresseur, il est probable que les citoyens répondront par la désobéissance et la rébellion.

La vénération des ancêtres implique d'honorer et de garder dans sa mémoire les membres défunts de sa famille. Le confucianisme considère qu'il s'agit d'une manifestation de *hsin* (loyauté) : on se souvient des êtres chers pour ce qu'ils ont apporté aux personnes qu'ils ont côtoyées. Certains ont critiqué la vénération des ancêtres en la comparant à un culte dans lequel les ancêtres seraient considérés comme des dieux décédés. Mais les confucianistes pratiquent la vénération – l'hommage que l'on rend à ses racines ancestrales – comme un acte de souvenir tout à fait sincère.

Vérifie ta compréhension

1. Quelle est la « règle d'or » du confucianisme ? Connais-tu une autre religion qui contient la même règle d'or ?

2. En quoi les enseignements de Confucius sont-ils très proches des enseignements taoïstes ?

3. Dresse la liste des cinq vertus. À ton avis, quelle est la plus importante ? Explique ta réponse.

4. Explique, avec tes propres mots, les enseignements de Mencius à propos des cinq relations.

5. De ton point de vue, laquelle de ces cinq relations, est la plus importante dans la vie ? Explique-toi.

LES ÉVÉNEMENTS MARQUANTS DE LA VIE ET LES SYMBOLES

La conception et la naissance

Le confucianisme fait appel à de nombreux rituels et cérémonies pour célébrer le passage d'une période de la vie à une autre. À la naissance, les confucianistes croient que l'esprit du fœtus (*T'ai-shen*) protège la mère de tout mal. Après la naissance, on se défait du placenta d'une manière spéciale et on donne à la mère un mois de repos et de récupération. La famille de la mère fournit tout ce dont l'enfant a besoin au premier, au quatrième et au douzième mois après la naissance.

Le mariage

Le mariage est un autre rituel confucianiste intéressant (*voir la figure 3.16*). Il commence par la proposition. Celle-ci consiste à échanger d'abord des renseignements sur les naissances respectives des futurs conjoints (heure, jour, mois, année). S'il se produit quelque chose de défavorable dans la famille de la future mariée dans les trois jours qui suivent l'échange initial, la proposition est rejetée. S'il ne se produit rien de défavorable, et que la proposition est acceptée, les fiançailles sont officialisées et l'on met au point les détails de la dot. Il est intéressant de noter que la dot payée par les parents de la future mariée est équilibrée par les cadeaux que les parents du futur mari font à la famille de la future mariée. Le jour du mariage, une procession est organisée vers les maisons de chacune des familles. Se succèdent ensuite une cérémonie et une réception, et enfin une grande réunion de famille au cours de laquelle la mariée sert les parents du jeune marié tandis que ces derniers servent les parents de la mariée.

La mort

Lorsqu'un confucéen meurt, la famille du défunt pousse de grands cris afin d'informer les voisins de sa mort. Le corps est lavé puis placé dans un cercueil, avec de la nourriture et des objets qui ont eu une signification dans la vie du défunt. La famille de ce dernier porte des vêtements de drap grossier et ses proches apportent de l'encens ou de l'argent afin de participer aux frais des funérailles. Un prêtre

Figure 3.16
Au cours de la cérémonie de mariage confucianiste, la jeune mariée offre le thé aux invités. La coiffe de la mariée est faite d'une structure de bambou en forme de voûte fixée par des attaches. Elle est recouverte de tissus brodés de forme rectangulaire, qui font généralement partie de l'héritage familial. Une pièce de tissu rouge décorée de franges est placée sur cette structure, les franges formant une sorte de voile par-dessus le visage de la mariée.

vient effectuer les rites d'enterrement, puis le cercueil est transporté jusqu'à la tombe. Les membres de la famille suivent et portent une branche de saule représentant l'âme du défunt. De retour chez eux, ils placent la branche sur un autel afin de marquer la présence de l'esprit du défunt dans leur maison. Une liturgie est célébrée les 7e, 9e et 49e jours qui suivent l'enterrement, ainsi qu'au premier et au troisième anniversaires de la mort de la personne.

Les symboles et les emblèmes

Confucius et les cinq vertus

Figure 3.17

Au fil des siècles, les artistes se sont inspirés des enseignements de Confucius pour produire de magnifiques portraits tels que celui réalisé par Peter Mong (ci-dessus). Artiste originaire de Hong Kong, Peter Mong s'est inspiré de la statue du sage se trouvant au temple de Confucius à Qufu. Cette statue remonte au temps de la dynastie Ching. Les robes et la coiffe que porte Confucius dans ce portrait font allusion à sa déclaration de 739 ap. J.-C., lorsqu'il fut nommé Roi insigne de la culture. En déclarant Confucius roi, on montrait son statut élevé dans la « Voie céleste ».

On trouve peu de symboles dans le confucianisme. Même si la personne de Confucius est l'objet d'une grande révérence sous la forme de statues et de peintures, il existe une certaine retenue à transformer ces images en icônes. Au cours de l'histoire du confucianisme, la crainte a été exprimée plusieurs fois que, si Confucius devenait le symbole de la religion, les adeptes pourraient en arriver à honorer son image plutôt que ses enseignements.

Il en découle que ce sont les cinq caractères chinois désignant les cinq vertus (que l'on peut voir ici autour du portrait de Confucius) qui permettent de se rapprocher le plus de l'esprit de l'enseignement confucianiste. Les cinq vertus (décrites en détail à la page 93) sont les suivantes :

jen 仁 yi 義 li 禮 chih 信 hsin 知

QUESTIONS

1. Pourquoi peut-on considérer qu'un portrait ou une statue de Confucius constituent les symboles les plus représentatifs du confucianisme ?
2. Comment l'artiste parvient-il à exprimer la majesté de Confucius dans ce portrait ?

Les écrits sacrés

Le confucianisme a développé une riche tradition d'érudition et les écrits confucianistes sont très nombreux. Cependant, on considère généralement que les écrits sacrés du confucianisme comprennent les Cinq Classiques (Wu Jing) et les Quatre Livres (Si Shu).

Les Cinq Classiques ou Livres canoniques ont existé avant Confucius. Comme tels, ils offrent une toile de fond détaillée à la philosophie rituelle, sociale, politique, historique et poétique du confucianisme. Parmi les Cinq Classiques se trouve l'*I Ching* (parfois écrit Yi Ching), ou « Livre des changements ». On peut décrire l'*I Ching* comme un ensemble d'instructions données sous une forme d'art divinatoire, c'est-à-dire de prédictions. Utilisant de petits bâtons de bois sous la forme d'hexagrammes, le devin a la capacité de faire une lecture générale, dans ses grandes formes, de l'avenir. L'art divinatoire a été utilisé pour aider les rois à prendre des décisions quant à leur avenir et à celui de leur royaume. L'*I Ching* remonte à l'époque de l'empereur jaune.

Les Quatre Livres ont reçu leur statut de livres sacrés sous Chu Hsi (1130-1200 ap. J.-C.). Parmi ces livres, on trouve les *Analectes* de Confucius, un recueil empreint de sagesse qui contient des réflexions et des récits relatifs à Confucius et à ses disciples. Ce sont ces derniers qui ont recueilli les *Analectes* après la mort de Confucius. Les Quatre Livres comprennent également les pensées de Mencius.

Recherche Internet

Pour voir d'autres œuvres d'art confucianistes, clique sur le lien correspondant sur notre site Web à l'adresse **www.dlcmcgrawhill.ca**

Texte sacré

Les passages qui suivent expriment bien l'esprit de l'œuvre de Confucius lui-même. Ils mettent l'accent sur la gouvernance et l'obligation, c'est-à-dire le devoir. Les vrais dirigeants méprisent ceux qui divisent le royaume par des discours calomnieux. Par conséquent, les dirigeants doivent agir pour empêcher cette division et combattre ceux qui cherchent à diviser pour mieux régner. Ils doivent le faire car c'est un devoir sacré qui leur a été confié par le ciel.

Extrait des Conseils de Yu (dans le *Livre d'histoire*, l'un des Cinq Classiques)

Le Ti a dit : « Lung, je déteste les orateurs calomnieux et les destructeurs des voies (justes), qui agitent et alarment mon peuple. Je te nomme ministre des Communications. Matin et soir, diffuse mes ordres et fais-moi un rapport, en t'assurant que tout est vrai. »

Le Ti a dit : « Eh ! vous, les vingt-deux hommes, soyez respectueux. Ainsi vous serez utiles pour la tâche (qui m'a été confiée par) le Ciel. » (Traduction libre)

Questions

1. Un vrai dirigeant cherche à s'opposer à ceux qui utilisent un langage calomnieux et médisant pour diviser le groupe. Comment peux-tu lutter contre la calomnie et la médisance dans ta vie de tous les jours ?
2. À ton avis, quelles autres qualités devrait avoir un bon dirigeant ?

L'INFLUENCE CULTURELLE

Au cours du dernier millénaire, l'enseignement de Confucius gagna de l'influence en Corée et au Japon. De nos jours, certains Coréens continuent à se déclarer confucéens. Tout comme le taoïsme, le confucianisme a souffert de persécution au cours du XXe siècle de la part des révolutionnaires chinois, et plus particulièrement des communistes. En Chine continentale, les pratiques confucianistes ont été sévèrement contrôlées, même si on a assisté à un certain relâchement de ces mesures sous les successeurs de Mao Zedong. Il est difficile de déterminer le nombre exact de confucéens qu'il y a dans le monde. Certaines estimations font état d'environ six millions de personnes, dont 26 000 vivent en Amérique du Nord.

La philosophie de Confucius s'est popularisée au Canada et dans le reste du monde occidental. La nature concise de la sagesse confucianiste exerce un attrait tant sur les jeunes que sur les personnes âgées. Les appels en faveur d'une gouvernance vertueuse et d'une utilisation responsable de l'autorité ont beaucoup d'importance pour les Canadiennes et les Canadiens. Cela explique que se soit produit récemment, dans l'opinion publique, un glissement vers la morale et l'idéal confucianistes. Les étudiantes et les étudiants canadiens étudient de plus en plus la sagesse du vieux philosophe. Peut-être que cela leur rappellera que Confucius lui-même étudiait la façon de gouverner de l'empereur jaune. Et peut-être que, dans leur soif de vérité, ils deviendront des admirateurs des temps anciens.

Vérifie ta compréhension

1. Quelles sont, à ton avis, les croyances confucéennes les plus stimulantes ?

2. Confucius se qualifiait lui-même de propagateur de sagesse. Que voulait-il dire par là ? Comment pourrais-tu être toi-même un « propagateur de sagesse » ?

3. Comment pourrais-tu intégrer les cinq vertus dans ta propre vie ?

4. Selon Confucius, quelles sont les caractéristiques d'un grand dirigeant ? Nomme un grand dirigeant dont tu as entendu parler. Qu'est-ce qui fait de lui un grand dirigeant ?

5. Pourquoi les cinq relations et la vénération des ancêtres ont-elles été mal interprétées ? Explique en détail.

6. Qu'est-ce que l'art divinatoire ? L'art divinatoire existe-t-il dans le monde d'aujourd'hui ? Donne des exemples.

7. De quelle manière les rituels confucianistes sont-ils le reflet de la philosophie de Confucius ?

Le shintoïsme

Les origines

Il est difficile d'étudier le shintoïsme en tant qu'ancienne religion organisée. En effet, cette religion ne possède ni fondateur, ni utilisation rituelle de l'écriture, ni enseignements organisés. Ce que l'on sait, c'est qu'il y a environ 2500 ans sont apparues les premières manifestations évidentes de pratiques et de rituels shintoïstes. Il s'agit, approximativement, de l'époque à laquelle ont été fondés le zoroastrisme, le jaïnisme, le taoïsme et le confucianisme.

Le shintoïsme ancien mettait l'accent sur la mythologie et le culte de la nature. Il était fondamentalement polythéiste, faisant appel à de nombreux dieux pour exprimer les croyances religieuses. Cette croyance en plusieurs dieux ne posait pas de problème aux adeptes du shintoïsme, dans la mesure où cela leur donnait, semble-t-il, un plus grand éventail de réponses à leurs questions spirituelles. Le nom *Shinto* vient du terme chinois *shin Tao*, qui signifie « la voie du divin ». En japonais, les mêmes caractères se prononcent *kami no michi*.

Avec le temps, le shintoïsme a fait preuve d'une capacité extraordinaire à coexister aux côtés d'autres mouvements religieux. Lorsque les religions chinoises se sont introduites au Japon aux alentours de 200 ap. J.-C., le shintoïsme a fait siens les aspects positifs du taoïsme et du confucianisme. De la même façon, lorsque le bouddhisme est arrivé au Japon, après 552 ap. J.-C., le shintoïsme a adopté beaucoup de ses principes. Sous l'effet de l'assimilation de ces trois religions, on a cru que le shintoïsme avait été absorbé par le bouddhisme. Cette situation était intolérable aux yeux de certains membres de la famille impériale. Aussi, en 1868 ap. J.-C., l'empereur Meiji décida de financer, avec l'argent de l'État, les lieux saints (*voir la figure 3.18*) et les prêtres shintoïstes. On assista alors à une résurgence de la foi shintoïste, qui coïncida avec la fondation du shintoïsme d'État. Cela eut pour effet de développer chez le peuple japonais le sens du patriotisme et de l'obéissance, tandis qu'apparut la croyance selon laquelle l'empereur était un descendant direct des dieux.

Ces valeurs et ces croyances restèrent en vigueur jusqu'à la défaite du Japon lors de la Seconde Guerre mondiale. À la fin de la guerre, les puissances alliées condamnèrent le patriotisme exalté du shintoïsme d'État. Les Japonais furent obligés d'abolir le shintoïsme d'État en 1945. Humilié par la défaite, l'empereur Hirohito se rendit au lieu saint de Ise afin de demander pardon à la déesse du Soleil pour ce qui s'était produit.

Figure 3.18
Le site d'Ise, l'un des lieux saints les plus importants du shintoïsme, comprend le sanctuaire impérial (connu aussi sous le nom de Naiku, ou sanctuaire intérieur) et le sanctuaire Toyouke (connu aussi sous le nom de Geku, ou sanctuaire extérieur). Pour accéder au lieu saint, il faut traverser la rivière Isuzu sur le pont Uji et franchir la grande porte torii. Le Naiku est très important pour la famille de l'empereur du Japon parce qu'il abrite, dit-on, Amaterasu, la déesse ancêtre de la famille impériale.

> **Vérifie ta compréhension**
>
> 1. Pourquoi est-il difficile de définir les origines du shintoïsme ?
>
> 2. Quelles religions ont influencé le développement du shintoïsme ?
>
> 3. À ton avis, le gouvernement doit-il fonctionner en association avec des religions ? Explique ta réponse.

LES CROYANCES

La mythologie Kami et Shinto

Figure 3.19
Dans la mythologie shintoïste, Izanagi et Izanami ont reçu pour tâche de créer le monde. Debout sur le Pont flottant céleste, Izanagi plongea sa lance ornée de bijoux dans l'océan et remua l'eau. Lorsqu'il retira la lance, les gouttes qui tombaient ont formé, en se coagulant, la première île de l'archipel du Japon.

Selon la tradition shintoïste, les esprits existent partout. Ils sont appelés **kami**. Littéralement, *kami* veut dire « haut » ou « supérieur », mais on l'utilise généralement en relation avec les mots *dieu* ou *divinité*. La plupart du temps, on l'utilise donc pour se référer aux esprits.

Les *kami* envahissent tout. On les trouve dans les pierres et dans les arbres aussi bien que dans les animaux et dans le tonnerre. L'apparition des *kami* est expliquée dans l'histoire de deux divinités importantes : Izanagi et Izanami, un frère et une sœur qui descendent du Pont flottant céleste en forme d'arc-en-ciel. Lorsque Izanagi plongea sa lance dans la mer, il se produisit un processus mythique : le début de la formation des îles japonaises (*voir la figure 3.19*).

Izanagi et Izanami finirent par se marier et donnèrent naissance à un grand nombre d'autres divinités, chacune d'elles régnant sur un aspect particulier de la nature. Alors qu'elle donnait naissance au dieu du feu, Homu-subi, Izanami mourut et descendit au pays de l'obscurité. Izanagi, accablé par le chagrin, coupa Homu-subi en morceaux avec son épée. Chaque morceau du dieu du feu forma une nouvelle divinité. Izanagi partit alors à la recherche de Izanami dans le pays des ténèbres. Il finit par la trouver, cachée parmi les ombres. Elle ne voulait pas qu'il la voie parce qu'elle avait mangé la nourriture des enfers et qu'on l'avait condamnée à rester là. Izanagi la supplia d'en appeler aux dieux pour qu'ils la libèrent du pays des ténèbres. Elle accepta, mais à la condition qu'Izanagi ne la regarde pas. Izanagi finit par s'énerver et alla la trouver au plus profond des enfers. Elle était entourée d'horribles sorcières et son corps, rongé par les vers, était en train de se décomposer. Enragée, Izanami chassa Izanagi du pays des ténèbres. Izanagi obstrua avec un rocher la sortie vers la terre afin d'empêcher Izanami de s'échapper.

LES RELIGIONS ANCIENNES

Désireux de se laver, Izanagi plongea dans une rivière. Pendant qu'il se baignait, de nouvelles divinités apparurent. On raconte que, tandis qu'il lavait son visage, trois importantes divinités ont surgi. Au moment de laver son nez, Susano-o, déesse de la Mer et des Tempêtes, est née. Lorsqu'il lava son œil droit, c'est Tsuki-Yomi, le dieu de la lune, qui est né. Finalement, lorsqu'il nettoya son œil gauche, apparut **Amaterasu**, la déesse du Soleil. Amaterasu est la divinité la plus importante dans la croyance shintoïste. Elle représente l'espoir et la prospérité. La présence du soleil sur le drapeau japonais (*voir la figure 3.20*) montre bien la grande importance de Amaterasu pour le peuple japonais. On croit aussi que l'empereur du Japon est un descendant direct de Amaterasu.

LES PRATIQUES, LES RITUELS ET LES SYMBOLES

La purification

La pureté et la souillure sont deux composantes essentielles du rituel shintoïste. La pureté rituelle est fondamentale pour qu'un appel au *kami* fait par un prêtre ou un croyant soit couronné de succès. Une personne peut devenir rituellement impure de différentes manières. Par exemple, la victime d'un acte de violence peut devenir rituellement souillée par le simple fait de saigner. Cela ne signifie pas que la personne soit fautive, mais cela veut dire qu'elle doit prendre toutes les mesures pour retrouver sa pureté rituelle.

Figure 3.20
Amaterasu, la déesse du Soleil, est la divinité suprême de la religion shintoïste, ainsi que la reine de tous les kami. L'emblème d'Amaterasu, le soleil levant, figure sur le drapeau japonais. Au Japon, on organise des fêtes en son honneur le 17 juillet, au cours du Grand Festival de la déesse du soleil, ainsi qu'au solstice d'hiver, le 21 décembre, lorsqu'on la célèbre en tant qu'origine de la lumière.

Le yutate

Les rituels de purification sont extrêmement importants dans le shintoïsme. Dans l'un de ceux-ci, appelé **yutate**, un prêtre plonge une branche de sakaki (un arbre sacré), symbolisant le *kami*, dans un chaudron d'eau bouillante. Le prêtre secoue ensuite la branche sur la tête de ceux qui sont réunis et récite une prière appelée **norito**. Commence alors une danse rituelle, qui fait partie du processus menant à la purification de l'eau. À un moment donné, une jeune fille saisit un bol de bois et récolte l'air au-dessus du chaudron. Elle invite les *kami* à venir dans le bol, qu'elle vide ensuite dans le chaudron. Après quoi les membres rassemblés boivent l'eau du chaudron, recevant ainsi l'eau purifiée, qui leur permet de se purifier à leur tour.

La Grande Purification

Un autre rituel important du shintoïsme est la Grande Purification. Ce rituel recrée symboliquement l'acte de purification qui a conduit à la naissance de Susano-o, Tsuki-Yomi et Amaterasu. Il se déroule deux fois par an, lors des fêtes de la nouvelle année et au début de l'été. Pendant le rituel, le prêtre récite le *norito* de la Grande Purification en agitant une baguette de purification au-dessus des fidèles. On raconte que chaque mot du *norito* contient son propre *kami*. C'est pour cela que la précision de la langue est d'une extrême importance si l'on veut que le rituel de purification soit couronné de succès. Étant supposé laver les impuretés des personnes présentes, le rythme de la prière est un autre élément clé de la cérémonie.

Les symboles et les emblèmes

Le torii

Figure 3.21

Le **torii** est le symbole shintoïste qui représente la voie vers le *kami*. Il ressemble à une porte dont les deux piliers verticaux sont surmontés de deux traverses horizontales. Torii signifie « habitation des oiseaux ». Les traverses horizontales donnent en effet à l'observateur l'impression d'un oiseau étirant ses ailes dans le ciel. Il y a un torii à l'entrée de tous les sanctuaires shintoïstes. On les trouve aussi dans certains temples bouddhistes japonais.

QUESTION

Pourquoi les shintoïstes utilisent-ils le torii comme porte d'entrée de tous leurs sanctuaires ?

LES ÉCRITS SACRÉS

Le shintoïsme possède deux textes sacrés extrêmement révérés. Au début du VIIIe siècle ap. J.-C., l'empereur Gemmyo ordonna que les récits oraux du Japon soient mis par écrit. Cela donna lieu à deux volumes : l'un s'appelle le *Récit des faits anciens* (*Kojiki*) et l'autre est intitulé *Chroniques du Japon* (*Nihongi*). Les *Chroniques du Japon* illustrent tout particulièrement la nature mythique des écrits sacrés shintoïstes.

Texte sacré

Le shintoïsme utilise essentiellement le langage mythologique pour communiquer ses origines. Les textes shintoïstes sont riches en imagerie et en symbolisme. L'extrait suivant du *Nihongi* traite de la création du ciel et de la terre.

Nihongi, L'Âge des dieux, Livre 1

À l'origine, lorsque le Ciel et la Terre n'étaient pas encore séparés, que le principe femelle et le principe mâle n'étaient pas divisés, le Chaos, semblable à un œuf, se forma en nuage, renfermant un germe.

La partie pure et lumineuse s'évapora et forma le Ciel ; la partie lourde et trouble se coagula et forma la Terre.

La combinaison des éléments purs et parfaits fut facile ; la coagulation des éléments lourds et troubles fut difficile.

Aussi le Ciel fut-il accompli tout d'abord, et la Terre constituée plus tard.

Des êtres divins naquirent ensuite entre les deux.

Il est donc dit que lorsque le monde commença à être créé, le sol qui composait les terres flottait d'une façon qui pourrait être comparée au flottement d'un poisson batifolant à la surface de l'eau.

À ce moment, il se produisit quelque chose entre le Ciel et la Terre, dans une forme semblable à une pousse de roseau. Cela se transforma en un dieu et on l'appela Kuni-toko-tachi no Mikoto.

Il y eut ensuite Kuni no sa-tsuchi no Mikoto et puis Toyo-kumu-nu no Mikoto, en tout trois divinités.

C'était de purs mâles spontanément développés par l'action des principes du Ciel.

(Traduction libre)

QUESTIONS

1. Que signifie le fait que le ciel soit composé d'éléments « purs et parfaits » et la terre d'éléments « lourds et troubles » ?
2. Dans cet extrait, quelle est la principale distinction faite entre Ciel et Terre ?

Habiletés de recherche
La recherche dans Internet

L'aptitude à transformer de grandes quantités d'information en un matériel utile se révèle être, de plus en plus, une compétence essentielle dans le monde d'aujourd'hui. Si l'on veut se préparer à l'avenir, il faut apprendre à s'adapter aux changements en cours. Cela exige souvent d'apprendre rapidement de nouvelles techniques, de savoir où obtenir facilement de l'information et d'être capable, à son tour, de la diffuser. L'explosion, ces dernières années, de la masse d'informations facilement accessibles n'en est qu'à ses débuts. C'est pourquoi il est tellement important de développer les compétences nécessaires pour faire face à cette surcharge inévitable d'informations, dans un contexte où le temps est de plus en plus compté.

Une bonne recherche implique l'utilisation d'un grand nombre de ressources. Livres, magazines, quotidiens, documentaires de la radio ou de la télévision, émissions d'information, toutes ces sources d'information peuvent être précieuses. Par ailleurs, l'Internet ne cesse de gagner en popularité. Il s'impose de plus en plus comme un outil de recherche indispensable à tous ceux qui, dans le monde, cherchent à accéder facilement à l'information.

Mais l'un des défis majeurs de la recherche dans Internet est de trouver des informations fiables et de bonne qualité, et donc d'éviter les sites Web médiocres, et parfois douteux. Comme on peut y trouver d'énormes quantités d'information, il est parfois difficile pour un chercheur de repérer les sources qui sont pertinentes. De plus, il peut arriver que l'information recueillie soit mal organisée ou qu'elle ne puisse satisfaire au test de fiabilité (*voir le point 3 ci-dessous*). En face de cette surcharge d'information, les qualités de réflexion, d'analyse et d'évaluation s'avèrent donc cruciales. Il est important de développer une vision critique afin de pouvoir établir ce que chacune des sources apporte réellement.

Les étapes de la recherche dans Internet

Voici quelques conseils utiles pour effectuer une recherche efficace dans Internet :

1. Utiliser plusieurs moteurs de recherche

Un moteur de recherche est un programme qui effectue dans Internet une recherche d'informations sur le sujet demandé. Il existe actuellement plus de 3000 moteurs de recherche disponibles (voir le site www.dlcmcgrawhill.ca pour trouver des liens vers les moteurs de recherche). Les experts recommandent d'utiliser plusieurs moteurs de recherche, car même les meilleurs d'entre eux ne couvrent qu'environ le quart de l'ensemble des sites !

2. Maîtriser la technique de recherche booléenne

La technique de recherche booléenne se fonde sur un système logique dans lequel on utilise les mots *and* (et), *or* (ou) et *not* (non) pour effectuer une recherche d'informations. Par exemple :

- Supposons qu'on veuille trouver des sites Web mentionnant à la fois le taoïsme et le shïntoïsme. On introduit alors la requête : « taoïsme AND shintoïsme » (ou « taoïsme ET shïntoisme », selon la langue du moteur de recherche).
- Supposons qu'on veuille trouver des sites Web mentionnant soit le taoïsme, soit le jaïnisme. On introduit alors la requête : « taoïsme OR jaïnisme » (ou « taoïsme OU jaïnisme »).
- Supposons qu'on veuille trouver des sites Web mentionnant le confucianisme, mais non le taoïsme. On introduit alors la requête : « confucianisme NOT taoïsme » (ou « confucianisme NON taoïsme »).
- Supposons qu'on veuille trouver des sites Web dans lesquels le mot *religion* apparaît à proximité du mot *ancienne*, mais non directement à côté de celui-ci (c'est-à-dire séparé par quelques mots seulement). On introduit alors la requête : « ancienne NEAR religion » (ou « ancienne PRÈS religion »).

3. Savoir évaluer la qualité des sources dans Internet

N'importe quelle personne ou n'importe quelle organisation peut créer un site Web. Beaucoup de sites ont un objectif commercial, même s'ils peuvent aussi avoir une fonction éducative ou, tout au moins, revêtir l'aspect d'un site éducatif. Certains sites sont purement personnels et ne reflètent que les pensées, les émotions, les préjugés et les expériences de leur auteur. D'autres encore peuvent afficher une opinion politique ou représenter un groupe de pression ou d'intérêt particulier. Il est donc essentiel pour la chercheuse ou le chercheur de pouvoir évaluer rapidement la fiabilité et la nature de chaque site Web.

Habiletés de recherche — La recherche dans Internet

Pour évaluer la qualité d'un site, utilise la liste de contrôle suivante :
- Quel semble être l'objectif du site ? Quel est le public visé ? Par rapport à cet objectif, le site est-il pertinent ou utile ?
- Le cas échéant, qui est le promoteur du site ? Le site Web d'une organisation gouvernementale, culturelle ou éducative présente généralement plus d'informations fiables qu'un site commercial, politique ou personnel.
- Qui est ou qui sont les auteurs du site ? Quelles sont les compétences de cette ou de ces personnes ? L'auteur est-il un professionnel ou un amateur ? En quoi cela a-t-il de l'importance ?
- Quand l'information a-t-elle été recueillie et diffusée ? Le site donne-t-il des indications de mise à jour ou de révision ? L'actualité de l'information est-elle importante pour ta recherche ?
- Comment l'information est-elle présentée ? De façon raisonnable et équilibrée ou bien dans des termes incendiaires et simplistes ?
- L'information est-elle bien rédigée et sa présentation est-elle logique ? (Les sites Web comportant des fautes d'orthographe et de grammaire devraient être évités en tant que sources pour la recherche !)
- Y a-t-il des hyperliens vers d'autres sites Web ? Que révèlent ces autres sites à propos de la fiabilité, de l'exactitude et de l'objectif du site de départ ? Par exemple, un site sur le shintoïsme qui présente des liens vers des sites commerciaux d'agences de voyages ou de maisons d'édition pourrait ne pas être la source d'information la plus objective et la plus fiable.

4. Créer des signets (liste personnalisée d'adresses URL)

Au moment de mener ta recherche, il se pourrait que tu n'aies pas le temps d'explorer complètement un site ni de télécharger toute l'information voulue. Il se pourrait aussi que ton but soit de faire une visite rapide d'un grand nombre de sites ou de naviguer d'un hyperlien à l'autre. Il est important de marquer d'un signet les sites intéressants pour que tu puisses t'y référer ultérieurement. Utilise simplement la fonction « signets » ou « favoris » de ton ordinateur. En créant des signets, tu élabores ta liste personnalisée d'adresses URL et tu l'organises en fonction de ton thème de recherche.

Si tu crées beaucoup de signets, place-les dans différents dossiers afin de pouvoir les consulter plus facilement. Les dossiers peuvent être organisés chronologiquement, par sous-thèmes, par noms de personnes, par questions, par catégories, etc.

5. Mener avec soin sa recherche personnelle

Beaucoup de chercheuses et de chercheurs ne comprennent pas vraiment la portée et la puissance des technologies Internet. Non seulement, ces technologies te permettent de parcourir le monde à la recherche d'informations, mais elles peuvent aussi être utilisées pour te suivre à la trace et ainsi connaître tes préférences, ton itinéraire de recherche ou toute autre information personnelle que tu pourrais donner. Lorsque tu utilises cet outil de recherche extraordinairement puissant, suis les conseils suivants afin de « naviguer en toute sécurité » :
- observe les règles d'utilisation d'Internet établies par l'école, par la famille ou par l'organisme ;
- préserve la confidentialité de tous les mots de passe, de tous les numéros de téléphone et de toutes les adresses ;
- ne partage jamais ton compte avec une autre personne ;
- considère toutes les informations d'Internet comme étant protégées par le droit d'auteur et ne plagie jamais les sources ;
- évite de visiter les sites Web douteux ;
- si tu reçois une information ou un contact personnel qui te semblent suspects, informes-en immédiatement une ou un adulte.

Mets en pratique !

1. Imagine que tu fasses une recherche sur une des religions traitées dans ce chapitre et sur la façon dont elle est pratiquée au Canada.
    a) Fais la liste des techniques de recherche booléennes que tu pourrais utiliser.
    b) Après avoir révisé avec une ou un camarade les stratégies de recherche possibles, choisis l'une de ces stratégies et rends compte des résultats. Ce compte rendu devra notamment comprendre une liste des cinq premiers sites visités, que tu auras classés, en fonction de leur utilité, de 1 (très utile) à 5 (pas utile du tout). Explique les raisons de ton classement.

Les groupes et les institutions

Il existe quatre formes de shintoïsme : le shintoïsme d'État, le shintoïsme des sectes, le shintoïsme des sanctuaires et le shintoïsme populaire.

Proclamé par l'empereur Meiji en 1868, le **shintoïsme d'État** mettait l'accent sur le patriotisme et l'obéissance. Il affirmait également que l'empereur du Japon était un descendant et un représentant des dieux. Le shintoïsme d'État a été aboli en 1945 après la défaite du Japon dans la Seconde Guerre mondiale.

Le **shintoïsme des sectes** est apparu vers la même époque que le shintoïsme d'État. Il conféra un statut officiel aux mouvements religieux les plus populaires parmi les paysans et les fermiers. Certains de ces mouvements s'inspiraient des enseignements du shintoïsme, du bouddhisme, du confucianisme et du taoïsme. Treize sectes ont finalement été reconnues.

Le **shintoïsme des sanctuaires** est devenu prédominant après la Seconde Guerre mondiale. Afin de préserver les sanctuaires du shintoïsme d'État, les Japonais se sont tournés vers le shintoïsme des sanctuaires. Ils se sont regroupés afin de veiller à l'entretien de plus de 80 000 sanctuaires et de sauver ces structures qu'ils considéraient comme des références essentielles et vivantes de la foi shintoïste. De nos jours, le shintoïsme des sanctuaires est la forme qui prédomine dans la tradition shintoïste.

Le **shintoïsme populaire** est celui qui se rapproche le plus des anciennes pratiques du shintoïsme. Il met l'accent sur le culte personnel rendu aux *kami* locaux. Étant donné le caractère individuel des pratiques de cette secte, les rituels et les prières sont très variables. Ainsi, une famille pratiquant le shintoïsme populaire fera ses dévotions dans un sanctuaire installé à la maison, tandis qu'une autre le fera dans un sanctuaire construit dans une ferme. La plupart des rituels du shintoïsme populaire poursuivent de façon évidente des objectifs de pureté, de fertilité, de santé et de prospérité.

L'influence culturelle

Il est difficile de déterminer le nombre d'adeptes du shintoïsme, car beaucoup de Japonais participent à la fois aux religions shintoïste et bouddhiste. Ici encore, on se trouve face à la très grande tolérance caractéristique de la tradition shintoïste : ainsi, pour un shintoïste, il est plus important de reconnaître la réalité des *kami* que de s'identifier soi-même en tant que pratiquant. Selon certaines sources, il y aurait environ 3 000 000 de personnes qui suivraient le shintoïsme. Mais d'autres sources prétendent que ce chiffre pourrait être plus proche de 107 000 000, soit pratiquement toute la population du Japon ! Comme c'est le cas pour d'autres traditions, le nombre réel d'adeptes du shintoïsme est très difficile à déterminer. Au Canada, le Centre culturel japonais canadien de Toronto est particulièrement actif dans la diffusion et la préservation des traditions shintoïstes.

Figure 3.22
Dans le cadre de la Fête de la floraison des cerisiers, la communauté japonaise de San Francisco participe à un défilé annuel. La fleur du cerisier (sakura) est la fleur nationale du Japon. Organisée au début du printemps, la Fête de la floraison des cerisiers est la plus célèbre des festivités japonaises. Elle ne possède aucune signification religieuse particulière, mais les plus beaux exemplaires de cerisiers en fleurs se trouvent aux alentours des sanctuaires shintoïstes et des montagnes sacrées.

Vérifie ta compréhension

1. Pourquoi est-il difficile de déterminer les origines du shintoïsme ?

2. Donne deux exemples de la tolérance du shintoïsme envers d'autres religions. Pourquoi la tolérance est-elle un élément important de toute religion ?

3. Que sont les *kami* ? Pourquoi sont-ils tellement importants ?

4. Qu'est-ce qu'un torii ? Pourquoi est-ce tellement important ?

5. Quelle est la signification de la mythologie dans les croyances shintoïstes ?

6. Quelles sont les quatre formes de shintoïsme ? Explique leur importance.

7. À ton avis, pourquoi le shintoïsme attache-t-il autant d'importance aux rituels de purification ?

CONCLUSION

Les Chinois appelaient l'époque de Laozi, de Confucius, de Zhuangzi et de Mencius l'ère des cent philosophes. Ils n'auraient jamais pu imaginer combien l'histoire allait faire sienne cette affirmation pour la reprendre dans une perspective mondiale. À côté des grands sages chinois, Zoroastre, Mahavira et Bouddha ont dirigé eux aussi des mouvements spirituels nouveaux. Pendant ce temps, au Japon, la riche mythologie du shintoïsme commençait à fleurir. Le monde était à la recherche d'explications spirituelles. Le zoroastrisme, le jaïnisme, le taoïsme, le confucianisme et le shintoïsme ont alors fourni certaines réponses.

Des milliers d'années plus tard, ces mouvements spirituels forment des communautés bien vivantes au Canada et sont étudiés dans les écoles canadiennes. La qualité des réponses qu'ont données ces religions ne fait aucun doute si l'on en juge par l'immense potentiel de sagesse que chacune d'elles peut offrir.

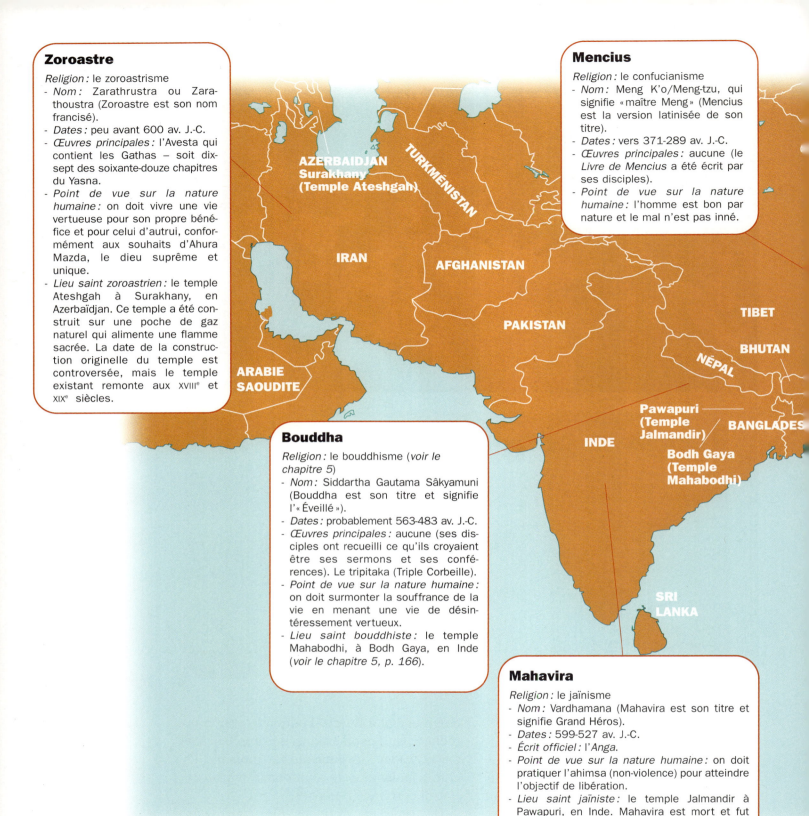

Figure 3.23

Les religions anciennes : les grands maîtres spirituels et les lieux saints. Quelles sont les ressemblances et les différences entre les différents fondateurs, réformateurs ou chefs religieux que tu as étudiés dans ce chapitre ?

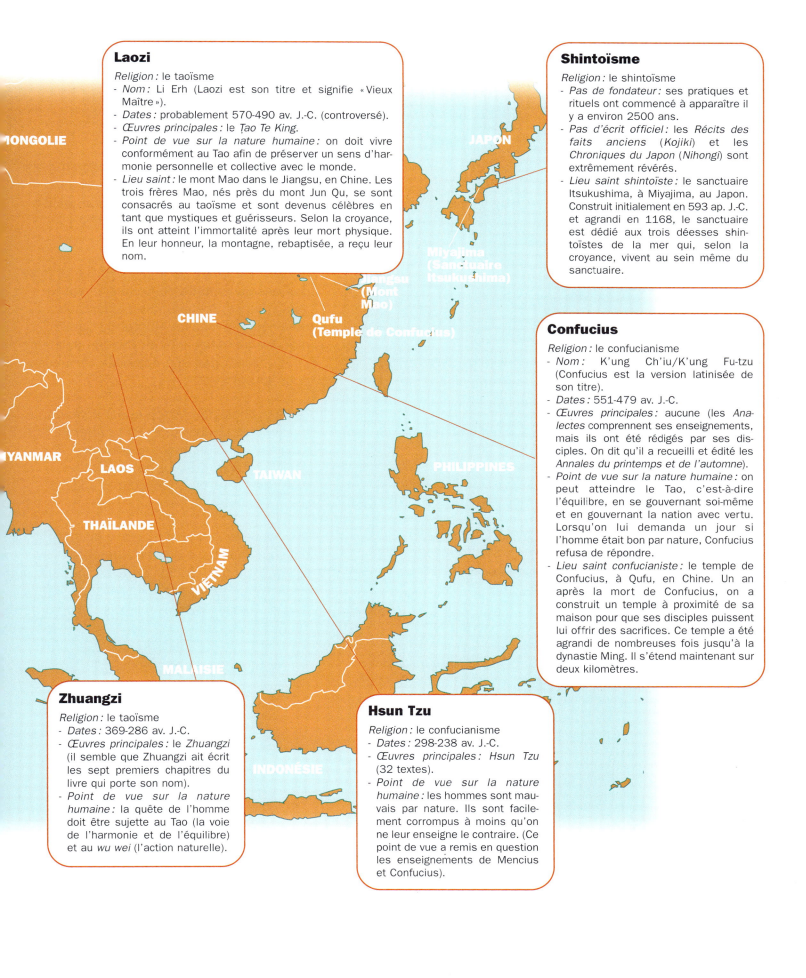

Activités

Vérifie ta compréhension

1. Dans ton cahier, fais le tableau suivant que tu rempliras avec les informations correspondantes :

Maître spirituel / Religion / Principaux enseignements

2. Explique de quelle façon le concept de Tao est un enseignement important tant pour le taoïsme que pour le confucianisme ?

3. En quoi le Tao est-il semblable au *kami* ?

4. Pourquoi beaucoup de Canadiennes et de Canadiens se sentent-ils tellement attirés par les philosophies de Confucius ?

5. Définis le terme *mythe*. Les mythes ont-ils la même valeur que les récits historiques des événements ? Explique ta réponse.

Réfléchis et exprime-toi

6. Compare l'enseignement zoroastrien concernant Ahura Mazda et Angra Mainyu à l'enseignement taoïste du yin-yang. En quoi ces enseignements sont-ils semblables ? En quoi sont-ils différents ?

7. Entame un débat sur la question morale dans la pratique jaïniste du *sallekhana*. Tu peux le faire sous la forme d'un projet pour la classe ou d'une dissertation personnelle.

8. Fais une étude de la presse. Sur la base des enseignements de Confucius sur la gouvernance, prépare une présentation destinée à la classe. Montre de quelle manière les dirigeants du Canada utilisent ou n'utilisent pas une approche vertueuse pour gouverner.

9. La mythologie shintoïste est riche en imagerie et symbolisme. En te référant au mythe shintoïste sur la création, écris ta propre histoire de la création. Assure-toi d'utiliser beaucoup d'images et de symboles.

10. Laquelle des cinq religions décrites dans ce chapitre a eu l'effet le plus profond sur toi ? Rédige un texte mettant en évidence ton expérience personnelle durant l'étude de cette religion.

Applique tes connaissances

11. En utilisant Internet, fais une recherche sur les religions que tu as étudiées dans ce chapitre. Visite le site Web www.dlcmcgrawhill.ca, et suis les liens mentionnés sur ce site pour consulter d'autres sites Web portant sur les cinq religions étudiées dans ce chapitre. Fais un tableau comparatif comme celui qui suit pour indiquer l'avancement de ta recherche.

Nom de la religion	Origines	Croyances	Écrits

12. Quelles organisations religieuses affiliées aux religions étudiées dans ce chapitre sont présentes dans ta localité? Utilise Internet, les pages jaunes ou des ressources de la bibliothèque pour trouver ces informations. Demande à l'une des représentantes ou à l'un des représentants de ces groupes si tu peux organiser une visite de classe dans son organisation.

13. Invite dans ta classe des personnes qui pratiquent le feng shui, le taï chi ou l'acupuncture, et organise un débat sur leur discipline. Avant la présentation, prépare une série de questions à poser aux visiteuses ou aux visiteurs.

14. Pratiquer l'ahimsa, c'est-à-dire la non-violence, dans la vie quotidienne représente un véritable défi.
a) Discutez en petits groupes de la pratique de l'ahimsa dans le cadre des activités quotidiennes, que ce soit à l'école ou dans la collectivité. Faites un remue-méninges pour imaginer les changements qui pourraient être apportés dans l'un de ces secteurs afin d'atteindre l'ahimsa.
b) Individuellement, pense à cinq actions que tu pourrais entreprendre pour incorporer l'ahimsa dans ta vie personnelle.
c) Est-il possible d'introduire l'ahimsa dans le cadre des activités de ton école ou de ta collectivité? Est-il possible de pratiquer l'ahimsa dans ta propre vie? Explique-toi.

Glossaire

Introduction

mythe (m). Le récit de la tradition, impliquant généralement des personnages surnaturels ou imaginaires, servant à révéler la vision du monde que possède un peuple à propos de phénomènes naturels ou sociaux.

Le zoroastrisme

Ahura Mazda. Seigneur de la Sagesse, dieu de la rigueur, qui s'est révélé à Zoroastre pendant sa méditation.

Angra Mainyu. Le Mal personnifié, rival de Ahura Mazda, qui nie la vérité.

dakhma **(m)**. La structure circulaire, à l'air libre, sur laquelle est déposé le corps du défunt communément appelée tour du silence.

Gathas. Ensemble des 17 chapitres du Yasna, sur un total de 72, qui ont été rédigés par Zoroastre.

navjote **(m)**. La cérémonie d'initiation d'un enfant à la religion zoroastrienne.

polythéisme (m). La croyance en plus d'un dieu.

Le jaïnisme

ahimsa (f). La doctrine de non-violence à l'égard de tous les êtres vivants.

ascétisme (m). Le processus de renoncement volontaire par lequel on se prive de nourriture, de vêtements, de propreté et de plaisirs dans le but d'atteindre un objectif spirituel plus élevé.

atomisme (m). La croyance selon laquelle tous les éléments de la nature, y compris les atomes, possèdent une âme.

Digambaras. Le nom de la secte jaïniste des « vêtus de ciel », qui pratiquent une nudité ascétique.

jina **(m)**. Le conquérant, le vainqueur ; personne qui a vaincu ses désirs et atteint l'illumination.

jiva **(m)**. Âme. Les jaïnistes croient que tant les êtres animés (par ex. l'être humain) que les êtres inanimés (par ex. une pierre) possèdent une âme.

karma (m). La loi de la cause et de l'effet : pour chaque action, il y a une conséquence.

méditation (f). Le processus destiné à éliminer la pensée centrée sur soi-même et à s'unir avec l'esprit qui gouverne l'univers.

moksha (m). Le salut obtenu au travers du cycle de la renaissance.

réincarnation **(f)**. La renaissance d'un esprit dans plusieurs vies jusqu'à sa libération finale.

sallekhana **(m)**. Le rituel sacré de jeûne graduel menant à la mort.

Svetambaras. Le nom de la secte jaïniste des « vêtus de blanc », dont les moines portent des vêtements blancs.

Le taoïsme

chi (m). Énergie ; souffle spirituel de vie se trouvant à la base de toute existence.

Tao (m). La voie ; pratiquer la voie de la nature et comprendre comment atteindre l'équilibre entre deux forces opposées.

wu wei **(m)**. Le non-agir ; laisser les choses se faire par elles-mêmes et laisser la nature suivre son cours.

yin-yang **(m)**. Le côté ensoleillé et le côté ombragé ; symbole de l'équilibre entre des forces opposées.

Le confucianisme

chih **(m)**. La sagesse ; produit d'une vie vertueuse.

hsin **(m)**. La fidélité et la loyauté, vertus qui doivent être pratiquées.

jen **(m)**. Les vertus de bonne volonté, d'empathie, de politesse et de générosité – qualités personnelles qu'une personne doit développer dans ses relations avec autrui.

li **(m)**. La bienséance ; conduite correcte ; traiter les autres avec dignité et honneur.

yi **(m)**. La rectitude et l'honnêteté ; Confucius enseignait qu'une personne avait le devoir de vivre une vie de justice, de compassion et d'intégrité.

Le shintoïsme

Amaterasu. La déesse du Soleil, divinité la plus révérée dans le shintoïsme.

kami **(m)**. Les esprits qui se trouvent à la base de toute existence.

norito **(m)**. La prière, souvent utilisée comme invocation pour une purification. La précision des gestes et de la prononciation des mots est essentielle pour que la prière soit effective.

shintoïsme d'État (m). Forme de shintoïsme qui mettait l'accent sur le patriotisme et l'obéissance et qui affirmait que l'empereur du Japon était un descendant et un représentant des dieux.

shintoïsme des sanctuaires (m). Forme de shintoïsme, devenue prédominante après la Seconde Guerre mondiale, qui chercha à préserver les sanctuaires du shintoïsme d'État. Le shintoïsme des sanctuaires forme maintenant la partie principale de la tradition shintoïste.

shintoïsme des sectes (m). Forme de shintoïsme qui a conféré un statut officiel aux mouvements religieux qui étaient populaires parmi les paysans et les fermiers. Treize sectes ont été officiellement reconnues.

shintoïsme populaire (m). Forme de shintoïsme la plus proche des anciennes pratiques du shintoïsme. Il met l'accent sur le culte personnel rendu aux *kami* locaux.

torii **(m)**. Le symbole en forme de porte ; porte vers le ciel.

yutate **(m)**. Le rituel de purification shintoïsme.

À Toronto, des milliers de personnes voient un miracle de Ganesha

Des milliers d'hindous, de non hindous, de croyants, de non-croyants et de sceptiques se sont rassemblés au Vishnou Mandir à Richmond Hill, et au Vaisno Devi Mandir à Oakville, pour assister à un miracle. Sculpté dans le marbre, Shri Ganesha, le Seigneur (destructeur) de tous les obstacles, fils de Shiva, « buvait » du lait qu'on lui servait à la cuillère.

La nouvelle de ce miracle a frappé les médias de Toronto et, de bouche à oreille, elle s'est répandue comme un feu de brousse. À minuit, des milliers de personnes avaient vu le dieu à tête d'éléphant des hindous absorber le lait par ses défenses et sa trompe…

On propose diverses explications, de l'action d'absorption du marbre et de la pierre, selon la science, à la révélation divine dans la pierre.

Certains ne savent tout simplement pas ce qu'ils doivent croire ou ne pas croire.

Et si la théorie d'absorption était fondée, qu'en est-il de la capacité de saturation de l'image ? Ce qui est sûr, c'est qu'un miracle est un miracle parce qu'il déconcerte les scientifiques et défie l'intelligence…
(Traduction libre)
- *Indo Caribbean World*, 4 octobre 1995

Chapitre quatre
L'hindouisme

Lis l'article intitulé *À Toronto, des milliers de personnes voient un miracle de Ganesha* et réponds aux questions suivantes.

1. Décris le « miracle » dont l'article fait état.
2. Trouve les possibles explications du phénomène que propose l'article.
3. Crois-tu aux miracles ? Comment expliquerais-tu le « miracle » présenté dans l'article ?
4. Décris un autre miracle dont tu as été témoin ou dont tu as entendu parler.

Introduction

Toute tentative de définir l'hindouisme au moyen d'un seul système ou ensemble de règles ne peut que représenter une tâche frustrante, voire impossible.

Le terme *hindou* est universellement accepté comme se référant à la religion indigène de l'Inde. Ce mot n'est toutefois pas originaire de l'Inde; il vient de Perse. Les premiers Perses utilisaient le terme *hindous* pour parler des habitants de l'autre côté de la rivière Sindhu et nous utilisons aujourd'hui le mot *hindouisme* en faisant référence à leur religion. Au fur et à mesure que la religion des hindous s'étendait à l'ensemble de l'Inde, elle a subi de nombreuses modifications, mais elle continue d'être basée sur les enseignements qui lui ont donné naissance sur les rives de la rivière Sindhu.

Pendant des milliers d'années, les étrangers qui se sont installés en Inde ont laissé leur propre marque sur l'hindouisme, car cette religion a assimilé plusieurs de leurs coutumes et pratiques. Au fil du temps, la nature flexible de l'hindouisme lui a permis de se plier à l'histoire tout en évitant de se faire submerger par elle. Il en découle une multitude de sectes religieuses, chacune ayant ses propres rituels et coutumes, mais qui ont toutes en commun une unité d'esprit. Les hindous partagent une même littérature, une histoire de la pensée religieuse et une vision du monde qui situe les valeurs spirituelles au-dessus des préoccupations matérielles.

Beaucoup de Canadiens connaissent bien certains éléments de la foi hindoue. Au Canada, le végétarisme est de plus en plus populaire, surtout auprès des jeunes. Plusieurs d'entre nous connaissent de façon générale la théorie de la réincarnation, qui laisse entendre que nous pourrions vivre plusieurs vies et que notre situation dans la prochaine vie est déterminée par nos actes, ou **karma**, dans le présent. La **méditation** et le **yoga** sont des passe-temps très populaires au Canada et plusieurs collectivités comptent des enseignants et des praticiens de ces activités issues de la tradition hindoue. Les racines de l'hindouisme sont profondes et éloignées des rivages canadiens, mais son visage moderne représente une partie dynamique de la réalité canadienne contemporaine.

Objectifs d'apprentissage

À la fin de ce chapitre, tu pourras:

- décrire le rôle de la foi dans l'hindouisme;
- décrire comment on utilise les symboles pour représenter les croyances hindoues;
- reconnaître les principaux textes sacrés, par exemple les Védas, le *Râmayana*, la *Bhagavad-Gita*, et décrire leur importance;
- trouver les principaux passages de divers textes hindous et expliquer leur importance;
- décrire comment l'hindouisme se reflète dans l'art, l'architecture, la musique, la littérature, la danse et la cuisine;
- analyser le rôle des femmes dans l'hindouisme;
- décrire comment l'hindouisme se reflète dans la société pluraliste du Canada et définir les défis auxquels sont confrontés les hindous dans cette société;
- déterminer le rôle et la responsabilité des hindous au sein de leur religion, de même que les étapes de leur évolution;
- décrire la façon dont les rites de passage hindous reflètent leurs principales croyances;
- analyser comment et pourquoi certains rites de passage peuvent avoir changé au fil du temps;
- décrire comment le Mahatma Ghandi a eu recours à la religion pour s'opposer aux préjugés et à la discrimination;
- comprendre les caractéristiques et les fonctions d'un gourou;
- évaluer la place qu'occupe l'hindouisme à l'ère moderne;
- déterminer les sujets liés à l'hindouisme qui requièrent une recherche quantitative;
- organiser, interpréter et évaluer les renseignements rassemblés sur l'hindouisme grâce à la recherche.

- **1500 ap. J.-C.**
  Rédaction du *Râmayana* en hindi

- **200 av. J.-C. (env.)**
  Rédaction du *Râmayana* en sanskrit

- **300 ap. J.-C. (env.)**
  Compilation des *Lois de Manu*

- **1200-900 av. J.-C. (env.)**
  Rédaction du *Rig Veda*

- **400 av. J.-C.- 400 ap. J.-C. (env.)**
  Compilation du *Mahabharata*

- **1500-1200 av. J.-C.**
  Colonisation aryenne

- **2700-1500 av. J.-C.**
  Civilisation de la vallée de l'Indus

Chronologie

- **Années 1960 ap. J.-C.**
Fondation du mouvement Hare Krishnâ par Swami Bhaktivedanta aux États-Unis ; les Beatles popularisent le yoga et la méditation en Occident

- **1947 ap. J.-C.**
Le Mahatma Ghandi négocie l'indépendance de l'Inde

- **1948 ap. J.-C.**
Assassinat du Mahatma Ghandi

- **1893 ap. J.-C.**
Swami Vivekananda assiste au Parlement mondial des religions à Chicago

- **1875 ap. J.-C.**
Fondation du mouvement Aryâ-Samâj par Dayânanda Saraswati

- **1869 ap. J.-C.**
Naissance du Mahatma Ghandi

- **1858 ap. J.-C.**
La Grande-Bretagne prend le contrôle de l'Inde

- **1838-1917 ap. J.-C.**
Par suite de la colonisation, les hindous sont pris comme travailleurs dans d'autres parties du monde

L'hindouisme

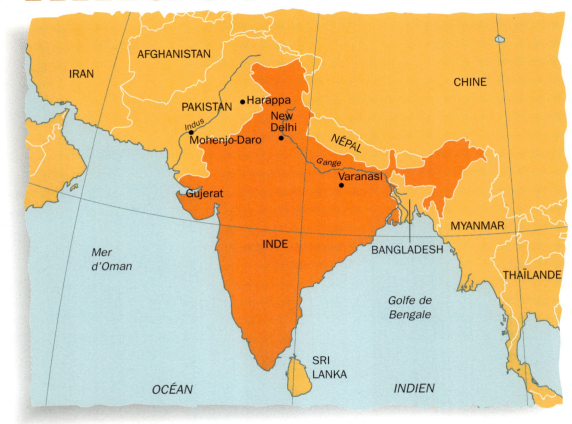

Figure 4.1
L'hindouisme provient des divers peuples qui ont occupé l'Inde au fil du temps.

LES ORIGINES

Contrairement aux autres traditions religieuses, par exemple le christianisme et le bouddhisme, l'hindouisme n'a pas été fondé par une personne en particulier. Comme il n'était pas restreint par l'influence d'une seule personne, l'hindouisme a absorbé les idées et les pratiques qui convenaient à sa structure sociale et culturelle au fur et à mesure de son évolution pendant des milliers d'années. Cette faculté d'adapter les nouvelles idées peut expliquer la nature englobante de cette religion.

L'hindouisme est issu des divers peuples qui ont occupé la région de l'Inde au fil du temps, ce qui pourrait expliquer sa nature diversifiée et complexe. Toutefois, ce sont probablement deux groupes de gens qui ont jeté les bases de l'hindouisme : la civilisation de la vallée de l'Indus et les Aryens.

La civilisation de la vallée de l'Indus

Des fouilles archéologiques sur les rives de l'Indus (*voir les figures 4.1 et 4.2*) en 1926 ont mis au jour les plus anciens indices d'une pensée religieuse en Inde. Les archéologues ont découvert les restes d'une civilisation qui a pris naissance dans la vallée de l'Indus entre 3000 et 2500 av. J.-C. à Mohenjo-Daro et Harappa (situées au Pakistan actuel). On appelle « civilisation de la vallée de l'Indus », ou culture harapéenne, cette civilisation qui englobait la région actuelle du Pakistan et du nord-ouest de l'Inde. Des indices démontrent que les citoyens de cette civilisation étaient des constructeurs et des urbanistes de grand talent. Ils habitaient des villes qui comportaient un espace central où se tenaient les activités communautaires, et de vastes zones résidentielles. Fait étonnant, certaines maisons de cette zone contenaient un système de drainage et d'égout doté de salles de bain au rez-de-chaussée et au premier étage.

On a identifié certains édifices des zones centrale et résidentielle de Mohenjo-Daro comme étant des maisons de culte. Dans ces immeubles, les archéologues ont découvert des sculptures de pierre qui semblent représenter une déesse-mère et qui pourraient en fait être d'anciennes représentations des déesses hindoues Parvati et Kâlî (voir page 122). Parmi les découvertes effectuées autour du fleuve Indus, on compte de nombreuses amulettes, ou breloques, qui assurent une protection contre les démons, et des milliers de sceaux plats. Certains sceaux représentent un homme portant une coiffe, assis dans la position d'un **yogi** et entouré d'animaux. Ce personnage mâle pourrait être une ancienne représentation du dieu hindou **Shiva** (*voir page 122*). Parmi les autres preuves de la nature religieuse de la civilisation de la vallée de l'Indus, on compte des autels de feu et des fosses entourées de briques contenant des cendres ainsi que des os d'animaux. Ces découvertes laissent croire que cette culture participait à des activités religieuses comme des cérémonies du feu et des sacrifices d'animaux.

L'arrivée des Aryens

Vers 1500 av. J.-C., des milliers de personnes sont arrivées en Inde par le nord-ouest et ont détruit la civilisation de la vallée de l'Indus. On croit que ces peuples, connus sous le nom de «Aryens», venaient

Figure 4.2
Des fouilles effectuées sur les rives de l'Indus ont mis au jour les vestiges de l'ancienne culture harapéenne. Que savons-nous de cette culture?

d'Asie centrale et qu'ils s'exprimaient dans une forme ancienne du sanskrit. Les Aryens se sont établis près de la rivière Sindhu et ils ont migré plus tard dans une région bordant le fleuve Gange.

Les colons aryens ont rédigé des poèmes et, plus tard, des textes sur les rituels et la philosophie. La pensée religieuse aryenne s'est épanouie entre 1500 et 500 av. J.-C. et s'est incarnée dans un ensemble d'hymnes, de textes rituels et d'œuvres philosophiques appelés **Védas**, que l'on considère comme les premiers textes sacrés de l'hindouisme (voir page 141). À ce jour, les hindous considèrent les Védas comme des textes qui font autorité. Le plus ancien de ces textes est le *Rig Veda*, qui constitue le plus vieux document sur la connaissance sacrée de l'hindouisme. Ces Védas, rédigés en vers, ont donné lieu à des interprétations en prose appelées brahmanes et à des textes mystiques sur l'existence humaine connus sous le nom d'Upanishads (voir page 141).

Les Aryens vivaient dans une crainte respectueuse des forces à la fois magnifiques et pourtant destructrices de la nature; ils les adoraient sous la forme de divinités ou de dieux. Ils adoraient le feu, qu'ils appelaient **Agni**, et croyaient qu'il faisait le lien entre les dieux et les humains. Le culte et les prières rituelles destinés à honorer ces divinités et leur plaire formaient le cœur des anciennes pratiques hindoues. Les Upanishads alliaient cette notion de prière à la quête philosophique concernant l'**atman**, l'âme humaine, l'âme individuelle. Étroitement lié à Vayu, le dieu du vent ou de l'air, l'atman était considéré comme «le souffle» de la vie humaine et il est devenu l'un des principes fondamentaux de la philosophie hindoue.

Vérifie ta compréhension

1. L'hindouisme n'a pas de fondateur. Explique ce fait.

2. En quoi la culture de la vallée de l'Indus et la culture aryenne ont-elles contribué à la pensée hindoue?

3. Quelles preuves avons-nous que, dès le début de son existence, l'hindouisme formait un réseau complexe d'idées religieuses?

LES CROYANCES

On décrit souvent l'hindouisme comme une religion non dogmatique au sein de laquelle tous sont libres de respecter n'importe quel ensemble de doctrines ou de règles que leur dicte leur conscience. Il n'impose pas ses croyances religieuses aux autres et ne croit pas en la conversion. Toutefois, on s'attend à ce que les hindous observent certaines règles dans leur comportement personnel et dans la réalisation des tâches quotidiennes; en fait, il existe un vaste ensemble de règles et de rituels que les hindous, quelle que soit leur catégorie sociale et à chaque étape de leur vie, doivent suivre.

L'hindouisme est un réseau complexe de croyances et de pratiques diverses généralement soutenu par une tolérance et un respect mutuels considérables. La vision qu'ont les hindous d'un monde irréel, leurs diverses conceptions de Dieu et leur perspective unique de la réalité sont difficiles à comprendre pour de nombreuses personnes au Canada.

Le concept hindou de Dieu

Il n'est peut-être pas facile pour les non-hindous de comprendre le concept hindou de Dieu. Certains présentent l'hindouisme comme une religion *polythéiste*, c'est-à-dire ayant plusieurs dieux; d'autres la décrivent comme étant *monothéiste*, qui signifie «croire en un seul dieu»; on pourrait aussi la décrire comme étant *moniste*, c'est-à-dire une religion qui considère Dieu comme une entité impersonnelle, inconnaissable. La nature unique de l'hindouisme semble réconcilier ces trois concepts différents de Dieu, et c'est cette qualité que les érudits appellent la «caractéristique de tolérance» de l'hindouisme. Les premiers hymnes du *Rig Veda* (1200-900 av. J.-C.) font l'éloge des esprits de forces naturelles comme le feu, le tonnerre, l'aube, l'eau, la terre et le soleil. Les hymnes rendaient hommage à chaque divinité, mais les sages védiques croyaient que celles-ci représentaient différentes manifestations ou aspects du même être suprême.

Brahman

Les Upanishads appellent cet être suprême **Brahman**. Brahman est une entité sans forme. C'est l'âme universelle dont découle tout ce qui existe et dans laquelle tout retourne. Elle est tout et se trouve partout. L'essence de Brahman est divine, invisible, sans limites et indescriptible. Bien que Brahman soit une entité sans forme, les hindous sont libres de l'imaginer d'une manière qui soit significative à leurs yeux. Ainsi, les hindous adorent différentes divinités qu'ils considèrent comme des manifestations, ou des expressions, de Brahman. Voici comment les Upanishads décrivent Brahman :

> *Tel l'araignée qui s'enveloppe des fils [de sa toile],*
> *Ainsi le Dieu unique s'enveloppe-t-il avec les [fils]*
> *Issus de la matière primordiale de sa propre essence.*
> *Puisse-t-il nous permettre d'entrer en Brahman.*
> *Le Dieu unique, dissimulé dans toutes les créatures.*
> *Présent en tout, le moi intérieur de tous les êtres contingents,*
> *Le surveillant du karma habitant toutes les créatures...*
> *Éternel parmi les éternels, conscient parmi les êtres conscients...*
>
> Upanishad Svetasvatara (Traduction libre)

Les divinités hindoues

Les principales manifestations de Brahman sont les dieux **Brahmâ**, **Vishnou** et **Shiva**, qui sont souvent représentés ensemble en un seul concept appelé la Trimûrti, la **Trinité hindoue**. Chacun d'eux a une contrepartie féminine, dont la plus importante est **Parvati**, conjointe de Shiva.

Brahmâ

Brahmâ est le créateur de l'univers. Il possède quatre visages et il est assis sur un lotus. Il tient à la main un livre, un rosaire et une gourde. Il représente un élément important de la Trinité hindoue, mais il n'est pas aussi vénéré que Shiva et Vishnou. Sa contrepartie féminine est Saraswati.

Saraswati

C'est la déesse du savoir et des arts, et c'est pourquoi elle est représentée avec, à la main, un livre et un instrument de musique appelé veena (*voir la figure 4.3*). Elle se déplace sur un paon ou un cygne. Bien qu'elle soit l'épouse de Brahmâ, elle est souvent représentée seule.

Figure 4.3
Une statue de Saraswati, la déesse hindoue du savoir et des arts.

Vishnou

C'est le protecteur et le préservateur et, en conséquence, il est un personnage aimant et indulgent qui apporte le salut. Vishnou (*voir la figure 4.4*) a quatre bras dans lesquels il tient une conque, un disque, un lotus et une massue. Il se déplace sur un aigle divin. Ce dieu possède de nombreux **avatara**, ou incarnations, et apparaît sur terre sous la forme d'un animal ou d'un être humain afin de terrasser le mal et d'instaurer le bien. Nombre d'hindous croient que Siddartha Gautama Sâkyamuni, le fondateur du bouddhisme, est l'une de ses incarnations. Dans plusieurs de ses manifestations, Vishnou est accompagné de son épouse Lakshmî.

Figure 4.4
Cette statuette d'ivoire illustre le dieu hindou Vishnou, le préservateur de l'univers.

Lakshmî

C'est la déesse de la richesse, du bonheur et de la bonne fortune. Lakshmî accorde à ses adorateurs la richesse et la liberté. Elle est souvent représentée alors qu'elle récompense ses adorateurs avec de l'or.

Shiva

C'est le destructeur et le régénérateur de l'univers et il est associé à l'énergie créatrice. On le considère comme un grand **yogi**, ou un être spirituellement évolué, et il tient dans ses mains un trident, un rosaire et une gourde. Il se déplace sur un taureau. On représente également Shiva sous les traits de Nâtarâja, le dieu de la danse, qui tient dans ses mains un tambour, un serpent et le feu sacré en exécutant la danse de la création. Ses cheveux contiennent de l'eau du Gange, le fleuve sacré. Il a pour épouse la déesse Parvati.

Parvati

C'est une déesse-mère que les hindous vénèrent sous le nom de **Shakti**, ou énergie féminine. Elle peut adopter diverses formes, dont celle de Durga, la déesse guerrière, qui chevauche un tigre et qui tient plusieurs armes dans ses mains. On la représente aussi sous les traits de Kâlî, la destructrice acharnée du mal.

Les autres divinités hindoues

Parmi les autres dieux populaires, mentionnons Ganesha, Subrahmanya et Hanuman. Ganesha (représenté aux pages 114 et 115) est le fils de Shiva et de Parvati. Il possède un corps humain et une tête d'éléphant qui ne comporte qu'une courte défense. L'autre défense sert de plume pour rédiger la sagesse des écritures. Les hindous le vénèrent comme le destructeur de tous les obstacles.

Subrahmanya est le deuxième fils de Shiva et de Parvati. On l'appelle aussi Kartikeya et une grande partie de la population tamoule de l'Inde le vénère. Hanuman est le dieu singe. C'est un modèle de dévotion et le protecteur de tous.

L'atman

L'atman représente l'âme ou l'esprit humain. C'est la part de notre moi profond qui est identique à Brahman, l'âme universelle. L'un des objectifs des hindous dans la vie est de réunir l'atman à Brahman. La célèbre phrase sanskrite *tat twam asi*, qui signifie « tu es cela », exprime l'idée selon laquelle l'atman et Brahman sont indissociables. Dans cet énoncé, *tu* fait référence à l'atman alors que *cela* réfère à Brahman. L'atman est éternel et immortel ; lorsque quelqu'un meurt, l'atman continue de vivre en se débarrassant d'un corps sans vie afin d'en intégrer un nouveau. Cette nature immortelle de l'atman est décrite ainsi dans les écritures hindoues :

> *Il (l'atman) n'est pas né, non plus qu'il ne meurt à un moment ou l'autre ; et, étant venu au monde, il ne naîtra pas à nouveau. Il est non-né, éternel, permanent et primordial ; il ne meurt pas lorsque son corps meurt...*
>
> *Tout comme un homme, s'étant débarrassé de ses vieux vêtements, en revêt d'autres, de nouveaux, ainsi l'incarné, s'étant débarrassé de ses vieux corps, en prend d'autres, de nouveaux.*
>
> *On ne peut le diviser, ni le brûler, ni le tremper, non plus que le sécher. Il est éternel, omniprésent, stable, immuable, et il existe de tout temps.*
> (Traduction libre)

La réincarnation

Tel que mentionné dans l'extrait précédent, les hindous croient que l'âme ne meurt pas avec le corps mais qu'elle intègre un autre corps pour poursuivre son existence. Ce cycle infini de renaissance, ou réincarnation, s'appelle ***samsara***. Dans la pensée hindoue, le monde physique que nous habitons est temporaire, en constante mutation, et artificiel. On appelle ce monde imparfait **maya**, et on considère la vie en son sein comme étant insignifiante. Les hindous croient que l'univers se meut dans des cycles infinis de millions d'années et qu'il est l'objet de thèmes constants de création et de destruction. Toute vie est captive de ce cycle de naissance, de mort et de renaissance. Le but des hindous est d'atteindre la **moksha**, ou libération, du cycle infini des renaissances dans ce monde et d'unir l'atman à Brahman.

Le karma représente l'ensemble des actes d'une personne dans la vie et il détermine la forme que prendra cette personne au moment de sa renaissance. L'accumulation de mauvais karmas entraînera une renaissance à un stade inférieur de la vie ou en une forme de vie inférieure, comme un animal. L'accumulation de bons karmas entraînera une naissance à un stade supérieur de vie, plus près de l'atteinte du salut. Pour atteindre le salut, les hindous doivent déployer des efforts afin de gravir l'échelle de l'existence ; ils le font en tentant de s'assurer une renaissance à un niveau supérieur. Les niveaux traditionnels de la société hindoue sont dictés par un système de castes, que l'on abordera à la page 125.

Les voies du salut

Dans l'hindouisme, il existe quatre voies du salut. La voie que suit un hindou dépend généralement de sa nature et de ses inclinations. Chaque voie peut mener au salut si la personne qui la suit est sincère.

Recherche Internet

Pour en savoir plus, visite notre site au www.dlcmcgrawhill.ca

Le bhakti yoga (la voie de la dévotion)

Le **bhakti** yoga est l'une des voies les plus simples du salut et implique dévotion et amour envers une divinité personnelle, par exemple Shiva, Vishnou ou Lakshmî. C'est une voie populaire parmi les hindous parce qu'elle permet de vénérer Brahman d'une façon concrète et non comme une notion abstraite. Les représentations de la divinité aident les disciples à concentrer leur dévotion par le biais de la prière et des rituels. Les adeptes s'abandonnent à la divinité et se réjouissent d'écouter et de chanter des louanges à cette divinité.

Le karma yoga (la voie de l'action)

Les bonnes actions et les bonnes pensées sont essentielles dans la voie de l'action car elles entraîneront une accumulation de bons karmas. Les bonnes actions sont des gestes altruistes qui ne sont pas posés pour obtenir une récompense mais parce qu'ils sont moralement justes ou qu'ils constituent le devoir d'une personne.

Le jnana yoga (la voie de la sagesse)

Cette voie difficile nécessite d'être guidé par un **gourou**, ou professeur. Les adeptes apprennent à connaître la relation entre Brahman et l'atman, ainsi que la nature de l'univers telle qu'expliquée dans les écritures. En connaissant les écritures, en suivant les enseignements du gourou et en méditant, les adeptes acquièrent l'introspection nécessaire pour atteindre le salut.

Le raja yoga (la voie de la méditation)

Les adeptes de cette voie atteignent le salut par la méditation ou la contemplation profonde de Brahman. La méditation intense amène à un état proche de la transe, dans lequel l'individu acquiert la connaissance de la Vérité et fait corps avec Brahman. Il s'agit d'une voie difficile parce qu'elle requiert une stricte discipline physique et spirituelle.

Le dharma

Les hindous appellent leur religion **dharma**, faisant ainsi référence à un code moral et à un devoir vertueux. Le concept de dharma a trait aux devoirs et aux responsabilités de l'individu et on le considère comme essentiel au bien-être de la personne, de la famille et de la société. Il existe principalement deux types de dharma que mentionnent les écritures: *sanâtana-dharma* et *varnash-Râma-dharma*. *Sanâtana-dharma* signifie « religion éternelle » et fait référence aux valeurs et principes universels qui s'appliquent à tous sans égard à la religion, à la nationalité, à l'âge, au sexe ou à la profession. *VarnashRâma-dharma* a trait aux devoirs particuliers de chaque personne en ce qui concerne son âge, son sexe et son statut dans la société.

Le système des castes

À la fin de la période védique, la société indienne s'est organisée en catégories généralement connues sous le nom de castes. La structure fondamentale du **système de castes,** appelé jâti ou varna, provient des hymnes védiques sur la création, qui divisent l'humanité en quatre classes ou varna. Les quatre varna sont (de la plus haute à la plus basse): les **Brahmanes**, les **Kshatriya**, les **Vaishya** et les **Shudra**.

Tel que mentionné plus tôt dans ce chapitre, les gens naissent dans chaque varna selon le karma qu'ils ont accumulé dans leurs vies antérieures. Les gens de différentes castes vivent de façon différente et ne peuvent manger ensemble ni se marier entre eux. La figure 4.5 illustre les occupations, les buts, les devoirs et les caractéristiques requises de chaque varna, selon *Les lois de Manu*, un ancien livre de lois indien.

Les intouchables

Il existe un cinquième groupe en dehors des quatre castes traditionnelles. Les personnes de ce groupe s'appellent les « intouchables » parce qu'elles remplissent des tâches considérées comme « malpropres », telles que le tannage du cuir, l'élimination des animaux morts ou le lavage des toilettes. Avilis par la nature de leur travail, ils ont vécu séparément des personnes des autres castes.

Le Mahatma Gandhi, leader politique, spirituel et social très influent, a lutté pour que ces gens fassent partie de l'ensemble de la société indienne.

Le système de castes contemporain

De nos jours, la Charte des droits indienne interdit la discrimination fondée sur le sexe, la caste, la race et la religion. Le gouvernement indien a mis en œuvre plusieurs programmes de bien-être social et des initiatives économiques visant à améliorer les conditions de vie des personnes qui ont souffert en raison du système de castes. Le président de l'Inde, K. R. Narayanan, fait partie de cette cinquième caste, généralement connue de nos jours comme celle

Varna ou jâti (caste)	Occupations	Buts	Devoirs	Caractéristiques requises
Brahmane	prêtresses et prêtres, enseignantes et enseignants, religieuses et religieux	savoir, éducation	• exécution de rituels et de sacrifices • activités artistiques, scientifiques, éthiques, philosophiques, et études religieuses • recherche et enseignement	esprit ouvert, discipline
Kshatriya	guerrières et guerriers, dirigeantes et dirigeants	pouvoir politique, diplomatie	• gouvernement • maintien de la loi et de l'ordre • protection contre les envahisseurs étrangers	force et courage physiques, compétences en matière de gouvernance
Vaishya	marchandes et marchands, fermières et fermiers	richesse, commerce	• gestion de la richesse • commerce avec d'autres sociétés	compétences en matière de gestion et d'entreprenariat
Shudra	servantes et serviteurs, manœuvres	compétences manuelles	• service des autres castes	aptitude à acquérir des compétences particulières

Figure 4.5 Le système de castes. Qu'est-ce qui détermine la position d'une personne dans l'une des castes ?

des *dalits*. B. R. Ambedkar, aujourd'hui décédé, qui est le principal auteur de la Constitution moderne de l'Inde, provenait également de ce groupe opprimé.

Les quatre étapes de la vie

Le système de castes et les quatre étapes de la vie présentées à la figure 4.6 constituent l'aspect social du karma: ils définissent les actes dont les gens sont responsables au sein de la société. Les femmes n'accèdent pas aux deux dernières étapes et fort peu d'hommes accèdent à l'étape de l'ascétisme.

Les quatre objectifs ou les buts de la vie

Les quatre buts de la vie présentés ci-dessous constituent, pour un hindou, un système de valeurs personnelles qui intègre ses désirs matériels et ses besoins spirituels.

Figure 4.6
Les étapes hindoues de la vie. Comment tes responsabilités d'élève se comparent-elles à celles qui figurent à la première étape de ce tableau?

Étape	Responsabilités
Étudiante et étudiant	• discipliner le corps et l'esprit • acquérir des connaissances • apprendre les règles et les rituels de l'hindouisme • montrer du respect envers les aînés
Maîtresse et maître de maison	• se marier et fonder une famille • subvenir aux besoins de la famille • donner aux œuvres de charité • prendre soin des aînés de la famille • mettre en pratique les traditions sociales et religieuses
Ermite	• se retirer et transmettre les tâches domestiques à la femme ou au fils • lire et étudier • participer aux pèlerinages religieux
Ascète	• abandonner la vie mondaine • parcourir les routes • méditer • atteindre le salut

Dharma	exécuter ses tâches avec compassion à l'égard de tous les êtres, avec tolérance, absence de jalousie, pureté, tranquillité, bonté, absence de cruauté et absence de cupidité
Artha	gagner de l'argent de manière honnête pour subvenir aux besoins de sa famille; acquérir richesse et puissance
Kama	rechercher l'amour et les plaisirs physiques afin d'équilibrer la vie et de sanctifier le mariage
Moksha	diriger son âme vers le salut par des actes honnêtes et moraux

Portrait

Mahatma Gandhi (1869–1948)

Figure 4.7

Le Mahatma Gandhi est sans doute l'hindou le plus connu du monde et on le considère comme le père de son pays. On a dit de lui qu'il était le personnage le plus influent du XXᵉ siècle et qu'il avait eu une incidence profonde sur la conscience religieuse de l'humanité. Né en Inde en 1869, il s'est marié alors qu'il avait 15 ans à une jeune fille qui en avait 13. Il a étudié le droit en Angleterre et l'a pratiqué en Afrique du Sud entre 1893 et 1914, au moment où il a lutté contre les lois coloniales exerçant une discrimination à l'endroit des Indiens qui s'y étaient établis. Guidé par les enseignements de la *Bhagavad-Gita* (*voir page 144*) et du Nouveau Testament, il démontrait une grande admiration et une grande tolérance pour toutes les religions. Il tirait réconfort et inspiration des enseignements de la *Bhagavad-Gita* et fondait ses idéaux religieux sur les concepts du dharma (devoir), de la *satya* (vérité), de l'ahimsa (non-violence) et de la moksha (libération spirituelle).

À son retour en Inde en 1915, il a immédiatement entrepris une mission non violente pour mettre fin au règne britannique. Il est entré en politique en 1919 et est devenu le chef du Indian National Congress. Il a utilisé sa théorie du satyagraha, ou l'accent mis sur la vérité, comme arme politique, et a insisté pour que ses disciples soient guidés par les quatre principes religieux suivants : la vérité, la non-violence, la maîtrise de soi et la pénitence. En mettant en pratique les valeurs spirituelles, Gandhi s'efforçait de changer le gouvernement de l'Inde aussi bien que la vie des gens. Il négocia l'indépendance de l'Inde en 1947. Gandhi consacra la majeure partie de sa vie à lutter contre l'injustice sociale dans la société hindoue et œuvra à améliorer la situation des groupes minoritaires en Inde, comme les musulmans, les femmes et les « intouchables » du système de castes indien. Gandhi acceptait le système de castes au niveau spirituel, mais il en refusait les implications sociales parce qu'il s'opposait aux privilèges des hindous de la caste supérieure. Il s'est battu avec passion pour les droits des « intouchables », et grâce à lui, la discrimination envers ce groupe a fini par être interdite. Il appliqua le principe de l'ahimsa en respectant tous les êtres vivants, et il était prêt à mourir pour une cause juste. En 1948, il a été assassiné par un hindou fanatique.

Citations de Gandhi

La véritable éducation consiste à tirer le meilleur de soi-même. Existe-t-il un meilleur livre que le livre de l'humanité ?

Un œil pour un œil aboutit seulement à rendre le monde aveugle.

Je ne connais aucun péché plus grave que celui d'opprimer l'innocent au nom de Dieu.

(Traduction libre)

QUESTIONS

1. De quelle façon le Mahatma Gandhi a-t-il eu recours à la religion pour lutter contre les préjugés et la discrimination ?
2. Quelle citation de Gandhi a le plus d'attrait à tes yeux ? Pourquoi ?

Les femmes dans l'hindouisme

Le livre de la loi hindoue, *Les lois de Manu*, rédigé au début de notre ère, présente des points de vue contradictoires sur le statut et les devoirs des femmes hindoues. Les deux passages suivants illustrent ces points de vue opposés :

> *Les pères, les époux, les frères et les beaux-frères qui souhaitent le bien-être des femmes doivent les honorer et les orner/Lorsque les femmes sont honorées, les dieux se réjouissent, mais lorsqu'elles ne le sont pas, aucun rite sacré n'apporte de récompense.*
>
> Les lois de Manu, 3.56 (Traduction libre)

> *Que ce soit par une jeune fille, par une jeune femme ou même par une femme âgée, rien ne doit être fait de manière indépendante, même dans sa propre maison. Pendant l'enfance, une fille doit être soumise à son père ; pendant sa jeunesse, à son époux ; lorsque son maître est mort, à ses fils ; une femme ne doit jamais être indépendante.*
>
> Les lois de Manu, 5.147-148 (Traduction libre)

Le premier passage laisse entendre que les femmes occupent une place d'honneur dans la maison et que le devoir sacré des hommes est de les honorer et de subvenir à leurs besoins. Le deuxième passage présente les femmes comme étant soumises aux hommes et dépendantes d'eux. Ce dernier passage semble traduire la réalité de la plupart des femmes hindoues, en particulier celles des niveaux inférieurs de la société, qui sont privées d'éducation.

On n'encourage pas le divorce, mais le monde hindou contemporain le permet. Plus il y a de femmes qui travaillent hors du foyer, plus les rôles des hommes et des femmes changent, mais les femmes exécutent encore la majeure partie des tâches domestiques. Le gouvernement, les autres institutions d'enseignement et les institutions religieuses offrent maintenant de meilleures possibilités aux femmes afin qu'elles développent leurs aptitudes à la lecture et à l'écriture et qu'elles intègrent la population active.

À l'inverse, les femmes hindoues des classes privilégiées œuvrent et excellent depuis un certain temps dans leurs champs de compétence. Elles sont médecins, enseignantes, écrivaines, avocates, députées, officiers dans les forces armées, ambassadrices, etc., Indira Gandhi a été l'une des trois premières femmes du monde à devenir première ministre (*voir la figure 4.8*). Elle fut première ministre de l'Inde de 1966 à 1977 puis de 1980 jusqu'à sa mort, en 1984. Sa tante, Vijaya Lakshmî Pandit, fut la première femme présidente des Nations unies en 1953.

Figure 4.8
Indira Gandhi fut première ministre de l'Inde de 1966 à 1977 et de 1980 à 1984.

Vérifie ta compréhension

1. Explique la différence entre les termes suivants :

   • Brahman, atman

   • dharma, karma

   • *samsara*, moksha

2. Indique l'importance des divinités hindoues énumérées ci-dessous. Comment sont-elles représentées et pourquoi ?

   • Saraswati

   • Lakshmî

   • Shiva

   • Ganesha

3. Examine la documentation sur le système de castes et, en travaillant avec une ou un camarade, établis une liste des aspects positifs et négatifs des castes. Résume ton opinion sur le système de castes en un paragraphe.

4. Résume les responsabilités d'une personne hindoue à chaque étape de sa vie. Chacune de ces étapes correspond à environ 25 ans. Dans quelle mesure tes responsabilités à chacune de ces étapes sont-elles semblables ? En quoi diffèrent-elles ?

5. Dresse une liste de tes opinions et de tes préoccupations sur le rôle de la femme dans l'hindouisme.

LES PRATIQUES, LES RITUELS, LES SYMBOLES ET LES CÉRÉMONIES

Les hindous vivent leur religion par l'entremise de rituels qui ont été transmis d'une génération à l'autre. Les hindous pratiquent leur culte de diverses façons, et il n'existe pas de forme normalisée. Le culte quotidien, la pûjâ, se pratique surtout à la maison ; il n'est pas absolument nécessaire de se rendre au temple pour prier. Un enfant hindou apprend à connaître la religion et les cérémonies qui lui sont propres en observant et en participant aux rituels à la maison. Nombre d'hindous commencent leur journée en accomplissant un type quelconque de rituel religieux, par exemple en saluant le soleil ; d'autres accomplissent leurs rituels le soir ou les fins de semaine. La plupart des hindous se purifient avec de l'eau, en prenant un bain, avant de participer à un rituel religieux.

On chante la syllabe **om** (*voir page 133*), qui représente la suprématie de Brahman, au début et à la fin de toutes les prières et lectures des écritures hindoues. Dans le cadre d'une pratique appelée *japa*, les fidèles chantent en répétant les noms des divinités de même que des phrases sacrées appelées **mantras**. On considère comme l'un des plus importants ce mantra, que les hindous chantent pour accueillir le soleil : « Je médite sur l'éclat du soleil ; puisse-t-il illuminer mon esprit. »

Le culte à la maison

Un coup d'œil dans une maison hindoue laisse voir un sanctuaire, décoré de façon élaborée, qui sert d'autel pour le culte. Le sanctuaire est décoré d'images de divinités, habituellement sous la forme de portraits encadrés ou de statues de cuivre ou de marbre. Ces images servent de points de mire pour aider l'esprit à se concentrer sur les idéaux abstraits que représentent les divinités.

La forme la plus répandue de culte à la maison s'appelle **pûjâ**, une sorte d'action de grâces dans laquelle on fait des offrandes aux divinités. Les fidèles placent toutes les offrandes sur un plateau près du sanctuaire et ils les présentent aux divinités à un certain moment du rituel. Les offrandes comprennent des fleurs, des fruits, des bâtons d'encens, de l'eau, du lait, du beurre clarifié et une lampe. Une pûjâ traditionnelle comporte 16 étapes et les fidèles l'exécutent généralement les jours de festival, ou lors d'occasions particulières. Toutes les pûjâs se terminent en agitant une lampe, appelée *arati*, autour d'un autel pendant que les fidèles chantent des hymnes et des psaumes de louange. Après la récitation des dernières prières, une partie de la nourriture offerte aux divinités – maintenant considérée comme bénie – est redistribuée à titre de cadeau des dieux aux personnes qui assistent à la cérémonie ; ce cadeau s'appelle **prasâda**. L'*homa* est un rituel qui comprend la combustion des offrandes dans un feu que le prêtre a béni. Lors de pûjâs particulières, les familles invitent un prêtre, issu la plupart du temps de la caste des Brahmanes, à exécuter la cérémonie.

Le culte dans les temples

Il n'est ni obligatoire, ni nécessaire de rendre un culte dans un temple. Les hindous se rendent d'habitude aux temples lors de

Figure 4.9
Une famille hindoue exécute une pûjâ avec l'aide d'un prêtre. Quels types d'offrandes voit-on sur la photo ?

cérémonies ou d'occasions particulières. Dans un temple, le culte est mené par un prêtre et ses assistants. Le prêtre dirige les prières quotidiennement. Le matin, il fait sonner les cloches du temple, il prépare les divinités et il offre des fleurs fraîches, de l'encens et de la nourriture au nom des fidèles. Le soir, les fidèles chantent des hymnes sacrés et participent à l'*arati* et au *prasâda*. On traite les images des divinités comme des personnages royaux. On leur donne un bain rituel, on les décore et on les promène en procession lors d'événements spéciaux. Les fidèles les vénèrent et se prosternent devant elles en priant.

Les jours de cérémonies ou lors d'autres occasions particulières où on lit les écritures pendant plusieurs nuits, de nombreuses familles participent au culte. En Occident, les hindous vont aussi au temple pour mieux connaître leur religion. Plusieurs temples offrent des cours qui enseignent aux enfants les prières et les hymnes hindous appelés *bhajans*.

L'importance de la vache

La plupart des hindous évitent de manger du bœuf parce que dans leur culture et leurs croyances, on considère que la vache est sacrée.

Les hindous adorent la vache en tant que manifestation de tout ce qui est bien et précieux. Ils attribuent sa docilité à sa nature végétarienne et ils aspirent à un mode de vie végétarien.

Le yoga et la méditation

Aux yeux des hindous, le yoga et la méditation représentent des disciplines spirituelles. Au sens strict, **yoga** signifie « paire », c'est-à-dire l'union de l'atman et de Brahman. La réalisation de cette union avec Dieu passe par la **méditation**. La pratique de la méditation exige une position assise, que les personnes qui méditent peuvent conserver confortablement pendant longtemps.

Les personnes qui méditent tentent de contrôler leur respiration afin qu'elle soit régulière et qu'elle n'interrompe pas leur concentration. Elles se concentrent alors sur un seul objet, un son ou une idée jusqu'à ce qu'elles se trouvent dans un état méditatif profond et qu'elles ressentent la présence divine. Les véritables spécialistes sont sans aucun doute les **pandits**, ou saints hommes de l'Inde, qui ont consacré leur vie à la méditation. Plusieurs d'entre eux viennent régulièrement au Canada pour donner des conférences et enseigner.

Les pèlerinages

Les pèlerinages, ou voyages vers des lieux sacrés dans un but de dévotion, représentent un élément important de l'hindouisme. La ville sainte de Varanasi (autrefois connue sous le nom de Bénarès) est située sur la rive ouest du fleuve saint, le Gange. C'est un lieu saint que tous les hindous s'efforcent de visiter au moins une fois dans leur vie. On croit que le Gange est tombé du ciel sur la terre, il a donné vie aux gens, puis il a arrosé les plaines qui produisent la nourriture. La première chose que font les pèlerins en arrivant est de prendre un bain dans le fleuve, et il s'agit d'un rite quotidien pour les résidents de l'endroit. Les hindous croient qu'en se baignant dans le Gange, ils se nettoient de leurs péchés.

Lieu saint
La ville de Varanasi

Bénarès (Varanasi) est plus ancienne que l'histoire, plus ancienne que la tradition, plus ancienne même que la légende, et elle semble deux fois plus ancienne qu'elles toutes mises ensemble.

Mark Twain (Traduction libre)

Varanasi (autrefois appelée Bénarès) est la plus sainte des villes de l'Inde et l'une des plus vieilles cités du monde. Elle est située sur la rive ouest du Gange et les hindous l'appellent également Kashi, la ville des lumières. Varanasi est le foyer du dieu Shiva. Parmi les 1500 temples que compte la ville, le temple de Vishvanatha (*voir la figure 4.10*), consacré à Shiva, est sans doute le plus vénéré. Le plus important en ce qui concerne Varanasi, c'est la croyance selon laquelle pratiquement chaque marche de la ville est marquée d'un *linga*, un symbole qui représente l'énergie créatrice de Shiva. Selon la mythologie hindoue, toute la zone sacrée de Varanasi constitue un seul grand *linga* de lumière surgie un jour de la terre et qui perça les cieux en présence de Brahmâ et Vishnou, les autres divinités de la Trinité hindoue. Les pèlerins déambulent autour de ce vaste *linga* d'environ 40 kilomètres de longueur. L'exécution de ce rite saint prend habituellement cinq jours.

Aujourd'hui, Varanasi comporte de nombreux *ashrams*, ou centres d'apprentissage hindous, qui ont hébergé de célèbres poètes, mystiques et saints hommes itinérants. La ville poursuit la tradition d'éducation grâce à l'Université hindoue de Bénarès, fondée en 1905.

L'hindouisme n'est pas la seule religion qui considère Varanasi comme un lieu saint. La ville est aussi le berceau, au VIIIe siècle av. J.-C., de Tirthankara Parsvanatha, un maître spirituel du jaïnisme. Trois cents ans plus tard, le Bouddha prononçait son premier sermon dans les bosquets de Sarnath, à Varanasi, et donnait naissance à la samgha bouddhiste, une communauté de moines. De nos jours, c'est une importante destination de pèlerinage pour les bouddhistes du monde entier.

Figure 4.10

QUESTIONS

1. Pourquoi Varanasi est-elle une importante destination de pèlerinage pour les hindous?
2. En supposant que tu es un hindou canadien qui vient de visiter la ville sainte de Varanasi, rédige un article de journal d'une page décrivant l'expérience.

Les symboles et les emblèmes

Il existe beaucoup de symboles dans l'hindouisme, et tous sont considérés comme sacrés. Ces symboles sont des représentations concrètes de la pensée religieuse abstraite. Cette section présente quelques-uns des plus importants symboles hindous. Dans l'hindouisme, les symboles qui représentent un aspect de Brahman remplissent des fonctions de soutien personnel et de rappel de cet esprit divin. En se concentrant sur ces symboles, les hindous tentent d'être davantage conscients de cette entité toute-puissante et de sa présence universelle.

Le svastika

Ce symbole porte-bonheur hindou représente le « bien-être ». On représente habituellement le svastika hindou en rouge et on l'utilise sur des faire-part de mariage, des dessins décoratifs, des tissus, et lors de rituels afin de porter chance et de protéger contre le mal. Malheureusement, le régime nazi d'Adolf Hitler a adopté une version modifiée de ce symbole (avec les branches recourbées vers la droite), qui comporte maintenant une connotation négative dans le monde non hindou.

Figure 4.11

Les symboles et les emblèmes

Om

Cet important symbole hindou représente la syllabe sacrée om. Cette syllabe comporte trois sons : *a-u-m*. Lorsque le *a* et le *u* sont unis, ils forment le son *o*. Le son de la syllabe s'amorce au creux du corps et se termine sur les lèvres. Les hindous utilisent cette syllabe comme un mantra afin d'évoquer la suprême essence de Brahman. On croit que ce son contient les secrets de l'univers et on le chante au début des prières, des bénédictions et de la méditation. On le considère comme le premier et le plus sacré des sons, et on pense qu'il renferme l'essence de la véritable connaissance. Le om symbolise les trois premiers Védas – le passé, le présent et l'avenir – et les trois états de la conscience – l'état de veille, le rêve et le sommeil profond. Le symbole et le son qu'il représente ne sont pas vénérés, mais sont l'objet de la méditation dans le but d'atteindre l'illumination.

Figure 4.12

Questions

1. Que représente la syllabe om pour les hindous ?
2. Demande à tes camarades de faire silence et essaie doucement de chanter « om » pendant quelques minutes. Décris ce qui se produit.

Nataraj

Figure 4.13

L'image représentant Shiva sous les traits de Nataraj, le Seigneur de la danse, est un emblème hindou fort répandu (*voir la figure 4.13*). Elle montre Shiva et ses quatre mains tournant et jouant du tambourin avec sa main droite supérieure. Le tambourin symbolise le son, la parole, et la vérité divine entendue grâce à la révélation. Sa danse symbolise l'énergie ainsi que le cycle infini de la création et de la destruction.

Les marques frontales

Figure 4.14

Certains hindous, hommes et femmes, tracent sur leur front un symbole appelé *tylak* pour indiquer la divinité qu'ils vénèrent. Les adeptes de Vishnou (*voir la figure 4.14*) utilisent de la pâte de bois de santal, ceux de Shiva utilisent de la cendre et ceux de la déesse Parvati, de la poudre rouge. Les signes se portent au front, entre les sourcils, afin de symboliser le troisième œil de la sagesse.

Nombre d'épouses hindoues marquent leur front d'un point rouge appelé *bindi*. Il signifie que la femme est mariée et qu'on doit la respecter comme telle. On l'applique chaque jour après un bain et une pûjâ, de même qu'en des circonstances particulières.

Les festivals

Il existe plusieurs festivals hindous et ce sont des événements joyeux et hauts en couleur. Entre autres choses, ces événements spéciaux célèbrent les anniversaires de divinités importantes et les changements de saison. Ces festivals ont lieu selon le calendrier lunaire.

Diwali

Ce festival des lumières est la plus populaire des célébrations de l'hindouisme. En Inde, on le célèbre habituellement pendant cinq jours à la fin d'octobre ou au début de novembre. Dans la plupart des autres pays, comme le Canada, on ne le célèbre qu'au cours d'une seule soirée, mais des jours de festivités le suivent et le précèdent (*voir la figure 4.15*). Pendant ce festival, les hindous allument des feux d'artifice, décorent leur maison de lumières, donnent des cadeaux et portent de nouveaux vêtements pour célébrer le triomphe du bien et de la connaissance sur les forces sombres du mal et de l'ignorance. On prépare de somptueux repas végétariens et on exécute une pûjâ traditionnelle au crépuscule, avant le début du festin. **Diwali** rend hommage à Lakshmî, déesse de la prospérité et de la chance, et à Vishnou, qui a terrassé le démon Naraka. Ce festival commémore aussi le retour de **Râma** dans son royaume après avoir vaincu Ravana, le méchant roi qui avait enlevé sa femme, Sita, dans le *Râmayana*.

Holi

Holi est un festival printanier que les hindous célèbrent habituellement en mars, le jour de la pleine lune du dernier mois du calendrier hindou. La nuit précédente, les fidèles allument un bûcher qui symbolise la combustion du mal. D'après la légende hindoue, le cruel père du jeune Prahalad lui en voulait de sa piété et de sa crainte de Dieu. Sa méchante tante s'empara de Prahalad et tenta de le faire brûler, mais ce fut plutôt elle qui fut réduite en cendres. Pour souligner ce festival, les hindous de tous âges s'associent dans la joie d'éclabousser d'eau colorée leurs amis et les membres de leur famille. Ils distribuent et mangent des sucreries et d'autres aliments.

Mahashivaratri

Cet événement se produit à la veille de la pleine lune de février. À vrai dire, Mahashivaratri n'est ni un festival, ni une fête. C'est un événement particulier consacré à la dévotion envers Shiva. Les fidèles le vénèrent, maintiennent une vigile et jeûnent pendant 24 heures; ceux qui ne peuvent jeûner prennent des repas végétariens légers. Entre minuit et le lever de soleil, les fidèles lui rendent un culte en répétant son nom et en mettant des fleurs et des graines sur son image. On verse un filet d'eau continu d'un vase de cuivre suspendu au-dessus de l'image.

Navaratri

Ce festival des « Neuf Nuits » a lieu au printemps et à l'automne. Pendant les trois premières nuits de Navaratri, les hindous vénèrent la déesse Durga, une manifestation de Parvati qui élimine la paresse et les mauvaises pensées. Les trois nuits suivantes, ayant l'esprit mieux préparé à

Figure 4.15
Des hindous canadiens célèbrent Diwali par une parade. Quelle est l'origine de ce festival?

recevoir des conseils spirituels, ils offrent une pûjâ à Lakshmî, la déesse de la prospérité et de la chance. Les trois dernières nuits sont consacrées à Saraswati, la déesse du savoir et de l'apprentissage. Le dixième jour, les fidèles observent le Vijayadasami, ou jour de la victoire.

> ### Vérifie ta compréhension
>
> 1. Décris les pratiques hindoues suivantes et indique leur signification :
>   - la pûjâ
>   - le yoga et la méditation
>   - la distribution du *prasâda*
>
> 2. Comment la pratique du végétarisme reflète-t-elle les croyances et principes hindous ? Toi ou tes camarades êtes-vous végétariens ? Pourquoi ?
>
> 3. Nomme et décris brièvement deux symboles hindous.
>
> 4. Donne la signification des festivals hindous énumérés ci-après et décris la manière dont les hindous les célèbrent :
>   - Diwali
>   - Holi
>   - Navaratri
>
> 5. Suppose que tu es reporter pour le journal communautaire local ou pour ton journal scolaire. Rédige un article de fond visant à faire connaître à tes lecteurs les principaux éléments du culte hindou.

LES ÉVÉNEMENTS MARQUANTS DE LA VIE

La vie est une série d'événements et d'étapes de la naissance à la mort ou, comme le diraient les hindous, « de la conception à l'incinération ». Dans l'hindouisme, chaque étape, ou rite de passage, s'appelle *samskara*. Il existe 40 rites de ce genre, ce qui illustre l'importance de ces rituels pour l'évolution de la personne au sein de la société hindoue. Parmi les quelque 40 rituels, 16 sont primordiaux en ce qui concerne la religion. Toutefois, dans la pratique réelle, peu de gens les observent tous. Quelques rites, parmi les plus importants, sont présentés. Les prêtres célèbrent tous ces rites, auxquels assistent les parents et les amis.

L'attribution d'un nom à un enfant

Dans l'hindouisme, c'est traditionnellement un prêtre qui attribue le nom d'un enfant dix jours après sa naissance. Les familles hindoues orthodoxes poursuivent cette tradition de nos jours, mais, pour la plupart des hindous, cette cérémonie est devenue symbolique. De nombreux parents choisissent un nom avant même la naissance de leur bébé. Néanmoins, puisqu'on considère la naissance d'un enfant comme une bénédiction, la plupart des parents hindous tiennent encore une cérémonie d'attribution de nom dirigée par un prêtre.

La première sortie d'un enfant

La première excursion officielle hors de la maison a pour but de montrer l'enfant à son milieu et à ses voisins. La tenue de cet événement dépend de la santé du bébé ainsi que des conditions météorologiques. Les parents et l'enfant prennent un bain et portent des vêtements neufs. Les parents appliquent un peu de suie sur le front de l'enfant pour le protéger du mauvais sort. En tenant l'enfant dans leurs bras, la mère et le père offrent une prière simple aux divinités et font une courte promenade à l'extérieur avec l'enfant. Ils prennent particulièrement soin d'éviter à l'enfant une surexposition au soleil ou d'autres inconvénients liés au climat.

Les premiers aliments solides

Ce rituel a lieu environ sept à huit mois après la naissance de l'enfant, selon son état de santé. Le jour de la cérémonie, les parents récitent une prière spéciale demandant aux divinités d'accorder une bonne santé et une longue vie à l'enfant. Puis, le père commence à nourrir l'enfant en lui donnant une petite quantité de riz bouilli mêlé de ghee (beurre clarifié) et de miel.

La première coupe de cheveux

Le barbier taille les cheveux des petits garçons âgés de six à huit mois. Il leur rase la tête à l'exception d'une petite touffe de cheveux à l'avant. Dans le sud de l'Inde, on coupe aussi les cheveux de certaines filles.

L'investiture du cordon sacré (upanayana)

L'upanayana est une cérémonie sacrée d'initiation qu'exécutent les garçons des castes Brahmane, Kshatriya et Vaishya entre huit et douze ans. Elle souligne l'entrée du garçon dans l'étape étudiante de la vie, au moment où il doit commencer à étudier les textes sacrés. Pendant cette cérémonie, qui dure deux jours, le garçon porte un cordon sacré à l'épaule gauche et récite un mantra.

Le mariage

Le mariage est un événement sacré qui marque l'entrée des futurs époux dans l'étape de la vie liée à la tenue d'une maison, décrite à la page 126. Cette étape de la vie, appelée *grihasta*, sanctifie le lien entre les futurs mariés et l'exécution future de leurs responsabilités sociales.

En Inde, les mariages arrangés sont une pratique courante. Chez les hindous nés en Occident, les mariages d'amour sont plus fréquents. Quelle que soit la route qui mène au mariage, les parents se renseignent minutieusement sur l'autre famille pour s'assurer que les futurs mariés sont compatibles sur les plans social, culturel et financier. Quand les parents approuvent le mariage, ils organisent des fiançailles au cours desquelles le père du futur marié demande officiellement la main de la femme pour son fils. La plupart des aînés de la famille assistent à cette cérémonie parce que le mariage n'est pas seulement l'union de deux personnes, mais également celle de deux familles. Après les fiançailles, on fixe une date propice, ou favorable, pour le mariage.

La cérémonie de mariage dure environ trois heures. Un prêtre, généralement assisté d'un autre prêtre, célèbre la cérémonie. Un mariage hindou traditionnel (*voir la figure 4.17*) peut être parfois très élaboré et comporter jusqu'à 15 rituels. Dans le monde très occupé d'aujourd'hui, on raccourcit ces rituels. Certains des plus importants comprennent le don de la future mariée par le père, l'offre de vœux de bons augures à la future mariée par la famille du futur époux, et l'entrelacement des mains du couple avant que celui-ci ne fasse sept pas autour du feu sacré. Lors de l'offre des bons augures, la famille du fiancé remet à la fiancée un collier ou une chaîne qu'elle portera pour le reste de sa vie conjugale.

Une question à explorer :

En Inde, la majorité des mariages hindous sont arrangés. Les hindous qui ne vivent pas en Inde ne respectent pas cette coutume de façon stricte. Au Canada, les familles hindoues traditionnelles sont prises au piège de la bataille sociale contre les mariages arrangés. Aux yeux de plusieurs jeunes filles hindoues, ce n'est pas une question de choix, mais une question d'honneur. Les familles se sentent déshonorées et catastrophées si une jeune fille ne se marie pas ou si son mariage est un échec. Pour les familles hindoues qui attachent de l'importance au statut, à la caste, à la couleur de la peau et aux croyances, la résistance aux mariages arrangés devient de plus en plus un problème social.

QUESTION EN JEU : Les mariages arrangés sont-ils une bonne idée ?

Parents hindous brahmanes recherchent grande femme mince, belle et diplômée universitaire, pour fils de belle apparence, 29 ans, 1 m 80. Spécialiste en informatique, poste de direction. Veuillez expédier renseignements personnels et photo par courrier électronique.

Figure 4.16 *Les annonces comme celle-ci pour trouver des partenaires de mariage convenables se voient fréquemment dans les magazines et journaux d'Asie du Sud.*

L'article qui suit, intitulé « D'abord vient le mariage, ensuite vient l'amour », a été écrit par Ira Mathur, un journaliste d'origine indienne qui vit à Trinidad, pour le *Trinidad Guardian*, le principal quotidien de l'île.

D'abord vient le mariage, ensuite vient l'amour

par Ira Mathur

Premièrement, l'oncle de Bharati Narvani repéra un garçon convenable lors d'un mariage à New Delhi, en Inde. Bharati vivait alors à Trinidad où ses parents avaient immigré 25 ans plus tôt de la région de Gujarat en Inde. La diplômée universitaire de 21 ans avait été élevée selon les coutumes et les valeurs de l'Inde. Le garçon, Manoj Solanki, âgé de 29 ans et ingénieur civil, est également issu de parents de la région de Gujarat. Né au Libéria et éduqué en Angleterre, il s'est rendu en Inde avec ses parents pour y trouver une épouse.

Peu après ce mariage à New Delhi, Bharati accompagne ses parents en Inde lors d'une de leurs visites régulières. Elle sait que ses parents font ce voyage dans l'espoir de lui trouver un époux. L'idée lui plaît. Bharati n'a jamais eu la permission d'avoir des rendez-vous amoureux ou de se mêler librement aux garçons de son âge. Elle ne s'est pas rebellée, contrairement à certaines de ses camarades de la communauté indienne de Trinidad.

Son amie, Sujata, la fille d'un chirurgien renommé, avait accepté à contrecœur d'épouser le fils d'un ami de la famille en Inde. Avant le mariage, elle s'est suicidée. Sujata était en amour avec un jeune homme de Trinidad et elle était trop effrayée pour le dire à ses parents. On croit qu'elle était peut-être enceinte et qu'elle n'entrevoyait aucune autre façon de s'en sortir.

Bharati ne connaîtra pas un tel sort. Elle suivra l'ancien scénario des fréquentations et du mariage qui prévalent toujours largement en Inde. Lorsque les Narvani arrivent à New Delhi, l'oncle – l'homme de la famille le plus âgé et le plus proche en Inde – organise une réunion entre les deux familles. Manoj est accompagné de sa mère et de sa tante et Bharati, de sa mère et de son oncle. Une discussion discrète a lieu entre les aînés : Manoj est-il en mesure de subvenir aux besoins d'une femme ? Bharati peut-elle s'adapter à un pays étranger ?...

Les mariages arrangés

Finalement, on offre au couple la possibilité de parler seul à seule dans une autre pièce. Manoj, plus confiant en lui-même, brise le silence gênant en faisant une blague. Entre les plaisanteries légères, les deux parviennent à se poser mutuellement des questions sérieuses l'un sur l'autre. Le fait de demander, par exemple, à Bharati si elle aime les films indiens révèle à Manoj le degré d'attachement à sa culture de sa future épouse. Elle veut savoir si Manoj s'attend à ce qu'elle soit une femme au foyer ou s'il sera heureux qu'elle travaille? Vivra-t-elle avec ses beaux-parents? Les réponses de Manoj l'assurent qu'ils vivront seuls, qu'elle est libre de travailler et qu'elle peut rendre visite à ses parents chaque fois que la chose est possible.

L'attirance entre les deux est immédiate...

Un mois plus tard, une cérémonie élaborée de fiançailles est organisée. Peu après, le mariage a lieu dans la maison ancestrale du couple à Baroda, dans le Gujarat...

Plus tôt cette année, les nouveaux mariés se sont rendus à Trinidad avec leur tout jeune fils pour une grandiose réception que donnait la famille Narvani. Bharati est radieuse dans son costume traditionnel de mariée. Manu, comme elle appelle affectueusement son mari, affiche un air satisfait. Ceux d'entre nous qui connaissaient Bharati avant son mariage doivent admettre qu'elle est plus sûre d'elle, plus mature et qu'elle semble très heureuse.

La mère de Bharati, Manju, s'ennuie énormément de sa fille, mais elle est satisfaite que le mariage arrangé se soit révélé le meilleur qu'elle ait pu obtenir pour elle.

Les choses peuvent également prendre une très mauvaise tournure. Meena, une diplômée de 20 ans d'une école secondaire de Hyderbad, en Inde, s'est retrouvée – par le biais d'un mariage arrangé – avec un informaticien de 10 ans son aîné. L'amie de cœur américaine de son mari partageait leur maison à Los Angeles, en Californie.

La société indienne n'hésite pas à rejeter les femmes divorcées, séparées ou abandonnées. Si Meena retournait à la maison de ses parents, le statut de ceux-ci dans la société s'en trouverait ruiné. La perte de leur fierté et de leur honneur – auxquels ils attachent la plus grande importance – ferait d'eux des rebuts de la société. Elle n'avait d'autre choix que d'accepter la maîtresse de son mari et de vivre comme une demi-servante dans sa maison.

Nombre d'Indiens prétendent que les mariages arrangés réussissent mieux que les mariages occidentaux, compte tenu surtout des taux effarants de divorce en Occident. L'amour romantique n'engendre pas nécessairement un bon mariage et, souvent, il s'effondre lorsque la passion se dissipe, disent-ils. L'amour véritable découle d'une union convenablement arrangée entre deux personnes...

QUESTIONS

1. Dresse une liste des arguments pour et des arguments contre les mariages arrangés. Crois-tu que les mariages arrangés sont une bonne idée? Expose ton opinion dans une lettre à l'auteur de cet article.
2. Quel conseil donnerais-tu à un ami indien dévot ou à une amie indienne dévote qui respecte ses parents mais qui ne veut pas prendre part à un mariage arrangé?

Un grand festin a lieu après la cérémonie de mariage hindou. Les festivités peuvent être assez fastueuses et comprendre des chants, de la danse, du tambourinage, des feux d'artifice et même une promenade sur un cheval blanc.

Figure 4.17
Ce mariage traditionnel hindou a lieu dans le sud de l'Inde. Comment décrirais-tu un mariage hindou traditionnel?

La mort et l'incinération

Lorsqu'un hindou meurt, on tient une cérémonie solennelle qui comprend l'incinération. Sous la direction d'un prêtre, les membres de la famille lavent et habillent le corps d'un vêtement neuf mais traditionnel, et laissent le visage à découvert. Avant qu'ait lieu la procession jusqu'au crématorium, on offre à l'esprit du défunt de la lumière et des fleurs. On récite le nom du seigneur Râma et on entonne des chants sacrés.

Le prêtre récite des passages des saintes écritures pour sanctifier le feu. Puis le plus âgé des fils, ou un membre masculin de la famille, allume le bûcher ou, dans un crématorium moderne, appuie sur le bouton pour commencer l'incinération. La famille recueille les cendres dans une urne et les disperse dans les rivières saintes de l'Inde ou d'autres cours d'eau. Aux dixième et treizième jours après les funérailles, les parents, les amis et les voisins se réunissent pour une prière spéciale et un festin.

L'anniversaire de la mort (Shraddha)

Cette cérémonie souligne l'anniversaire d'un décès. Le prêtre exécute des rites religieux et on invite les membres de la famille, les amis et d'autres hôtes à assister à la cérémonie et à prendre un repas.

Vérifie ta compréhension

1. a) Trouve cinq rites de passage qui jalonnent la vie d'un hindou.

   b) Quelle est la signification des cérémonies du cordon sacré et du mariage?

2. Comment les rites suivants ont-ils évolué au fil du temps? Comment expliques-tu ces changements?

   - l'attribution du nom d'un enfant
   - la cérémonie de mariage
   - la cérémonie d'incinération

3. À ton avis, lequel parmi les rites de passage présentés dans cette section est le plus important? Pourquoi?

LES ÉCRITS SACRÉS

Contrairement à plusieurs autres traditions religieuses qui découlent d'une seule source d'écriture, par exemple la Bible, l'hindouisme a de nombreuses sources, ou livres, qu'elle considère comme des textes sacrés. Les écritures hindoues comprennent plus de 200 livres rédigés de 1500 av. J.-C. à 1500 ap. J.-C. environ. Les écritures hindoues se classent selon deux catégories, **shruti** ou **smriti**. *Shruti* signifie ce que l'on entend et représente la connaissance révélée ou « découverte » par les rischis ou prophètes de l'hindouisme. Cette sagesse est contenue dans les Védas. *Smriti* signifie ce dont on se souvient et représente la documentation « de la main de l'homme », ou la connaissance « remémorée ».

Les Védas

On considère les quatre Védas, composés vers 1500 av. J.-C., comme les plus anciennes écritures hindoues et celles qui font le plus autorité. Il s'agit d'une collection d'écrits sur des sujets variant de l'esprit divin à la médecine et aux sciences. Avant l'an 1500 av. J.-C., ces compositions étaient mémorisées et transmises oralement de maîtres à élèves.

Les quatre Védas comprennent le *Rig Veda*, qui comporte 1 028 hymnes (en dix livres) qui rendent hommage aux anciennes divinités ; le *Yajur Veda*, un « guide » destiné au prêtre pour l'exécution des sacrifices par le feu ; le *Sâma Veda*, qui consiste en des mélodies, airs et mélopées pour chanter les hymnes ; et l'*Atharva Veda*, qui contient les formules magiques, les mélopées, les incantations et les sortilèges. Chaque Véda contient les types de compositions suivants :

- **les mantras** : psaumes d'hommage qui constituent le corps principal des Védas
- **les brahmanes** : manuels de prose pour les prêtres concernant la prière et le rituel
- **les aranyakas** : « livres forestiers » destinés aux saints et aux ermites
- **les Upanishads** : commentaires philosophiques qui apparaissent à la fin de chaque Véda

Les Upanishads

Ces dernières sections des Védas, que l'on appelle le « Vedanta » et qui constituent le fondement de la philosophie hindoue, ont dominé la vie et la pensée indiennes pendant 3000 ans. Il existe plus de 200 Upanishads, parmi lesquels 16 sont considérés comme les plus importants. Ce sont, entre autres, l'*Isa*, le *Katha*, le *Prasna*, le *Kena* et le *Mandukya*. Les Upanishads abordent des sujets comme l'esprit, les sens, le culte, la méditation et les diverses formes de libération. Ils traitent également des concepts qui représentent les croyances essentielles de l'hindouisme, notamment Brahman, l'atman, le karma, le *samsara*, le moksha et le maya.

Le *Râmayana* et le *Mahabharata*

Les deux grandes épopées indiennes, le **Râmayana** et le **Mahabharata**, représentent des véhicules populaires pour la diffusion des idéaux hindous en matière de conduite morale. Ces textes *smriti* jouissent d'une telle influence sur l'imaginaire hindou et ont tant d'attrait qu'ils ont tous deux été produits pour la télévision en plus de 100 épisodes. Le *Râmayana* apparaît même en bande dessinée dans des magazines et dans Internet (*voir la figure 4.18*). Le *Râmayana* a été écrit en sanskrit autour de 200 av. J.-C., c'est-à-dire environ 200 ans après le *Mahabharata*. Toutefois, le *Râmayana* traite d'incidents antérieurs aux événements du *Mahabharata*.

Le *Râmayana*

Il existe environ 26 versions différentes du *Râmayana*, mais la plus populaire a été écrite par Tulsidas, un contemporain de Shakespeare, autour de 1500 ap. J.-C.. Il s'agissait de la première traduction d'écritures de l'hindi au sanskrit. Cette épopée comporte 24 000 vers. Elle raconte l'histoire du prince Râma, que l'on vénère dans tout le monde hindou comme le septième avatar, ou incarnation, du dieu Vishnou. Il fut exilé dans la forêt pendant 14 ans pour que son demi-frère Bharata puisse devenir roi. Sita, la femme de Râma, et son demi-frère Lakshmana suivirent le prince en exil. Sans défense dans le refuge forestier, Sita fut enlevée par le cruel Ravana, qui s'était déguisé en mendiant. S'ensuivit une bataille que remporta Râma avec l'aide d'Hanuman (roi des singes), puis il libéra sa femme et retourna triomphalement dans son royaume. Considérée dans son ensemble, cette épopée illustre la lutte permanente entre le bien et le mal, et la victoire du bien. Voici un extrait du *Râmayana* :

> *Écartant violemment Lakshmana, Raavana (Ravana) se précipita contre Raama (Râma) avec toute la fureur accumulée par la haine et la vengeance et s'efforça de le cribler de flèches.*
>
> *Raama évita aisément ces flèches avec les siennes et frappa Raavana à coups redoublés sans toutefois réussir à transpercer son armure. Ainsi combattirent ces archers suprêmes, chacun tentant de tuer l'autre et ayant recours à des projectiles de plus en plus puissants et dotés d'un pouvoir secret, pendant que, du ciel, les dieux les observaient avec émerveillement et admiration. Aucun des deux héros n'avait auparavant combattu un tel adversaire et, d'un côté comme de l'autre, l'admiration se mêlait à la colère…*
>
> (Traduction libre)

Figure 4.18
Le Râmayana apparaît sous forme de bande dessinée dans les magazines et dans Internet. Est-ce un bon moyen de présenter une épopée ?

Le *Mahabharata*

Cette oeuvre monumentale, qui constitue le plus long poème du monde et comprend environ 100 000 vers, semble être l'œuvre de plusieurs auteurs. Il a sans doute été compilé entre 400 av. J.-C. et 400 ap. J.-C. Le *Mahabharata* raconte l'histoire de deux puissances : les Pandavas, qui représentent le bien et les Kauravas, qui représentent le mal. Une guerre éclate entre les princes kuru et les cinq princes pandu, et après de nombreuses intrigues et aventures, les Pandavas terrassent les forces malignes des Kauravas et règnent pendant de nombreuses années.

Les puranas (mythes)

Le mot *purana* signifie « ancien récit ». Ce sont des *smritis* qui forment une catégorie distincte de la littérature religieuse sanskrite. Cette littérature décrit les exploits des divinités en 36 volumes, dont 18 sont communément utilisés. Habituellement, chaque purana débute avec le nom du dieu ou de l'incarnation qu'il glorifie, par exemple *Vishnou Purana*, *Brahmâ Purana* et *Shiva Purana*. Ce sont surtout les prêtres des temples qui utilisent ces légendes composées entre le VIe et le XVIe siècles de notre ère.

Le *Manusmriti* (*Les lois de Manu*)

Ce livre de lois hindou contient les concepts hindous du dharma, des castes et des quatre objectifs de la vie. Il traite de la pratique religieuse, du droit, des coutumes et de la politique. Les Brahmanes acceptent ce livre comme faisant autorité, mais les autres castes le rejettent. Le présent texte, compilé autour de l'an 300 de notre ère, contient 2 600 vers. En Inde, les hindous s'y réfèrent en ce qui concerne, par exemple, les biens familiaux, l'héritage, le mariage, l'adoption et la tutelle. Toutes les autres questions juridiques sont assujetties au droit laïc indien.

Vérifie ta compréhension

1. a) Quelle est la différence entre les écritures *shruti* et *smriti* ?
   b) Cite cinq textes sacrés de la tradition hindoue et classe-les selon la catégorie *shruti* et *smriti*.
   c) Explique l'importance de chaque texte.

2. Donne au moins un exemple illustrant l'influence des anciens écrits sacrés de l'hindouisme sur la société hindoue moderne.

3. Pourquoi le *Râmayana* et le *Mahabharata* sont-ils si populaires à ton avis ?

4. Laquelle parmi les écritures hindoues mentionnées préférerais-tu lire ? Explique ton choix.

Texte sacré

La *Bhagavad-Gita*, le texte que l'on peut considérer comme la bible hindoue, représente un important élément du *Mahabharata*. Ce texte, communément appelé *Gita*, se situe pendant la guerre du Mahabharata. Ses 700 vers, en 18 chapitres, traitent des croyances fondamentales de l'hindouisme et comprennent des enseignements sur le dharma, la réincarnation et les voies du salut.

Le texte du *Gita* se présente sous la forme d'un dialogue. **Krishnâ**, la huitième incarnation de Vishnou, explique à son ami indécis, Arjuna, l'importance de remplir ses devoirs en ce monde. Arjuna, un chef militaire pandu, hésite à combattre parce qu'il croit qu'il est mal de faire la guerre à ses propres parents et concitoyens qui combattent du côté opposé. Krishnâ raisonne patiemment et logiquement avec Arjuna sur son rôle dans la vie à titre de défenseur des droits humains. Ces vers, récités par Krishnâ, illustrent l'importance fondamentale de la dévotion à Dieu.

La *Bhagavad-Gita*
Chapitre 9, versets 3-8

3. *J'accepte en me réjouissant les offrandes de l'âme humble qui, dans son adoration, m'offre d'un cœur pur une feuille, une fleur, un fruit, ou de l'eau claire.*

4. *Quoi que tu fasses, ô fils de Kuntî (Arjuna), tu manges ou tu sacrifies, quoi que tu donnes, quelle que soit ta mortification, fais-m'en offrande.*

5. *Ainsi tu seras délivré des expériences heureuses et malheureuses qui sont les liens de l'action; le cœur attaché au renoncement et à la pratique de l'action, tu parviendras à moi.*

6. *Je suis le même pour toutes les créatures; je ne connais ni haine, ni préférence; mais ceux qui me servent avec amour demeurent en moi et moi en eux.*

7. *Même l'homme le plus égaré, s'il me vénère avec une consécration exclusive, doit être considéré comme juste, car il a bien jugé.*

8. *L'âme d'un tel homme devient bientôt vertueuse et obtient le bonheur perpétuel. Je jure, ô fils de Kuntî (Arjuna), que celui qui m'honore ne périt jamais.*

QUESTIONS

1. Pourquoi Krishnâ utilise-t-il la première personne pour parler de Dieu dans la citation?
2. Quel est le message de Krishnâ à Arjuna? Es-tu en accord ou en désaccord avec ce message? Explique ta réponse.
3. Comment ce passage illustre-t-il l'importance de la foi dans la tradition hindoue?

L'HINDOUISME

LES GROUPES ET LES INSTITUTIONS

La très grande majorité des hindous appartient à trois groupes principaux : ceux qui vénèrent Vishnou et ses incarnations, par exemple Râma et Krishnâ; les adorateurs de Shiva; et les fidèles de Parvati, l'épouse de Shiva identifiée comme la déesse-mère. La divinité que vénère un hindou dépend de la tradition familiale, mais ces classifications ne sont ni strictes ni exclusives. Les fidèles d'une divinité particulière vénèrent également d'autres divinités et placent des images de nombreuses divinités dans leurs sanctuaires domestiques et dans les temples.

Le shivaïsme

On appelle shivaites les adorateurs de Shiva, sous ses diverses formes, et la secte est connue sous le nom de **shivaïsme**. Le shivaïsme est surtout pratiqué par les hindous du sud de l'Inde et les Tamouls du Sri Lanka. On identifie plus étroitement cette secte aux strictes disciplines du jeûne et de la méditation. De nombreux adhérents couvrent leur corps de cendres et d'autres peignent trois lignes horizontales sur leur front pour indiquer leur dévotion à Shiva. Toutefois, tous les fidèles de Shiva le vénèrent comme un grand yogi assis en position de méditation sur les montagnes enneigées de l'Himalaya. Ses fidèles le vénèrent à titre de destructeur et de créateur de l'univers. Sa puissance créatrice est symbolisée par le *linga* (une colonne cylindrique).

De nombreuses écritures revêtent une importance particulière pour les shivaites. Parmi les Upanishads, le *Svetasvatara* est le plus important. Les *Shiva Puranas* renferment les mythes de Shiva et de son épouse, Parvati. Ils contiennent également des instructions rituelles et éthiques sur l'exécution des pûjâs et des pénitences pour obtenir le salut.

La Shakti

Les hindous reconnaissent l'aspect féminin de l'énergie, connue sous le nom de Shakti, comme également important et ils

Figure 4.19
La déesse Parvati (montrée assise à côté de Shiva) est une manifestation de la Shakti.

croient que la puissance d'une divinité mâle lui vient de son épouse. Ainsi, Shiva est incomplet sans Parvati (*voir la figure 4.19*). En fait, Shiva est souvent illustré sous les traits d'Ardhanari, une de ses manifestations dont la moitié droite du corps est mâle et la moitié gauche, femelle.

Shakti est le nom générique de toutes les manifestations d'énergie féminine, qui peuvent être représentées sous diverses formes variant de très gentilles à féroces. Les manifestations de la Shakti comprennent Sati, Parvati (*voir la figure 4.19*),

Recherche Internet

Pour en savoir plus, visite notre site au www.dlcmcgrawhill.ca

Durga et Kâlî. Devi, ou grande déesse, est un nom affectueux qui désigne collectivement toutes les manifestations d'énergie féminine. Sati et Parvati sont des divinités qui représentent les formes douces d'énergie, notamment la patience, l'obéissance et la compassion. Durga et Kâlî sont des divinités qui représentent l'énergie féroce et on les représente avec de nombreux bras, des yeux injectés de sang et des armes destructrices. Durga et Kâlî utilisent leur puissance destructrice afin de vaincre les forces du mal et les tendances négatives.

Le vaishnavisme

Les fidèles de Vishnou s'appellent les vaishnavites. Cette secte de l'hindouisme, plus courante dans le nord de l'Inde, se nomme **vaishnavisme**. À titre de conservateur de l'univers, Vishnou apparaît parfois sous une forme humaine pour rétablir l'ordre et la vertu dans le monde. Il existe dix avatara, ou incarnations, de Vishnou; on croit que neuf d'entre elles sont déjà passées et que la dixième est encore à venir. Les septième et huitième avatara, Râma et Krishnâ, sont les plus vénérés dans le monde hindou.

Le *Râmayana* représente pour les fidèles de Râma le texte sacré le plus important. Guidé par les vertus du dharma hindou, Râma triomphe des forces maléfiques de la nature et rétablit la paix dans un monde agité.

Le *Mahabharata* – l'autre épopée hindoue dans laquelle Krishnâ, également appelé Hari, est le grand guerrier – exerce une influence considérable sur les fidèles de Krishnâ. La doctrine fondamentale de tous les vaishnavites est le *bhakti*, ou l'intense dévotion à un dieu particulier et personnel. Toutefois, le récit le plus célèbre des enseignements de Krishnâ apparaît dans la *Bhagavad-Gita*.

Le mouvement Arya Samaj

Contrairement aux trois principales sectes de l'hindouisme mentionnées plus haut, les fidèles de ce mouvement ne pratiquent pas de rites et ne vénèrent aucune divinité. Le **mouvement Arya Samaj** fut fondé par Swami Dayanand Saraswati dans le nord de l'Inde en 1875. Il prêchait une version renouvelée de l'hindouisme qui rejetait l'adoration d'images comme symboles du Dieu suprême.

Les enseignements fondamentaux du mouvement Arya Samaj s'inspirent des Védas, et la cérémonie du feu, connue sous le nom de *havan*, représente la forme la plus importante de vénération pour les fidèles de cette secte.

Les mouvements de moindre envergure au sein de l'hindouisme dominant

Il existe, au sein de l'hindouisme dominant, de nombreuses sectes et institutions qui suivent des gourous ou des maîtres particuliers. Voici quelques mouvements qui ont des groupes actifs au Canada.

Le mouvement Hare Krishnâ

L'Association internationale pour la conscience de Krishnâ (AICK) a vu le jour aux États-Unis au début des années 1960. Son fondateur, Swami Bhaktivedanta, un gourou hindou de l'Inde, basait ses enseignements sur l'ancienne tradition hindoue du vaishnavisme (l'adoration de Vishnou). Les adeptes de ce mouvement (*voir la figure 4.20*) doivent suivre un code strict de croyances et de pratiques. Ils sont végétariens et ne font pas usage de tabac, de drogues ou d'alcool.

Le mouvement Satya Sai Baba

Les disciples de ce mouvement recherchent des conseils auprès de leur gourou vivant, Satya Sai Baba. Celui-ci vit au sud de l'Inde et il affirme servir toutes les religions. Il croit que toutes les religions constituent des voies valables vers Dieu. Ses disciples suivent cinq principes: le *satya* (vérité), le dharma (conduite vertueuse), le *shanti* (paix), la *prema* (amour) et l'ahimsa (non-violence).

Le mouvement Swami Narayan

Cette secte hindouiste fut fondée par Sahajananda Swami au Gujarat, en Inde, au début du XIXᵉ siècle. Ses disciples l'ont nommé Swami Narayan, un autre nom de Vishnou, et croyaient pouvoir obtenir le salut par son entremise. Ce mouvement, qui met l'accent sur une vie vertueuse, la prière et les bonnes œuvres, s'est répandu au Canada. Ses disciples de Toronto construisent présentement le plus vaste temple hindou au Canada.

La Vedanta Society

Ce groupe, comme son nom l'indique, base ses enseignements sur la philosophie des Védas. Il fut fondé par Swami Vivekananda, qui a participé au Parlement mondial des religions en 1893 à Chicago, où il eut un grand impact. Lors de sa deuxième visite en Amérique, il fonda la Vedanta Society de San Francisco. Ce mouvement s'est répandu en Inde, aux États-Unis et au Canada. La Vedanta Society de Toronto a vu le jour en 1968 et organise régulièrement des conférences sur les Upanishads, la *Bhagavad-Gita* et les enseignements de Swami Vivekananda. La valeur du dialogue entre les religions représente une pierre angulaire de la philosophie de ce groupe.

Figure 4.20
Les adeptes du mouvement Hare Krishnâ célèbrent un festival estival.

Vérifie ta compréhension

1. Nomme et décris les trois principales sectes hindoues.

2. Qu'est-ce que le mouvement Arya Samaj et en quoi est-il différent des principales sectes hindoues?

3. a) Qu'est-ce qu'un gourou?
   b) Décris l'importance des gourous hindous suivants ainsi que les mouvements qu'ils ont fondés:
   • Sahajinanda Swami
   • Swami Bhaktivedanta
   • Swami Vivekananda

4. Lequel, parmi les courants de l'hindouisme décrits dans cette section, a le plus d'attrait pour toi? Pourquoi?

Étude d'une communauté

La Swaminarayan Organization Toronto, Ontario

Figure 4.21

En 1975, dix familles hindoues qui avaient récemment émigré de l'Afrique de l'Est se sont rencontrées à Toronto pour former le groupe Shree Swaminarayan. Nombre d'entre elles avaient fui les représailles raciales exercées contre les citoyens d'Asie du Sud dans les pays de l'est de l'Afrique, notamment l'Ouganda, et le Canada leur avait ouvert ses portes. Dès 1988, le groupe religieux s'était étendu pour comprendre environ cent familles de l'Afrique, de l'Inde et de l'Angleterre. Elles ont finalement acheté quatre bâtiments industriels dans l'est de Toronto, qui tiennent lieu de temple aujourd'hui. Elles se rencontrent chaque jour au temple pour des pûjas, mais les plus grandes assemblées de fidèles ont lieu les dimanches. Un prêtre résident préside à toutes les cérémonies religieuses, des pûjas aux naissances et aux sacrements administrés aux mourants.

Les œuvres caritatives représentent un élément important de cette organisation. En 1997, le groupe a fait don de plus de 100 000 $ aux victimes de l'inondation de Los Angeles. En Inde, il a parrainé cinq villages et il dispense des médicaments, des lunettes et de l'aide financière. Au Canada, le groupe vient également en aide à d'autres groupes hindous lors des principaux festivals et levées de fonds.

Inspirés par leur chef spirituel, Sa Sainteté Pramukh Swami Maharaj (*voir la figure 4.21*), les membres ont entrepris un grand projet du millénaire : la construction d'un temple et centre culturel hindou qui changera la silhouette de Toronto. Le complexe, qui s'étend sur deux hectares, représentera la plus vaste structure hindoue au Canada. Il se situe à l'angle de l'autoroute 427 et de l'avenue Finch à Toronto. En plus d'un énorme temple, le complexe comprendra un vaste musée permanent consacré à l'hindouisme, qui exposera d'anciens artefacts ainsi que les saintes écritures. Il comportera aussi un centre communautaire où pourront se dérouler les nombreuses activités caritatives et culturelles auxquelles participe l'organisation. Parmi celles-ci, on compte des cliniques de sang régulières, des campagnes de collecte d'aliments, des colloques sur la santé et la gestion financière, des services-conseils à la famille, de la musique et de la danse traditionnelles, du yoga, de la méditation, de la prévention contre la drogue et l'alcool, de la planification de carrière et de l'enseignement des langues.

QUESTIONS

1. Quelle est l'histoire de la Swaminarayan Organization ?
2. De quelle façon ce groupe apporte-t-il une contribution à la communauté hindoue du Canada et d'ailleurs ?

L'INFLUENCE CULTURELLE

Pendant la colonisation européenne de l'Inde au XIXe siècle, les puissances impériales anglaise, française et hollandaise expédiaient des Indiens outre-mer pour travailler dans des plantations auparavant exploitées par des esclaves africains. La plupart de ces Indiens étaient hindous et l'hindouisme a donc été transplanté dans des endroits comme les îles Fidji, l'île Maurice, Trinidad, la Guyana, le Suriname et d'autres territoires.

On peut trouver des regroupements hindous dans la plupart des centres cosmopolites occidentaux comme Londres, Birmingham, Amsterdam, New York, Sydney, Toronto et Vancouver. Ces grands centres rassemblent bien au-delà d'un million d'hindous.

La discipline du yoga représente l'un des aspects les plus influents de l'hindouisme sur la culture moderne occidentale. On peut juger de l'influence du yoga et de la méditation par la multitude de cours offerts partout, principalement par des maîtres non hindous.

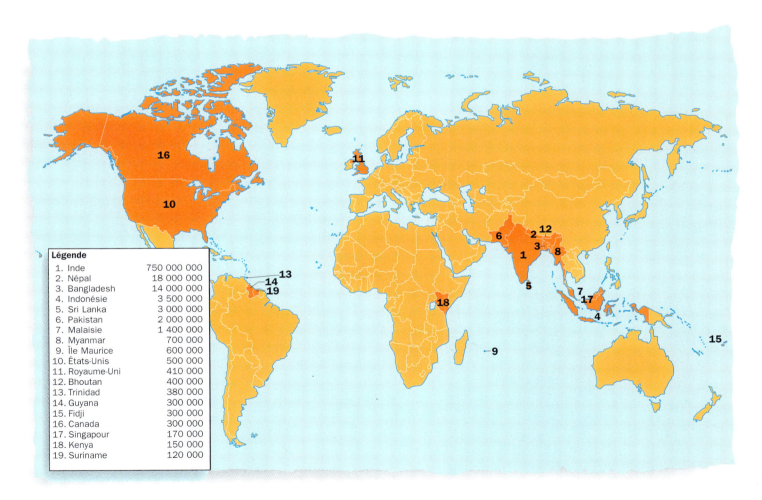

Légende

1. Inde	750 000 000	
2. Népal	18 000 000	
3. Bangladesh	14 000 000	
4. Indonésie	3 500 000	
5. Sri Lanka	3 000 000	
6. Pakistan	2 000 000	
7. Malaisie	1 400 000	
8. Myanmar	700 000	
9. Île Maurice	600 000	
10. États-Unis	500 000	
11. Royaume-Uni	410 000	
12. Bhoutan	400 000	
13. Trinidad	380 000	
14. Guyana	300 000	
15. Fidji	300 000	
16. Canada	300 000	
17. Singapour	170 000	
18. Kenya	150 000	
19. Suriname	120 000	

Figure 4.22
Cette carte montre la population mondiale d'hindous (environ 800 millions). Où l'hindouisme a-t-il pris racine hors des frontières de l'Inde ?

Vivre ma religion

Chaaya Raghunanan

Figure 4.23

Chaaya Raghunanan est née de parents hindous dans un village à prédominance hindoue de Trinidad en 1970. Elle a immigré au Canada avec ses parents alors qu'elle avait quatre ans et vit depuis à Toronto. Elle a fréquenté l'Université de Toronto où elle a obtenu un diplôme de sociologie. Aujourd'hui, elle travaille comme adjointe administrative au sein d'une organisation qui s'occupe de sécurité industrielle et de sécurité des travailleurs. Elle a récemment terminé un cours d'études supérieures en ressources humaines et en relations du travail à l'Université de Toronto. Pour son propre développement, Chaaya étudie la danse indienne classique. Elle approfondit cet intérêt sous la direction de son gourou.

Voici ce qu'écrit Chaaya en ce qui concerne sa religion :

Je me conforme beaucoup à ma tradition hindoue dans ma vie quotidienne. Souvent, le soir, je prie devant mon sanctuaire domestique et j'allume une lampe. Les fins de semaine, je fais mes prières chaque matin et j'offre des fleurs aux divinités. J'ai appris ces rituels de mes parents, qui ne sont pas réellement religieux mais aiment offrir la pûjâ aux dieux et aux déesses en tant qu'action de grâces. Nous nous rendons parfois dans les temples, aucun en particulier, et nous honorons toutes les images divines. Pendant les festivals comme Diwali, nous jeûnons en famille, c'est-à-dire que nous ne mangeons aucune viande, poisson ou volaille pendant plusieurs jours et nous faisons notre pûjâ à la divinité particulière que nous honorons. Nous chantons des bhajans et nous exécutons le havan, ou cérémonie du feu.

À l'école élémentaire, je n'aimais pas particulièrement les jours où l'on servait des hot-dogs et de la pizza. Voyez-vous, à la maison, nous ne mangeons ni bœuf ni porc. La plupart des hindous ne mangent pas de bœuf, alors ma mère préparait pour moi des hot-dogs au poulet. Ainsi, je n'étais pas exclue. À l'époque de Noël, mes parents me permettaient de participer aux activités liées à Jésus et au christianisme. En fait, Noël représente un grand moment pour ma famille. Nous avons des repas de Noël, nous échangeons des cadeaux et nous installons des lumières comme nous le faisons pour Diwali, le « festival des lumières » hindou.

Je ne me considère pas comme une personne religieuse, mais je suis ardemment mes principes hindous. La force qu'ils m'ont apportée à des moments difficiles témoigne du fait que l'hindouisme peut m'offrir des choses utiles et concrètes dans la vie. J'éprouve un grand réconfort en écoutant les hymnes hindous, qui sont satisfaisants à la fois sur les plans émotif et spirituel. Au-delà des rituels, la philosophie hindoue me force à me regarder et à regarder en moi sous l'angle de la raison et sous celui de la foi. En allumant une simple lampe et en offrant une petite fleur, je me sens comme une enfant de Dieu. (Traduction libre)

QUESTIONS

1. Quels éléments de l'hindouisme sont importants aux yeux de cette Canadienne ?
2. Quels éléments révèlent que Chaaya a adopté d'autres traditions religieuses en vivant au Canada ?
3. a) Quel est l'aspect que Chaaya a trouvé stimulant dans le fait d'avoir grandi dans la société canadienne tout en étant hindoue ?
   b) Pourquoi était-ce stimulant et comment a-t-elle relevé le défi ?

L'hindouisme au Canada

Au Canada, la population hindoue dépasse les 300 000 personnes. La majorité des hindous canadiens vivent dans la région métropolitaine de Toronto. Vancouver accueille la deuxième plus forte concentration d'hindous et des groupes plus petits sont dispersés dans les grandes villes des provinces de l'est et de l'ouest.

De nos jours, la communauté hindoue du Canada est très diversifiée, ses origines se situant en Inde, au Sri Lanka, en Guyana, à Trinidad, en Angleterre et dans de nombreux pays d'Afrique de l'Est. Tous ont amené avec eux différentes valeurs et coutumes propres à leur pays et ils vénèrent plusieurs divinités.

Leurs différences ressortent également dans la façon dont ils exécutent les cérémonies, les rituels et les sacrements. Les sermons, les conférences et autres discours sont prononcés dans la langue propre à chaque groupe linguistique.

Le sud de l'Ontario est unique au Canada en ce qui a trait à la population hindoue. Plus de 200 000 hindous, représentant environ 70 % de la population hindoue du Canada, habitent ce corridor, qui s'étend d'Oshawa à l'est jusqu'aux chutes Niagara à l'ouest. Rien qu'à Markham et dans la ville voisine de Richmond Hill, il existe quatre temples hindous qui reflètent différents styles et cultures (*voir la figure 4.24*). En plus de procurer un lieu de culte, ces temples sont le noyau central culturel des communautés hindoues du Canada, de même que des centres d'apprentissage où l'on donne aux membres intéressés des leçons de danse et de musique traditionnelles vocale et instrumentale.

Figure 4.24
L'architecture du temple Vishnou Mandir, situé à Richmond Hill en Ontario, reflète à la fois les influences modernes et traditionnelles du nord de l'Inde.

Vérifie ta compréhension

1. De quelle façon l'hindouisme a-t-il influencé la culture occidentale ?

2. L'hindouisme au Canada est aussi diversifié que le paysage religieux canadien. Explique.

3. Où se trouvent la plupart des hindous au Canada ? Pourquoi en est-il ainsi à ton avis ?

4. Quels éléments des croyances et des pratiques hindoues ont le plus d'attrait ou d'intérêt selon toi ? Pourquoi ?

Recherche Internet

Pour en savoir plus, visite notre site au www.dlcmcgrawhill.ca

Habiletés de recherche
La recherche quantitative

La recherche quantitative met l'accent sur les expériences, les nombres et les mesures, et se fonde sur l'utilisation des notations et relations numériques afin de résumer les données.

Une étude de recherche quantitative vise toujours à répondre à une question particulière.

Les caractéristiques de la recherche quantitative

L'hypothèse
La recherche quantitative commence par une hypothèse – un énoncé non démontré qui constitue la base de l'enquête. Les données que recueille une chercheuse ou un chercheur peuvent ou non appuyer l'hypothèse.

Le rôle de la chercheuse ou du chercheur
Les personnes qui effectuent des recherches quantitatives décident du problème ou du sujet qui fera l'objet de la recherche, mais, une fois l'enquête amorcée, leur opinion personnelle ne joue aucun rôle dans le processus.

Les données numériques
La personne qui effectue des recherches quantitatives exprime toujours de façon numérique les données recueillies à partir d'entrevues, de tests, de questionnaires ou d'expériences. Elle peut résumer les données quantitatives en ayant recours à divers graphiques comme le diagramme sectoriel, l'histogramme ou le graphique en nuages de points.

Les sujets qui se prêtent bien à la recherche quantitative

En général, les sujets ou problèmes de recherche quantitative
- se résument facilement au moyen de résultats numériques, de diagrammes ou de graphiques ;
- peuvent s'observer dans des installations artificielles comme un laboratoire ;
- impliquent des enquêtes auprès de groupes pendant une période très courte ;
- impliquent l'utilisation de statistiques et de données brutes.

Les étapes d'une recherche quantitative

Voici les étapes d'une recherche quantitative. On utilise comme exemple le sujet des prêtres hindous au Canada.

1. Cerne le sujet ou problème qui fera l'objet d'une recherche.
Les personnes qui effectuent des recherches quantitatives amorcent leur enquête avec un énoncé (sous forme déclarative ou interrogative) identifiant le sujet ou le problème et/ou les sujets ou les groupes de personnes participantes.

Sujet échantillon : de quel pays viennent la plupart des prêtres hindous vivant au Canada ?

2. Cerne l'hypothèse.
L'énoncé identifiant le problème est toujours suivi d'une hypothèse qui comporte des définitions des variables ou des facteurs importants. L'hypothèse a pour but de donner une orientation à la recherche. Dans l'exemple qui suit, les variables comprennent deux endroits, le Canada et la Guyana.

Hypothèse échantillon : la plupart des prêtres hindous vivant au Canada sont originaires de la Guyana.

3. Conçois tous les éléments de l'enquête.
Les personnes qui effectuent des recherches quantitatives présentent tous les éléments de l'étude proposée avant de recueillir les données. La chercheuse ou le chercheur produit une description détaillée des procédures visant à tester l'hypothèse. Il est important de choisir une technique ou une méthode qui soit appropriée. Par exemple, un questionnaire pourrait constituer une méthode appropriée pour déterminer l'origine des prêtres hindous.

Habiletés de recherche — La recherche quantitative

4. Choisis les participants à l'étude.
Comme dans toute recherche, le choix des participantes et des participants représente une étape importante du processus. On doit choisir un échantillonnage de personnes qui représentent la population dans son ensemble. Pour trouver les prêtres hindous, on pourrait communiquer avec les temples hindous.

5. Recueille les données.

- **Expériences**

On peut mener les expériences dans un laboratoire, ce qui permet au chercheur de contrôler entièrement les conditions de l'expérience.

On a souvent recours à la recherche expérimentale à des fins de comparaison : si deux situations ou groupes sont essentiellement égaux sauf en ce qui concerne une variable, on ajoute ou on retranche cette variable d'une situation appropriée, et la chercheuse ou le chercheur observe les conséquences.

- **Enquêtes**

Pour recueillir les données d'un sondage, la chercheuse ou le chercheur peut utiliser plusieurs méthodes, notamment l'entrevue, le questionnaire et des instruments de mesure tels que les tests.

a) L'entrevue : pour de plus amples renseignements sur les entrevues, voir le chapitre 7.

b) Le questionnaire : le questionnaire écrit représente une méthode populaire dans les recherches-sondages parce qu'on peut le distribuer à un grand nombre de personnes. Un bon questionnaire :
- est bref, bien formulé, clair et concis ;
- soulève des questions qui exigent des réponses qu'on ne trouve pas facilement ailleurs ;
- tente de connaître des faits et non des opinions ou des impressions ; se remplit en un minimum de temps ;
- comprend des directives claires.

c) Les tests : les tests constituent de précieux instruments de mesure en matière de recherche-sondage. Pour obtenir des faits, on devrait concevoir des tests afin d'éviter les éléments qui se prêtent à une évaluation subjective.

6. Analyse les données et tire les conclusions.
En recherche quantitative, on tire les conclusions à la fin de l'étude. La chercheuse ou le chercheur organise et affiche les renseignements recueillis en utilisant des graphiques, ce qui transforme les données en une forme « lisible ».

METS EN PRATIQUE !
Effectue une étude de recherche quantitative sur les origines nationales des hindous qui vivent dans ta communauté et/ou fréquentent ton école. Veille à faire ce qui suit :
- formule une hypothèse, par exemple : « L'Inde est le pays d'origine de la plupart des hindous canadiens de mon école » ;
- conçois les éléments de ton enquête. Tu pourrais utiliser un questionnaire ou un sondage pour obtenir les données de cette étude particulière ;
- choisis les participantes ou les participants à ton étude ;
- recueille tes données ;
- présente tes résultats dans un graphique et analyse tes conclusions. Prépare-toi à soutenir ton analyse.

Activités

Vérifie ta compréhension

1. Décris brièvement ce que tu considères comme les trois plus importantes croyances de l'hindouisme.

2. Il est intéressant de noter que plusieurs croyances et pratiques hindoues se présentent par groupes de quatre. Décris au moins deux croyances et pratiques fondées sur le nombre quatre.

3. Le yoga est très intégré à notre société. En quoi la pratique générale du yoga en Amérique du Nord diffère-t-elle du yoga tel que l'entendent les hindous ?

4. Les symboles jouent un rôle important dans les cérémonies et les rituels hindous. Montre la véracité de cet énoncé en utilisant comme exemples l'adoration du feu et le symbole *om*. Pourquoi ces symboles sont-ils importants dans l'hindouisme ?

Réfléchis et exprime-toi

5. Tu es sans doute familier avec les dictons qui suivent. Choisis une de ces phrases et discutes-en avec une ou un autre élève. Acceptes-tu cet énoncé ? Comment l'énoncé reflète-t-il les enseignements hindous ?
- « Bien mal acquis ne profite jamais. »
- « On récolte ce qu'on a semé. »
- « J'ai une impression de déjà-vu. »
- « La vie est un carrousel. »

6. Crée une toile de mots avec au centre le terme *foi*. Ajoute cinq branches émanant du centre. Pour chaque branche, trouve une façon dont les hindous expriment, ou démontrent, leur foi.

7. Le dharma (devoir) est un concept très important en hindouisme. Selon toi, quel est le dharma essentiel de chacune des personnes suivantes : enseignant, parent, ami, agent de police, politicien, soldat, toi-même. Inscris tes réponses dans ton carnet.

8. Suppose que tu as atteint la dernière étape hindoue de la vie. Rédige un texte d'au moins une demi-page pour ton journal personnel afin d'exposer ce que tu as appris sur le monde.

9. Seul ou avec une ou un camarade, crée une affiche colorée illustrant une divinité hindoue. Veille à ce que les caractéristiques associées à cette divinité particulière soient clairement représentées.

10. L'hindouisme est une ancienne religion confrontée aux défis de l'ère moderne et scientifique. En travaillant avec une ou un camarade, essaie de déterminer les aspects de l'hindouisme qui pourraient lui permettre de prospérer dans le monde moderne et les éléments qui pourraient le menacer.

Applique tes connaissances

11. L'ahimsa représente un important concept pour les hindous. En petits groupes, créez des publicités qui font la promotion de ce concept dans notre société quelque peu violente. Utilise des mots, des images, un film, etc., pour mieux promouvoir cet idéal.

12. L'hindouisme laisse entendre que tu es le résultat de tes actes passés. Décris au moins cinq actes passés qui ont eu des répercussions importantes sur la personne que tu es devenue.

13. Examine les dix dernières années de ta vie et note les changements qui sont survenus chez toi sur les plans suivants : le corps, les émotions, les compétences et les connaissances, les intérêts et le comportement. En quel sens es-tu demeuré la même personne ?

14. Le végétarisme est de plus en plus populaire auprès de la jeunesse canadienne. Rends-toi à la bibliothèque de ton école ou de ta communauté pour obtenir plus d'informations à ce sujet. Tu peux aussi consulter Internet, visiter des boutiques d'aliments naturels ou bavarder avec un ami végétarien. Rédige et présente un bref rapport sur le sujet. Pourquoi le végétarisme connaît-il une popularité croissante ? Quels sont les aspects positifs et négatifs d'un régime végétarien ?

15. En ayant recours aux techniques et aux renseignements présentés dans la partie « Habiletés de recherche » de ce chapitre, réalise une analyse quantitative de la population hindoue de ta communauté.

Glossaire

Agni (m). Le dieu du Feu ; le lien entre les dieux et les êtres humains.

atman (m). L'âme humaine, l'âme personnelle, une partie de notre moi le plus profond qui est identique à Brahman, l'âme universelle.

avatara (m). Une incarnation, ou une manifestation, d'une divinité sous une forme terrestre.

bhakti (f). Une intense dévotion à une divinité particulière ; souvent exprimée par la musique.

Brahmâ (m). Une divinité considérée comme le créateur de l'univers ; partie de la Trinité hindoue.

Brahman (m). L'âme universelle et l'être suprême ; l'esprit éternel d'où toutes les choses proviennent et vers qui elles retournent.

Brahmane (f). Femme membre de la caste hindoue la plus élevée.

dharma (m). Le Devoir religieux ou moral.

Diwali (f). Le festival hindou des lumières qui a lieu à la fin d'octobre ou au début de novembre ; il célèbre le triomphe du bien sur le mal.

gourou (m). Un maître ou un guide spirituel qui peut aider une personne à atteindre la moksha, ou le salut.

***homa* (m).** Un rituel qui consiste à brûler des offrandes dans un feu qu'un prêtre a béni.

karma (m). La totalité des actes d'une personne ; l'accumulation d'un bon ou d'un mauvais karma détermine la naissance d'une personne dans sa prochaine vie.

Krishnâ (m). La huitième incarnation du dieu Vishnou.

Kshatriya (m). Un membre de la caste militaire.

***Mahabharata* (m).** Un poème épique hindou d'environ 100 000 vers, probablement compilé entre 400 av. J.-C. et 400 ap. J.-C. Il raconte l'histoire de la lutte entre deux forces, les Pandavas et les Kauravas.

mantra (m). Une phrase ou un mot sacrés que l'on chante pendant le culte ou la méditation.

maya (f). Un terme utilisé en référence à la nature temporaire et imparfaite du monde matériel.

méditation (f). Une contemplation profonde qui engendre un état voisin de la transe dans lequel une personne tente de s'unir à Brahman.

moksha (m). La libération de l'âme du cycle infini des renaissances ; on l'atteint en unissant l'atman à Brahman, l'âme personnelle à l'âme universelle. C'est l'objectif ultime des hindous.

mouvement Arya Samaj (m). Une version renouvelée de l'hindouisme, qui rejette la vénération d'images et le système de castes ; fondé en 1875 par Swami Dayanand Saraswati.

om (m). Une syllabe sacrée qui invoque l'essence de Brahman lorsqu'on la chante. On croit qu'il s'agit du son de la réalité dans son ensemble.

pandits (m). Les saints hommes de l'hindouisme.

Parvati (f). Une déesse-mère qui représente l'énergie féminine.

prasâda **(m).** Une pratique qui consiste à redistribuer aux fidèles la nourriture qui a été offerte aux divinités.

pûjâ **(f).** Un rituel d'action de grâces très répandu au cours duquel on offre, aux divinités, entre autres des fleurs et de la nourriture.

Râma (m). La septième réincarnation du dieu Vishnou ; le héros de l'épopée hindoue du *Râmayana*.

Râmayana **(m).** Une épopée hindoue d'environ 24 000 vers composés autour de 200 av. J.-C.

samsara **(m).** Le cycle infini des renaissances.

Shakti (f). Le nom générique désignant toutes les manifestations de l'énergie féminine, que l'on peut représenter comme douces ou féroces.

Shiva (m). Un dieu considéré comme le destructeur et le créateur de l'univers ; l'un des membres de la Trinité hindoue.

shivaïsme (m). Une doctrine hindouiste dont les adeptes vénèrent le dieu Shiva. On la pratique surtout au sud de l'Inde.

shruti **(f).** Signifie ce que l'on entend. La connaissance, par exemple le contenu des Védas, révélée aux sages de l'hindouisme ou « découverte » par eux.

Shudra (m). Un membre de la plus basse caste hindoue.

smriti **(f).** Signifie ce dont on se souvient. Littérature humaine ou la connaissance « remémorée », par exemple le contenu du *Mahabharata* et du *Râmayana*.

système de castes (m). L'organisation de la société hindoue en quatre groupes dont chacun a ses propres devoirs et attentes.

Trinité hindoue (la Trimûrti) (f). Un concept qui réunit les dieux Brahmâ, Vishnou et Shiva en une seule entité.

Vaisha (m). Un membre de la caste des commerçants.

vaishnavisme (m). Une doctrine de l'hindouisme dont les adeptes vénèrent le dieu Vishnou. On la pratique surtout au nord de l'Inde.

Védas (m). Les premiers textes sacrés de l'hindouisme, composés vers 155 av. J.-C.

Vishnou (m). Un dieu considéré comme le conservateur de l'univers ; l'un des membres de la Trinité hindoue.

yoga (m). Une pratique ou une discipline qui allie la philosophie à des exercices physiques et à la méditation ; l'union avec Dieu.

yogi (m). Une personne ayant atteint un haut degré de spiritualité et qui pratique la méditation.

Chapitre cinq
Le bouddhisme 5

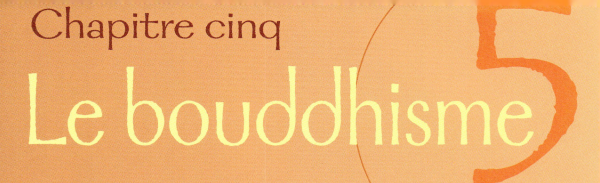

Regarde la photographie ci-contre et réponds aux questions suivantes :

1. Décris le décor de la photo. Quelle est l'atmosphère qui s'en dégage ?
2. Un moine bouddhiste se trouve sur un sentier qui grimpe sous les arbres. Quel est la symbolique de cette représentation ?
3. À en juger par cette photo, quelles impressions retires-tu du bouddhisme ?
4. Trouves-tu cette photo attrayante ? Explique ta réponse.

Introduction

Au cours des quatre dernières décennies du XXe siècle, le bouddhisme – une religion d'origine orientale – n'a cessé de se faire connaître en Occident. Dans leur quête pour « se rencontrer eux-mêmes » et pour trouver le sens de la vie, un nombre croissant de gens délaissent les visions occidentales traditionnelles et se tournent vers le bouddhisme. Pourquoi cette religion est-elle si attrayante ? Pourquoi tant de personnes, en Occident, et tout particulièrement en Amérique du Nord, recourent-elles au bouddhisme pour satisfaire leurs besoins spirituels ?

Le bouddhisme met l'accent sur les *choses à faire* plutôt que sur les *choses à croire*. Il n'incite personne à accepter ses enseignements sans les avoir d'abord expérimentés. On ne demande pas à un bouddhiste d'accepter aveuglément des doctrines, mais de les expérimenter directement et spirituellement. Si cette expérience religieuse aide les adeptes à trouver la vérité, ils l'accepteront. Sinon, ils chercheront la vérité ailleurs. Au centre de l'enseignement bouddhiste se trouve donc l'idée que chaque individu a le droit de chercher la vérité pour lui-même, même si cela signifie de la rechercher hors du bouddhisme. Cette tolérance, ainsi que l'impression de calme et de sérénité qui émane de beaucoup d'adeptes de cette religion, peut expliquer l'attrait grandissant exercé par le bouddhisme.

Le but ultime du bouddhisme est de mettre fin à la souffrance et ainsi d'atteindre une paix et une joie absolues. Dans la société occidentale, on essaie d'obtenir le bonheur par l'acquisition de biens matériels. Il n'empêche que, même au milieu de l'abondance, la souffrance et la tristesse continuent d'exister. Le bouddhisme, quant à lui, offre une voie alternative pour mettre un terme à la souffrance.

Quels sont les défis auxquels tu fais face dans ta vie ? Quelles sortes de souffrances as-tu vécues ? Au cours de la lecture de ce chapitre, conserve à l'esprit ces questions afin d'acquérir une compréhension plus personnelle du bouddhisme, ainsi qu'une compréhension plus profonde de toi-même.

Objectifs d'apprentissage

À la fin de ce chapitre, tu pourras:

- comprendre les origines du bouddhisme et relater les événements les plus importants de son histoire;
- distinguer les figures importantes qui ont participé au développement du bouddhisme et expliquer leur contribution à cette religion;
- évaluer l'importance de concepts clés tels que le nirvana et l'illumination;
- reconnaître les passages importants du Tripitaka et expliquer leur signification;
- examiner l'importance des écrits sacrés du bouddhisme et déterminer leur influence sur la société;
- déterminer l'origine et la signification des pratiques, des rituels, des symboles et des célébrations bouddhistes;
- comprendre le rôle des symboles dans le bouddhisme, ainsi que leur relation avec les pratiques;
- considérer l'impact politique du bouddhisme sur différentes cultures;
- analyser le rôle des femmes dans le bouddhisme;
- comprendre les différences entre les sectes du bouddhisme, ainsi qu'entre le bouddhisme et l'hindouisme;
- comprendre l'influence du bouddhisme sur les individus dans la société canadienne;
- déterminer les pratiques religieuses associées aux fêtes et aux célébrations bouddhistes;
- déterminer les sujets d'étude relatifs au bouddhisme qui requièrent une recherche qualitative;
- utiliser des sources d'information primaires et secondaires pour mener une recherche sur un thème relatif au bouddhisme;
- écrire des articles de presse et des rapports sur des thèmes relatifs au bouddhisme.

- **563 av. J.-C. (env.)**
Naissance de Siddartha Gautama Shakyamuni (qui deviendra plus tard le Bouddha)

- **531-486 av. J.-C.**
Période d'enseignement du Bouddha

- **530 av. J.-C.**
Illumination de Siddartha

- **200 av. J.-C. (env.)**
Débuts du bouddhisme Mahayana

- **486 av. J.-C.**
Parinirvana, ou mort, du Bouddha

- **278 ap. J.-C.**
Le bouddhisme fait son entrée au Myanmar, au Cambodge, au Laos et au Vietnam

- **100 ap. J.-C. (env.)**
Le bouddhisme fait son entrée en Chine

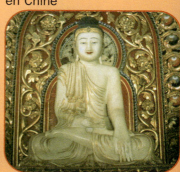

- **Années 1990 ap. J.-C.**
La sortie des films *Sept ans au Tibet*, *Kundun* et *Le Petit Bouddha* avive l'intérêt pour le bouddhisme sur le plan international

- **1989 ap. J.-C.**
Le Dalaï-lama reçoit le prix Nobel de la paix

- **1893 ap. J.-C.**
Début de l'activité bouddhiste en Occident

- **1992 ap. J.-C.**
Le mouvement Falun Gong est rendu public pour la première fois

- **1959 ap. J.-C.**
La Chine s'empare du Tibet. Le Dalaï-lama part en exil

- **538 ap. J.-C.**
Le bouddhisme s'étend au Japon

- **750 ap. J.-C. (env.)**
Le bouddhisme s'étend au Tibet

- **327 ap. J.-C.**
À partir de la Chine, le bouddhisme fait son entrée en Corée

Chronologie

Le bouddhisme

Figure 5.1
Le fondateur du bouddhisme, Siddartha Gautama Shakyamuni (le Bouddha) est né dans ce qui est de nos jours le Népal.

Les origines

La fondation du bouddhisme remonte à environ 2500 ans, en Inde. Siddartha Gautama, l'homme qui allait devenir le Bouddha, est né dans une famille de la caste Kshatriya, aux alentours de 563 av. J.-C., dans un royaume appelé Shakya. Ce royaume était situé au pied de l'Himalaya, dans ce qui s'appelle aujourd'hui le Népal (*voir la figure 5.1*). Le père de Siddartha était le roi Shuddhodana, qui appartenait au clan Gautama. La première femme du roi, mère de Siddartha, était la reine Maya. L'histoire des premières années de la vie de Siddartha varie d'une tradition bouddhiste à l'autre. Ce n'est que plusieurs centaines d'années après sa mort qu'elle a été consignée par écrit. Les versions les plus récentes sont plus longues et comprennent un plus grand nombre d'événements miraculeux.

Les premières années de la vie du Bouddha

Si l'on en croit la littérature bouddhiste, la naissance de Siddartha fut miraculeuse. Au moment de la conception par sa mère, la reine Maya, Siddartha descendit du ciel et entra dans le ventre maternel sous la forme d'un petit éléphant blanc – symbole de pureté. La reine, qui le porta pendant dix mois, pouvait voir le bébé dans son ventre.

Elle donna naissance à l'enfant le jour de la pleine lune du mois de mai. Elle était debout et se tenait à un arbre. Selon certains récits bouddhistes, l'arbre a fait descendre une de ses branches pour l'aider à accoucher. Bien que l'enfant soit né propre et immaculé, de l'eau s'échappa du ciel pour laver la mère et l'enfant. Une semaine après la naissance de Siddartha, sa mère est morte, si bien que l'enfant fut élevé par sa tante. Les textes disent qu'à sa naissance, Siddartha fit sept pas et déclara : « Voici ma dernière naissance. » Cela signifiait que l'enfant allait être un grand dirigeant ou un grand maître religieux. Son père, le roi Shuddhodana, désirait qu'il soit un dirigeant. L'idée qu'il puisse être un maître religieux le dérangeait. Il fit le vœu de rendre la vie de son fils aussi agréable que possible, afin que Siddartha n'ait aucun désir de quitter le palais.

À l'âge de 16 ans, Siddartha épousa la princesse Yasodhara, et ils eurent un fils nommé Rahula. Ils vivaient dans l'opulence dans les trois palais que le roi Shuddhodana avait fait construire pour eux.

Les quatre visions

Malgré sa vie confortable, Siddartha avait un grand besoin de satisfactions spirituelles. Craignant que son fils ne quitte la maison pour mener une vie

Figure 5.2
Cette peinture tibétaine du XVIIIe siècle représente les événements qui ont entouré la naissance miraculeuse de Siddartha. Trouve l'un de ces événements.

religieuse, le roi fit en sorte que les rues de la ville soient remplies de gens riches et heureux. De cette façon, Siddartha ne verrait rien de désagréable susceptible de le troubler.

Le plan du roi tourna mal lorsque, à l'âge de 29 ans, Siddartha visita la ville quatre fois en compagnie de Channa, son cocher. Il vécut alors ce que les bouddhistes appellent les **quatre visions**. Lors du premier voyage, il vit un vieillard – son corps brisé par la vie – appuyé sur un bâton. Durant le deuxième voyage, il vit un infirme étendu le long de la route. Au troisième voyage, il vit un cadavre que l'on préparait à l'incinération. Siddartha interrogea Channa sur la signification de ces trois visions. Il reçut pour réponse: « Cela arrive à tous les hommes. » À la quatrième sortie, l'attention de Siddartha fut attirée par un moine **ascète** hindou, qui pratiquait un oubli de soi total. La tête du moine était rasée. Sa robe jaune était en lambeaux et il tenait un bol. Lorsque Siddartha demanda à Channa la signification de cette vision, ce dernier répondit: « C'est un homme menant une vie d'itinérant afin de trouver la réponse à l'énigme de la vie. » Cette idée de chercher une solution spirituelle aux problèmes de la vie humaine inspira Siddartha. Cette nuit-là, il décida de quitter le palais, d'abandonner la vie privilégiée qu'il y menait, et de devenir un mendiant itinérant.

Il se pourrait bien que ce récit ne soit pas littéralement vrai. Il pourrait s'agir d'une légende, dans laquelle la vie de palais représente la vanité et l'aveuglement, tandis que la vision des quatre signes symbolise les réalités de la vie humaine. L'histoire pourrait aussi vouloir dire que même si de telles réalités nous entourent, la plupart d'entre nous construisons des barrières mentales afin de les maintenir à distance.

Le renoncement et l'ascétisme

Siddartha partit alors à la recherche de la connaissance spirituelle. Son premier professeur lui enseigna à méditer et à atteindre un état de profonde extase. Cette expérience était positive, mais elle ne débouchait pas sur la solution permanente qu'il cherchait car, après l'extase, le problème visé existait toujours. Siddartha essaya alors de contrôler sa respiration. Il s'efforçait de retenir sa respiration durant des périodes de plus en plus longues, mais cela lui causait des maux de tête. Il essaya aussi de réduire sa consommation de nourriture à seulement un grain de riz par jour. Très amaigri, Siddartha tomba malade. Il abandonna cette forme d'ascétisme et d'oubli de soi car il se rendait compte que les extrêmes, de quelque sorte qu'ils soient, n'étaient pas profitables. Il fut convaincu que l'oubli de soi était aussi peu satisfaisant que la vie dans les palais et en arriva à la conclusion que la meilleure voie était la **voie du milieu**, celle qui se trouve entre deux extrêmes. Le meilleur mode de vie était donc celui de la modération.

L'illumination

Siddartha recommença à se nourrir et retourna à la méditation. Il s'assit sous un arbre (*voir la figure 5.3*) et, dans un état de conscience supérieure que l'on pourrait comparer à un état psychique, il se remémora en détail toutes ses vies antérieures. Il vit que la mort et la renaissance des êtres, quelle que soit leur forme, étaient la conséquence de leurs bonnes et mauvaises actions. Les bonnes actions apportent une vie meilleure lors de la renaissance suivante, tandis que les mauvaises actions entraînent des désagréments. Lorsqu'il se rendit compte de cela, il élimina de sa personne tout désir et toute ignorance. C'est alors qu'il atteignit le **nirvana**, un état de réalisation suprême et d'**illumination**, une compréhension de la vérité de la vie et une libération de l'ignorance. En parvenant à l'illumination, Siddartha connut la fin de la souffrance et fut libéré du cycle infini des renaissances. Il avait atteint la sagesse parfaite et la paix absolue.

Le nirvana est un concept difficile à cerner dans sa complexité. Pour le Bouddha, il devait être vécu pour être compris. Toutefois, la plupart des observateurs laissent entendre que le nirvana est un état de libération et de sérénité totales. Certains affirment que c'est la vérité permanente, la tranquillité et la paix. De nos jours, cet objectif de paix et de libération, même s'il est difficile à expliquer, continue d'attirer énormément de gens dans le monde entier.

Siddartha resta dans cet état pendant sept jours (ou sept semaines, selon d'autres versions). Il réfléchit à son avenir et décida de diffuser dans le monde ses enseignements et ses idées sur la nature de la réalité, le **dharma**.

Figure 5.3
Selon la croyance, l'arbre du Bodhi (éveil), sur le site du temple Mahabodhi à Bodh Gaya, en Inde, serait le lieu où le Bouddha a atteint l'illumination. Peux-tu décrire cette « illumination » ?

Lieu saint
Le temple Mahabodhi

Le temple Mahabodhi à Bodh Gaya, en Inde, commémore l'illumination de Siddartha Gautama Shakyamuni. Il s'agit de l'un des lieux les plus sacrés du bouddhisme. Le temple, construit sur le site de l'arbre du Bodhi (éveil), sous lequel Bouddha est parvenu à l'illumination, marque donc le lieu de naissance de la religion. Cette construction est considérée comme le temple bouddhiste le plus ancien et le plus vénéré.

Une pyramide effilée, haute de 52 mètres, domine la construction. Aux angles, quatre petites tours confèrent de l'équilibre à l'ensemble. Le temple abrite une immense statue du Bouddha, vieille de 1700 ans. Celle-ci est orientée dans la même direction que le Bouddha au moment où il a reçu l'illumination.

Au cours du IIIe siècle av. J.-C., le roi Ashoka, qui, bouddhiste, régnait sur l'Empire Maurya, en Inde, fit construire une clôture autour de l'arbre du Bodhi afin de commémorer l'illumination du Bouddha. On présume qu'il fit également construire un monastère sur le site, puis, finalement, le temple Mahabodhi. Au XIIe siècle ap. J.-C., des envahisseurs musulmans détruisirent complètement le temple. En 1891, fut fondée la *Maha Bodhi Society of India*, dont l'un des objectifs était de restaurer le temple Mahabodhi. Elle put y parvenir grâce à l'appui des bouddhistes du monde entier.

De nos jours, le temple Mahabodhi est un lieu de pèlerinage et un centre d'enseignement très fréquenté. Des bouddhistes venus du monde entier visitent le temple pour y trouver l'illumination du Bouddha.

QUESTIONS
1. Pourquoi le temple Mahabodhi est-il un endroit si vénéré par les bouddhistes du monde entier? Aimerais-tu visiter ce site? Explique ta réponse.
2. À ton avis, comment le Bouddha verrait-il le site de Mahabodhi? Pourquoi?
3. Ce temple ressemble-t-il à une construction religieuse ou non que tu connais? Explique.

Figure 5.4

La première prédication

Siddartha en arriva à être connu sous le nom de **Bouddha**, qui signifie « l'illuminé » ou « l'éveillé, celui qui a trouvé la vérité ». Il se rendit à Sârnâth, en Inde, où, dans un parc réservé aux cerfs du roi, il fit sa première prédication. On fait référence à cet événement comme étant la « mise en mouvement de la roue du dharma ». Dans le parc aux cerfs, Siddartha partagea sa nouvelle compréhension de la vie avec cinq ascètes hindous. Ceux-ci reçurent positivement ses idées et devinrent des **bhikkhus**, c'est-à-dire des moines du Bouddha. Ce fut le début de la communauté bouddhiste. Ses enseignements se sont rapidement propagés, si bien que cinq ans plus tard, un ordre de moines, le **samgha**, fut mis sur pied. Un ordre de religieuses, appelé le **bhikkhuni samgha**, fut aussi créé. Le Bouddha fit l'éloge du travail des religieuses qui prêchaient le dharma. Pendant les 45 années qui suivirent, le Bouddha voyagea à travers tout le nord et le centre de l'Inde pour y prêcher sa philosophie.

Le parinirvana

Arrivé à l'âge de 80 ans, le Bouddha se trouvait en mauvaise santé. On souleva la question de savoir s'il aurait ou non un successeur. Ne s'étant jamais considéré lui-même comme le « chef », le Bouddha déclara qu'après son départ, c'est le dharma, associé aux règles de la vie monastique, qui devait servir de guide spirituel pour les gens. Il considérait que chaque personne devait décider, pour elle-même et sur la base d'une évaluation personnelle, quels étaient les préceptes qu'elle devait suivre. Son opinion était qu'en définitive, chacun était responsable de son propre salut. Il exprima clairement ce point de vue sur son lit de mort. C'est alors, dit-on, qu'il prononça les mots suivants à ses disciples :

Soyez votre propre lumière. Soyez votre propre refuge. Ne vous tournez vers aucun refuge extérieur. Tenez-vous à la vérité pour seule lumière. Tenez-vous à la vérité pour seul refuge. Ne cherchez refuge en nul autre que vous-même. Et ceux qui, après ma mort, Ananda, seront leur propre lumière, ceux qui se tourneront non pas vers un refuge extérieur, mais se tenant fermement à la vérité comme à une lampe, se tenant à la vérité comme à leur refuge, ceux qui ne chercheront refuge en nul autre qu'eux-mêmes, ceux-là atteindront les plus hauts sommets.

Le Bouddha est mort en 486 av. J.-C., tranquillement allongé entre deux arbres. Par sa mort, il est parvenu à l'état de **parinirvana**, c'est-à-dire de nirvana complet, qui l'a libéré du cycle des renaissances involontaires.

Les origines hindoues du bouddhisme

Né au sein de la caste Kshatriya, le Bouddha était donc hindou de naissance. En fait, la religion fondée par Siddartha Gautama est issue de l'hindouisme et certains hindous croient que le Bouddha est l'incarnation du dieu Vishnou. De l'hindouisme, le Bouddha retenait effectivement certains éléments, telles les notions de réincarnation, de *samsara*, de karma, de dharma et de nirvana. Mais il rejetait en même temps plusieurs aspects de la religion hindoue telle qu'elle existait à son époque.

Le premier d'entre eux était le système des castes – en particulier la puissance de la caste des brahmanes. Le système des castes était en effet contraire à la notion bouddhiste d'égalité entre tous les individus. Le Bouddha considérait également que les individus étaient responsables de leur propre accomplissement spirituel, et que cela ne pouvait donc leur être dicté par les brahmanes.

Le Bouddha rejetait aussi les rituels hindous, qu'il considérait comme des activités insignifiantes qui asservissaient la religion. Parmi ces rituels, il y avait les offrandes faites aux dieux, les chants et les sacrifices. Il arrivait souvent que les brahmanes recueillent de l'argent pour accomplir ces rituels. De son côté, le Bouddha voulait maintenir le bouddhisme à l'écart de rituels dénués de signification.

Il considérait aussi comme futiles les questions et les théories relatives à la création du monde et à l'éternité. Il croyait qu'il était impossible de répondre à ces questions et qu'il était inutile d'essayer de le faire. De caractère avant tout pratique, la religion qu'il prêchait était libérée de ce genre d'obsessions métaphysiques.

Le Bouddha désapprouvait l'utilisation de la langue de l'hindouisme. Les brahmanes continuaient d'utiliser le sanskrit, une langue que peu de personnes parlaient ou comprenaient au temps du Bouddha. Cela avait pour conséquence de laisser la religion hindoue sous l'autorité des prêtres. Au contraire, le Bouddha faisait toutes ses interventions en pali, la langue parlée par tous les gens de la région, ce qui eut pour effet de rendre le bouddhisme accessible à tous.

Enfin, le Bouddha n'était pas d'accord avec la vision hindoue selon laquelle un individu ne pouvait atteindre le nirvana qu'après avoir vécu des milliers de vies et avoir atteint la caste des brahmanes. Il croyait que cette perspective plaçait le nirvana pratiquement hors de portée de la plupart des hindous. Le bouddhisme prêchait au contraire que, grâce à l'effort personnel, on pouvait atteindre l'illumination en une seule vie, indépendamment de son statut dans la société.

> ### Vérifie ta compréhension
>
> 1. Décris les origines de Siddartha. En quoi les circonstances de sa naissance sont-elles différentes de celles d'autres fondateurs de religion ? En quoi sont-elles semblables ?
>
> 2. Que sont les quatre visions ? Pourquoi sont-elles si importantes ?
>
> 3. Quelle est la signification du terme Bouddha ? Comment Siddartha a-t-il mérité ce nom ?
>
> 4. Quels aspects de l'hindouisme le Bouddha a-t-il acceptés ? Lesquels a-t-il rejetés et pourquoi ?
>
> 5. Imagine que tu aies assisté aux funérailles du Bouddha. Écris un bref éloge funèbre dans lequel tu fais part de tes réflexions concernant ce grand guide religieux.

Les croyances

Les enseignements du bouddhisme sont souvent difficiles à comprendre, car ils font appel à une vision du monde tout à fait particulière. Pour comprendre cette religion, il est utile de garder à l'esprit ce qui constitue son but ultime : la fin de la souffrance humaine. Si nous nous concentrons sur la véritable préoccupation du bouddhisme, peut-être nous sera-t-il plus facile de comprendre les réponses qu'il donne à la vie. Pendant la lecture de cette section, garde à l'esprit les questions personnelles suivantes : jusqu'à quel point es-tu heureux ? Quels sont les buts les plus importants dans ta vie ? Qu'est-ce qui nous fait souffrir ?

Comment réagissons-nous face à la souffrance?

Chaque religion a des caractéristiques qui la définissent ou une nature qui la distingue des autres. Par beaucoup d'aspects, le bouddhisme est une religion introspective, dont l'élément le plus important est la responsabilité de l'individu pour son propre salut.

Au contraire du christianisme ou de l'islam, le bouddhisme ne possède pas une source unique, fondamentale, de croyances, telle que la Bible ou le Coran. Il existe, cependant, un certain nombre de sources qui assistent le bouddhiste dans sa recherche de vérité spirituelle. Prises ensemble, ces sources forment un guide qui aide à mener la vie qui convient. Tous les enseignements bouddhistes montrent la voie permettant de mettre fin à la souffrance de la vie et d'arrêter le **samsara**. Le *samsara* est le cycle infini des renaissances non contrôlées. Ces renaissances, que l'on appelle aussi **réincarnations**, impliquent le transfert, après la mort, de l'esprit ou de la conscience de l'individu dans de nouveaux corps. Comme nous l'avons vu plus haut dans ce chapitre, lorsqu'une personne accède au nirvana, elle atteint la sagesse parfaite et est libérée du cycle sans fin du *samsara*.

Les femmes dans le bouddhisme

Dans la pensée bouddhiste, aucune distinction n'est faite entre les hommes et les femmes, car l'appartenance sexuelle fait partie de ces illusions auxquelles nous sommes soumis en tant qu'individus non illuminés. Dans leurs vies passées, toutes les personnes ont vécu en tant qu'homme et en tant que femme. La renaissance sous la forme d'une femme entraîne un plus grand nombre de souffrances, en raison des épreuves que sont l'accouchement, la menstruation et la grossesse. Toutefois, dans le bouddhisme, la souffrance n'est pas nécessairement considérée comme un obstacle puisqu'elle peut inciter une personne à mener une vie plus spirituelle (*voir la figure 5.5*).

Le bouddhisme ne considère pas que les femmes soient la propriété des hommes. Comme il est opposé à la violence envers toutes les créatures vivantes, il ne tolère pas non plus les abus physiques envers les femmes et les enfants. Dans certains pays bouddhistes, les attitudes envers les femmes sont le reflet de la culture particulière de cette région plutôt que celui de la philosophie du bouddhisme.

Recherche Internet

Pour en savoir plus, visite notre site au www.dlcmcgrawhill.ca

Figure 5.5
Bouddha Tara, l'une des figures du bouddhisme, fit le vœu de renaître en tant que femme avant de devenir un bouddha. Les femmes et les hommes sont-ils considérés comme égaux dans le bouddhisme? Explique ta réponse.

Les trois caractéristiques de l'existence

Les réflexions du Bouddha sur la nature de l'existence représentent une vision du monde radicalement différente de celle qui est partagée, de nos jours, par la plupart des Canadiens. Au moyen de l'observation et de la méditation, le Bouddha parvint à une conception de l'existence naturelle des choses, qui constitue l'un des fondements les plus importants du bouddhisme. Dans cette conception, toutes les choses, à l'exception du nirvana, possèdent trois caractéristiques essentielles : l'*anicca* (la non permanence), la *dukkha* (l'imperfection) et l'*anatta* (le non-soi).

L'**anicca** (la non-permanence) représente l'idée que le monde se trouve dans un flux constant et que rien ne dure très longtemps. La non permanence est une caractéristique fondamentale de toute chose : l'environnement change, nos vêtements s'usent, nos voitures tombent en panne et nos corps vieillissent. Nous vivons aujourd'hui dans un monde en mutation constante qui pourrait bien être, en fait, encore moins permanent que celui que le Bouddha a connu de son temps.

La **dukkha** (l'insatisfaction, l'imperfection) évoque l'idée que tous les hommes et tous les animaux font l'expérience de la souffrance. Les douleurs physiques et mentales sont les exemples extrêmes de cette caractéristique. Nous pouvons contracter des maladies douloureuses telles que le cancer, ou nous pouvons vivre une épreuve telle que la mort d'un proche. Le Bouddha savait que le bonheur ou le plaisir continus n'existaient pas, car de telles sensations ne durent qu'un temps limité. Dans ce sens, la *dukkha* touche tout ce qui existe.

L'**anatta** (le non-soi) est une notion plus difficile à saisir. L'idée qui la sous-tend est qu'il n'existe pas une seule partie de soi-même dont on peut dire qu'elle est soi-même. Par exemple, aucune partie du corps, un œil, un bras ou un pied, n'est la personne elle-même. C'est seulement quand nous réunissons toutes les parties que nous pouvons nommer cet ensemble une personne. Lorsque le corps est mort, nous ne l'appelons plus une personne. De même, l'esprit est fait de plusieurs parties, telles que des humeurs ou des états d'esprit. Il n'existe donc pas de soi indépendant permanent, mais seulement des parties changeantes que l'on désigne comme soi-même.

Les cinq préceptes

Ce sont les règles que suivent les bouddhistes laïques pour contrôler les comportements, d'ordre physique ou verbal, qui sont inappropriés ou préjudiciables, c'est-à-dire susceptibles de causer de la souffrance. La liste de ces **cinq préceptes** se trouve à la figure 5.6. Réfléchis à ceux que tu pourrais déjà observer. Le premier précepte, connu sous le nom d'**ahimsa**, revêt une importance capitale. Il se trouve à la base du comportement non violent des bouddhistes. Le texte suivant explique ce précepte :

> *Tous tremblent devant le châtiment, tous craignent la mort. Comparant les autres avec soi-même, on ne doit pas tuer ni faire tuer. [...] Quiconque, en cherchant son propre bonheur, blesse les créatures qui désirent le bonheur, ne l'obtiendra pas dans l'autre monde.*
>
> *Dhammapada*, section 10, versets 130-145

Le dernier précepte est essentiel, car si un individu le néglige, il pourrait perdre le contrôle de soi et désobéir à tous les autres préceptes.

Les religieuses et les moines ordonnés, qui ont fait vœu de pauvreté et de chasteté, observent en outre les préceptes complémentaires résumés à la figure 5.7. Dans certains samghas, un moine ou une religieuse peut avoir jusqu'à 200 préceptes à respecter.

Les cinq préceptes

1. Abstiens-toi de tuer des êtres vivants ou de leur faire du mal.

2. Abstiens-toi de voler.

3. Abstiens-toi de toute conduite sexuelle inappropriée.

4. Abstiens-toi de prononcer des mauvaises paroles, par exemple, de dire des mensonges, de dresser les gens les uns contre les autres et de faire des commérages.

5. Abstiens-toi d'ingérer de l'alcool et des drogues nocives.

Figure 5.6

Les préceptes complémentaires

6. Abstiens-toi de manger après midi.

7. Abstiens-toi de regarder de la danse ou du théâtre, et d'écouter du chant.

8. Abstiens-toi d'utiliser des parfums et autres choses qui tendent à embellir ou orner une personne.

9. Abstiens-toi d'utiliser des lits confortables.

10. Abstiens-toi d'accepter de l'or ou de l'argent.

Figure 5.7

Les quatre nobles vérités

Le Bouddha observa que personne ne pouvait échapper à la mort ni à la souffrance. Ceux qui attendent de la vie uniquement le bonheur seront très déçus. Lorsqu'on est malade, on se rend chez le médecin. De même qu'un médecin cherche les causes d'une maladie et essaie de la traiter, le Bouddha cherchait les causes de la souffrance et essayait de la traiter. Le résultat de cette recherche fut la doctrine des **quatre nobles vérités**, qu'il expliqua à ses premiers disciples lors de sa première prédication dans le parc aux cerfs. Ces « vérités » sont essentielles à la compréhension du bouddhisme. La plupart des commentateurs établissent un rapport entre les thèmes centraux de la souffrance et du désir. Toutefois, si beaucoup considèrent que le Bouddha a correctement saisi ce qu'était l'existence, d'autres considèrent que certaines de ces « vérités » sont plutôt sombres et lugubres.

1. La noble vérité de la souffrance

Vivre équivaut à souffrir. À un premier niveau, cette souffrance comprend les multiples expériences de la naissance, du vieillissement, de la maladie, de la mort, de la tristesse et de la frustration. Mais il y a d'autres types de souffrances dans l'existence : être entouré de gens que nous n'aimons pas, être séparé des personnes aimées, ne pas obtenir ce que nous voulons. Il s'agit de l'ensemble des expériences que nous ne désirons pas, que nous essayons d'éviter et, quelquefois, dont nous nions l'existence. Les bouddhistes ne contestent pas l'existence de moments de bonheur dans la vie, mais ils estiment que ces moments ne durent pas indéfiniment.

2. La noble vérité de l'origine de la souffrance

La cause de la souffrance est le désir négatif. Tout type de souffrance a pour origine le désir insatiable ou égoïste, lequel est à son tour le résultat de l'ignorance ou de l'illusion. Les gens, avides de mauvais plaisirs, agissent d'une façon qui est nuisible pour leur corps autant que pour leur paix intérieure. Ce sont précisément les possessions dont on a le plus envie qui causent le plus de souffrances. Tout le monde a des besoins élémentaires, à savoir la nourriture, les vêtements et un logement. Une fois ces besoins satisfaits, on doit les apprécier tels quels, sans rien convoiter de plus.

3. La noble vérité de l'extinction de la souffrance

Le but du bouddhisme est de mettre fin à la souffrance. Il ne sera possible d'atteindre le nirvana que si l'on fait disparaître notre besoin croissant de possessions. Pour éliminer ainsi toute avidité, il nous faut changer de point de vue et mener une vie plus naturelle et plus paisible. La personne qui atteint le nirvana se trouve dans un état de bien-être, de joie et de satisfaction, dans lequel toute forme de souffrance, physique ou mentale, a définitivement disparu. Il est difficile de décrire avec des mots ce qu'est exactement le nirvana. Beaucoup d'Occidentaux pensent qu'il s'agit du paradis bouddhiste, mais il ne s'agit pas d'un lieu, c'est un état de l'être.

4. La noble vérité de la voie menant à l'extinction de la souffrance

Pour mettre un terme à la souffrance, on doit adopter la voie du milieu en suivant le **noble sentier octuple**. Adopter cette voie (que nous expliquons ci-dessous) signifie vivre selon le mode de vie bouddhiste — une vie de perfectionnement de soi. Pour certains, le noble sentier octuple est un plan qui mène à une vie plus heureuse.

Le noble sentier octuple

Lorsque le Bouddha a donné sa première prédication dans le parc aux cerfs, il « a mis en mouvement la roue du dharma ». C'est lui qui a choisi le symbole de la roue à huit rayons (*voir la figure 5.8*) pour représenter les huit éléments du sentier. Le centre de la roue symbolise le nirvana. Il est le seul point fixe. De même que les rayons de la roue sont nécessaires pour la faire tourner, les bouddhistes doivent suivre chaque élément du sentier pour parvenir à l'extinction de la souffrance. Ces éléments ne doivent pas être suivis l'un après l'autre, mais il faut les pratiquer conjointement. Ils forment le mode de vie qui, suivant le sentier de la conquête de soi, conduit finalement au bonheur réel, à la paix et au nirvana. Beaucoup de personnes sont sensibles à la représentation de la vie sous la forme d'une « roue », tandis que le « sentier » suggère divers comportements que nous pourrions envisager pour notre propre vie. Les huit éléments du sentier sont les suivants :

1. Une vue correcte

Nous avons besoin d'un plan pour nous guider dans la vie. Il est donc essentiel de connaître la théorie des quatre nobles vérités.

2. Une pensée correcte

L'esprit doit être libéré du désir sensuel, de la méchanceté et de la cruauté. Nous sommes ce que nous pensons. Nourrissons-nous de bonnes pensées, car ce sont elles qui génèrent un caractère bon et solide.

3. Un discours correct

Si nous utilisons un discours bienveillant, nous serons respectés et nous inspirerons la confiance. Par conséquent, il ne faut pas mentir, critiquer injustement, utiliser un langage cru ou se livrer à des commérages.

4. Une conduite correcte

La conduite correcte, que l'on appelle aussi l'action correcte, est celle qui observe les cinq préceptes (voir la page 171). On jugera une personne en fonction de sa conduite.

5. Les moyens d'existence corrects

Il faut gagner sa vie par des occupations qui ne causent pas de mal aux êtres vivants. Il faut éviter certaines activités commerciales, telles que la boucherie, le prêt d'argent à des taux d'intérêt trop élevés, la vente d'armes, d'alcools et de poisons.

6. L'effort correct

Il faut vaincre toutes les mauvaises pensées et s'efforcer d'avoir de bonnes pensées. Les individus doivent à tout moment faire de leur mieux et manifester de la bonne volonté envers les autres.

7. L'attention correcte

Une personne doit pouvoir reconnaître ce qui est essentiel, et ne doit pas être détournée du droit chemin par des pensées ou des actes malsains. Il faut accorder toute son attention à la bienséance des pensées, des mots et des actions, comme cela est expliqué dans les cinq préceptes. Faire quelque chose avec attention n'implique pas nécessairement qu'on fasse le bien. On peut voler ou frauder avec attention, mais ces actions résultent d'une attention incorrecte.

8. La concentration correcte

Le dernier élément consiste à concentrer son esprit sur une seule pensée ou un seul objet à la fois. Cette concentration conduit à une véritable paix intérieure et à la tranquillité. La méditation profonde mène à l'illumination.

Les trois refuges (le triple joyau)

Un refuge est un lieu qui offre la sécurité face au danger. Dans le but de faciliter

Figure 5.8
La roue du dharma représente le noble sentier octuple. Pourquoi la roue est-elle un symbole approprié au bouddhisme ?

l'observance de ses enseignements et d'offrir un abri dans les difficultés de l'existence, le Bouddha a instauré les trois refuges. L'objectif de ces derniers est de guider les adeptes tout au long de la voie correcte et de les aider pendant leur voyage. Ces refuges sont les suivants :
- le Bouddha (le guide) ;
- le dharma (la voie) ;
- le samgha (les compagnons et les enseignants).

Voilà ce que disent les écritures à propos du refuge :

> *Les hommes frappés de peur vont en maints refuges, dans les collines, les bois, les jardins, les arbres et les temples. Mais un tel refuge n'est pas sûr, un tel refuge n'est pas suprême ; en recourant à un tel refuge, on n'est pas libéré de tout mal. Celui qui cherche refuge dans le Bouddha, le dharma et le samgha voit avec une juste connaissance les quatre vérités des arhats. La souffrance, la cause de la souffrance, le passage au-delà de la souffrance et l'octuple sentier qui mène à la cessation de la souffrance. Ceci, vraiment, est le sûr refuge ; ceci, vraiment, est le refuge suprême. Cherchant un tel refuge, on est libéré de la souffrance.*
>
> Dhammapada, section 14, versets 177-192

Pour un bouddhiste, prendre refuge est le premier pas vers l'illumination. Lors de cérémonies spéciales, les laïques prennent refuge auprès du « triple joyau » en récitant, devant un moine ou une religieuse consacrée, les paroles suivantes : « Je vais vers le Bouddha pour me réfugier ; je vais vers le dharma pour me réfugier ; je vais vers le samgha pour me réfugier. »

Les six perfections

Un **bodhisattva** est une personne qui a atteint le nirvana, mais qui choisit de renaître dans le cycle du samsara afin d'aider les autres sur le sentier de l'illumination. Un bodhisattva pratique les **six perfections** : la générosité, la moralité, la patience, l'effort, la méditation et la sagesse. Cette dernière est la plus importante, car elle indique un état de conscience totale.

Vérifie ta compréhension

1. Lorsqu'on parvient à l'illumination, quel stade atteint-on ? Qu'est-ce que le nirvana ? Pourquoi l'accès au nirvana est-il un objectif important pour les bouddhistes ?

2. Décris les trois éléments de l'existence. Jusqu'à quel point sont-ils applicables au monde dans lequel tu vis ? Explique ta réponse.

3. a) Cite les cinq préceptes. Quelle est leur raison d'être ? Pourquoi le cinquième précepte est-il si essentiel ?

   b) Classe les cinq préceptes en fonction de leur pertinence dans ta vie. Commence par le précepte qui est le plus pertinent.

4. Qu'est-ce que le noble sentier octuple, et pourquoi est-il si important ? De quelle façon est-il représenté dans la roue du dharma ?

5. Fais un tableau comprenant les colonnes suivantes : « Je suis d'accord », « Je ne suis pas d'accord » et « Je ne comprends pas ». Passe en revue les croyances présentées dans cette section (à partir de la page 168) et classe-les dans les colonnes de ton tableau. Prépare-toi à discuter de l'endroit où tu as placé ces croyances dans ton tableau.

Habiletés de recherche
La recherche qualitative

Lorsque les chercheurs veulent obtenir une information détaillée sur une situation ou une personne bien définie, ils utilisent la **recherche qualitative**. La recherche qualitative est différente de la recherche quantitative, que nous avons analysée dans le chapitre précédent. Au contraire de cette dernière, qui repose sur l'utilisation de données chiffrées, la recherche qualitative utilise des descriptions détaillées, dont elle effectue la synthèse.

Pour mener une recherche qualitative sur un sujet donné, la chercheuse ou le chercheur fait appel à au moins trois méthodes différentes, qu'il utilise en parallèle afin d'assurer la crédibilité des résultats. Parmi ces méthodes de recherche, on peut citer : l'observation, les notes de terrain, l'entrevue, l'étude de cas et le groupe témoin.

Les caractéristiques de la recherche qualitative

Un environnement naturel
La recherche qualitative est menée sur le lieu même où se déroule le phénomène étudié.

Des données non numériques
Les données recueillies peuvent revêtir différentes formes : notes de synthèse, transcription d'entrevues, commentaires personnels, carnets, photographies, enregistrements audio et vidéo, etc.

L'accent mis sur le « comment » et le « pourquoi »
En recherche qualitative, les chercheurs observent comment les personnes interagissent, et comment et pourquoi elles sont affectées par les actions des autres.

L'absence d'hypothèses
Dans la recherche qualitative, la chercheuse ou le chercheur émet rarement une hypothèse de départ pour ensuite recueillir des données qui lui permettront de la confirmer ou de l'infirmer. On considère généralement qu'une hypothèse a pour effet de limiter l'information rassemblée par la chercheuse ou le chercheur et de refléter presque toujours certains préjugés.

La validation par triangulation
La validation par triangulation consiste à comparer les résultats obtenus par les différentes méthodes utilisées pour la recherche, afin d'en confirmer la validité.

Les sujets qui se prêtent à la recherche qualitative

En général, les sujets qui se prêtent le mieux à la recherche qualitative possèdent les caractéristiques suivantes :
- ils ne peuvent être facilement synthétisés au moyen de résultats chiffrés ;
- ils peuvent être observés dans leur environnement habituel ;
- ils impliquent une recherche sur des groupes pendant une période donnée ;
- ils impliquent l'étude d'activités ;
- ils impliquent l'étude d'organisations ou de groupes.

Les étapes de la recherche qualitative

Nous passons en revue ci-dessous les étapes que comprend une recherche qualitative. En guise d'exemple de thème de recherche, nous avons choisi celui des moines bouddhistes dans le monde moderne.

1. Déterminer le sujet de l'étude
La recherche qualitative commence toujours avec une question générale indiquant l'objet de l'étude. Cette question donne une orientation à la recherche et sert de point de départ pour la chercheuse ou le chercheur.

Exemple de sujet : Comment les moines bouddhistes évoluent-ils dans le monde moderne ?

Habiletés de recherche
La recherche qualitative

2. Formuler des questions de recherche précises afin d'orienter la récolte des données

Ces questions pourront être développées plus tard, ou même parfois être complètement modifiées au fur et à mesure qu'avancera la recherche. Les réponses faites à ces questions sont également susceptibles de changer l'orientation donnée à la recherche.

> • Comment les bouddhistes qui ont été observés se conduisent-ils dans leur vie quotidienne?
> • Comment les bouddhistes qui ont été observés perçoivent-ils et interprètent-ils le monde moderne?
> • Comment les bouddhistes qui ont été observés s'intègrent-ils au monde moderne? À quels domaines s'intéressent-ils? Comment cela affecte-t-il leur vie? Pourquoi?

3. Sélectionner les participantes et les participants à l'étude

On sélectionne les participantes et les participants non pas parce qu'ils représentent le plus grand nombre de personnes, mais parce qu'on pense qu'ils sont les mieux placés pour donner les bonnes informations. Pour le sujet qui nous concerne, les participantes et les participants pourraient être les membres d'un temple ou d'une organisation bouddhiste.

4. Recueillir les données

• L'observation

La meilleure façon de répondre à certaines questions de recherche, c'est parfois d'observer les participants dans leur environnement habituel. Dans notre exemple, la chercheuse ou le chercheur pourrait observer la vie quotidienne, l'emploi du temps et les rituels d'un moine bouddhiste dans un monastère.

• Les notes de terrain

Ce sont les notes que l'on prend durant une observation ou pendant une entrevue. Elles reprennent tout ce que la chercheuse ou le chercheur a vu, entendu, ressenti – et même ce qu'il a pensé – pendant qu'il recueillait les données ou qu'il réfléchissait au contenu de celles-ci. Ces notes peuvent contenir des descriptions ou des réflexions.

> En entrant dans le monastère, j'ai ressenti une atmosphère de sérénité. Beaucoup de moines marchent en ayant l'air affairés. Ils portent des robes jaunes qui couvrent leur épaule gauche et descendent jusqu'aux chevilles. Ils sont chaussés de sandales. Ils ont la tête rasée. Quand ils marchent, ils ont un air sérieux et contemplatif. Ils parlent à voix basse. Quand ils me croisent, ils inclinent la tête et sourient parfois, mais ils n'engagent pas la conversation.

• L'entrevue

En recherche qualitative, on utilise souvent les entrevues pour vérifier les impressions réunies durant l'observation. Dans le cas de notre exemple, la chercheuse ou le chercheur pourrait avoir une entrevue avec l'un des moines qu'il a précédemment observés. Pour obtenir des précisions sur les stratégies d'entrevues et voir quelques exemples, reporte-toi aux pages 293-294.

• L'étude de cas

Une étude de cas est une recherche effectuée sur un groupe, une organisation ou un individu. Par exemple, un moine bouddhiste pourrait faire l'objet d'une étude particulière au moyen d'une série d'entrevues et d'observations. On pourrait également avoir des entrevues avec des membres de sa famille, des amis et des collègues afin de rassembler un maximum d'informations sur sa personne. Pour voir un exemple d'étude de cas, reporte-toi à l'Étude d'une communauté présentée à la page 204.

Habiletés de recherche La recherche qualitative

- **Le groupe témoin**

Il s'agit d'une entrevue de groupe, au cours de laquelle on rencontre dix à douze personnes. Son objectif est de promouvoir un échange d'informations entre individus, pour parvenir à une compréhension plus profonde du thème étudié. Une animatrice ou un animateur dirige la discussion sur la base de questions préparées à l'avance. La méthode du groupe témoin encourage les participants à donner des précisions sur certaines valeurs, certains concepts ou d'autres éléments de leur vie, grâce à une interaction réciproque. Dans notre exemple de recherche, le groupe témoin comprendrait, si possible, un groupe de moines bouddhistes ou de membres d'une congrégation bouddhiste.

5. Analyser les données

Dans la recherche qualitative, on a généralement une grande quantité de données à analyser. L'analyse est réalisée à la fois pendant la recherche et une fois celle-ci terminée. Elle consiste à classer l'information par thèmes et par concepts et à chercher les catégories les plus fréquentes.

6. Tirer des conclusions

Au contraire de la recherche quantitative, dans laquelle la chercheuse ou le chercheur tire les conclusions à la fin de l'étude, la recherche qualitative demande à tirer des conclusions tout au long du processus. Une chercheuse ou un chercheur fera ses interprétations et ses réflexions au cours de l'observation elle-même.

METS EN PRATIQUE !

1. a) À ton avis, quel sujet parmi les suivants, conviendrait le mieux à une recherche qualitative ?
- Comment les bouddhistes pratiquent-ils leur religion ?
- Combien de Canadiennes et de Canadiens pratiquent le bouddhisme ?
- Comment et pourquoi le bouddhisme a-t-il influencé la société canadienne ?
- Quels sont les symboles et les fêtes bouddhistes ?
- Pourquoi une personne ayant une perspective religieuse occidentale choisirait-elle le bouddhisme ?

   b) Pourrais-tu citer d'autres sujets qui pourraient convenir à la recherche qualitative ?

2. Examine la liste des sujets ci-dessous. Pour chacun d'eux, détermine trois méthodes de recherche que tu pourrais utiliser pour faire une recherche qualitative. Justifie ton choix.
- Comment les bouddhistes du Canada pratiquent-ils leur religion ?
- Dans le monde d'aujourd'hui, comment les bouddhistes s'y prennent-ils pour atteindre leur but : mettre un terme à la souffrance ?
- Quels sont les défis auxquels est confronté un bouddhiste dans une société non bouddhiste ?
- Quels sont les effets de la méditation sur les disciples ?

Les pratiques, les rituels, les symboles et les fêtes

Les pratiques et les rituels

Comme la plupart des religions, le bouddhisme comprend divers rituels. La plupart des dévotions bouddhistes ne se déroulent pas en groupe, dans un temple, à l'exception des fêtes les plus importantes. En réalité, les laïcs possèdent dans leur maison un endroit réservé au culte. Ils y font leurs dévotions le matin ou le soir. Ils peuvent se rendre au temple à tout moment, mais ils n'y vont habituellement que les jours de fête ou pour les événements spéciaux. Chez beaucoup de bouddhistes, particulièrement ceux du Tibet et d'Asie orientale, il existe une pratique appelée **pûjâ**, qui consiste à honorer les êtres sacrés. On les honore en se prosternant, en faisant des offrandes et en chantant.

Les bouddhistes se prosternent dans de nombreuses circonstances. Par exemple, un laïc s'inclinera devant les moines et les religieuses pour exprimer son respect. Les moines et les religieuses, de leur côté, saluent les laïcs et les autres membres du samgha en se courbant. Devant les objets sacrés (par exemple des images du Bouddha), les bouddhistes s'inclinent à trois reprises, pour honorer les trois refuges. Ils peuvent être debout ou à genoux, les paumes de leurs mains jointes sur la poitrine ou sur le front. Parfois, les mains sont jointes successivement sur la tête, les lèvres et la poitrine, en marque de respect pour l'esprit, la parole et le corps.

Les offrandes sont effectuées avec des chants de circonstance. Les fleurs sont l'offrande la plus fréquente. En effet, comme elles se fanent et se dessèchent, elles illustrent parfaitement la notion de non permanence. Des bâtonnets d'encens brûlent dans la maison ou dans le temple pour symboliser l'« odeur de sainteté » du Bouddha. Une autre offrande habituelle est la lumière d'une bougie ou d'une lampe, qui représente l'illumination du Bouddha (*voir la figure 5.9*).

La méditation

Les moines et les laïcs font leurs prières à travers la **méditation** — prosternation, chant, offrandes. Pour le bouddhiste, la méditation mène à la sagesse, qui, à son tour, conduit à la fin de la souffrance. Cette pratique permet de se recueillir et de se sentir calme, et donc de suivre de plus près les préceptes bouddhistes. Le but de la méditation est d'améliorer la concentration, de calmer l'esprit en le libérant des mauvaises pensées causées par la haine, le désir ou l'ignorance. Les bouddhistes considèrent que la méditation permet d'obtenir une meilleure perception de la vérité et d'atteindre la paix intérieure, qui, à son tour, mène à la compassion et à l'humilité. La méditation peut aussi améliorer la confiance en soi, ainsi que l'état de santé général, sur le plan mental autant que physique. Mais pour bénéficier de tous les avantages de la méditation, il est nécessaire d'être dans un environnement adéquat, et de savoir méditer comme il convient.

Pour méditer, on doit, idéalement, être assis dans la « position du lotus », c'est-à-dire avec les jambes et les mains croisées. Les pieds sont placés sur les cuisses et les mains reposent sur les jambes (*voir la figure 5.10*). Le dos est droit, la langue touche l'arrière des dents supérieures et les yeux sont baissés avec les paupières à demi fermées. Dans cette position, la personne qui médite se concentre sur sa respiration et sur le mouvement de son diaphragme. Elle médite ensuite sur des objets ou des idées. Les manuels bouddhistes définissent les thèmes de méditation.

Figure 5.9
Des femmes se prosternent et font des offrandes de fleurs et de bougies dans un temple bouddhiste de Bangkok, en Thaïlande. Pourquoi les fidèles offrent-ils des fleurs ?

La méditation est une pratique fondamentale pour les moines, les religieuses et les novices (les personnes qui se forment pour devenir moines ou religieuses) autant que pour les laïcs. Historiquement, les laïcs n'étaient pas soumis à la pratique de la méditation, mais cette situation a commencé à changer lorsque des séances de formation leur ont été offertes.

La récitation des mantras

Les **mantras** sont des phrases symboliques chantées par les bouddhistes pour rester en contact avec leur nature spirituelle. Ils servent aussi à approfondir la méditation. *Om mani padme hum* est un mantra de six syllabes (*voir la figure 5.11*) qui signifie « Salut au joyau dans le lotus ». C'est le mantra de Avlokiteshvara, un bodhisattva qui, représentant la compassion, est également « celui qui protège contre le danger ». Ainsi, toute personne qui récite cette phrase sera préservée de tout danger.

Figure 5.10
Un moine médite dans la position du lotus. Pourquoi la méditation est-elle importante dans le bouddhisme ?

Figure 5.11
Om mani padme hum est un mantra populaire dans le bouddhisme tibétain. On le trouve inscrit sur les moulins à prière, les routes, les points de passage dans la montagne, etc.

Les pratiques qui contribuent au bon karma

Dans le bouddhisme, les pratiques peuvent être une occasion de gagner des mérites, et donc de créer du bon karma. Le **karma** représente l'ensemble des pensées et des actions d'un individu, qui détermineront son sort dans les vies futures. Tout ce que nous pensons ou faisons peut être bon ou mauvais, et procure, respectivement, du bon ou du mauvais karma. La quantité de bon ou de mauvais karma accumulée déterminera la prochaine incarnation. Quant aux actions quotidiennes, telles que préparer un repas, faire des achats ou nettoyer, elles sont considérées comme des actions neutres.

Par exemple, donner des aumônes ou faire des donations aux moines du samgha est une pratique qui donne du bon karma. Traditionnellement, les bouddhistes donnent de la nourriture aux membres du samgha qui circulent dans la rue (*voir la figure 5.12*). Après avoir donné la nourriture, le laïc s'incline devant le moine en signe de respect.

La cérémonie du **dana** est un autre exemple de pratique qui donne du bon karma : à cette occasion, les laïcs font une donation de nourriture, de robes, de médicaments et d'autres articles de première nécessité au samgha. Le dana a souvent lieu dans un temple, mais il peut se dérouler aussi dans une maison privée. Une famille invite des moines à diriger un rituel pour une occasion spéciale, comme un anniversaire. Des amis et des membres de la famille sont parfois invités. Lorsque la cérémonie a lieu dans une maison, les moines arrivent le matin vers 10 heures. Les hôtes leur lavent d'abord les pieds, ce qui est un ancien symbole d'hospitalité. Les moines rendent hommage à l'autel bouddhiste de la famille, puis s'assoient sur le sol pour chanter les préceptes du Bouddha. La croyance veut que le fait d'écouter ces chants aide à purifier l'esprit. Toutes les personnes présentes lors de la cérémonie gagnent des mérites.

Les rituels quotidiens d'un moine bouddhiste

Les rituels quotidiens d'un moine bouddhiste peuvent varier en fonction de la tradition à laquelle il appartient. Le texte qui suit décrit les activités quotidiennes dans un monastère bouddhiste de Corée.

La journée commence à 3 h du matin lorsque les moines se réveillent au son du *mokt'at*, un instrument à percussion en bois en forme de cloche. Après avoir fait leur toilette et rangé leur chambre, les moines se rendent dans la salle principale où ils entonnent des chants. Ensuite, ils se séparent : les moines qui méditent vont à la salle de méditation, ceux qui travaillent se dirigent vers leur lieu de travail et les étudiants se rendent à la salle d'étude. À 10 h 30, les moines se réunissent de nouveau pour

Figure 5.12
Faire une donation de nourriture aux moines du samgha permet d'obtenir du bon karma. Explique.

chanter et pour faire l'offrande du riz, qui commémore l'unique repas quotidien du Bouddha. À midi, les moines chantent encore en prenant le repas, afin de se rappeler que la nourriture doit servir à soutenir le corps, mais qu'elle ne doit pas prêter au désir. Après le repas, les moines retournent à leurs activités respectives. Vers 18 h, la cloche du temple annonce une nouvelle séance de chant, à la suite de laquelle les moines se livrent à l'étude silencieuse ou à la méditation. La journée se termine vers 22 h.

Les symboles et les emblèmes

Le bouddhisme est très riche en symboles et plusieurs d'entre eux sont connus dans le monde entier. Au fur et à mesure que le bouddhisme s'est répandu d'Inde vers l'Asie orientale, il a assimilé les cultures locales et, par conséquent, les imageries locales. En effet, beaucoup de gens éprouvent des difficultés à saisir les enseignements abstraits. Afin de rendre plus clairs ces enseignements, l'un des moyens utilisés est la représentation symbolique. Les icônes ou les images du Bouddha que vénèrent les bouddhistes sont considérées comme des représentations de sa personne et de ses enseignements. Elles sont respectées, mais ne font généralement pas l'objet d'un culte.

Les représentations du Bouddha

Figure 5.13

Figure 5.14

La mort du Bouddha a créé le besoin de le représenter sous une forme humaine pour lui rendre dévotion. Toutefois, les premières images du Bouddha n'ont commencé à faire leur apparition que 500 ans après le parinirvana. Avant cela, les bouddhistes considéraient qu'on ne pouvait pas fabriquer des représentations physiques du Bouddha, car c'était inconvenant. Le portrait qui est fait du Bouddha diffère selon la partie du monde où il a été réalisé. La figure 5.13 montre une statue du Bouddha se trouvant au Japon, et la figure 5.14, une représentation provenant de Thaïlande. Le Bouddha est souvent représenté debout, assis dans la position du lotus, ou incliné. Il est souvent vêtu comme un moine, son épaule gauche recouverte et son épaule droite dénudée. Une autre caractéristique des images du Bouddha est la grandeur de ses lobes d'oreille. Il existe des représentations du Bouddha de tailles très différentes : certaines sont énormes, d'autres ont des proportions humaines. Contrairement à la perception qu'en ont généralement les Occidentaux, le Bouddha n'est pas toujours représenté comme une personne obèse.

Les mudras

Figure 5.15

Ces gestes manuels, qui apparaissent sur les représentations des divinités hindoues, sont aussi des représentations bouddhistes importantes. On les utilise souvent pour la méditation et on les voit sur les représentations du Bouddha. Il y a un grand nombre de mudras, chacun représentant un état d'esprit différent. L'idée qui se trouve derrière les mudras est qu'on peut souvent connaître l'état d'esprit d'une personne en regardant sa posture ou ses gestes. Par conséquent, en faisant certains gestes précis, on peut produire un état d'esprit particulier. Le geste de la figure 5.15 symbolise la rotation de la roue du dharma.

Les stupas

Figure 5.16

Les stupas sont des monticules en forme de dôme qui furent construits pour recevoir les reliques du Bouddha ou d'autres personnages sacrés. Presque tous les temples bouddhistes possèdent un stupa. Les moines et les laïcs en font trois fois le tour lorsqu'ils font leurs prières. L'intérieur d'un stupa peut être décoré de peintures ou de sculptures illustrant la vie du Bouddha. Certains sont entourés d'une clôture finement sculptée avec des motifs également inspirés de la vie du Bouddha. Sur le site de certains temples, on peut trouver de plus petits stupas. Ceux-ci sont alors des cryptes construites en mémoire de bouddhistes importants ayant appartenu à ce temple. Certains bouddhistes considèrent que les pèlerinages rendus à un stupa, ou encore la construction de petits stupas (permanents ou temporaires), sont des activités permettant de gagner des mérites.

La fleur de lotus

Figure 5.17

Peu après son illumination, le Bouddha a eu une vision : il vit la race humaine comme un lit de fleurs de lotus. Certaines s'enlisaient dans la boue, d'autres émergeaient, d'autres encore étaient sur le point de fleurir. De la même façon, l'individu a la possibilité de développer son potentiel et de se hisser au-dessus d'une vie indésirable.

Les buddhapadas

Figure 5.18

Les buddhapadas, représentations des empreintes des pieds du Bouddha, sont révérées dans les pays bouddhistes. Généralement taillées dans la pierre, ces empreintes comportent des gravures de signes du Bouddha sur la plante des pieds (par exemple, des figures du Bouddha et des roues sacrées). Elles peuvent contenir 32, 108 ou 132 signes du Bouddha. Les orteils des buddhapadas sont généralement de la même longueur.

Les symboles
La roue de la vie

La **roue de la vie** est une représentation visuelle complète du *samsara*, c'est-à-dire du cycle infini et non contrôlé des renaissances. Il s'agit d'une aide visuelle qui montre l'environnement du samsara, ainsi que tous les êtres qui l'habitent. La roue se compose de quatre cercles concentriques. Elle a été dessinée, dit-on, par le Bouddha lui-même. Le cercle intérieur comprend trois animaux : un oiseau, un cochon et un serpent. Ceux-ci représentent les trois vices fondamentaux de l'homme – le désir, l'ignorance et la haine – qui font continuellement tourner la roue. Le but des bouddhistes est de surmonter ces vices dans le but d'atteindre l'illumination.

Le cercle suivant montre les formes que nous pouvons prendre lorsque nous renaissons. La moitié blanche montre le paradis, où tout le monde est heureux, et la moitié droite désigne l'enfer, où la souffrance est insupportable.

Le troisième cercle montre les diverses régions dans lesquelles on peut renaître. Elles représentent des endroits réels et ne sont pas des métaphores correspondant à des états d'esprit. Les illustrations décrivent des expériences que nous pouvons avoir en tant qu'hommes, par exemple le plaisir des sens ou la souffrance.

Enfin, les images du cercle extérieur représentent les douze causes des renaissances sans fin : le vieil aveugle incarne l'ignorance ; le potier au travail représente les actions ; le singe qui grimpe sur l'arbre du *samsara* symbolise la conscience ; l'homme qui rame dans un bateau représente les nom et forme (c'est-à-dire le corps) ; la maison avec six portes et fenêtres illustre les sens ; l'homme et la femme enlacés incarnent le contact ; la flèche dans l'œil symbolise les sensations ; l'homme qui boit de l'alcool illustre le désir insatiable ; le singe qui attrape un fruit représente la cupidité ; la femme sur le point d'accoucher représente la naissance ; le bébé nouveau-né désigne la naissance ; et, enfin, l'homme qui transporte un cadavre représente la vieillesse et la mort.

La roue est soutenue par les dents de Yama, le seigneur de la mort. En conséquence, aucun des êtres représentés dans la roue n'échappe au contrôle de la mort. Seul le Bouddha se trouve à l'extérieur de la roue, c'est-à-dire hors du contrôle de la mort. De sa main, il montre la lune, qui symbolise le nirvana. Sous la roue figure la strophe suivante :

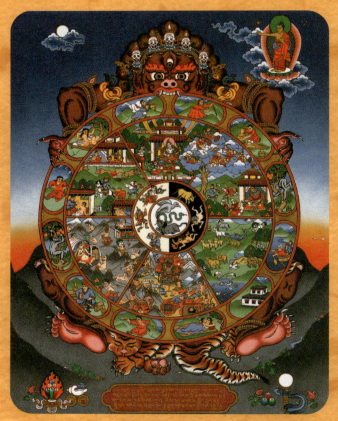

Figure 5.19

Prenant ceci et laissant cela
Entrez dans l'enseignement du Bouddha
Comme un éléphant dans une chaumière
Détruisez les forces du seigneur de la mort.

Questions

1. La roue de la vie représente-t-elle de façon adéquate les enseignements majeurs du bouddhisme ? Explique ta réponse.
2. Crée ta propre roue de la vie, en utilisant des images qui ont une signification pour toi. Prépare-toi à expliquer les choix d'images que tu as faits.

et les emblèmes
Le mandala

Figure 5.20

Mandala signifie cercle. Il s'agit d'une aide visuelle et d'un outil destiné à faciliter la concentration et la méditation. Les mandalas peuvent être temporaires (c'est le cas des mandalas de sable) ou permanents (sous forme de tapisserie). Ce sont des représentations graphiques – des sortes de plans architecturaux – des demeures célestes appartenant à une divinité ou à une personnalité divine particulière. Le mandala produit une énergie apaisante et rapproche celui qui l'observe de l'état d'illumination.

Dans les monastères bouddhistes tibétains, tous les moines doivent apprendre à élaborer des mandalas de sable à partir des diverses images traditionnelles. Avant de commencer à travailler à un mandala, ils doivent entrer dans une longue méditation, car il s'agit d'un exercice de méditation et de prière. En tibétain, mandala se dit *khiyl-khor*, ce qui signifie « centre de l'univers dans lequel demeure un être totalement éveillé ». Selon la tradition bouddhiste, c'est le bouddha Shakyamuni qui, au XIe siècle av. J.-C., aurait enseigné les techniques de réalisation d'un mandala. Cette pratique a été transmise de maître à disciple pendant plus de 2500 ans.

La structure de base d'un mandala consiste en un carré central entouré de plusieurs cercles. Cet agencement symbolise les limites de l'espace physique. Le sable utilisé pour faire les mandalas provient de l'Himalaya. Il s'agit de minéraux qui ont été moulus selon cinq degrés de finesse. Les grains les plus gros sont utilisés pour l'arrière-plan, tandis que le sable le plus fin sert à marquer les détails. Traditionnellement, le sable est teinté à l'aide de pigments naturels, bien qu'aujourd'hui on puisse utiliser des teintures acryliques. Les moines font couler le sable dans de petits tubes de métal en forme de cône, dont l'une des faces présente une texture semblable à celle d'une lime. Lorsqu'on gratte un outil en métal sur cette texture, les vibrations font descendre le sable grain par grain. Les bouddhistes tibétains disent que le son du sable, en sortant du tube, fait le bruit du vide, symbolisant ainsi l'absence d'une existence de soi indépendante.

Après avoir terminé un mandala de sable, les moines entonnent des chants et des prières. Ensuite, ils balaient le sable et ils le dispersent à l'aide d'un jet d'eau. Nous pourrions considérer qu'il est dommage de détruire ainsi un mandala, mais pour les bouddhistes tibétains, c'est un acte qui symbolise la non-permanence du monde.

QUESTIONS

1. Quel est l'objectif d'un mandala?
2. Pourquoi le mandala de sable est-il détruit après avoir été utilisé?

Les fêtes

Chaque année, les bouddhistes célèbrent un grand nombre de fêtes. Ces célébrations commémorent des dates importantes du calendrier bouddhiste et les anniversaires de naissance des bodhisattvas. Plusieurs d'entre elles sont particulières à certaines sectes bouddhistes ; les dates peuvent donc varier en fonction de la tradition bouddhiste ou du pays. Si l'on excepte la tradition japonaise, la plupart des fêtes bouddhistes se basent sur le calendrier lunaire. Le Nouvel An bouddhiste, par exemple, se célèbre à la fin du mois de janvier ou au début de février en Chine, en Corée et au Vietnam, tandis que les Tibétains le célèbrent un mois plus tard. Les bouddhistes du Sri Lanka, du Myanmar, de Thaïlande, du Laos et du Cambodge le célèbrent pendant trois jours en avril. Voici les caractéristiques de fêtes bouddhistes :

Le Visakha Puja (le jour du Bouddha)

Le jour de la pleine lune du mois de mai, les bouddhistes célèbrent le Visakha Puja. La croyance veut que la naissance, l'illumination et la mort du Bouddha aient eu lieu ce jour de l'année. À cette date, les bouddhistes se rassemblent dans les monastères pour apporter des fleurs, des bougies allumées et des bâtonnets d'encens. Ils font trois fois le tour de la salle principale en récitant les trois refuges.

Le Asalha Puja (le jour du dharma)

Le jour de la pleine lune de juillet, on commémore la première prédication du parc aux cerfs par la célébration du Asalha Puja. De la nourriture est offerte aux moines, aux religieuses et aux novices. Le soir, on donne de la nourriture aux pauvres, on observe les cinq préceptes et on pratique la méditation. La pleine lune joue un rôle de premier plan dans les fêtes bouddhistes. Il n'y a pas d'explication précise à cela, mais les bouddhistes font un rapprochement entre la pleine lune et certains événements importants de la vie du Bouddha, qui auraient eu lieu durant la pleine lune.

Le Magha Puja (le jour du samhga)

Le Magha Puja se déroule le jour de la pleine lune du mois de mars. Il commémore deux événements importants de la vie du Bouddha. Le premier est la proclamation des principes fondamentaux des enseignements bouddhistes, et le second, une prédication appelée « les fondements du succès ». De la nourriture est offerte aux moines, et les fidèles prennent part à des activités qui leur apportent du bon karma. Ils observent les cinq préceptes et assistent à une prédication dans le monastère.

Le Songkran

Cette fête bouddhiste thaïlandaise se déroule à la mi-avril. Pendant le Songkran, les gens nettoient leur maison, lavent leurs vêtements et aspergent les moines d'eau parfumée. On libère les poissons enfermés dans les étangs en voie d'assèchement et on les transporte dans des bocaux jusqu'à la rivière. Cet acte symbolise l'observance du premier précepte, qui interdit de causer un quelconque dommage à un être vivant. La participation à ce rituel apporte du bon karma.

Le Loy Krathong (le festival des bols flottants)

Le Loy Krathong a lieu en Thaïlande pendant la nuit de la pleine lune du douzième mois lunaire, lorsque le niveau des rivières est élevé. Durant cette fête, les bouddhistes font flotter des bols fabriqués à partir de végétaux sur les rivières (*voir la figure 5.21*). Ces bols contiennent des bougies et des bâtonnets d'encens. La croyance veut que toute malchance disparaisse lorsque les bols s'éloignent en flottant.

LE BOUDDHISME

Figure 5.21
Pendant la fête du Loy Krathong, les bouddhistes de Thaïlande font flotter sur les rivières des bols contenant des bougies et de l'encens. Quel est le but de ces bols flottants?

Recherche Internet

Pour en savoir plus, visite notre site au
www.dlcmcgrawhill.ca

Vérifie ta compréhension

1. Décris brièvement trois pratiques ou rituels bouddhistes. Décris un rituel, religieux ou autre, que tu pratiques régulièrement.

2. Décris la pratique de la méditation. Comment s'y adonne-t-on et quelle est sa signification? Pourquoi la méditation exerce-t-elle de nos jours une certaine attraction sur les Canadiens?

3. Qu'est-ce que le karma? Comment accumule-t-on du bon karma? Quels genres d'activités susceptibles de produire du bon karma pratiques-tu? Exerces-tu des activités qui pourraient produire du « mauvais karma »?

4. Quelle est la signification des symboles bouddhistes suivants?
    a) la roue de la vie
    b) les mudras
    c) la fleur de lotus

5. a) Quelle est la signification des fêtes bouddhistes suivantes et quelles pratiques sont associées avec chacune d'entre elles: le Loy Krathong, le Songkran et le Visakha Puja?

   b) Quelles fêtes religieuses, s'il y en a, sont importantes dans ta vie? Pour quelles raisons?

LES ÉVÉNEMENTS MARQUANTS DE LA VIE

Le bouddhisme ancien n'avait pas ses propres rituels pour marquer les étapes de la vie. Les premiers bouddhistes pratiquaient généralement les rituels qui avaient déjà cours dans la tradition hindoue indienne. Au fur et à mesure de l'expansion du bouddhisme dans le monde, les nouveaux convertis ont, de leur côté, continué à suivre les rites qui existaient dans leur propre pays. C'est pourquoi le bouddhisme ne possède pas d'ensemble normalisé de rites destinés à marquer les passages importants de la vie.

L'enfance

En général, lorsqu'un nouveau-né de sexe masculin atteint l'âge d'un mois, les parents invitent des moines chez eux ou emmènent le bébé au temple pour lui faire raser le crâne. Il peut arriver que les parents envoient leurs fils dans un monastère pour une longue période, en particulier pendant les congés scolaires. Lorsqu'un garçon est ainsi emmené au temple, il y entre en tant que novice, c'est-à-dire un moine en formation (*voir la figure 5.22*). Le novice participe à toutes les activités qui conduisent à la vie de moine. Dans certains pays bouddhistes du sud-est asiatique, un homme peut entrer dans la vie monastique pour une durée limitée, par exemple pendant les quelques semaines précédant son mariage.

Pour devenir un moine bouddhiste

Il y a deux étapes à franchir pour devenir moine bouddhiste. La première prend place lorsque le garçon a sept ou huit ans et qu'il entre au monastère en tant que novice. S'engageant à respecter les dix préceptes, il est généralement l'émule d'un moine âgé. Ce dernier a alors la responsabilité d'enseigner au novice les rituels, la philosophie et les écritures, ainsi que tout ce qu'il juge nécessaire avant l'ordination complète.

La deuxième étape, l'ordination, a lieu au moment où le jeune homme atteint l'âge de 20 ans. Il est alors capable de lire, d'écrire et de chanter des textes simples.

Figure 5.22
Des moines novices en formation dans un monastère tibétain. Pourrais-tu supporter la discipline de la vie monastique ?

Une fois ordonné, un moine doit se raser la tête pour signifier qu'il rejette toute vanité, il prend un nom religieux et porte les vêtements appropriés à son nouvel état.

Lors de l'ordination, les moines renoncent à leurs biens et conservent uniquement les objets qui leur sont absolument nécessaires. À l'origine, ces objets étaient les suivants: une robe, un bol d'aumône, une ceinture, un rasoir, un filtre à eau potable, un bâton et un cure-dent. Aujourd'hui, les moines reçoivent en plus une veste chaude et, parfois, un parapluie.

Le mariage

Quand un couple va se marier, il se rend au monastère pour offrir de la nourriture aux moines et pour recevoir la bénédiction, mais les moines ne participent jamais à la cérémonie elle-même. De même, lors d'autres événements importants, les bouddhistes se rendent au temple pour y recevoir une bénédiction des moines ou pour gagner des mérites, mais les moines ne s'impliquent jamais dans les cérémonies.

Les funérailles bouddhistes

Les funérailles bouddhistes soulignent la mort d'une façon élaborée et ritualisée. Les pratiques bouddhistes se basent sur les traditions indiennes d'incinération, mais l'implication des moines a imprégné la cérémonie de fortes caractéristiques bouddhistes. Dans certains pays bouddhistes, le bois est si cher et l'incinération, par conséquent, si coûteuse que l'enterrement peut y être autorisé. En général, la cérémonie consiste en une procession suivie de prières et de rituels durant lesquels on répand de l'eau. Puis viennent l'incinération, les prières finales et un repas pris en commun. En premier lieu, on enlève du chemin menant au cimetière les nids-de-poule, mauvaises herbes et plantes envahissantes qui peuvent s'y trouver. On place ensuite le corps à l'intérieur d'un bûcher funéraire de façon à le dissimuler à la vue. Les moines procèdent à un court office funéraire comprenant des chants et des prières. Tout le monde récite le triple refuge et les cinq préceptes. Pendant que l'on chante les prières, les membres de la famille et les amis de la défunte ou du défunt versent de l'eau sacrée sur le corps. Le bûcher est alors allumé, généralement par le fils aîné de la personne défunte. Le sixième jour après la mort, a lieu à la maison une cérémonie durant laquelle on prêche le dharma, suivie le septième jour par un dana. Des offices similaires ont lieu trois mois, puis une année plus tard.

Vérifie ta compréhension

1. En général, le bouddhisme a-t-il des rites de passage qui lui sont spécifiques? Explique ta réponse.

2. Quelles sont les pratiques bouddhistes qui marquent les étapes suivantes de la vie?
   a) l'enfance
   b) le mariage
   c) la mort

3. On exige des moines bouddhistes qu'ils renoncent à leurs biens. Le renoncement est-il possible ou praticable dans notre société de consommation?

4. Décris des funérailles bouddhistes.

Vivre ma religion

Comment le bouddhisme a influencé ma vie par Christopher Lawley

Christopher Lawley est né en 1977 à Toronto. Il a étudié au Jarvis Collegiate Institute, puis à l'université McGill de Montréal. Comme il avait l'intention d'entrer à la faculté de médecine, il a surtout choisi des cours dans le domaine des sciences, mais il en a pris aussi dans le département d'études de l'Asie du Sud. À la fin de sa deuxième année, Christopher a quitté les études pendant une année afin d'aller travailler, en tant que professeur d'anglais, dans un orphelinat au Honduras. Là-bas, il s'est trouvé en contact avec des personnes extrêmement pauvres du point de vue matériel, mais spirituellement riches. L'expérience a eu une influence profonde sur sa façon de voir les choses, au point qu'il a remis en question les aspects matérialistes de notre société. À son retour au Canada, il s'est inscrit à l'université de Toronto pour étudier l'histoire, la religion et la philosophie chinoises, ainsi que le mandarin. C'est alors qu'il a découvert le bouddhisme. Pendant l'année scolaire 2000-2001, il a enseigné l'anglais à Beijing, en Chine. Voici ce qu'écrit Christopher à propos du bouddhisme :

Figure 5.23

L'influence la plus profonde que le bouddhisme a eue dans ma vie, c'est sans doute celle d'avoir éveillé mon esprit au pouvoir et l'importance de la compassion. La pratique bouddhiste de la méditation m'incite à observer l'état du monde et à ne pas ignorer les grandes souffrances qui surviennent chaque jour.

J'ai été élevé dans un milieu familial non religieux. Mes parents ne m'ont jamais encouragé, ni d'ailleurs découragé, à entreprendre des recherches religieuses. Je ne mange pas de viande, sous quelque forme que ce soit, je ne bois pas d'alcool et je n'écrase pas les mouches ! Je crois fermement au karma. J'ai un grand intérêt pour les écrits bouddhistes, mais je pratique aussi le bouddhisme pour ses bienfaits concrets. J'essaie de méditer au moins une fois par jour pour m'aider à atteindre mes buts. Lorsque je me suis rendu compte que chaque action a une conséquence, cela a eu un énorme effet sur ma vie quotidienne. En fin de compte, mon but est d'éliminer toutes les influences négatives (afin de ne pas créer de mal), d'amener des changements positifs (en ne faisant que le bien), et de rendre concrets l'amour et la compassion envers tous les êtres vivants (c'est-à-dire faire le bien pour les autres). Tout cela, je le fais pour atteindre l'illumination. Mettre en application la doctrine du karma dans ma vie quotidienne a été très libérateur. J'admets que la seule personne responsable de ma souffrance ou de ma tristesse est moi-même. De cette façon, bien qu'il m'arrive encore de vivre des expériences déplaisantes, je suis capable d'en identifier les causes. J'essaie donc d'éviter de créer des situations qui pourraient mener à une expérience semblable à l'avenir. En assumant cette responsabilité, j'essaie de prendre conscience du rôle que je joue dans la création du milieu dans lequel je vis. Je définirais donc ma vie quotidienne comme une tentative d'être attentif à ce que j'ai appris dans mes lectures ou par la contemplation, de même qu'à ce que je vis au travers de la méditation.

C'est l'étendue de ma compassion envers tous les êtres vivants qui me permet de tranquilliser mon esprit et de renforcer des attitudes mentales positives, telles que la patience, l'amour et la sagesse. Grâce à ces états d'esprit positifs, non seulement je me sens plus heureux, mais je suis en outre capable de prendre des décisions plus facilement, car la réponse adéquate face à une situation donnée apparaît de façon plus nette. Les actes de générosité et de gentillesse se produisent aussi plus naturellement. Sans avoir à y penser, je fais preuve de plus de chaleur et d'ouverture dans mes relations avec les autres. Je peux donc dire que la pratique du bouddhisme a influencé ma vie tant dans ses aspects pratiques que dans ses aspects spirituels.

QUESTIONS

1. Quels sont les bienfaits que Christopher estime avoir retirés de sa pratique du bouddhisme ?
2. Comment le fait de vivre dans une autre partie du monde peut-il contribuer à un changement de perspective face à la vie, comme ce fut le cas pour Christopher ?

Les écrits sacrés

Même si les écritures ou les écrits sacrés sont parfois difficiles à comprendre, ils n'en constituent pas moins l'un des moyens les plus valables et les plus fiables de pénétrer au cœur d'une religion. Lorsqu'on lit directement dans le texte, on évite les interprétations extérieures et on peut découvrir par soi-même leur signification. Les écrits sacrés forment les principales sources primaires d'une religion. Ils peuvent parfois être obscurs, mais ils peuvent aussi être éclairants, instructifs, inspirants et réconfortants. La plupart d'entre eux ont plusieurs auteurs et ont été rédigés sur de longues périodes.

La principale source écrite de la sagesse du Bouddha est le **Tripitaka**, mot qui signifie les trois corbeilles. On l'appelle ainsi parce que les manuscrits, rédigés sur des feuilles de palme par les disciples du Bouddha, ont été conservés dans trois corbeilles différentes : le Vinaya-Pitaka, le Sutta-Pitaka et le Abhidhamma-Pitaka. Pour beaucoup de bouddhistes, le Tripitaka constitue le recueil le plus authentique des enseignements du Bouddha.

Le Vinaya-Pitaka, ou corbeille de la discipline, contient cinq livres qui définissent les règles et les codes de conduite de la vie monastique. Le Sutta-Pitaka, ou corbeille des prédications, comprend cinq recueils et inclut les enseignements du Bouddha. C'est cette corbeille que les bouddhistes considèrent généralement comme la plus importante. Enfin, le Abhidhamma-Pitaka, ou corbeille des autres enseignements, porte sur la nature de la conscience et comprend des explications concernant le Sutta-Pitaka.

Le Sutta-Pitaka contient aussi le Dhammapada, un recueil de 424 versets sur la morale. Ces courts versets sont organisés par thèmes. En voici deux exemples :

> *Jamais la haine n'éteint les haines en ce monde.*
>
> *Par l'amour seul, les haines sont éteintes.*
>
> *C'est une ancienne loi qui ne mourra jamais.*
>
> *Celui qui, comme un char roulant, Contient sa colère qui s'élève, je l'appelle le vrai conducteur,*
>
> *Les autres ne sont que des teneurs de rênes.*

L'école bouddhiste Mahayana (voir la page 195) a également contribué à la littérature sacrée du bouddhisme en y ajoutant des **sutras**, c'est-à-dire des prédications attribuées au Bouddha. Ceux qui récitent ou copient les sutras Mahayana en reçoivent, dit-on, des bienfaits. Le Bouddha lui-même a fait référence aux énonciations d'un sutra particulier – le Karma Sutra – qu'il a qualifiées de « préceptes d'or ». Ce texte tente d'expliquer la situation d'une personne dans sa vie actuelle et montre comment les actions de cette personne peuvent affecter sa vie suivante. Croire au Karma Sutra et en suivre les préceptes apporte, croit-on, prospérité et bonheur éternels.

Les énoncés qui figurent à la page 193 sont des extraits du Karma Sutra. Ce sutra se termine par trois énoncés qui font ressortir les conséquences d'un respect ou d'un non-respect des préceptes d'or.

Texte sacré

L'un des passages les plus traduits du Sutta-Pitaka est le groupe des Jatakas, un recueil de 547 histoires de naissance sur les vies antérieures du Bouddha. Le but de ces histoires populaires est d'illustrer ce qu'est la moralité. Dans ces récits, le Bouddha revêt l'identité de l'un des personnages : ce peut être un roi, un mendiant, un animal ou un autre être faisant preuve de vertu. Voici un exemple de ces histoires :

Jataka nº 100
La non-violence
Le sage conseil d'une mère

Il était une fois le fils de Brahmadatta, qui dirigeait vertueusement la ville de Bénarès, dans le nord de l'Inde. Mais le roi de Kosala déclara la guerre. Il tua le roi de Bénarès et prit la reine pour épouse.

Pendant ce temps, le fils de la reine s'échappa en se faufilant par les égouts. Une fois à la campagne, il réussit à former une grande armée et encercla la ville. Il envoya un message au roi, meurtrier de son père et mari de sa mère. Il lui dit de choisir entre la reddition et le combat.

La mère du prince, reine de Bénarès, fut informée de cette menace qui venait de son fils. C'était une femme douce et attentionnée qui voulait empêcher la violence, la souffrance et la destruction. Elle envoya un message à son fils : « Il n'est pas nécessaire de prendre le risque d'une bataille. Il serait plus sage d'empêcher tout accès à la ville. Le manque de nourriture, d'eau et de bois finira par épuiser les habitants. Ils te donneront alors la ville sans combattre. »

Le prince décida de suivre le conseil de sa mère. Son armée fit le siège de la ville pendant sept jours et sept nuits. Les citoyens capturèrent le roi illégitime, le décapitèrent et le remirent au prince. Il entra dans la ville en triomphateur et devint le nouveau roi de Bénarès.

La morale de cette histoire : un conseil de compassion est un conseil sage.

QUESTIONS

1. Que sont les Jatakas et quel est leur but ? Comment peux-tu expliquer leur popularité ?
2. Relis le Jataka nº 100.
    a) Quelle est la signification de cette histoire ?
    b) À ton avis, dans ce récit, qui est le Bouddha ?
    c) Es-tu d'accord avec la morale de cette histoire ? Explique ta réponse.

- *Être avare et refuser d'aider le nécessiteux fera croître à l'avenir la famine et le dépouillement.*
- *S'abstenir de manger de la viande et prier constamment le Bouddha vous assure d'être un enfant très intelligent dans votre prochaine incarnation.*
- *Renaître en tant que cochon ou chien est la punition que vous méritez pour avoir déçu ou blessé les autres dans votre vie antérieure.*
- *Quiconque dit du mal de ce sutra ne renaîtra pas sous la forme d'un être humain.*
- *Quiconque transporte ce sutra sera protégé de toute mésaventure.*
- *Quiconque récite ce sutra sera respecté par les autres dans sa prochaine incarnation.*

Vérifie ta compréhension

1. Qu'est-ce que le Tripitaka et pourquoi est-il important ? Pourquoi l'appelle-t-on aussi les trois corbeilles ? Décris chacune de ses parties.

2. Qu'est-ce que le Dhammapada ? Lis les extraits du Dhammapada à la page 191. Quel est le thème de chacun des versets ? Quelle est l'importance du Dhammapada ?

3. Que raconte le Karma Sutra à un bouddhiste ? Pourquoi est-il bon de mettre en pratique ce qu'il prône ?

4. Rédige un bref récit ou une courte fable pour illustrer un principe du bouddhisme. Partage ensuite ton récit avec une ou un camarade de classe et vois si elle ou il comprend l'idée se trouvant au centre de l'histoire.

Les groupes et les institutions

Comme c'est le cas dans la plupart des religions, l'expansion du bouddhisme a donné lieu à des désaccords concernant des points de doctrine. Pour retracer le développement des écoles de pensée bouddhiste, il est nécessaire de prendre pour point de départ l'organisation d'origine, à savoir le samgha.

Le samgha était la petite communauté de moines créée lors de la première prédication dans le parc aux cerfs. Plus tard, des religieuses – le bhikkhuni samgha – se sont jointes à la communauté (voir la page 167). Pendant les 45 années qui ont suivi, les membres du samgha ont parcouru toute l'Inde pour diffuser les enseignements du Bouddha. Le Bouddha voulait que les différents samghas locaux se réunissent de façon régulière afin qu'ils se mettent d'accord sur la question des relâchements de comportement ou sur les écritures.

Après la mort du Bouddha, on convoqua plusieurs conciles pour discuter des problèmes dans le samgha. En 383 av. J.-C., le deuxième de ces conciles se réunit pour résoudre le problème du contenu des sutras. Deux groupes se sont formés au cours de la discussion : le Sthaviravada, qui voulait laisser le contenu tel quel, et le Mahasanghika, qui voulait ajouter de nouveaux textes sacrés. Cette division donna lieu à la formation de deux écoles : l'école Theravada et l'école Mahayana.

L'école Theravada

On trouve le bouddhisme **Theravada**, appelé aussi école méridionale, au Sri Lanka, au Myanmar, en Thaïlande, au Laos et au Cambodge. Le nom Theravada signifie « la voie des Anciens ». Considérée comme l'école originale et la plus conservatrice du bouddhisme, elle ne reconnaît pas les écrits postérieurs au Tripitaka. Dans le bouddhisme Theravada, l'accent est mis sur les enseignements du Bouddha et non sur le Bouddha lui-même.

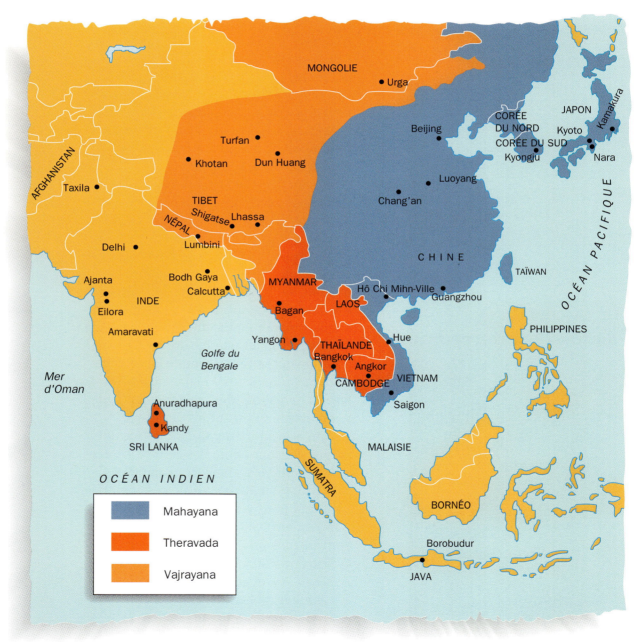

Figure 5.24 Le bouddhisme Theravada s'est propagé en Asie du Sud-Est, tandis que l'école Mahayana s'est répandue en Chine, au Vietnam, en Corée et au Japon.

Les bouddhistes Theravada ne vénèrent pas le Bouddha comme un dieu ; ils le considèrent comme un être humain dont les enseignements sont pour eux un modèle de vie. Ils s'appuient sur la méditation et sur le discernement individuels pour atteindre le nirvana. Les personnes qui arrivent au nirvana, les **arhats**, représentent l'idéal de la perfection spirituelle.

La propagation du bouddhisme Theravada fut l'œuvre du roi indien Ashoka au IIIe siècle av. J.-C. Ashoka rencontra un moine, Nigrodha, qui lui expliqua qu'il pouvait utiliser son pouvoir pour promouvoir la paix et la vertu au lieu de fomenter la guerre. C'est ce qu'il fit en adoptant l'attitude bouddhiste face à la vie. Il envoya son fils Mahinda et sa fille Sanghamitta au Sri Lanka pour qu'ils convertissent le souverain et son peuple au bouddhisme. Durant les siècles qui ont suivi, le bouddhisme Theravada s'est répandu en Asie du Sud-Est.

L'école Mahayana

Le bouddhisme **Mahayana**, appelé aussi école septentrionale, s'est diffusé en Chine, au Vietnam, en Corée et au Japon. Le mot *Mahayana* signifie « le grand véhicule », par opposition au *Hinayana* (« le petit véhicule »), nom que ce mouvement a donné aux formes anciennes du bouddhisme. Cette école bouddhiste plus libérale considère le Bouddha comme un être divin et croit que le ciel est peuplé de bouddhas, c'est-à-dire de divinités, auxquels on peut s'adresser en prière. Le bouddhisme Mahayana met l'accent sur le rôle des bodhisattvas. Ces derniers sont des êtres pleins de compassion qui, sur le point d'atteindre l'illumination, ont choisi de renaître dans l'un des paradis afin d'aider ceux qui leur adressent des prières. Les fidèles prient donc les bodhisattvas afin de leur demander aide et protection au long de leur cheminement spirituel.

L'un des bodhisattvas les plus importants dans l'histoire du bouddhisme s'appelle Avalokiteshvara, ce qui signifie le « seigneur qui regarde vers le bas ». Ce bodhisattva de la compassion est révéré à la fois sous sa forme masculine et sous sa forme féminine. En Chine, on le vénère en tant que figure féminine, sous le nom de Kuan-yin (*voir la figure 5.25*).

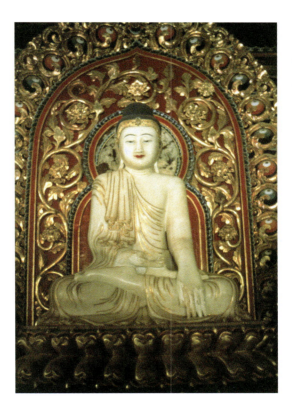

Figure 5.25
Une représentation en porcelaine de Kuan-yin, qui est vénérée en Chine par les bouddhistes Mahayana.

Les femmes Mahayana glorifient tout particulièrement Kuan-yin, car elles la considèrent comme la pourvoyeuse et la protectrice des enfants.

La figure 5.26 montre les principales différences entre les écoles bouddhistes Theravada et Mahayana. Bien qu'elles diffèrent par beaucoup d'aspects,

Figure 5.26 Ce tableau montre les différences entre les écoles Theravada et Mahayana.

Theravada	Mahayana
Croyances	
• Les êtres humains sont avant tout des individus.	• Les êtres humains dépendent les uns des autres.
• La vertu la plus importante est la sagesse.	• La vertu la plus importante est la compassion.
• La religion est destinée aux moines.	• La religion est également destinée aux laïcs.
• L'être idéal est l'arhat.	• L'être idéal est le bodhisattva.
• Le Bouddha est un saint.	• Le Bouddha est un sauveur.
Pratiques	
• La prière à travers la méditation	• La prière en tant que demande
Écritures	
• Les écritures anciennes en langue pali (*dhamma, kamma*)	• Les anciennes écritures en langue sanskrite (*dharma, karma*)

elles partagent les points essentiels suivants :

- Le Bouddha est le seul maître.
- Il faut trouver refuge dans le Bouddha, le dharma et le samgha.
- Ce monde n'a pas été créé et il n'est pas gouverné par un dieu.
- Il faut suivre l'exemple du Bouddha.
- Il faut accepter les quatre nobles vérités.
- Toute chose est non permanente.

L'école Vajrayana

De nos jours, il est fréquent de parler d'une troisième école, nommée **Vajrayana**, que l'on rencontre avant tout au Tibet, au Bhoutan et au Népal. Cette école, apparue plus tardivement que les deux autres, est connue comme celle du bouddhisme ésotérique ou tantrique. Elle accorde en effet une grande importance aux rituels, tels que les mantras, ainsi qu'à la visualisation, comme en témoigne la création de **thangkas** (tentures murales) et de mandalas. Dans leur quête de l'état d'illumination, les bouddhistes Vajrayana examinent ces représentations visuelles avec une grande concentration.

La religion bouddhiste pénétra au Tibet aux environs de 750 ap. J.-C., lorsqu'un moine bouddhiste indien, répondant au nom de Padmasambhava (et connu aussi comme le gourou Rinpotche), fut invité à introduire la nouvelle religion dans ce pays.

Il fonda un monastère près de Lhassa, la capitale. Comme certaines résistances se manifestèrent, on chercha à rendre le bouddhisme acceptable par le peuple en combinant les notions bouddhistes avec le Bon, l'ancienne religion du Tibet. Ce qui s'est alors développé au Tibet est une *théocratie*, car ce sont les moines qui ont gouverné le pays. Le chef y représentait à la fois l'autorité spirituelle et civile. Vers 1600 ap. J.-C., cette autorité est revenue à la personne occupant le poste de **Dalaï-Lama** (voir la page 200). Les bouddhistes tibétains croient que lorsqu'un dalaï-lama meurt, sa conscience libérée entre immédiatement dans le corps d'un enfant de sexe masculin nouveau-né. Ce dernier doit être alors découvert par les moines, au terme d'un ensemble de procédures complexes.

La plupart des bouddhistes tibétains recherchent l'illumination, mais leur variété de bouddhisme contient aussi des éléments de Bon, l'ancienne religion du pays. Le culte bouddhiste tibétain comprend la récitation de prières et l'interprétation d'hymnes accompagnés de cors et de percussions (*voir la figure 5.27*). Les **lamas**, c'est-à-dire les chefs religieux, accomplissent trois fois par jour les rites religieux, pour lesquels ils utilisent des chapelets, des moulins de prière et des bannières à prière.

Les moines ont traduit la plupart des textes bouddhistes originaux en langue tibétaine. Il arrive que ces traductions soient les seules copies existantes de certains textes.

Le bouddhisme zen

Le bouddhisme a été introduit au Japon au milieu du VIe siècle ap. J.-C., mais il n'est devenu vraiment populaire qu'aux XIIe, XIIIe et XIVe siècles. L'une des sectes qui émergea alors et qui rencontra le succès fut la secte **zen**. Originaire de Chine où on l'appelait le Ch'an, le zen fut fondé par le légendaire moine indien Bodhidharma aux alentours de 520 ap. J.-C. La légende raconte qu'il passa des années à méditer en regardant fixement un mur, jusqu'à ce que ses jambes le lâchent. Cette histoire n'est sans doute pas vraie, mais elle illustre l'importance que le zen accorde à la méditation, considérée comme la meilleure méthode pour accéder à l'illumination. Les bonnes œuvres et la dévotion ne sont pas négligées dans le zen, mais elles ne doivent pas devenir des moyens d'atteindre l'illumination. Le zen ne s'enseigne pas ; il doit être vécu. À cette fin, Bodhidharma a fondé le temple Shaolin, où les moines cherchent l'illumination à travers la méditation.

Figure 5.27
Des femmes battent le tambour pendant un chant dans un temple bouddhiste. De quelle façon la musique enrichit-elle les cérémonies religieuses ?

Il existe de nombreuses écoles dans la tradition zen, mais deux prédominent : l'école Rinzai et l'école Soto.

L'école Rinzai

C'est le moine Eisai qui, en 1191, a introduit l'école Rinzai au Japon. Cette école met l'accent sur l'utilisation d'énoncés irrationnels appelés **koans**. Ces énigmes, qui semblent si curieuses aux non-initiés, sont utilisées pour tester l'illumination des étudiants. Les efforts que fait l'étudiant pour « résoudre » un koan visent à rompre son sens de la logique et sa perception de soi. Comme on ne leur permet pas de rejeter un koan absurde, les étudiants doivent utiliser toute leur puissance mentale pour résoudre l'énigme. L'école Rinzai considère que, si l'on veut comprendre sa vraie nature, la voie de la raison est inadéquate. Pour y arriver, l'esprit doit, au contraire, être agité. Un koan prend la forme d'un dialogue privé entre le maître et l'étudiant, appelé *sanzen*. Ce qu'un maître considère comme une réponse correcte peut différer d'un étudiant à l'autre. En effet, ce n'est pas la réponse qui est importante, mais la perspicacité dont fait preuve l'étudiant pour y arriver. Le grand maître bouddhiste du XXe siècle, D. T. Suzuki, déclara ce qui suit à propos des koans :

> *Le koan refuse d'être résolu par un raisonnement facile. Mais une fois résolu, le koan peut être comparé à un morceau de brique que l'on utilise pour frapper à une porte. Lorsque la porte s'ouvre, on jette la brique. Le koan se montre utile aussi longtemps que les portes mentales sont fermées, mais lorsqu'elles s'ouvrent, on peut l'oublier.*

Voici quelques exemples de koans :
- Tu connais le son que font deux mains qui applaudissent. Mais quel est le son que fait une seule main ?
- Quelle est la couleur du vent ?
- Quand beaucoup se réduit à un, à quoi un se réduit-il ?
- Quand tu ne peux rien faire, que peux-tu faire ?
- Comment un illuminé retourne-t-il au monde ordinaire ? (Réponse : un miroir brisé ne reflète jamais plus ; des fleurs tombées ne retournent jamais aux vieilles branches.)

Arrivé à un certain niveau, l'étudiant du zen sera prêt pour l'expérience intuitive d'illumination que l'on appelle **satori**. Le satori, qui rappelle l'expérience que le Bouddha a vécue sous l'arbre du Bodhi, peut survenir rapidement chez certains, mais peut exiger des mois ou des années chez d'autres. Alors que les moines bouddhistes japonais ont toujours agi selon un objectif d'illumination, la classe des guerriers – les samouraïs – s'est sentie attirée par le zen en tant que voie favorisant la discipline personnelle et la force mentale. Ils pouvaient ainsi vaincre la peur de la mort dans la guerre.

L'école Soto

L'école Soto fut introduite au Japon par le moine japonais Dogen, après qu'il eut visité la Chine pour étudier et y faire confirmer son illumination. Il revint au Japon en 1227 ap. J.-C. Il n'a pas voulu former une nouvelle école; il s'en créa une autour de lui en raison de ses enseignements. L'école Soto favorise l'accès à l'illumination au travers d'une discipline stricte et du *zazen* (c'est-à-dire une « méditation assise ») réalisé dans la position du lotus. Considérant qu'il s'agit d'une méthode naturelle, facile et ouverte à tous, l'école Soto voit cette pratique comme un retour au bouddhisme authentique du Bouddha. Dogen croyait que seule la méditation pouvait mener à l'« éveil » de soi. Au contraire de l'école Rinzai, qui croit que le satori peut arriver rapidement, les bouddhistes Soto croient qu'il n'arrive que lentement et ce, au prix d'un effort personnel. Historiquement, la secte Rinzai bénéficiait surtout de l'appui des aristocrates et des samouraïs de rang élevé, tandis que l'école Soto trouvait son appui parmi les paysans. Aussi la qualifie-t-on parfois de zen rural.

Vérifie ta compréhension

1. Quelles sont les principales écoles du bouddhisme, et où sont-elles implantées dans le monde?

2. Quelles sont les principales différences entre les sectes Theravada et Mahayana? Quelles en sont les similitudes?

3. Quels objets de culte utilisent les bouddhistes tibétains?

4. a) Que sont les koans et dans quel but sont-ils utilisés dans le bouddhisme zen?
b) Prends quelques moments pour réfléchir à l'un des koans présentés à la page 198 et essaie de donner une réponse. Décris ton expérience.

5. Quelle est la principale différence, dans la pratique, entre le zen Rinzai et le zen Soto?

Portrait

Le 14ᵉ

Figure 5.28

« Je suis un simple moine bouddhiste, ni plus, ni moins. »

— Le 14ᵉ dalaï-lama

En octobre 1950, l'armée chinoise entre au Tibet. Le 7 novembre 1950, à l'âge de 15 ans, Tenzin Gyatso est nommé chef spirituel et temporel du Tibet par le peuple. Le 23 mai 1951, les Chinois prennent le contrôle total du Tibet. En mars 1958, pour éviter d'être capturé, le Dalaï-lama s'échappe en Inde, déguisé en simple soldat. Il est suivi par 30 000 Tibétains. Le gouvernement indien lui offre l'asile.

Depuis 1960, il réside dans le nord de l'Inde, à la tête d'une organisation qui s'est proclamée « gouvernement tibétain en exil ». Le Dalaï-lama a fondé une série d'institutions éducatives, culturelles et religieuses afin de préserver l'identité et le patrimoine du Tibet. Il consacre beaucoup de son temps à essayer de résoudre la question tibétaine. En 1987, il proposa que le Tibet soit constitué en zone de paix, possédant son propre système démocratique autonome, « en association avec la République populaire de Chine ».

L'actuel dalaï-lama est né le 6 juillet 1935 à Takster, au Tibet. Son nom de naissance est Lhamo Thondup. Il provient d'une famille de paysans qui comptait cinq enfants : une fille et quatre garçons (dont Lhamo). Lhamo Thondup fut identifié comme étant le successeur du 13ᵉ dalaï-lama, qui était mort en 1933. Il prit le nom de Tenzin Gyatso, mais les Tibétains le connaissent aussi sous le nom de Yeshe Norbu, ce qui signifie « Kundun – la présence ». On le considère comme la manifestation de Avalokiteshvara, le bodhisattva de la compassion.

Pendant l'hiver 1940, on l'emmena au temple Jokhang, à Lhassa. Installé là-bas comme moine novice, il commença son éducation et étudia les divers aspects du bouddhisme. Tenzin Gyatso se souvient ainsi de cette période de sa vie : « Dorénavant, je devais avoir la tête rasée et porter des robes de moine de couleur marron. »

Contrairement à ses prédécesseurs, le 14ᵉ Dalaï-Lama voyage beaucoup. Il a visité presque cinquante pays. Il a rencontré les chefs religieux de ces pays. Avec passion, il a insisté sur le besoin d'une meilleure compréhension et d'un plus grand respect mutuel entre les diverses religions du monde. Le Dalaï-lama s'est aussi fait une réputation d'érudit et d'homme de paix. Il a reçu de nombreux prix et honneurs, parmi lesquels le prix Nobel de la paix en 1989. Voici quelques extraits de son discours d'acceptation du prix Nobel de la paix, qu'il a prononcé à Oslo, en Norvège, le 10 décembre 1989 :

Dalaï-lama : Tenzin Gyatso

Votre Majesté, mesdames et messieurs les membres du comité Nobel, frères et sœurs.
Je suis très heureux d'être ici avec vous aujourd'hui pour recevoir le prix Nobel de la paix. En toute humilité, je me sens à la fois honoré et profondément ému que vous attribuiez ce prix si important à un simple moine du Tibet. Je ne suis personne de spécial. Mais je crois que le prix est une reconnaissance de l'altruisme, de l'amour, de la compassion et de la non-violence, de ces vraies valeurs que j'essaie de pratiquer, conformément aux enseignements du Bouddha et des grands sages de l'Inde et du Tibet.

J'accepte le prix avec une profonde gratitude, au nom de tous les opprimés du monde, de tous ceux qui luttent pour la liberté et travaillent pour la paix mondiale. Je l'accepte comme un hommage à l'homme qui a fondé la tradition moderne d'action non violente en faveur du changement – Mahatma Gandhi – dont la vie fut pour moi un enseignement et une inspiration. Et, bien sûr, je l'accepte au nom des six millions de Tibétains, mes concitoyennes et concitoyens, qui, courageusement, vivent au Tibet, où ils ont tant souffert et continuent à souffrir. Ils font face à une stratégie délibérée et systématique visant à la destruction de leur identité nationale et culturelle. Ce prix vient réaffirmer notre conviction qu'avec les armes de la vérité, du courage et de la détermination, le Tibet sera libéré […].

La souffrance de notre peuple pendant les quarante dernières années d'occupation est largement documentée. Notre lutte a été longue. Nous savons que notre cause est juste. Parce que la violence ne peut conduire qu'à plus de violence et de souffrance, notre lutte doit rester non violente et dépourvue de haine. Nous essayons en effet de mettre un terme à la souffrance de notre peuple, et non d'infliger plus de souffrance à d'autres.

C'est avec tout cela en mémoire que j'ai proposé, en de nombreuses occasions, la tenue de négociations entre le Tibet et la Chine. En 1987, j'ai fait des propositions spécifiques dans un plan en cinq points pour la restauration de la paix et des droits de l'homme au Tibet. Ce plan propose notamment la conversion du plateau tibétain tout entier en une zone d'ahimsa, c'est-à-dire en un sanctuaire de paix et de non-violence dans lequel les êtres humains et la nature pourraient vivre dans la paix et l'harmonie […].

En tant que moine bouddhiste, ma préoccupation s'étend à tous les membres de la famille humaine et, bien entendu, à tous les êtres sensibles qui souffrent. Je crois que toute souffrance est causée par l'ignorance. Les gens infligent de la douleur à d'autres dans la poursuite égoïste de leur bonheur ou de leur satisfaction. Mais le vrai bonheur provient d'un sentiment de solidarité entre frères et sœurs […].

Je prie pour nous tous, oppresseurs et amis, afin qu'ensemble nous réussissions à construire un monde meilleur grâce à la compréhension et l'amour mutuels. Puissions-nous ainsi réduire la douleur et la souffrance de tous les êtres sensibles.
Je vous remercie.

QUESTIONS

1. Que doit-on ressentir en devenant le chef d'un pays à l'âge de 15 ans ? Imagine que tu sois un dalaï-lama âgé de 15 ans. Écris un court texte de journal (d'une demi-page à une page) dans lequel tu décris ta vie, tes pensées et tes sentiments.
2. À ton avis, le Dalaï-lama a-t-il pris la bonne décision en quittant le Tibet ? Quelles autres options avait-il ?
3. a) Lis le discours d'acceptation du Dalaï-lama et montre la manière dont ce texte reflète les enseignements essentiels du bouddhisme.
   b) Écris une lettre d'une page au Dalaï-lama en lui faisant part de ta réaction à son discours d'acceptation.

L'INFLUENCE CULTURELLE

On estime à 350 millions le nombre d'adeptes du bouddhisme dans le monde. Cela en fait la quatrième plus grande religion de la planète. C'est dans les pays suivants qu'on trouve le pourcentage le plus élevé de bouddhistes :

- Thaïlande   95 %
- Cambodge   90 %
- Myanmar   88 %
- Bhoutan   75 %
- Sri Lanka   70 %
- Tibet   65 %
- Laos   60 %
- Vietnam   55 %
- Japon   50 %

Si on classe les pays en fonction du nombre réel de bouddhistes qui y résident, on obtient la liste suivante :

1. Chine
2. Japon
3. Thaïlande
4. Vietnam
5. Myanmar
6. Sri Lanka
7. Corée du Sud

Au Vietnam, l'influence du bouddhisme a été décisive dans les années 1960. Dans ce pays, les samghas s'impliquent fortement dans la vie quotidienne : elles administrent des écoles, des orphelinats, des cliniques médicales et des foyers pour personnes handicapées. Pendant la guerre du Vietnam, les moines et les religieuses bouddhistes ont manifesté contre le gouvernement sud-vietnamien du président catholique Ngo Dhin Diem qui, de leur point de vue, restreignait leur liberté religieuse. Plusieurs moines et religieuses se sont immolés par le feu dans les rues de Saigon, en commençant par le septuagénaire Thich Quan Duc. Ces événements ont contribué à affaiblir le gouvernement de Diem. Un autre moine, Thich Nhat Hanh, a lancé un mouvement appelé *Bouddhisme engagé*, qui conjuguait la sagesse bouddhiste avec la désobéissance civile.

En Thaïlande, l'influence du bouddhisme a été moins dramatique, mais elle apparaît de façon évidente dans tous les aspects de la vie sociale. Le roi possède une certaine formation monastique et la famille royale participe aux cérémonies bouddhistes. Traditionnellement, les temples bouddhistes étaient le lieu où les jeunes garçons apprenaient à lire et à écrire.

L'influence du bouddhisme zen sur la vie japonaise est également très visible. La simplicité des habitations et des aires environnantes reflète bien le rejet de tout excès. Le jardin zen est un autre témoignage de la forte influence du bouddhisme au Japon. Réduits à leur plus simple expression, les jardins sont conçus pour refléter symboliquement la grandeur de la nature dans un espace limité. Les matériaux que l'on utilise dans ce mode de jardinage sont le gravier, le sable et les pierres. Ces dernières représentent une montagne ou une île, tandis que le sable ou le gravier symbolisent l'eau ou la mer.

En japonais, l'expression *Chaji* signifie : « Le thé et le zen ne font qu'un. » Ce sont les moines zen qui, en Chine, utilisèrent pour la première fois le thé afin de rester éveillés pendant la méditation. On raconte que c'est le moine Eisai qui a importé la cérémonie du thé au Japon (*voir la figure 5.29*). Cette cérémonie, qui peut comprendre un repas, est très formelle. L'hôte peut passer plusieurs jours à mettre au point le moindre détail, afin de s'assurer que la cérémonie sera parfaite. Les invités sont, de préférence, quatre et la cérémonie a lieu dans un salon de thé appelé le *chashitsu*. Il n'y a pratiquement aucune décoration, si ce n'est une inscription bouddhiste sur un

Figure 5.29
La cérémonie du thé a été introduite au Japon par un moine bouddhiste. Quelle relation y a-t-il entre la cérémonie du thé et le zen?

rouleau. Les fleurs sont choisies avec soin, puis arrangées selon la coutume. Le résultat final doit illustrer les valeurs zen de simplicité, d'austérité et de dévotion.

Au Tibet, la prédominance du bouddhisme a donné lieu à une architecture, une peinture et une sculpture très colorées. Les monastères en sont de bons exemples. De même, le savoir médical du Tibet et le calendrier tibétain ont pour origine la littérature bouddhiste.

Dans la seconde moitié du XXe siècle, le bouddhisme tibétain s'est popularisé dans les pays occidentaux, tout particulièrement après la prise du pouvoir par les Chinois dans les années 1950. Depuis lors, l'intérêt pour cette forme de bouddhisme n'a cessé de croître en Occident, car l'invasion chinoise a beaucoup attiré l'attention sur la religion du pays. Les prises de position du bouddhisme pour la paix et la non-violence à l'égard des êtres vivants et de l'écologie ont incité beaucoup d'Occidentaux à adopter les principes bouddhistes.

Le bouddhisme au Canada

De plus en plus de personnes de confession bouddhiste se sont installées dans les pays occidentaux, particulièrement en Amérique du Nord, amenant avec elles leur religion. Très tôt, elles ont fondé des temples et des centres bouddhistes (*voir la figure 5.31*). Le Canada comprend de nombreuses samghas et de nombreux temples dans les grands centres urbains, et toutes les grandes sectes bouddhistes sont représentées dans le pays. Au moins trois universités canadiennes – celles de Toronto, de Western Ontario et de Colombie-Britannique – ont des organisations estudiantines bouddhistes. Beaucoup d'universités et de collèges offrent également des cours en études orientales et le nombre de cours consacrés au bouddhisme ne cesse de croître.

Recherche Internet

Pour en savoir plus, visite notre site au www.dlcmcgrawhill.ca

Étude d'une communauté

Le Centre bouddhiste Chandrakirti Toronto (Ontario)

Recherche Internet

Pour en savoir plus, visite notre site au
www.dlcmcgrawhill.ca

Figure 5.30

Le Centre Chandrakirti offre une formation en philosophie bouddhiste. C'est aussi un endroit où les adeptes peuvent prier et méditer. Les moines du centre offrent des programmes élémentaires pour les débutants, et des cours plus avancés pour ceux qui veulent devenir des professeurs de dharma.

Kelsang Phuntsog (que l'on voit debout sur la photo) est un moine déjà ordonné. Il est le coordinateur des programmes d'éducation. Né en Zambie, il a immigré au Canada avec sa famille alors qu'il avait trois ans. Sa famille s'est installée en Alberta, où Phuntsog est allé à l'école. Après une année d'études à l'université McGill, puis une autre année au collège universitaire Augustana en Alberta, il partit à la recherche d'un maître spirituel. Phuntsog adopta le bouddhisme et, comme la compassion était une valeur très importante pour lui, il choisit la tradition Mahayana.

Gen Kelsang Zopa (assis sur la photo) est le maître résident du Centre bouddhiste Chandrakirti, ainsi que le directeur spirituel du bouddhisme Kadampa au Canada. Né à Hamilton, il a fait ses études à l'université York.

Le Centre bouddhiste Chandrakirti suit la tradition bouddhiste Kadampa qui fait partie de l'école Mahayana. Bien que le bouddhisme Kadampa ait été fondé au Xe siècle ap. J.-C., il n'a été introduit en Occident qu'en 1976 par le vénérable Geshe Kelsang Gyatso. Né en 1931 au Tibet, le vénérable Geshe fut ordonné moine bouddhiste à l'âge de huit ans. Il quitta le Tibet en 1959 à la suite de l'invasion chinoise, et forma en Angleterre la Nouvelle Tradition Kadampa (NKT selon le sigle anglais). Tous les centres NKT ont été fondés dans l'intention de bénéficier à tous les êtres, sans exception. Ils mettent l'accent sur la nécessité d'intégrer les enseignements du Bouddha à la vie quotidienne, dans le but de résoudre les problèmes de l'homme et de propager la paix durable et le bonheur à travers le monde.

QUESTIONS

1. Qu'est-ce que le bouddhisme Kadampa? Quelle est la signification de NTK et quels sont les objectifs des centres NTK?
2. Quels services offre le Centre Chandrakirti aux personnes intéressées?

Figure 5.31
Cette cérémonie de mariage a lieu dans le temple de l'International Buddhist Progress Society de Toronto, située à Mississauga (Ontario). À quel genre de cérémonies de mariage différentes as-tu assisté?

Vérifie ta compréhension

1. Dans quelles régions du monde le bouddhisme est-il concentré?

2. De quelle façon les moines et les religieuses bouddhistes du Vietnam ont-ils eu une influence sur la vie politique de leur pays?

3. De quelles manières le bouddhisme zen a-t-il influencé la vie culturelle du Japon?

4. Quelles sont les preuves du rôle important que joue le bouddhisme dans la vie canadienne?

5. Maintenant que tu as étudié le bouddhisme, envisages-tu la possibilité d'adopter certaines pratiques ou certains principes bouddhistes que tu aimerais intégrer dans ta vie spirituelle? Développe ta réponse.

Une question à explorer :

Figure 5.32 La police chinoise procède à l'arrestation d'un membre du Falun Gong sur la place Tienanmen le 1ᵉʳ janvier 2001. Les gouvernements devraient-ils avoir leur mot à dire sur les pratiques religieuses ? Explique.

Le mouvement Falun Gong a récemment fait la manchette des journaux : en Chine, où le mouvement est apparu, le gouvernement a pris des mesures pour l'éliminer. Le mouvement a été fondé en 1992 par Li Hongzhi. *Falun Gong* signifie « la pratique de la roue du dharma ».

Bien que l'on ait débattu des circonstances de sa formation, le Falun Gong associe clairement des principes bouddhistes et taoïstes avec la cultivation, qu'il définit comme le développement et la transformation de l'être dans son entier, ce qui implique à la fois le mental, le physique et le spirituel. Dans la seule Chine, ce mouvement possède, estime-t-on, 70 millions de membres, soit davantage que le parti communiste. On évalue à 30 millions le nombre d'adeptes en dehors de la Chine.

En 1999, le gouvernement chinois a lancé une nouvelle campagne pour interdire divers groupes spirituels et religieux, parmi lesquels le Falun Gong. Il les accusait de représenter une menace pour la stabilité sociale et pour les intérêts du peuple. En guise de réponse, le Falun Gong a organisé une manifestation de masse, mais pacifique, à Beijing. Contrarié par son impuissance à empêcher la manifestation, le gouvernement chinois a arrêté des centaines de membres du Falun Gong. En violation de la Déclaration universelle des droits de l'homme, le gouvernement chinois a maintenu en détention des dizaines de milliers de membres du Falun Gong et en a envoyé des milliers dans des camps de travail.

LE DÉBAT : Le Falun Gong est-il une organisation subversive menaçant la stabilité de la société chinoise, ou s'agit-il d'une organisation sans danger qui se préoccupe du bien-être physique et spirituel de ses membres ?

Chacun des articles qui suivent présente un point de vue sur cette question. L'article A a été publié dans le journal chinois *The People's Daily*, tandis que l'article B a été écrit par un membre du mouvement Falun Gong.

ARTICLE A

Le culte du Falun Gong s'est transformé en une force politique réactionnaire qui fait tout ce qui est possible contre le gouvernement et le peuple chinois […].

Depuis qu'il a été fondé, le culte Falun Gong n'a cessé de pratiquer le sabotage, de provoquer le chaos, et il a cherché refuge auprès des forces politiques hostiles à la Chine. Il a donc été une force qui a permis l'ingérence extérieure dans les affaires internes de la Chine […].

De nombreux faits prouvent que les activités du fondateur du Falun Gong, Li Hongzhi, et de son culte ne visent plus à améliorer la santé, à chercher la vérité ou à approfondir des connaissances philosophiques ; il s'agit au contraire d'actions soigneusement organisées dont la motivation est politique, et qui sont dirigées contre le gouvernement de la Chine et le Parti communiste chinois […].

Li Hongzhi et ses adeptes, perdant toute fierté nationale, se sont jetés dans les bras des forces antichinoises de l'étranger. Ils ont été utilisés, en toute connaissance de cause, par des puissances internationales pour s'immiscer dans les affaires internes de la Chine […].

le Falun Gong

Si les Chinois ne comprennent pas clairement la nature politique du culte et ne traitent pas cette affaire avec justesse et fermeté, le danger serait de revenir historiquement en arrière [...].

Extrait de « Reactionary Nature of Falun Cult Exposed », *The People's Daily Online*, 11 octobre 2000.

ARTICLE B

Le Falun Gong est une pratique de méditation destinée à améliorer le physique, le mental et le spirituel. Il plonge ses racines dans la culture chinoise ancienne. Les pratiquants du Falun Gong vivent selon les principes de la vérité, de la compassion et de la tolérance, et ils font cinq exercices faciles de qigong. Ces exercices, bien que simples, sont très puissants. Le Falun Gong s'est rapidement propagé en Chine, grâce en partie à ses énormes bienfaits pour la santé. Plusieurs gouvernements (y compris celui de Chine) et de nombreuses organisations non gouvernementales du monde entier ont honoré le Falun Gong et son fondateur, Li Honghzi, de plus de 600 prix et reconnaissances. À trois reprises, Li a été proposé pour le prix Nobel de la paix.

La persécution des pratiquants du Falun Gong par le gouvernement chinois est née de la peur et de l'intolérance. La peur est due au fait que le Falun Gong a dépassé le parti communiste en nombre de membres, et l'intolérance découle de la conviction qu'en dehors de l'idéologie communiste, toute idéologie est erronée. Dans le cadre de la forme totalitaire de gouvernement qui prévaut en Chine, toute activité n'étant pas réglementée par l'État est dite « menace politique » ou est qualifiée de « déstabilisatrice ». Si le gouvernement ne parvient pas à en prendre le contrôle, il tente de détruire cette activité et tous ceux qui s'y adonnent. Afin d'éradiquer le Falun Gong, les dirigeants chinois ont utilisé la terreur d'État: la torture systématique, le lavage de cerveau, la propagande et les campagnes de haine. Des centaines de personnes ont été assassinées en prison. En dépit de cette grave injustice, la réponse du Falun Gong s'est caractérisée par une résistance totalement non violente.

Amnistie internationale, Human Rights Watch, le Congrès des États-Unis, ainsi que des politiciens influents du Canada, d'Europe, d'Australie et d'autres pays à travers le monde ont condamné cette persécution et ont demandé à la Chine de respecter les droits humains fondamentaux des pratiquants du Falun Gong.

(Traduction libre)

L'article « The Persecution of Falun Gong in China » a été écrit par Stephen Gregory, pratiquant du Falun Gong, en novembre 2001.

QUESTIONS

1. Résume brièvement, avec tes propres mots, les deux positions exprimées dans ces articles.
2. Avec quel point de vue es-tu personnellement d'accord? Exprime ton opinion en écrivant une lettre à l'auteur de l'un des articles.

Activités

Vérifie ta compréhension

1. En remplissant le tableau ci-dessous, indique la signification et l'importance des termes clés suivants : samsara, ahimsa, bodhisattva, dharma, samgha, mantra, mandala, Tripitaka, koan, bhikkhuni.

Terme clé / Signification / Importance

2. Donne deux exemples qui montrent l'influence du bouddhisme sur le développement politique d'un pays.

3. Décris brièvement la forme tibétaine du bouddhisme. Quels aspects de la vie tibétaine résultent directement des écrits bouddhistes ?

4. Comment les personnalités suivantes ont-elles contribué au développement du bouddhisme : le roi Ashoka, Bodhidharma, Padmasambhava, Thich Nhat Hanh ?

Réfléchis et exprime-toi

5. De quelle façon l'hindouisme et le bouddhisme diffèrent-ils en ce qui concerne la place accordée aux femmes ? Organise ta réponse en faisant une colonne pour chaque religion, puis fais la synthèse des résultats.

6. Dessine une affiche qui applique les principes du bouddhisme à la société canadienne contemporaine. Tu peux faire la représentation visuelle de l'un des groupes de concepts suivants :

- les quatre nobles vérités ;
- le noble sentier octuple ;
- les trois caractéristiques de l'existence.

7. À ton avis, le bouddhisme est-il une religion, une philosophie, une psychologie ou un mode de vie ? Organise la classe en quatre groupes représentant chacun l'un de ces points de vue. Travaille avec ton groupe pour préparer les arguments en faveur de ton point de vue. Présente tes arguments dans un débat de classe.

8. Certaines personnes considèrent que le bouddhisme est athée parce que les bouddhistes ne croient pas en un dieu créateur de l'univers. De leur côté, les bouddhistes sont plutôt enclins à affirmer que le bouddhisme est non théiste, dans le sens où aucun dieu n'a sa place dans leur système de croyances. Cela signifie-t-il que le bouddhisme n'est pas une religion ? Présente ton point de vue dans une lettre adressée à un journal religieux.

9. Mène une recherche sur l'un des sujets ci-dessous. Utilise aussi bien des sources d'information primaires (par exemple des entrevues) que des sources secondaires (par exemple des livres ou des sites Web). Présente ta recherche sous la forme d'un article de journal dans lequel tu décris l'état de la question, les faits et les perspectives futures.
   a) La place des femmes dans le bouddhisme.
   b) La persécution des moines bouddhistes.
   c) L'occupation du Tibet par la Chine.
   d) Le bouddhisme engagé.

10. Visite une série de sites Web fournissant des informations sur le bouddhisme, (commence par les sites recensés dans notre site) puis présente un court compte-rendu à tes camarades de classe. Note les sites qui semblent être les plus intéressants et les plus fiables, et explique pourquoi.

Applique tes connaissances

11. Tu es en train de laver de la laitue pour faire une salade et, entre les feuilles, se trouve un insecte que tu ne vois pas. L'eau emporte l'animal dans le tuyau d'écoulement. Quel effet cela a-t-il sur ton karma ? Présente ton point de vue oralement à la classe.

12. a) Souvent, lorsqu'elles font face à une souffrance personnelle très intense, certaines personnes choisissent de se suicider. En quelques phrases, explique ce qu'une ou un bouddhiste pourrait dire à propos de cette décision.

   b) Suppose qu'une personne s'est suicidée afin de protester contre l'injustice, comme ce fut le cas de Thich Quang Duc, au Vietnam du Sud, en 1963. Participe à un débat de classe afin de définir l'opinion que pourrait avoir un bouddhiste à propos de cet acte.

13. Même si les préoccupations environnementales qui sont les nôtres aujourd'hui (par exemple les coupes à blanc, les déversements toxiques, le réchauffement de la planète et la pollution de l'eau) n'existaient pas au temps du Bouddha, ce dernier avait des idées quant à la façon de traiter l'environnement. À ton avis, quelles positions les bouddhistes sont-ils susceptibles de prendre sur les questions environnementales et écologiques de notre temps ? Explique pourquoi. Présente ton point de vue sous la forme d'un rapport écrit.

14. L'un des principes qui sous-tend le bouddhisme est que les individus peuvent faire des changements dans leur vie. On peut réduire sa propre souffrance et celle des autres. De quelle façon peux-tu appliquer ces principes à ta vie aujourd'hui ?

Glossaire

ahimsa. La doctrine de non-violence envers tous les êtres vivants ; elle constitue le premier précepte.

anatta. Le non-soi ; la notion selon laquelle il n'existe pas de soi permanent, une personne étant la combinaison toujours changeante de plusieurs composantes.

anicca. La non-permanence ; l'idée que le monde se trouve dans un flux constant.

arhat. La personne qui a atteint le nirvana ; l'idéal de la perfection spirituelle dans le bouddhisme Theravada.

ascète (f/m). La personne qui s'impose des exercices de pénitence très stricts et qui fait preuve d'un oubli de soi extrême.

bhikkhu (m). Le moine ayant reçu l'ordination complète, qui a quitté son foyer et renoncé à toute possession afin de suivre la voie du Bouddha.

bhikkhuni samgha (m). La communauté de religieuses ayant reçu l'ordination complète.

bodhisattva (m). L'être illuminé et plein de compassion qui aide les autres à atteindre l'illumination.

Bouddha. L'illuminé, l'éveillé ou celui qui a trouvé la vérité ; fondateur du bouddhisme, de son vrai nom Siddartha Gautama Shakyamuni.

cinq préceptes (m). L'ensemble des cinq règles fondamentales que suivent les bouddhistes : ne pas causer de mal aux êtres vivants, ne pas voler, ne pas avoir d'activité sexuelle débridée, ne pas médire, ne pas prendre d'alcool ni de drogues.

dalaï-lama (m). Le dirigeant et le maître spirituel et temporel du Tibet.

dana (m). La cérémonie ayant lieu dans un temple ou un lieu privé, durant laquelle on fait la donation de nourriture, de vêtements, de médicaments et autres produits de première nécessité au samgha. Les personnes qui participent à ce rituel gagnent des mérites.

dharma (m). Les enseignements du Bouddha, qui expriment le point de vue de ce dernier sur la « vérité » à propos des « lois » de l'univers.

dukkha (f). L'insatisfaction, l'imperfection ; le concept selon lequel la souffrance humaine est inévitable.

illumination (f). La compréhension de la vérité de la vie, qui permet de passer de l'ignorance à la liberté.

karma (m). L'« action », c'est-à-dire la loi de la cause et de l'effet ; l'ensemble des pensées et des actions d'un individu, qui détermine son sort dans sa prochaine vie.

koan (m). L'énigme sans résolution qu'un maître présente à un novice dans un but de discipline mentale.

lama (m). Un chef religieux tibétain ; la traduction de « gourou » ou de professeur.

Mahayana. L'une des trois formes principales du bouddhisme ; prédominante dans l'est de l'Asie, elle est considérée comme la plus libérale et la plus pratique.

mandala (m). Les cartes ou diagrammes géométriques du voyage spirituel. Les regarder aide à stimuler les capacités spirituelles.

mantras (m). Les phrases symboliques chantées.

méditation (f). La méthode qui fait appel à la concentration pour calmer l'esprit et le former.

nirvana (m). L'état infini de joie et de paix extrêmes, découlant de la fin du désir et de la souffrance.

noble sentier octuple (m). La dernière des quatre nobles vérités ; la voie menant à la fin de la souffrance.

parinirvana (m). Appelé parfois le « nirvana complet » ; état atteint à la mort par quelqu'un qui a accédé au nirvana.

pûjâ. Une offrande faite aux êtres sacrés.

quatre nobles vérités (f). Le constat du Bouddha concernant le principal problème de la vie : la souffrance, la cause de la souffrance, l'élimination de la souffrance et la voie menant à la fin de la souffrance.

quatre visions (f). Les visions qui ont poussé le Bouddha à quitter son palais afin d'aider l'humanité : un homme malade, un cadavre, un vieillard et un moine en train de mendier.

réincarnation (f). Le transfert de la conscience dans un nouveau corps ; action de renaître.

roue de la vie (f). La représentation visuelle complète du samsara, cycle infini des renaissances non contrôlées.

samgha (m). La communauté de moines et de religieuses bouddhistes.

samsara (m). Le cycle infini des renaissances non contrôlées.

satori (m). L'illumination spirituelle dans la tradition zen.

six perfections (f). La générosité, la moralité, la patience, l'effort, la méditation et la sagesse. Les vertus pratiquées par un bodhisattva.

sutras (m). Les écritures qui établissent les préceptes du bouddhisme. Elles sont présentées comme étant les discours ou les prédications du Bouddha.

thangkas. Les tentures murales que l'on trouve dans les temples bouddhistes tibétains.

Theravada. Une des trois formes principales du bouddhisme. Prédominant en Asie du Sud-Est, on le considère comme étant la forme la plus proche des origines et la plus orthodoxe du bouddhisme.

Tripitaka (m). L'ensemble d'écrits bouddhistes anciens, connus sous le nom des trois corbeilles.

Vajrayana. Une des trois formes principales du bouddhisme, populaire au Tibet.

voie du milieu (f). Le chemin dans la vie que prescrit le Bouddha ; le chemin entre les extrêmes.

zen (m). Une secte bouddhiste qui a pris son essor au Japon. Elle favorise la méditation et l'intuition, plutôt que les écritures ou les rituels, en tant que voies vers l'illumination.

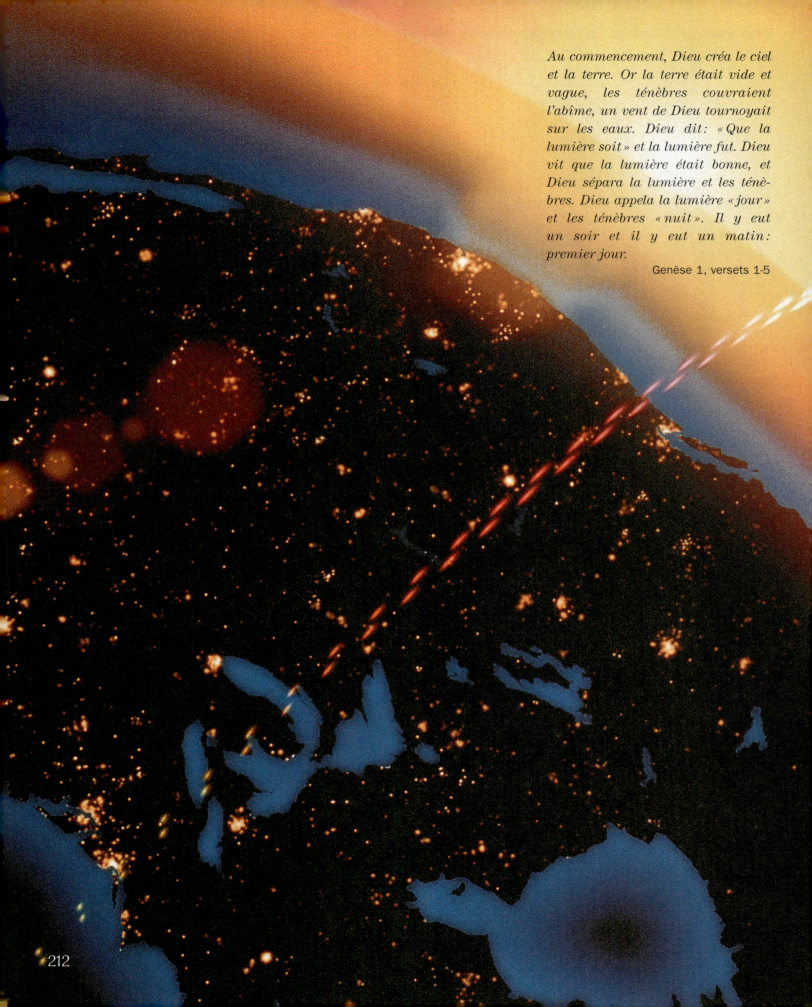

Au commencement, Dieu créa le ciel et la terre. Or la terre était vide et vague, les ténèbres couvraient l'abîme, un vent de Dieu tournoyait sur les eaux. Dieu dit: « Que la lumière soit » et la lumière fut. Dieu vit que la lumière était bonne, et Dieu sépara la lumière et les ténèbres. Dieu appela la lumière « jour » et les ténèbres « nuit ». Il y eut un soir et il y eut un matin: premier jour.

Genèse 1, versets 1-5

Chapitre six
Le judaïsme

Regarde la photographie et réponds aux questions suivantes :

1. Définis le mot *création*. (Si nécessaire, utilise un dictionnaire.)

2. Que signifie la séparation de la « lumière » et des « ténèbres » dans le passage de la Genèse ?

Introduction

Parmi les grandes religions du monde, le judaïsme représente celle qui, de loin, compte le moins d'adeptes. La population mondiale de juifs se chiffre à environ 14 millions. Dans ce contexte, on pourrait se demander pourquoi un groupe religieux dont les membres ne représentent au total que la moitié de la population du Canada fait l'objet d'un chapitre entier dans un livre sur les religions du monde. La réponse à cette question comporte deux volets. Premièrement, le judaïsme a énormément contribué à l'évolution de la pensée et de la philosophie occidentales. Deuxièmement, aucun autre groupe religieux dans l'histoire du monde n'a été aussi persécuté en raison de ses croyances. C'est pourquoi le judaïsme constitue une religion essentielle.

Chronologiquement, le judaïsme est la première des trois grandes religions **monothéistes**. Le judaïsme, qui remonte à près de 4000 ans, marque le point de départ d'une histoire commune à trois confessions distinctes. De l'histoire d'Adam et Ève jusqu'à la venue d'Abraham et de Moïse, le judaïsme donne racine à la fois au christianisme et à l'islam. En fait, plusieurs des prophètes vénérés dans les écritures hébraïques le sont également dans les traditions chrétienne et musulmane. Le judaïsme a aussi conservé une tradition d'érudition sans égale parmi les confessions du monde, compte tenu de la taille de la population juive. Qu'il s'agisse de savoir biblique, de philosophie ou de science, les juifs ont proposé des idées et ont fait des découvertes qui ont modifié la façon dont les gens voient le monde.

L'aspect tragique de l'expérience juive réside dans le fait que ses fidèles ont été soumis à des persécutions sans précédent. De la captivité chez les Babyloniens à l'Inquisition espagnole, les juifs ont été l'objet de mépris et de haine. La persécution des juifs a atteint son horrible apogée au cours du XXe siècle, lorsque les nazis ont assassiné environ six millions d'entre eux, soit le tiers de la population juive.

Le judaïsme offre au monde une idée de Dieu que partagent d'autres confessions. Il représente aussi un défi à la conscience collective de l'humanité. Lorsque nous témoignons de l'histoire inspirante et tragique du judaïsme, nous sommes frappés par la souffrance qu'a enduré le peuple juif, de même que par la passion de la sagesse propre à la confession juive.

Objectifs d'apprentissage

À la fin de ce chapitre, tu pourras:

- reconnaître les origines et les croyances du judaïsme ;
- repérer les principaux personnages qui ont contribué à la formation de la confession juive, notamment Abraham, Isaac, Jacob, Moïse, Maïmonide et Juda ha-Nassi ;
- examiner les principales influences dans l'évolution du judaïsme ;
- décrire le culte juif et les mouvements religieux depuis l'ère du temple jusqu'à l'apparition de la synagogue ;
- analyser l'influence des dirigeants juifs sur les événements, la création des mouvements et la remise en question du statu quo de leur époque ;
- décrire les croyances du judaïsme ;
- remarquer et préciser l'importance des croyances juives liées aux idées de peuple élu, de terre promise et de Messie ;
- décrire les relations historiques entre la religion et l'État au sein du judaïsme ;
- connaître les origines et la signification des divers rituels, pratiques, symboles et célébrations du judaïsme ;
- mieux comprendre l'émergence des textes sacrés du judaïsme : la Torah, le Tanakh et le Talmud ;
- décrire et comprendre l'importance des branches réformiste, orthodoxe, conservatrice et reconstitutionnaliste du judaïsme ;
- communiquer efficacement les résultats de tes recherches au moyen de rapports et d'essais écrits ;
- défendre une thèse en utilisant le style, la structure, les arguments et les documents appropriés ;
- reconnaître les façons dont les juifs sont représentés au Canada.

1700-1280 ? av. J.-C.
Période patriarcale de Moïse ; les juifs quittent l'Égypte (1280)

1000 ? av. J.-C.
Le roi David et le roi Salomon — construction du temple de Salomon

721-538 av. J.-C.
Les Assyriens conquièrent le Royaume du Nord (721), la population hébraïque se disperse ; les Babyloniens conquièrent le Royaume du Sud (586), l'exil babylonien ; la destruction du temple de Salomon ; Cyrus de Perse met en déroute les Babyloniens (538) et autorise le retour des exilés

332 av. J.-C.
Alexandre le Grand conquiert Israël, début de la diaspora helléniste

164 av. J.-C.- 70 ap. J.-C.
Soulèvement des Maccabées, temple reconstruit (164 av. J.-C.) ; les Romains assiègent Jérusalem, le temple est détruit (70 av. J.-C.)

200-425 ap. J.-C.
Juda ha-Nassi compile la Mishnah ; la compilation du Talmud est achevée (425)

1948 ap. J.-C.
Proclamation de l'État moderne d'Israël

1980 ap. J.-C.
Première femme rabbin au Canada – Joan Friedman

1933-1945 ap. J.-C.
La montée du nazisme et l'Holocauste (Shoah) ; l'incident du St-Louis (1939)

2001 ap. J.-C.
250 synagogues au Canada

1768 ap. J.-C.
Première synagogue au Canada

1945 ap. J.-C.
Vague d'immigration au Canada après l'Holocauste

1135-1204 ap. J.-C.
La vie de Maïmonide – philosophe et érudit rabbinique

Années 1800 ap. J.-C.
Première vague d'immigrants juifs en Amérique

1700-1800 ap. J.-C.
Tension entre les hassidim et les légalistes traditionnels

Chronologie

LES RELIGIONS DU MONDE

Le judaïsme

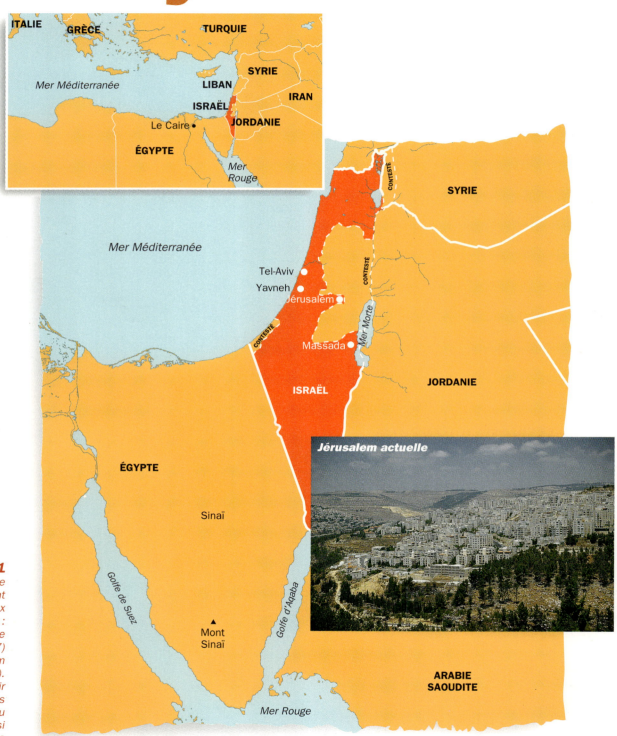

Figure 6.1
Le berceau du judaïsme est également important pour deux autres religions : le christianisme (voir le chapitre 7) et l'islam (voir le chapitre 8). On ne peut saisir les origines et les enseignements du christianisme si l'on ne comprend pas pleinement le judaïsme.

LES ORIGINES

Le récit de la Bible hébraïque décrit la nature de la relation de Dieu avec l'humanité. De la riche imagerie de la création aux leçons morales du déluge, la Bible est l'instrument servant à consigner et à transmettre la vérité religieuse juive. On pourrait penser que cette étude devrait commencer par Adam et Ève, mais il est plus précis, sur le plan historique, de débuter avec Abraham, le patriarche de la confession juive. Abraham représente les premiers pas dans la formation de la pratique religieuse juive qui deviendra plus tard le judaïsme.

Le patriarche de l'Alliance : Abraham

Selon les écritures hébraïques, vers 2000 av. J.-C., Abraham a eu une vision dans laquelle Dieu l'enjoignait de quitter son foyer, situé dans la ville mésopotamienne d'Ur, et de se rendre à Haran, puis à Canaan. La vision d'Abraham ne lui venait pas de l'un des nombreux dieux de la Mésopotamie polythéiste ; il avait reçu la révélation du Dieu unique. Ainsi est née la tradition monothéiste de la confession juive. Dans la vision, Dieu dit à Abraham :

> *Quitte ton pays,*
> *ta parenté et la maison de ton père,*
> *pour le pays*
> *que je t'indiquerai.*
> *Je ferai de toi un grand peuple,*
> *je te bénirai ;*
> *je magnifierai ton nom,*
> *sois une bénédiction.*
> Genèse 12, versets 1-2

Abraham reçut la consigne de se rendre dans un lieu particulier pour y édifier une nation. Il fit ce que Dieu lui ordonnait et s'installa finalement à Canaan.

Figure 6.2
Quelle était la nature de la promesse de Dieu à Abraham ?

À ce moment de l'histoire de la religion sont nées deux idées qui allaient devenir le fondement du judaïsme. Premièrement, les juifs représentaient le **peuple élu**. Dans une société caractérisée par le polythéisme et par l'idolâtrie, Dieu a choisi Abraham et promis de le bénir et de faire de lui une « grande nation ». C'est sur cette base que les juifs affirment être le peuple élu de Dieu. Deuxièmement, l'idée d'une **terre promise** est née. Bien que l'idée ait pris une importance accrue à l'époque de Moïse, ce fut Abraham, et, plus tard, son fils Isaac et son petit-fils Jacob qui ont cherché à maintenir l'Alliance avec Dieu et à établir une communauté sur la terre promise.

Ces deux idées constituent le fondement de l'**Alliance** que Dieu avait conclue avec Abraham. Une Alliance est un accord solennel et ferme, semblable à un contrat. L'Alliance entre Dieu et Abraham – et, par extension, avec l'humanité – constitue la clé de la croyance juive. Elle reconnaissait Dieu comme le créateur et le maître de toutes choses, et le peuple élu comme celui qui honorerait l'Alliance avec Dieu.

La loi et l'Alliance : Moïse

Selon la tradition juive, l'Alliance entre Dieu et le peuple hébreu a pris une nouvelle signification au temps de Moïse. La période patriarcale d'Abraham, d'Isaac et de Jacob avait vu la conclusion d'une Alliance selon laquelle Dieu acceptait d'aimer l'humanité, et l'humanité d'aimer Dieu plutôt que les nombreux dieux de la Mésopotamie polythéiste. La période de Moïse verrait Dieu donner à son peuple les commandements qui leur permettraient de respecter son Alliance.

Lorsqu'une grave sécheresse frappa Canaan, les descendants d'Abraham durent se rendre en Égypte, où les Égyptiens se retournèrent contre eux et les réduisirent en esclavage. À l'époque où Ramsès II devint pharaon, l'esclavage faisait partie de la vie quotidienne des Hébreux et la libération n'était qu'un rêve lointain et inaccessible.

Parfois, les rêves peuvent devenir réalité et, alors que le peuple hébreu aspirait à la liberté, un libérateur est apparu. Moïse était le fils d'esclaves hébreux, mais il fut plus tard adopté par la fille du pharaon et il grandit à la cour impériale. Il était le protégé du pharaon jusqu'à ce qu'il tue un Égyptien qui harcelait un esclave hébreu. Craignant la colère du pharaon, Moïse s'enfuit à Midian où il fut hébergé par Jethro, un prêtre de Midian.

Un jour, alors qu'il gardait les moutons de Jethro, Moïse arriva au mont Horeb, que le Livre de l'Exode appelle la montagne de Dieu. Alors qu'il se trouvait à cet endroit, Dieu lui apparut sous la forme d'un buisson enflammé (le « buisson ardent »). Dieu lui révéla qu'il avait entendu les cris des Israélites et qu'ils seraient libérés par l'entremise de Moïse. Dieu dit qu'ils sortiraient de la servitude et qu'ils seraient conduits jusqu'à la « terre promise », terre « qui ruisselle de lait et de miel » (Exode 3,8). Moïse savait que les Israélites se demanderaient qui l'avait envoyé, alors il demanda à Dieu ce qu'il devrait dire. Dieu lui répondit en disant : « *Ehyeh-asher-Ehyeh* ». La signification exacte de cette appellation de Dieu est incertaine, mais on peut la traduire ainsi : « Je suis en devenir » ou « Je suis celui qui est » (Exode 3,14). Cette traduction laisse entendre que Moïse en viendrait à connaître Dieu davantage à mesure qu'évoluerait leur relation.

Moïse entreprit sa mission et, malgré la puissance écrasante du pharaon et de son armée, il délivra les Hébreux de la servitude.

Selon la tradition, Dieu frappa l'Égypte de dix fléaux afin de convaincre le pharaon de laisser partir le peuple hébreu. Le dixième fléau appelait l'ange de la mort à descendre sur l'Égypte et à prendre le premier-né de tous ceux qui vivaient dans la région. Dieu ordonna à Moïse de dire aux Hébreux qu'ils pouvaient échapper à ce fléau en enduisant leurs portes du sang d'un agneau. Ainsi, la mort « passerait son chemin » car le sang serait le signe que la maison appartenait à un descendant d'Abraham. Le festival juif de la Pâque (Pessah, qui signifie « passage ») célèbre cet événement (voir la page 235). Ce furent ce dixième fléau et la mort de son fils qui convainquirent le pharaon de libérer les Hébreux.

Moïse mena les Hébreux hors d'Égypte par la mer Rouge (en anglais, le nom *Reed Sea*, littéralement, la mer des roseaux, est devenu *Red Sea*, la mer Rouge) dans la région de la péninsule du Sinaï (*voir la figure 6.1*). On connaît historiquement cette émigration massive sous le nom d'**Exode**. Le mot *exodus* signifie « sortir de » ou « départ ». Dans ce cas, les Israélites ont quitté les chaînes de l'esclavage en Égypte pour la liberté et l'espoir sur une nouvelle terre.

Sur le mont Sinaï, Dieu apparut de nouveau à Moïse et lui remit cette fois les dix commandements (voir la page 239). Les commandements mettaient l'accent sur la nature de l'existence de Dieu, ainsi que sur les lois que les gens devraient suivre afin de respecter leur Alliance avec Dieu.

La Pâque, l'Exode et les dix commandements représentent un renouvellement particulier de l'Alliance entre Dieu et les hommes. Maintenant, les Hébreux peuvent s'inspirer de l'exemple de Moïse et s'émerveiller de la grandeur de Dieu, qui a choisi de révéler sa sagesse à Moïse, et qu'en retour, les Hébreux ont choisi de vénérer et d'honorer. Ils pourraient aussi mener leur vie selon les lois absolues dictées par Dieu dans les commandements, afin de vivre comme un peuple paisible et croyant.

Les juges, les rois et les prophètes

Les Israélites vécurent une existence nomade dans le Sinaï pendant 40 ans, jusqu'à ce qu'ils parviennent à la terre de Canaan. Ceci a marqué le commencement de la période biblique des juges et des rois. Au début, les Israélites étaient dirigés par des gens que l'on appelait les « juges » (« juges » est une traduction du mot hébreu *shofetim*). Les juges étaient semblables à des chefs tribaux ou à des chefs de clan qui dirigeaient le peuple lors des périodes de crise. Les personnes – hommes et femmes – charismatiques et inspirantes ont aidé les Israélites à acquérir leur identité propre.

Vers 1000 av. J.-C., le peuple hébreu a commencé à souhaiter la venue d'un roi qui les dirigerait. Au départ, Dieu hésitait à lui donner un roi, mais il accepta finalement d'accorder à Saul le statut de roi à cause des menaces croissantes des Philistins. Saul fut remplacé par David, dont le règne marqua l'apogée de l'histoire impériale juive. David remporta contre ses ennemis plusieurs victoires militaires et finit par établir sa capitale à Jérusalem. Son fils, Salomon, construisit un temple qui servira de centre de culte pour la confession juive au cours du millénaire suivant. Mais, après la mort de Salomon, le royaume s'effondra. Autour de 921 av. J.-C., les tribus du nord se séparèrent des tribus du sud et adoptèrent le nom d'« Israël ». Les tribus du sud, regroupées autour de Jérusalem, devinrent connues sous le nom de « Judah ». La période des rois tirait à sa fin ; de nouveau, des forces extérieures s'imposeront bientôt aux Hébreux.

Les prophètes avaient prédit la fin de cette époque. Dans l'usage moderne, le mot « prophète » a deux significations : quelqu'un qui parle au nom de Dieu ; quelqu'un qui prédit l'avenir. Dans la tradition juive, le prophète est celui qui reçoit un message de Dieu et qui livre ce message au peuple de Dieu. Le message lui-même appartient à Dieu ; le prophète agit en tant que messager de Dieu. D'habitude, dans la Bible, les prophètes hébreux prévenaient d'une crise à venir à cause de l'incapacité du peuple à se conformer à son Alliance avec Dieu.

La tradition prophétique est commune au judaïsme, au christianisme et à l'islam. On retrouve des prophéties tout au long de la Bible. Elles impliquent la croyance selon laquelle, à certaines époques, Dieu a recours à des personnes particulières pour livrer son message divin. La parole de Dieu, telle que transmise par les prophètes, survit dans les saintes écritures du judaïsme, le Tanakh. Les textes prophétiques sont une combinaison de conseils pratiques, de critique sociale et de beauté poétique. Le message qu'ils martèlent est: «Aime Dieu et respecte l'Alliance avec lui.»

Figure 6.3
La tête de la sculpture représentant David, par Michel-Ange. Selon la tradition, Dieu avait favorisé David en lui permettant de vaincre le géant philistin, Goliath, à l'aide d'une fronde et d'une pierre. Les Philistins ont alors battu en retraite dans la panique et la peur.

L'exil

L'indépendance et l'autonomie juives ont été radicalement affaiblies par deux conquêtes militaires. En 721 av. J.-C., les Assyriens envahissent et occupent le territoire d'Israël. Les troupes d'invasion ne prennent pas seulement la terre, elles chassent de nombreux habitants de la région, éparpillant la population d'Israël. Puis, en 586 av. J.-C., des envahisseurs babyloniens capturent Judah et détruisent le temple de Salomon à Jérusalem. Jusqu'à 10 000 dirigeants de communautés juives sont faits prisonniers et envoyés en exil à Babylone. On appelle communément cet événement l'exil ou la captivité babylonienne. Ils y sont retenus jusqu'à ce que Cyrus le Grand, de Perse, les libère en 538 av. J.-C., lorsqu'il remporte une victoire sur les Babyloniens.

La période de l'exil marque un changement dans la manière dont les Hébreux pratiquent le culte. Le temple de Salomon maintenant détruit, le peuple a besoin de trouver une nouvelle façon d'honorer Dieu. À un certain moment de l'exil, on créa des lieux de rassemblement du culte connus sous le nom de **synagogues**. L'importance de ces synagogues s'est accrue pendant la période suivant la destruction du temple. L'exil a également marqué le début d'une intense et érudite analyse des écritures et l'apparition de maîtres vénérés, les **rabbins**. Les rabbins cherchaient à interpréter les écritures d'une manière qui rendrait les histoires de la Bible plus compréhensibles pour la moyenne des gens. L'apparition des rabbins a eu de profondes répercussions sur le judaïsme au cours des années suivantes. En dernier lieu, la période de l'exil a vu se développer la croyance en une royauté divine caractérisée par un **Messie**, qui signifie «celui qui est consacré». Les juifs, qui vivaient en captivité, espéraient la venue d'un grand roi qui les libérerait de l'oppression.

Après que Cyrus eut conquis Babylone, on encouragea les prisonniers juifs à retourner dans leur patrie. Les chefs de file juifs, sous la direction d'Esdras et de Néhémie, coopérèrent avec les Perses afin de faciliter ce retour. En 515 av. J.-C., on termina la construction d'un second temple – signe extérieur du renouvellement de l'Alliance.

Pendant l'exil, de confession tribale qu'elle était, la religion des juifs est devenue une confession mondiale. Le Dieu juif a agi comme une force non seulement dans les limites de l'ancien royaume d'Israël, mais dans l'histoire du monde.

À partir de maintenant, ce texte parlera des juifs et du judaïsme plutôt que des Hébreux et des Israélites.

La diaspora

Diaspora est un mot grec qui signifie « dissémination des graines » ou « dispersion ». Dans le contexte de l'histoire juive, on emploie l'expression « **la diaspora** » en faisant référence à la population juive vivant à l'extérieur d'Israël. Au IIIᵉ siècle av. J.-C., la majorité des juifs vivaient dans la diaspora et ils créèrent un nouvel ensemble de normes pour leur tradition religieuse. Les juifs qui choisirent de demeurer à Babylone plutôt que de revenir d'exil étaient très nombreux. Le culte concret était centré autour de la synagogue, et l'analyse érudite des écritures continua sous la direction des rabbins. D'autres groupes de juifs firent leur apparition dans les communautés bordant la mer Méditerranée à l'est.

En 332 av. J.-C., Alexandre le Grand conquit une grande partie du monde connu, y compris la Perse, l'Égypte et l'Inde. Ainsi, le peuple juif, en particulier les juifs de la diaspora, subirent l'influence de la culture grecque, un processus appelé **hellénisation**. Les juifs d'Alexandrie, en Égypte, adoptèrent l'architecture, les vêtements et les noms grecs. La Bible fut traduite en grec. Selon la légende, 70 des plus grands érudits juifs d'Égypte ont, indépendamment les uns des autres, traduit la Bible en grec. Miraculeusement, les 70 érudits produisirent chacun leur propre traduction de la Bible, mais elles étaient identiques les unes aux autres ! Bien que légendaire, cette histoire constitue une toile de fond pour la première traduction de la Bible en grec. Cette traduction, connue sous le nom de Septante, a servi pendant des siècles la communauté juive de la diaspora. Finalement est apparue une tradition d'analyse, de compilation et de commentaire qui donnera lieu à une réorganisation de la Bible en sections distinctes : la loi, la prophétie, la poésie et les écritures.

La révolte des Maccabées

En 168 av. J.-C., un autre événement important est survenu dans l'histoire des juifs. Antiochos IV Épiphane convertit le temple en un sanctuaire consacré au dieu grec Zeus, et nomma comme grand-prêtre juif son propre candidat. Tirant profit de l'insatisfaction croissante à l'égard de la domination grecque, un groupe de rebelles appelés les Maccabées débutèrent une révolte.

Figure 6.4
Une menora de Hanoukka. On célèbre chaque année, dans le cadre de la fête d'Hanoukka, les événements entourant la révolte des Maccabées (voir la page 234).

En 164 av. J.-C., les Maccabées contrôlaient Jérusalem et le temple fut à nouveau consacré à Dieu. La dynastie engendrée par les Maccabées régnera jusqu'à la conquête romaine d'Israël.

Les Romains

En 64 av. J.-C., le général romain Pompée entra dans Jérusalem dans le cadre d'une campagne visant l'expansion de l'Empire romain. Une fois de plus, les juifs tombèrent sous la domination étrangère. À cette époque, comme le montre la figure 6.5, plusieurs sectes juives distinctes étaient apparues. La sophistication croissante des

Figure 6.5
Les sectes de Judée en 64 av. J.-C.

Secte	Description
Les Sadducéens	• croyaient à la coopération avec les Romains pourvu qu'ils ne limitent pas de manière importante le culte religieux ; • représentaient l'aristocratie et les gens riches ; • lisaient la **Torah** mot à mot (voir la page 238) ; • suivaient strictement les enseignements de la Torah ; rejetaient les écrits prophétiques ; • s'associaient à la vie du temple ; • se croyaient les descendants sacerdotaux de Zadok, un prêtre de l'époque de David.
Les Pharisiens	• croyaient à la coopération avec les Romains pourvu qu'ils ne limitent pas de manière importante le culte religieux ; • représentaient les gens du peuple ; • permettaient une interprétation large de la Torah ; • encourageaient les commentaires et l'interprétation des Écritures ; • s'associaient au culte dans les synagogues ; • cherchaient à rendre la loi juive concrète et compatissante.
Les Zélotes	• ne croyaient à la coopération avec les Romains dans aucune circonstance et cherchaient à renverser le gouvernement romain ; • étaient inspirés par les victoires historiques (les Maccabées, David) sur les forces d'invasion ; • ont initié la révolte de 66 ap. J.-C. (voir la page 223).
Les Esséniens	• vivaient dans des communautés distinctes, séparées des autres ; • pratiquaient des rites et des cérémonies de purification ; • étaient considérés comme une caste de prêtres ; • interprétaient la Torah comme un modèle pour l'avenir ; • avaient des croyances centrées sur la venue du jugement dernier de Dieu ; • possédaient les manuscrits de la mer Morte découverts en 1947.
Les Samaritains	• étaient les descendants des tribus du nord ; • acceptaient la Torah ; rejetaient les prophètes et les écritures.

croyances juives, combinée à la dureté du gouvernement romain, ont donné une nouvelle intensité à la croyance en un Messie – une personne consacrée par Dieu afin de libérer les juifs de l'oppression.

Le judaïsme rabbinique

Les Romains répliquèrent avec violence. En 70 ap. J.-C., après un siège de cinq mois contre Jérusalem, la ville fut prise et le temple détruit. Il n'a jamais été reconstruit. À ce jour, la seule partie qui reste est le mur de l'ouest, qui demeure un lieu de dévotion et de prière pour les juifs (voir la page 225).

Figure 6.6
Le palais du roi Hérode à Massada a été construit au cours du Ier siècle av. J.-C. Le plateau constituait une place forte lors de la révolte des Zélotes contre les Romains, de 66 à 73 ap. J.-C. Cette photographie montre les ruines du palais sur la montagne qui surplombe la rive sud-ouest de la mer Morte.

Une suite d'incidents ont représenté une menace sérieuse à la foi et au courage des juifs. Premièrement, les juifs avaient supporté d'horribles souffrances sous l'emprise des Romains. Les lourds impôts, une administration inéquitable de la justice et le contrôle par les Romains à la fois du temple et du grand-prêtre sont bientôt devenus insoutenables. En 66 ap. J.-C., les juifs de Jérusalem se sont révoltés et ont finalement pris le contrôle du mont du Temple (le second temple) et, plus tard, celui de la forteresse romaine d'Antonia, juste au nord du temple. Les juifs de l'extérieur de Jérusalem ont également défié l'autorité romaine en attaquant les occupants de leurs villes.

Le temple détruit et la résistance juive anéantie, la foi juive se trouvait encore une fois confrontée à deux destins éventuels : la désintégration ou la réforme. La possibilité de réforme est survenue lorsque le rabbin Yohanan ben Zakkai convainquit les Romains de lui permettre de relocaliser le Sanhédrin (l'organe judiciaire suprême des juifs) dans la ville de Yavneh. Ceci permit aux juifs de conserver leur manière de vivre et de se redéfinir. À Yavneh, les juifs ont préservé leurs écritures, écrit des commentaires sur la loi et élaboré un calendrier juif. Autrement dit, malgré l'apparente destruction des juifs sous l'autorité des Romains, leur volonté de survivre a prévalu.

Recherche Internet

Pour en savoir plus, visite notre site au www.dlcmcgrawhill.ca

La situation était propice à l'apparition du judaïsme rabbinique. Puisque les Sadducéens formaient une caste sacerdotale sans temple et que l'institution des Pharisiens nécessitait une restructuration, il fallait un nouveau groupe de dirigeants pour réformer le judaïsme. Les rabbins remplacèrent les anciens prêtres. Les synagogues, qui faisaient partie de la tradition depuis l'exil, devinrent le principal lieu de rassemblement du culte. Les pratiques en matière de prière, qui faisaient autrefois partie de la vie du temple, trouvèrent une nouvelle vie dans les synagogues et les foyers juifs. On conserva aussi la tradition consistant à prier trois fois par jour en faisant face à Jérusalem.

La plus importante contribution du mouvement rabbinique fut le judaïsme des deux lois : la Torah écrite et la tradition interprétative de la **Mishnah** et, plus tard, du **Talmud**. Les commentaires sur la Bible faisaient depuis longtemps partie de la tradition judaïque. En 100 ap. J.-C., les rabbins avaient compilé un ensemble considérable de commentaires, connu sous le nom de **Midrash** (qui signifie « interprétation » ou « examen minutieux »). Le Midrash examine les situations incompréhensibles dans la Bible et propose de possibles explications à ces problèmes.

En fin de compte, l'interprétation rabbinique s'est étendue à la loi et c'est en cela que s'illustre le travail des rabbins. En étudiant minutieusement les écritures, les rabbins ont pu rédiger des commentaires sur la loi. On considérait leurs interprétations comme étant aussi valables que les lois consignées dans la Torah. Aux environs de l'an 200 ap. J.-C., Juda ha-Nassi avait compilé la Mishnah, créant ainsi un ensemble de commentaires sur la loi afin de guider les juifs. Plus tard, on a allongé la Mishnah pour former le Talmud, un vaste document de la loi juive qui a survécu et qui est encore utilisé de nos jours.

L'expérience qu'ont vécu les juifs, depuis l'exil jusqu'à l'occupation romaine, est faite de courage inspirant et de volonté indéfectible de protéger sa foi. Au-delà de l'expérience terrestre de l'oppression, les juifs se sont entièrement consacrés à la conclusion d'un accord avec Dieu et l'Alliance. Au Moyen Âge, le judaïsme avait planté de profondes racines intellectuelles et spirituelles qui allaient assurer sa survie.

Vérifie ta compréhension

1. Explique l'Alliance que Dieu a conclue avec Abraham dans la Bible.

2. De quelle façon les dix commandements représentaient-ils un renouvellement de l'Alliance ?

3. Décris brièvement le rôle des juges, des rois et des prophètes.

4. Que signifient l'exil et la diaspora pour le judaïsme ?

5. À ton avis, quel est l'événement le plus important au début de l'histoire du judaïsme ? Explique-toi.

Lieu saint
Le Mur des Lamentations

Il n'existe aucun autre lieu au monde qui ait autant de signification pour les juifs que le mur de l'ouest à Jérusalem. Également appelé le **Mur des Lamentations**, c'est la partie restante du temple après sa destruction par les Romains en 70 ap. J.-C. L'expression Mur des Lamentations vient des voyageurs européens qui étaient témoins des prières mélancoliques qui y étaient récitées.

On croit que le site du temple se trouve près de l'endroit où Abraham avait construit un autel pour le sacrifice de son fils Isaac. Trois temples ont occupé le site : le temple de Salomon, construit vers 950 av. J.-C. et détruit par les Babyloniens en 586 av. J.-C. ; le temple de Zorobabel, construit en 515 av. J.-C. et saccagé en 54 av. J.-C. par le général romain Crassus ; le temple d'Hérode (la reconstruction du second temple), achevé en 64 ap. J.-C., six ans seulement avant sa destruction totale par les Romains.

Pendant les quelque 2000 ans qu'a duré l'exil des juifs, le mur a représenté un symbole de l'indestructibilité du peuple juif. Il est devenu un lieu de prière et de pèlerinage. On écrit également des prières sur des bouts de papier que l'on glisse entre les pierres du mur. D'autres activités, comme des bar-mitsvah, ont également lieu à cet endroit.

Le mur est considéré comme sacré pour plusieurs raisons. On estimait le temple, qui se trouvait à l'intérieur du mur, comme le centre spirituel du monde pour le peuple juif. On le mentionne chaque jour dans les prières et il constitue un rappel permanent de la présence de Dieu – le fait que les juifs ne seront jamais détruits. Lorsque le temple était encore debout, les juifs y faisaient trois pèlerinages par année. De nos jours, le site demeure un lieu de pèlerinage. Tel que le prescrit le Talmud, il est le point de convergence des prières pour les juifs, en particulier pour ceux qui vivent en Occident et qui orientent leurs prières vers le mur de l'ouest. Le mur symbolise aussi l'héroïsme – les pierres rappellent au peuple juif que celui-ci est toujours vigoureux.

De nombreuses célébrations se fondent sur l'existence du temple. Hanoukka commémore la reconsécration du temple ; Pessah (Pâque), Soukkot (la récolte d'automne et la fête de l'action de grâce) et Chavouot (la fête de la récolte du printemps) constituent les trois jours fériés de pèlerinage. Lorsque le temple existait encore, Yom Kippour était le seul jour où le grand-prêtre pouvait entrer dans ses zones les plus sacrées.

Questions
1. Pourquoi appelle-t-on souvent le mur de l'ouest le Mur des Lamentations ?
2. Que signifie le mur de l'ouest aux yeux des juifs ?

Figure 6.7

Les croyances

La foi juive est axée sur l'idée de l'unicité de Dieu et sur la compassion que Dieu partage avec la création sous la forme de l'Alliance. Si l'on peut comprendre la vision que les juifs ont de Dieu et la nature de l'Alliance, on peut comprendre les croyances juives. Mais nous devons d'abord répondre à quelques questions.

Qui sont les juifs ?

Un juif est une personne née juive ou convertie au judaïsme. En ce qui concerne le droit du sang, l'héritage juif est généralement transmis par l'affiliation matrilinéaire de l'enfant. Autrement dit, si la mère d'un enfant est juive, alors l'enfant est juif. En ce qui concerne certains juifs réformistes ou reconstitutionnalistes, du moment que l'un des parents est juif, on considère l'enfant comme juif.

Les gens peuvent également choisir de se convertir au judaïsme. Le processus de la conversion est connu sous le nom de **guerout**. Dans le cadre du guerout, les candidats doivent démontrer une connaissance du judaïsme, donner la confirmation de leurs croyances juives, afficher une volonté d'agir de façon éthique et montrer leur rapprochement avec le peuple juif.

Parfois, des gens s'identifient comme juifs même s'ils ne se conforment pas aux principes religieux du judaïsme. Ils adoptent les aspects cul-turels de la vie juive, comme l'art, la nourriture et les traditions folkloriques, mais ne participent pas à la vie religieuse juive.

Historiquement, la persécution des juifs se fondait sur la présomption selon laquelle les juifs étaient génétiquement liés entre eux. Toutefois, le fait que d'autres personnes se convertissent au judaïsme prouve qu'il n'en est rien.

Que croient les juifs ?

La foi juive est axée sur Dieu en tant que Créateur de tout. Dieu régit l'univers de façon juste et honorable. Rien ne survient sans Dieu et l'humanité a donc l'obligation de vénérer Dieu. Dieu est immatériel (il n'est pas composé de matière comme la chair et les os) et indivisible. Ainsi, la principale croyance des juifs est que Dieu est Un.

On peut résumer brièvement ces croyances sur Dieu en examinant trois sources importantes, présentées à la figure 6.8.

Figure 6.8
Les croyances concernant Dieu

Enseignement	Source	Croyance
Shema (le principe juif de la foi)	La Torah – Deutéronome 6, versets 4-9	« Écoute, Ô Israël, le Seigneur est notre Dieu, le Seigneur est Un. »
Cinq concepts fondamentaux	Le philosophe Philon d'Alexandrie (20 av. J.-C. - 50 ap. J.-C.)	D'après Philon, un juif possède les croyances suivantes : 1. Il y a un Dieu. 2. Il n'y a qu'un seul Dieu. 3. Dieu a créé le monde, mais le monde ne durera pas éternellement. 4. Il n'existe qu'un seul univers. 5. Dieu prend soin du monde et de toutes ses créatures.
Treize articles de foi	Le philosophe Maïmonide (1135-1204 ap. J.-C.)	Parmi les treize articles de foi, trois ont été acceptés comme étant absolus : • Il y a un seul Dieu. • Dieu représente l'unité parfaite. • Dieu est immatériel.

Vivre ma religion

Avi Schwartz

Avi est né à Montréal. Du côté maternel, sa famille est originaire de Hongrie et de la République tchèque. Quant à ses grands-parents paternels, ils sont nés en Pologne et ont immigré au Canada avant la naissance du père d'Avi. Par contre, la mère d'Avi est née en Israël, ce qui permet à son fils d'avoir la double citoyenneté (canadienne et israélienne) et il en est très fier.

Figure 6.9

Avi Schwartz a appris le français à Montréal à l'Académie hébraïque. De la première année du primaire jusqu'à la fin du secondaire et à l'obtention de son diplôme, il a étudié l'anglais, le français et l'hébreu. Grâce à ce bagage linguistique, Avi a pu se rendre en Israël afin de suivre les cours de l'université de Bar-Ilan à Ramat Gan (en banlieue de Tel-Aviv) pendant un an. Un congé sabbatique a succédé à cette expérience et depuis son retour au Canada, Avi a décidé de retourner étudier à l'université.

Le judaïsme est l'une des religions les plus anciennes du monde. C'est une religion de traditions : d'abord de tradition écrite avec la Torah (ou les cinq premiers livres de la Bible), ensuite de tradition orale (enseignement) avec le Talmud. Avi est très attaché au judaïsme, qu'il pratique régulièrement avec ferveur et enthousiasme. C'est en allant à la synagogue tous les samedis qu'il peut exprimer sa foi et s'améliorer en tant que juif au contact des autres. Il participe également avec plaisir aux nombreuses fêtes, comme Rosh ha-Shana (le jour du jugement) et Yom Kippour (le pardon de Dieu). Toutes ces fêtes contribuent à garder la famille unie et à donner un sens profond à la communauté dans la vie quotidienne.

Pour Avi, le sabbat revêt une importance particulière puisque c'est à la fois un jour de repos, d'étude et de méditation qui permet, peu importe la profession qu'on exerce, de cesser toute activité, rompant ainsi avec le reste de la semaine afin d'en apprécier davantage les accomplissements. De plus, le sabbat est un jour religieux consacré à la prière, à la famille, aux amis et aux voisins, et Avi se sent alors plus près de Dieu. C'est une pause nécessaire dans la semaine, à son avis, qui rompt avec le tumulte de sa vie et lui permet de reprendre son souffle auprès de ceux qui lui sont chers. Tout le monde devrait pouvoir en faire autant !

Le grand avantage d'être juif, selon Avi, c'est la présence chaleureuse et l'entourage immédiat de sa famille, et le soutien et l'intérêt constants de sa communauté d'abord au moment de ses études, puis lors de son passage à la vie professionnelle. En retour, il s'implique auprès des autres, montrant ainsi sa profonde gratitude au milieu auquel il appartient et « remboursant » par l'action communautaire une « dette » naturelle. Avi est conscient que l'augmentation de l'antisémitisme en Europe (de même que dans le reste du monde) amène les juifs à se tourner de plus en plus vers Israël, qui constitue leur seule patrie et la terre promise par Dieu. Il est d'ailleurs important dans sa religion de « faire une aliyah », ce qui signifie d'aller vivre un jour en Israël, car c'est le seul endroit où la nation juive peut se sentir en sécurité, loin de la persécution, et espérer ainsi la reconstruction d'un nouveau temple et le retour du Messie.

Avi a la conviction profonde que le judaïsme fait partie de sa vie et qu'il peut compter sur l'ensemble de la communauté juive pour l'appuyer, tant dans les réussites que dans les épreuves. C'est la grande force de sa foi.

QUESTIONS

1. Quelle importance a le dîner du sabbat pour Avi ?
2. Quel est, pour Avi, le plus grand avantage d'être juif ?
3. Pourquoi un jeun juif envisagerait-il de « faire une aliyah » ?

Les trois sources citées à la figure 6.8 démontrent que Dieu est Un, et non multiple, comme dans le polythéisme. C'est une distinction importante parce que si les individus doivent comprendre l'unité de la création, ils doivent être en mesure de saisir l'unité et le caractère unique de Dieu. Le judaïsme affirme que Dieu a créé toutes choses, qu'il est immatériel et qu'il se soucie de l'humanité. Pour montrer ce souci, Dieu a conclu avec l'humanité une Alliance qui disait essentiellement « Honore-moi et je t'honorerai ». En retour, l'humanité est devenue une jeune partenaire dans la création de Dieu.

Comment les juifs honorent-ils Dieu ?

La mitsvah

Le judaïsme enseigne que l'Alliance est bien réelle pour toute la création. Elle fait référence à la réalité selon laquelle les gens sont tous liés et que, s'ils veulent que leur vie soit bien remplie, ils doivent considérer la vie comme une Alliance continue. Dieu a créé certains commandements pour aider les gens à maintenir l'Alliance. Le judaïsme soutient que le fait de suivre les commandements permet de voir comment tout est interrelié. Cela fournit aussi aux individus la possibilité de démontrer de façon active leur dévotion à Dieu grâce à l'étude de la Torah, à la prière et aux bonnes actions, notamment la charité.

Dans la tradition juive, le fait d'accomplir une bonne action s'appelle une **mitsvah** (au pluriel, **mitzvoth**). Plus précisément, une mitsvah est un commandement de Dieu qui conseille les gens sur la façon de vivre de manière éthique tout en honorant Dieu. La Bible contient en tout 613 mitzvoth : 248 commandements positifs ou « choses à faire », et 365 commandements négatifs ou « choses à éviter ». Pour les juifs, il est essentiel qu'une personne cherche à respecter l'Alliance avec Dieu. La façon d'y parvenir est de respecter les commandements de Dieu, en particulier les dix commandements.

Comment Dieu montre-t-il son engagement envers l'Alliance ?

Dieu entretient une relation personnelle avec l'humanité. Selon le judaïsme, ceci a été démontré lorsque Moïse a rencontré Dieu lors de l'épisode du buisson ardent. Le nom de Dieu a alors été révélé à Moïse. Le nom de Dieu a une importance particulière aux yeux des juifs. La Bible appelle Dieu YHWH, bien que personne ne sache la signification exacte ou même la prononciation de ce mot. Comme il a été mentionné précédemment, une des interprétations du nom donné à Moïse devant le buisson ardent est « Je suis en devenir ».

Lorsque les juifs lisent ou écrivent le nom de Dieu, ils utilisent comme substituts les mots *Seigneur* ou *Adonaï*, démontrant ainsi le respect que leur inspire le nom de Dieu. De plus, il est devenu d'usage commun de dire plutôt le mot *nom* afin d'éviter de dire Dieu. Il existe de nombreux autres noms de Dieu qui sont apparus au cours de l'histoire de la confession juive. Les noms sont surtout d'origine masculine ; c'est pourquoi on parle parfois de Dieu en disant « il ».

Le judaïsme soutient qu'en énonçant son nom, Dieu a dit à l'humanité : « Je vous connais et je me soucie de vous. » Dieu a démontré cela en provoquant des situations et en émettant des messages qui ont permis aux gens de respecter leur Alliance avec lui, comme l'illustre la figure 6.10.

Figure 6.10
La démonstration de l'Alliance.

Message	Description
Le peuple élu	L'Alliance signifie que Dieu a choisi les descendants d'Abraham afin qu'ils soient le peuple élu. Dans la Bible, Dieu est apparu à Abraham et lui a transmis le message selon lequel il est le Dieu unique, et que de nombreuses nations seraient issues de la lignée d'Abraham. Ceci démontre l'idée d'un peuple choisi par Dieu pour exécuter la volonté de Dieu, ce qui signifie nécessairement que le peuple doit, en retour, choisir d'exécuter la volonté de Dieu. Ainsi, le concept d'être « choisi » est réciproque, Dieu choisissant l'humanité et l'humanité choisissant Dieu. Certains éléments de l'**antisémitisme** (voir la page 250) apparu au cours de l'histoire se fondaient, au moins en partie, sur cette idée du peuple élu. Le concept lui-même ne suppose pas un statut supérieur ; il suggère plutôt un partenariat entre Dieu et son peuple – faire de l'humanité la gardienne de la création de Dieu.
La terre promise	Dans le cadre de l'Alliance, Dieu a promis une terre à son peuple. Les juifs croient que cette « terre promise » est Israël (*voir la figure 6.11*).
Le Messie	Les juifs croient que Dieu enverra au monde un grand dirigeant qui apportera l'harmonie et la paix. Ils définissent le temps du Messie comme étant une période de « royauté divine » au cours de laquelle le règne de Dieu sera clairement manifeste.
Le monde futur	La foi juive maintient également la croyance selon laquelle Dieu accordera au peuple juif une période future de paix et de prospérité.

Figure 6.11
Parmi les six millions de citoyens d'Israël, près de 80 % sont juifs – plus de la moitié sont nés en Israël, et le reste provient de quelque 70 pays du monde.

> **Vérifie ta compréhension**
>
> 1. Analyse la figure 6.8. Qu'ont en commun les trois sources ? En quoi sont-elles différentes ?
>
> 2. Qu'est-ce qu'une mitsvah ? Donne un exemple.
>
> 3. Énumère les quatre messages qu'a reçus le peuple juif pour lui signifier que Dieu se souciait de lui. Lequel, crois-tu, est le plus important ? Pourquoi ?

LES PRATIQUES, LES RITUELS, LES SYMBOLES ET LES FÊTES

Les pratiques et les rituels

La tradition juive est riche de pratiques en matière de culte et de prière. Le culte ne se limite pas à la synagogue ; le foyer est aussi un lieu de culte important.

La synagogue

C'est, pour les juifs, l'endroit de culte collectif, et on le considère comme un lieu de rassemblement, de prière, et d'étude ou d'apprentissage. Certains juifs appellent la synagogue *shul*, un mot yiddish dérivé du mot allemand signifiant « école », ce qui souligne le rôle de la synagogue comme lieu d'étude.

Le manuscrit de la Torah

Le **Sefer Torah**, ou le manuscrit de la Torah, est le texte des cinq livres de Moïse écrits sur un parchemin. C'est l'objet le plus sacré de la vie des juifs et il est essentiel au culte. Il a toujours une place d'honneur dans la synagogue et on le lit à des moments particuliers du service religieux. Chaque synagogue doit avoir au moins un manuscrit de la Torah, mais la plupart en ont au moins trois car certains rituels nécessitent une lecture de deux ou trois sections différentes de la Torah. On évite ainsi de retarder le service pendant qu'on déroule la Torah d'une section à l'autre. Chaque manuscrit est soit enveloppé dans une magnifique housse, soit conservé dans un étui d'or ou d'argent. Comme on ne peut toucher le parchemin de la Torah pendant qu'on le lit, le lecteur utilise un yad, une baguette pour suivre les mots dans le texte.

Selon la tradition juive, lorsque les Hébreux ont reçu les dix commandements dans le désert, on leur a dit de construire une arche dans laquelle les placer. Elle s'appelle l'**arche d'Alliance**. De nos jours, l'**arche sacrée** (une structure semblable à une armoire appelée tik) est posée sur une plate-forme dans la synagogue et elle contient les manuscrits de la Torah. Pendant la cérémonie, on prend le manuscrit de la Torah dans l'arche et on le déroule pour pouvoir le lire sur une table spéciale appelée *schulchan*. Le *schulchan* est habituellement recouvert d'un tissu décoratif de soie ou de velours.

Figure 6.12
En plus d'une porte, certaines arches sacrées ont un rideau intérieur. Lorsqu'on récite des prières, un membre de la congrégation peut ouvrir ou fermer la porte et/ou le rideau de l'arche. Le membre de la congrégation considère cette responsabilité comme un honneur.

Le clergé et les laïcs

Toute personne qui possède les connaissances et la formation appropriées peut diriger une cérémonie du culte, mais c'est généralement le maître de la prière qui le fait. Il s'agit habituellement du rabbin. Un rabbin est un érudit formé, un enseignant, un interprète de la loi juive, un conseiller et un officiant lors de cérémonies comme la bar-mitsvah (voir la page 236). Nombre de synagogues ont aussi un chantre, un chanteur qui psalmodie le service et qui peut également agir comme maître de prière.

Le culte

Les bénédictions

Berakhah signifie « bénédiction » et représente le fondement de la prière juive. Par la bénédiction, les juifs croient qu'ils reconnaissent, louangent, remercient et implorent Dieu. C'est la base du culte collectif, bien que cela fasse également partie de la prière personnelle. Il existe trois types de bénédictions. La première est une bénédiction de remerciement à Dieu pour la jouissance des cinq sens. Un exemple bien connu est le **quidouch**, une bénédiction récitée lorsque les gens prennent du vin spécialement sanctifié pour le sabbat ou un jour saint. Un autre type de bénédiction est celle que l'on récite avant d'exécuter une mitsvah afin de reconnaître que le commandement est donné par Dieu, et afin de remercier Dieu de la chance qu'il nous offre de remplir un précepte religieux. Un autre type de bénédiction est récité dans le but de louanger, de remercier ou d'implorer Dieu. On récite cette bénédiction au début de chaque fête.

Les services religieux

Lorsque les juifs prient en groupe, ils doivent rassembler un **minyan**, ou un quorum de dix hommes âgés de plus de 13 ans. (Les juifs réformistes et reconstitutionnalistes comptent les femmes dans un *minyan*.) Il y a trois services du culte par jour, qui se célèbrent en soirée, le matin et l'après-midi. Dans la tradition juive, le jour commence et se termine au coucher du soleil; c'est pourquoi le service du soir est le premier de la journée. On peut réciter le service du matin à tout moment entre l'aube et 10 heures. Le service de l'après-midi est une version très écourtée du service matinal.

La lecture de la Torah constitue le point central de certains services du culte pendant la semaine. La Torah se divise en 54 sections. Une partie est lue chaque semaine (deux semaines de l'année comportent une portion double) de façon à ce que toute la Torah soit lue, du début à la fin, au cours de l'année. L'achèvement du cycle de lecture et le début du prochain cycle ont lieu lors de la fête de Simkhat Torah, qui célèbre ce cycle.

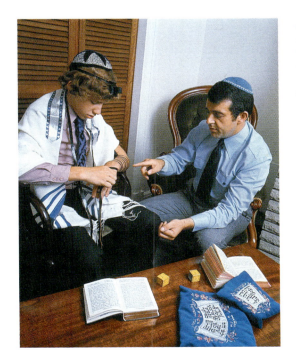

Figure 6.13
*Lorsqu'ils rendent un culte ou qu'ils étudient, les juifs mâles portent un calotte appelé kippa, ou **yarmulke**, pour montrer leur respect envers Dieu. Ils portent aussi un châle, ou **tallit**, pendant qu'ils prient. Les franges du tallit rappellent les commandements de Dieu et la nécessité de se conformer à ces commandements. Les **tefillin** sont deux petites boîtes de cuir contenant les rouleaux de parchemin du texte biblique. Les hommes juifs portent les tefillin, un sur le front et un sur le bras, chaque jour, pendant la prière matinale, sauf le jour du sabbat. Portes-tu certains vêtements pour signaler tes croyances ? Explique-toi.*

Figure 6.14
Le rabbin Harry Newmark, un inspecteur d'aliments kasher (qui signifie « autorisé ») à plein temps, surveille le processus de fabrication de la nourriture. Les lois kasher déterminent quels aliments on peut ou ne peut pas manger, et comment on devrait préparer et servir les aliments.

Recherche Internet

Pour en savoir plus, visite notre site au www.dlcmcgrawhill.ca

La Kacheroute

Le fait de manger kasher constitue une expression concrète de l'adhésion aux commandements (*voir la figure 6.14*). Les lois alimentaires de la Kacheroute servent à diverses fins. Premièrement, elles font des juifs un groupe identifiable. L'idée des aliments kasher souligne le caractère distinct des juifs par rapport aux autres. Deuxièmement, les lois sur l'alimentation kasher font appel à l'humanité et à l'humilité du peuple juif. L'humanité transparaît dans la méthode prescrite pour tuer les animaux de la manière la plus humaine possible. L'humilité est liée au degré de sollicitude et de gratitude que les juifs éprouvent envers Dieu pour la nourriture qui leur est procurée.

Le sabbat

Le sabbat, ou shabbat, représente peut-être le plus important rituel du peuple juif. Il se fonde sur les histoires de création de la Genèse. Le sabbat est le moment où on laisse de côté le travail, le magasinage, le ménage et même les devoirs ! Toutefois, ce n'est pas une période de restriction, mais de renouvellement. C'est l'occasion de consacrer du temps aux choses importantes de la vie, comme la prière, la famille et les amis.

Au coucher du soleil le vendredi, les juifs se rendent à la synagogue où le service débute en allumant des chandelles afin de rappeler la création – le premier acte de la création était : « Que la lumière soit. » À leur retour à la maison, les familles s'assoient pour le dîner du sabbat, qui commence avec le *quidouch* (la prière du vin). Pendant le repas, on bénit et on mange la challa, un pain aux œufs. Après le repas, on chante des chansons et on récite la prière de l'action de grâce.

Le matin du sabbat se passe en prières et en dévotions à la synagogue. Au coucher du soleil, le sabbat se termine par un bref service qui sépare le saint sabbat du reste de la semaine. Ce service a souvent lieu à la maison. Lorsqu'il se termine, les gens se saluent mutuellement en disant « *Shavua tov* » (« Que la semaine soit bonne »).

Le sabbat a joué un rôle considérable dans la religion juive. Peu importe où les juifs vivaient et peu importe leur situation ou les circonstances, le sabbat les a toujours soutenus en tant que peuple.

Les symboles

Les symboles religieux sont une représentation extérieure de Dieu. Aux yeux de beaucoup de gens, les symboles contribuent à fortifier leur relation avec Dieu. Ce qui est sûr, c'est qu'ils manifestent l'invisible d'une manière visible. Le peuple juif possède plusieurs symboles qui reflètent richement leur histoire.

Les symboles

L'étoile de David

Figure 6.15

Le symbole le plus connu du judaïsme est sans doute l'**étoile de David**, également connue sous le nom de Magen David (bouclier de David). C'est une étoile à six pointes, formée de deux triangles entrelacés. On croit que c'était la forme du bouclier de David. Bien que le symbole ait pu être utilisé à des fins magiques ou décoratives dans les temps anciens, il n'était pas exclusivement juif. La plupart des spécialistes croient que c'est seulement au XIXe siècle que le judaïsme a officiellement adopté ce symbole.

L'étoile de David a été encore plus étroitement identifiée au judaïsme lorsque les sionistes l'ont adoptée (voir la page 248) pour illustrer la nationalité juive au XXe siècle. Les juifs d'aujourd'hui voient l'étoile de David comme un symbole de la volonté de survivre et comme une source de fierté envers leur identité juive. Elle est mise en évidence sur le drapeau bleu et blanc d'Israël. De même, en Israël, le Bouclier rouge de David représente l'équivalent de la Croix-Rouge dans les pays chrétiens et du Croissant rouge dans les pays musulmans.

La menora

La **menora** est une très ancienne source de lumière. Lorsqu'on a bâti le temple de Jérusalem, la menora à sept branches est devenue un objet de culte essentiel. Après la destruction du second temple en 70 ap. J.-C., la menora fut amenée à Rome. De nos jours, beaucoup de non-juifs pensent que la menora est le candélabre à neuf branches qu'on utilise pour célébrer l'Hanoukka. Mais l'authentique symbole juif, c'est plutôt la menora à sept branches, une branche pour chacun des six jours de la création et une pour le sabbat. On l'utilise aussi comme le symbole de l'État moderne d'Israël.

Figure 6.16

QUESTIONS

1. Quelles semblent être les origines de l'étoile de David ?
2. À ton avis, l'étoile de David est-elle un symbole religieux ou politique ? Explique ta réponse.
3. Pourquoi la menora est-elle importante pour les juifs ?

Les fêtes

Les fêtes servent à rappeler aux gens leur histoire, et à les distinguer en tant que groupe confessionnel. Pense un moment à toutes les fêtes que célèbre ta famille. Certaines d'entre elles sont de nature religieuse ; d'autres sont laïques, comme ton anniversaire. Quel que soit l'événement, il exige d'habitude une certaine planification ; on prépare des mets particuliers, on invite la famille et les amis ; on échange souvent des cadeaux. Pour les juifs, les fêtes jalonnent l'année juive et représentent un temps consacré à la famille, à la tradition, à la joie et à la réflexion.

Rosh ha-Shana et Yom Kippour

Rosh ha-Shana, le nouvel an juif, a lieu en septembre ou au début d'octobre. Il amorce une période de dix jours de repentir, qui se termine par la fête de **Yom Kippour**. Les deux jours de Rosh ha-Shana et les huit jours suivants sont axés sur une évaluation de la conduite et du comportement au cours de l'année qui vient de s'écouler. Les juifs demandent pardon à Dieu et aux autres êtres humains pour leurs erreurs et leurs péchés. Le samedi soir qui précède Rosh ha-Shana, un service religieux du pardon a lieu à la synagogue. Le fait de sonner le **shofar**, la corne de bélier, constitue un rituel important au cours de cette cérémonie (*voir la figure 6.17*).

Aux temps bibliques, on utilisait le shofar pour rassembler les gens.

Également appelé le jour du Grand Pardon, Yom Kippour est la journée religieuse la plus solennelle de l'année juive, soulignée par un jeûne de 25 heures et des prières de repentir. Comme le devoir de repentir est très important, on évite ce jour-là les activités normales. Les signes de confort et de luxe sont interdits ; par exemple, les femmes évitent souvent de se maquiller. Le mari et la femme ne peuvent pas avoir de relations sexuelles. On ne peut ni boire ni manger afin de démontrer qu'il vaut mieux consacrer cette journée à la prière.

Hanoukka

Hanoukka, sans doute le jour férié juif le plus connu, est la fête de la dédicace ou fête des lumières. Cette période de huit jours, qui survient d'habitude en décembre, célèbre les événements de la révolte des Maccabées (voir les pages 221 et 222). Après que la petite armée eut reconquis le temple de Jérusalem, de nouvelles cérémonies de dédicace du temple eurent lieu pendant huit jours. Lorsque les gens essayèrent de rallumer la lampe sacrée du temple, ils découvrirent qu'elle ne contenait de l'huile que pour une journée. Selon la légende, l'huile a continué de brûler dans la lampe du temple pendant huit jours.

Dans le cadre de la célébration de Hanoukka, on allume une chandelle pour chacun des huit jours dans un candélabre spécial appelé la menora (*voir la figure 6.4*). La menora comporte neuf branches, une pour chacune des huit nuits de Hanoukka et une neuvième pour la chandelle connue sous le nom de *shammus* (servante), souvent placée au centre et utilisée pour allumer les autres chandelles. Chaque nuit, les familles se rassemblent afin d'allumer les chandelles et de réciter des

Figure 6.17
Le son du shofar, la corne de bélier, dans la synagogue constitue l'une des plus importantes manifestations de Rosh ha-Shana. Il y a quatre types différents de notes de shofar ; on joue en tout 100 notes par jour.

bénédictions spéciales. En Amérique du Nord, il est devenu habituel d'échanger des cadeaux à cette occasion.

Pessah

La fête de la Pâque a d'habitude lieu en avril et s'étend sur une période de sept ou huit jours. C'est un jour férié très important parce qu'il commémore la libération des juifs de l'esclavage – l'Exode (voir la page 219), le passage de l'esclavage à la liberté.

Plus que tout autre, ce jour férié célèbre le peuple juif comme étant le peuple de Dieu. Pendant toute la semaine de **Pessah**, les juifs ne mangent rien de *chametz*, c'est-à-dire aucune nourriture contenant du levain, afin de commémorer l'urgence avec laquelle les Hébreux ont dû fuir leur oppresseur. La veille de Pessah a lieu une recherche cérémonielle de nourriture *chametz*. C'est la dernière chance de trouver ce qui aurait été oublié lors des préparatifs de Pessah. De nos jours, un adulte cache souvent de la nourriture *chametz* quelque part dans la maison, puis les enfants la cherchent. Lorsqu'ils la trouvent, on récite une bénédiction.

Une autre coutume consiste, pour les garçons juifs premiers-nés, à jeûner le premier jour du festival. C'est en souvenir des premiers-nés égyptiens qui ont été tués pour que les Hébreux puissent se libérer de l'esclavage. On considère que ce jeûne souligne l'histoire et l'humilité.

Le **Seder**, un service rituel et un dîner cérémoniel, a lieu à la maison la première soirée de Pessah. Il comprend des chansons, de la nourriture spéciale et des prières de louange. On raconte, reproduit et explique les événements entourant l'Exode. Le livre qu'on utilise pour expliquer ces événements s'appelle **Haggadah**. Il est rempli de citations bibliques et d'interprétations des événements. Il décrit les rituels, les symboles, les objets et la nourriture utilisés pendant le seder.

Vérifie ta compréhension

1. Décris brièvement le rôle d'un rabbin et d'un chantre.

2. Explique brièvement le mot kasher.

3. Pourquoi crois-tu qu'il est important pour les juifs de célébrer le sabbat ?

4. Pourquoi Pessah est-elle une fête essentielle dans la vie des juifs ?

5. À ton avis, laquelle parmi les fêtes décrites dans cette section est la plus importante ? Pourquoi ?

LES ÉVÉNEMENTS MARQUANTS DE LA VIE

L'attribution du nom d'un enfant

En plus d'un nom conventionnel, le bébé reçoit un nom hébreu officiel qui est parfois choisi en souvenir d'un parent décédé. Ceci souligne l'importance que la confession juive accorde à la tradition. On n'utilise habituellement le nom officiel que dans le cadre des rituels religieux, comme la lecture de la Torah.

Les jeunes garçons juifs sont circoncis le huitième jour après la naissance. La **circoncision** est accomplie par un mohel formé selon la loi juive. Si le mohel est absent, un rabbin formé ou un médecin peut réaliser la chirurgie. Le garçon reçoit habituellement son nom pendant la cérémonie de circoncision, qui a lieu après les prières matinales à la synagogue. Les filles reçoivent leur nom à la synagogue un jour de sabbat, peu après leur naissance.

Le passage à l'âge adulte

Quand un garçon atteint l'âge de 13 ans, il célèbre sa **bar-mitsvah**, qui signifie « fils du commandement ». On le considère dès lors comme un adulte au sein de la religion juive. Au cours des mois précédant la bar-mitsvah, le garçon étudie et se prépare pour cette journée. La bar-mitsvah a habituellement lieu lors du premier sabbat, après son 13ᵉ anniversaire. Lorsqu'une fille atteint 12 ans, dans les communautés moins orthodoxes, elle célèbre sa **bat-mitsvah** (*voir la figure 6.18*), qui signifie « fille du commandement ». Les deux services religieux sont suivis d'une joyeuse réception.

Le mariage

Le mariage représente le deuxième grand événement de la vie d'une personne juive. Pour le peuple juif, il s'agit d'une partie importante de la vie parce que la famille joue un rôle prédominant au sein de la tradition juive. Même si une personne juive n'est pas obligée de marier quelqu'un de sa confession, on pense habituellement que c'est préférable. On croit que des difficultés pourraient survenir si une personne juive mariait quelqu'un qui ne comprend ou qui ne partage sa foi.

La plupart des mariages ont lieu dans une synagogue et sont célébrés par un rabbin. Les futurs mariés se tiennent debout sous un dais spécial appelé *houpah*, qui symbolise le foyer qu'ils partageront (*voir la figure 6.22*). Il est souvent orné de fleurs. Le couple boit un verre de vin qui a été béni. Le futur marié lit et signe le contrat de mariage, qui stipule que l'époux prendra soin de sa femme. Puis le futur marié donne un anneau à la future mariée. À la fin de la cérémonie, le futur marié écrase un verre avec son pied. Ce geste vise à rappeler aux deux membres du couple qu'ils vivront des expériences négatives aussi bien que positives au cours de leur vie conjugale, et qu'ils doivent y faire face ensemble. Il rappelle aussi la destruction du temple de Jérusalem.

Figure 6.18
Une jeune fille, membre d'une synagogue conservatrice de Thornhill en Ontario, célèbre sa bat-mitsvah. Dans les congrégations orthodoxes, on ne célèbre pas toujours la bat-mitsvah. Dans les traditions réformiste et reconstitutionnaliste, on lui accorde la même importance qu'à la bar-mitsvah. Au cours de l'année qui précède leur 13ᵉ anniversaire, les garçons et les filles (12ᵉ pour les filles) étudient une partie de la Torah qu'ils chanteront devant la congrégation. De plus, ils écrivent souvent un essai expliquant la partie étudiée.

Le divorce

Même si le judaïsme permet le divorce, il déploie beaucoup d'efforts pour décourager un couple de franchir ce pas. Les amis et la famille feront de leur mieux afin d'aider le couple à surmonter ses difficultés. Toutefois, si tout échoue, le mari remet à la femme un certificat de divorce appelé *get*. Si le *get* n'est pas donné, le mariage n'est pas considéré comme dissous même si le couple divorce civilement. Une fois le *get* émis, chacun est libre de se remarier dans la religion juive.

La mort

Les funérailles ont lieu le plus tôt possible, d'habitude au cours des 24 heures suivant la mort d'une personne. Le service funèbre est très simple. Le corps ne peut être incinéré parce qu'on croit que l'incinération détruit ce que Dieu a créé. Les juifs croient à la vie après la mort, mais cette croyance ne représente pas une partie importante de leur foi. Ils estiment plus important de se concentrer sur le présent.

La **shiva** est la période de sept jours de deuil qui suit les funérailles. C'est une période au cours de laquelle les membres de la famille du défunt sont à l'abri des responsabilités et des problèmes quotidiens. Tout de suite après les funérailles, on allume dans la maison une chandelle de shiva qui symbolise l'âme de la personne décédée. Les gens prennent alors un modeste repas, connu sous le nom de « repas de consolation », que préparent les amis et les voisins. Ce repas symbolise la nécessité de continuer à vivre et de commencer le processus de guérison. Pendant la période de shiva, les membres de la famille en deuil ne quittent pas la maison, et ce sont les amis et les parents qui leur rendent visite. Les personnes en deuil récitent la kaddish, appelée la prière des personnes en deuil. Dans certaines maisons, on recouvre les miroirs pour que les gens ne se regardent pas et évitent ainsi de faire preuve de vanité à un tel moment.

Vérifie ta compréhension

1. Pourquoi les juifs trouvent-ils important de donner à leurs enfants un nom hébreux ?

2. Pourquoi tes parents ont-ils choisi ton nom ?

3. À quel âge crois-tu qu'une personne atteint sa maturité ? Explique-toi.

4. Que représente le *houpah* ?

5. Compare les traditions funéraires du judaïsme à celles que l'on pratique éventuellement dans ta famille.

LES ÉCRITS SACRÉS

La Torah

Figure 6.19
Le rabbin Shmuel Spero, vêtu d'un châle de prière traditionnel (tallit), lit un passage de la Torah à la synagogue Anshei Minsk du marché Kensington à Toronto.

On appelle **Torah** les écrits sacrés du judaïsme. *Torah* se traduit souvent par « loi », mais il serait plus exact de traduire ce mot par « révélation », « enseignement » ou « instruction ». On emploie le mot *Torah* en faisant référence à la loi de Moïse, ainsi qu'à l'ensemble du système de croyances de la confession juive. La Torah écrite est surtout une description de l'évolution des relations entre Dieu et son peuple élu.

Il est intéressant de noter la façon dont les écrits sacrés ont été rassemblés. Ces décisions n'ont pas été prises à la légère; chaque livre a fait l'objet d'une étude et d'une discussion intenses avant d'être choisi ou rejeté. À la fin, on a atteint un consensus et certains livres ont été jugés « sacrés ». L'apparition de commentaires sur les écritures, connu sous le nom de Midrash (voir la page 224), a coïncidé avec l'acceptation de livres au sein des principes fondamentaux hébreux.

Comme nous l'avons vu à la page 224, des commentaires sur la loi sont également apparus dans le judaïsme à partir du temps de l'exil jusque vers 500 ap. J.-C. Ces commentaires ont finalement été connus sous le nom de Mishnah. À Babylone, les rabbins avaient rassemblé les documents aussi bien juridiques (Halacha) que non juridiques (Haggadah) en une compilation de documents appelée Gemara, ou apprentissage des rabbins. Ensuite, ils ont compilé la Gemara avec la Mishnah pour former le Talmud babylonien. Il existe aussi un Talmud palestinien compilé auparavant, mais le Talmud babylonien est devenu la norme pour l'administration de la loi juive.

Vérifie ta compréhension

1. Que signifie le mot Torah ?

2. Cite brièvement les autres textes importants du judaïsme.

Texte sacré

En plus d'être une partie fondamentale du judaïsme, les dix commandements sont devenus, au fil du temps, l'assise des principes moraux et juridiques qui régissent la plupart des nations occidentales. On utilise souvent les tables de la loi, ou *luchot*, en tant que symboles dans l'architecture des synagogues.

Les dix commandements
Exode 20, versets 2-14

Dieu prononça toutes ces paroles et dit : « Je suis Yahvé, ton Dieu, qui t'ai fait sortir du pays d'Égypte, de la maison de servitude.

Tu n'auras pas d'autres dieux que moi.

Tu ne te feras aucune image sculptée, rien qui ressemble à ce qui est dans les cieux, là-haut, ou sur la terre ici-bas, ou dans les eaux, au-dessous de la terre.

Tu ne te prosterneras pas devant ces dieux et tu ne les serviras pas, car moi Yahvé, ton Dieu, je suis un Dieu jaloux qui punit la faute des pères sur les enfants, les petits-enfants et les arrière-petits-enfants pour ceux qui me haïssent, mais qui fait grâce à des milliers pour ceux qui m'aiment et gardent mes commandements.

Tu ne prononceras pas le nom de Yahvé ton Dieu sans raison, car Yahvé ne laisse pas impuni celui qui prononce son nom sans raison.

Tu te souviendras du jour du sabbat pour le sanctifier. Pendant six jours, tu travailleras et tu feras tout ton ouvrage. Mais le septième jour est un sabbat pour Yahvé ton Dieu. Tu ne feras aucun ouvrage, toi, ni ton fils, ni ta fille, ni ton serviteur, ni ta servante, ni tes bêtes, ni l'étranger qui est dans tes portes. Car en six jours Yahvé a fait le ciel, la terre, la mer et tout ce qu'ils contiennent, mais il s'est reposé le septième jour, c'est pourquoi Yahvé a béni le jour du sabbat et l'a consacré.

Honore ton père et ta mère, afin que se prolongent tes jours sur la terre que te donne Yahvé ton Dieu.

Tu ne tueras pas.

Tu ne commettras pas d'adultère.

Tu ne voleras pas.

Tu ne porteras pas de témoignage mensonger contre ton prochain.

Tu ne convoiteras pas la maison de ton prochain ; tu ne convoiteras pas la femme de ton prochain, ni son serviteur, ni sa servante, ni son bœuf, ni son âne, rien de ce qui est à ton prochain.

QUESTIONS

1. Lesquelles, parmi ces « lois », considère-t-on importantes au Canada aujourd'hui ? Pourquoi ?

2. Si on te demandait de dresser une liste de ces commandements à partir du plus important jusqu'au moins important, comment les classerais-tu ? Prépare-toi à expliquer tes choix.

Portrait
Maïmonide
(1135–1204)

Figure 6.20

Maïmonide est le plus éminent des philosophes de l'histoire du judaïsme. Né à Cordoue, Maïmonide s'est installé en Espagne, puis au Maroc, en Palestine et, finalement, au Caire, en Égypte.

Maïmonide est devenu le principal rabbin du Caire ; la population juive de l'endroit l'appelait *nagid*, ou chef de la communauté juive d'Égypte. En plus de ses recherches scolastiques en tant que rabbin, Maïmonide était médecin de la cour de Saladin, le sultan d'Égypte et de Syrie. On ne peut sous-estimer sa contribution à la philosophie juive. Maïmonide a formulé les treize articles de la foi juive, qui précisaient clairement ce que signifiait être un juif croyant. Il a écrit la *Mishnah Torah*, une étude globale de la loi juive de quatorze livres en hébreu. Dans son *Guide des égarés*, Maïmonide réconciliait aussi la perspective du judaïsme rabbinique à la philosophie d'Aristote. Sa renommée à titre de rabbin et d'érudit éminent n'avait d'égale que ses réalisations remarquables en tant que médecin.

Les œuvres philosophiques de Maïmonide ont fait converger les croyances du judaïsme médiéval. En particulier, ses treize articles de foi mettaient les juifs au défi de connaître Dieu et de croire en lui. Les articles les incitaient aussi à reconnaître leur responsabilité de vivre comme des êtres créés par Dieu dans un univers créé par Dieu.

On en vint à considérer Maïmonide comme un « second Moïse ». Grâce à une brillante érudition et à un vif désir de donner un sens à la philosophie juive, Maïmonide a procuré au judaïsme une clarté et une nouvelle détermination, tout en faisant valoir et en honorant la puissance et la magnificence de Dieu. Les juifs ont adopté les treize articles de foi au XIVe siècle. Ils font maintenant partie, sous une forme poétique, du livre de prières juif et on les récite chaque jour dans les services religieux.

QUESTIONS

1. Dresse une liste sommaire des réalisations de Maïmonide.
2. Pourquoi appelle-t-on Maïmonide le « second Moïse » ?

Les groupes et les institutions

Tout comme les autres grandes religions, le judaïsme a évolué en plusieurs branches. Contrairement aux sectes juives de l'Antiquité (voir la page 222), ces branches sont relativement récentes. Au Moyen Âge, les communautés juives d'Europe se sont volontairement regroupées dans des **ghettos** ou ont été forcées de le faire. La plupart d'entre elles observaient les pratiques et rendaient un culte que l'on dirait aujourd'hui orthodoxe. À la fin du XVIIIe siècle, les juifs d'Europe de l'Ouest ont acquis des libertés civiles et furent davantage enclins à s'associer aux « Gentils » (non-juifs) ; ce faisant, les rabbins perdirent le contrôle rigoureux qu'ils avaient sur le peuple juif. C'était aussi l'époque des Lumières, qui donnait aux juifs la possibilité de s'intégrer davantage à la vie européenne. Certains juifs estimaient qu'ils devaient s'assimiler encore plus à la société européenne.

Pour les juifs qui envisageaient cette perspective, il semblait y avoir trois possibilités : continuer de se conformer à la tradition, s'assimiler totalement, ou apporter des changements et amener le judaïsme dans le monde moderne. La tradition semblait être en conflit avec le monde moderne, et l'assimilation totale signifiait qu'il fallait perdre son identité juive. Ainsi, le dernier choix – apporter des changements – offrait une solution. Ceci marqua le début de la division du judaïsme en plusieurs branches : orthodoxe, réformiste, conservateur et reconstitutionnaliste.

Le judaïsme orthodoxe

Les juifs orthodoxes acceptent d'emblée que « la Torah vient du Ciel ». On la considère comme « la parole de Dieu », telle qu'elle a été révélée *au* peuple juif. La nature de cette révélation représente une question importante dans la division du judaïsme et c'est l'une des différences fondamentales entre les branches. Le point de vue orthodoxe est que la Torah écrite et récitée constitue une communication évolutive de la volonté de Dieu. La Torah elle-même est donc d'origine divine et elle n'a pas changé en 3000 ans d'histoire juive. Elle est source de vérité, telle que révélée par Dieu et transmise de génération en génération. Le judaïsme orthodoxe prend racine dans les deux lois et nie que les humains puissent individuellement modifier l'enseignement de Dieu et l'adapter à leur volonté et à leurs besoins.

L'adhésion à la tradition signifie que les services religieux se déroulent en hébreu ; que le sabbat est strictement observé selon les règles issues de la tradition interprétative. On ne mange que des aliments kasher et on maintient souvent les rôles traditionnels des hommes et des femmes, selon lesquels ce sont surtout les hommes qui exécutent le culte et les rituels. Toutefois, plusieurs synagogues modernes d'Amérique du Nord adaptent présentement ces rôles. Alors que nombre de juifs orthodoxes doivent vivre dans le monde contemporain, ils conservent leurs pratiques et leurs lois juives, bien qu'ils aient adopté la façon moderne de se vêtir. La communauté hassidique constitue une exception : de nombreux hommes portent la barbe, des chapeaux noirs et de longs manteaux noirs, et plusieurs femmes se couvrent la tête et s'habillent de manière très pudique.

L'hassidisme

Le mouvement hassidique a débuté avec Israël ben Eliezer (env. 1700-1760 ap. J.-C.), aussi connu sous le nom de Ba'al Shem Tov ou le « maître du bon renom ». Il voyagea d'un endroit à l'autre en enseignant à des enfants et il acquit une réputation de faiseur de miracles, de guérisseur et de mystique. Grâce à ses efforts, le mouvement hassidique s'est attiré de nombreux adeptes, surtout en Ukraine. Les dirigeants instruits des communautés juives d'Europe de l'Est offraient des conseils qui semblaient souvent éloignés de la vie quotidienne de leurs disciples, issus pour la plupart des campagnes et peu instruits. Ben Eliezer conseilla à ses disciples de porter moins d'attention aux détails formels ; il croyait que l'humilité, les bonnes actions et la prière représentaient la meilleure façon de communiquer avec Dieu. On devait rechercher la présence divine dans les événements quotidiens – la véritable religion consistant en la connaissance de Dieu dans toute création. Il encourageait ses disciples à trouver de la joie dans leur vie et à ne pas se lamenter sur les misères passées.

L'approche hassidique était moins exigeante au plan intellectuel que l'approche du judaïsme orthodoxe dominant, et elle était donc plus accessible. Les adeptes devinrent connus sous le nom d'hassidim ou « les pieux ». De nos jours, il existe des juifs hassidiques en Israël, mais ils sont plus nombreux aux États-Unis, et leur siège se trouve à Brooklyn, dans la ville de New York.

Le judaïsme réformiste

Contrairement au judaïsme orthodoxe, le mouvement réformiste croit que la Torah écrite et parlée est d'origine humaine, et que Dieu permet à des générations successives de comprendre à leur façon la vérité de la Torah.

Au début du XVIIIe siècle, on a procédé à une réinterprétation du judaïsme à la lumière des nouvelles idées circulant en Europe de l'Ouest, où de telles réinterprétations n'entraient pas en conflit avec les principes fondamentaux du judaïsme. Le principal promoteur de cette nouvelle approche était Moses Mendelssohn, qui croyait que les juifs d'Allemagne devaient absorber autant de culture allemande que possible et jouir des mêmes libertés intellectuelles que les autres Allemands. Ceci impliquait le fait d'apprendre l'allemand et d'abandonner le yiddish, d'étudier des sujets laïques, d'apprendre un métier et d'être prêt à s'intégrer à la communauté élargie. Il y avait également un désir de revivifier le culte public juif en utilisant la langue vernaculaire (c'est-à-dire la langue locale plutôt que l'hébreu) dans les services religieux et les sermons, de même que dans les chœurs et la musique d'orgue.

Le mouvement réformiste s'est étendu à toute l'Allemagne et à d'autres pays européens. De nos jours, il a des adeptes dans 25 pays. Le judaïsme réformiste est venu en Amérique avec l'immigration des juifs européens. Ici, en plus de tenir des services en langue vernaculaire, le mouvement réformiste a aboli la cloison qui, dans les synagogues, séparait les hommes et les femmes. Trente-cinq pour cent des juifs américains sont réformistes. En Israël, où le mouvement prend de l'ampleur, il existe au moins quatre congrégations réformistes et deux kibboutz (colonies de fermes collectives) réformistes.

La première femme rabbin, Regina Jonas, a été ordonnée en Allemagne le 27 décembre 1935. Toutefois, ce n'est qu'en 1972 qu'une seconde femme, Sally Priesand, a été ordonnée rabbin au Hebrew Union College de Cincinnati. En 1980, Joan Friedman, du Holy Blossom Temple de Toronto, est devenu la première femme rabbin à œuvrer au Canada.

En 1883, on a servi un repas non kasher lors d'un dîner en l'honneur des premières personnes diplômées du Hebrew Union College. Il a été surnommé le banquet *terefah*, et l'indignation soulevée chez les traditionalistes a directement entraîné la formation de la section conservatrice du judaïsme.

Le judaïsme conservateur

Le judaïsme conservateur occupe le milieu entre la position orthodoxe et la position réformiste. C'est une branche importante, qui est concentrée aux États-Unis. Cette branche admet l'élément humain dans la révélation, c'est-à-dire que Dieu a révélé la Torah à la fois *au* peuple et *à travers* le peuple. Comme les juifs réformistes, les juifs conservateurs voulaient modifier l'ancienne orthodoxie pour l'adapter aux nouvelles réalités de la vie nord-américaine. Toutefois, ils ne pouvaient approuver le mouvement réformiste, jugeant qu'il abandonnait trop rapidement les pratiques et les principes enracinés dans la tradition.

Les synagogues conservatrices maintiennent l'ordre traditionnel des services religieux et les font surtout en hébreu. Tout en souhaitant préserver le meilleur des traditions juives, la branche conservatrice accorde une certaine souplesse dans l'interprétation de la loi juive. Par exemple, les hommes et les femmes s'assoient ensemble à la synagogue; les femmes peuvent participer aux services tout comme les hommes; et les femmes peuvent maintenant devenir chantres aussi bien que rabbins. À l'âge de 12 ans, on permet à la jeune fille de faire sa bat-mitsvah.

Le judaïsme reconstitutionnaliste

C'est le mouvement le plus récent, et celui qui connaît la croissance la plus rapide parmi les mouvements juifs concentrés aux États-Unis. Le mouvement, créé au cours des années 1930, qui se veut une ramification du judaïsme conservateur, se fonde sur la philosophie de Mordecai Kaplan (1881-1983). Il a pour objectif de « reconstruire » le judaïsme en rendant les traditions juives plus significatives dans le monde d'aujourd'hui – en mêlant la tradition et le changement. Le judaïsme réformiste affirme que le judaïsme est une confession en évolution et que, dans le passé, il s'est adapté aux nouvelles réalités. Pour expliquer leur position, les reconstitutionnalistes disent que « la tradition possède un droit de vote, mais non un droit de veto », et ils favorisent le point de vue selon lequel le judaïsme est « un travail en constante évolution » plutôt qu'un produit fini.

Les femmes dans le judaïsme

Pour les juifs orthodoxes, la loi juive procure une structure de base au sein de laquelle les individus peuvent exprimer leur propre personnalité. Ceci appuie l'idée que l'on peut être différent tout en étant égal. Dans le passé, le principal véhicule de l'expression et du devoir religieux des femmes orthodoxes était le travail de femme et de mère. On considère la vie au foyer comme un

Recherche Internet

Pour en savoir plus, visite notre site au www.dlcmgrawhill.ca

Figure 6.21
En 1985, Amy Eilberg devenait la première femme rabbin conservateur, au Jewish Theological Seminary de New York. Le rabbin Eilberg travaille actuellement en Californie. « La prière est la parole sous sa forme la plus pure. C'est notre cœur qui parle de sa propre voix, juste comme il en a besoin », dit-elle. Explique avec tes propres mots ce que veut dire le rabbin Eilberg.

Figure 6.22
Dans toutes les branches du judaïsme, les futurs mariés se tiennent debout sous une houpah, qui symbolise la maison qu'ils partageront. La houpah est si importante qu'on appelle parfois ainsi la cérémonie de mariage elle-même.

service divin et un monde de richesse, et on voit comme une vertu le fait de se consacrer aux autres. Contrairement à la croyance généralisée, les femmes peuvent mener des carrières à l'extérieur de la maison. D'habitude, les femmes portent des jupes ou des robes chastes; les pantalons peuvent se porter dans certains métiers. La plupart des femmes mariées se couvrent les cheveux en présence d'autres hommes que leur mari.

Les hommes et les femmes ne se mêlent pas pendant la prière, parce qu'on a le sentiment que la présence du sexe opposé pourrait provoquer la distraction. Le judaïsme orthodoxe voit les pratiques et les activités comme des devoirs et des obligations, et non sous l'angle de l'égalité des droits pour les femmes. La plupart des synagogues orthodoxes ne prétendent pas être égalitaires, dans le sens moderne du terme.

Au cours des 30 dernières années, le judaïsme conservateur a modifié son opinion sur la participation des femmes à la synagogue. Bien que ces politiques puissent varier d'une congrégation à l'autre, les femmes peuvent maintenant lire la Torah en public, faire partie d'un *minyan*, être appelées à la Torah, être ordonnées rabbin, servir comme chantre et porter le tallit et les tefillin.

Le mouvement réformiste croit en l'égalité des hommes et des femmes, et il a introduit d'autres mitzvoth et rituels afin de répondre aux besoins religieux des femmes. Le mouvement réformiste permet aussi aux femmes d'engager des procédures de divorce.

Vérifie ta compréhension

1. Quelles sont les quatre principales divisions du judaïsme?

2. Quels facteurs ont provoqué l'apparition du mouvement réformiste?

3. Comment les quatre grandes confessions religieuses diffèrent-elles en ce qui concerne la nature et l'interprétation de la Torah?

4. Quel événement a causé l'apparition du mouvement conservateur et pourquoi?

5. Comment les confessions religieuses voient-elles le rôle et le statut des femmes au sein du judaïsme?

Habiletés de recherche
La rédaction d'une dissertation

Pour bien des gens, l'idée d'écrire une dissertation en bonne et due forme peut être intimidante. Cependant, si tu compares la rédaction d'une dissertation à une expérience plus familière, cela peut t'aider à entreprendre ce devoir de manière plus confiante. Par exemple, pense à une télé série judiciaire, puis compare le processus d'écriture d'une dissertation au processus qu'utilise l'avocat de la série pour défendre sa cause devant le tribunal. Évidemment, dans ton « affaire », le lecteur représente le jury. La plupart d'entre nous défendons notre point de vue avec aisance quand c'est nécessaire; la rédaction d'une dissertation est simplement un processus d'écriture plus formel.

La rédactrice ou le rédacteur d'une dissertation élabore une « **thèse** » à partir d'une question clé sur un sujet particulier. Une thèse est essentiellement un argument qu'on a l'intention de démontrer, et la dissertation sert de plate-forme à cette argumentation. Pour écrire une dissertation efficace, tu dois connaître ton sujet en profondeur, et formuler soigneusement tes idées. Il est recommandé d'y penser et de la planifier bien à l'avance afin de pouvoir présenter tes arguments de façon logique.

Les étapes de la rédaction d'une dissertation

En préparant ta dissertation, suis les directives ci-dessous, mais n'oublie pas que chaque sujet exige une approche différente.

1. Analyse la question.
Lis très attentivement la question liée à la dissertation, et surligne les mots ou les phrases clés.

2. Effectue ta recherche avec soin.
Pour obtenir plus de renseignements, consulte les Habiletés de recherche dans Internet aux pages 104 et 105, les Habiletés de recherche concernant la recherche qualitative aux pages 175 et 176 et les Habiletés de recherche sur la recherche quantitative aux pages 152 et 153.

3. Trouve les principaux points.
Dresse une liste des principaux points que tu devras examiner dans la dissertation. Comme directive générale, prévois la rédaction d'un paragraphe par point. Organise les points selon un ordre logique, par exemple du général au particulier. Assure-toi d'utiliser les résultats de ta recherche pour appuyer et/ou développer ces points.

4. Utilise des organisateurs graphiques.
Utilise des tableaux, des diagrammes en T ou des cartes pour mieux organiser et classer tes idées. Si tu examines les deux aspects d'un argument, songe à classer tes idées dans un diagramme de Venn. Sois créatif! Tu peux même élaborer de nouvelles façons de classer tes idées en inventant ton propre organisateur graphique.

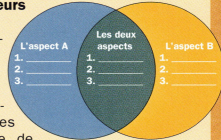

Un diagramme de Venn est utile pour comparer des arguments et déterminer les éléments qu'ils ont en commun.

5. Rédige la première ébauche.
Un devoir sous forme de dissertation comporte habituellement ces directives concernant la longueur, par exemple « rédige une dissertation de 1000 mots sur… ». La structure de la dissertation dépend souvent de la question à développer. Même si chaque sujet exige une approche différente, il existe certains éléments structuraux de base qui sont communs à toutes les dissertations :

L'introduction
- Commence avec un énoncé qui accroche le lecteur et qui met en contexte la question à développer.
- Présente le sujet au lecteur et fais référence à la question à développer, de même qu'aux mots clés et aux idées que tu as surlignés auparavant (étapes 1 et 3).
- Assure-toi d'énoncer clairement ta thèse, d'habitude dans la dernière phrase du premier paragraphe.

Habiletés de recherche
La rédaction d'une dissertation

Le corps du texte
- Développe les sujets de la liste ou du diagramme que tu as créé à l'étape 4.
- Si la question à développer exige que tu examines deux aspects d'un argument, envisag l'une de ces suggestions :
i) présente tous les points en faveur de l'aspect A en fournissant des idées et des preuves à l'appui, et suis la même procédure pour l'aspect B ;
ii) crée un tableau qui montre les arguments « pour » et « contre » de la question. Développe chaque point un par un, c'est-à-dire présente un argument en faveur de l'aspect A, puis répond avec l'argument contraire de l'aspect B.
- Ne perds jamais de vue ton sujet principal. Toutefois, il peut arriver que tu doives examiner une question connexe. Parfois, ces questions connexes appuient ton argument principal, alors que d'autres présentent des points de vue différents ou des exceptions. Trouve des moyens d'intégrer ces questions connexes de façon efficace, en évitant de rendre confus le flot de tes idées.

La conclusion
- Résume tes points les plus importants et énonce ta conclusion. Tu peux vouloir reformuler certains mots clés ou certaines phrases.
- Énonce à nouveau ta thèse de façon claire, d'habitude dans la première phrase du dernier paragraphe.
- Fais preuve de clarté et de concision.

6. Effectue une révision.
Souviens-toi que ta première ébauche n'est pas le « produit fini ». Une version préliminaire conduit toujours à l'étape importante du « milieu », au cours de laquelle tu peux améliorer ton travail, par exemple en modifiant des idées ou en éliminant complètement des éléments. Tu peux travailler avec une ou un camarade : vous pourriez réviser mutuellement votre documentation et suggérer des améliorations. Consulte également ton enseignante ou ton enseignant au sujet de possibles révisions. En vérifiant ta documentation ou celle de ta ou de ton camarade, examine les éléments suivants :
- Est-ce généralement facile à comprendre ?
- La question à développer a-t-elle reçu une réponse ?
- Les arguments sont-ils présentés logiquement ?
- Les faits sont-ils exacts ?
- Les citations sont-elles utilisées efficacement ?
- Y a-t-il une phrase que tu pourrais mieux formuler ?

METS EN PRATIQUE !

1. Rédige une dissertation comparant et mettant en opposition deux aspects du judaïsme, en incluant des références spécifiques à leurs origines et à leur évolution, à leurs principales croyances et à leurs pratiques.

2. Trace les grandes lignes des origines historiques de l'antisémitisme.

Mentionne tes sources !

Tu dois mentionner correctement toutes les sources dans lesquelles tu as puisé des citations ou des idées. Tu peux consulter les ouvrages suivants pour obtenir des renseignements sur la manière de citer les sources :

- *Le guide du rédacteur de l'administration fédérale*, ministère des Approvisionnements et Services Canada, 1983.

- *Le multidictionnaire de la langue française*, Marie-Éva de Villers, Éditions Québec-Amérique, 1997.

Remarque : Le fait d'utiliser les réflexions et les idées de quelqu'un d'autre sans en citer la source (intentionnellement ou non) s'appelle du plagiat. Le plagiat est un crime académique qui entraîne des sanctions telles que l'échec automatique d'un cours ou le renvoi d'un lieu de travail. Souviens-toi : quand tu n'es pas certain, mentionne la source.

L'INFLUENCE CULTURELLE

L'histoire du peuple juif constitue davantage une lutte acharnée qu'un triomphe facile. La perte, puis la recherche d'une patrie s'étale sur près de 2000 ans d'histoire juive. Les tragédies et les triomphes des juifs ont marqué la majeure partie du XXe siècle. Les juifs ont vécu une grande part de leur histoire loin des sources de leur foi, habituellement dans des territoires que contrôlaient le christianisme et l'islam, deux religions connexes mais parfois hostiles. L'union entre l'histoire et la foi représente un thème puissant et déterminant du judaïsme.

Les origines de l'antisémitisme

Pourquoi les adeptes au judaïsme ont-ils été l'objet de la haine et des préjugés pendant tant de siècles ? Les réponses sont complexes, mais elles doivent attirer l'attention sur le danger de la résurgence d'une haine puissante et irrationnelle dans notre société elle-même, que cette haine soit dirigée contre les juifs ou tout autre groupe.

- Dépourvus d'une patrie et forcés de vivre en petits groupes dans des communautés très dispersées, les juifs étaient d'éternels étrangers.
- Comme leurs coutumes religieuses et leur habillement étaient très différents, les juifs étaient considérés comme des gens étranges, différents et peu dignes de confiance.

Lauréats juifs du prix Nobel

Que ce soit le résultat de siècles de lutte, le regard qu'ils portent sur le monde, ou le soutien qu'offre les liens serrés de leur communauté, la proportion de juifs ayant accompli de grandes œuvres est élevée compte tenu de leur population. Un exemple parmi d'autres de la créativité et de l'influence du judaïsme réside dans le nombre de juifs qui ont reçu le prix Nobel. La liste qui suit en présente les principaux :

Nom	Domaine
Albert Einstein	Science
Élie Wiesel	Paix
Niels Bohr	Physique
Milton Friedman	Économie
Yitzhak Rabin	Paix
Isaac Bashevis Singer	Littérature
Nadine Gordimer	Littérature
Saul Bellow (né au Canada)	Littérature
Lev Landau	Physique
Franco Modigliani	Économie
Hans Bethe	Physique
Stanley Cohen	Médecine
David Lee	Physique
Harold Kroto	Chimie

- Leur interprétation de la Bible a incité certains chrétiens à reprocher à tous les juifs le meurtre brutal de leur sauveur, Jésus-Christ. Les attaques contre les juifs étaient souvent plus nombreuses pendant les fêtes de Pâques. Cette croyance a de profondes racines et, encore aujourd'hui, une minorité d'extrémistes y accordent foi.
- Comme il a souvent été interdit aux juifs de posséder une terre ou de détenir une citoyenneté, ils se sont souvent déplacés et ils ont eu peu d'occasions de s'intégrer en tant que membres à part entière de communautés.
- Lorsque des catastrophes frappaient les nations ou les collectivités, on blâmait souvent les juifs et on les utilisait comme boucs émissaires pour chaque problème, réel ou imaginaire.
- Au Moyen Âge, il était parfois interdit aux chrétiens de prêter de l'argent et de prélever un intérêt ; lorsque les juifs effectuaient ce travail, on les traitait de tricheurs et de voleurs qui gagnaient malhonnêtement leur vie.
- Plus tard, quand les juifs ont obtenu plus de liberté et de droits en Europe et qu'ils se sont mis à réussir dans plusieurs domaines, on devint jaloux et soupçonneux à leur endroit.

Le sionisme

En 1896, Theodore Herzl écrivait sur la nécessité d'avoir un État où les juifs pourraient vraiment être chez eux et jouir d'une liberté totale. En 1897, l'Organisation sioniste internationale fut fondée et commença alors la lutte moderne afin de récupérer la terre promise et d'édifier un État juif. Le **sionisme** représente l'idée et la promesse d'un retour du peuple d'Israël à la terre promise. Le XXe siècle naissant allait être témoin de la réalisation du rêve sioniste, mais, avant d'y parvenir, les juifs allaient devoir subir les horreurs de la Seconde Guerre mondiale, et le combat perpétuel et sanglant. Sion représentait un rêve qui devait se payer par le sang des Juifs aussi bien que des non-juifs.

Le XXe siècle

Au cours du XXe siècle, l'histoire juive est marquée par deux événements d'une ampleur et d'une importance considérables : la **Shoah**, ou **Holocauste**, et la naissance de l'État d'Israël. Pour une petite communauté ayant vécu une histoire si longue et si perturbée, le XXe siècle a constitué une série d'événements capitaux et chargés d'émotion. L'influence culturelle de ces deux événements sur la communauté juive et sur le monde continue de façonner le monde moderne.

Événement sans doute le plus connu du XXe siècle, l'Holocauste (*voir la figure 6.23*) a donné lieu au massacre de six millions de juifs, dont la moitié étaient des juifs européens. Seule la défaite de l'Allemagne hitlérienne a pu faire cesser le massacre. La libération des camps de la mort à la fin de la guerre a bouleversé le monde, et une nouvelle expression est née pour décrire cette horreur : les **crimes contre l'humanité**.

L'une des conséquences les plus directes et les plus dramatiques de l'Holocauste fut l'effort renouvelé des juifs qui avaient survécu pour réaliser le rêve sioniste. En 1948, avec un appui international croissant et par la force des armes, l'État d'Israël renaît en Palestine. Toutefois, au cours des 2000 ans écoulés depuis la diaspora, d'autres peuples ont habité la région et ils n'étaient pas disposés à accepter d'être déplacés et privés de leurs droits par le retour des juifs. Cette situation tragique a donné lieu à une guérilla et à des atrocités perpétuelles dans la région. Par moments, le monde entier a frôlé la guerre à cause des dissensions religieuses au Moyen-Orient. La tragédie de cette région, c'est que la réconciliation et la paix semblent très éloignées, et même hors d'atteinte.

Le judaïsme au Canada

Le judaïsme existe depuis longtemps au Canada et les juifs ont longuement lutté afin d'y être acceptés et traités de manière équitable. De nos jours, la communauté juive du Canada est prospère et contribue grandement à la société canadienne. Les plus grandes communautés sont à Toronto et à Montréal.

Les juifs sont arrivés au Canada au moment de la fondation de la Nouvelle-France. La première synagogue fut construite à Montréal en 1768, bien avant que le Canada ne devienne une nation. En 1882, la ville comptait trois synagogues. D'après le Congrès juif canadien, la plus forte vague d'immigration juive s'est produite au tournant du XXe siècle. Toutefois, comme cela s'est produit avec tant de nouveaux arrivants au Canada, certains juifs canadiens ont été confrontés au rejet et à l'hostilité (*voir la figure 6.25*). Bien que l'antisémitisme au Canada ait été différent de celui qu'avaient subi les juifs en Europe, pour un pays qui se dit fier de ses racines multiculturelles et de sa tolérance, l'histoire canadienne n'est pas exempte de préjugés et de discrimination.

Figure 6.23
Les peintures d'Aba Bayevsky représentant les camps de la mort nazis sont profondément émouvantes. Certains juifs croient que l'Holocauste était un test pour mettre leur foi à l'épreuve, et un commandement de Dieu leur ordonnant de survivre.

Figure 6.24
Charles Bronfman est un des fondateurs de Birthright Israel, un projet international qui permet à des membres de la jeunesse juive de se rendre en Israël pour la première fois. L'organisme croit que toute personne juive a le « droit fondamental » de pouvoir aller en Israël. Grâce à sa fondation CRB, M. Bronfman a accordé une subvention de 25 millions de dollars à Historica, une nouvelle fondation qui s'attache à mieux faire connaître l'histoire du Canada et de son peuple, ce qui représentera un défi.

Figure 6.25
En 1933, une émeute éclate au terrain de jeu Christie Pitts de Toronto après qu'une bannière portant la croix gammée eut été déployée pendant une partie de baseball à laquelle participaient des juifs. Cette scène est tirée d'un documentaire télévisé de 1996 intitulé « The Riot at Christie Pitts ».

L'antisémitisme
Les années 1930

La dure époque de la grande dépression a donné naissance à de nombreux groupes haineux désireux de trouver des boucs émissaires à blâmer pour la misère sociale et économique qui sévissait alors. De nombreux groupuscules fascistes ont été mis sur pied au Canada, et ils imitaient les fascistes européens avec leurs uniformes et leurs cris de haine. L'organisation la plus puissante était dirigée par Adrien Arcand, un imitateur fanatique d'Hitler et des nazis. Arcand était un antisémite virulent qui se servait de sa maison d'édition pour diffuser ses idées. Après le déclenchement de la Seconde Guerre mondiale, les organisations fascistes canadiennes ont été interdites, leurs journaux supprimés, et Arcand fut interné pour le reste de la guerre.

En juin 1939, le navire de ligne *St-Louis* est apparu le long de la côte est du Canada. Il transportait des réfugiés juifs qui fuyaient l'Europe menacée par les nazis. Ils avaient d'abord cherché refuge à Cuba et aux États-Unis, mais on leur avait refusé l'entrée. Lorsqu'ils se sont tournés vers le Canada, on leur refusa également l'entrée sur le territoire. La Seconde Guerre mondiale éclata peu après le retour du bateau en Europe, et près de la moitié des 907 passagers sont morts ensuite pendant l'Holocauste. Les politiciens canadiens n'étaient pas tous antisémites, mais plusieurs craignaient des réactions contre les juifs. Le refus de donner asile à ces réfugiés représente un des plus tristes épisodes de l'histoire du Canada.

L'après-guerre

Lorsque les véritables horreurs d'Hitler contre les juifs ont été révélées par la découverte des camps de la mort, le Canada et le monde ont davantage soutenu l'immigration juive et se sont penchés sur la protection des droits de la personne et de la suppression des groupes haineux. Le Canada a accueilli une multitude d'immigrants d'après-guerre, ce qui a stimulé le multiculturalisme que nous célébrons aujourd'hui, et suscité l'adoption de nos lois sur les droits de la personne. La Charte canadienne des droits et libertés a enchâssé de nombreux droits fondamentaux du peuple canadien. La plupart des provinces ont créé des forces policières et des pouvoirs juridiques qui répriment les crimes haineux. Le Canada est une société beaucoup plus tolérante et vigilante qu'elle ne l'était dans le passé. Toutefois, il est également vrai que chaque génération doit être prête à faire disparaître totalement les crimes haineux envers tout groupe de citoyennes et de citoyens du monde.

La lutte contre l'antisémitisme

Sept provinces canadiennes ont adopté des lois qui font de Yom HaShoah, ou Jour de l'Holocauste, une journée officielle du calendrier provincial. Il ne s'agit pas seulement de commémorer la terrible tragédie de l'Holocauste, mais également de mieux faire connaître la nature de fléaux sociaux comme le racisme, l'antisémitisme, les préjugés et la discrimination. Compte tenu de la nature multiculturelle de la société canadienne et de l'appui général du peuple canadien à la tolérance, cette journée souligne la préoccupation constante du peuple canadien à l'égard des préjugés. Pendant cette journée, qui se tient en avril, de nombreux étudiantes et étudiants participent à des activités particulières de sensibilisation.

La Semaine d'éducation sur l'Holocauste survient d'habitude à l'automne, et présente une variété de programmes éducatifs destinés aux étudiantes, aux étudiants et au grand public. On organise des activités partout au Canada afin de renseigner les Canadiennes et les Canadiens sur l'Holocauste, et pour s'assurer que cette brutale réalité ne soit jamais oubliée ou niée.

Vérifie ta compréhension

1. Quelles sont les preuves que l'antisémitisme a de profondes racines historiques ?

2. Décris brièvement les deux événements les plus importants de l'histoire juive du XXe siècle.

3. Quelles preuves particulières avons-nous que des Canadiennes et des Canadiens ont fait preuve d'antisémitisme au cours des années 1930 ?

4. De quelle façon le Canada combat-il l'antisémitisme aujourd'hui ?

5. Comment réagis-tu personnellement lorsque tu es témoin de préjugés et de discrimination ?

Étude d'une communauté

La congrégation Beth Tzedec de Toronto, Ontario

Figure 6.26
Le sanctuaire de la synagogue Beth Tzedec.

Beth Tzedec a été fondée en 1952 par la fusion de deux des plus anciennes congrégations juives, Goel Tzedec et Beth Hamidrash Hagadol. On consacra la synagogue le 9 décembre 1955. Beth Tzedec, qui regroupe 3000 membres, représente la plus importante congrégation conservatrice en Amérique du Nord. Elle rassemble plusieurs générations – quatre –, ce qui enrichit beaucoup la communauté.

Beth Tzedec a cinq objectifs : édifier un judaïsme qui s'affirme, intégrer le miracle de la Bible dans la vie quotidienne, cultiver l'amour de la tradition juive, inspirer le respect de la vie religieuse et favoriser l'affinité religieuse au sein de la congrégation. En plus de répondre aux besoins religieux de la communauté, Beth Tzedec s'occupe de deux autres domaines très importants : l'éducation et le service communautaire.

On considère l'éducation hébraïque comme le fondement de la structure religieuse de la communauté, et le mode de vie religieux comme le but du programme éducatif de Beth Tzedec. Cette congrégation a pour objectif d'enseigner à ses membres la valeur des traditions juives et l'importance de leur pratique. Le programme d'éducation comporte trois parties : l'école de jour, qui dispense un programme complet, de la

Figure 6.27 *Le rabbin Baruch Frydman-Khol.*

maternelle à la 9ᵉ année, à près de 400 élèves; un programme d'activités parascolaires, dans lequel on dispense un cours d'études hébraïques à 250 élèves; et un programme d'éducation aux adultes, comprenant des cours sur l'étude de la Bible et la culture juive. En plus des activités scolaires, on tient des assemblées scolaires et des services religieux pour les enfants dans la chapelle des jeunes. La synagogue abrite aussi un musée, qui possède une collection impressionnante de **judaïca** et qui est ouvert au public.

Le service communautaire s'appelle *hesed*, un mot hébreu qui signifie « tendre bonté » ou « justice ». Le Comité Hesed, composé de membres de Beth Tzedec, effectue des visites à domicile et à l'hôpital, de même que des visites de deuil, il reconduit des gens à la synagogue, et il s'assure que l'on prend soin des aînés et que l'on protège leurs droits. Les membres de la congrégation qui connaissent une personne ayant besoin d'aide peuvent appeler la ligne directe hesed (confidentielle).

Le rabbin Baruch Frydman-Khol est devenu le rabbin principal de Beth Tzedec en 1993. Il met l'accent sur la nécessité pour tous de participer à la vie juive, et il a pris le ferme engagement de procurer du hesed aux personnes malades, confinées à la maison ou en deuil. Depuis qu'il s'est joint à la congrégation, le rabbin Baruch Frydman-Khol a « ouvert » les services de la synagogue pour susciter une plus grande participation, et il a favorisé l'élaboration de programmes éducatifs. En plus de ses fonctions à Beth Tzedec, il est directeur de la Greater Toronto Jewish Federation. En 1992, l'Association for Religion and Intellectual Life lui a décerné un titre pour qu'il poursuive des recherches à la Divinity School de l'Université Harvard.

QUESTIONS

1. Quel est le but de la congrégation Beth Tzedec?
2. Pourquoi attache-t-on tant d'importance à l'éducation?
3. Que révèle le Comité Hesed sur la congrégation Beth Tzedec?
4. Quels changements le rabbin Frydman-Khol a-t-il apportés au fonctionnement de la congrégation Beth Tzedec?

Une question à explorer :
Les criminels de guerre nazis au Canada

La majeure partie du peuple canadien s'oppose clairement au racisme, aux préjugés et à l'idéologie fasciste, mais beaucoup de gens souhaitent reléguer ces atrocités dans la poubelle de l'histoire. Ils s'étonnent souvent que des personnes qui ont commis des crimes contre l'humanité aient pu être admis au Canada pendant la vague d'immigration d'après-guerre. Ces présumés criminels de guerre ont mené une vie de confort et de liberté dont ils ont privé si cruellement les autres pendant la Seconde Guerre mondiale. De toute évidence, nombre d'entre eux sont maintenant décédés, vieux ou invalides. Certains ont mené une vie exemplaire au Canada, ont travaillé d'arrache-pied, ont élevé une famille, et ont été des membres actifs de la communauté. La plupart de leurs voisins, et même des membres de leur proche famille, ignoraient leur passé sanglant. Certains Canadiens croient que « le passé, c'est le passé » et qu'on devrait laisser ces gens tranquilles afin qu'ils finissent leur vie, et qu'on ne devrait pas les punir pour des crimes survenus loin d'ici il y a plus de 50 ans.

D'autre part, ces criminels de guerre ont souvent menti ou caché leur véritable identité lorsqu'ils sont venus au Canada. Ils ont participé à des crimes contre l'humanité au cours desquels des millions de personnes innocentes ont été torturées et assassinées. S'en sont-ils tirés à bon compte ? En 1987, le gouvernement canadien adoptait une loi autorisant l'arrestation et le procès des criminels de guerre réfugiés au Canada. La Section des crimes de guerre a été mise sur pied afin de traquer ces criminels et d'entreprendre contre eux des poursuites judiciaires ou de les extrader vers des pays où l'on accepte encore de les accueillir. La Section a reçu 50 millions de dollars en 1998 pour renforcer et accélérer les enquêtes. Toutefois, il s'agit d'un processus difficile parce que les individus ont beaucoup changé, et que les témoins sont décédés ou que leur mémoire est devenue défaillante. Les procès peuvent être longs, ardus et dispendieux. Les familles et les communautés trouvent souvent le processus bouleversant et humiliant. Certains croient qu'on devrait cesser la chasse aux criminels de guerre ; d'autres croient que la seule façon d'obtenir ne serait-ce qu'une justice approximative pour les victimes est de faire le procès de leurs assassins.

Ce processus fait également partie de la tentative actuelle de présenter les crimes de haine et le **génocide** comme étant des plus abjects. En fait, ce processus a fait en sorte que le Canada s'est engagé à traduire devant les tribunaux tout citoyen ou résident canadien soupçonné d'avoir commis des crimes de guerre n'importe où dans le monde. En 1997, on a fait état de quelque 300 présumés criminels de guerre contemporains vivant au Canada. Leurs crimes présumés ont été commis au Rwanda, au Vietnam, au Cambodge, en ex-Yougoslavie, en Éthiopie et en Amérique centrale. On a resserré les procédures d'immigration canadiennes afin d'empêcher que de tels indésirables puissent entrer au Canada et obtenir la protection du système judiciaire canadien, un geste qui peut faire en sorte que le châtiment ne soit obtenu qu'au terme d'un processus long, lent et ardu.

QUESTIONS

1. Quels sont les arguments justifiant la poursuite et la condamnation des criminels de guerre nazis vivant au Canada, et quels sont les arguments qui s'y opposent ?

2. Que ferais-tu si tu découvrais qu'une personne âgée habitant ta rue est soupçonnée d'avoir commis des crimes de guerre pendant la Seconde Guerre mondiale ? Explique en détail.

Activités

Vérifie ta compréhension

1. De quelle nature était l'Alliance que Dieu a conclue avec Abraham et Moïse ?

2. Quelles ont été les répercussions de l'exil sur le judaïsme ?

3. Décris brièvement les contributions du mouvement rabbinique au judaïsme.

4. Quelles sont les sources principales de l'antisémitisme ?

Réfléchis et exprime-toi

5. En travaillant en petit groupe, décris un exode (un moment où tu as eu l'impression de prendre un nouveau départ) survenu dans ta vie.

6. Lequel des dix commandements trouves-tu le plus difficile à respecter ? Explique-toi.

7. À ton avis, jusqu'où une religion devrait-elle aller pour modifier ses pratiques afin de s'adapter aux changements de la société moderne ? Rédige un bref texte d'opinion.

8. Certaines personnes considèrent le judaïsme comme une religion, alors que d'autres le considèrent aussi comme une culture et une nationalité. Prends position et prépare-toi à la défendre lors d'une discussion en classe sur ce sujet. Ta réponse ne doit pas nécessairement être une de celles qui précèdent ; tu pourrais, par exemple, plaider que le judaïsme représente une combinaison de deux ou de trois de ces éléments.

9. En travaillant en petite équipe, conçois une campagne publicitaire pour annoncer la Semaine d'éducation sur l'Holocauste à ta communauté. Tu pourrais préparer des publicités radiophoniques, des brochures, des affiches, etc. Détermine soigneusement tes objectifs et discutes-en, puis mets en place une campagne efficace.

10. a) À ton avis, quels sont les avantages et les inconvénients d'épouser quelqu'un qui a la même religion ?

    b) Serait-il important pour toi d'épouser quelqu'un qui a la même religion ? Pourquoi ?

    c) Comment crois-tu que réagirait ta famille si tu épousais une personne d'une autre religion ?

11. L'un des dix commandements est : « Tu honoreras ton père et ta mère. » Observes-tu ce commandement ? Cette règle est-elle importante et utile dans ta vie ?

Applique tes connaissances

12. En ayant recours à Internet et à la presse écrite, effectue une recherche détaillée sur Birthright Israel ou sur un organisme semblable. Quels sont ses objectifs ? Qui est admissible au voyage en Israël ? Comment l'organisation est-elle financée ? A-t-elle du succès ? Existe-t-il des récits de gens qui y ont participé ? Qu'ont-ils pensé de cette expérience ? Quelle est ton évaluation personnelle de ce programme ?

13. En travaillant avec une ou un camarade, rédige une version moderne des dix commandements qui, d'après toi, pourrait servir de guide de conduite aux Canadiennes et aux Canadiens d'aujourd'hui. Dans quelle mesure tes suggestions ressemblent-elles aux dix commandements originaux ? Explique-toi.

14. Communique avec le poste de police local et demande des renseignements sur les crimes haineux commis dans ta région, et la façon dont on peut aider à les éliminer. Examine la possibilité d'inviter un membre de l'escouade contre les crimes haineux, à venir à ton école pour y présenter un programme de lutte contre les crimes haineux.

15. Rédige une dissertation sur l'histoire du conflit au Moyen-Orient, en utilisant les suggestions de la section du présent chapitre intitulée « Habiletés de recherche ». Quelles sont les leçons à tirer de ce conflit ? As-tu des idées de solution pratique à ce tragique conflit ? Explique-toi.

Glossaire

aliyah (f). Signifie littéralement « monter », immigrer en Israël ; on dit généralement en français « faire une aliyah ».

Alliance (f). Selon l'usage de la Bible, entente solennelle et exécutoire entre Dieu et l'humanité.

antisémitisme (m). L'hostilité et les préjugés envers les juifs.

arche d'Alliance (f). Un coffre de bois qui contenait les tables portant l'inscription des dix commandements. Le temple de Jérusalem est devenu la demeure de l'arche.

arche sacrée (f). Une structure semblable à une armoire qui, dans une synagogue, contient les manuscrits de la Torah.

bar-mitsvah/bat-mitsvah (f). Une cérémonie religieuse d'initiation d'un garçon juif de 13 ans ou d'une jeune fille juive de 12 ans. L'expression signifie « fils/fille du commandement ».

circoncision (f). L'ablation du prépuce du pénis. Abraham et sa famille ont été les premiers à être circoncis pour symboliser l'Alliance.

crimes contre l'humanité (m). Le meurtre, l'extermination, la réduction en esclavage, la déportation, la persécution ou tout autre acte inhumain commis envers une population civile ou un groupe identifiable.

diaspora (f). Mot grec signifiant « dissémination des graines » ou « dispersion ». Dans le contexte de l'histoire juive, on utilise « diaspora » en faisant référence à la population juive qui vit hors d'Israël.

étoile de David (f). Un dessin fait de deux triangles équilatéraux entrelacés. On l'utilise comme symbole juif et israélien.

Exode (m). L'événement important au cours duquel Moïse a libéré les Israélites de l'esclavage en Égypte et les a conduits jusqu'à la terre promise. Le mot *exodus* signifie « sortie » ou « départ ».

génocide (m). L'extermination de masse d'un groupe de personnes, plus particulièrement d'une race, d'un groupe religieux ou d'une nation.

ghetto (m). Un secteur d'une ville dans lequel des groupes minoritaires, comme les juifs, sont contraints de vivre. Le premier se trouvait à Venise, en 1516.

guerout (m). Le processus de conversion au judaïsme.

Haggadah. Le livre utilisé pour expliquer les événements entourant l'Exode.

Hanoukka. La fête de la lumière, d'une durée de huit jours, qui, tenue d'habitude en décembre, commémore la nouvelle consécration du temple.

hellénisation (f). Le processus qui consiste à adopter la langue et la culture grecques.

Holocauste (m). Le massacre de six millions de juifs par les nazis pendant la Seconde Guerre mondiale.

judaïca. La littérature, les coutumes, les objets rituels, les artéfacts, etc., qui revêtent une importance particulière dans le judaïsme.

kasher. Mot signifiant « autorisé ». Le fait de respecter les exigences des lois juives de la Kacheroute.

kippa (f). Une petite calotte que portent les juifs, et qu'on appelle aussi yarmulke.

menora (f). Un chandelier à sept branches, utilisé à la maison et à la synagogue lors du sabbat et des jours saints.

Messie (m). Signifie « celui qui a été consacré ». Les juifs espèrent qu'un grand roi viendra les diriger.

Midrash (m). L'interprétation de la Bible et les commentaires faits sur le texte sacré. En 100 ap. J.-C., les rabbins avaient compilé un ensemble considérable de commentaires concernant la Bible.

minyan (m). Une assemblée de dix hommes (ou de femmes dans certaines communautés moins orthodoxes) de plus de 13 ans, nécessaire à la tenue du culte.

Mishnah (f). Les anciens enseignements rabbiniques sur la façon de mener une vie conforme à la Torah. Elle a été compilée vers 200 ap. J.-C.

mitsvah (f). Un commandement de Dieu; le fait de réaliser une bonne action. Les dix commandements représentent les mitzvoth les plus connus.

monothéisme (m). Le fait de ne croire qu'en un seul Dieu.

Mur des Lamentations (m). La partie restante du mur du temple d'Hérode à Jérusalem où, selon la tradition, les juifs prient et pleurent les vendredis.

Pessah. La fête de la Pâque qui commémore, au printemps, la libération des Israélites de l'esclavage en Égypte, le passage de l'esclavage à la liberté.

peuple élu (m). L'idée selon laquelle Dieu a choisi le peuple juif comme gardien de son Alliance sur terre. Le concept d'« élu » est réciproque, car Dieu choisit l'humanité et l'humanité choisit Dieu.

prophète (m). La personne qui reçoit un message de Dieu et le transmet au peuple de Dieu. Le message appartient à Dieu et le prophète agit comme messager de Dieu.

quidouch (m). La bénédiction récitée lorsque les gens boivent du vin spécialement consacré pour le sabbat ou un jour saint.

rabbin (m). Un érudit ou un enseignant juif, en particulier de la loi; personne choisie comme chef de file religieux.

Rosh ha-Shana. La fête célébrant le nouvel an juif.

Seder (m). Le service rituel et dîner cérémoniel au cours de la première ou des deux premières nuits de la Pâque.

Sefer Torah (m). Les textes des cinq livres de Moïse, inscrits sur un parchemin. C'est l'objet le plus sacré du monde juif et il est essentiel au culte.

shiva (f). La période de sept jours de deuil qui commence immédiatement après les funérailles.

Shoah (f). Le terme hébreu qui signifie « destruction » et qui désigne l'Holocauste.

shofar (m). La trompette taillée dans une corne de bélier et utilisée pendant les cérémonies religieuses.

sionisme (m). Le mouvement qui était, à l'origine, en faveur de la réinstallation de la nation juive sur la terre promise, et qui œuvre maintenant en faveur de l'expansion de la nation juive dans ce qui constitue de nos jours Israël.

synagogue (f). Un lieu de rassemblement du culte qui est apparu pendant l'exil et qui est devenu important au cours de la période suivant la destruction des temples, en 586 av. J.-C. et en 70 ap. J.-C. Les synagogues représentent encore pour les juifs un lieu de culte privilégié.

tallit (m). Un châle de prière.

Talmud (m). Les enseignements rabbiniques tirés de la Mishnah. C'est la principale source d'enseignement juif de la période médiévale à aujourd'hui.

Tanakh. La Bible juive, qui comprend la Torah (la loi de Moïse), les prophètes et les écritures.

tefillin. L'une ou l'autre des deux petites boîtes contenant les rouleaux de parchemin du texte biblique, que portent des hommes juifs pendant la prière du matin, sauf le jour du sabbat.

terre promise (f). La région de Canaan qui, selon les Hébreux, leur a été promise par Dieu.

Torah (f). Fait référence à la loi de Moïse, de même qu'au reste des écritures hébraïques et à l'ensemble du système de croyances de la confession juive. Le mot Torah se traduit souvent par « loi », mais il se traduit mieux par « enseignement » ou « instruction ».

yarmulke. Petite calotte circulaire que portent les hommes juifs et qu'on appelle aussi une kippa.

Yom Kippour. Journée religieuse la plus solennelle de l'année juive, marquée par le jeûne et des prières de pénitence.

Arrivés au lieu dit « le Crâne », ils l'y crucifièrent ainsi que les deux malfaiteurs, l'un à droite, et l'autre à gauche. [...] L'un des malfaiteurs crucifiés l'insultait : « N'es-tu pas le Messie ? Sauve-toi toi-même et nous aussi ! » Mais l'autre le reprit en disant : « Tu n'as même pas la crainte de Dieu, toi qui subis la même peine ! Pour nous, c'est juste : nous recevons ce que nos actes ont mérité ; mais lui n'a rien fait de mal. » Et il disait : « Jésus, souviens-toi de moi quand tu viendras comme roi. » Jésus lui répondit : « En vérité, je te le dis, aujourd'hui, tu seras avec moi dans le paradis. »

Luc, 23, 33-43 (TOB)

Cette photo a été prise au Québec, à proximité du rocher Percé, en Gaspésie. Lorsque Jacques Cartier débarqua en Amérique du Nord en 1534, il érigea une croix à cet emplacement afin de revendiquer cette terre au nom de la France. Depuis l'arrivée des premiers colons, la présence catholique a toujours été très forte dans cette région.

Chapitre sept
Le christianisme

7

Examine la photographie et lis le passage de la Bible qui l'accompagne. Réponds ensuite aux questions suivantes :

1. Décris le paysage ci-contre. Quelle sensation éprouves-tu en le regardant ?
2. Quelle est la signification de la croix que l'on voit sur la photo ? Que représente-t-elle ?
3. Sur la base de l'extrait cité, quelles sont tes impressions à propos de Jésus-Christ ?
4. Comment les chrétiens commémorent-ils la crucifixion ?

Introduction

Environ un tiers des habitants de la planète se considèrent comme chrétiens ; ils vivent sur tous les continents. Ayant son origine sur le territoire qui correspond aujourd'hui à Israël, le christianisme existe sous une grande variété de formes, parmi lesquelles l'orthodoxie orientale, le catholicisme romain et le protestantisme. En dépit de divisions et de réformes continuelles, le nombre de chrétiens ne cesse de croître à l'échelon de la planète. Comment expliquer la puissance durable de cette religion dans le monde ?

Le christianisme offre à la fois un mode de vie satisfaisant sur terre et l'espoir d'une vie éternelle au ciel. Pour les chrétiens, ces promesses sont rendues possibles grâce à Jésus-Christ, la personne qui a donné son nom à la religion chrétienne. Les adeptes de Jésus croient qu'il est le fils de Dieu fait homme et le Sauveur du monde. Durant son ministère terrestre, Jésus enseignait que les hommes devaient s'aimer les uns les autres et pratiquer la compassion et le pardon. Ce principe d'amour, que Jésus appelait le « nouveau commandement », est essentiel dans la religion chrétienne. Les chrétiens croient également que Jésus est mort sur la croix pour racheter les péchés des hommes, c'est-à-dire pour les « sauver ». Ce salut offre à son tour la possibilité d'une vie éternelle au ciel, auprès de Dieu.

Le christianisme reste la religion de la majorité des Canadiennes et des Canadiens. Il est intimement lié à l'histoire du Canada. Ce sont des missionnaires chrétiens qui, en grande partie, ont entrepris la colonisation et les premières explorations, en particulier durant la période d'établissement de la Nouvelle-France. Par ailleurs, les premières luttes politiques de l'histoire canadienne ont souvent eu lieu entre chrétiens protestants et catholiques. De nos jours, alors que le Canada se présente nettement comme une nation multiculturelle et multiconfessionnelle, le christianisme continue à jouer un rôle essentiel dans la vie de beaucoup de Canadiennes et de Canadiens.

Objectifs d'apprentissage

À la fin de ce chapitre, tu pourras :

- déterminer les origines des croyances chrétiennes en ce qui concerne la création, la mort, Dieu et la vie après la mort ;
- définir les éléments qui ont influencé le développement du christianisme ;
- reconnaître les personnes qui ont joué un rôle important dans l'essor du christianisme et expliquer leur influence ;
- évaluer l'importance de concepts tels que la révélation, la résurrection et le salut ;
- comprendre le développement des institutions qui gouvernent la vie religieuse des chrétiens ;
- comprendre les différences de croyances, de symboles et de pratiques entre les diverses communautés chrétiennes ;
- déterminer les origines et les caractéristiques du Nouveau Testament et connaître ses passages les plus importants ;
- analyser la transformation du rôle des femmes dans les organisations, les pratiques et les écritures sacrées chrétiennes ;
- déterminer l'origine et la signification des pratiques, rituels, symboles et célébrations du christianisme ;
- comprendre la signification des symboles dans le christianisme, ainsi que leur relation avec les pratiques ;
- définir la façon dont les symboles chrétiens sont incorporés dans des pratiques civiles ;
- reconnaître que le Canada est une société diversifiée ayant un haut niveau de pluralisme religieux ;
- décrire la façon dont des personnes ont été influencées par les croyances chrétiennes dans leur lutte contre les pouvoirs établis de leur époque ;
- reconnaître d'importants événements marquants dans la vie d'une chrétienne ou d'un chrétien, et comprendre les symboles, l'art et la littérature associés à chacun d'eux ;
- mener une entrevue en profondeur en utilisant les techniques appropriées.

- **4 av. J.-C. (env.)**
Naissance de Jésus

- **30 ap. J.-C. (env.)**
Crucifixion de Jésus par des soldats romains

- **50-67 ap. J.-C. (env.)**
Paul diffuse le christianisme en Asie mineure et à Rome. Il écrit un grand nombre d'Épîtres du Nouveau Testament

- **70-100 ap. J.-C. (env.)**
Marc, Matthieu, Luc et Jean écrivent les quatre Évangiles du Nouveau Testament

- **325 ap. J.-C.**
Le concile de Nicée codifie les croyances chrétiennes dans le Credo de Nicée

- **1054 ap. J.-C.**
Un schisme divise l'Église orthodoxe orientale et l'Église romaine

• **2002 ap. J.-C.**
Les journées mondiales de la jeunesse rassemblent jusqu'à 250 000 jeunes à Toronto en juillet 2002

• **1962-1965 ap. J.-C.**
Le concile Vatican II présente des réformes dans les pratiques de l'Église catholique romaine

• **1984 ap. J.-C.**
Le pape Jean-Paul II se rend au Canada

• **1870 ap. J.-C.**
Le premier Concile du Vatican décrète l'infaillibilité du pape en matière de foi et de morale

• **1925 ap. J.-C.**
Les méthodistes, les congrégationalistes et un grand nombre de presbytériens fusionnent pour former l'Église unie du Canada

• **1517 ap. J.-C.**
Martin Luther mène la Réforme protestante (début de l'Église luthérienne)

• **1534 ap. J.-C.**
Le roi Henri VIII et le Parlement établissent l'Église d'Angleterre (appelée Église anglicane au Canada)

• **1095 ap. J.-C.**
Début de la première croisade

Chronologie

263

Le christianisme

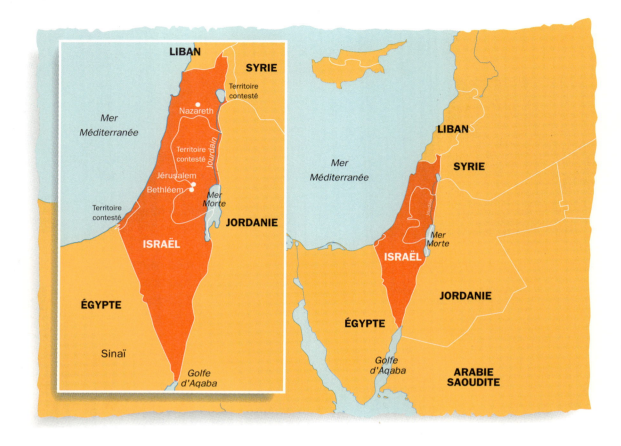

Figure 7.1
Le christianisme est né il y a environ 2000 ans dans le territoire qui correspond aujourd'hui à Israël. De quelle façon le christianisme est-il lié au judaïsme ?

Les origines

Il convient d'étudier le christianisme dans le contexte de son héritage juif. Comme nous l'avons vu dans le chapitre précédent, le judaïsme est une religion monothéiste, dont les principes se basent sur la croyance en un seul Dieu. Selon la tradition judaïque, Dieu a créé l'univers et tout ce qu'il contient, y compris les êtres humains. Par la voix de nombreux prophètes, Dieu a promis d'envoyer un Messie, c'est-à-dire un Sauveur. Pour les chrétiens, ce **Messie** n'est autre que Jésus-Christ, qu'ils considèrent comme le fils de Dieu.

Les données dont nous disposons sur Jésus-Christ proviennent essentiellement d'adeptes du christianisme, d'historiennes et d'historiens ou de fonctionnaires romains et juifs. Cette information s'est d'abord transmise de vive voix, puis, elle a été consignée par écrit, entre une et trois générations après la mort de Jésus-Christ. La source qui présente le récit le plus détaillé sur la vie de Jésus est le Nouveau Testament de la Bible, et tout spécialement les quatre premiers livres. Ceux-ci sont connus sous le nom d'**Évangiles** (un mot signifiant « bonne nouvelle ») de Matthieu, de Marc, de Luc et de Jean.

Le christianisme

Les premières années de la vie de Jésus

Sous le règne de César-Auguste (31 av. J.-C.-14 ap. J.-C.), l'Empire romain s'était étendu à la région qui correspond de nos jours à Israël (*voir la figure 7.1*), que l'on connaissait alors sous le nom de Palestine. La plupart des spécialistes de la Bible estiment que Jésus est né aux environs de l'an 4 av. J.-C. à Bethléem. Selon les écritures chrétiennes, Jésus a été conçu par la puissance du Saint-Esprit dans le ventre d'une vierge nommée Marie, qui était fiancée à Joseph. À cette époque, César-Auguste avait ordonné d'effectuer un recensement dans l'Empire romain. Pour se faire enregistrer, toute personne devait voyager jusqu'à sa ville de naissance. Marie et Joseph se rendirent donc à Bethléem, lieu de naissance de Joseph, pour s'y faire enregistrer. Comme ils ne pouvaient trouver un endroit où se loger, ils s'abritèrent dans une étable. C'est là que Marie donna naissance à Jésus, qu'elle installa dans une mangeoire (*voir la figure 7.2*). Non loin de là, un ange apparut aux bergers qui gardaient leurs moutons et annonça la naissance de Jésus:

> *Il y avait dans le même pays des bergers qui vivaient aux champs et montaient la garde pendant la nuit auprès de leur troupeau. Un ange du Seigneur se présenta devant eux, la gloire du Seigneur les enveloppa de lumière et ils furent saisis d'une grande crainte. L'ange leur dit : « Soyez sans crainte, car voici, je viens vous annoncer une bonne nouvelle, qui sera une grande joie pour tout le peuple. Il vous est né aujourd'hui, dans la ville de David, un Sauveur qui est le Christ Seigneur. »*
>
> Luc 2, 8-11 (TOB*)
>
> * TOB : Traduction œcuménique de la Bible.

Les bergers diffusèrent la nouvelle de la naissance de Jésus et vinrent lui rendre hommage. Ces détails sur la naissance du Christ figurent dans l'Évangile de Luc (2, 1-20). Des détails supplémentaires figurent dans l'Évangile de Matthieu. Selon ce dernier, trois mages (des hommes sages) originaires d'Orient suivirent une étoile qui les mena jusqu'au lieu de naissance de Jésus :

> *À la vue de l'astre, ils éprouvèrent une très grande joie. Entrant dans la maison, ils virent l'enfant avec Marie, sa mère, et, se prosternant, ils lui rendirent hommage ; ouvrant leurs coffrets, ils lui offrirent en présent de l'or, de l'encens et de la myrrhe.*
>
> Matthieu 2, 10-11 (TOB)

On connaît peu de choses sur les premières années de la vie de Jésus. Sa famille s'installa à Nazareth, une ville de Galilée située dans la partie nord du territoire qui correspond à présent à Israël. Jésus de Nazareth était le fils d'un charpentier. Il ne reçut probablement aucune éducation conventionnelle.

Figure 7.2
Cette peinture de Sandro Botticelli, intitulée Nativité mystique, montre la naissance de Jésus. Quelles caractéristiques de cette naissance l'artiste met-il en valeur ?

Le baptême de Jésus

Selon les écritures chrétiennes, un prophète appelé Jean le Baptiste allait préparer la voie pour Jésus. Il immergeait ses adeptes dans une rivière en guise de rite de **baptême**, afin de les laver de leurs péchés. Lorsque Jésus arriva au fleuve Jourdain pour se faire baptiser, Jean le reconnut et lui dit que les rôles devraient être inversés. Après que Jean eut baptisé Jésus, le **Saint-Esprit**, que les chrétiens considèrent comme la présence de Dieu donnant la vie, s'approcha de Jésus :

> *Dès qu'il fut baptisé, Jésus sortit de l'eau. Voici que les cieux s'ouvrirent et il vit l'Esprit de Dieu descendre comme une colombe et venir sur lui. Et voici qu'une voix venant des cieux disait : « Celui-ci est mon Fils bien-aimé, celui qu'il m'a plu de choisir. »*
>
> Matthieu 3, 16-17 (TOB)

Le ministère de Jésus

Jésus se retira dans le désert pendant quarante jours, durant lesquels il pratiqua le jeûne et fut tenté par le démon. À l'âge d'environ 30 ans, il retourna dans la région de Galilée et il commença à prêcher dans les synagogues. Il prêchait dans une perspective judaïque, mais son message constituait un défi aux idées traditionnellement acceptées. Aussi n'était-il pas très populaire dans tous les cercles religieux.

Jésus réunit autour de lui un groupe de **disciples**, c'est-à-dire d'apprentis spirituels. Il prêchait autant à des petits groupes que dans de grands rassemblements en plein air. Il se sentait à l'aise parmi le petit peuple et les exclus de la société. Il encourageait les gens à aimer leurs ennemis autant qu'ils aimaient leurs proches, et à pardonner les mauvaises actions d'autrui. Il conseillait et pardonnait même les plus grands pécheurs et les membres les plus méprisés de la société. Ainsi, dans l'Évangile de Jean, on le décrit en train de sauver une femme, accusée d'adultère, de la mort par lapidation (à coups de pierre).

Les Évangiles rapportent certaines œuvres spectaculaires, appelées miracles, qu'a réalisées Jésus durant son ministère. Par exemple, durant un banquet de noces à Cana, Jésus changea l'eau en vin. Il a aussi multiplié les poissons et les pains lors d'un rassemblement près de la mer de Galilée. Par un simple toucher, il guérissait celui qui avait la foi, qu'il souffre de lèpre, de cécité ou de tout autre maladie. Souvent, Jésus s'exprimait sous forme de paraboles, c'est-à-dire de récits moraux tirés de situations de la vie quotidienne, destinés à capter l'attention de l'auditeur (voir la page 292). Il utilisait ces **paraboles** pour mettre en évidence certaines valeurs et pour transmettre des leçons morales.

L'arrestation de Jésus

Au fur et à mesure que les adeptes de Jésus augmentaient, ses ennemis religieux et politiques se faisaient également plus nombreux. Jésus critiquait fortement les pharisiens, une secte juive qui suivait des règles strictes de pureté alimentaire. Les membres du sanhédrin juif – le conseil de gouvernement installé sous la domination romaine – craignaient que Jésus ne représente un danger pour leur pouvoir. Ils craignaient aussi que leurs maîtres romains ne les accusent d'incapacité à maintenir un ordre social strict dans la terre conquise d'Israël. De plus, beaucoup de gens voyaient en Jésus le fils de Dieu, ce que les autorités religieuses considéraient comme un blasphème.

Durant la troisième année de sa vie publique, pendant la Pâque juive, Jésus alla à Jérusalem. Tandis que la foule se précipitait pour l'accueillir avec des branches de palmier, les autorités religieuses préparaient son arrestation. Peu après son entrée dans la ville, Jésus partagea son dernier repas, celui de la Pâque, avec ses douze **Apôtres**, qui étaient ses disciples les plus proches. C'est ce qu'on appelle la **dernière cène**. Après le repas, tandis que Jésus s'était retiré pour prier dans une oliveraie, un groupe formé d'autorités religieuses et de soldats se dirigea vers lui. Le groupe était mené par Judas, l'un des Apôtres, qui avait trahi Jésus.

Arrêté, Jésus fut aussitôt accusé par le sanhédrin de blasphème – délit consistant à faire preuve de mépris envers Dieu par l'attribution de caractéristiques divines à ce qui n'est pas Dieu. Comme Jésus ne voulait pas renier ses affirmations, selon lesquelles il était le Messie ou le fils de Dieu, le conseil le déclara coupable. Le sanhédrin l'envoya alors à Ponce Pilate, le gouverneur romain, afin que celui-ci prononce la sentence. Pilate ne trouva aucune preuve de la culpabilité du prisonnier, mais il se plia aux exigences de la foule et ordonna que Jésus soit crucifié, c'est-à-dire cloué sur une croix de bois. Les Romains pratiquaient beaucoup ce mode d'exécution, car il suscitait la crainte au sein des populations conquises.

La mort et la résurrection de Jésus

Les Évangiles rapportent que les soldats emmenèrent Jésus sur la colline du Golgotha (mot signifiant « crâne ») pour le crucifier. Ils l'obligèrent à porter lui-même sa lourde croix, tandis que de nombreuses femmes, disciples de Jésus, le suivaient en pleurant et en criant. Les soldats clouèrent Jésus sur la croix, puis installèrent un panneau sur lequel était écrit : « Voici le roi des juifs. » Jésus est mort sur la croix dans l'après-midi, en présence de sa mère, Marie, et de plusieurs de ses disciples, parmi lesquels Marie-Madeleine. C'est ce qu'on appelle la **crucifixion**. Les chrétiens considèrent que cet événement se trouve à l'origine du pardon des péchés et de la promesse d'une vie éternelle (*voir la figure 7.3*).

Selon les écritures chrétiennes, on plaça ensuite le corps de Jésus dans une tombe creusée dans le roc. Trois jours après sa mort, Marie-Madeleine vint à la tombe, accompagnée d'autres femmes, afin de parfumer le corps de Jésus. Lorsqu'elles arrivèrent sur les lieux, le corps de Jésus avait disparu. Un ange apparut et leur déclara que Jésus était « ressuscité des morts ». Dans les jours qui suivirent, Jésus apparut aux femmes et à plusieurs de ses disciples. Les chrétiens appellent cet événement la **résurrection**.

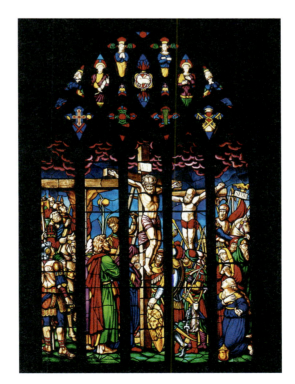

Figure 7.3
Ce vitrail représentant la crucifixion orne l'église de Leigh Delamere, dans le Wiltshire, en Angleterre. Quelle est la signification de la crucifixion pour les chrétiens ?

L'ascension de Jésus

Jésus ressuscité rendit visite à ses Apôtres, et il les appela à baptiser toutes les nations et à propager son enseignement :

> *Jésus s'approcha d'eux et leur adressa ces paroles : « Tout pouvoir m'a été donné au ciel et sur la terre. Allez donc : de toutes les nations faites des disciples, les baptisant au nom du Père et du Fils et du Saint-Esprit, leur apprenant à garder tout ce que je vous ai prescrit. Et moi, je suis avec vous tous les jours jusqu'à la fin des temps. »*
>
> Matthieu 28, 18-20 (TOB)

Les chrétiens croient que, 40 jours après la résurrection, Jésus est monté au ciel. Cet événement, appelé l'**Ascension**, a mis un terme au ministère de Jésus sur la terre et a marqué le début de deux millénaires de christianisme.

La Pentecôte

Avant la crucifixion, Jésus avait promis à ses Apôtres de les aider à propager la « bonne nouvelle » de son ministère : « Moi, je prierai le Père : il vous donnera un autre Paraclet qui restera avec vous pour toujours » (Jean 14, 16). Les chrétiens croient que le Paraclet, le Saint-Esprit, arriva le jour de la fête qu'ils appellent **Pentecôte**, 50 jours après Pâques. La croyance veut que, lors de cet événement, le Saint-Esprit accorda aux Apôtres divers dons spirituels et plusieurs aptitudes, comme celle de pouvoir parler diverses langues. À la suite de cela, les Apôtres se sont rendus à Jérusalem et ont proclamé leur foi avec ferveur. C'est pourquoi on considère souvent la Pentecôte comme étant la naissance de l'Église.

Les premiers chrétiens et les persécutions

Les Grecs furent parmi les premiers à se convertir au message des Apôtres. Ils adoptèrent le nom de chrétiens, mot dérivé de Christos, qui signifie « le Messie » en grec. Une génération après la mort du Christ, l'un des premiers missionnaires à participer activement à la propagation du christianisme aux frontières orientales de l'Empire romain fut Paul. Celui-ci fut actif à Chypre, en Asie mineure, en Macédoine et en Grèce. Celui qu'on appela plus tard saint Paul joua un rôle tellement important dans le développement du christianisme qu'on le considère parfois comme un Apôtre, alors qu'il ne figurait pas parmi les douze premiers Apôtres de Jésus.

L'atmosphère de tolérance et de paix qui régnait alors a favorisé la propagation du christianisme. L'Empire romain était avant tout un espace économique instauré et défendu par la force militaire. Aussi longtemps que le commerce se faisait le long du vaste réseau de routes qui convergeaient vers Rome, les empereurs acceptaient les différences culturelles et religieuses. La domination romaine fut donc une période de paix relative, la fameuse *Pax Romana*, qui favorisa l'essor rapide du christianisme. Quelques empereurs s'opposèrent cependant à la nouvelle religion, car ils cherchaient un bouc émissaire aux difficultés que traversait l'Empire. Aussi les chrétiens furent-ils parfois persécutés. Aux IIe et IIIe siècles ap. J.-C., tandis que le christianisme florissait et que l'Empire romain déclinait, les empereurs Decius, Valérien et Dioclétien ordonnèrent la destruction des églises, des objets et des livres sacrés. Des **martyrs** chrétiens, « témoins » qui moururent au nom de leur foi, furent emmenés au Colisée de Rome où, devant des foules en délire, ils furent dévorés par des animaux sauvages. Pendant cette période, les chrétiens de Rome furent forcés de pratiquer leur religion en secret, dans les catacombes, des souterrains aménagés dans lesquels ils brûlaient leurs morts (*voir la figure 7.4*).

Constantin, l'un des commandants de Dioclétien, devint à son tour empereur. Il décida de déplacer la capitale vers l'Orient, à Byzance, dans le pays aujourd'hui appelé la Turquie. Il légalisa le christianisme et fut le premier d'une longue liste de dirigeants chrétiens de l'Empire romain.

Figure 7.4
Les catacombes de Priscilla, à Rome, en Italie, furent le lieu de pratiques religieuses par les premiers chrétiens, à la fin du IIe siècle ap. J.-C. Comment les chrétiens furent-ils persécutés ?

Vérifie ta compréhension

1. Explique le rôle joué dans la vie de Jésus par :
   a) César-Auguste
   b) le sanhédrin
   c) Ponce Pilate

2. Développe rapidement les facteurs qui peuvent expliquer pourquoi la vie d'un homme pratiquant le bien s'est terminée par une cruelle crucifixion.

3. Comment les règles en vigueur dans l'Empire romain ont-elles à la fois favorisé et freiné la propagation du premier christianisme ?

4. S'il était possible d'avoir de nos jours un entretien avec Jésus-Christ, quelles questions lui poserais-tu ? Pourquoi ?

LES CROYANCES

Au cours des quelques générations qui ont suivi la crucifixion de Jésus-Christ, les communautés chrétiennes se sont développées depuis le Moyen-Orient jusqu'à Rome, en passant par la Grèce. En 325 ap. J.-C., l'empereur Constantin a présidé à Nicée, dans ce qui est de nos jours la Turquie, un très important concile regroupant 300 dirigeants de l'Église chrétienne. L'objectif était d'établir les principes essentiels de la foi chrétienne. Cette rencontre a donné lieu au Credo de Nicée, une déclaration de foi universellement acceptée par tous les chrétiens jusqu'à nos jours. Bien que le Credo de Nicée trace les grandes lignes des croyances fondamentales que partagent la plupart des chrétiens, il existe beaucoup de différences d'opinions entre les confessions chrétiennes sur certaines de ces croyances. Nous verrons ces divergences dans la partie de ce chapitre consacrée aux groupes et aux institutions (voir la page 296). Le Credo de Nicée original, datant de 325 ap. J.-C., déclare ce qui suit :

> *Je crois en un seul Dieu, le Père tout-puissant, créateur du ciel et de la terre, de l'univers visible et invisible. Je crois en un seul Seigneur, Jésus-Christ, le Fils unique de Dieu, né du Père avant tous les siècles : il est Dieu, né de Dieu, lumière, née de la lumière, vrai Dieu, né du vrai Dieu, engendré, non pas créé, de même nature que le Père, et par lui tout a été fait. Pour nous les hommes, et pour notre salut, il descendit du ciel ; par l'Esprit Saint, il a pris chair de la Vierge Marie, et s'est fait homme. Crucifié pour nous sous Ponce Pilate, il souffrit sa passion et fut mis au tombeau. Il ressuscita le troisième jour, conformément aux Écritures, et monta au ciel ; il est assis à la droite du Père. Il reviendra dans la gloire, pour juger les vivants et les morts ; et son règne n'aura pas de fin. Je crois en l'Esprit Saint, qui est Seigneur et qui donne la vie ; il procède du Père et du fils ; avec le Père et le Fils, il reçoit même adoration et même gloire ; il a parlé par les prophètes. Je crois en l'Église une, sainte, catholique et apostolique. Je reconnais un seul baptême pour le pardon des péchés. J'attends la résurrection des morts, et la vie du monde à venir. Amen.*

La création

Le début du Credo de Nicée met en évidence la croyance chrétienne fondamentale : Dieu est le créateur de l'ensemble de l'univers. Rien ne précise, cependant, qu'il faille croire que Dieu a créé l'univers étape par étape, en une semaine, tel que le décrit la Genèse, le premier livre de l'Ancien Testament.

Dieu

La croyance chrétienne en Dieu provient directement du judaïsme. Les deux religions s'accordent sur le fait qu'il n'y a qu'un seul Dieu, bienfaisant créateur de l'univers et de tout ce qu'il contient. Dans les deux religions, Dieu est considéré non seulement comme l'être suprême qui a dirigé toute la création, mais aussi comme un Dieu personnel, qui peut être approché par les personnes au moyen de la prière. Ce Dieu, plein de miséricorde et de pardon, choisit d'être un ami des hommes. Toutefois, Dieu fait aussi preuve d'autorité sur toute la création, y compris sur les forces du mal. Le christianisme d'aujourd'hui met l'accent sur l'amour de Dieu pour l'humanité, un amour dont la meilleure preuve est la souffrance et la mort de Jésus-Christ pour le pardon des péchés des hommes.

La Sainte Trinité

L'une des questions que les premiers chefs de l'Église ont débattues fut celle de la Sainte **Trinité**. Alors qu'on pourrait croire que, dans le christianisme, il existe trois dieux différents – Le Père, son fils Jésus et le Saint-Esprit –, tous ne forment qu'un seul Dieu, sous la forme de la Sainte Trinité. Les chrétiens doivent croire que Dieu le Père et Dieu le Fils sont une seule personne, et que Jésus-Christ est Dieu. Une telle formulation figurait parmi les objectifs du concile de Nicée, car si Jésus n'était pas reconnu comme Dieu, c'est tout l'échafaudage de la doctrine chrétienne qui se serait effondré, et la jeune Église se serait désintégrée. Le Credo déclare que Jésus est venu du ciel, où il ne faisait qu'un avec Dieu depuis l'origine des temps. Lorsqu'il est venu au monde, il se fit homme ; par conséquent, il était à la fois totalement humain et totalement divin.

Le Saint-Esprit

Les chrétiens perçoivent le Saint-Esprit comme la présence de Dieu donnant la vie. Cette présence les aide à vivre en bons croyants et à poursuivre l'œuvre commencée par Jésus. Selon la foi chrétienne, le Saint-Esprit pénètre chez ceux qui ont la foi, s'installe en eux et leur donne de l'énergie. Il s'agit d'une expérience semblable à celle que les Apôtres ont vécue lors de la Pentecôte.

Le salut et la vie éternelle

Pour les chrétiens, Jésus était un homme qui, dans les derniers jours de sa vie, a souffert pour le pardon des péchés et pour le salut des hommes. Depuis l'entrée du péché dans le monde – épisode que l'histoire d'Adam et Ève relate en termes théologiques dans l'Ancien Testament –, les hommes ont totalement cessé de vivre en harmonie avec la volonté divine. La mission de Jésus dans le monde consistait donc à établir un pont entre l'humanité et Dieu, afin d'obtenir le pardon des péchés et d'ouvrir la voie à la vie éternelle. La partie centrale du Credo de Nicée trace les grandes lignes des croyances chrétiennes portant sur le but de la vie du Christ sur la terre. Le fils de Dieu est venu pour donner aux hommes la possibilité d'être « sauvés », c'est-à-dire d'accéder à la vie éternelle, dans le ciel, après leur mort (*voir la figure 7.5*).

Le jugement dernier

L'un des aspects les plus intéressants du Credo de Nicée est sans doute la certitude que Jésus reviendra sur terre. Il reviendra pour réaliser le **jugement dernier**, c'est-à-dire pour désigner les personnes qui le rejoindront, corps et âme, dans le ciel. Tous les chrétiens morts ressusciteront pour vivre éternellement aux côtés de Dieu. Pour le christianisme, une personne sera récompensée par la perfection du ciel ou sera punie par des souffrances éternelles en enfer, selon qu'elle ait ou non pratiqué les enseignements donnés par Jésus pendant son ministère. Parmi ces enseignements figurent la capacité de pardonner, celle d'aider les pauvres dans leurs besoins essentiels, et celle de traiter les autres comme on voudrait soi-même être traité.

Figure 7.5
Cette peinture de Denis Maurice, intitulée Paradis, *représente le ciel. De quelle façon reflète-t-elle les croyances des chrétiens sur la vie après la mort ?*

Une question à explorer :

Figure 7.6

De nombreuses personnes ont des idées fausses sur le clonage. Ces idées peuvent provenir de la science-fiction populaire ou encore de comédies cinématographiques, telles que le film *Mes doubles, ma femme et moi* (*Multiplicity*), dans lequel un homme extrêmement occupé se fait cloner pour pouvoir assumer toutes ses obligations. Certains se demandent si un clone doit naître comme un bébé ou s'il peut être créé comme le double exact d'une personne, identique en tout, y compris en âge. D'autres décrivent un monde tristement parfait, peuplé de gens identiques. Une entreprise du nom de Clonaid promet que, pour 200 000 dollars, elle est en mesure de permettre à un individu d'accéder à la « vie éternelle ». Elle a déjà fait des arrangements pour cloner, aussitôt que la technologie le permettra, le bébé mort d'un couple américain.

Comment fonctionne le clonage ?

Les scientifiques prennent au départ un œuf fertilisé de l'espèce à cloner. Le noyau de cet œuf est soigneusement retiré, puis remplacé par le noyau d'une cellule différente prélevée chez la donneuse ou le donneur. Ce dernier peut être mort, pourvu qu'il ait été préservé par cryogénie (congélation rapide) immédiatement après sa mort. Le nouvel œuf est alors cultivé dans un embryon qui contient des « cellules souches » susceptibles de se développer en parties du corps, telles que des os, des organes ou de la peau. La biomédecine s'intéresse surtout au clonage en tant que moyen d'utiliser des cellules souches pour produire de nouvelles parties du corps et de nouveaux organes destinés au donneur lui-même, dans le cas où il en aurait besoin.

En 1997, des chercheuses et des chercheurs ont cloné avec succès la brebis Dolly (*voir la figure 7.6*). Depuis lors, on a cloné des souris, des cochons, des vaches et, plus récemment, un singe. Les scientifiques ont toutefois remarqué que les animaux clonés tendaient à souffrir d'une série d'anormalités physiques et de défauts génétiques susceptibles d'entraîner des problèmes psychologiques. Les chercheuses et les chercheurs doivent-ils poursuivre leurs expériences ou bien jouent-ils à être Dieu ? Que dire des abus potentiels que pourrait entraîner cette nouvelle technologie : les dictateurs et les terroristes pourraient-ils se cloner eux-mêmes ? Les riches auraient-ils la capacité de concevoir leurs enfants « sur mesure » ? Il y a une grande variété d'opinions sur ce point.

Le clonage des êtres humains constitue un exemple de problème éthique (c'est-à-dire moral) que posent la science et la technologie modernes. La capacité de reproduire artificiellement la vie humaine par le clonage est maintenant à portée de la main.

LE DÉBAT : Doit-on autoriser le clonage des êtres humains, ou sommes-nous en train de jouer à être Dieu ?

Les citations qui suivent sont extraites d'articles de journaux consacrés au thème du clonage humain.

« Le clonage du singe a déjà été réalisé. La possibilité de nous reproduire nous-mêmes, le genre humain, dans le cours des prochaines années, n'est donc vraiment plus une question de "si" ou de "si on peut", mais une question de "qui va le faire ?" »

Dr Joseph Martin, doyen de l'école de médecine de l'Université de Harvard.

« Nous croyons que le fait de tenter de cloner des êtres humains, alors que les problèmes scientifiques du clonage nucléaire n'ont pas été clarifiés, est un acte dangereux et irresponsable. »

Rudolf Jaenisch, biologiste, Massachusetts Institute of Technology

Le clonage humain

« Il y a un élan dans le monde scientifique pour aller plus loin dans le domaine des biotechnologies. Mais l'Église est d'avis qu'il faut approfondir les questions relatives à l'impact de telles technologies… nous devons être conscients de la différence entre arrogance et sagesse. »

Phyllis Creighton, représentante du diocèse de Toronto au synode général de l'Église anglicane du Canada (1998)

« Qui serait scandalisé à l'idée de ramener à la vie un enfant âgé de 10 mois mort accidentellement ? La technologie le permet, les parents le désirent et je ne vois là aucun problème éthique. »

Brigitte Boisselier, directrice de recherche chez Clonaid

Questions

1. a) Explique ce que l'entreprise Clonaid veut dire lorsqu'elle affirme que « le clonage permettra à l'humanité d'avoir accès à la vie éternelle ».

   b) Pourquoi les chrétiens réagiraient-ils de façon négative en face d'une telle affirmation ?

2. Effectue une recherche dans Internet pour connaître le point de vue des Églises chrétiennes sur la question du clonage humain.

3. Le clonage humain doit-il être autorisé ? Exprime ton point de vue à l'aide d'une brochure, d'une affiche ou de tout autre moyen d'expression personnelle.

Recherche Internet

Pour en savoir plus, visite notre site au
www.dlcmcgrawhill.ca

Le rôle des femmes dans le christianisme

Figure 7.7
Elizabeth Hardy est une ministre du culte à l'église anglicane St. Michael the Archangel de Scarborough, en Ontario.

La Bible prône l'égalité entre les sexes. Jésus lui-même a eu durant sa vie publique de fréquents échanges avec des femmes, qu'il traitait avec beaucoup d'égards. Il a protégé Marie-Madeleine, une femme « pécheresse », que les zélotes moralisateurs destinaient à la mort, et il ne la traita pas avec mépris malgré la mauvaise action qu'elle avait commise. Jésus se confiait à des femmes, leur révélant le motif de sa venue sur terre. Nombre de femmes, telles que Marie-Madeleine, figuraient parmi ses disciples les plus fidèles. Elles le suivirent lorsqu'il porta sa croix avant la crucifixion, et elles restèrent à ses côtés jusqu'à sa mort. Les disciples féminines de Jésus furent les premières à s'apercevoir de sa résurrection lorsqu'elles vinrent visiter sa tombe, et Marie-Madeleine fut la première personne à qui Jésus ressuscité apparut.

La lettre de Paul aux Galates a donné des précisions sur le statut des femmes chrétiennes et sur celui de toutes les autres personnes baptisées au nom de Jésus :

> *Car tous, vous êtes, par la foi, fils de Dieu, en Jésus-Christ. Oui, vous tous qui avez été baptisés en Christ, vous avez revêtu Christ. Il n'y a plus ni juif, ni Grec ; il n'y a plus ni esclave, ni homme libre ; il n'y a plus l'homme et la femme ; car tous, vous n'êtes qu'un en Jésus-Christ.*
>
> Galates, 3, 26-28 (TOB)

Toutefois, bien que Jésus ait transmis un message d'égalité entre les fidèles, l'Église s'est développée dans des sociétés largement dominées par l'homme, dans lesquelles la plupart des femmes étaient confinées à un simple rôle domestique d'épouses et de mères obéissantes.

Le christianisme moderne se montre plus ouvert à l'égalité des femmes. L'Armée du Salut fut la première église chrétienne à reconnaître un statut complet à la femme prêtre, sans doute parce qu'elle a été fondée par un couple marié, William et Catherine Booth (voir la page 304). De nos jours, des femmes ministres du culte sont ordonnées dans la plupart des églises protestantes (*voir la figure 7.7*).

> ## Vérifie ta compréhension
>
> 1. Distingue cinq croyances importantes du christianisme telles qu'elles sont présentées officiellement dans le Credo de Nicée.
>
> 2. Le christianisme, comme d'autres religions, promet la vie éternelle. Écris un paragraphe expliquant les raisons pour lesquelles les gens trouvent cette possibilité particulièrement attrayante.
>
> 3. Crois-tu à la vie après la mort ? Comment imagines-tu ce qui suit la mort ?
>
> 4. À ton avis, les femmes et les hommes ont-ils joué un rôle égal dans le christianisme ? Explique ta réponse.

LES PRATIQUES, LES RITUELS, LES SYMBOLES ET LES CÉLÉBRATIONS

Les pratiques et les rituels

Les rituels se définissent comme des cérémonies et des actes formels et établis, à travers lesquels les croyantes et les croyants rendent un culte à leur divinité. Ce sont des activités consacrées qui constituent une partie importante de l'appartenance à une religion. La plupart des confessions chrétiennes (mais pas toutes) ont développé des rituels formels pour le culte et la prière. La plupart de ces rituels se déroulent dans un lieu de culte, que l'on nomme église.

Certaines communautés chrétiennes ont un rituel simple dès que leurs fidèles entrent dans une église. Les chrétiens orthodoxes orientaux font le signe de la croix, allument une bougie et baisent les icônes (voir la page 280) représentant Jésus et d'autres figures religieuses, qui sont disposées à l'entrée. Les catholiques romains trempent deux ou trois doigts dans l'eau bénite au fond de l'église, puis font le signe de la croix avant de se rendre à leur place.

Le service du culte chrétien

Les principaux éléments du rituel du culte chrétien étaient déjà en place au IIe siècle ap. J.-C. Ils comprenaient ce qui suit : les prières, la lecture des Écritures, l'interprétation chantée de psaumes de l'Ancien Testament, la consécration du pain et du vin, et la collecte d'offrandes pour les pauvres.

De nos jours, le culte chrétien se déroule le dimanche dans la plupart des églises, mais de plus en plus d'églises protestantes organisent le service du culte le samedi en soirée. Dans la plupart des services chrétiens, on trouve ce qu'on appelle la **liturgie de la parole**, qui met l'accent sur les lectures et la prédication. Souvent, cette partie du culte comprend la récitation de déclarations de foi fondamentales, telles que le Credo de Nicée. Les lectures des Écritures – en particulier les Évangiles et les Épîtres du Nouveau Testament –, qui décrivent la vie et les enseignements de Jésus, sont une partie essentielle de la liturgie de la parole. Ces textes fournissent généralement le thème de l'homélie, qui est le sermon prononcé par le ministre du culte.

Le Livre des Psaumes, dont l'origine remonte à la vie quotidienne des Hébreux, est également un élément important du culte chrétien. À travers les Psaumes, le peuple juif exprimait sa foi et sa confiance en Dieu. Les chrétiens reprennent souvent des hymnes, des lectures et des prières du Livre des Psaumes pour leurs services religieux ou pour leur réflexion personnelle.

La Sainte Communion

La plupart des services du culte chrétien comprennent aussi la **communion**. Par celle-ci, l'assistance est invitée à partager un repas rituel, ainsi que le fit Jésus avec ses Apôtres lors de la dernière cène. Ce rituel, connu sous le nom de liturgie de l'eucharistie, commence par une procession menée par le célébrant, au cours de laquelle les offrandes sont déposées sur l'autel. Se déroulant à la suite de la liturgie de la parole, l'eucharistie comprend deux parties. La première est un rituel sacré de consécration, réalisé par le prêtre, destiné à préparer les éléments du repas. Ensuite, le pain et le vin (ou le jus de raisin) consacrés, symbolisant le corps et le sang du Christ, sont partagés solennellement par l'assemblée des fidèles. On présente aux personnes qui communient une galette de pain sans levain et une gorgée de vin, un verre de jus de raisin ou encore un morceau de pain trempé dans du vin consacré. Les communiantes et les communiants font la file pour recevoir la communion ; parfois, le prêtre (et ses assistants laïcs) se déplace dans l'assemblée. Les diverses branches du christianisme interprètent ce rituel de façon très différente, ainsi que nous le verrons dans la partie consacrée aux rites de passage (voir la page 285).

La prière chrétienne

Les chrétiens pratiquent la prière individuellement et en groupe. Le « Notre Père », qui est la prière la plus largement utilisée dans l'ensemble du christianisme, est récité par l'assemblée lors des services du culte. Dans l'Évangile de Matthieu, Jésus enseigne cette prière à ses disciples :

> *Notre Père qui es aux cieux, fais connaître à tous qui tu es, fais venir ton Règne, fais se réaliser ta volonté sur la terre à l'image du ciel. Donne-nous aujourd'hui le pain dont nous avons besoin, pardonne-nous nos torts envers toi, comme nous-mêmes nous avons pardonné à ceux qui avaient des torts envers nous, et ne nous conduis pas dans la tentation, mais délivre-nous du Tentateur.*
>
> Matthieu, 6, 9-13 (TOB)

Traditionnellement, les chrétiens catholiques romains utilisent cette prière comme une partie de la « récitation du chapelet ». Le **chapelet** (*voir la figure 7.8*) est une petite chaîne comprenant une croix et des grains disposés en cinq « dizaines », ou groupes de dix. Lorsqu'il récite le chapelet, le fidèle commence chaque dizaine en prononçant le « Notre Père ». Celui-ci est alors suivi par la récitation d'autres prières comme le « Je vous salue Marie » et la « Gloire au Père ».

La méditation contemplative

Beaucoup de chrétiens lisent la Bible en méditant et en réfléchissant. Depuis ses débuts, l'Église encourage les chrétiens à prendre des initiatives – que ce soit au moyen du jeûne, de la prière ou de la méditation – devant mener à des expériences religieuses mystiques susceptibles de les rapprocher de la présence de Dieu.

Le jeûne

Le jeûne est la privation de nourriture, ou de certains aliments, pendant une période déterminée. Les croyantes et les croyants l'utilisent souvent comme un moyen de demander le pardon pour leurs mauvaises actions ou pour participer de façon plus complète aux préceptes religieux et à leur signification profonde. Par exemple, les chrétiens peuvent pratiquer le jeûne pour partager symboliquement les souffrances du Christ ou de l'affamé, ou encore pour économiser de l'argent qui sera donné en offrande aux pauvres. Beaucoup de chrétiens jeûnent durant le Carême, la période précédant Pâques, pour commémorer les quarante jours durant lesquels Jésus a jeûné dans le désert.

La pratique du don

Donner aux autres est une pratique très importante dans la foi chrétienne. On s'attend à ce que les chrétiens donnent une contribution financière à leur église ou qu'ils offrent leurs services pour des tâches particulières, par exemple la participation à une chorale. Dans certaines églises, on peut demander aux membres de donner la dîme, c'est-à-dire la dixième partie de leurs revenus. Des services peuvent aussi être rendus non seulement à l'église elle-même, mais à la collectivité. Les chrétiens peuvent être appelés à se joindre à des groupes ou des associations charitables, tels que *Habitat pour l'humanité*, un groupe chrétien de bénévoles dont l'objectif est de construire ou de rénover des maisons pour les familles défavorisées, tant sur le plan local que dans le monde entier. En effet, pour les chrétiens, le don exprime une solidarité envers les pauvres et tous ceux qui souffrent de famine ou d'un désastre naturel, au-delà même de leur propre collectivité.

Les pèlerinages chrétiens

Les chrétiens font des pèlerinages dans le but d'approfondir ou de développer leur foi, ou encore pour obtenir une

Figure 7.8
Le chapelet est utilisé par certains chrétiens durant la prière.

faveur spéciale de Dieu. Les pèlerins sont des voyageurs religieux se rendant à un lieu saint ou à un événement religieux particulier. Par exemple, durant l'été 2002, quelque 250 000 jeunes du monde entier sont venus à Toronto, où ils ont écouté les paroles du pape à l'occasion des Journées mondiales de la jeunesse. Chaque année, de nombreux chrétiens de toutes les communautés font des pèlerinages dans des lieux saints où certaines personnes ont vécu de fortes expériences religieuses, telles que des apparitions. Ils se rendent également en Terre Sainte pour visiter les lieux en relation avec la vie de Jésus.

Lieu saint
L'église du Saint-Sépulcre

L'église du Saint-Sépulcre, à Jérusalem, est probablement le bâtiment que l'ensemble des chrétiens considèrent comme le plus sacré. On croit que ce lieu de culte est situé sur l'emplacement de ce qui fut la colline du Golgotha ou du « crâne », que les Évangiles décrivent comme l'endroit où Jésus a été crucifié et enterré. Ces importants lieux bibliques étaient situés très près l'un de l'autre, dans une ancienne carrière de pierres, à l'extérieur des anciennes murailles de Jérusalem. Les premiers chrétiens les connaissaient, et les recherches archéologiques semblent confirmer ces affirmations.

La première église du Saint-Sépulcre fut construite sur ce site par l'empereur Constantin, à la suite du concile de Nicée en 325 ap. J.-C. Elle remplaça un temple et une place que les Romains avaient construits au sommet de la colline, environ un siècle après la mort du Christ. Les forces perses et arabes ont détruit partiellement l'église de Constantin en 614, puis une nouvelle fois en 1009 ap. J.-C., mais, chaque fois, elle fut reconstruite. L'église actuelle du Saint-Sépulcre a été construite, en grande partie à partir des matériaux d'origine, en 1149 ap. J.-C. C'était alors le temps des croisades chrétiennes pour revendiquer la Terre Sainte. Ce bâtiment englobait des petits lieux de culte qui avaient été construits pour marquer l'endroit de la crucifixion et de l'enterrement. La chapelle de Sainte-Hélène, située sous l'église du Saint-Sépulcre, revêt aussi une signification spéciale. La tradition chrétienne affirme que c'est là qu'Hélène, la mère de Constantin, a trouvé le bois de la croix de Jésus durant la construction de l'église originale.

Aujourd'hui, plusieurs communautés chrétiennes se partagent l'église, et des millions de visiteurs et de pèlerins du monde entier viennent la visiter chaque année. Les pèlerins y commémorent le Vendredi Saint (voir la page 282) en entonnant des prières et en lisant les Évangiles, tout en refaisant le chemin parcouru par Jésus jusqu'au lieu de sa crucifixion.

Figure 7.9

QUESTIONS

1. Cherche la signification du mot « sépulcre » dans un dictionnaire. Pourquoi ce nom convient-il particulièrement à l'église construite par Constantin à Jérusalem ? Pourquoi toutes les communautés chrétiennes visitent-elles ce lieu saint ?

2. Fais une liste séquentielle des différents usages du site de cette église, en commençant par la carrière de pierres des origines. Comment ces changements ont-ils compliqué le travail récent des archéologues ?

Les symboles et les emblèmes

Comme la plupart des religions du monde, le christianisme est riche en symboles et nombreux sont ceux qui font particulièrement allusion à Jésus-Christ. Les diverses communautés chrétiennes utilisent les symboles de façon différente : cela peut aller du symbolisme décoratif de l'orthodoxie orientale, jusqu'à la simplicité austère de certaines églises protestantes évangéliques.

Les symboles et les emblèmes

La croix

Suspendu à une croix, Jésus fut condamné à une mort lente, pénible et publique. Les Évangiles décrivent la façon dont il fut cloué à la croix par les mains et ses pieds. La croix rappelle aux chrétiens que cette mort cruelle eut lieu pour le salut de l'homme. Elle symbolise leur conviction que Dieu aime les hommes à un point tel qu'il donna son Fils en offrande par amour pour l'humanité.

L'Église chrétienne des premières années n'utilisait pas le symbole de la croix, en raison de l'horreur et de la souffrance qu'inspirait cette forme d'exécution. Avec le temps, toutefois, il devint acceptable d'utiliser la croix en tant que symbole du christianisme.

Les croix peuvent prendre différentes formes (*voir la figure 7.10*) et servir à de multiples utilisations. La croix latine est celle qu'utilisent essentiellement les protestants et les catholiques romains. La croix grecque est surtout utilisée par les chrétiens orthodoxes orientaux. La croix celtique prédomine en Irlande et en Écosse, tandis que la croix aux extrémités évasées est généralement associée à Malte. Les chrétiens orthodoxes et catholiques romains font le signe de la croix sur leur corps en se touchant successivement le front, la poitrine et les épaules.

On peut faire usage des croix religieuses de différentes manières : sous forme de bijoux identifiant les croyants, en tant qu'élément de pierre tombale, ou encore sur les flèches et les tours des églises. À l'intérieur d'une église, le symbole de la croix peut décorer l'autel, les récipients utilisés pour la communion et les vêtements portés par le ministre du culte ou le prêtre.

Le symbole de la croix figure aussi sur les drapeaux de plusieurs pays de tradition chrétienne. Parmi ceux-ci, on compte la Grèce, la Suisse, la Norvège, la Suède et la Finlande. Le drapeau de la Grande-Bretagne contient en fait trois croix superposées, l'une de celles-ci étant la croix de Saint-André, en forme de X, qui symbolise l'Écosse.

Figure 7.10

Latine, Grecque, Celtique, Malte, Saint-André

Questions

1. Quelle est ton opinion concernant l'utilisation de la croix sur les drapeaux nationaux ? Explique-toi.

2. Au Canada, comment la croix est-elle utilisée dans les cérémonies civiques (publiques ou d'État) ?

Figure 7.11

Le khi rhô

Un autre symbole représentant Jésus est le khi rhô, qui ressemble à un X superposé à un P majuscule (*voir la figure 7.11*). Il s'agit des deux premières lettres du mot grec ΧΡΙΣΤΟΣ, qui signifie «Christ». Utilisé par les premiers chrétiens, ce symbole figure sur les habits et sur d'autres objets religieux dans certaines Églises chrétiennes.

Le poisson

Le symbole du poisson, qu'utilisent certaines Églises chrétiennes, rappelle les mots de Jésus à ses premiers disciples: «Venez à ma suite, et je ferai de vous des pêcheurs d'hommes» (Marc, 1, 17). Ce symbole est donc en relation avec la propagation de la parole de Jésus. On l'associe également au mot qui signifie poisson en grec ancien, ΙΧΟΥΣ, qui est un acronyme pour «Jésus-Christ Fils de Dieu Sauveur». Cela fait du poisson un symbole de la personne de Jésus (*voir la figure 7.12*). La tradition raconte que les chrétiens utilisaient le poisson en tant que signe d'identification pendant les périodes de persécution.

Figure 7.12

Les icônes et les images

Les icônes ou les images des figures religieuses chrétiennes reflètent les divisions entre les principales branches du christianisme. Les icônes sont des images stylisées plutôt que des portraits réalistes. Elles ont pour objet de montrer la gloire céleste de Jésus et d'autres figures religieuses. Ce sont les premiers chrétiens qui ont mis au point l'art de faire des icônes. On le pratique toujours selon des règles ancestrales dans l'Église orthodoxe orientale et dans le rite byzantin de l'Église catholique romaine.

On trouve beaucoup d'icônes destinées à la vénération (*voir la figure 7.13*) dans les églises orthodoxes, en particulier

Figure 7.13

Figure 7.14

sur l'iconostase, une cloison décorée qui sépare les fidèles du sanctuaire. Les images de sujets sacrés d'aspect plus réaliste ne sont pas permises dans les églises orthodoxes, mais elles sont communes dans le reste du christianisme.

Dans les églises catholiques romaines, les formes les plus typiques sont les statues tridimensionnelles (*voir la figure 7.14*) et les représentations en demi-relief – en plâtre, en bois ou en pierre – de scènes religieuses. Dans beaucoup d'églises protestantes, c'est sur les vitraux qu'apparaissent généralement des images religieuses représentant des scènes de la vie de Jésus (*voir la figure 7.3*). Le vitrail est une forme d'art particulière qui a son origine au Moyen Âge. On utilisait alors ces scènes colorées pour enseigner les récits bibliques aux personnes analphabètes.

Les célébrations

Le cycle des fêtes chrétiennes suit les événements majeurs de la vie du Christ, tels qu'ils sont présentés dans les évangiles.

Noël

La période de Noël débute avec l'Avent. Commençant quatre dimanches avant Noël, l'Avent est pour les chrétiens un temps de préparation avant la célébration de la naissance de Jésus. La plupart des chrétiens célèbrent Noël le 25 décembre, mais beaucoup de communautés orthodoxes orientales et catholiques de rite byzantin le font le 7 janvier. Souvent, on installe dans les églises une crèche représentant l'humble étable dans laquelle Jésus est né. Des services du culte exceptionnels, le plus souvent chantés, attirent les croyants ainsi que des visiteurs occasionnels. La plupart des chants de Noël ont été composés aux XVIIIe et XIXe siècles pour l'office de la veille de Noël. C'est le cas, par exemple, de *Douce Nuit*, qui fut composé en 1818 par un prêtre autrichien appelé Joseph Mohr.

La tradition consistant à offrir des cadeaux à l'occasion de Noël a deux origines différentes. L'Évangile de Matthieu raconte l'histoire des trois rois mages, qui, depuis leur lointain pays, ont suivi une étoile brillante qui les a guidés jusqu'au lieu de naissance de Jésus. Ils apportèrent de précieux cadeaux : de l'or, de l'encens et de la myrrhe (deux résines végétales aromatiques utilisées pour parfumer et encenser). L'autre origine est l'ancienne pratique romaine qui consistait à honorer avec des cadeaux, à la fin de l'année, Saturne, Dieu de la récolte, et Mithra, Dieu de la lumière. L'Église des premiers temps a alors adapté ces pratiques romaines pour qu'elles servent ses propres objectifs religieux.

L'Épiphanie

Douze jours après Noël, le 6 janvier, la plupart des chrétiens célèbrent l'Épiphanie, fête commémorant le baptême de Jésus et la visite des rois mages. Dans certains pays, l'échange de cadeaux a lieu ce jour-là (ou s'étale parfois au long des « 12 jours de Noël »). Le mot épiphanie signifie « manifestation » en grec. La fête commémore la révélation de Jésus en tant que Fils de Dieu au moment de son baptême dans les eaux du Jourdain, ainsi que le relatent les Évangiles.

Le Carême

La période du Carême, qui débute approximativement deux mois après Noël, dure quarante jours. Elle se conclut par la Semaine Sainte et la fête de Pâques. Sa durée correspond au temps passé par Jésus au cours de son

Figure 7.15
Le mardi gras (ici à la Nouvelle-Orléans) tire son origine de la tradition chrétienne de célébrations exubérantes précédant la sombre période du Carême.

voyage de méditation dans le désert, avant le début de son ministère public. Selon la tradition, le Carême est un temps de jeûne, de prière et d'autoévaluation spirituelle. De grandes fêtes publiques, telles que le mardi gras à la Nouvelle-Orléans (*voir la figure 7.15*) ou le carnaval de Rio de Janeiro, trouvent leurs racines dans cette tradition chrétienne : il s'agit de grands rassemblements festifs avant le début de la période sombre du Carême. Dans certaines traditions chrétiennes, au premier jour du Carême (appelé le Mercredi des Cendres), les fidèles sont marqués de cendres sur le front afin qu'ils se souviennent qu'ils sont mortels et qu'ils retourneront à la poussière après leur mort.

Pâques

La Semaine Sainte, période la plus sacrée du calendrier chrétien, se termine en apothéose le jour du dimanche de Pâques. Les Églises catholiques et protestantes célèbrent Pâques le premier dimanche qui suit la première pleine lune après l'équinoxe du printemps. L'Église orthodoxe orientale célèbre généralement Pâques une semaine plus tard. Cependant, tous les quatre ans, la fête de Pâques des orthodoxes coïncide avec celle des protestants et des catholiques.

La Semaine Sainte s'ouvre avec le Dimanche des Rameaux, une semaine avant la fête de Pâques. Ce jour-là, les chrétiens célèbrent l'entrée de Jésus dans Jérusalem, lorsque les foules l'accueillirent avec des branches de palmiers, ainsi que le relatent les Évangiles. Pour marquer cet événement, les prêtres bénissent des branches de palmiers, qu'ils distribuent ensuite aux fidèles.

Le Jeudi Saint, on commémore la dernière cène, le dernier repas que Jésus partagea avec ses Apôtres. Selon les Évangiles, à cette occasion, Jésus lava les pieds de ses Apôtres. C'est pourquoi, dans certaines traditions chrétiennes, un évêque ou un prêtre lave ce jour-là les pieds d'un groupe de prêtres ou de paroissiens, en guise d'acte d'humilité.

Le Vendredi Saint est le plus solennel des jours saints des chrétiens, car il commémore le procès, la crucifixion, la mort et l'enterrement de Jésus. Le ministre du culte ou le prêtre lit des passages de la Bible décrivant les dernières heures de Jésus. Dans certaines traditions, les fidèles baisent une grande croix ou une tombe symbolique aménagée à l'avant de l'église. Certaines communautés reconstituent les derniers événements de la vie de Jésus et font une procession dans les rues avec une croix (*voir la figure 7.16*).

Le dimanche de Pâques, la fête chrétienne la plus sacrée, marque la résurrection de Jésus et les événements qui l'ont entourée, à commencer par la découverte par les femmes disciples du tombeau vide de Jésus. Par cette commémoration de la résurrection de Jésus, la fête de Pâques célèbre le

Figure 7.16
Au Canada, les communautés chrétiennes commémorent le Vendredi Saint en faisant une procession dans les rues avec une croix.

triomphe sur le péché et sur la mort. Les fidèles fêtent cet événement joyeux par une liturgie chantée. Beaucoup de chrétiens célèbrent la veille de Pâques par une veillée au cours de laquelle une flamme – symbolisant Jésus, la lumière du monde – passe de bougie en bougie parmi les fidèles de l'assemblée.

L'Ascension et la Pentecôte

Ces deux fêtes se trouvent en relation avec Pâques. Dans le christianisme des premiers temps, elles se déroulaient environ au même moment que la Semaine Sainte. Le jour de l'Ascension, célébré actuellement quarante jours après Pâques, commémore le retour au ciel de Jésus, dont ont été témoins ses disciples. La Pentecôte, qui tombe dix jours plus tard, rappelle le moment où le Saint-Esprit a doté les Apôtres de courage et de compréhension, afin qu'ils partent propager et enseigner la foi chrétienne.

La Toussaint

Les premiers chrétiens ont commencé à réciter des prières aux **saints** et aux martyrs morts pour leur foi, puis à les révérer. Les chrétiens considèrent que les saints se trouvent dans le ciel auprès de Dieu. Ils peuvent donc entendre les prières. Pour beaucoup d'entre eux, Marie occupe une place d'honneur car, conformément au plan de Dieu, elle a donné naissance à Jésus. En tant que mère de Jésus, elle est considérée par certains chrétiens comme la mère de Dieu. La Toussaint, ou fête de tous les saints, se célèbre par des processions et d'autres rituels dans de nombreuses parties du monde.

En Europe, les saints sont spécialement honorés en Grèce, en Italie, en Espagne, au Portugal et en Irlande. Beaucoup de nations possèdent un saint patron qu'elles fêtent et célèbrent, tels que saint Patrick en Irlande, saint André en Écosse ou saint Cyrille en Slovaquie.

Au Canada, seuls quelques saints sont célébrés, comme saint Jean-Baptiste (une fête traditionnelle du Québec), la vierge Marie et saint Joseph, notre saint patron national. Sur le plan local, beaucoup d'églises chrétiennes célèbrent le saint à qui elles sont consacrées.

Vérifie ta compréhension

1. De quelle façon la liturgie de la parole se différencie-t-elle de la communion ?

2. En quoi la prière et la méditation contemplative se différencient-elles ? En quoi se ressemblent-elles ?

3. Fais une liste des organismes de service chrétiens de ta localité (ou d'une plus grande localité de ta région) dont l'objectif est d'aider les autres.

4. Décris l'apparence et la signification des symboles chrétiens suivants :
   a) la croix
   b) le poisson
   c) le khi rhô

5. À ton avis, quelle est la fête chrétienne la plus importante ? Crée une affiche simple pour annoncer cette fête.

LES ÉVÉNEMENTS MARQUANTS DE LA VIE

Des événements religieux peuvent marquer des étapes importantes de la vie. Le christianisme dispense des sacrements aux individus lorsqu'ils atteignent ces étapes, afin de marquer un nouveau commencement. Les chrétiens appellent ces bienfaits spirituels une grâce, c'est-à-dire une « faveur de Dieu ». Ce sont des points culminants dans la vie religieuse d'une personne.

Tous les chrétiens n'accordent pas la même valeur aux sacrements. Il existe même certaines branches du christianisme qui n'incluent pas les sacrements dans leurs pratiques religieuses. Mais l'Église orthodoxe orientale et l'Église catholique romaine comptent sept sacrements pour marquer les grands passages de la vie. Ce sont le baptême, la chrismation ou confirmation, la communion ou la cène, la confession ou réconciliation ou le sacrement du pardon, l'extrême-onction ou le sacrement des malades, l'ordination et le mariage. La plupart des Églises protestantes reconnaissent seulement deux de ces sacrements : le baptême et la communion.

Le baptême

Les chrétiens croient que l'acte du baptême nettoie leur âme et marque le début de leur vie chrétienne. Selon les Évangiles, Jésus fut baptisé dans le Jourdain. Plus tard durant son ministère, il donna l'instruction aux Apôtres de partir baptiser toutes les nations « au nom du Père et du Fils et du Saint-Esprit » (Matthieu, 28,19). Ce sont ces mêmes mots que l'on répète toujours dans la plupart des baptêmes chrétiens.

Les premiers chrétiens enseignaient que ce sacrement enlevait la tache du **péché originel**, faisant ainsi un lien entre le baptême et l'Ancien Testament. Selon les écritures, Adam et Ève, le premier homme et la première femme, furent créés par Dieu. Ils vivaient dans le jardin d'Éden. Dieu leur ordonna de ne pas manger le fruit de l'arbre de la connaissance du bien et du mal. Mais ils défièrent l'ordre de Dieu et cela laissa une tache dans l'âme de tous les humains. Le baptême a pour effet de ramener l'âme à Dieu et de donner à l'homme la possibilité du salut, rendu possible par la mort et la résurrection du Christ.

De nos jours, la plupart des communautés chrétiennes baptisent les enfants. Cependant, certaines Églises protestantes retardent le baptême jusqu'à l'adolescence, ou même à l'âge adulte, afin qu'il apparaisse comme un choix. Dans la plupart des Églises chrétiennes, le rite du baptême comprend l'onction du futur baptisé avec des huiles saintes, et l'eau que l'on verse sur son front. L'Église orthodoxe orientale suit l'exemple de baptême du Christ : le prêtre immerge l'enfant dans une vasque remplie d'eau bénite (que l'on appelle fonts baptismaux). De la même façon, certains protestants, comme les baptistes, baptisent les jeunes adultes par immersion complète dans une cuve.

La communion ou la cène

Partager un repas est un rite important dans beaucoup de religions du monde. La plupart des Églises chrétiennes célèbrent la dernière cène, le repas que Jésus a partagé avec ses Apôtres la nuit avant sa crucifixion. Selon les Écritures chrétiennes Jésus a distribué, pendant le repas, du pain et du vin aux Apôtres. L'Évangile de Matthieu en fait le récit dans des termes qui sont communs à tous les rituels de communion du christianisme :

> *Pendant le repas, Jésus prit du pain et, après avoir prononcé la bénédiction, il le rompit ; puis, le donnant aux disciples, il dit : « Prenez, mangez, ceci est mon corps. » Puis il prit une coupe et, après avoir rendu grâce, il la leur donna en disant : « Buvez-en tous, car ceci est mon sang, le sang de l'Alliance, versé pour la multitude, pour le pardon des péchés. »*
>
> Matthieu, 26, 26-28 (TOB)

Les premiers chrétiens se réunissaient pour célébrer ce repas. Il s'agissait de la partie la plus importante de leur rituel religieux. Cependant, avec la construction des églises, la célébration changea de forme : la table du repas fut remplacée par un autel et le repas par un morceau de pain et du vin. L'Église médiévale enseignait qu'à travers les mots du prêtre, le corps et le sang de Jésus-Christ se faisaient réellement présents dans le repas sacramentel. C'est ce qu'on appelle la doctrine de la transsubstantiation. Cette croyance veut que le pain et le vin changent de

Figure 7.17
Ces jeunes filles se préparent à entrer dans une église catholique pour y recevoir leur première communion.

substance, mais pas d'apparence physique ni de composition chimique. Les chrétiens orthodoxes et catholiques croient que la **transsubstantiation** se produit à travers les paroles du prêtre. De leur côté, la plupart des Églises protestantes ne célèbrent la dernière cène que de façon symbolique, à titre de manifestation commémorative et spirituelle. Elles mettent l'accent sur le sens du partage dans la communauté, mais n'acceptent pas l'idée que le pain et le vin connaissent une modification de nature.

La cérémonie qui accompagne ce sacrement varie énormément d'une Église à l'autre, et peut revêtir différents noms, tels que la Sainte Communion, la messe, l'eucharistie, la communion, le repas du Seigneur ou la table du Seigneur. Elle peut être offerte tous les jours, semaines, mois, trimestres, années ou pas du tout. Le rituel traditionnel est décrit à la page 276. Dans toutes les Églises, recevoir ce sacrement pour la première fois constitue un important rite de passage (*voir la figure 7.17*).

La confession, la réconciliation ou le sacrement du pardon

L'origine de la confession, que l'on appelle aussi réconciliation ou sacrement du pardon, se trouve dans une instruction que Jésus a donnée à ses Apôtres :

> « *Recevez l'Esprit-Saint ; ceux à qui vous remettrez les péchés, ils leur seront remis. Ceux à qui vous les retiendrez, ils leur seront retenus.* »
>
> Jean, 20, 22-23 (TOB)

Les membres des Églises orthodoxes et catholiques, ainsi que de certaines branches protestantes, parlent périodiquement de leurs péchés et de leurs difficultés avec un prêtre ou un ministre du culte. C'est ce qu'on appelle la **confession**. Celle-ci se fait dans un confessionnal, ou derrière un écran séparateur permettant de maintenir l'anonymat. Dans les Églises orthodoxes orientales, la confession n'est pas complète aussi longtemps qu'il n'y a pas **réconciliation** avec les personnes à qui on a fait du tort.

La chrismation ou la confirmation

Beaucoup de branches du christianisme attachent une grande importance à l'implication totale des fidèles dans l'Église. Pour cela, elles possèdent des rituels spéciaux, qui s'adressent généralement aux adolescents. Certains chrétiens considèrent en effet qu'à cet âge, on reçoit du Saint-Esprit des dons spirituels, comme la sagesse et la connaissance, qui permettent à l'individu d'approfondir sa foi. Dans certaines Églises, des parrains et des marraines, généralement des membres de la famille ou des amis, aident les parents à préparer la personne à devenir un jeune adulte au sein de la communauté. Le jour de la cérémonie de la **confirmation**, ce sont les parrains et les marraines, et non les parents, qui accompagnent le jeune homme ou la jeune fille. Parmi les caractéristiques les plus fréquentes de ce rite, on trouve l'onction de la personne avec de l'huile, accompagnée de l'imposition des mains par un ministre du culte, un évêque ou un prêtre. Dans l'Église orthodoxe orientale, les rites de la **chrismation** sont appliqués aux jeunes enfants lors du baptême. Ces rites comprennent également une onction avec des huiles saintes.

L'ordination

La plupart des Églises chrétiennes possèdent des programmes complets de formation et d'éducation, donnés dans des collèges religieux et des séminaires,

Figure 7.18
Un couple de jeunes mariés fait trois fois le tour de l'autel dans l'église orthodoxe grecque de Scarborough, en Ontario. Que symbolise ce rituel?

et destinés à préparer les candidats à la vie ecclésiastique. Cependant, certaines communautés chrétiennes ne ressentent pas la nécessité de disposer d'un clergé officiel. Les chrétiens sont convaincus que les personnes appelées à accomplir l'œuvre de Dieu sont pénétrées du Saint-Esprit, tout comme les Apôtres le furent à la Pentecôte. Dans le Nouveau Testament, les Actes des Apôtres décrivent l'ordination des dirigeants de l'Église au moyen de prières et de l'imposition des mains. Ce sont ces mêmes rituels qui sont utilisés de nos jours.

Le mariage

Le christianisme reconnaît la sainteté du mariage parce que Jésus lui-même a souligné qu'il s'agissait d'une relation durable faite devant Dieu: «C'est pourquoi l'homme quittera son père et sa mère et s'attachera à sa femme, et les deux ne feront qu'une seule chair. Ainsi, ils ne sont plus deux, mais une seule chair. Que l'homme donc ne sépare pas ce que Dieu a uni!» (Matthieu, 19, 5-6).

Dans la plupart des Églises chrétiennes, le ministre du culte ou le prêtre exerce ses fonctions à un double niveau, religieux et civil, et met donc en relation le Christ et la loi. Le mariage est un serment sacré, fait en face de témoins, par un couple de personnes qui promettent d'être fidèles l'une à l'autre, avec l'appui de Dieu. Certaines Églises considèrent le mariage comme un sacrement. Par conséquent, il s'agit d'un lien qui ne peut être dissous. Ces Églises croient que la grâce de ce sacrement, provenant de Dieu, passe d'une personne à l'autre dans le couple. Le christianisme intègre généralement le mariage dans une liturgie de culte complète, qui comprend des hymnes et des prédications, et qui inclut souvent la communion et un office. La cérémonie de l'Église orthodoxe orientale est la plus caractéristique. Les mariés, couronnés par le prêtre devant Dieu, partagent la sainte communion dans une seule coupe. Ils font ensuite trois fois le tour de l'autel pour symboliser le fait qu'ils entreprennent les premiers pas de leur union en présence de Dieu (*voir la figure 7.18*).

Portrait
Mère Teresa de Calcutta

1910-1997

Figure 7.19

Le magazine *Time* a qualifié mère Teresa de « sainte vivante ». Pendant sa vie, elle a reçu de nombreuses récompenses pour des actions humanitaires, dont le prix Nobel de la paix en 1979. Le message qu'elle adressait au monde consistait en trois mots : « Dieu est amour. » Elle-même a vécu ce message en consacrant sa vie à travailler pour les pauvres de l'Inde.

Mère Teresa (de son vrai nom Agnès Bojaxhui) est née en 1910 dans ce qui est aujourd'hui la Macédoine. À l'école secondaire, Agnès s'intéresse au travail des missionnaires en Inde et décide de suivre cette vocation. À l'âge de 18 ans, elle entre chez les Sœurs de Notre-Dame de Loreto en Irlande. Elle part pour Calcutta une année plus tard. En 1931, elle prononce ses vœux de pauvreté, de chasteté et d'obéissance et prend le nom de Teresa. Quinze ans plus tard, Jésus lui apparaît et lui parle en ces termes : « *Je veux que tu me serves parmi les plus pauvres des pauvres.* » En 1949, elle commence sa mission dans les bidonvilles de Calcutta, en Inde, et fonde un an plus tard un nouvel ordre religieux, les Missionnaires de la Charité. Les membres de cet ordre doivent prononcer un quatrième vœu : « Se mettre sans réserve au service des plus pauvres parmi les pauvres. »

Les Missionnaires de la Charité ont connu un essor si rapide qu'à la mort de mère Teresa, en 1997, elles administraient plus de 600 maisons dans 136 pays différents. Récemment, elles ont ouvert une maison à Winnipeg pour venir en aide aux pauvres. Les récits de mère Teresa concernant son travail, chargés de sincérité, nous en disent beaucoup sur sa personne. Elle parle souvent avec la plus grande franchise, et non sans humour, de l'importance de rendre la dignité au pauvre mourant. L'extrait suivant provient de son livre *Ma vie pour les pauvres* :

Nous avons recueilli des milliers de gens dans les rues de Calcutta. Un jour, j'ai recueilli un homme tombé dans la bouche d'un égout. À l'exception du visage, tout son corps était couvert de blessures.

J'ai emmené l'homme à notre maison. Et qu'a-t-il dit ? « J'ai vécu comme un animal dans les rues, mais maintenant je vais mourir comme un ange, aimé et couvert de soins. »

Nous avons à peine eu le temps de lui donner un bain, de le nettoyer et de le mettre au lit. Trois heures plus tard, il mourait avec un large sourire sur le visage et avec un billet le conduisant chez saint Pierre [au ciel]. Nous l'avons béni de façon spéciale, afin que ses péchés soient pardonnés. De cette façon, il pourra voir le visage de Dieu pour toute l'éternité. Il n'avait manifesté aucune plainte, aucun grief, aucune peur. (Traduction libre)

Questions

1. D'après cette histoire, quelle image as-tu de mère Teresa ? Explique-toi.

2. Fais une recherche sur la vie de mère Teresa. Imagine que tu es journaliste. Écris sa nécrologie (avis de décès) ou rédige un article, sans en oublier le titre, à propos de son décès.

L'extrême-onction ou le sacrement des malades

Durant son ministère, Jésus a soigné les pauvres en priant ou en faisant une imposition des mains. Plus tard, ses disciples firent de même en son nom (Jacques, 5, 13-15). Cette pratique continue de nos jours dans beaucoup d'Églises chrétiennes. Ainsi, les catholiques romains, les orthodoxes et certains protestants pratiquent l'onction du malade. Ce rituel a des caractéristiques communes aux différentes Églises. Le prêtre ou le ministre du culte tient la main du malade, tout en faisant une onction de son front avec une huile consacrée. On récite des prières et, dans certains cas, le malade ou le mourant reçoit la communion. Ce rite de préparation à la mort est le dernier rite de passage dans le voyage qu'est la vie d'un chrétien.

Les funérailles

Les funérailles chrétiennes ont un double but : recommander l'âme du défunt à Dieu et consoler la famille et les proches. Certaines traditions funéraires chrétiennes proviennent des Romains, comme l'incinération, encore que cette pratique n'ait jamais été acceptée par l'Église orthodoxe orientale, mais acceptée dans l'Église catholique romaine depuis 1963. Les rites funéraires s'adaptent au lieu, que ce soit l'église, la maison, la chapelle du cimetière ou l'emplacement même de la tombe. L'office religieux comprend généralement des prières, des hymnes et d'autres musiques.

Recherche Internet

Pour en savoir plus, visite notre site au www.dlcmcgrawhill.ca

---

Vérifie ta compréhension

1. Quelle est la signification des termes suivants : sacrement, péché originel, transsubstantiation ?

2. Quels sont les deux rites de passage reconnus comme des sacrements par la plupart des Églises chrétiennes ? Pourquoi ?

3. Quels rites de passage chrétiens font appel aux rituels suivants :
    a) laver avec de l'eau
    b) faire une onction avec des huiles
    c) faire une imposition des mains

4. À l'aide de photos et de coupures de presse, prépare un album ou conçois une affiche afin d'illustrer les rites religieux de passage (s'il y en a) ainsi que les événements séculiers (c'est-à-dire non religieux) qui ont marqué ta vie.

Les écrits sacrés

Le christianisme tire ses écrits sacrés des deux parties de la Bible que l'on connaît sous le nom d'Ancien Testament et de Nouveau Testament. L'Ancien Testament se réfère à la tradition judaïque de la loi et des prophètes, tandis que le Nouveau Testament se réfère à la tradition chrétienne des Apôtres. Ensemble, les deux parties forment une longue suite de révélations, c'est-à-dire de promesses de délivrance ou de salut, que Dieu fait à son peuple.

Le Nouveau Testament s'est formé lors de la rédaction, par les Apôtres de Jésus, d'un nouvel ensemble d'écrits racontant la vie de Jésus-Christ. Il comprend quatre parties principales. La première d'entre elles est formée par les quatre Évangiles, c'est-à-dire l'histoire de Jésus telle qu'elle est racontée par Matthieu, Marc, Luc et Jean. Viennent ensuite les *Actes des Apôtres*, qui relatent l'essor du christianisme après la mort et la résurrection de Jésus. La troisième partie contient les **Épîtres** (lettres) écrites par les premiers chrétiens. Enfin, l'Apocalypse ou *Livre des Révélations* contient, comme le croient certains, des prophéties sur le futur.

L'Évangile de Marc

L'Évangile de Marc, qui aurait été écrit peu avant 70 av. J.-C., est considéré comme le plus ancien des quatre Évangiles. Selon certains, Marc était un chrétien d'origine juive qui aurait accompagné Paul lors de la première mission de ce dernier sur l'île de Chypre. On croit savoir que Marc a également accompagné l'Apôtre Pierre à Rome. C'est pourquoi on dit souvent que son Évangile contient les mémoires de Pierre. Avec seulement 661 versets, c'est le plus court des Évangiles. Mais ce texte forme aussi le noyau des Évangiles de Matthieu et de Luc, qui lui sont postérieurs. En fait, 600 versets de Marc sont utilisés presque mot à mot dans l'Évangile de Matthieu et 350 dans celui de Luc. Les spécialistes désignent les Évangiles de Marc, Matthieu et Luc sous le nom d'Évangiles synoptiques, en raison de la portion de texte qui leur est commune, et du fait qu'ils partagent une perspective identique.

Dans la première partie de l'Évangile de Marc, on voit le Christ se déplacer rapidement de lieu en lieu, accomplissant des faits miraculeux et prêchant sous forme de paraboles. Le reste de l'Évangile se concentre sur la crucifixion et la résurrection, ce qui montre toute l'importance que Marc accorde à ces deux événements.

L'Évangile de Matthieu

L'Évangile de Matthieu fut probablement écrit aux alentours de 80 ap. J.-C. Matthieu fut l'un des douze Apôtres. Juif, il avait été percepteur d'impôts, un métier peu populaire. La tradition raconte qu'après la mort de Jésus, Matthieu a beaucoup prêché en Afrique du Nord et au Moyen-Orient, et qu'il ne rédigea son évangile que dans les dernières années de sa vie. C'est l'Évangile le plus long et il se distingue des autres par deux caractéristiques.

En premier lieu, Matthieu fait un effort spécial pour faire une liaison entre Jésus et l'Ancien Testament, en consacrant les 17 premiers versets à la généalogie de Jésus au long de 42 générations. La seconde caractéristique importante de l'Évangile de Matthieu est qu'il parle des enseignements de Jésus en détails. Le plus remarquable est sans aucun doute le *Sermon sur la montagne* : en un peu plus de 100 versets, ce sermon donne une série de leçons sur de nombreux sujets et constitue véritablement un plan de vie pour les chrétiens.

Texte sacré

Le Sermon sur la montagne

Lorsque Jésus enseignait, il était souvent suivi par de grandes foules. Dans l'Évangile de Matthieu, Jésus se retira en haut d'une montagne pour échapper à la cohue. Parvenu là-haut, il dispensa d'importants enseignements sur divers thèmes, tels que la colère et le pardon. Il commença son *Sermon sur la montagne* en mettant l'accent sur les qualités nécessaires pour obtenir la vie éternelle dans le ciel. C'est ce qu'on appelle les « béatitudes ».

> *À la vue des foules, Jésus monta sur la montagne. Il s'assit, et ses disciples s'approchèrent de lui. Et, prenant la parole, il les enseignait :*
> *« Heureux les pauvres de cœur : le Royaume des cieux est à eux.*
> *Heureux les doux : ils auront la terre en partage.*
> *Heureux ceux qui pleurent : ils seront consolés.*
> *Heureux ceux qui ont faim et soif de la justice : ils seront rassasiés.*
> *Heureux les miséricordieux : il leur sera fait miséricorde.*
> *Heureux les cœurs purs : ils verront Dieu.*
> *Heureux ceux qui font œuvre de paix : ils seront appelés fils de Dieu.*
> *Heureux ceux qui sont persécutés pour la justice : le Royaume des cieux est à eux.*
> *Heureux êtes-vous lorsque l'on vous insulte, que l'on vous persécute et que l'on dit faussement contre vous toute sorte de mal à cause de moi. Soyez dans la joie et l'allégresse, car votre récompense est grande dans les cieux ; c'est ainsi en effet qu'on a persécuté les prophètes qui vous ont précédés. »*
> Matthieu, 5, 1-12 (TOB)

QUESTIONS

1. Définis le sens du mot béatitude. Parmi les béatitudes mentionnées dans les versets ci-dessus, laquelle te semble la plus importante de nos jours ? Explique ton choix.
2. Compare les béatitudes aux dix commandements. En quoi se ressemblent-ils ? En quoi sont-ils différents ?

L'Évangile de Luc

Les spécialistes estiment que cet évangile a été rédigé entre 80 et 90 ap. J.-C. On attribue traditionnellement cet évangile, de même que l'Acte des Apôtres, à saint Luc, bien que cela ait été récemment mis en doute par certains spécialistes. Luc était l'un des premiers chrétiens de Grèce. Jouissant d'une bonne éducation, il était médecin, ainsi que l'a révélé son ami saint Paul. Beaucoup de versets de l'Évangile de Luc sont identiques à ceux de Matthieu, ce qui amena les spécialistes de la Bible à deux conclusions : soit Luc a fait des emprunts à l'œuvre de Matthieu, soit tous deux se sont inspirés d'une autre source, que les spécialistes ont appelée « Q » et qui n'a jamais été découverte.

En tant que médecin, Luc met l'accent sur le message de guérison de Jésus. Il reprend des paraboles relatives aux pauvres et aux opprimés qui ne se trouvent pas dans les autres Évangiles. Certains récits, tels que celui du « bon samaritain », un homme venant en aide à un voyageur blessé, figurent parmi les enseignements les mieux connus du Nouveau Testament. C'est dans l'Évangile de Luc que se trouvent la plupart des détails concernant les premières années du Christ – notamment, l'essentiel du récit de Noël – sur lesquels s'est fondé le christianisme.

L'Évangile de Jean

Le quatrième évangile du Nouveau Testament est attribué à Jean, l'un des douze Apôtres. Il a été écrit aux alentours de 100 ap. J.-C., alors que Jean devait être très âgé. Les spécialistes croient qu'il a probablement été rédigé par des disciples de Jean, plutôt que par l'Apôtre en personne. Cet évangile diffère par beaucoup d'aspects de ceux de Matthieu, de Marc et de Luc.

L'Évangile de Jean ne raconte pas la vie de Jésus d'un point de vue biographique. Il la présente dans une perspective théologique. Jean fait part des enseignements et des actions de Jésus dans de longues réflexions qui révèlent sa très grande dévotion. Cet évangile fait référence à Jésus en des termes tels que la « parole de Dieu », le « pain de la vie » et l'« Agneau de Dieu » donné en sacrifice. Toutes ces métaphores sont reprises dans le sacrement chrétien de la sainte communion. Un autre élément important de cet Évangile est le « onzième commandement » enjoignant aux hommes de s'aimer les uns les autres. Ces paroles prononcées par Jésus à ses disciples constituent un principe fondamental des relations humaines, à son époque aussi bien qu'à la nôtre :

> *Je vous donne un commandement nouveau : aimez-vous les uns les autres. Comme je vous ai aimés, aimez-vous les uns les autres.*
>
> Jean, 13, 34 (TOB)

Les Actes des Apôtres et les Épîtres

Le christianisme considère les Évangiles comme des textes de toute première importance, mais plus de la moitié du Nouveau Testament contient d'autres livres qui concernent l'histoire, la formation et une mise en garde. Les Actes des Apôtres, écrits par Luc, brossent un aperçu des débuts de l'Église et décrivent l'œuvre de l'Apôtre Pierre et du premier missionnaire Paul pour la propagation de la foi chrétienne. Luc souligne le rôle important de guide joué par le Saint-Esprit pour les pères de la nouvelle Église.

Les Épîtres proviennent essentiellement de Paul, ou lui sont attribuées, encore que l'on compte trois lettres de Jean et quelques autres des premiers chefs de l'Église. Les lettres de Paul sont les œuvres les plus anciennes du Nouveau Testament. Elles ont été écrites à partir de 50 ou 60 ap. J.-C. à l'intention des congrégations que Paul avait fondées alors qu'il parcourait de vastes régions de l'Ancien Monde. Paul écrivait pour donner du courage aux premiers chrétiens pendant cette époque de persécutions, et pour leur rappeler le commandement exprimé par Jésus de s'aimer les uns les autres, tout comme ils aimaient Dieu. Dans de nombreuses Églises chrétiennes, on utilise aussi les Épîtres en tant que lectures sacrées pendant les offices du culte.

L'Apocalypse ou le livre des Révélations

Le dernier livre du Nouveau Testament diffère de tous les autres et a suscité une certaine controverse quant à sa signification réelle. Il a été écrit aux alentours de 95 ap. J.-C. par un chrétien exilé et persécuté du nom de Jean. Il pourrait s'agir de l'Apôtre, mais c'est peu probable. L'Apocalypse est un exemple de littérature apocalyptique qui décrit, en des termes symboliques et visionnaires, la destruction des ennemis d'un peuple persécuté. Certains chrétiens interprètent ce texte de façon tout à fait littérale pour avertir de la proximité du jugement dernier.

> *Et je vis un autre ange qui volait au zénith. Il avait un évangile éternel à proclamer à ceux qui résident sur la terre : à toute nation, tribu, langue et peuple. Il disait d'une voix forte : Craignez Dieu et rendez-lui gloire, car elle est venue, l'heure de son jugement. Adorez le créateur du ciel et de la terre, de la mer et des sources d'eau.*
>
> Apocalypse, 14, 6-7 (TOB)

Vérifie ta compréhension

1. Dans la Bible, quelle est la principale différence entre l'Ancien Testament et le Nouveau Testament ?

2. Quelle est la différence entre les Évangiles et les Épîtres ? Compare les objectifs généraux de chacune de ces catégories de textes.

3. En quoi se ressemblent les trois Évangiles synoptiques ? En quoi l'Évangile de Jean se distingue-t-il de ceux-ci ?

4. Lis un passage du Nouveau Testament et réagis par un texte personnel, d'au moins une demi-page, sur ce que tu as lu. Prépare-toi à partager tes commentaires avec la classe.

Habiletés de recherche
L'entrevue en profondeur

Une entrevue est une conversation entre deux ou plusieurs personnes. Les chercheurs apprécient cette méthode de recherche, car elle leur permet de poser des questions et de clarifier l'information sur-le-champ. Pour les personnes interrogées, l'entrevue offre une occasion souvent propice à l'expression de leurs opinions.

L'entrevue structurée

Les entrevues structurées sont de nature formaliste. Elles sont conçues pour obtenir des réponses précises de la part des personnes interrogées. La chercheuse ou le chercheur pose un certain nombre de questions selon une séquence particulière, questions auxquelles la personne interrogée répond oralement. La chercheuse ou le chercheur utilise souvent cette méthode pour tester une hypothèse précise ou comparer des informations. Par exemple, une chercheuse ou un chercheur qui veut faire une étude comparée des pratiques religieuses dans les églises urbaines et dans les églises rurales, pourrait poser les mêmes questions précises lors d'entretiens avec des ministres du culte de la ville et de la campagne. Il pourra ainsi comparer les réponses.

L'entrevue informelle

L'entrevue informelle est une conversation à bâtons rompus, pour laquelle la chercheuse ou le chercheur n'a pas préparé de questions en série devant être posées selon une séquence déterminée. Le but principal de ce type d'entrevue est de découvrir le point de vue de la personne sur des sujets généraux. L'entrevue informelle se révèle souvent la plus difficile à mener. En effet, la chercheuse ou le chercheur doit faire preuve d'une habileté constante à « retomber sur ses pieds ». Il doit être capable de déterminer sur le moment si l'entretien devient trop personnel et doit savoir quand il convient d'y mettre un terme. Il doit aussi être capable de conserver son calme et de maintenir une bonne communication tout au long de l'échange.

Un conseil utile : Toujours commencer l'entrevue par des questions qui ne sont pas menaçantes, afin d'établir une relation de confiance.

L'entrevue rétrospective

Une entrevue rétrospective peut être soit structurée, soit informelle. L'objectif de la chercheuse ou du chercheur est que la personne interrogée se souvienne, de mémoire, d'un incident ou d'une situation passée. Toutes les questions doivent tendre vers ce but. Les entrevues rétrospectives ne fournissent pas toujours les données les plus précises, car la mémoire n'est pas toujours très fidèle. Le risque d'erreur est donc très élevé.

Les questions d'une entrevue

Une chercheuse ou un chercheur peut poser plusieurs sortes de questions, parmi lesquelles on trouve :

- **Les questions de caractère démographique**
Ces questions sont en rapport avec la situation personnelle de la personne interrogée et peuvent concerner son âge, sa profession, ses revenus et sa formation.

- **Les questions concernant la connaissance**
Ces questions visent à obtenir des réponses factuelles et non des opinions. Par exemple, une chercheuse ou un chercheur peut demander à un prêtre ou à une ou un ministre du culte de citer les rites de passage que son Église considère comme des sacrements.

- **Les questions concernant l'expérience**
Le but de ces questions est d'obtenir des descriptions de comportements que la chercheuse ou le chercheur aurait pu observer si elle ou il avait fait un travail d'observation plutôt qu'une entrevue. Par exemple, une chercheuse ou un chercheur pourrait poser la question suivante : « Si j'assistais à un service du culte le dimanche de Pâques, quels rituels pourrais-je observer ? »

- **Les questions concernant l'opinion**
Ces questions visent à obtenir une opinion, ou à déterminer les valeurs ou les croyances de la personne interrogée.

Habiletés de recherche L'entrevue en profondeur

Par exemple : « Que pensez-vous de la position de l'Église en ce qui concerne le clonage humain ? »

- **Les questions concernant les impressions**

Ces questions tendent à déterminer les impressions de la personne interrogée à propos d'un sujet en particulier, ou ses émotions en regard de telle ou telle expérience. Par exemple : « Qu'avez-vous ressenti lorsque, étant enfant, vous participiez au catéchisme ou à l'école du dimanche ? »

Remarque : Les chercheuses et les chercheurs confondent souvent les questions concernant les impressions et les questions concernant les opinions. Connaître l'opinion d'une personne sur un sujet déterminé n'équivaut pas à sonder les émotions de cette personne au regard d'une expérience de vie. La question « que ressentez-vous… » permet d'obtenir des réponses qui reflètent les goûts et les aversions d'une personne. Par contre, la question « quelle est votre opinion au sujet de… » ou « que pensez-vous de… » permet d'obtenir le point de vue de la personne interrogée sur un problème ou une politique.

Conseils pour une entrevue fructueuse
- Arrive à l'heure avec tout l'équipement nécessaire.
- Présente-toi poliment.
- Salue ton interlocutrice ou ton interlocuteur et rappelle-lui l'objet de ta recherche.
- Pose tes questions avec clarté et précision.
- Écoute attentivement les réponses et prépare-toi à poser des questions complémentaires pour obtenir des éclaircissements.
- Prends des notes rapides pour consigner les réponses ou pense à la possibilité d'enregistrer l'entretien avec la permission de ton interlocutrice ou de ton interlocuteur.
- Prends une photo de la personne que tu interviewes (avec sa permission).
- Lorsque l'entretien se termine, remercie ton interlocutrice ou ton interlocuteur et signale-lui que tu pourrais reprendre contact pour clarifier certaines réponses.

Mets en pratique !

1. Dans la liste suivante, détermine le type d'entretien auxquels réfèrent les questions :
- Que pensez-vous de la politique de l'Église sur le divorce ?
- Qu'avez-vous ressenti pendant votre ordination ?
- Quel âge avez-vous ?
- Quels vêtements porte une ou un ministre du culte durant l'office religieux dominical ?
- À quelle fréquence l'Église offre-t-elle la communion ?
- Quelle est votre profession ?

2. Organise une entrevue avec un prêtre, une ou un ministre du culte ou une chrétienne ou un chrétien pratiquant à propos de la signification de sa foi dans le monde actuel. N'oublie pas de choisir soigneusement le type d'entrevue que tu vas mener et le type de questions que tu vas poser.

LES GROUPES ET LES INSTITUTIONS

Pendant plusieurs centaines d'années, l'Église chrétienne a mis en place sa doctrine tout en continuant à étendre ses limites géographiques. Des missionnaires enthousiastes ont poursuivi le travail de saint Paul. Saint Patrick introduisit le christianisme en Irlande. Bien qu'il ait été un guerrier plutôt qu'un missionnaire, Charlemagne, roi des Francs de Germanie, fonda, aux alentours de 800 ap. J.-C., le Saint Empire romain, qui s'étendait sur la plus grande partie de l'Europe.

Le schisme d'Orient

Au fur et à mesure que l'Église se développait, des événements historiques ont commencé à la diviser. Lorsque l'empereur romain Constantin déplaça la capitale de l'empire, cela eut pour effet de créer deux points de convergence : Rome en Occident et Byzance (Constantinople, aujourd'hui Istanbul) en Orient. Au fur et à mesure que le christianisme s'étendit vers l'ouest de l'Europe, l'influence du patriarche de Rome s'accrut, et on commença à l'appeler « pape ». Un problème grave surgit lorsque le pape proclama son autorité sur l'ensemble de l'Église.

Il y avait aussi des divergences substantielles à l'intérieur de l'Église concernant des questions de doctrine. Le point de rupture fut atteint avec la **clause filioque**, mot latin introduit dans le Credo de Nicée par l'Église d'Occident. En effet, le pape de Rome ajouta l'expression « et du Fils » (en latin : « filioque ») à l'affirmation suivante contenue dans le Credo original de Nicée de 325 ap. J.-C. : « Je crois en l'Esprit-Saint, qui est Seigneur et qui donne la vie ; il procède du Père. » En d'autres termes, l'Église occidentale croyait que le Père et le Fils sont tous deux à l'origine du Saint-Esprit, tandis que l'Église orientale considérait que le pouvoir du Saint-Esprit émanait seulement de Dieu le Père.

En 1054 ap. J.-C., le pape de Rome et le patriarche de Constantinople s'excommunièrent mutuellement (c'est-à-dire s'expulsèrent l'un l'autre de l'Église de façon officielle) et firent de même pour d'autres dirigeants de l'Église. Il se produisit un **schisme**, c'est-à-dire une rupture, et l'Église se sépara en deux branches : l'Église orthodoxe orientale, autour du patriarche universel de Constantinople, et l'Église d'Occident, autour du pape de Rome.

L'Église orthodoxe orientale

Les adeptes de l'Église orthodoxe orientale rejetèrent l'autorité du pape et refusèrent toute modification apportée à la doctrine chrétienne après 787 ap. J.-C.

Des missionnaires de l'Église orthodoxe orientale propagèrent activement leur religion en Europe orientale et en Russie. De nos jours, l'Église orthodoxe orientale prédomine en Grèce, en Russie, en Ukraine, en Serbie, en Bulgarie et en Roumanie. Les migrations ont diffusé l'orthodoxie dans le monde entier. Cette Église affirme aujourd'hui compter quelque 225 millions de membres.

Les caractéristiques de l'orthodoxie

Les églises orthodoxes orientales sont traditionnellement construites sur un plan en forme de croix : quatre ailes assez courtes convergent vers un grand dôme central. À l'intérieur, elles sont abondamment décorées d'icônes représentant Jésus, Marie, les anges et les premiers saints de l'Église (*voir la figure 7.20*). L'office orthodoxe s'appelle la liturgie divine. Généralement très long et très élaboré, il met l'accent sur les rituels de l'Église des premiers temps. L'ornement des vêtements portés par le prêtre, les chants et l'odeur de

Figure 7.20
Un exemple d'église orthodoxe russe : la cathédrale du Christ-Sauveur de Moscou.

l'encens qui brûle, tout cela contribue à créer une atmosphère d'« autre monde » durant la liturgie divine.

Aujourd'hui, les Églises orientales sont dirigées par le patriarche œcuménique d'Istanbul (anciennement Constantinople). En 1965, le patriarche Athenagoras et le pape Paul VI ont entrepris une démarche importante pour cicatriser symboliquement le schisme : ils ont aboli les excommunications que leurs prédécesseurs avaient prononcées il y a plusieurs siècles. Toutefois, les deux Églises restent des institutions séparées.

Seules les personnes de sexe masculin peuvent devenir des prêtres orthodoxes. Ils peuvent avoir été mariés avant leur ordination, mais, une fois ordonnés, il leur est interdit de se marier. Les Églises orthodoxes ont toujours encouragé la vie monastique, tant pour les hommes que pour les femmes. Des milliers de moines et de religieuses vivent dans des monastères orthodoxes dans le monde. Contrairement aux prêtres, il ne leur est pas permis d'avoir été mariés.

Les Églises chrétiennes orientales indépendantes

Plusieurs sectes, au Moyen-Orient et en Afrique, se sont séparées du christianisme méditerranéen au cours des Ve et VIe siècles ap. J.-C. (*voir la figure 7.21*). Bien qu'elles rendent un culte à la Sainte Trinité, ces Églises sont en désaccord avec les décisions prises lors des premiers conciles de l'Église, selon lesquelles Jésus-Christ est à la fois vrai Dieu et vrai homme. Ces sectes comprennent environ 15 millions de membres, la moitié de ceux-ci appartenant à l'Église éthiopienne. Cette communauté africaine est la plus singulière des Églises chrétiennes. Elle partage beaucoup de traditions avec le judaïsme. Par exemple, elle pratique la purification rituelle, elle observe le sabbat et elle utilise une réplique de l'arche d'Alliance pendant le culte.

Figure 7.21
Les Églises chrétiennes orientales indépendantes.

1. **Église assyrienne d'Orient :** Irak, Moyen-Orient
2. **Église chaldéenne :** Irak, Iran
3. **Église maronite :** Syrie, Liban, Irak
4. **Église arménienne :** Moyen-Orient
5. **Église copte :** Égypte
6. **Église éthiopienne :** Éthiopie

L'Église catholique romaine

Après le schisme d'Orient, l'Église occidentale a étendu son influence tout en centralisant son autorité. En 1095 ap. J.-C., le pape Urbain II lança une grande expédition destinée à enlever Jérusalem et la Terre Sainte des mains des musulmans. Ce fut le début des croisades, une « guerre sainte » qui devait durer plus d'un siècle. Il y eut au moins cinq vagues de croisés, dont l'une alla jusqu'à attaquer et prendre Constantinople, la capitale orthodoxe orientale. Les historiens s'accordent à considérer les croisades, ce combat contre un ennemi commun, comme un facteur d'unification de l'Europe. Mais elles eurent aussi pour effet d'augmenter l'influence de l'Église occidentale, c'est-à-dire de l'Église catholique romaine.

La réforme catholique

À partir de 1543, en réponse à la Réforme protestante (voir la page 299), l'Église mit sur pied le concile de Trente, qui allait durer 18 ans. Le but de ce concile était de réaffirmer la doctrine fondamentale. C'est ce qu'on appelle la réforme catholique (ou contre-réforme). Entre autres choses, ce concile définit pour la première fois les sept sacrements catholiques. Il donna aussi la description de trois destinations pour les âmes des morts : le ciel, l'enfer et le **purgatoire**. Le purgatoire est l'état temporaire dans lequel se trouvent les âmes qui attendent d'être lavées des péchés, avant de pouvoir entrer dans le ciel. Le concile jugea aussi que les prières adressées aux saints et à Marie étaient des pratiques acceptables pour la religion catholique romaine. Il confirma enfin l'importance de la Bible, autant que celle de la tradition de l'Église. Pendant les siècles qui suivirent le concile de Trente, les missionnaires et les migrations ont diffusé la doctrine catholique romaine jusqu'aux régions les plus reculées du monde. De nos jours, cette Église compte plus d'un milliard de membres.

Les caractéristiques du catholicisme

L'une des caractéristiques qui distinguent l'Église catholique romaine du reste du christianisme est le rôle central du pape. Dès le IVe siècle ap. J.-C., l'évêque de Rome revendiqua la direction de l'Église, le justifiant par les paroles suivantes du Christ : « Tu es Pierre [l'Apôtre], et sur cette pierre je bâtirai mon Église » (Matthieu, 16, 18). Les catholiques considèrent que les papes sont les successeurs de saint Pierre, et que la centralisation du pouvoir entre leurs mains aide à maintenir l'unité parmi les nombreux membres que compte l'Église. En 1870, le premier concile du Vatican a encore renforcé l'autorité du pape en proclamant que le dogme de l'**infaillibilité papale** était partie intégrante de la doctrine catholique. Ce dogme signifie que les enseignements du pape relatifs à la foi et à la morale sont protégés de toute erreur par Dieu, pourvu que le pape, après amples consultations, s'exprime officiellement en tant que chef de l'Église.

Vatican II, le second concile du Vatican, organisé entre 1962 et 1965, a produit un grand nombre de documents importants qui ont eu pour conséquence un renouvellement de l'Église dans presque tous ses aspects. Ainsi, le latin a été éliminé du culte pour faire place aux langues locales. On encouragea aussi une participation plus directe à la messe : on inversa l'orientation de l'autel, afin que le prêtre puisse officier face à l'assemblée, et on conféra aux laïcs des rôles de commentateurs ou d'assistants lors de la distribution de la Sainte Communion. Depuis Vatican II, on peut recevoir l'eucharistie sous deux formes : une petite galette circulaire de pain sans levain, appelée hostie, et du vin, les deux éléments ayant été préalablement consacrés.

L'un des grands défis auxquels fait face de nos jours l'Église catholique est la pénurie de prêtres, spécialement dans les nations industrialisées telles que le Canada, les États-Unis et l'Europe occidentale. Les prêtres catholiques sont exclusivement masculins. Ils doivent promettre de rester à la fois célibataires (c'est-à-dire s'abstenir de se marier) et chastes (c'est-à-dire s'abstenir de toute relation sexuelle). Ils doivent maintenir un code personnel et moral très strict dans une société de plus en plus profane et individualiste. Sur cet aspect, l'Église catholique se distingue à la fois des Églises orthodoxes, dans lesquelles les prêtres peuvent se marier avant leur ordination, et des Églises protestantes et anglicanes qui acceptent les femmes en tant que membres du clergé, de même que le mariage des ministres du culte. Depuis une génération, le nombre de nouveaux prêtres catholiques s'est avéré insuffisant pour remplacer les prêtres partant à la retraite, ou pour faire face au développement de nouvelles **paroisses** (districts ecclésiastiques). De nos jours, peu d'églises disposent de plusieurs prêtres, et il devient de plus en plus fréquent, au contraire, que deux ou trois paroisses se regroupent.

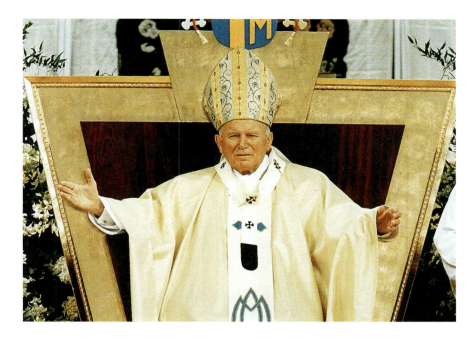

Figure 7.22
Le pape Jean-Paul II, devenu le chef de l'Église catholique en 1978, est parfois appelé le « pape voyageur » en raison de ses fréquents voyages de mission dans le monde, au service des plus pauvres.

La Réforme protestante

C'est presque cinq siècles après le schisme d'Orient qu'eut lieu la deuxième grande division de l'Église. C'était alors la Renaissance, une période d'importants changements sociaux. En 1517 ap. J.-C., un moine allemand du nom de Martin Luther provoqua un changement crucial dans l'Église catholique romaine en critiquant un grand nombre de ses pratiques médiévales. Il prôna une « foi intérieure » plus simple, libérée de ses rites anciens et de ses marques extérieures de dévotion. L'Église l'excommunia, interdisant toute participation de Luther aux rites religieux. Ses partisans fondèrent alors l'Église luthérienne. La **Réforme protestante** – la réforme des pratiques de l'Église occidentale – commençait. Elle allait entraîner, à partir de 1543, la réforme catholique, ou contre-réforme, qui se voulut une réponse aux critiques des réformateurs protestants.

Les Églises protestantes

Les Églises orthodoxes et catholiques ont toujours insisté sur l'importance de la foi autant que des œuvres. De son côté, Martin Luther a présenté un point de vue tout à fait novateur. Il prôna le salut par la foi seule, ce qui impliquait de mettre l'accent sur l'expression intérieure de la foi plutôt que sur ses manifestations extérieures. Même si l'amour et la charité envers autrui restaient des éléments importants, ils n'étaient pas nécessaires pour obtenir le salut. Luther considérait la connaissance de Dieu grâce à l'étude de la Bible plus importante que le respect des rituels traditionnels du culte. Telle est la caractéristique qui, de nos jours encore, définit le mieux la plupart des Églises protestantes.

La traduction de la Bible que réalisa Martin Luther, du latin vers l'allemand, fut presque aussi importante que sa nouvelle interprétation du christianisme. Rapidement, les nouvelles bibles de Luther se trouvèrent entre les mains des commerçants de la classe moyenne émergente de l'Europe du Nord et de l'Ouest. Les gens éduqués purent alors lire et interpréter les Évangiles par eux-mêmes, sans les directives des prêtres catholiques romains. La Réforme se propagea ainsi rapidement, surtout en Allemagne, en Suisse, en Hollande, en Grande-Bretagne et en Scandinavie. De nouvelles interprétations de la foi virent le jour et les Églises luthérienne, calviniste et anglicane furent fondées. Plus tard, plusieurs autres Églises chrétiennes de tradition protestante firent leur apparition, dont certaines seront commentées dans les pages qui suivent.

L'Église luthérienne

Il y a plus de 75 millions de luthériens dans le monde. Cette Église, la première des Églises protestantes, met l'accent sur le message d'amour et de pardon de Dieu. Elle considère la Bible non comme une doctrine pour l'Église, mais comme l'unique guide permettant d'accéder à la vérité religieuse. Il n'y a que deux sacrements dans l'Église luthérienne : le baptême et le repas du Seigneur, c'est-à-dire la sainte communion. Les luthériens croient que, dans la communion, le Christ est présent d'une façon très réelle, à travers la consubstantiation. La consubstantiation reconnaît la présence du corps et du sang du Christ dans l'offrande, mais aussi tout autour de celle-ci, sans qu'il y ait altération de la substance du pain et du vin.

Les Églises calvinistes ou réformées

Au milieu du XVIe siècle, Jean Calvin, un érudit spécialisé en études classiques, vécut en Suisse l'expérience d'une conversion religieuse soudaine. Il développa un corps de doctrine qui acceptait la justification, mais qui introduisait de nouveaux éléments, tels que la souveraineté absolue de Dieu. Influencé par Calvin, John Knox introduisit ses idées en Écosse, où il fonda l'Église presbytérienne. De nos jours, environ une centaine de communautés religieuses fondées sur le calvinisme sont regroupées dans l'Alliance mondiale des Églises réformées.

Le calvinisme met l'accent sur la **sanctification**, c'est-à-dire la purification des péchés, par l'obéissance aux dix commandements de l'Ancien Testament. On enseigne aux fidèles à valoriser l'intégrité, la sincérité et le travail, car toutes ces activités se trouvent sous le regard attentif de Dieu. La liturgie des Églises réformées est relativement dépouillée de tout rituel, et met l'accent sur la prédication et l'interprétation d'hymnes. Le repas du Seigneur est célébré de façon symbolique, et le baptême est le seul autre sacrement.

Portrait
Martin Luther
1483-1546

Figure 7.23

Martin Luther est né en 1483 ap. J.-C. et fut ordonné prêtre en 1507. Il entra au monastère dans le but de mener une vie solitaire de prière et de jeûne, mais il se rendit compte qu'une telle vénération ne le rapprochait pas de Dieu. L'étude de la Bible conduisit Luther à préciser l'idée de **justification**, c'est-à-dire de ce qui rend une personne digne de Dieu. Alors que l'Église catholique croyait que l'on était justifié en ayant la foi, en faisant de bonnes œuvres, en recevant les sacrements et en remplissant un certain nombre d'exigences de l'Église, Luther considérait que c'était bien plus simple que cela. Il proclama qu'on pouvait obtenir le salut « par la foi seule ». De plus, étant donné que Dieu est bon, il avait une opinion favorable de tous les gens, et pas seulement de ceux qui étaient pieux.

En 1517, Martin Luther afficha ses fameuses 95 thèses sur la porte d'une église de Wittenberg, en Allemagne. Ces thèses se voulaient des thèmes à débattre concernant certaines croyances et certaines pratiques. Quelques thèses présentaient ses vues radicales sur le salut, mais ce furent ses critiques dirigées directement contre la vente d'**indulgences** qui provoquèrent la colère des autorités de l'Église. On appelait indulgence une pénitence faite sous forme de prières, dans le but d'obtenir de Dieu le pardon de ses péchés. Mais, dans la réalité, les riches pouvaient simplement donner de l'argent à l'Église au lieu de prier. Le défi lancé par Luther fut à la source d'un intense débat avec le théologien catholique Johann Eck. Luther non seulement défendit son point de vue sur la justification et le salut, mais il alla encore plus loin. Il contesta la suprématie du pape et déclara que les conseils d'Église pouvaient commettre des erreurs de foi.

Luther fut alors excommunié et condamné en tant qu'hérétique. Il traduisit l'ensemble de la Bible en allemand, puis écrivit plusieurs livres et brochures dans lesquels il donnait son point de vue sur un christianisme réformé.

La liturgie telle que la conçut Luther était plus simple et se faisait dans la langue du peuple plutôt qu'en latin. L'objectif de Luther était de réformer le christianisme plutôt que de provoquer une rupture. À sa mort en 1546, il était déjà considéré comme une figure importante qui avait changé le cours du christianisme.

Questions

1. En quoi les idées de Luther sur le salut diffèrent-elles de celles de l'Église catholique romaine ?
2. Indique les idées de Luther avec lesquelles tu es en accord ou en désaccord. Prépare-toi à expliquer ton point de vue.

L'Église anglicane

L'anglicanisme comprend l'Église d'Angleterre originale, l'Église anglicane du Canada et les Églises épiscopaliennes des États-Unis. La formation de cette Église fut le résultat d'un processus totalement politique. Le roi Henri VIII d'Angleterre voulait faire annuler son mariage avec Catherine d'Aragon, ce que l'Église catholique ne pouvait accepter. Il fit alors annuler son mariage par l'archevêque de Canterbury et demanda au Parlement de reconnaître l'Acte de suprématie, par lequel le roi devenait chef de l'Église d'Angleterre. Il ordonna de faire la traduction de la Bible et des offices religieux en anglais, mais ne fit aucune autre modification doctrinale. Les anglicans n'acceptent donc pas l'autorité du pape ni la doctrine de la transsubstantiation dans l'eucharistie (voir la page 286). Mais leur liturgie est très semblable à celle du catholicisme. C'est pourquoi les anglicans tendent à se considérer comme un « pont » entre les protestants et les catholiques romains.

Les Églises baptistes

Ces Églises ont pour origine le mouvement anabaptiste apparu dans le protestantisme du XVIe siècle. Les baptistes croient que devenir chrétien par le baptême doit découler d'une décision basée sur la maturité et l'information. Ce ne peut donc être un droit acquis à la naissance. Dans les Églises baptistes, le sacrement du baptême exige l'immersion totale des adultes dans l'eau, de la façon dont Jean-Baptiste a baptisé Jésus (*voir la figure 7.24*). La liturgie baptiste comprend le sacrement de la communion, dans lequel le Christ est présent en esprit seulement, ainsi que des prédications sur la Bible et l'interprétation d'hymnes. Martin Luther King Jr, le militant américain qui a pris fait et cause en faveur des droits civils des Noirs américains dans les années 1960, était un pasteur baptiste. Tel fut aussi le cas, au Canada, de Tommy Douglas, le créateur du régime public d'assurance-maladie et le premier chef du Nouveau Parti démocratique.

Les Églises méthodistes

Ces églises prennent leur origine deux siècles après la Réforme protestante. Au XVIIIe siècle, John Wesley, un prêtre anglican d'Angleterre, fonda le mouvement « méthodiste » lorsque, accompagné d'un groupe d'amis, il se mit à chercher « méthodiquement » les moyens pour l'homme d'assurer son salut à travers la prière, la discussion et la réflexion. Pour ses adeptes, il élabora les trois principes de base suivants : « Ne fais pas de mal. Fais le bien. Suis toutes les prescriptions de Dieu. » Le méthodisme, qui a soutenu un mode de vie chrétien dans le monde, a souvent appuyé d'importantes causes sociales. Il existe différentes Églises méthodistes, mais toutes célèbrent le baptême. L'office méthodiste est essentiellement fait de prédications entrecoupées de

Figure 7.24
Ce baptême a lieu dans une église baptiste. Quel est ton point de vue sur le baptême des adultes ?

chants; il se termine occasionnellement par un repas du Seigneur symbolique.

L'Église Unie du Canada, qui s'est formée en 1925, est le produit de la fusion entre les Églises méthodistes, congrégationalistes et presbytériennes.

Le mouvement évangélique

Rattaché historiquement à la Réforme protestante, le mouvement évangélique représente une forme très active de foi et de pratique chrétiennes. Il se base sur l'autorité de la Bible prise dans son sens littéral. Ce mouvement, qui a connu un essor rapide au Canada, forme l'une des plus grandes communautés de fidèles protestants dans le pays. Les chrétiens protestants évangéliques sont particulièrement actifs dans les organisations humanitaires, telles que Vision mondiale. Cette dernière, qui est la plus grande organisation non gouvernementale au Canada, collecte des fonds destinés à l'aide internationale totalisant plus de 200 millions de dollars.

Les mormons

Aux alentours de 1820, l'Américain Joseph Smith vit des apparitions de Dieu le Père, de Jésus-Christ et d'un ange qu'il appela Moroni. Il affirma avoir obtenu de petits panneaux en or gravés dans une langue ancienne, et assura avoir aussi reçu la capacité de les traduire. Ainsi naquit le Livre des Mormons. L'Église mormone, connue sous le nom d'Église de Jésus-Christ des Saints des derniers jours, considère ce livre comme un écrit sacré inspiré par Dieu. Sous la direction de Brigham Young, les mormons fondèrent Salt Lake City, qui est à présent la capitale de l'Utah. Cette ville est le siège mondial de l'Église mormone, qui compte actuellement plus de sept millions de membres dans le monde.

Les mormons ne reconnaissent pas le péché originel. Il en résulte que le baptême ne sert pour eux qu'à accueillir de nouveaux membres dans l'Église. Les mormons croient que l'esprit d'une personne reste sur terre après sa mort. La vie de famille peut donc continuer en y incluant les membres décédés de la famille. C'est pour cette raison que l'Église de Jésus-Christ des Saints des derniers jours manifeste un intérêt très marqué pour la généalogie, l'étude des ancêtres familiaux. Aussi dispose-t-elle de la plus grande bibliothèque du monde spécialisée dans les recherches généalogiques.

Les Témoins de Jéhovah

Cette secte religieuse s'est formée aux États-Unis en 1868. Elle compte à présent quelque quatre millions de membres. Comme leur nom l'indique, les Témoins de Jéhovah répondent à l'appel qu'ils ont reçu pour « témoigner de la foi » (c'est-à-dire pour la porter aux autres) et propager la bonne nouvelle du royaume de Dieu. Les membres accomplissent leur ministère de façon individuelle en distribuant des brochures de porte en porte dans leur collectivité. Ils rejettent l'idée de la Sainte Trinité et interprètent la Bible de façon tout à fait littérale, la considérant comme la source infaillible de la vérité. Un aspect controversé de cette secte est son opposition aux transfusions sanguines, même dans des situations extrêmes dans lesquelles la vie est en jeu. Les Témoins de Jéhovah croient en effet que Dieu interdit de faire passer le sang d'une personne dans le corps d'une autre personne.

Étude d'une communauté

L'Armée du Salut

Figure 7.25

La plupart des Canadiennes et des Canadiens sont familiarisés d'une façon ou d'une autre avec l'Armée du Salut, car cette dernière joue un rôle très important dans beaucoup de localités. Tu as sans doute déjà remarqué ses membres en uniforme dans des centres commerciaux à l'époque de Noël, avec des récipients rouge vif destinés à ramasser des dons pour les pauvres. Tu as peut-être aussi entendu leur fanfare jouant au coin des rues ou dans des défilés locaux, ou vu leurs bacs destinés à la collecte de vêtements usagés et de vieux meubles. Ce que tu pourrais ignorer, par contre, c'est que l'Armée du Salut est aussi une Église, qui existe au Canada depuis 1882.

William et Catherine Booth, un couple de prêtres méthodistes, ont fondé l'Armée du Salut en 1865 pour apporter la foi aux « sans église » des secteurs les plus pauvres de Londres, en Angleterre. Comme son nom l'indique, l'Armée du Salut est organisée selon des principes militaires. Elle accorde un statut identique aux hommes et aux femmes, qu'ils soient simples membres (les « soldats ») ou ministres du culte (les « officiers »). De nos jours encore, les membres s'engagent à diffuser l'Évangile de Jésus, notamment par le biais d'œuvres charitables, et à mener une vie de moralité, sans alcool, sans tabac et sans drogues illégales. Les ministres du culte acceptent également de mener une vie austère dans une relative pauvreté. William et Catherine Booth furent parmi les premiers à promouvoir une religion chrétienne basée sur une forte tradition musicale et sur la prédication, mais n'ayant que peu de rituels et aucun sacrement. En lieu et place, la prière libre et le témoignage personnel sont encouragés en tant que moyens privilégiés d'inciter les autres à faire le choix approprié pour leur propre salut.

L'Armée du Salut s'est gagné le respect des Canadiennes et des Canadiens en raison du large éventail de services sociaux qu'elle fournit aux défavorisés (voir ci-dessous). Depuis ses débuts, le mot d'ordre de l'Armée du Salut est le suivant: « Avec le cœur vers Dieu et la main vers l'homme. »

Les activités de l'Armée du Salut au Canada

- Centres de distribution de vêtements et de meubles usagés appelés Magasins d'économie
- Campagnes de collecte d'aliments et banques d'alimentation
- Hôpitaux et maisons de retraite pour les personnes âgées
- Centres d'orientation pour les fumeurs et les toxicomanes
- Abris et repas pour les sans abris
- Camps d'été en plein air pour les enfants défavorisés
- Surveillance des prisonniers récemment libérés sur parole
- Cours de langue pour les nouveaux immigrants

QUESTIONS

1. Décris le rôle des femmes dans l'Armée du Salut en remontant historiquement jusqu'aux fondateurs du mouvement.
2. Explique la façon dont le travail communautaire des membres de l'Armée du Salut se trouve en relation avec les origines du mouvement et avec ses principes religieux.

> ## Vérifie ta compréhension
>
> 1. Quelle est la signification des termes suivants ?
>   a) le purgatoire
>   b) l'infaillibilité papale
>   c) la sanctification
>
> 2. Compare les points de vue des différentes Églises chrétiennes concernant le mariage des membres du clergé.
>
> 3. Explique la controverse de la clause filioque. Quelles en furent les conséquences ?
>
> 4. À ton avis, la division du christianisme a-t-elle été un élément positif ou négatif pour la foi chrétienne ? Explique-toi.
>
> 5. Quelles questions personnelles te poses-tu à propos de l'une des communautés chrétiennes décrites dans cette partie du chapitre ? Comment t'y prendrais-tu pour obtenir des réponses à tes questions ?

L'INFLUENCE CULTURELLE

Comptant presque deux milliards de fidèles, le christianisme forme la plus grande religion du monde. Environ un tiers de la population mondiale suit les enseignements de Jésus-Christ. Tant en raison de son nombre impressionnant de membres que de sa distribution géographique, le christianisme a eu une influence considérable dans le monde entier, et notamment au Canada.

Les cartes et les statistiques indiquent que le christianisme est dominant en Europe et dans l'hémisphère occidental (*voir les figures 7.26 et 7.27*). À l'époque de l'exploration et de la colonisation par les puissances européennes (la Grande-Bretagne, l'Espagne, la France, le Portugal et les Pays-Bas), les missionnaires et les immigrants ont introduit le christianisme dans les Amériques. Les peuples autochtones de ces régions furent christianisés par conversion spontanée ou forcée. À la fin du XIXe siècle, l'époque de l'impérialisme a eu pour effet de déplacer les intérêts européens – et, avec ceux-ci, le christianisme – vers l'Afrique et l'Asie. Si bien que de nos jours, presque deux catholiques romains sur trois vivent dans les nations en développement d'Amérique latine, d'Asie et d'Afrique.

Cette relation entre le christianisme et les nations en développement peut être observée aujourd'hui dans les activités de nombreux organismes internationaux liés aux Églises chrétiennes. En effet, beaucoup d'Églises et d'organisations chrétiennes financent et administrent des missions, des écoles, des orphelinats, des hôpitaux et d'autres institutions communautaires dans le tiers-monde. Par exemple, le *Christian Children's Fund* a mis sur pied un plan de parrainage afin de financer l'éducation d'enfants de familles pauvres à l'étranger. D'autres organisations, comme l'organisation catholique canadienne pour le développement et la paix (Développement et Paix), appuient des projets de développement économique en milieu communautaire dans les pays en développement. Enfin, des groupes religieux, tels que le *Mennonite Central Relief Committee*, agissent lorsque se présentent des cas d'urgence dans le monde, à la suite de famines, d'inondations ou d'ouragans destructeurs.

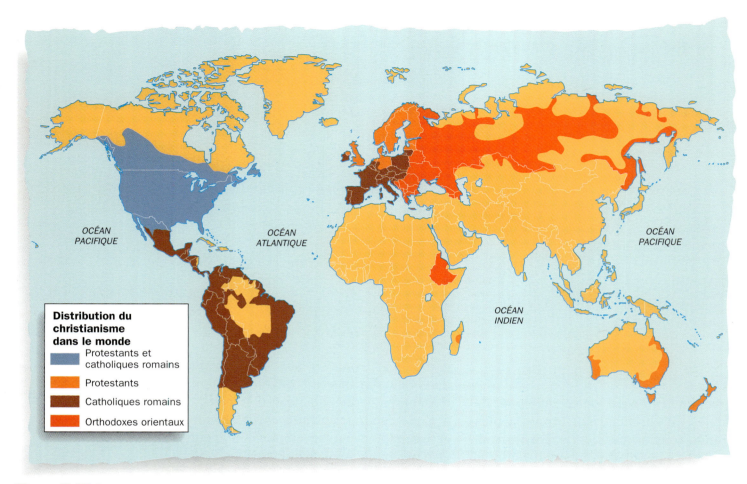

Figure 7.26 À quoi voit-on que le christianisme est vraiment une religion mondiale?

	Afrique	Asie	Amérique latine	Europe	Amérique du Nord	Océanie	MONDE
Orthodoxes	33	15	1	167	7	1	224
Protestants	108	46	43	110	98	11	416
Catholiques romains	118	111	443	287	74	8	1040
Autres chrétiens*	68	125	40	6	48	1	288
TOTAL	317	297	527	570	227	21	**1968**

* Catholiques non romains, protestants dissidents, Églises chrétiennes autochtones d'Asie, d'Afrique et d'Amérique latine.

Figure 7.27 Adeptes du christianisme par continent (en millions), 1997.

Le christianisme au Canada

Le christianisme est la religion la plus largement répandue au Canada. Il a influencé notre société de multiples manières. Les églises chrétiennes sont les bâtiments les plus imposants dans beaucoup de localités du Canada (*voir les figures 7.28 à 7.30*). Les constructions religieuses affichent une grande diversité de styles dans le paysage de notre pays. Certaines églises sont des centres d'importants pèlerinages ainsi que des destinations touristiques. C'est le cas, par exemple, de Sainte-Anne-de-Beaupré près de Québec, de l'oratoire Saint-Joseph à Montréal et du sanctuaire des Martyrs canadiens à Midland, en Ontario, qui attirent chacun un flot continu de pèlerins.

L'influence du christianisme se remarque également dans le système d'éducation canadien. Certaines provinces, comme l'Ontario et le Nouveau-Brunswick, possèdent des systèmes scolaires catholiques romains financés par les deniers publics. Ceux-ci sont garantis en vertu de l'Acte de l'Amérique du Nord britannique de 1867, et font partie de l'ensemble des engagements historiques ayant permis de créer le dominion du Canada. Par ailleurs, des écoles religieuses, des collèges confessionnels et des écoles du dimanche (catéchisme) ont pour mission de transmettre la foi de génération en génération.

Un rapide coup d'œil sur une carte géographique ou sur un plan de ville révèle clairement l'influence du christianisme au Canada. Beaucoup de villes, de villages, de lacs et de rivières portent des noms de saints chrétiens, en particulier au Québec. Le fleuve Saint-Laurent, Sainte-Marie-au-Pays-des-Hurons, St. Mary's et St. Thomas en Ontario, ainsi que St. George Street à Toronto, ne sont que quelques exemples de ce phénomène. Beaucoup de jours fériés dont nous bénéficions en tant que Canadiennes et Canadiens étaient, à l'origine, des fêtes chrétiennes. Parmi celles-ci, on compte Noël, Pâques et le jour d'Action de grâce. Il apparaît donc que, même si le Canada est de nos jours une société largement multiconfessionnelle et multiculturelle, le patrimoine chrétien reste une de ses caractéristiques fondamentales.

Recherche Internet

Pour en savoir plus, visite notre site au www.dlcmcgrawhill.ca

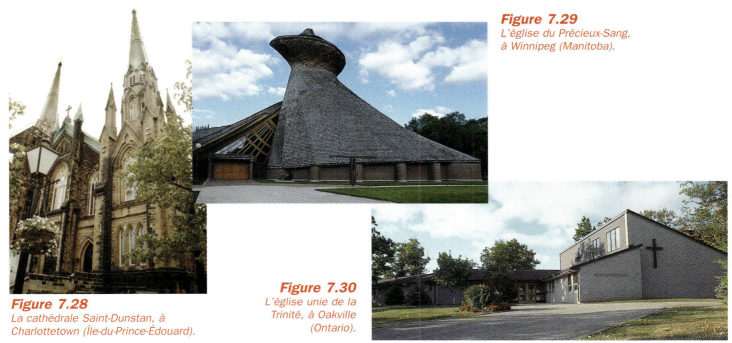

Figure 7.28
La cathédrale Saint-Dunstan, à Charlottetown (Île-du-Prince-Édouard).

Figure 7.29
L'église du Précieux-Sang, à Winnipeg (Manitoba).

Figure 7.30
L'église unie de la Trinité, à Oakville (Ontario).

Vivre ma religion

Comment le christianisme a influencé ma vie — Renée DesRivieres

Renée DesRivieres est née en 1979 à York, en Ontario. Elle a passé une grande partie de son adolescence à Sarnia (Ontario), où elle a obtenu son diplôme d'études secondaires à l'école Saint-Christophe. Avant de commencer l'université, elle a assisté aux « Journées mondiales de la jeunesse 1997 », à Paris, en France. Durant ce pèlerinage, le pape Jean-Paul II a demandé aux jeunes d'être une voix pour les sans-voix dans la

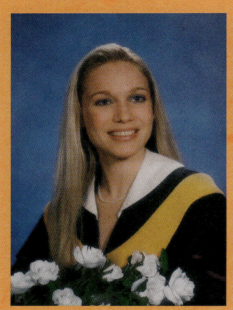

Figure 7.31

« culture de mort » qui est la nôtre. Renée a voulu répondre à cet appel. Pendant ses études à l'Université Western Ontario, elle a travaillé dans un centre d'aide et d'écoute pour adolescentes enceintes. Après avoir reçu son diplôme de biologie, dans la spécialisation écologie et évolution, Renée a entamé des études de deuxième cycle en théologie catholique au séminaire Saint-Pierre, de London (Ontario). Elle désire travailler dans le domaine de l'éthique biomédicale, dans lequel elle pourra concilier sa foi chrétienne avec la biologie et la médecine.

Voici ce que dit Renée à propos de l'influence du christianisme dans sa vie :

« C'est en fait la vie du Christ elle-même qui a eu la plus forte répercussion sur ma vie. Jésus a vécu une vie de perfection et appelle chacun d'entre nous à l'imiter. Je ressens cet appel dans ma vie quotidienne. Par exemple, lorsque je passe à côté d'une personne sans abri, je me rappelle immédiatement les paroles du Christ : "... chaque fois que vous ne l'avez pas fait à l'un de ces plus petits, à moi non plus vous ne l'avez pas fait". (Matthieu, 25,45). Il nous demande d'aimer notre voisin comme nous nous aimons. Par là même, on nous met au défi de défendre les droits du plus vulnérable, de nourrir l'affamé et de réconforter tous ceux qui sont dans le besoin. Cette pratique a eu une influence sur ma vie, tant dans ses aspects pratiques qu'à un niveau plus profond. »

QUESTIONS

1. Quel est l'événement qui a motivé l'engagement de Renée dans la foi chrétienne ? Fais-en la description.
2. Pense à un événement qui a exercé une forte influence, en termes positifs, sur ta personne. Rédige un paragraphe dans lequel tu expliques en détail la façon dont cet événement t'a affecté.

Le changement social

Les Églises chrétiennes ont souvent mené le mouvement de réformes sociales au Canada. Il y a environ un siècle, l'Union chrétienne des femmes abstinentes (en anglais *Women's Christian Temperance Union - WCTU*) était une puissante organisation religieuse qui s'opposait à la vente généralisée des alcools et aux abus dans leur consommation. Elle a réussi à faire déclarer illégal l'achat d'alcool au Canada et aux États-Unis pendant la période que l'on connaît sous le nom de « Prohibition ». Ce mouvement permet d'expliquer les raisons pour lesquelles la vente d'alcool, au Canada, se trouve toujours actuellement sous le contrôle strict du gouvernement.

Pendant la grande dépression des années 1930, les églises ont multiplié leurs efforts pour collecter et distribuer de la nourriture et des moyens de subsistance aux personnes sans emploi et aux fermiers désespérés des Prairies. Dans l'ouest du pays, deux pasteurs chrétiens, J. S. Woodsworth et William « Bible Bill » Aberhart, ont participé à la fondation de nouveaux partis politiques, dont l'objectif était de prendre les mesures politiques nécessaires pour mettre fin aux problèmes économiques de l'époque. La Co-operative Commonwealth Federation (CCF), l'ancêtre de l'actuel Nouveau Parti démocratique, et le Parti du crédit social de Aberhart ont tous deux eu des élus dans les provinces de l'Ouest, et ont introduit d'audacieux programmes de dépenses sociales. Par exemple, en Saskatchewan, le CCF a mis sur pied un régime public de soins de santé, programme précurseur de celui dont bénéficient de nos jours l'ensemble des Canadiennes et des Canadiens.

Le ministère pastoral

L'un des véhicules les plus importants à travers lequel le christianisme a influé sur notre société passe généralement inaperçu, mais son influence n'en est pas moins très profonde. Il s'agit des **ministères pastoraux** que la plupart des Églises chrétiennes du Canada ont développés au sein de leurs communautés respectives. Des pasteurs et des bénévoles spécialement formés fournissent un soutien psychologique lors de crises personnelles ou familiales (par exemple, des conseils funéraires aux proches d'une personne décédée). Des programmes de visite sont destinés aux malades, aux personnes âgées, et même aux détenus. Les programmes destinés à la jeunesse et les cours de préparation au mariage sont d'autres exemples d'activités permanentes organisées par différentes communautés chrétiennes.

Vérifie ta compréhension

1. En consultant la figure 7.27, classe les continents, dans un ordre décroissant, en fonction du nombre de chrétiens qui y vivent. Explique le résultat obtenu.

2. Résume sommairement trois types d'activités qu'appuient les organisations chrétiennes dans les nations en développement.

3. a) Fais une liste des diverses façons dont le christianisme a influencé la société canadienne.
   b) Décris l'influence culturelle qu'ont eue, au Canada, les organisations ou personnes suivantes : la WCTU, l'Armée du Salut, J. S. Woodsworth et William Aberhart.

4. Qu'est-ce qu'un ministère pastoral ? Donne deux exemples de l'influence non négligeable que cette activité peut avoir sur les gens.

Activités

Vérifie ta compréhension

1. Explique le rôle joué par chacune des personnes suivantes dans la vie de Jésus-Christ :
   a) Jean-Baptiste
   b) Judas
   c) Marie-Madeleine

2. Cite deux croyances que partagent les chrétiens et les juifs en ce qui concerne la nature de Dieu.

3. Explique brièvement les distinctions entre le concept de la réincarnation et le concept de la résurrection.

4. Fais un tableau sur le modèle suivant pour comparer et résumer l'apport de quatre importantes figures du protestantisme.

Fondateur de l'église	Nom de l'église	Concepts nouveaux/ pratiques nouvelles
a. Martin Luther		
b. Jean Calvin		
c. Henri VIII		
d. John Wesley		

Réfléchis et exprime-toi

5. Quelle est l'importance de chacun des éléments suivants dans la formation de tes valeurs : la religion, l'école, les médias, tes parents, tes amis ? Classe ces éléments en ordre décroissant, du plus important au moins important. Explique ta classification.

6. Es-tu d'accord ou non avec l'idée que Jésus était un rebelle qui luttait contre les pouvoirs établis de son époque ? Explique-toi.

7. Rédige un portrait, semblable à celui de Mère Teresa (voir la page 288), mettant en valeur le rôle d'une femme ou d'un groupe de femmes dans le christianisme. Ce pourrait être, par exemple, Marie-Madeleine, Catherine Booth (la fondatrice de l'Armée du Salut) ou l'Union chrétienne des femmes abstinentes (WTCU).

8. Organise une entrevue avec une ou un ministre du culte ou une ou un bénévole à propos du travail de pastorale sociale qu'elle ou il accomplit. Essaie de définir les difficultés et les satisfactions rencontrées par cette personne en effectuant ce travail.

9. Consulte les Évangiles synoptiques et cherche trois exemples de paraboles reprises par chacun d'eux. Cherche ensuite trois paraboles qui figurent seulement dans l'un des trois Évangiles. Prends note, dans un tableau, des thèmes de ces paraboles.

10. Avec une ou un camarade, compare le style et le contenu des Évangiles de Luc et de Jean. En donnant des exemples, fais un résumé des différences que tu juges significatives.

11. Crée une collection de photos, de dessins ou de croquis illustrant les différents types d'architecture religieuse dans ton quartier ou ta localité. Dispose ces images d'une façon attrayante.

Applique tes connaissances

12. Lis le « Sermon sur la montagne » dans l'Évangile de Matthieu (voir la page 291). Dans ce passage, sélectionne trois enseignements qui pourraient être des conseils utiles dans le monde d'aujourd'hui. Explique chacun de tes choix.

13. En utilisant des sources imprimées ou électroniques, fais une recherche d'une page sur l'un des sujets suivants :
    a) les croisades
    b) les Églises coptes d'Égypte et/ou d'Éthiopie
    c) le mouvement pour les droits civils aux États-Unis

14. Jusqu'à quel point une personne devrait-elle être libre de pratiquer sa religion ? Sélectionne l'un des groupes de comportements suivants et explique ton point de vue :
    a) I) Refus d'accomplir le service militaire;
    II) Refus de participer à la mobilisation en temps de guerre.
    b) I) Refus de recevoir une transfusion sanguine dans un centre d'urgence médicale;
    II) Refus d'autoriser une transfusion sanguine d'urgence à un enfant de la famille.

15. En groupe, effectuez une recherche sur la position des partis politiques canadiens concernant le clonage humain, la peine de mort, l'avortement, l'euthanasie et d'autres thèmes de société controversés en rapport avec la vie humaine. Préparez un compte rendu et présentez-le oralement à la classe.

16. Compare les célébrations profanes et religieuses ayant lieu à Noël ou à Pâques. Recherche les origines des célébrations profanes, puis montre en quoi diffèrent les célébrations profanes et religieuses.

17. Fais une recherche appuyée par des photos, avec l'aide d'une ou d'un camarade de classe, sur l'apport des Montfortains et des Filles de la Sagesse dans la vie des Franco-Ontariennes et des Franco-Ontariens au niveau social et au niveau spirituel.

Glossaire

Apôtre (m). L'un des douze disciples choisis par le Christ pour propager l'Évangile dans le monde.

Ascension. Le jour saint qui marque le transfert du corps du Christ de la terre au ciel, quarante jours après Pâques.

baptême (m). Le sacrement ou l'action par lesquels on asperge une personne ou on l'immerge totalement dans de l'eau, afin de symboliser la purification de ses péchés et son entrée dans l'Église.

carême (m). Une période de quarante jours entre le Mercredi des Cendres et le dimanche de Pâques ; un temps de jeûne et de repentance pour les péchés dans beaucoup d'Églises chrétiennes.

chapelet (m). Une chaîne formée de grains qu'utilisent certains chrétiens pour la prière et la dévotion.

clause filioque (f). Mot latin signifiant « et le Fils » ajouté au Credo de Nicée par l'Église occidentale ou romaine.

communion/eucharistie (f). Le sacrement par lequel les chrétiens commémorent la dernière cène.

confession (f) (connue aussi sous le nom de **réconciliation** ou **sacrement du pardon**). Dans certaines Églises, sacrement par lequel une personne reconnaît, devant un prêtre ou un confesseur, les mauvaises actions qu'elle a commises, et reçoit le pardon de Dieu.

confirmation (f) (connue aussi sous le nom de **chrismation**). Le sacrement ou, dans certaines Églises, le rite faisant partie du processus d'initiation à la foi chrétienne, lequel débute par le baptême.

crucifixion (f). L'exécution du Christ sur une croix en bois, selon la méthode en vigueur dans l'Empire romain ; les chrétiens commémorent cet événement le Vendredi Saint.

dernière cène (f). Le dernier repas de Jésus en compagnie de ses disciples avant sa crucifixion ; la dernière cène se trouve à l'origine du sacrement de la communion.

disciple (f/m). L'adepte de Jésus-Christ durant son ministère public ; les douze Apôtres faisaient partie des disciples.

Épîtres (f). Les lettres écrites par les Apôtres du Christ dans un but de formation religieuse, destinées aux communautés chrétiennes et aux membres de l'Église.

Évangiles (m). L'histoire de la vie et des enseignements de Jésus tels qu'ils sont racontés dans les quatre premiers livres du Nouveau Testament de la Bible.

indulgences (f). Dans l'Église catholique, les prières ou les actions susceptibles de libérer l'individu du purgatoire pour une durée déterminée.

infaillibilité papale (f). Dans l'Église catholique romaine, croyance selon laquelle, en sa qualité de chef de l'Église, le pape ne peut commettre d'erreur lorsqu'il traite de questions de doctrine et de morale.

jugement dernier (m). Le jour du jugement final de Dieu à la fin du monde. Le jour où les croyantes et les croyants iront au ciel.

justification (f). Dans certaines Églises chrétiennes, croyance que les chrétiens peuvent échapper au châtiment pour leurs péchés grâce à leur foi en Jésus-Christ.

liturgie de la Parole (f). Une partie de l'office du culte chrétien qui met l'accent sur la lecture de la Bible et la prédication aux membres de l'assemblée.

martyr (m). Une personne qui a souffert ou qui est morte en raison de sa religion ou de ses croyances.

Messie (m). Le sauveur qui doit conduire son peuple à Dieu, selon les prophéties de l'Ancien Testament ; les chrétiens croient que ce Sauveur est Jésus.

ministre pastoral (m). Une personne non ordonnée qui assiste le clergé dans différents aspects de son travail.

Noël. La fête de célébration de la naissance de Jésus, commémorée par des offices religieux spéciaux, des échanges de cadeaux et de vœux.

Pâques. La fête chrétienne qui célèbre la résurrection du Christ.

parabole (f). Une sorte de court récit utilisé fréquemment par Jésus pour enseigner une vérité importante ou donner une leçon de morale.

paroisse (f). Un secteur possédant sa propre église et son propre pasteur ou prêtre.

péché originel (m). La croyance en la tendance humaine au péché et au mal, que les Écritures présentent comme une conséquence de la désobéissance à Dieu d'Adam et Ève dans le jardin d'Éden.

Pentecôte (f). La fête chrétienne commémorant la descente du Saint-Esprit sur les Apôtres afin de donner à ces derniers des forces pour propager la foi chrétienne.

purgatoire (m). Pour l'Église catholique romaine, étape temporaire pendant laquelle les âmes des morts sont purifiées de leurs péchés.

Réforme protestante (f). Le mouvement religieux en Europe au XVIe siècle qui mena à la fondation des Églises protestantes.

résurrection (f). La disparition du corps de Jésus du tombeau le troisième jour après sa crucifixion et son apparition à ses disciples.

sacrement (m). Le rituel ou la cérémonie qui constitue un signe extérieur de bienfaits spirituels pour la personne qui le reçoit.

saint (m). La personne sacrée vénérée par les chrétiens.

Saint-Esprit. L'une des trois personnes en Dieu ; les chrétiens croient qu'il confère des dons spirituels aux individus.

sanctification (f). L'acte de purification du péché qui rend la personne acceptable ou sainte aux yeux de Dieu.

schisme (m). Une division de l'Église en groupes séparés, parfois hostiles, en raison d'une forte divergence d'opinions.

transsubstantiation (f). La transformation du pain et du vin dans la substance du corps et du sang du Christ, qui s'opère durant la sainte communion.

Trinité (f). La croyance chrétienne selon laquelle il existe trois personnes en un seul Dieu : le Père, le Fils (Jésus-Christ) et le Saint-Esprit.

*Au nom d'Allah, le Bienfaiteur miséricordieux.
Louange à Allah, Seigneur des Mondes.
Bienfaiteur miséricordieux.
Souverain du Jour du Jugement !
C'est Toi que nous adorons, Toi dont nous demandons l'aide !
Conduis-nous dans la Voie Droite, la Voie de ceux à qui
Tu as donné Tes bienfaits, qui ne sont ni l'objet de Ton courroux
ni les Égarés.*

Coran 1, 1-7

Voici le premier chapitre du Coran, le texte sacré de l'islam. On l'appelle al-Fatiha, qui signifie « le Prologue » et il est récité plusieurs fois lorsqu'une personne prie ou exécute la salat. Les musulmans prient un dieu unique dont le nom est Allah.

Chapitre huit
L'islam

Lis le texte ci-contre et l'introduction ci-dessous, puis réponds aux questions suivantes :

1. Qui est Allah ? Quelles qualités possède-t-il ?
2. Qu'est-ce que cette prière suggère à propos de la religion de l'islam ? Précise ta pensée.

Introduction

Islam est un mot arabe qui signifie « se soumettre à Dieu ». On appelle musulman, – « celle ou celui qui se soumet à Dieu et trouve la paix en lui » – la personne qui suit les enseignements de l'islam. Plus précisément, les musulmans sont des adhérents à l'islam qui se soumettent à la volonté de Dieu. La croyance islamique se résume dans leur profession de foi, appelée **Shahada**, qui stipule :

« Il n'y a d'autre dieu qu'Allah et Mahomet est le messager de Dieu. »

Les musulmans croient qu'au VIIe siècle, Dieu a envoyé une série de révélations, par l'entremise de l'archange Gabriel, à un homme du nom de Mahomet, considéré comme le dernier prophète envoyé par Dieu à l'humanité. Une **révélation** est une expérience claire et précise qui enseigne une vérité profonde et spirituelle. Les musulmans estiment qu'il s'agit d'un type d'inspiration particulier et infaillible, réservé à ceux que Dieu choisit comme prophètes. Les révélations que Dieu a transmises à Mahomet proclament le caractère unique de Dieu et la nécessité de se soumettre à celui-ci en lui rendant un culte et en vivant de manière vertueuse.

L'islam est la dernière des trois grandes religions nées au Moyen-Orient. Le prophète Abraham est l'un des principaux personnages de la tradition islamique. Abraham est aussi un patriarche de la foi juive et, par extension, une figure dominante de la tradition chrétienne. Les musulmans considèrent également Noé, Moïse et Jésus comme de grands prophètes, au même titre que le prophète Mahomet.

L'islam constitue la deuxième plus grande religion du monde, et celle qui connaît la plus forte croissance. Elle aurait 1,2 milliard de fidèles. Plus d'une cinquantaine de nations comptent une population à majorité musulmane. Ces pays s'étendent de l'Indonésie à l'est jusqu'au Maroc à l'ouest, et des populations musulmanes plus restreintes se trouvent en Europe et dans les Amériques. Selon Statistique Canada, plus de 250 000 musulmans vivaient au Canada en 1991. Certaines analyses statistiques plus récentes situent ce nombre à 650 000, dont la majorité réside dans les centres urbains comme Toronto, Montréal et Vancouver.

Objectifs d'apprentissage

À la fin de ce chapitre, tu pourras :

- expliquer les origines des croyances de l'islam concernant la création, la mort, Dieu et la vie après la mort ;
- cerner le rôle et les contributions de Mahomet et des califes dans l'histoire de l'islam ;
- expliquer les origines du Coran ;
- reconnaître les principaux passages du Coran, et expliquer leur signification et leur influence ;
- définir l'origine et la signification des croyances, des pratiques, des célébrations et des rituels islamiques ;
- démontrer une compréhension du jeûne et de la prière dans la foi islamique ;
- examiner le rôle des symboles dans l'islam ;
- évaluer l'influence des événements clés de l'évolution de l'islam dans le monde ;
- décrire et comparer les principales communautés religieuses au sein de l'islam ;
- analyser les questions liées au statut de la femme au sein de l'islam ;
- participer de manière efficace à une présentation de groupe.

- **680 ap. J.-C.**
  Bataille de Karbala ; martyre de Hussein, le petit-fils du Prophète

- **632 ap. J.-C.**
  Mort de Mahomet ; début du règne des « sages califes »

- **687 ap. J.-C.**
  La Coupole du Rocher, site du Voyage nocturne, construite à Jérusalem

- **624-628 ap. J.-C.**
  Les batailles de Badr, d'Ohoud, du Fossé

- **610 ap. J.-C.**
  Mahomet reçoit sa première révélation : la vocation de prophète

- **630 ap. J.-C.**
  Mahomet se rend à La Mecque et gagne les cœurs de ses habitants

- **570 ap. J.-C.**
  Naissance de Mahomet à La Mecque

- **622 ap. J.-C.**
  L'hégire : Mahomet quitte La Mecque pour Médine

- **1930 ap. J.-C.**
Abdul Alim Siddiqui, le premier missionnaire et érudit musulman au Canada, consacre la première mosquée canadienne à Edmonton, en Alberta ; conférences à Edmonton et à Toronto dans le cadre de ses voyages internationaux

- **1947 ap. J.-C.**
Les territoires à majorité musulmane et ceux d'Inde britannique forment l'État du Pakistan

- **1961 ap. J.-C.**
Premier centre islamique créé à Toronto par Regep Assim, fondateur de la *Muslim Society of Toronto*

- **1980-2000 ap. J.-C.**
Visibilité accrue de la présence musulmane au Canada grâce à la croissance des institutions religieuses et culturelles musulmanes (par exemple, les mosquées, les écoles musulmanes, les maisons funéraires, les magasins d'alimentation *halal*, les institutions de prêts sans intérêts)

- **Début du XIVᵉ siècle à 1924 ap. J.-C.**
Période du califat turque

- **1945 ap. J.-C.**
Immigration musulmane d'après-guerre au Canada ; main-d'œuvre qualifiée

- **1950-1970 ap. J.-C.**
Des universitaires musulmans immigrent au Canada ; création d'une chaire d'études islamiques à l'Université McGill (1952) et à l'Université de Toronto (1962)

- **1969 ap. J.-C.**
Première mosquée à Toronto, consacrée par Qadeer Baig

- **XIXᵉ siècle au début du XXᵉ siècle**
Période de l'impérialisme européen ; plusieurs pays musulmans sont sous la gouverne de puissances coloniales. Des musulmans commencent à immigrer au Canada ; possibilités d'emplois dans les fermes et dans la construction du chemin de fer transnational

Chronologie

L'islam

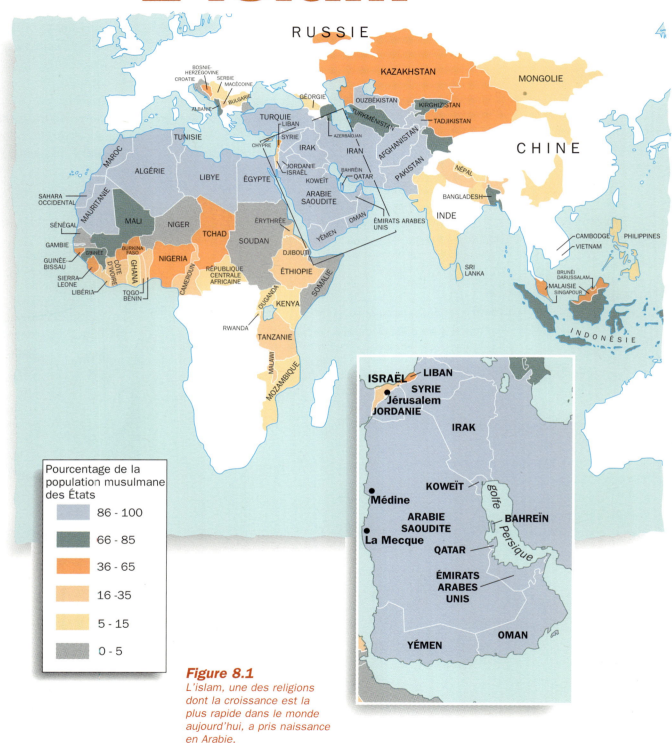

Pourcentage de la population musulmane des États
- 86 - 100
- 66 - 85
- 36 - 65
- 16 - 35
- 5 - 15
- 0 - 5

Figure 8.1
L'islam, une des religions dont la croissance est la plus rapide dans le monde aujourd'hui, a pris naissance en Arabie.

Les origines

La préparation du terrain

À l'époque de Mahomet, la naissance et l'évolution de l'islam ont transformé plusieurs idéaux et coutumes de la société arabe. Trois systèmes caractérisaient plus particulièrement l'Arabie du VIᵉ siècle.

Le système religieux

Le peuple d'Arabie croyait en toute une gamme de divinités dans une forme d'expression religieuse connue sous le nom de polythéisme. Le **polythéisme** s'exprimait de manière active dans la pratique de l'idolâtrie. L'**idolâtrie** est le culte de différents objets, habituellement des sculptures et des images, chacune représentant une qualité spirituelle particulière. Au moment de la naissance de Mahomet (Mohammed) en 570 ap. J.-C., les croyantes et les croyants pensaient que la **Ka'bah**, un édifice en forme de cube qu'Abraham avait construit pour honorer Dieu, était rempli d'idoles. Ces idoles servaient à refléter la tradition polythéiste des citoyennes et des citoyens d'Arabie. Ces derniers avaient plusieurs idoles protectrices auxquelles ils se fiaient de manière absolue, et qui faisaient partie de leur système de croyances. Ils croyaient que les idoles leur accordaient des faveurs et qu'elles leur permettaient de réussir toutes leurs entreprises. À leurs yeux, ces idoles accordaient aussi une protection contre l'adversité dans les batailles, et contre les désastres et les calamités.

Le système social

L'Arabie se divisait en groupements de personnes appelés tribus. Les tribus sont apparues parce que le caractère nomadique de la vie dans le désert

Figure 8.2
Des pèlerins rendent un culte autour de la Ka'bah à La Mecque.

obligeait les gens à se déplacer d'un endroit à l'autre pour trouver de la nourriture et de l'eau. Parfois, des groupes de montagnards attaquaient une famille, volaient ses biens et la chassaient de sa terre. En conséquence, des alliances se formèrent à mesure que les familles s'unissaient pour former des clans. Plus tard, ces clans s'unirent à d'autres clans pour former des tribus. La vie tribale entraîna l'établissement d'une tradition de rivalité et de carnages qui a caractérisé l'Arabie avant l'avènement de l'islam.

À cette époque, on considérait les femmes au bas de l'échelle sociale, ainsi que le démontrait la pratique de plus en plus répandue de l'infanticide féminin.

Le système économique

Les marchands de La Mecque (Makkah) gagnaient leur vie grâce au commerce avec diverses régions situées au-delà de la péninsule arabe, et leurs caravanes marchandes étaient constamment la cible d'attaques de diverses tribus arabes. Ils s'engageaient dans des conflits armés pour régler des querelles de famille et pour venger le meurtre d'un des leurs. Cela faisait partie intégrante de leur honneur tribal, et servait de système de justice privée permettant de sauver les apparences.

De même, les riches prêtaient de l'argent et d'autres biens essentiels de la vie aux pauvres et aux nécessiteux, à des taux d'intérêts croissants si bien que l'emprunteur ne pouvait jamais rembourser le prêt et se libérer ainsi de la tyrannie économique.

Mahomet

Les musulmans croient que le personnage le plus important dans l'émergence de la religion musulmane a été le prophète Mahomet. C'est lui qui avait reçu d'Allah, par l'entremise de l'ange Gabriel (Djibraïl), des révélations directes. Avec ces révélations gravées dans son cœur, Mahomet allait éloigner l'Arabie de l'idolâtrie et l'amener à croire au caractère unique d'Allah. Les musulmans éprouvent pour Mahomet une grande admiration, qu'ils expriment en utilisant des phrases comme « Bénédictions et salut d'Allah sur lui » ou les initiales « BsA » après avoir mentionné le nom du Prophète.

Mahomet est né en 570 ap. J.-C. À cette époque, les citoyens de La Mecque édifiaient leur puissance économique grâce au commerce, tout en conservant des pratiques polythéistes sous forme d'idolâtrie. Mahomet est né dans la tribu de Qouraish, la tribu la plus respectée de La Mecque. Son père mourut peu après sa naissance et sa mère, alors qu'il n'avait que six ans. Après la mort de sa mère, l'orphelin Mahomet fut confié à la garde de son grand-père paternel Abd al-Muttalib, chef de la tribu des Qouraish, et, plus tard, à celle de son oncle, Abu Talib, un marchand qouraish distingué.

Au cours de sa jeunesse, Mahomet fit des voyages avec son grand-père et son oncle dans le cadre de leurs entreprises commerciales. Parvenu à l'âge adulte, Mahomet avait acquis une réputation d'homme d'affaires honnête et efficace. Au milieu de son adolescence, il menait des caravanes à des endroits éloignés, signe de la confiance que lui témoignait son oncle et tuteur Abu Talib. Pendant ce temps, Mahomet vécu plusieurs expériences spirituelles importantes. Il avait toujours démontré une nette préférence pour le monothéisme, de même qu'une aversion pour l'idolâtrie. Il voyait en l'idolâtrie le poison qui nuisait à la croissance spirituelle de l'humanité. Aux yeux de Mahomet, l'idolâtrie prenait racine dans la superstition et l'amoralité, deux traits qui avaient fini par caractériser sa ville natale de La Mecque.

Mahomet commença aussi à rechercher la solitude pour pouvoir réfléchir en toute tranquillité. Les longs voyages sur les routes commerciales lui procuraient amplement de temps pour réfléchir sur la vie. De retour à La Mecque, il se retirait dans les collines autour de la ville afin de consacrer du temps à la contemplation et à la méditation. C'était comme s'il effectuait la préparation spirituelle d'un événement profond qui allait se produire.

À l'âge de 20 ans, Mahomet acquit le respect d'une riche veuve appelée Khadijah. Elle l'embaucha pour gérer ses entreprises commerciales. Mahomet impressionnait fortement Khadijah par son honnêteté et son intégrité en affaires et, après une courte période, elle le jugea tout à fait digne de confiance. Elle était si impressionnée qu'elle proposa le mariage à Mahomet, malgré le fait qu'elle avait 15 ans de plus que lui, et ils se marièrent. Khadijah et Mahomet eurent un mariage très heureux qui dura 25 ans. Ils étaient dévoués l'un à l'autre ainsi qu'à leur communauté, et ils donnaient beaucoup de leurs richesses aux malades et aux pauvres de La Mecque.

La révélation

La situation changea radicalement un jour de l'année 610, pendant le mois du Ramadan (une période de jeûne), alors que Mahomet effectuait une retraite de méditation, à la grotte du mont Hira. Il sentit une présence inhabituelle – que les musulmans interprètent comme étant celle de l'ange Gabriel – qui lui apparut, l'embrassa et lui commanda de lire les paroles de Dieu. Mahomet lui répondit qu'il ne pouvait pas (ou ne voulait pas) lire, mais Gabriel insista. En fin de compte, après la troisième

Figure 8.3
Des hommes attendent leur tour pour entrer dans la grotte du mont Hira, hors de la ville de La Mecque. À l'intérieur, debout dans une attitude respectueuse (du'a), un autre homme médite. C'est dans cette grotte que l'archange Gabriel est apparu à Mahomet.

embrassade et la troisième demande, Mahomet accepta. Ces mots se sont incrustés dans son cœur et il lut :

> *Lis, au nom de ton Seigneur qui a créé, qui a créé l'homme d'une adhérence.*
> *Lis ! Ton Seigneur est le Très Noble, qui a enseigné par la plume [le calame],*
> *a enseigné à l'homme ce qu'il ne savait pas.*
>
> Coran 96, 1-5

Au cours des vingt-trois années suivantes, Mahomet reçut une série de révélations. Elles furent assemblées pour former le texte sacré de l'islam, appelé le Coran.

Les révélations ont certainement changé Mahomet. Il commença à prêcher autour de La Mecque, partageant avec toutes celles et tous ceux qui voulaient l'entendre les révélations qu'il avait reçues. Au tout début, peu de gens souhaitaient l'écouter. Étant donné que Mahomet parlait avec passion contre l'idolâtrie et en faveur d'un dieu unique, les Qouraish étaient très en colère car ils considéraient son message comme une menace à leur style de vie ancestral. Ils voyaient aussi en Mahomet une menace à leur position sociale supérieure à titre de chefs de file de la communauté.

Mahomet poursuivit sa mission pendant neuf difficiles années jusqu'à ce que Khadijah, sa femme, meure en 619. Son oncle, Abu Talib, mourut également la même année. Ces événements furent plus tard connus sous le nom d'« année de la peine ». Abattu par le chagrin et se sentant isolé, Mahomet fut confronté à un autre problème : ses concitoyennes et ses concitoyens de La Mecque lui témoignaient de l'hostilité parce qu'il prêchait contre l'idolâtrie. Bientôt, il devint évident que la vie de Mahomet était en danger. Ayant perdu Abu Talib ainsi que la protection de sa famille et de sa tribu, Mahomet émigra au nord, dans la ville de Yathrib, maintenant connue sous le nom de Madinah (Médine). Cet événement est connu sous le nom de **hégire**, qui signifie « migration ».

Les musulmans croient qu'avant de quitter La Mecque, Mahomet vécut deux expériences particulières appelées le « Voyage nocturne » et l'« Ascension ». Lors du Voyage nocturne, Mahomet se rendit de La Mecque à Jérusalem avec l'ange Gabriel sur un cheval ailé nommé Buraq. À leur arrivée à Jérusalem, Mahomet et Gabriel gravirent les sept cieux. L'ascension elle-même est connue sous le nom de **Miradj**. Dans le premier ciel, ils rencontrèrent Adam puis, dans le deuxième ciel, Jean et Jésus. Ils traversèrent cinq autres cieux et rencontrèrent Joseph, Énoch, Aaron, Moïse, et enfin Abraham. Finalement, Mahomet approcha le trône de Dieu, se tenant debout « à deux coudées » d'Allah lui-même (c'est-à-dire très près). Mahomet fut bouleversé par cette expérience.

Portrait
Les prophètes

Selon la tradition musulmane, Allah a envoyé une série de prophètes et de messagers pour guider l'humanité vers la vérité. La longue suite de prophètes et de messagers, au nombre de 140 000, débute avec Adam, que Dieu a créé et à qui il a accordé les premières révélations. Les musulmans croient qu'il n'y a pas de différence entre les prophètes. Tous les prophètes ont reçu d'Allah un message à transmettre à l'humanité. Plusieurs prophètes ont eu une influence non seulement sur l'islam, mais aussi sur le judaïsme et le christianisme.

Prophète	Perspective islamique	Perspective juive	Perspective chrétienne
Noé	Noé a prévenu les gens qu'ils faisaient erreur en vivant une existence de péché; il a construit une arche, survécu au déluge, rebâti la civilisation et transmis les nouvelles lois régissant la création d'Allah.	La même que celle de l'islam.	La même que celle de l'islam.
Abraham	Abraham est l'un des sept prophètes à qui Allah a transmis les Écritures. Il est souvent mentionné dans le Coran. Il a enseigné aux gens qu'il fallait abandonner l'idolâtrie. Abraham est à l'origine de deux grandes familles de prophètes : la lignée arabe par son fils Ismaël, et la mère d'Ismaël, Hagar. À la fin, Abraham a transmis aux gens le sens de leurs obligations morales et religieuses.	On considère Abraham comme le patriarche de la confession juive. Il a enseigné aux gens à vénérer le Dieu unique et à abandonner l'idolâtrie. Les juifs croient que la lignée hébraïque descend du fils d'Abraham, Isaac, fils de Sarah. Abraham a eu deux femmes, Sarah et Hagar.	La même que celle du judaïsme.
Moïse	Moïse a été envoyé pour proclamer le dieu unique aux idolâtres d'Égypte. Moïse, que le Coran mentionne plus de 200 fois, suscite beaucoup de respect dans l'islam. Moïse a eu recours aux miracles pour prouver aux Égyptiens la puissance de Dieu. Il a reçu la loi de Dieu sous la forme des dix commandements.	S'accorde avec la position islamique. Dieu a également envoyé Moïse pour libérer les Hébreux de l'esclavage et les mener à la terre promise. Il a aussi été envoyé pour donner aux juifs la loi de Dieu par l'entremise des dix commandements.	La même que celle du judaïsme.

Prophète	Perspective islamique	Perspective juive	Perspective chrétienne
Jésus	Jésus est né de façon miraculeuse de la Vierge Marie et, au cours de sa vie, il a réalisé plusieurs miracles. Toutefois, le Coran nie que Jésus ait été le fils divinement désigné d'Allah. Le Coran n'appuie pas non plus la croyance selon laquelle Jésus est mort sur la croix. Il soutient plutôt que Jésus n'est pas mort, mais qu'il est monté au ciel et qu'il reviendra pour aider l'humanité.	N'a pas de point de vue officiel sur Jésus.	Jésus est le fils de Dieu et il fait partie de la Sainte Trinité. Jésus est né de la Vierge Marie, il a été persécuté et crucifié; il est mort, puis est ressuscité après trois jours. Il est monté au ciel et reviendra afin de juger les vivants et les morts.
Mahomet	Mahomet est « le sceau des prophètes », le dernier de ceux qui sont venus transmettre à l'humanité la grande sagesse d'Allah. Comme pour tous les prophètes, il jouit du plus haut respect spirituel parce qu'il a directement reçu la parole de Dieu. Il a tout de suite transmis ces révélations coraniques à tous. Aux yeux des musulmans, Mahomet est le dernier prophète; il a complété les enseignements de tous les prophètes qui l'ont précédé. Tous les prophètes précédents sont considérés comme étant des « musulmans » en ce sens qu'ils enseignaient tous : a) la croyance en un dieu unique, et b) la nécessité de vivre de façon vertueuse et morale. Ces deux éléments fondamentaux représentent l'« islam » au sens le plus large du mot, c'est-à-dire la soumission à la volonté de Dieu.	N'a pas de point de vue officiel sur Mahomet.	N'a pas de point de vue officiel sur Mahomet.

Questions

1. De façon générale, quel est le rôle spécifique des prophètes ?
2. Quels sont les indices montrant que l'islam, le judaïsme et le christianisme ont de nombreux points communs ?
3. Pourquoi les musulmans considèrent-ils Mahomet comme « le sceau des prophètes » ?

Mahomet à Médine

Un gouvernement organisé et un système politique fondé sur la religion musulmane sont nés lorsque Allah a ordonné à Mahomet de se rendre à Yathrib en 622 ap. J.-C. Le calendrier musulman commence avec cet événement, appelé *hijrah* (hégire ou migration). La ville fut plus tard connue sous le nom de « al-Madinah » (Médine) ou « la ville » par les gens de l'endroit. L'influence de Mahomet a été si importante que certains ont appelé la ville « Madinah al-Nabi », ce qui signifie « la cité du Prophète ».

En peu de temps, Mahomet a pu rassembler dans la ville une vaste communauté de musulmans. Bientôt, Médine fut sous la bannière de l'islam et le commandement de Mahomet. Toutefois, des problèmes existaient au sud. Les Qouraish de La Mecque s'inquiétaient de l'attrait grandissant de l'islam. Mahomet parvenait de plus en plus à persuader les Arabes païens d'abandonner ce qu'ils chérissaient le plus – le culte ancestral de leurs idoles, duquel dépendait leur survie. Les Qouraish étaient convaincus que Mahomet s'efforçait de les détruire et de réduire à néant leur style de vie. La seule solution semblait être d'éliminer Mahomet, puisque tous les autres moyens de persuasion – offres de grandes richesses, commandement absolu des Qouraish et belles femmes – avaient échoué. Ainsi, la préoccupation des Qouraish, combinée à l'expansion rapide de l'islam, menèrent à la confrontation sur le champ de bataille.

Certains ont traduit le **jihad** par « guerre sainte ». Cette traduction est inexacte. L'expression signifie plutôt « déployer des efforts ». Autrement dit, on demande aux musulmans de déployer des efforts afin de respecter les commandements d'Allah. Les premiers musulmans vivaient dans une Arabie divisée entre la population musulmane croissante de Médine, et les adorateurs qouraish depuis longtemps établis à La Mecque.

Trois batailles se sont révélées importantes dans l'unification de l'Arabie sous la religion de l'islam. Les trois batailles ont exigé que Mahomet défende Médine et, plus précisément, l'islam. Voici un résumé des trois événements :

Bataille	Résumé
Badr	• L'armée de 313 soldats de Mahomet vainc l'armée de 1000 soldats de La Mecque.
Ohoud	• Les Mecquois reviennent avec une armée de 3000 hommes et remportent la bataille. Malgré leur apparente victoire, les Mecquois retournent chez eux plutôt que de continuer sur trois kilomètres et détruire Médine.
Bataille du fossé	• Les Mecquois reviennent avec une armée de 10 000 hommes. Mahomet ordonne à ses hommes de creuser un fossé autour de la ville de Médine. Gênés par le fossé et la chaleur du désert, les Mecquois ne réussissent pas à prendre la ville.

Recherche Internet

Pour en savoir plus, visite notre site au
www.dlcmcgrawhill.ca

Ces batailles défensives renforcèrent la position de l'islam à Médine. Découragés, les Mecquois retournèrent chez eux et l'étoile de Mahomet continua de monter. Désormais, les habitants de Médine, aussi bien que ceux de La Mecque, tenaient compte des enseignements de Mahomet. Les conversions à l'islam, nombreuses à Médine et éparses à La Mecque, augmentaient constamment. Finalement, en 630 ap. J.-C., après deux pèlerinages plus modestes, Mahomet mena un groupe de 10 000 personnes à La Mecque, dans ce qu'on appelle communément la « conquête de La Mecque ». Peu de gens s'opposèrent au retour de Mahomet ou à l'enlèvement des idoles de la Ka'bah. Avant de quitter la ville, Mahomet se présenta devant les citoyens de La Mecque et leur rappella leurs mauvaises actions, ainsi que leur persécution des musulmans de Médine. À un certain moment, il se tourna vers la foule assemblée et il l'interrogea : « Qu'attendez-vous de moi maintenant ? » Lorsque les gens, honteux, baissèrent la tête, Mahomet clama : « Puisse Dieu vous pardonner. Allez en paix. Vous ne porterez aujourd'hui aucune responsabilité ; vous êtes libres ! » L'effet de ces paroles se fit sentir immédiatement, suscitant un changement dans l'esprit des personnes rassemblées. Très rapidement, les Mecquois passèrent de la condition de peuple conquis à celle de peuple libéré. Mahomet et ses compagnons quittèrent La Mecque sans y laisser un seul soldat. Il nomma un chef mecquois pour gouverner la ville.

En 632, Mahomet, accompagné de 140 000 musulmans, visita La Mecque pour y faire son dernier pèlerinage. Il voyagea vers le sud de Médine à La Mecque, et s'arrêta au mont Arafat, où il livra ce qui fut nommé par la suite son « sermon d'adieu ». Un érudit nommé Hamidullah résume bien le message du sermon :

> *Il leur adressa son célèbre sermon dans lequel il livra un résumé de ses enseignements – croyance en un Dieu unique sans images ni icônes ; égalité de tous les croyants sans distinction de race ou de classe ; supériorité des individus fondée uniquement sur leur piété ; caractère sacré de la vie, de la propriété et de l'honneur ; abolition de l'intérêt, ainsi que des vendettas et de la justice privée ; meilleur traitement des femmes ; héritage et distribution obligatoires des biens des personnes décédées aux parents proches des deux sexes, et élimination de la possibilité d'accumuler des richesses entre les mains d'un petit nombre. Le Coran et le comportement du Prophète devaient servir de fondement à la loi et aux critères sains concernant tous les aspects de la vie humaine.*

(Traduction libre)

Dans un sermon essentiel et profond, Mahomet offrait le pardon à ceux qui avaient mal agi dans le passé, tout en résumant les principaux éléments de l'enseignement musulman.

Après le pèlerinage, Mahomet retourna à Médine, où il fut frappé d'une fièvre. Il continua à diriger les prières dans le lieu de culte musulman, la **mosquée** (*masjid*), mais il devint rapidement évident que Mahomet était gravement malade. Il mourut quelques semaines plus tard, en juin 632, à l'âge de 63 ans.

Portrait
Les Califes

La mort de Mahomet sema la confusion dans la communauté musulmane. Après sa mort, la question de sa succession devint primordiale. Le Prophète avait été un chef de file extrêmement talentueux et, même s'il existait de nombreux dirigeants de talent dans la communauté islamique, il était évident que personne ne pouvait le remplacer. Immédiatement après la mort du Prophète, deux prétendants à la direction islamique se manifestèrent. D'abord, les partisans d'Abu Bakr, affirmèrent que ce dernier devait devenir le premier «calife», ou successeur, de Mahomet. Abu Bakr, un ami proche et un compagnon du Prophète, avait prouvé qu'il était un ardent promoteur de la foi et un serviteur loyal de Mahomet, aussi bien à Médine qu'à La Mecque.

La seconde revendication venait d'Ali, le cousin et beau-fils du Prophète. Certains croyaient que Mahomet l'avait publiquement reconnu comme son successeur lors d'un voyage entre La Mecque et Médine, peu avant la mort du Prophète. Ces revendications concurrentes prirent fin et Abu Bakr fut choisi plutôt qu'Ali, que certains croyaient inapte à diriger parce qu'il n'avait que 30 ans. Le choix du premier calife creusa au sein de la communauté musulmane un fossé politique qui s'est perpétué jusqu'à nos jours. Voici un bref exposé sur les quatre califes et leurs contributions respectives.

Calife	Années de califat	Importantes contributions
Abu Bakr	632-634	• a rassemblé les différents chapitres écrits du Coran en une compilation unifiée ; • a renforcé son commandement et réprimé les tribus arabes qui voyaient dans la mort de Mahomet une occasion de se tourner contre l'islam ; • a poursuivi l'expansion musulmane amorcée par le Prophète au Moyen-Orient.
Omar	634-644	• a poursuivi la diffusion de l'islam en Syrie, en Palestine, en Égypte et en Perse.
Othman	644-656	• a supervisé l'expansion islamique à l'ouest jusqu'en Afrique du Nord, et à l'est jusqu'au nord de l'Inde et aux frontières de la Chine ; • a été critiqué pour avoir démontré du favoritisme envers sa parenté, même si ce fait n'a jamais été prouvé. Finalement, Othman fut assassiné. Certains historiens pensent qu'il a été victime de sa propre bienveillance.
Ali	656-661	• a assumé le commandement d'une communauté musulmane divisée ; • a été forcé de défendre son règne sur le champ de bataille contre la famille des Omeyyades. Pour la première fois, des musulmans s'affrontaient dans une bataille ; • a été assassiné en 661.

Les quatre premiers dirigeants de la communauté musulmane s'appellent les « sages califes » ou *Rashidin*. Les quatre califes étaient de proches compagnons de Mahomet à Médine et à La Mecque. Ils possédaient une connaissance approfondie du Coran, et ont fait preuve d'une ardente ferveur religieuse. On mesure leur importance par leur aptitude à maintenir l'unité de la communauté musulmane malgré les conflits politiques internes. Après les *Rashidin*, le commandement de l'islam s'est déplacé vers un certain nombre de dynasties familiales, qui ont amené la communauté musulmane à l'étape suivante de son évolution. Bien que le titre de calife ait survécu, *sous diverses formes*, chez certains membres des familles dirigeantes, au fil du temps *le califat s'est mis à décliner*, pour finalement disparaître après la dévastation de la Première Guerre mondiale, lorsqu'il a été aboli avec la naissance de la République turque en 1924.

Questions

1. Nomme les quatre premiers califes et souligne leurs principales contributions.
2. Pourquoi Ali n'a-t-il pas été choisi pour être calife jusqu'en 656 ?
3. Selon toi, quel est le plus important calife de l'histoire de l'islam ? Explique ta réponse.

Figure 8.4
La mosquée du Prophète à Médine sert de lieu de sépulture à Mahomet (sous le dôme vert).

Vérifie ta compréhension

1. Qu'est-ce que l'idolâtrie ?

2. Comment Mahomet a-t-il obtenu l'approbation et l'admiration des Mecquois en 630 ap. J.-C. ?

3. Quel conseil Mahomet donne-t-il dans son sermon d'adieu ?

Les croyances

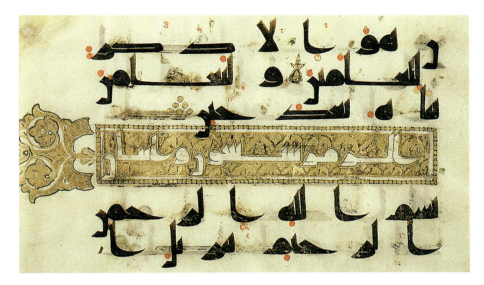

Figure 8.5
La parole d'Allah, telle que révélée par le Coran, représente l'élément principal des croyances musulmanes. Le fait de recopier le Coran constituait le plus noble des arts. Cet exemplaire, transcrit en 1491 par l'illustre calligraphe ottoman Shaykh Hamdullah et superbement décoré d'arabesques, témoigne dignement de la foi musulmane.

Aux yeux des musulmans, les croyances sont une affaire purement personnelle. Même si l'on considère comme un geste charitable le fait de guider ses semblables vers la vérité et de faire disparaître l'ignorance, on ne demande pas aux musulmans de forcer quiconque à croire ce qu'ils croient. Du point de vue des musulmans, le fait de se conformer à la volonté d'Allah (pour accomplir une « reddition » dans le vrai sens du mot) fait partie du combat intérieur de chacun.

La foi musulmane se résume dans la profession de foi appelée Shahadah (*voir la figure 8.6*) :

> « Il n'y a d'autre dieu qu'Allah et Mahomet est le messager de Dieu. »

Cette profession de foi est un élément essentiel dans l'ensemble du monde musulman. C'est le principe organisateur autour duquel se forment toutes les autres croyances. Les musulmans doivent leur foi religieuse à Mahomet, le messager de Dieu. Un jour où l'on interrogeait Mahomet sur la nature de la foi, il répondit :

> « Tu croiras au Dieu unique, en Ses livres ou prescriptions, en Ses messagers angéliques, en Ses messagers humains, en la résurrection et l'au-delà, ainsi qu'en la détermination de tout, du bien ainsi que du mal, de la part de Dieu. »
>
> Littérature hadith, bukhari et musulmane

Figure 8.6
La calligraphie arabe de la Shahada.

Dieu

Les musulmans croient que le véritable nom de Dieu est Allah. La croyance monothéiste en un seul dieu a suscité un changement par rapport à l'idolâtrie et au polythéisme, qui caractérisaient le système de croyances arabe avant Mahomet. Au moment où le Prophète recevait sa première révélation, il était déjà convaincu qu'il n'y avait qu'un seul dieu et que l'idolâtrie n'avait rien à offrir au peuple d'Arabie sur le plan spirituel.

La croyance en un dieu omnipotent, omniscient et omniprésent constitue un élément central de la foi musulmane. Dieu est unique. Il peut accomplir toutes sortes de choses. Allah n'est pas seulement le créateur, mais le maître de tous. Allah règne sur le ciel et la terre ; rien ne se meut sans qu'il le sache et l'autorise. Il importe de se souvenir que le mot islam signifie la « soumission (ou la reddition) à la volonté de Dieu ». En conséquence, l'*islam* ne constitue pas seulement la croyance en un dieu unique, mais aussi une pratique, à la fois spirituelle et temporelle. C'est un code complet régissant la vie humaine, ainsi qu'un mode de vie. Les musulmans croient que les humains ne peuvent tout savoir, et qu'Allah est le guide toujours présent et compatissant qui les mènera à la connaissance et à la plénitude. Ils croient qu'on se trompe en ne reconnaissant pas ce fait, et que la soumission à Allah représente la seule réponse.

Les deux caractéristiques principales de l'islam

1. Dis : « Qui donc a déclaré illicites la parure qu'Allah a produite pour ses serviteurs ainsi que les (nourritures) excellentes (venant) de Son attribution ? » Dis : « Cela appartient à ceux qui ont cru, dans la Vie Immédiate, (et cela sera déclaré) pur au Jour de la Résurrection. » Ainsi nous exposons intelligiblement les ayats à un peuple qui sait.

Coran 7, 32

2. Hommes ! Nous vous avons créés (à partir) d'un mâle et d'une femelle et Nous vous avons constitués en confédération et en tribus, pour que vous vous connaissiez. Le plus noble d'entre vous, aux yeux d'Allah, est (néanmoins) le plus pieux. Allah est omniscient et bien informé.

Coran 49, 13

Le jour du jugement

Les musulmans croient que toute personne vivant sur la terre possède une âme qui existe sur terre pendant une vie, et qui va dans l'après-vie lorsque le corps meurt. La devise de l'islam se résume dans l'expression du Coran : « Le bien-être dans ce monde et le bien-être dans l'autre vie. » (Traduction libre) Ainsi, le musulman ne doit jamais négliger l'un au bénéfice de l'autre.

Les musulmans croient que, lorsqu'une âme passe dans l'autre vie, Allah reconfigure le corps de la personne pour qu'elle puisse comparaître devant lui le jour du jugement. C'est ce jour-là que l'âme est envoyée au paradis ou en enfer.

On décrit le paradis comme un lieu d'éternelle beauté et de majesté. Les musulmans croient qu'il s'agit de la juste récompense d'une personne qui a mené une vie vertueuse en croyant en un dieu unique. D'autre part, on décrit l'enfer comme un lieu de grands tourments et de supplices. D'après la tradition islamique, Allah ne souhaite pas envoyer quiconque en enfer. Toutefois, si une personne choisit de mener une mauvaise vie et qu'elle œuvre contre la volonté d'Allah sans se repentir, son âme sera envoyée en enfer. On peut éviter l'enfer en se soumettant sincèrement à la volonté de Dieu et en obéissant à ses commandements. À la fin, Allah jugera les actes des gens selon leurs intentions et leur motivation.

Vérifie ta compréhension

1. Pourquoi la Shahada représente-t-elle une croyance si importante pour les musulmans ?

2. Explique brièvement le concept musulman de Dieu. Ressemble-t-il à ton concept ? Expose tes idées.

3. Qu'est-ce que le jour du jugement ?

4. Présente ton propre point de vue sur le paradis et l'enfer.

LES PRATIQUES, LES RITUELS, LES SYMBOLES ET LES CÉLÉBRATIONS

Les pratiques et les rituels

Les musulmans attachent une extrême importance au fait de respecter les principes de leur foi. Cela est démontré, plus précisément, dans les cinq piliers (ROUKN) de l'islam. Les cinq piliers (ROUKN) sont précisés dans le Coran.

Piliers de la foi	Description
Le premier pilier : **Shahada** – la profession de foi  *Figure 8.7*	• La *Shahada* consiste en deux déclarations : « Il n'y a pas d'autre dieu qu'Allah » et « Mahomet est le messager de Dieu ». • La *Shahada* constitue l'affirmation des musulmans au monde entier qu'ils croient sincèrement dans le Coran et qu'ils suivent ses préceptes.
Le deuxième pilier : **Salat** – la prière obligatoire cinq fois par jour  *Figure 8.8*	• La prière, récitée cinq fois par jour (*salat*), est obligatoire (contrairement aux autres formes de prière et de supplication volontaire) et a lieu avant l'aube (SOGH), le midi (ZOHR), en fin d'après-midi (ASR), après le coucher du soleil (MAGHREB), et après la noirceur (ISHA). Les musulmans récitent les prières et exécutent une série de mouvements dans le cadre de la *salat*. • Avant les prières de la *salat*, une personne doit exécuter un rituel de purification appelé **oudoue**, qui signifie « se rendre pur ou lumineux ». • À certaines occasions, on doit purifier son corps en entier dans le cadre d'un processus appelé **ghousl**. La purification rituelle de tout le corps est obligatoire après les relations sexuelles, les menstruations, les éjaculations nocturnes ou l'accouchement. Le *ghousl* volontaire est recommandé à d'autres occasions.

Le troisième pilier :

Zakat – la contribution obligatoire

Figure 8.9

- En payant l'aumône de la *zakat*, les musulmans sincères se conforment joyeusement à une injonction divine au nom de Dieu. Le mot *zakat* signifie « purifier ou accroître ».
- La loi islamique stipule qu'une personne devrait donner des aumônes valant 2,5 % de leur excès de richesse sur une année.

Le quatrième pilier :

Sawm – le jeûne obligatoire

Figure 8.10

- Pendant tout le mois du Ramadan, il est interdit aux musulmans de manger, de boire, de fumer ou d'avoir des relations sexuelles, de l'aube au crépuscule.
- Le jeûne du Ramadan est un acte de vénération, par lequel la communauté musulmane consacre un mois à contempler la bonté d'Allah et à s'abstenir de certains plaisirs de la vie, pour développer une pureté spirituelle.
- Les personnes âgées et infirmes, ou celles qui sont en voyage, de même que les très jeunes enfants, se voient accorder des exemptions et des concessions.
- Le mois de jeûne se termine par une fête d'une journée, appelée 'Id al-Fitr (voir l'encadré intitulé « Les célébrations » à la page 336).

Le cinquième pilier :

Hajj – le pèlerinage obligatoire à La Mecque

Figure 8.11

- Tous les musulmans du monde, hommes et femmes, dont la santé et les moyens le permettent, entreprennent le *hajj* obligatoire.
- La dernière journée du *hajj* commémore le jour où Allah a demandé à Abraham de sacrifier son fils Ismaël à Mina. Les pèlerins lancent sept cailloux sur trois grands piliers de pierre qui représentent Satan.

Lieu de culte à la mosquée

Figure 8.12
La première mosquée canadienne : la mosquée Al-Rachid à Edmonton.

Chaque vendredi, un peu après midi, les musulmans se réunissent pour offrir des prières (*salat*) au lieu de culte musulman appelé mosquée. La prière publique du vendredi est obligatoire.

La plupart des mosquées possèdent certaines caractéristiques, comme un dôme et/ou une haute tour, appelée minaret, d'où une personne (qui peut utiliser un haut-parleur) exécute l'appel à la prière. Toutes les mosquées fournissent un approvisionnement régulier en eau pour permettre de procéder à l'*oudoue* avant le début de la prière. Avant de pénétrer à l'intérieur de la mosquée, les musulmans enlèvent leurs chaussures en signe de respect. Cela permet aussi de maintenir la propreté du lieu de prière. Il n'y a pas de sièges dans la mosquée, et les fidèles doivent prier sur un plancher recouvert de tapis (*sajjada*) ou autre revêtement. Les personnes atteintes d'une infirmité physique peuvent utiliser des chaises si nécessaire. Les femmes prient à l'écart des hommes parce que, selon les croyances musulmanes, cela permet aux deux sexes d'éviter les distractions et de se consacrer exclusivement à Allah.

À l'intérieur de la mosquée, les prières sont dirigées par un **imam**, qui prononce un sermon juste avant les prières du vendredi, et après les prières du 'Id al-Fitr. Il parle du haut d'une plateforme appelée *minbar*. Lorsque l'imam dirige la prière, on ne le considère pas comme l'équivalent musulman d'un prêtre. Les imams occupent souvent des emplois à l'extérieur de la mosquée, et agissent simplement comme des membres de la communauté qui dirigent la prière.

La dernière caractéristique de la mosquée est une petite arche sur un mur, qui pointe vers la Ka'bah à La Mecque. Cette arche (communément appelée une mirhab) fournit un point d'orientation afin que la prière soit dirigée vers la Ka'bah. La prière publique a lieu tout au long de la semaine, mais plus précisément le vendredi après le milieu du jour, lors des célébrations, des occasions spéciales et des funérailles.

Vivre ma religion

Abir Karout

Abir Karout est une jeune musulmane âgée de 18 ans. Elle est actuellement étudiante en biochimie à l'université d'Ottawa, en Ontario. Les parents d'Abir sont tous deux libanais et sont originaires du sud du Liban. Comme son père et sa mère, Abir est également née au Liban. Elle avait huit ans quand ses parents ont décidé de s'installer au Canada. Dès son arrivée, Abir est allée à l'école française afin de poursuivre ses études en français. Mais lorsqu'elle se retrouve dans sa famille ou avec ses ami(e)s, les conversations se déroulent toujours en arabe.

Figure 8.13

La religion occupe une place très importante dans la vie d'Abir. En effet, elle prie tous les jours en récitant ses prières à voix haute, cinq fois par jour, de l'aube à la fin de la journée, le corps tourné vers la Ka'bah (l'édifice au centre de la grande mosquée de La Mecque). Abir se conforme à ses croyances musulmanes en célébrant la plupart des grandes fêtes religieuses comme le ramadan et la naissance du prophète Mahomet. Elle se rend régulièrement au centre communautaire musulman, ce qui lui donne l'occasion de maintenir ses traditions islamiques tout en côtoyant des musulmans d'origines diverses - asiatiques, afro-canadiennes et arabes.

Lorsqu'elle était enfant, ses parents, ses grands-parents, ses oncles et ses tantes lui ont appris la manière dont il fallait prier. Toute petite déjà, elle imitait leurs gestes ; avec l'âge, les paroles se sont ajoutées à ses prières mimées d'enfant. Les parents d'Abir lui ont enseigné que la prière était non seulement une obligation, mais aussi un moyen privilégié pour se détendre, car la prière la relie de façon unique et personnelle à Dieu en l'isolant temporairement du monde environnant. Abir trouve qu'il est rassurant de sentir la présence de Dieu, surtout quand elle est seule. Grâce à cette conviction, elle conserve un bon équilibre moral et peut ainsi se tourner vers les autres pour les aider.

Abir nous apprend que la foi musulmane repose sur « les cinq piliers de l'islam ». En plus de la Shahada (la profession de foi affirmant qu'Allah est le seul Dieu et Mahomet, son prophète) et de la prière cinq fois par jour, il faut aussi respecter le ramadan, c'est-à-dire jeûner pendant le neuvième mois lunaire, s'acquitter de la zakat en distribuant si possible une partie de ses biens aux pauvres de la communauté et, finalement, effectuer le pèlerinage (ou hajj) à La Mecque (la ville sainte). Ce pèlerinage doit être effectué à un moment précis de l'année et il dure environ une dizaine de jours. Toutefois, seuls ceux qui en ont les moyens financiers et physiques sont tenus d'y participer et ce, au moins une fois dans leur vie.

Lorsque Abir aura terminé ses études de biochimie, elle aimerait se diriger vers la médecine ou étudier en pharmacologie. Si jamais son choix se portait vers la médecine, elle aimerait, une fois en possession de son diplôme, aller dans les pays en voie de développement afin de venir en aide aux plus nécessiteux. Abir envisage aussi la possibilité d'une carrière dans l'enseignement et dans ce cas, elle demeurerait alors au Canada afin de contribuer à la diffusion de la culture musulmane. Elle aimerait que l'on connaisse la genèse, le rôle et les devoirs de cette culture. Abir se sent un peu investie de cette mission, surtout depuis les attentats du 11 septembre 2001.

Ses hésitations quant à ses différents choix de carrière ne lui font pas perdre de vue son futur rôle de mère : s'il est une chose dont Abir est certaine, c'est bien que ses enfants seront élevés, comme elle, dans la foi musulmane.

QUESTIONS

1. Pourquoi la prière est-elle importante aux yeux d'Abir ?
2. Où et comment Abir a-t-elle appris à prier ?
3. De quelle « mission » Abir se sent-elle investie ?

Les célébrations

Le jeûne du Ramadan	• On célèbre le jeûne pendant le mois du Ramadan. Il sert à rapprocher les musulmans de Dieu et à développer la piété spirituelle, la patience et la persévérance.
'Id al-Fitr	• La fête de la rupture du jeûne se tient le premier jour du dixième mois de l'année musulmane. Il célèbre la fin du mois de jeûne du Ramadan, et représente une période de renouvellement spirituel et moral pour la communauté. Les gens célèbrent cette journée très joyeusement en participant à des réunions de familles, en donnant des cadeaux et en faisant l'aumône aux pauvres.
'Id al-Adha	• La grande fête du sacrifice se tient le neuvième jour de *Zul Hijjah* (dixième jour du douzième mois du calendrier islamique). Cet événement souligne la soumission d'Abraham à la volonté d'Allah, et son consentement au sacrifice de son fils Ismaël.
Moulid ul-Nabi	• Le prophète Mahomet est né le 12 Rabbi'Awwal, qui représente le douzième jour du troisième mois du calendrier musulman. Les célébrations d'anniversaire (*milad*) se tiennent pendant tout le mois.
Miradj	• Le *Miradj* célèbre le « Voyage nocturne » ou l'Ascension, lorsque l'ange Gabriel amène Mahomet de La Mecque à Jérusalem puis au paradis. On célèbre cette fête le 27ᵉ jour de *Rajab* (le septième mois).
Nouvel an musulman	• La célébration du nouvel an a lieu la première journée de *Muharram*, le premier mois du calendrier musulman.
L'observance Shi'ah de Muharram	• L'observance de *Muharram* a lieu au cours des dix premiers jours de la nouvelle année musulmane, et est célébrée par les chiites. La célébration commémore le martyre de Hussein, le fils d'Ali, qui était le petit-fils de Mahomet, et qui fut tué à la bataille de Karbala en 680. Les sunnites commémorent aussi le dixième jour de *Muharram* en jeûnant.

Figure 8.14
À Winnipeg, Shahina Siddiqui remplit des sacs de bonbons qui seront distribués aux enfants musulmans lors de la fête du Ramadan.

Les symboles

Dans la religion musulmane, on n'a pas recours aux symboles pour exprimer sa foi. Mahomet a clairement stipulé que les gens ne doivent pas vénérer des images ou des sculptures d'animaux ou d'humains. Il n'y a donc aucune représentation humaine ou animale dans les lieux de culte. Il a déclaré que le fait de créer des choses vivantes était l'œuvre d'Allah, et que les humains ne devaient pas imiter cet aspect d'Allah. C'est pourquoi l'art musulman s'est davantage concentré sur la création de riches motifs et de dessins pittoresques. Des superbes tapisseries jusqu'aux brillantes calligraphies, l'islam déploie un art magnifique. En le combinant avec la grandeur unique et impressionnante de l'architecture musulmane, on peut constater que l'art des musulmans a été inspiré par leur foi.

Certains symboles en sont venus à représenter les nations musulmanes. L'étoile et le croissant de lune sont un exemple connu. On utilise ce symbole sur les drapeaux nationaux de la Turquie et du Pakistan, deux nations musulmanes. L'histoire de ce symbole remonte à l'Empire romain, lorsque la ville de Byzance (appelée plus tard Constantinople, puis Istanbul) a adopté le croissant de lune en hommage symbolique à Diane, déesse de la chasse. En 330 ap. J.-C., Constantin ajouta l'étoile en l'honneur de Marie, la mère de Jésus. À l'époque où Constantinople est devenue une ville musulmane, en 1453 ap. J.-C., l'étoile et le croissant de lune représentaient un symbole bien établi de la ville. Certains dirigeants musulmans ont alors adopté le symbole et, au fil du temps, il fut associé aux nations musulmanes. En conséquence, l'étoile et le croissant de lune représentent davantage un symbole historique qu'un symbole de l'islam.

Plusieurs croient que le drapeau national de l'Arabie Saoudite (*voir la figure 8.17*) représente mieux l'islam. Ce drapeau affiche la *Shahada* écrite en blanc sur fond vert foncé. Certains affirment que le vert était la couleur préférée du Prophète.

Figure 8.15
Le drapeau national de la Turquie.

Figure 8.16
Le drapeau national du Pakistan.

Figure 8.17
Le drapeau national de l'Arabie Saoudite.

Lieux saints

La Ka'bah et la mosquée du Prophète

Figure 8.18
La Ka'bah de La Mecque. Les musulmans vénèrent la Ka'bah comme étant la maison d'Allah. Ils dirigent leurs prières vers cette structure de pierre cubique.

Figure 8.19
Une vue intérieure de la mosquée du Prophète à Médine, la première mosquée de l'islam.

La Coupole du Rocher

Figure 8.20
La Coupole du Rocher à Jérusalem représente le troisième lieu saint de l'islam.

Questions

1. Pourquoi les musulmans vénèrent-ils la Ka'bah ?
2. Pourquoi la mosquée du Prophète est-elle un lieu important pour les musulmans ?

Vérifie ta compréhension

1. Quels sont les deux énoncés de la Shahada?

2. Décris brièvement les cinq piliers de l'islam.

3. Pourquoi Mahomet s'opposait-il à la création de symboles et d'icônes?

4. Comment l'étoile et le croissant de lune en sont-ils venus à représenter certaines nations musulmanes?

5. Pourquoi certains considèrent-ils la Shahada inscrite sur un fond vert comme étant davantage représentative de l'islam?

LES ÉVÉNEMENTS MARQUANTS DE LA VIE

L'enfance

Figure 8.21
Un père murmure à l'oreille gauche de son enfant l'iqama, le commandement de se lever et de rendre le culte.

Les musulmans croient qu'un enfant naît libre de tout péché. De plus, l'enfant naît pur et doté d'une tendance naturelle à la bonté et à la vertu. En tant que création d'Allah, l'enfant possède une compréhension naturelle de la sagesse et de la puissance d'Allah, ainsi que de la nature de sa relation avec Allah. La cérémonie exécutée après la naissance d'un enfant s'appelle l'*adhan*, qui est également l'appel à la prière récité du haut des minarets dans les pays musulmans. On lave le bébé, puis le père, ou un autre parent, murmure à son oreille droite l'appel à la prière (l'*adhan*). Dans l'oreille gauche, la personne murmure le commandement de se lever et de rendre un culte. Ceci s'appelle l'*iqama*.

L'aqiqah

Sept jours après la naissance, au plus tard, a lieu une cérémonie d'attribution d'un nom, appelée *aqiqah*. L'attribution d'un nom est importante pour un musulman. Mahomet a émis des recommandations sur l'attribution du nom d'un enfant, en disant que Abdullah, qui signifie « serviteur de Dieu » et Abdur-Rahman, qui signifie « serviteur du Miséricordieux », étaient les noms qui plaisaient le plus à Allah.

Au début de la cérémonie, le père, un parent ou une personne pieuse fait la lecture du Coran. L'annonce du nom de l'enfant suit la lecture. Les musulmans peuvent choisir entre un nom de famille, un des noms de Mahomet, ou un des « 99 plus beaux noms » qui décrivent Allah. Si on utilise un des noms d'Allah, on doit le précéder de Abd (serviteur) comme dans le nom Abdullah, mentionné précédemment.

Lorsqu'on coupe ou rase les cheveux d'un enfant pour la cérémonie de l'*aqiqah*, on distribue aux pauvres leur poids en argent (ou l'équivalent en papier-monnaie). On sacrifie une chèvre ou un mouton, et on distribue aux pauvres un tiers de la viande. Dans la plupart des cas, la circoncision de l'enfant mâle, appelée *Khitan*, est effectuée à l'hôpital. Dans certains pays comme le Maroc, on la pratique lorsque le garçon est âgé de trois ou quatre ans.

Le mariage

Le mariage musulman est une union légalement sanctionnée entre un homme et une femme, conçue pour procurer le bonheur et la camaraderie aux deux parties. Le contrat de mariage accorde aux deux partenaires certains droits et obligations, dans l'espoir que leur union produise une famille, de façon à plaire à Dieu. Le statut du mariage est clairement décrit dans le Coran :

> *Et parmi Ses signes Il a créé de vous, pour vous, des épouses pour que vous viviez en tranquillité avec elles et Il a mis entre vous de l'affection et de la bonté. Il y a en cela des preuves pour des gens qui réfléchissent.*
>
> Coran 30, 21

Par leur union, les musulmans espèrent fonder une famille nombreuse, courtoise, polie et compatissante dont les membres s'efforceront de connaître la volonté d'Allah et de vivre selon elle.

Le mariage musulman se fonde sur une offre et une acceptation volontaires des futurs mariés. Assez souvent, les parents dispensent des conseils et aident leur fils à choisir une épouse ou leur fille, un époux. Toutefois, le rôle des parents consiste simplement à aider par des conseils, et ils ne prennent pas de décision pour le couple. Les futurs mariés ont le dernier mot en cette matière.

Lorsqu'on a trouvé un partenaire convenable, on prépare le contrat, qui comporte les souhaits des futurs mariés concernant la relation elle-même, et les questions liées aux biens et à l'argent. Comme le contrat reflète le souhait du couple, il n'est pas nécessaire qu'un représentant musulman assiste à la signature. Toutefois, deux musulmans doivent être témoins lors du mariage. De même, nombre de musulmans préfèrent tenir la véritable cérémonie du mariage, qui comprend la cérémonie des signatures, dans une mosquée ou dans leur foyer, en présence d'un imam ou d'un qadi (une personne autorisée à consacrer les mariages) qui lit le Coran, et qui s'occupe de la partie formelle de la procédure. Une célébration en famille suit la cérémonie.

La polygamie

La pratique de la **polygamie** représente, pour la société occidentale moderne, un aspect controversé de la tradition musulmane. La polygamie désigne le fait de se marier à plus d'une personne à la fois (polygynée pour les hommes, polyandrie pour les femmes). Au sein de la tradition islamique, les mariages polygames peuvent permettre le mariage aux femmes qui vivent dans des sociétés où il y a plus de femmes que d'hommes. Cela a également pour but de fournir aux veuves une possibilité de se remarier. Ces situations étaient courantes à l'époque de Mahomet : les hommes mouraient sur les champs de bataille ou de maladies diverses. Tant à cette époque que de nos jours, les musulmans considèrent accomplir un grand acte de charité en mariant une veuve et en lui épargnant la difficulté d'avoir à prendre soin d'elle-même. Les musulmans croient également que le fait qu'une femme accepte de partager son mari avec d'autres femmes constitue un signe de grande tolérance et de grande compréhension.

Selon la tradition musulmane, un musulman peut épouser jusqu'à quatre femmes. Le Coran lui-même le permet :

> *Et si vous craignez de n'être pas justes envers les orphelins... Il est permis d'épouser deux, trois ou quatre, parmi les femmes qui vous plaisent, mais, si vous craignez de n'être pas justes avec celles-ci, alors une seule, ou des esclaves que vous possédez. Cela afin de ne pas faire d'injustice.*
>
> Coran 4, 3

Une interprétation de ce verset soutient que, puisqu'il peut être particulièrement difficile – voire impossible – d'accorder autant de temps, d'intimité, d'engagement et d'amour à plusieurs femmes, alors il vaut mieux avoir une seule femme (le nombre qui est recommandé dans le verset en de telles circonstances).

Il importe toutefois de noter qu'en premier lieu, un homme doit obtenir la permission de sa première femme avant de prendre une deuxième, une troisième ou une quatrième épouse; en second lieu, la vaste majorité des musulmans n'ont qu'une seule épouse.

Le divorce

Bien que le divorce soit autorisé au sein de l'islam, on le considère comme le dernier recours. Mahomet lui-même décourageait le divorce en disant : « Le divorce est la plus détestable des choses aux yeux d'Allah. » (Traduction libre).

Toutefois, il n'est pas dans l'intérêt de la communauté musulmane de forcer les gens à demeurer mariés s'ils ne peuvent vivre ensemble et former des familles harmonieuses. Par conséquent, il existe une procédure par laquelle un homme ou une femme peuvent obtenir le divorce. Le divorce peut être unilatéral (initié par une personne), bilatéral (initié par les deux), ou il peut être obtenu par l'entremise d'une cour de justice. Le Coran insiste sur le fait que les deux personnes doivent d'abord soumettre leurs différends et leurs querelles à un arbitre, avant de décider d'accorder ou d'obtenir un divorce. Le Coran décrit alors en détails la procédure à suivre.

La mort

Les musulmans abordent la mort avec un sentiment d'espoir, plutôt que de crainte. Ils espèrent qu'ils atteindront le paradis et qu'ils pourront voir Allah dans toute sa splendeur.

Les musulmans croient que les funérailles devraient avoir lieu de préférence la journée même du décès de la personne. On transporte le corps jusqu'au lieu de sépulture, où les gens qui ont assisté à la procession funéraire, ainsi que les curieux, jettent des poignés de terre sur la tombe en récitant des chapitres du Coran, tels que ceux qui traitent du jour du jugement. Après l'enterrement, on observe une brève période de deuil, qui dure habituellement trois jours. Les musulmans croient que deux anges rendent visite à la personne décédée et l'interrogent sur sa vie, sa foi et ses actions, bonnes ou mauvaises, lorsqu'elle était sur la terre.

> **Vérifie ta compréhension**
>
> 1. Comment une ou un jeune enfant musulman prend-il contact avec la foi?
>
> 2. Décris brièvement l'approche musulmane du mariage.
>
> 3. Décris ce qui se produit pendant et après un enterrement dans la tradition musulmane.

LES ÉCRITS SACRÉS

Le Coran

Le Coran est le livre le plus saint de l'islam. Le mot *Coran* signifie « récitation ». D'habitude, les musulmans récitent ou chantent le Coran à voix haute. Les musulmans croient que les révélations qu'a reçues Mahomet pendant 23 ans représentent littéralement la « parole » d'Allah. Ils croient que Mahomet citait directement Allah chaque fois qu'il recevait et transmettait une révélation à sa communauté. Pour cette raison, personne ne peut, à aucun moment, critiquer le Coran. Le livre comporte les véritables paroles d'Allah et, en conséquence, on incite l'humanité à apprendre et à comprendre les révélations, mais non à leur manquer de respect ou à les tourner en ridicule.

La croyance selon laquelle le Coran représente la véritable parole d'Allah le distingue des autres écrits sacrés. On le connaît sous le nom de *wahi*, ou révélation, et il a été « révélé » au prophète Mahomet par l'ange Gabriel, le messager angélique d'Allah. Ce dernier a transmis le message divin à Mahomet, le messager humain d'Allah. Les musulmans croient donc que l'ange Gabriel a transmis le Coran dans sa forme pure à Mahomet et à l'ensemble de l'humanité. En raison de nuances dans la langue arabe, même une traduction du Coran dans une autre langue ne peut être considérée comme une interprétation véritable du Coran.

Selon la croyance musulmane, le prophète Mahomet n'a pas reçu le livre complet du Coran en une seule fois, il lui a été révélé petit à petit, par l'entremise de l'ange Gabriel.

Figure 8.22
Les manuscrits du Coran n'ont jamais été illustrés au moyen de personnages humains.

Texte sacré

Allah ! Point de divinité à part Lui, le Vivant, Celui qui subsiste par lui-même « al-Qayyum ». Ni somnolence ni sommeil ne Le saisissent. À lui appartient tout ce qui est dans les cieux et sur la terre. Qui peut intercéder auprès de Lui sans Sa permission ? Il connaît leur passé et leur futur. Et, de Sa science, ils n'embrassent que ce qu'Il veut. Son Trône « Kursiy » déborde les cieux et la terre, dont la garde ne Lui coûte aucune peine. Et Il est le Très Haut, le Très Grand.

Coran 2, 255

Figure 8.23

On connaît ce passage du Coran sous le nom de *Ayat-oul-Koursi* ou le « verset du trône ». Le trône est un symbole de puissance, de connaissance et d'autorité. Dans ce cas, le trône est le siège d'Allah, l'Éternel et l'Absolu. Tout commence et se termine avec Allah. Il est l'ultime Protecteur et Pourvoyeur dont le trône « s'étend sur les cieux et la terre ».

QUESTIONS

1. Que représente le trône ?
2. Définis les mots « omniscient », « omnipotent » et « omniprésent ». Comment le « verset du trône » démontre-t-il l'omniscience, l'omnipotence et l'omniprésence d'Allah ?
3. Selon toi, quelle est la caractéristique la plus importante d'Allah ? Pourquoi ?

Le Prophète se souviendrait alors lui-même des messages et les enseignerait à ses compagnons, pour qu'ils les mémorisent à leur tour. Autrement dit, le Coran a été transmis oralement par le Prophète à ses compagnons.

Par la suite, un manuscrit du Coran fut préparé. Le Coran existe de nos jours dans sa pureté absolue, originale, non seulement en tant que texte écrit, mais également dans la mémoire de centaines de milliers de musulmans. Les musulmans croient que personne ne peut changer ne serait-ce qu'une virgule du Coran, car chaque fois que l'on reproduit le texte, on doit le recopier conformément au texte original.

Le Coran se compose de 114 sourates, ou chapitres, dont les titres sont tirés d'événements marquants ou de paroles qui sont mentionnés dans le texte des **sourates**. Chaque sourate comporte un certain nombre d'**ayats**, ou versets. *Ayat* signifie littéralement « signe ». Toutes les sourates, sauf la neuvième, commencent par les mots « Au nom d'Allah, le Tout Miséricordieux, le Très Miséricordieux ».

Les Hadith (Sounna)

Les **Hadith** (ou la **Sounna**) représentent la seconde source de la loi islamique (**Shariah**). Le Coran lui-même en est la première source. Il existe trois types d'Hadith (Sounna) : 1. les paroles directement associées à Mahomet, 2. un acte ou une pratique de Mahomet, ou 3. son approbation silencieuse des actes de quelqu'un d'autre. En ayant recours à des normes particulières, les érudits catégorisent les documents sur les Hadith de façon à déterminer leurs divers niveaux d'authenticité. En conséquence, les Hadith sont classés comme étant sûrs, bons, faibles, ou incertains.

Ces documents donnent davantage de précisions sur les pratiques religieuses musulmanes, telles que la prière et l'aumône, qui sont mentionnées dans le Coran.

Vérifie ta compréhension

1. Pourquoi les musulmans abordent-ils le Coran avec une telle vénération et un tel respect ?

2. Que sont les Hadith ? Pourquoi les Hadith sont-ils importants ?

LES GROUPES ET LES INSTITUTIONS

Il existe, dans l'enseignement de l'islam, certains devoirs « extérieurs » tels que la prière (*salat*), le jeûne, la charité, et le fait de s'abstenir de poser des gestes mauvais et cruels. Ces aspects externes relèvent de la loi islamique, qui contient des règlements touchant la vie entière des gens. Il existe aussi des devoirs « internes » tels que la foi, la gratitude envers Allah, la sincérité, et l'abscence d'égoïsme. On connaît généralement l'aspect interne, ou mystique, sous le nom de « soufisme ». Les enseignements et les pratiques du soufisme s'inspirent des sources originales de l'islam, notamment le Coran et les Hadith.

L'islam comprend deux sectes : les sunnites et les shiites. Le soufisme appartient à la fois aux sunnites et aux chiites, et les deux groupes le pratiquent. *On ne considère pas les soufis comme formant une secte distincte.*

Les sectes sunnites et chiites, tout comme les soufis, croient en Allah, et considèrent Mahomet comme le prophète de Allah. Ce sont là leurs croyances principales. Toutefois, il convient de souligner certaines caractéristiques qui les distinguent.

Les sunnites	Les chiites	Les soufis
• Les sunnites représentent environ 85 % des musulmans du monde. • Leur nom provient du mot *sunna*, qui signifie « le sentier battu ». • Les groupes sunnites sont apparus après la mort du Prophète. Au fil du temps, ils ont constitué le groupe le plus influent de l'islam. • Ils croient à l'édification d'un consensus au sein de la communauté, afin de parvenir à une société juste et équitable. • Les sunnites se conforment aux traditions du Prophète, ainsi qu'aux quatre écoles de la loi sunnite : hanafite, shafiite, hanbalite et malikite.	• Ils sont connus sous le nom de « parti d'Ali ». Les chiites croient qu'avant la mort de Mahomet, le Prophète avait choisi comme successeur son beau-fils Ali. C'est Abu Bakr qui fut plutôt choisi comme dirigeant, ce qui créa une division politique au sein de la communauté musulmane. Plus tard, cette division a entraîné des différences de doctrine. • Les chiites croient qu'après la mort de Mahomet, une suite de dirigeants infaillibles appelés *imams* devaient prendre la direction de l'islam et guider la communauté. • Les chiites constituent un groupe restreint, mais remarquable, au sein de l'islam. Ils dominent la vie politique et religieuse en Iran, et ils représentent une minorité bruyante en Irak, en Afrique de l'Est, au Pakistan et en Inde.	• Le mot arabe *suf*, dont provient le mot *soufi*, signifie « laine ». Il est donc probable que les soufis ont été ainsi nommés du fait des vêtements austères qu'ils portaient. D'autres affirment que *soufi* vient du mot *safa*, qui signifie « pureté ». • Le soufisme a évolué en une philosophie mystique de l'islam. • Selon la tradition soufie, il faut développer la spiritualité, aussi bien intérieure qu'extérieure, afin de découvrir la réalité de Dieu. • Les soufis mettent l'accent sur la sincérité et l'excellence, les prières et la méditation. Afin d'atteindre une concentration constante et profonde, les soufis ont recours à des méthodes concrètes telle que l'écoute de la musique soufie, le fait de chanter en répétant sans cesse le nom d'Allah, et la danse, comme dans le cas des derviches tourneurs.

Vérifie ta compréhension

1. Qui sont les sunnites ? Qui sont les chiites ?

2. Quelles sont les origines possibles du mot *soufi* ?

3. Lequel, parmi les groupes cités précédemment, t'attire le plus ? Pourquoi ?

Étude d'une communauté

La Canadian Society of Muslims (La Société canadienne des musulmans)

Figure 8.24 Syed Mumtaz Ali.

La *Canadian Society of Muslims* (CSM) est un organisme musulman sans but lucratif dont le siège est à Toronto. La CSM fut fondée au cours des années 1960, et officiellement constituée en société en 1980 sous la direction de son fondateur, Qadeer Baig :

Elle avait pour objectifs de « promouvoir un intérêt pour une approche intellectuelle, philosophique et ésotérique de la recherche, du développement et de la compréhension de la culture et de la civilisation islamiques... et de coopérer avec les autres organisations... dont les objectifs sont partiellement ou entièrement comparables aux objectifs de la société. »
(Traduction libre)

Le but de la CSM est de fournir aux musulmans et aux non-musulmans des renseignements religieux fiables sur l'islam. Conformément aux principes de l'islam, elle tente de favoriser la tolérance et l'harmonie, tant chez les musulmans que chez les non-musulmans. Sa principale idéologie s'inspire du point de vue sunnite hanafite, même si elle peut parfois fournir des renseignements provenant d'autres écoles de pensée à des fins d'information et de comparaison.

Le dirigeant actuel de la *Canadian Society of Muslims* est Syed Mumtaz Ali, un érudit soufi et un expert de la loi islamique.

Recherche Internet

Pour en savoir plus, visite notre site au www.dlcmcgrawhill.ca

QUESTIONS

1. Quel est le but de la *Canadian Society of Muslims* ?

2. Visite le site Web de la CSM. Note toute question qui te vient à l'esprit après avoir parcouru le site. Prépare-toi à discuter de ces questions avec ton enseignante ou ton enseignant ou une représentante ou un représentant de la communauté musulmane.

L'INFLUENCE CULTURELLE

L'expansion de l'islam

Figure 8.25
Cet astrolabe (un instrument médiéval de navigation et de calcul), construit en 1712-1713, n'est qu'un exemple des instruments scientifiques finement façonnés qui furent inventés par les musulmans pendant l'âge d'or de l'islam.

Malgré l'agitation entourant le califat après la mort de Mahomet, les musulmans ont acquis une grande influence au Moyen-Orient et ailleurs. Les musulmans soutiennent que le Prophète et les premiers califes étaient forcés d'entreprendre des activités militaires défensives ou préventives au cours de leur règne. Ces conflits, joints à l'attrait qu'exerçait l'islam, menèrent à la création d'un vaste Empire musulman. Au cours du siècle qui a suivi la mort de Mahomet, les musulmans ont pris le contrôle d'une immense superficie de terre, s'étendant du nord de l'Inde à l'Espagne et au Maroc. De grandes cités musulmanes apparurent et, alors que l'Europe glissait dans la noirceur du Moyen Âge, l'islam prospérait et devenait l'une des communautés les plus créatrices du monde: on traduisait les travaux des philosophes grecs, on faisait de rapides progrès dans le domaine médical, et on créait le système des chiffres arabes qui, encore aujourd'hui, fait autorité.

L'âge d'or de l'islam dura environ 400 ans. Son déclin fut graduel: il commença autour du XIIIe siècle ap. J.-C., puis devint plus évident avec l'émergence du colonialisme au XIXe siècle. À ce moment, des pays comme l'Angleterre et la France prirent le contrôle de plusieurs terres musulmanes, ce qui entraîna apparemment le déclin de l'islam.

Les choses ont radicalement changé au XXe siècle. La découverte de pétrole a apporté avec elle prospérité et puissance. Maintenant, les pays musulmans du Moyen-Orient semblent en mesure d'utiliser leur pouvoir commercial afin de maîtriser leur destinée. Les nations musulmanes du Moyen-Orient sont apparues comme des puissances économiques au fur et à mesure que le monde adoptait des machines fonctionnant à l'essence.

Le XXe siècle a également été témoin de l'expansion de l'islam dans des régions comme l'Afrique du Nord et l'Indonésie, où il avait déjà pris racine, mais où il est devenu progressivement plus fort.

Habiletés de recherche
Le travail efficace en groupe

La production, l'analyse et la communication de renseignements jouent un rôle de plus en plus important au sein de notre économie. En conséquence, l'interaction est extrêmement importante de nos jours en milieu de travail. De plus en plus, des équipes s'attaquent ensemble à des problèmes difficiles que des personnes ne peuvent résoudre seules. Par conséquent, le développement de compétences en matière de communication a pris une importance capitale dans la société complexe d'aujourd'hui.

Dans la vie quotidienne, nous nous trouvons souvent dans des situations où nous devons travailler de manière efficace et productive avec une grande variété de personnes. On considère la collaboration et la coopération comme d'importantes aptitudes dans la vie. Comment maîtrisons-nous ces compétences et accomplissons-nous nos tâches de façon efficace ? Lorsque tu travailles en groupe, tiens compte des éléments suivants :

1. Élabore un plan stratégique.

Fixe tes objectifs en choisissant ce que tu veux réaliser, et les moyens d'y parvenir.

2. Examine les droits et responsabilités de chaque membre du groupe.

Chaque membre devrait :
- être écouté ;
- être valorisé ;
- être respecté ;
- être libre d'exposer son point de vue sans être insulté ;
- exécuter sa part équitable de travail ;
- travailler selon ses propres points forts ;
- terminer le travail à temps.

3. Attribue un rôle à chaque membre du groupe.

Un travail de groupe réussi est la preuve que les rôles ont été judicieusement distribués. Tu trouveras plus loin une liste des rôles qu'il est possible de jouer dans un groupe. Note que, tout au long du processus, chaque membre du groupe peut se voir attribuer plusieurs rôles.

Secrétaire :
Cette personne note les idées, les décisions et les projets du groupe.

Supportrice ou supporteur :
Cette personne dynamique soutient tous les membres du groupe, les motive et les encourage.

Présentatrice ou présentateur :
Porte-parole du groupe, cette personne présente à la classe le travail du groupe.

Gestionnaire du matériel :
Cette personne organisée trouve et entrepose les dossiers et autres documents du groupe.

Présidente ou président :
Cette personne préside les rencontres et fait progresser le groupe.

Personne chargée de la réflexion :
Cette personne s'assure que les membres du groupe examinent la façon dont ils progressent.

Questionneuse ou questionneur :
Cette personne vérifie si les membres du groupe ont des questions. Si oui, on pose les questions et les membres du groupe tentent d'y répondre.

En plus des rôles mentionnés plus haut, les membres du groupe peuvent se charger d'autres rôles en cours de route. Par exemple, dans le but de recueillir des données de

---

Utilise la technique du « casse-tête » pour atteindre ton but :
- définis la question ;
- divise la question en autant de parties qu'il y a de personnes dans le groupe, par exemple cinq parties pour cinq personnes ;
- fais de chaque groupe de cinq élèves un « groupe d'attache » ;
- dans chaque groupe, désigne une ou un « spécialiste » pour chacune des cinq parties de la question ;
- assigne un numéro, de un à cinq, à chaque membre du groupe ;
- invite tous les élèves qui portent le numéro 1 à se réunir et à discuter de leur partie de la question. Les numéros 2 à 5 suivent la même procédure ;
- les groupes d'attache se reforment et mettent en commun l'information.

Habiletés de recherche Le travail efficace en groupe

recherche appropriées, chaque membre pourrait se voir assigner un rôle qui correspond à un type de recherche différent. Par exemple, dans le cas du sujet proposé ci-dessous, on pourrait demander au membre numéro 1 d'interviewer une ou un membre d'un groupe musulman (voir les pages 294-295). On pourrait demander au membre numéro 2 de produire un questionnaire et de le distribuer à ce groupe (voir la page 153); et on pourrait demander au membre numéro 3 d'effectuer une recherche dans Internet sur ledit groupe (voir la page 104).

Sujet proposé: travaille en groupe de trois personnes pour produire une brochure d'information sur un groupe musulman local.

4. Présente ton travail de groupe.

Il existe plusieurs façons de présenter un travail de groupe. On peut attribuer le rôle de porte-parole à une personne du groupe, ou encore demander à chaque personne de présenter ses propres conclusions.

N'oublie pas d'utiliser des éléments visuels, comme des diagrammes et des illustrations lors de ta présentation. Fais directement référence à ces éléments lorsque tu présentes tes résultats à la classe. Essaie d'afficher des éléments visuels assez grands pour que toute la classe les voie. Consulte la page 55 pour obtenir des conseils sur la façon de faire une présentation orale efficace.

Pour inciter tous les membres du groupe à participer à la présentation, tu peux examiner la possibilité de leur attribuer les rôles suivants:

- distributrice ou distributeur de matériel;
- technicienne ou technicien;
- chronométreuse ou chronométreur;
- vérificatrice ou vérificateur de la participation équitable de l'auditoire.

Conseils pour un travail de groupe réussi

- Sollicite les avis, au lieu de chercher l'affrontement.
- Respecte les opinions et l'expérience des autres.
- Mets l'accent sur les points forts du groupe.
- Fais preuve d'organisation.
- Répartis équitablement le travail entre les membres du groupe.
- Partage et consulte.

Mets en pratique!

1. Travaille en groupe de quatre ou cinq élèves pour effectuer une recherche sur l'histoire de l'islam. N'oublie pas d'attribuer des rôles à chaque membre, par exemple une recherche dans Internet ou une entrevue. Présente tes conclusions à la classe.

2. Travaille en groupe de cinq élèves pour effectuer une recherche et faire un exposé oral sur les cinq piliers de l'islam. Tu peux consulter les pages 55-56 pour obtenir des conseils sur les exposés oraux.

Figure 8.26
Malcom X (1925-1965), un influent leader musulman noir des États-Unis, photographié ici avec Martin Luther King (à gauche), a été assassiné en 1965.

Les musulmans au Canada

La présence musulmane au Canada s'est accrue de manière considérable depuis le début de l'immigration musulmane, au milieu du XIXe siècle. Au départ, ce sont les entreprises pionnières comme la ruée vers l'or, l'agriculture et la construction du chemin de fer de la compagnie Canadien Pacifique au Canada qui ont attiré les immigrants venus de pays musulmans.

Le XXe siècle a vu croître de façon importante l'immigration musulmane. La première vague d'immigrants est arrivée après la Seconde Guerre mondiale, alors que le Canada s'orientait vers la paix, après des années de guerre. De façon générale, cette période s'est caractérisée par l'immigration de travailleurs spécialisés au Canada, afin d'aider à reconstruire l'économie. En même temps des universitaires commençaient à s'intéresser à l'islam, une chaire d'études islamiques fut créée à l'Université McGill en 1952, et à l'Université de Toronto en 1962. Au milieu des années 1960, les lois canadiennes sur l'immigration devenaient plus favorables, et nombre de musulmans profitaient de l'occasion pour entreprendre une nouvelle vie au Canada. L'augmentation du nombre d'immigrants musulmans au Canada est évidente dans ces données tirées de recensements canadiens :

Année	Nombre de musulmans vivant au Canada
1971	33 000
1981	98 000
1991	253 000

De toute évidence, la présence musulmane au Canada a beaucoup augmenté depuis les années 1850. Affichant maintenant une population qui s'élève, selon certaines estimations, à quelque 650 000 personnes, les musulmans canadiens constituent un groupe religieux distinct. Les groupes comme la *Canadian Society of Muslims* (CSM) et le *Sufi Study Circle* de l'université de Toronto illustrent bien cette situation. Le fondateur des deux groupes, Qadeer Baig, est un érudit soufi qui a immigré au Canada en 1962. L'Université de Toronto l'avait embauché pour donner des cours sur

Figure 8.27
Qadeer Baig.

les études islamiques et le soufisme. Peu après son arrivée à Toronto, M. Baig fondait le *Sufi Study Circle,* et participait à la création de la mosquée Jami de Toronto. Plus tard, il fondait la CSM, avec l'objectif de mieux faire connaître les questions islamiques tant aux musulmans qu'aux non-musulmans. M. Baig a consacré sa vie à l'enseignement. Au cours des années 1970, il mena avec succès une campagne visant à éliminer des livres scolaires ontariens les propos discriminatoires envers l'islam. M. Baig est mort en 1988, mais son œuvre se poursuit sous la direction de Syed Mumtaz Ali.

Du milieu du XIXe siècle à nos jours, il est évident que l'islam a beaucoup influencé la société canadienne. Au fur et à mesure que des générations d'élèves canadiens connaissent davantage les principes religieux de confessions différentes, le niveau de tolérance et de compréhension s'accroît.

Vérifie ta compréhension

1. Décris l'expansion de l'empire musulman après la mort du Prophète.

2. Quelle incidence le colonialisme a-t-il eue sur la communauté musulmane ?

3. Pourquoi la religion islamique connaît-elle une croissance si rapide aujourd'hui ?

4. Qui était Qadeer Baig ? Qu'a-t-il réalisé après sa venue au Canada ?

5. Effectue une recherche sur les événements importants de la vie de Malcom X. Rédige un portrait de cet homme en t'inspirant des portraits présentés dans ce manuel.

Une question à explorer : Les femmes et l'islam

Figure 8.28
Une musulmane canadienne porte le hijab.

Aux yeux de certains Canadiennes et Canadiens, le rôle des femmes dans l'islam n'est pas clair. Plusieurs ont l'impression que les femmes n'y sont peut-être pas traitées à l'égal des hommes. Nombre de Canadiennes et de Canadiens s'interrogent sur les vêtements que portent certaines femmes musulmanes. Comme la plupart des sujets, cette question nécessite un peu de compréhension et d'explications.

La position musulmane sur le statut de la femme est claire : aux yeux d'Allah, comme le souligne le Coran, les femmes et les hommes sont égaux. Les deux sexes devraient constamment chercher à plaire à Allah. Le Coran fait souvent allusion aux « croyants hommes et femmes », ce qui souligne encore davantage l'égalité des sexes.

Les musulmans et musulmanes, croyants et croyantes, obéissants et obéissantes, loyaux et loyales, endurants et endurantes, craignants et craignantes, donneurs et donneuses d'aumônes, jeûnants et jeûnantes, gardiens de leur chasteté et gardiennes, invocateurs souvent d'Allah et invocatrices : Allah a préparé pour eux un pardon et une énorme récompense.
Coran, 33, 35

Ce passage sert à illustrer l'appel – qui est fait à la fois aux hommes et aux femmes – à poursuivre les objectifs de charité, de dévotion, de patience et d'humilité. En fin de compte, le Coran demande aux hommes et aux femmes de vivre « sur la même base de gentillesse et d'égalité ». De même, les femmes aussi bien que les hommes doivent vivre de façon modeste et vertueuse.

La plupart des observatrices et des observateurs croient que l'avènement de l'islam a considérablement amélioré la situation des femmes. Les musulmans sont très fiers du traitement juste et équitable de la plupart des femmes au sein de l'islam. Toutefois, les non-musulmans s'interrogent souvent sur l'égalité des femmes, en particulier sur la question de l'habillement. Les Canadiennes et les Canadiens d'aujourd'hui, qui jouissent d'une grande liberté individuelle et d'une grande liberté d'expression en ce qui concerne l'habillement, peuvent avoir du mal à comprendre l'habillement conservateur de certaines musulmanes. Il se pourrait qu'ils « jugent un livre par sa couverture ».

Juger un livre par sa couverture : Le hijab

Nombre de musulmanes portent le hijab afin d'être fidèles à la suggestion du Coran concernant la modestie de l'habillement. Cette suggestion de modestie ne constitue pas une exigence, mais plutôt une forte recommandation. D'après le Coran et la Sounna (les deux principales sources de droit de l'islam), il n'existe pas de sanction légale si on enfreint cette recommandation coranique. À l'époque de Mahomet, tout en obéissant strictement à la recommandation formelle du Coran sur le port du hijab, les femmes travaillaient souvent aux côtés des hommes. Ainsi, il n'est pas question de « forcer » les femmes à se vêtir de manière plus modeste.

Le hijab est un « voile » ou un foulard semblable à celui que portent les religieuses catholiques. Très peu de musulmanes canadiennes se couvrent le visage avec ce qu'on appelle un niqab. Beaucoup de musulmanes considèrent simplement le hijab comme une partie essentielle de leur code vestimentaire, lequel vise à exprimer un sentiment de modestie. De même, les musulmanes ne sont pas les seules à adopter un code vestimentaire modeste : plusieurs personnes religieuses, quelle que soit leur confession, préfèrent se vêtir de façon conservatrice.

Fierté et identité

De plus en plus, les musulmanes du Canada déclarent que la modestie de l'habillement représente un signe de libération et de fierté envers leur foi et leur culture. Elles font remarquer que la modestie est une exigence à la fois pour les hommes et pour les femmes. Les femmes plus jeunes qui vivent en Occident affirment que le hijab leur permet de préserver une identité musulmane distincte.

Plusieurs musulmans affirment qu'une femme qui s'habille de façon modeste (par exemple en portant le hijab) n'attirera pas une attention non souhaitée sur son corps. L'attention se portera plutôt sur sa personnalité, ses idées ou son intelligence.

Juger un livre par son contenu : Les femmes et le Coran

La lutte visant à conserver les valeurs et les pratiques religieuses traditionnelles dans le monde moderne représente un défi pour toutes les confessions. Nous vivons dans un monde où la liberté, l'expression individuelle et le matérialisme semblent prédominants. Dans le cadre de ce combat, certains groupes religieux peuvent avoir oublié ce que signifie vraiment l'obéissance à Dieu, et ils ont imposé à leurs fidèles des règles sévères qui interprètent les enseignements religieux d'une façon fort éloignée de leur intention d'origine. On pourrait dire que les musulmans n'ont pas non plus échappé à cette tendance. Par conséquent, si une personne cherche des signes d'oppression des femmes dans certaines sociétés musulmanes, elle en trouvera.

Dans certains cas, il existe un écart évident entre les idéaux qu'exprime le Coran et la pratique réelle. Certaines communautés islamiques (par exemple les talibans en Afghanistan) sont considérées comme ayant une interprétation trop rigide de l'islam. Dans certains cas, il semble évident que les femmes musulmanes ne sont pas traitées de manière équitable. Toutefois, il est absolument injuste et erroné de juger toute une religion à partir des actes d'une minorité d'extrémistes. La vaste majorité des musulmans ne sont pas d'accord avec le traitement injuste des femmes, et ils croient qu'en présence d'une injustice concernant le traitement des femmes au sein de la communauté musulmane, il importe de retourner aux racines de la religion (les enseignements du Coran et de la Sounna) qui prônent clairement l'égalité et le respect. Les musulmans canadiens continueront d'avoir de la difficulté à préserver leur foi dans une nation où la diversité d'expression représente un élément fondamental. Les musulmans et le Canada s'enrichiront sans aucun doute de cette expérience.

QUESTIONS

1. Comment le Coran considère-t-il les femmes ? Précise ta pensée.

2. Qu'est-ce que le hijab ? Pourquoi certaines femmes préfèrent-elles le porter aujourd'hui ?

3. Trouves-tu que la majeure partie de la jeunesse canadienne s'habille de manière immodeste ? Explique-toi.

4. Existe-t-il un code de tenue vestimentaire dans ton école ? Es-tu d'accord avec ce code ?

Activités

Vérifie ta compréhension

1. Définis les mots suivants : Allah, islam, jihad, mosquée, Coran, révélation, Shahada.

2. Rédige une biographie de Mahomet en quelques points saillants (minimum de 15 points).

Réfléchis et exprime-toi

3. Crée une affiche qui présente les origines, les croyances et les pratiques de l'islam.

4. Fais la chronologie détaillée des dates importantes de l'histoire musulmane.

5. Cherche des articles de journaux qui traitent du peuple musulman ou des nations musulmanes. Rédige une brève analyse de la façon dont les articles reflètent ou non les croyances musulmanes.

6. a) À l'aide d'une carte du monde, montre l'expansion de l'islam, depuis l'époque du Prophète jusqu'à nos jours. Assure-toi de mentionner l'immigration musulmane au Canada.
   b) Travaille en petit groupe afin de relever les caractéristiques de l'islam qui, à ton avis, expliquent sa croissance rapide, et présente ton analyse à la classe.

Applique tes connaissances

7. Lis la partie intitulée « Une question à explorer » portant sur le hijab. Organise dans la classe une discussion qui présente les avantages et les inconvénients du fait d'exprimer sa modestie par l'entremise de son apparence.

8. Compare le judaïsme, le christianisme et l'islam dans le tableau suivant :

Origines	Principaux personnages	Croyances	Vision de Dieu

9. Renseigne-toi pour savoir s'il existe une mosquée dans ta communauté. Communique avec une représentante ou un représentant de la mosquée et organise une visite. Puis rédige un compte rendu de ta visite comportant de 300 à 500 mots et présente à la classe les principaux points de celui-ci.

10. Rends-toi au centre de documentation ou à la bibliothèque de ton école, et effectue une recherche sur le thème suivant : Le traitement réservé à la communauté musulmane dans les médias de masse.

11. Les musulmans sont-ils dépeints de manière juste dans les films ou à la télévision ? Rédige, avec une ou un camarade, un rapport ou un travail de 300 à 500 mots, et fais part de tes conclusions à la classe lors d'un exposé oral de 10 à 15 minutes.

Glossaire

Allah. Le nom de Dieu.

ayat. Se traduit directement par « signe », mais signifie « verset », comme dans le Coran.

Coran (m). Le livre saint de l'islam, considéré comme la parole d'Allah et non la parole de Mahomet, même s'il l'a retransmise.

ghousl (m). Le nettoyage rituel de tout le corps ; un acte de purification pour que la personne puisse participer à la prière, se rendre à la mosquée ou toucher le Coran.

Hadith (m). Les traditions fondées sur les enseignements et les paroles du Prophète. Ils représentent la seconde source de droit pour les musulmans ; la première source est le Coran.

hajj (m). Le pèlerinage à La Mecque ; le cinquième pilier de la foi islamique.

hégire (f). La migration de Mahomet de La Mecque à Médine. Le calendrier lunaire islamique commence avec l'année lunaire de l'hégire (622 ap. J.-C.).

hijab (m). Le foulard que portent les femmes en signe de modestie.

idolâtrie (f). La vénération d'objets, habituellement des sculptures ou des peintures, comme s'il s'agissait de dieux.

imam (m). La personne qui dirige la prière musulmane.

islam (m). Signifie littéralement « soumission » ou « capitulation » devant la volonté de Dieu ; une religion mondiale dont les adeptes croient en un seul dieu, et au fait que la parole de Dieu a été communiquée par le saint messager d'Allah, Mahomet.

jihad (m). Signifie littéralement « s'efforcer de » ; s'efforcer d'obéir aux commandements de Dieu ; les non-musulmans le traduisent souvent par « guerre sainte ».

Ka'bah (f). L'édifice en forme de cube qu'Abraham avait construit sous inspiration divine et consacré au Dieu unique.

Miradj. Ascension de Mahomet au ciel.

mosquée (f). Le lieu de culte musulman.

musulman (m). Signifie littéralement « personne qui se soumet » à la volonté d'Allah ; un fidèle de la confession musulmane.

oudoue. L'ablution ; la purification rituelle de certaines parties du corps avant les prières salat de même qu'avant d'autres actes de culte et d'autres pratiques religieuses ; signifie littéralement et spirituellement « rendre pur ou radieux ».

polygamie (f). La pratique qui consiste à avoir plus d'une épouse à la fois ; dans certaines circonstances, l'islam permet aux hommes d'avoir jusqu'à quatre épouses.

polythéisme (m). La croyance en plusieurs dieux.

révélation (f). Le type particulier d'inspiration infaillible (en arabe : *wahi*) réservé aux personnes qu'Allah a désignées en tant que prophètes (par opposition à un type normal d'inspiration qui survient chez d'autres personnes).

salat (f). La prière rituelle (ou service du culte) qui a lieu avant l'aube, en début d'après-midi, en fin d'après-midi, peu après le crépuscule, et une heure et demie plus tard dans la soirée ; le deu-xième pilier de la foi islamique.

Shahada (f). La profession de foi islamique : « Il n'y a d'autre dieu qu'Allah » et « Mahomet est le messager de Dieu ». C'est le premier pilier de l'islam.

Shariah (f). La loi islamique ; fondée sur le Coran, la Sounna (c'est à dire l'exemple donné par le Prophète).

Sounna (f). Les pratiques, les traditions et les exemples établis par le Prophète.

sourate (f). Les 114 chapitres du Coran.

swam. Le jeûne obligatoire pendant le Ramadan, le neuvième mois. Les musulmans peuvent aussi jeûner en plusieurs autres occasions ; le quatrième pilier de l'islam.

zakat (f). Le don d'aumônes aux pauvres et aux nécessiteux ; le troisième pilier de la foi islamique.

*À celui qui crie sur le pauvre
Il arrive malheur.
Dieu rend la justice ;
Lui que l'on honore, Il s'occupe de celui
qui lui est dévoué.
Celui qui est grossier
Meurt d'une mort misérable :
Il se tue lui-même.
Personne ne peut le sauver.
On le dit mauvais
Ici et plus tard.
Dieu sauve ses Serviteurs,
Les gardant dans Son cœur,
Dit Nanak, soumettez-vous à Lui
Et méditez sur Ses Paroles*
(Traduction libre)
Guru Arjan Dev

Chapitre neuf
Le sikhisme

Lis le poème sur la page ci-contre et réponds aux questions suivantes :

1. À ton avis, quel est le thème de ce poème ?
2. De quelle manière ce thème s'applique-t-il à ta vie ?
3. Qu'est-ce que ce poème t'apprend sur la religion sikhe ? Explique ta réponse.

Introduction

De toutes les grandes religions du monde, le sikhisme est l'une des plus récentes. Lorsque cette religion fut fondée dans le nord-ouest de l'Inde, il y a moins de cinq siècles, l'hindouisme et l'islam étaient, depuis longtemps déjà, les deux religions principales de la région. Bien que le sikhisme partage certaines caractéristiques tant avec l'hindouisme qu'avec l'islam, il s'agit d'une tradition unique qui possède sa dynamique propre. Aussi est-il rapidement devenu une religion de portée mondiale.

Le mot **sikh** signifie étudiant ou disciple. De nos jours, un sikh est une personne qui observe les enseignements du Guru Nanak, le fondateur de la religion, et de ses successeurs. C'est l'un de ceux-ci, le Guru Arjan Dev (qui fut, de 1563 à 1606, le cinquième gourou) qui est représenté sur l'illustration ci-contre. Les enseignements du sikhisme impliquent l'adoption d'un mode de vie basé sur trois principes directeurs : la dévotion, le travail et la charité.

Les sikhs ont commencé à émigrer vers les pays occidentaux au début du XXe siècle. Avec l'essor du commerce entre le Canada et les pays du Pacifique, un grand nombre d'entre eux sont arrivés sur la côte ouest du Canada et s'y sont établis. Mais la principale immigration des sikhs eut lieu plus tard, au cours des années 1970. À l'heure actuelle, on estime à environ 400 000 le nombre de sikhs vivant au Canada, tandis que sur le plan mondial, il y a moins de 20 millions de sikhs. La plupart d'entre eux vivent au Pendjab, une région actuellement divisée entre l'Inde et le Pakistan.

Même si le Pendjab reste la patrie du sikhisme, les communautés sikhes ne cessent de se développer en Amérique du Nord, particulièrement dans l'ouest du Canada et en Ontario. L'engagement du sikhisme en faveur des valeurs d'égalité et de travail, a grandement aidé les sikhs à devenir des membres engagés de la société canadienne.

Objectifs d'apprentissage

À la fin de ce chapitre, tu pourras :

- déterminer les origines du sikhisme ;
- reconnaître les influences majeures des dix gourous sur le sikhisme ;
- préciser les conditions qui ont conduit à la formation du système de croyances du sikhisme ;
- distinguer les écrits sacrés et les enseignements oraux les plus importants du sikhisme ;
- déterminer les origines et l'importance des divers rituels, pratiques et célébrations du sikhisme ;
- comprendre les rôles du signe et du symbole dans le sikhisme ;
- décrire la relation entre la religion et l'État dans le sikhisme ;
- connaître les diverses manières dont les sikhs sont représentés au Canada ;
- reconnaître le rôle fondamental et/ou la responsabilité des adeptes du sikhisme ;
- rendre compte des principales influences historiques et des principaux événements ayant favorisé le développement du sikhisme ;
- discerner les préjugés et les idées fausses associés au sikhisme ;
- reconnaître les chefs religieux sikhs ayant utilisé la religion pour s'opposer aux préjugés et à la discrimination ;
- distinguer les faits des opinions, les croyances de la religion, la théorie de la pratique, en ce qui a trait au sikhisme ;
- utiliser les technologies de l'information de façon appropriée pour produire et diffuser les résultats d'une recherche.

- **1469 ap. J.-C.**
Naissance du Guru Nanak, fondateur du sikhisme

- **1469-1708 ap. J.-C.**
Ère des gourous

- **1845-1847 ap. J.-C.**
Déclaration de deux guerres entre les sikhs et les Britanniques, qui gouvernent le Pendjab

- **1902 ap. J.-C.**
Les premiers sikhs arrivent au Canada. La plupart s'installent en Colombie-Britannique

- **1908 ap. J.-C.**
Le gouvernement fédéral du Canada adopte la loi du « voyage continu », qui a pour conséquence l'arrêt de l'immigration sikhe

- **1912 ap. J.-C.**
Le premier Canadien d'origine sikhe, Hardial Singh Atwal, naît à Vancouver

- **1914 ap. J.-C.**
Le navire *Komagata Maru* tente d'entrer au Canada avec des immigrants sikhs à son bord. L'accès lui est refusé

- **1919 ap. J.-C.**
Les Britanniques massacrent des sikhs lors des célébrations du Baisakhi à Amritsar, en Inde

- **2000 ap. J.-C.**
  La GRC procède à des arrestations dans le cadre de l'enquête sur la tragédie d'Air India

- **1985 ap. J.-C.**
  Des terroristes font exploser un avion d'Air India (vol 182). Deux cent quatre-vingt-sept Canadiennes et Canadiens perdent la vie

- **1993 ap. J.-C.**
  Le gouvernement du Canada présente ses excuses à la communauté sikhe pour l'incident du *Komagata Maru*

- **2000 ap. J.-C.**
  Ujjal Dosanjh, un sikh modéré, est élu premier ministre de la Colombie-Britannique. Il est le premier Indo-Canadien à accéder à un tel poste

- **1950-1970 ap. J.-C.**
  Importante immigration sikhe au Canada

- **1984 ap. J.-C.**
  Les forces de sécurité indiennes attaquent le complexe du Temple d'or. L'Akal Takhat est fortement endommagé

- **1919 ap. J.-C.**
  Une modification de la législation permet aux familles des résidents sikhs d'entrer au Canada

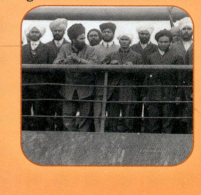

- **1947 ap. J.-C.**
  Division de l'Inde et création d'un nouveau pays, le Pakistan. Le Pendjab est divisé entre les deux pays. La majorité des sikhs vont en Inde, mais la plupart des lieux saints se trouvent au Pakistan. Au Canada, la loi du « voyage continu » est révoquée. Les sikhs, au même titre que d'autres immigrants originaires de l'Inde, reçoivent le droit de vote ainsi que celui d'exercer une profession libérale

Chronologie

Le sikhisme

Figure 9.1
C'est au Pendjab que l'on trouve, de nos jours, la communauté sikhe la plus importante. Cette région est à présent divisée entre l'Inde et le Pakistan.

Les origines

Figure 9.2
Le Guru Nanak, fondateur du sikhisme.

La fondation du sikhisme remonte au Guru Nanak (*voir la figure 9.2*). Hindou d'origine, il est né en 1469, dans un petit village proche de Lahore, au Pendjab, dans le secteur qui appartient de nos jours au Pakistan (*voir la figure 9.1*). Le **pandit** (saint homme) ayant assisté à sa naissance examina son horoscope et y vit la grandeur de sa destinée. « Tant les hindous que les Turcs l'honoreront », déclara-t-il. « Son nom sera connu sur la terre et dans le ciel. L'océan lui montrera la voie, de même que la terre et les cieux. Il n'honorera et ne reconnaîtra que l'unique Seigneur immatériel, et il enseignera aux autres à faire de même. »

À la fin de son adolescence, le Guru Nanak ressentait de l'insatisfaction envers l'hindouisme officiel. C'était le système des castes, en particulier, qui le mécontentait, car il divisait la société hindoue en classes sociales héréditaires, appelées castes. Le Guru Nanak se maria à l'âge de 19 ans. Il eut deux enfants. À 30 ans, il vécut une expérience spirituelle profonde. Un jour, il ne revint pas de ses prières quotidiennes. Comme on avait retrouvé ses vêtements sur la rive d'un cours d'eau de la région, les villageois en conclurent qu'il s'était noyé. Trois jours plus tard, il revint au village, mais resta silencieux. Le lendemain, il rompit le silence, pour déclarer : « Il n'y a ni hindou ni musulman [adepte de l'islam]. Quel sentier vais-je donc suivre ? Je suivrai le sentier de Dieu. Dieu n'est ni hindou ni musulman, et le sentier que je suis est celui de Dieu. »

Ce fut à partir de ce moment qu'on le considéra comme un gourou. Pour les sikhs, le **gourou** est un guide spirituel permettant de passer de l'ignorance à un état d'illumination.

La vie du Guru Nanak avait soudainement gagné en profondeur. Il avait reçu la révélation du dieu unique. Les sikhs croient à l'existence d'un dieu unique, et c'est le gourou qui peut révéler le chemin de l'unité avec ce dieu.

Nanak éprouva le besoin de partager sa nouvelle révélation avec les personnes qui l'entouraient. L'une des façons d'y parvenir était de composer des hymnes. Dans l'un de ceux-ci, il clame :

> *Il était ici au début*
> *Et avant le début.*
> *Il est ici aujourd'hui ;*
> *Il sera ici plus tard.*

Armé de la puissance de cette révélation, le Guru Nanak ressentit l'obligation de diffuser son message auprès d'un plus large public. Il prépara donc un voyage pour apprendre aux hommes qui était le Dieu unique du sikhisme. Il voyagea à travers l'Inde, le Sri Lanka et le Tibet. Il se rendit aussi aux lieux

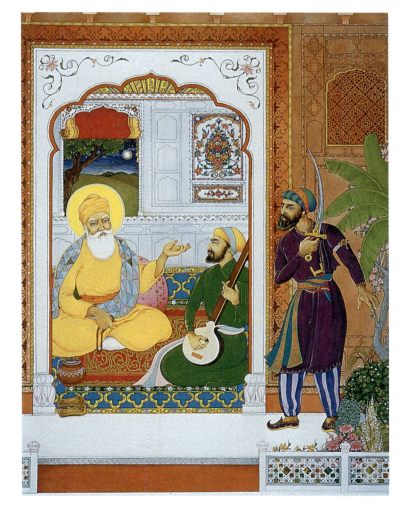

Figure 9.3
Cette peinture représente l'une des nombreuses histoires qui mettent en scène le Guru Nanak.

saints musulmans de La Mecque (Makkah) et de Médine (Madinah), ainsi qu'à des lieux sacrés en Irak et en Iran. Dans ses voyages, il était accompagné de son ami Mardana, un talentueux musicien musulman, expert dans l'art d'interpréter des hymnes. Le Guru Nanak était persuadé que le talent de Mardana lui serait d'une grande utilité, parce que beaucoup de personnes ne savaient ni lire ni écrire. Il pensait que le fait de leur enseigner des chansons était la meilleure façon de les aider à se remémorer ses enseignements.

Plusieurs histoires circulent à propos du Guru Nanak durant cette période de sa vie. L'une d'elles raconte sa visite à Duni Chand, qui vivait près de Lahore. Duni Chand était un homme très riche dont l'objectif était de continuer à s'enrichir. Cependant, malgré son extraordinaire richesse, il était très malheureux. Il invita un jour chez lui le Guru Nanak, qui y demeura quelque temps. À la fin de sa visite, le Guru Nanak donna une aiguille à Duni Chand; il lui demanda de mettre l'aiguille dans un lieu sûr et de la lui rendre lorsqu'il la lui réclamerait dans le prochain monde. « Mais comment peut-on transporter une aiguille dans le prochain monde? », demanda Duni Chand. Le Guru Nanak lui répondit: « Si cela n'est pas possible, pourquoi as-tu accumulé ces richesses? » Tant de sagesse de la part du gourou bouleversa Duni Chand, qui distribua alors tous ses biens aux pauvres. Il avait compris qu'il devait changer et se consacrer au monde spirituel plutôt qu'au monde matériel.

Le Guru Nanak voyagea jusqu'en 1521, l'année de son installation dans un lieu nommé Kartarpur, mot qui signifie « la demeure du Créateur ». Là, avec ses fils, il installa une ferme communautaire. Tous ceux qui vivaient dans la ferme devaient travailler dans les champs et en partager la récolte. Il construisit aussi un lieu de culte, qui servit de modèle pour le **gurdwara**, la maison de culte encore utilisée de nos jours par l'ensemble des communautés sikhes. C'est donc sur cette ferme, qui fut la première communauté sikhe, que Nanak établit les principes du mode de vie qui, encore aujourd'hui, caractérise les sikhs.

Alors que la fin de sa vie approchait, le Guru Nanak se chercha un successeur. Plutôt que l'un de ses deux fils, il choisit un de ses adeptes, à qui il donna le nom d'Angad, ce qui signifie « partie de moi ».

Le Guru Nanak est vénéré dans le sikhisme en tant que fondateur de la religion. C'est également lui qui a établi la lignée de successeurs qui assureraient la transmission de l'héritage spirituel. Pour cette raison, beaucoup de sikhs éprouvent pour lui une profonde adoration.

Portrait

Les gourous

Les gourous sont considérés comme des guides spirituels. Les dix gourous sont connus pour leurs qualités exceptionnelles et pour l'accomplissement de certains exploits. Le Guru Nanak représente, quant à lui, la personnalisation de l'humilité. Les neuf gourous qui, successivement, ont pris la suite du Guru Nanak ont dirigé le mouvement sikh jusqu'en 1708. À la mort du dixième gourou, la direction du mouvement sikh changea. Les fonctions du gourou furent alors transférées à la communauté elle-même, désormais guidée par un texte saint : le **Guru Granth Sahib**. Considéré comme le dernier des gourous et connu aussi sous le nom de **Adi Granth**, le Guru Granth Sahib est le texte le plus sacré des sikhs.

Figure 9.4
Le Guru Nanak entouré des neuf gourous : le gourou Angad Dev (1539-1552), le Guru Amar Das (1552-1574), le Guru Ram Das (1574-1581), le Guru Arjan Dev (1581-1606), le Guru Hargobind (1606-1644), le Guru Har Rai (1644-1661), le Guru Har Khrishan (1661-1664), le Guru Tegh Bahadur (1664-1675) et le Guru Gobind Singh (1675-1708).

Portrait *Les gourous*

Figure 9.5

Le dixième gourou, Gobind Singh (1675-1708)

La sagesse du gourou

*Ce que Dieu lui-même m'a dit
Je le dis au monde.
Ceux qui méditent sur Lui
Eux seulement iront au Ciel à la fin.
Dieu et les hommes-dieux sont un
Il n'y a pas de différence entre eux
Comme la marée qui croît à partir de l'eau
Et décroît dans l'eau à nouveau.*

(tiré des hymnes du Guru Gobind Singh)
(Traduction libre)

Le dixième gourou sikh fut Gobind Singh. L'attribut divin qui lui est associé est le « courage royal ». Il se trouvait à la tête des sikhs lors d'un terrible conflit avec Aurangzeb, l'empereur moghol qui gouvernait l'Inde. Les Moghols représentent une dynastie musulmane qui régna en Inde du XVIe au XIXe siècle. Comme son père, le Guru Tegh Bahadur, le Guru Gobind Singh eut à faire face à l'empereur moghol et à ses armées. Il dut décider de la tactique à suivre et choisit de livrer bataille. Il perdit ses deux fils aînés au combat. Par ailleurs, ses deux fils cadets furent enterrés vivants dans les murs de la ville de Sirhind, car ils refusaient de se convertir à l'islam. Le principal héritage du Guru Gobind Singh est la **khalsa** (élus de Dieu), une communauté sikhe tout à fait particulière, et l'introduction dans le sikhisme des signes distinctifs appelés les cinq K : Panj Kakke (voir la page 378). C'est également lui qui a mis fin à la lignée des gourous. Il enseigna à ses compagnons sikhs que, dorénavant, le livre saint, le Guru Granth Sahib, ferait office de dernier gourou et qu'il serait le guide permettant de ne faire qu'un avec Dieu.

Interprétation de « la sagesse du gourou »

Un vrai homme saint ne fait qu'un avec Dieu. Il est une pure expression de la conscience de Dieu, à tel point qu'il atteint une unité totale avec lui. Le Guru Gobind Singh fait écho aux enseignements du Guru Nanak. Il réaffirme la gloire d'un Dieu unique.

À la mort du Guru Gobind Singh en 1708, des groupes de sikhs se rassemblèrent pour défendre leur pays et leur religion, car ils voulaient être libres de suivre les préceptes de leur religion sans risquer la persécution. Malgré tout, durant les 50 années qui ont suivi la mort du Guru Gobind Singh, les sikhs furent victimes d'une terrible persécution. Les sikhs (ainsi que les hindous) étaient châtiés s'ils refusaient d'obéir à l'empereur musulman. Le sort qui avait été réservé au Guru Tegh Bahadur, le neuvième gourou, et à ses petits-enfants, venait rappeler de façon douloureuse les conséquences de la désobéissance.

Questions

1. Pourquoi est-il important pour les membres d'une communauté de se souvenir de la vie de ceux qui les ont précédés ?
2. À ton avis, dans le monde actuel, qui pourraient être les grands chefs religieux ? Explique ta réponse.
3. Choisis l'un des gourous et effectue une recherche pour découvrir trois éléments importants de sa vie.

Les autres chefs sikhs importants

Bien après les dix gourous, un autre chef important des sikhs fut le Maharajah Ranjit Singh. Devenu gouverneur du Pendjab en 1799, il resta au pouvoir pendant les 40 années suivantes. C'est à cette époque que de nombreux sikhs choisirent de s'installer au Pendjab, car Ranjit Singh leur fournissait un environnement exempt de toute persécution. À la mort de Ranjit Singh, on ne put trouver de chef suffisamment puissant pour lui succéder. L'armée sikhe se désorganisa et commença à perdre du terrain face aux Britanniques. C'est ainsi qu'en 1849, les Britanniques prirent le contrôle du Pendjab, qui resta sous leur domination durant les 100 années suivantes. Beaucoup de soldats sikhs entrèrent alors dans l'armée britannique.

Vers le milieu du XXe siècle, la domination britannique de l'Inde commençait à s'effriter. En 1947, les efforts conjoints des nationalistes musulmans, hindous et sikhs aboutirent à l'octroi de l'indépendance à l'Inde. Cet événement eut une influence profonde sur la communauté sikhe. En effet, parallèlement à la fondation de l'Inde indépendante, on créa un nouveau pays musulman, le Pakistan. Cette décision n'était guère favorable aux sikhs, car la frontière entre l'Inde et le Pakistan divisait le Pendjab en deux parties.

À la fin des années 1960 et au début des années 1970 apparut le **Khalistan**, le nom proposé pour un éventuel État sikh indépendant. C'est Jagjit Singh Chauhan, alors chef politique indien, mais installé plus tard au Royaume-Uni, qui en lança l'idée. De nos jours, l'idée d'une patrie sikhe indépendante reste un espoir pour de nombreux membres de la communauté sikhe.

> **Vérifie ta compréhension**
>
> 1. Définis le terme « gourou ». Quelles qualités doit posséder un gourou ?
>
> 2. Qui était le Guru Nanak ? Pourquoi est-il un personnage important pour les sikhs ?
>
> 3. Pourquoi certaines personnes acceptent-elles de mourir pour leurs convictions religieuses ?
>
> 4. Qu'est-ce que le Khalistan ? Pourquoi ce concept a-t-il toutes les chances de provoquer une controverse politique ?

LES CROYANCES

Les sikhs croient en un seul dieu créateur et maître souverain de l'univers. Ce dieu est connu sous le nom de **Waheguru**, mot signifiant « merveilleux Seigneur ». Les sikhs considèrent qu'on doit se rappeler sans relâche le nom de Dieu, le répéter et méditer sur lui. Bien que Dieu n'ait jamais parcouru la terre dans un corps humain, il est présent partout. Par conséquent, on peut lui adresser des prières n'importe où et à tout moment.

L'égalité entre les individus est une croyance fondamentale chez les sikhs. Pour eux, tous les êtres humains ont été créés égaux, et toute forme d'inégalité est l'œuvre des hommes et non de Dieu. Par conséquent, les sikhs croient profondément que Dieu a créé et aime tous les individus, sans exception. Cette conviction s'oppose clairement au système hindou des castes, qui classe les individus en groupes distincts.

Les sikhs croient aussi à la dignité du travail. C'est ce qu'on appelle le **kirat karni**. En vertu de ce principe, le travail d'une personne doit être légal et éthique. Le fait d'utiliser des moyens malhonnêtes pour accumuler de la richesse est considéré comme immoral. Les sikhs croient aussi à la charité et au service rendu à autrui. C'est ce qu'ils appellent **seva**. Convaincus que Dieu pardonne tous les péchés, les sikhs considèrent que la meilleure façon de rendre hommage à Dieu consiste à vivre honnêtement et à s'occuper d'autrui. Ils estiment que le fait de prendre soin des autres est une preuve d'amour envers Dieu.

Les sikhs croient également à la vie après la mort. Ils ont la conviction que les hommes et les femmes sont redevables de leurs actions devant Dieu et que le jugement a lieu peu de temps après la mort. À la suite de ce jugement, l'âme éprouvera du plaisir ou de la souffrance, selon que les actions réalisées par l'individu dans sa vie passée auront été bonnes ou mauvaises. Le cycle se termine lorsque Dieu décide de la forme de vie suivante de l'âme.

Les sikhs croient que si l'on veut transcender la souffrance causée par les morts et les naissances répétées, il faut se tourner vers Dieu. Selon eux, en renaissant continuellement, les êtres humains sont leurrés par les illusions de ce monde. Mais ils peuvent se tourner vers Dieu de deux façons : d'une part, ils peuvent écouter les **gurbani**, un recueil d'hymnes spéciaux tirés du livre sacré, le Guru Granth Sahib ; d'autre part, ils peuvent méditer sur le nom de Dieu et lui rendre hommage dans l'espoir d'être libérés du cycle des renaissances. Cette libération s'appelle le **mukti**.

Figure 9.6
La Guru Raj Kaur Khalsa, à Vancouver (Colombie-Britannique).

Les femmes et le sikhisme

Les sikhs croient que les femmes et les hommes sont nés égaux. Si l'on en juge par leurs enseignements concernant le statut des femmes, les gourous furent véritablement révolutionnaires. Ils se sont prononcés ouvertement contre les traditions du **purdah** et du **sati (suttee)**. Le purdah est le voile que portent habituellement les femmes musulmanes, tandis que le sati (ou suttee) est l'ancienne coutume hindoue par laquelle une veuve se donnait la mort en s'immolant sur le bûcher funéraire de son mari. Le Guru Nanak et les gourous qui lui ont succédé ont rejeté ces traditions. Dans leurs enseignements, ils ont insisté sur l'égalité entre les hommes et les femmes.

Le sikhisme encourage les femmes à participer sans réserve aux services religieux. Elles peuvent donc devenir **granthis** (voir la figure 9.6), c'est-à-dire qu'elles sont autorisées à lire et à enseigner le livre sacré. Les femmes peuvent aussi pratiquer le **kirtan**, c'est-à-dire l'interprétation chantée d'hymnes religieux. Elles peuvent célébrer des mariages et être l'une des cinq « personnes aimées » lors de la cérémonie d'initiation appelée Amrit. Le Guru Granth Sahib reconnaît explicitement l'importance des femmes, comme on peut le voir dans la citation suivante :

> « C'est par les femmes que nous sommes conçus et c'est d'elles que nous naissons. C'est à elles que nous nous fiançons et c'est à elles que nous nous marions. C'est aux femmes que nous donnons notre amitié et ce sont les femmes qui font se perpétuer la race. Lorsqu'une femme meurt, nous en cherchons une autre. C'est avec les femmes que nous nous établissons dans la société. Pourquoi les femmes devraient-elles être considérées comme inférieures alors qu'elles donnent naissance aux grands hommes ? »

Les qualités d'une sikhe ou d'un sikh

Les sikhs croient fidèlement :

- à un Être immortel ;
- aux dix gourous, depuis le Guru Nanak jusqu'au Guru Gobind Singh ;
- au Guru Granth Sahib, texte sacré du sikhisme, considéré comme le dernier gourou ;
- aux déclarations et aux enseignements des dix gourous.

Vérifie ta compréhension

1. Explique brièvement le concept de Dieu dans le sikhisme.

2. Quelle est pour les sikhs la meilleure façon de montrer son amour envers Dieu ?

3. Les sikhs croient-ils en la réincarnation ? Explique ta réponse.

4. Qu'enseignent les sikhs en ce qui concerne le statut de la femme ?

5. Parmi les croyances sikhes, laquelle pourrait être valorisée dans la société canadienne ?

6. Pourquoi la plupart des gourous se sont-ils opposés au système hindou des castes ? Explique ta réponse.

Habiletés de recherche
Les technologies de la communication

Un bon plan de recherche comprend les étapes suivantes :
- ✔ la sélection du thème de recherche ;
- ✔ la détermination des sources ;
- ✔ la collecte, l'évaluation et l'enregistrement de l'information ;
- ✔ la présentation des résultats ;
- ✔ l'évaluation du plan de recherche.

Avant de faire ta présentation multimédia, pose-toi les questions suivantes :
- ✔ Ma présentation a-t-elle pour objectif d'informer, de divertir ou de persuader ?
- ✔ Le niveau de difficulté de mon exposé correspond-il à mon public ?
- ✔ Mes données sont-elles clairement organisées ?
- ✔ L'utilisation de graphiques, d'éléments sonores et de technologie apporte-t-elle un complément à la présentation ?
- ✔ Ai-je tenu compte de l'éventuelle période de questions, des problèmes de matériel et des contraintes de temps ?

L'une des dernières étapes du processus de recherche est la présentation des résultats. Pour que cette étape soit couronnée de succès, réfléchis d'abord sur le mode de présentation susceptible d'être le plus efficace, tant en fonction du contenu que du public visé. Tu pourrais par exemple décider de présenter l'information sous la forme d'un rapport écrit accompagné de tableaux. Tu pourrais aussi penser à un exposé oral (voir les pages 55-56), ou encore à une présentation vidéo ou par ordinateur. De nos jours, ce n'est pas le choix qui manque aux chercheuses et aux chercheurs. Mais, dans la plupart des cas, la technologie joue un rôle prépondérant.

Les bases du traitement de texte

Pour toutes les formes de communication écrite, il est essentiel de savoir utiliser un logiciel de traitement de texte. Les quelques conseils que nous te donnons ci-dessous t'aideront à communiquer avec efficacité par écrit.
- Rends ton texte visuellement attrayant en choisissant une police de caractères lisible et appropriée, et en variant les styles de caractères (gras, italique, etc.).
- Pense à la possibilité d'ajouter de la couleur à ton document. Dans le programme que tu utilises, clique sur Format pour connaître les options existantes.
- Assure-toi que le texte que tu présentes ne comporte pas de fautes d'orthographe ou de grammaire. La plupart des programmes comprennent une fonction de correction orthographique et grammaticale qui devrait t'aider à minimiser les erreurs.
- Pour éviter la répétition de mots, utilise le dictionnaire des synonymes intégré à la plupart des programmes.
- Effectue un comptage automatique des mots pour t'assurer que ton texte n'est ni trop long ni trop court.

Les tableaux et les graphiques

Tu peux créer des diagrammes en colonnes ou des graphiques en segments, à barres ou en secteurs pour représenter visuellement les résultats de ta recherche. En utilisant un programme de calcul électronique tel qu'Excel et en suivant les suggestions de l'assistant graphique, tu pourras concevoir facilement des graphiques. Clique sur Insérer → Objet (ou graphique) et effectue tes choix. Rappelle-toi que tu peux redimensionner les graphiques ou en modifier le texte. La plupart des graphiques proposés par Excel peuvent aussi être présentés en format 3D.

Les présentations multimédias

Les présentations multimédias sont celles qui comprennent plus d'une forme de communication. Un exemple de présentation multimédia est la présentation orale accompagnée par une projection de diapositives. Il existe des présentations plus complexes, telles que les présentations PowerPoint (voir la page 371), qui peuvent intégrer le son, la vidéo et les graphiques.

Pour créer une présentation multimédia efficace, tu peux faire appel à l'une des méthodes de communication suivantes : exposition, tableau d'affichage, affiche, chronologie, suspension, compte rendu photographique, vidéo, jeu de simulation, projection de diapositives, capsule historique, bande dessinée, sketch, page Web, dessin animé, démonstration, présentation à l'aide d'un programme informatisé, publicité, couverture de livre ou de magazine, album de coupures, marionnettes, brochure, etc.

Habiletés de recherche — Les technologies de la communication

La présentation PowerPoint

PowerPoint est un programme qui permet de créer une présentation sous forme de diapositives sur un écran d'ordinateur. Les diapositives peuvent ne contenir que du texte, ou encore comprendre des diagrammes, des tableaux, des animations, des éléments sonores et de la vidéo.

La présentation PowerPoint est particulièrement efficace lorsqu'on veut expliquer une nouvelle idée ou un concept compliqué. Si tu sais effectuer des tâches simples avec un logiciel de traitement de texte, tu possèdes déjà certaines des habiletés nécessaires à l'utilisation de PowerPoint. Il est également possible de transférer sur PowerPoint la plupart des travaux créés avec d'autres programmes, tels que Microsoft Word ou Excel.

La présentation vidéo

Il s'agit d'une méthode efficace de communication, que l'on peut intégrer à une présentation multimédia. Elle comprend une combinaison d'éléments visuels et sonores. Pour créer une bonne présentation vidéo, suis les étapes suivantes :

- Définis tes objectifs. Que veux-tu montrer à ton public ? Avant de sortir et de filmer, assure-toi de savoir exactement ce que tu veux communiquer, à qui le message est destiné et quel est l'effet recherché.
- Réfléchis soigneusement aux techniques utilisées. Quelle impression veux-tu créer en utilisant des sons et des images ?
- Crée un scénario-maquette pour avoir une bonne représentation du produit fini. Ce scénario détaillera les dialogues, la musique, les effets sonores, les angles et les mouvements de caméra, etc.
- Assure-toi que les membres de ton équipe de production comprennent bien leurs rôles respectifs. Est-ce que la ou le caméraman possède de l'expérience en tournage vidéo ? Est-ce que la monteuse ou le monteur comprend la séquence des différents plans ?

Mets en pratique !

1. Crée un journal vidéo. Joue le rôle d'une ou d'un journaliste et visite le gurdwara de ta localité. Rappelle-toi qu'au préalable, il faut définir clairement ce que tu veux communiquer à tes camarades de classe avant de commencer à filmer. Présente les résultats à la classe.

2. Utilise PowerPoint ou un autre programme de présentation, ou combine une présentation orale avec l'une des méthodes de communication présentées plus haut, pour créer une présentation multimédia sur les cinq K : Panj Kakke (voir la page 378).

LES PRATIQUES, LES RITUELS ET LES CÉLÉBRATIONS

Les pratiques et les rituels

Figure 9.7
L'intérieur d'un gurdwara sikh, avec le trône (takhat).

Le gurdwara

Le gurdwara est le bâtiment dans lequel se réunissent les sikhs pour y célébrer le culte. Gurdwara signifie « la porte du gourou », ou encore la « maison de Dieu ». Lorsqu'une communauté crée un gurdwara, il est d'abord nécessaire de désigner une personne pour s'en occuper. Bien que la religion sikhe ne possède pas de prêtrise institutionnalisée, la personne ainsi désignée doit être capable de réciter les écritures, de chanter les hymnes et d'accomplir des rites religieux. Par respect, la communauté appelle cette personne **Bhai ji**, qui veut dire frère ou sœur. La ou le Bhai ji n'est pas seulement responsable des tâches en relation avec les cérémonies. Son devoir le plus important est de se lever tôt le matin afin de préparer l'office matinal. Elle ou il doit amener le texte sacré dans la salle principale du gurdwara et le placer sur l'autel. L'office du culte sikh s'appelle **diwan**. Il n'y a pas de jour spécial consacré au culte, mais les sikhs du monde entier se réunissent généralement le dimanche pour célébrer le diwan.

Tous les gurdwaras possèdent des caractéristiques communes. L'unique meuble dans la salle de culte est, à l'une des extrémités, une plateforme spéciale appelée **takhat** (ce qui signifie « trône »). Un baldaquin surplombe le trône. C'est à cet endroit qu'est placé le Guru Granth Sahib, le texte sacré. De façon symbolique, le takhat est une preuve du très grand respect que vouent les sikhs au Guru Granth Sahib. En face du takhat, un emplacement est prévu pour que les fidèles puissent déposer leurs offrandes de nourriture ou d'argent. En signe de respect, les fidèles doivent retirer leurs chaussures, se laver et se couvrir la tête avant d'entrer dans la salle du culte.

Dans chaque gurdwara, on trouve également une cuisine et une salle à manger, ainsi que, si l'espace le permet, une salle de classe. À l'extérieur, tous les gurdwaras arborent un drapeau que l'on appelle le **nishan sahib**. Celui-ci exhibe le **khanda**, qui est le symbole de la khalsa, une communauté spéciale au sein du mouvement sikh. La consommation de tabac, d'alcool ou de drogue n'est pas autorisée à l'intérieur du gurdwara.

Pendant le service du culte

Pendant les services, les fidèles s'assoient sur le sol recouvert d'un tapis. Ils peuvent sortir à tout moment. Selon la tradition, les hommes et les femmes se trouvent en groupes séparés. La plupart des services du culte donnent une large place au kirtan, l'interprétation d'hymnes, durant lequel les **ragis** (chanteurs) chantent accompagnés d'instruments de musique.

À la fin du service, on entonne des hymnes spéciaux. L'assemblée se joint au chant, puis se lève pour réciter des prières appelées **ardas**. Ensuite, le granthi (lecteur du livre saint) ouvre le Guru Granth Sahib et, au hasard, lit un verset. Celui-ci guidera les fidèles présents tout au long de la journée. À la fin du service, toutes les personnes présentes, quelles que soient leurs croyances ou leur caste, reçoivent un peu de **karah parshad**, une sorte de pouding sucré. L'assemblée mange alors cette nourriture sacrée.

Après le service du culte

Le service du culte est suivi d'un repas végétarien appelé **langar** (voir la figure 9.8), mot qui signifie « cuisine libre ». Le langar a été instauré par le Guru Nanak, qui considérait que tous ceux qui étaient venus de loin pour l'écouter, ou tous ceux qui n'étaient pas très riches, avaient droit à de la nourriture et des breuvages. Le repas est végétarien, afin de ne pas offenser ceux qui, dans l'assistance, s'abstiennent de manger de la viande. Avec le temps, la pratique du langar s'est étendue jusqu'à englober tous ceux qui assistent au service du culte. Pendant le repas, tout le monde est assis par terre, en rangs. Cette disposition montre, de façon symbolique, que toutes les personnes présentes sont considérées comme égales. Ce sont toujours des bénévoles qui préparent et servent le repas. On a vu que, pour les sikhs, il était important de rendre service aux autres. C'est pourquoi tous les visiteurs d'un gurdwara se voient offrir de la nourriture et des boissons.

La vie quotidienne

Par beaucoup d'aspects, les sikhs du Canada mènent leur vie de façon très semblable aux autres citoyens. Ils vont à l'école, travaillent, ont des amis, élèvent leurs enfants et obéissent aux lois du pays. Mais en plus, ils observent certaines coutumes religieuses et certains codes de comportement dans leur vie quotidienne. Ils promettent de vivre honnêtement, de rester fidèles à leur conjoint et de travailler dur pour gagner leur vie. Ils sont tenus de faire preuve de respect envers tous les êtres vivants. C'est pour cela qu'ils ne mangent pas la viande d'un animal qui a été tué de manière cruelle. Les sikhs ne peuvent ni consommer de l'alcool, ni fumer, ni utiliser des drogues, excepté pour des raisons médicales. Ils acceptent aussi de ne pas se consacrer au jeu et de ne pas voler.

Une partie importante de leur journée est consacrée à la récitation des prières quotidiennes, que l'on appelle le **nit nem**. Ces prières se récitent le matin, l'après-midi et avant de se coucher. De plus, les sikhs lisent régulièrement les écritures sacrées. Certains d'entre eux possèdent un **gutka**, qui est un petit recueil d'hymnes. Ce livre, que l'on utilise quotidiennement, est particulièrement respecté. Comme le Guru Granth Sahib doit obligatoirement être placé dans une pièce séparée et que beaucoup de familles ne disposent pas de cet espace, c'est le gutka qui est devenu le livre consulté quotidiennement par les sikhs. Quant à la formation

Figure 9.8
Une famille mange le langar dans un gurdwara.

Recherche Internet

Pour en savoir plus, visite notre site au
www.dlcmcgrawhill.ca

religieuse, elle leur est donnée à la fois à la maison et dans le gurdwara.

L'un des préceptes les plus importants du sikhisme est de rendre service aux autres. Il existe trois catégories de seva (nom donné aux services rendus à autrui): le service intellectuel (qui fait appel à l'esprit), le service manuel (le travail physique) et le service matériel (le don). De ces trois catégories, c'est la dernière qui est la plus fréquente. Elle prend généralement la forme d'une donation charitable que l'on appelle **daswandh**. Les sikhs doivent en principe consacrer un dixième de leurs revenus à la charité.

Par ailleurs, le service intellectuel comporte, par exemple, des tâches d'enseignement du sikhisme, tandis que le service manuel comprend la préparation ou la distribution de la nourriture pour le langar. Enfin, il faut savoir que ces services ne se limitent pas aux seuls sikhs, mais qu'ils peuvent également être rendus à d'autres personnes.

Figure 9.9
Des sikhs célèbrent l'anniversaire du Guru Nanak.

Les célébrations

Dans le sikhisme, il existe deux sortes de célébrations. Le premier groupe comprend les fêtes commémorant des moments de la vie des gourous. Ce sont les *gurpurbs*. L'autre groupe comprend les *jore melas*.

Les gurpurbs

Les gurpurbs sont des journées saintes commémorant la naissance ou la mort de l'un des gourous. Ainsi, la date anniversaire de la naissance du Guru Nanak est un gurpurb (*voir la figure 9.9*). Célébré en novembre, ce gurpurb est considéré par les sikhs comme étant le plus important de tous. La célébration, qui peut durer trois jours, s'articule autour du **akhand path**, qui consiste en une lecture ininterrompue du Guru Granth Sahib pendant 48 heures. Le matin suivant, on célèbre un service du culte habituel. Tout au long de la fête, diverses lectures et prédications ont pour but d'expliquer l'importance de l'événement, et de mettre en valeur les contributions du Guru Nanak à la religion sikhe. À cette occasion, le gurdwara reçoit un flot constant de visiteurs qui font des processions et chantent des hymnes. On sert le langar tout au long de la célébration. Ceux qui ne participent pas à la lecture aident à cuisiner, à servir ou à nettoyer. Tout le monde s'implique donc d'une façon ou d'une autre.

Les jore melas

Plusieurs célébrations appartiennent à cette catégorie. C'est le cas de Baisakhi, Diwali et Hola Mohalla. Les jore melas donnent aux sikhs l'occasion de se réunir. Les fêtes de Baisakhi et de Diwali ont été instaurées par le Guru Amara Das, troisième de la lignée, lorsqu'il ordonna à ses adeptes de le rejoindre à Amritsar pour une cérémonie. Son intention était de détourner les fidèles de la culture hindoue et de les inciter à réfléchir sur la signification du sikhisme. Plus tard, le Guru Gobind Singh créa une autre fête, le Hola Mohalla.

Baisakhi

La fête de Baisakhi (*voir la figure 9.10*) se déroule généralement le 13 ou le 14 avril. Elle a pour objectif de remémorer aux sikhs les saints soldats qui étaient prêts à combattre les injustices. À cette occasion, on relate l'histoire de la formation de la khalsa. Pendant cette journée de remerciements adressés à Dieu, les fidèles écoutent aussi les enseignements des gourous. Le changement annuel du drapeau qui flotte à l'extérieur de chaque gurdwara est un moment important de cette célébration.

Le Baisakhi est célébré dans le monde entier, mais de nombreux sikhs se réunissent spécialement à Amritsar, en Inde, pour cette célébration. C'est dans cette ville qu'en 1919, les Britanniques interdirent aux sikhs de se réunir pour célébrer le Baisakhi. Ils craignaient en effet que les sikhs ne se soulèvent contre eux. Défiant l'autorité britannique, les sikhs se sont réunis malgré tout. Durant la répression qui suivit, l'armée britannique tua des centaines d'entre eux. Cet événement tragique, connu sous le nom de « massacre d'Amritsar », est maintenant commémoré par les sikhs du monde entier lors de la célébration du Baisakhi.

Diwali

La fête de Diwali a lieu en octobre ou en novembre. S'agissant, à l'origine, d'une fête hindoue, elle commémore l'emprisonnement, puis la remise en liberté du Guru Hargobind, dans la première moitié du XVIIe siècle. L'histoire est la suivante : à l'occasion de la célébration du Diwali, le roi musulman Jehangir décida de libérer le Guru Hargobind. Mais ce dernier refusa d'être relâché aussi

Figure 9.10
Les sikhs se réunissent pour célébrer la fête de Baisakhi.

longtemps que les 52 princes hindous emprisonnés avec lui ne seraient pas également libérés. Le roi décida que seuls seraient libérés ceux qui pourraient passer par un étroit passage en se cramponnant aux vêtements du gourou. Le passage étant très étroit, il ne pouvait laisser passer qu'une seule personne à la fois. Le gourou portait une cape qui comportait de longues franges terminées par des glands. Les princes s'agrippèrent alors aux franges, et tous furent libérés ce jour-là.

Hola Mohalla

La fête de Hola Mohalla a lieu au printemps. Ce jour-là, les sikhs se réunissent pour pratiquer les arts martiaux. De nos jours, cette fête se célèbre principalement au Pendjab, et il est assez rare qu'on la célèbre dans d'autres parties du monde.

Lieu saint

Amritsar

La plupart des religions possèdent une ville sacrée, où les adeptes font généralement un pèlerinage. Pour les sikhs, c'est la ville d'Amritsar, en Inde, qui joue ce rôle. Amritsar veut dire « réserve de nectar ». Cette ville abrite le complexe du Temple d'or (*voir la figure 9.11*), un édifice qui a été initialement construit par le Guru Arjan Dev, le cinquième de la lignée. Le temple possède quatre entrées, afin de signifier que les personnes venues des quatre coins du monde y sont les bienvenues. Il est construit sur une plateforme de 20 m² au centre d'un bassin rempli d'eau.

Au XIXe siècle, le gouverneur sikh Ranjit Singh fit reconstruire le temple en marbre. La moitié supérieure du bâtiment est recouverte de feuilles d'or, raison pour laquelle on l'appelle le Temple d'or. Sur les murs sont gravés des versets du Guru Granth Sahib.

Le Temple d'or est le bâtiment le plus important pour les Sikhs. Il contient de très vieilles copies manuscrites du Guru Granth Sahib. Chaque jour, à l'aube, commence la lecture des écritures sacrées. Elle ne se termine que très tard dans la nuit. Une procession spéciale a lieu chaque matin pour transporter le Guru Granth Sahib dans la salle du culte. Le fait d'être convié à participer à cette procession est un très grand honneur pour les sikhs. Le Temple d'or est conçu de telle manière que les fidèles sont obligés de descendre quelques marches pour y entrer. Cette disposition indique qu'il faut faire preuve d'humilité lorsqu'on s'approche de Dieu.

En face du Temple d'or, à l'opposé de l'entrée principale, se trouve un bâtiment appelé Akal Takht, qui a été construit sous le Guru Hargobind, sixième de la lignée.

Figure 9.11

QUESTIONS

1. Décris brièvement le Temple d'or.
2. Qu'est-ce que le Akal Takht ?
3. Fais une brève recherche pour découvrir d'autres lieux sacrés du sikhisme.

Les symboles et les emblèmes

Le khanda

Le principal symbole du sikhisme est le khanda. Ce symbole est composé de trois parties. À l'extérieur, les deux dagues symbolisent le fait de servir Dieu en enseignant la vérité et en combattant pour la justice. Elles remontent à l'époque du Guru Hargobind, le sixième de la lignée, qui portait habituellement deux dagues, l'une pour symboliser le pouvoir spirituel de Dieu, et l'autre, son désir de défendre son peuple. Ces dagues portent le nom de kirpans. Entre elles se trouve un cercle que l'on appelle le chakkar. Il s'agit d'une ancienne arme indienne qui représente ici le dieu unique et l'unité du peuple. Il sert à rappeler que Dieu n'a ni début, ni fin. Enfin, au centre se trouve une épée à deux tranchants, que l'on appelle aussi le khanda, symbolisant la puissance de Dieu. La croyance veut que ses tranchants séparent le vrai du faux.

Questions

1. Qui a introduit ce symbole dans le sikhisme?
2. Quels autres symboles, présents dans notre société, incarnent des croyances semblables à celles exprimées dans le khanda? Cites-en au moins deux.

Figure 9.12

La khalsa

Le Guru Gobind Singh, dixième de la lignée, créa la khalsa en réaction à la persécution des sikhs refusant de se convertir à l'islam. En 1699, le jour du Baisakhi, il rassembla un groupe de sikhs et leur demanda s'ils étaient prêts à mourir pour leur religion. Cinq personnes répondirent affirmativement. Le gourou les prit alors à part, un à la fois. Chaque fois, le gourou revenait avec son épée ensanglantée. Toutes les personnes présentes crurent que les cinq individus avaient été tués. Mais ils réapparurent tous sains et saufs! On les appela alors les «cinq bien-aimés» ou **panj pyaras**. Chacun d'eux reçut le nom de Singh, qui signifie

Figure 9.13
Les sikhs qui se joignent à la khalsa doivent faire des vœux spéciaux: porter les cinq K: Panj Kakke (voir la page 378); s'abstenir de consommer toute drogue ou stupéfiant; respecter les femmes; suivre les enseignements des gourous; servir uniquement les gourous, au moyen des armes si nécessaire, et seulement si la cause est juste; considérer tous les membres de la khalsa comme des frères et des sœurs.

« lion ». On leur demanda de porter cinq signes spéciaux pour faire savoir au monde qu'ils étaient sikhs. Ce sont les cinq K. Tous ceux qui étaient présents ce jour-là rejoignirent la khalsa. À tous les hommes, on donna le nom de Singh et à toutes les femmes, le nom de Kaur, qui signifie « princesse ».

Les sikhs membres de la khalsa doivent porter les cinq K. Mais tous les sikhs ne font pas le choix de faire partie de la khalsa, et tous ne sont donc pas tenus de porter les cinq K. Cependant, beaucoup de sikhs portent certains éléments des cinq K (Panj Kakke), et parfois tous. Le port des cinq K est donc un signe visible adressé au monde pour indiquer que la personne est une ou un sikh pratiquant.

Les cinq K ou le Panj Kakke

Les symboles visibles de la communauté sikhe ont été très controversés dans la société canadienne. Une mauvaise compréhension, ainsi qu'une certaine confusion entourant les cinq K, explique cet état de fait. Lorsqu'on pense aux sikhs, on pense immédiatement aux turbans et aux dagues rituelles, les kirpans. Mais toute personne qui cherche à mieux s'informer sur la religion sikhe s'aperçoit rapidement que cette religion complexe ne peut se résumer à ces simples images.

Les cinq K sont les suivants : le *kesh*, le *kangha*, le *kara*, le *kirpan* et le *kaccha*.

Le kesh

Kesh signifie « chevelure non coupée » et désigne toutes les parties poilues du corps. Les sikhs considèrent que le fait de se couper et de se coiffer les cheveux est un signe de vanité. Aussi laissent-ils pousser leurs cheveux, afin de montrer qu'ils travaillent pour Dieu. Mais ils en prennent aussi grand soin et considèrent qu'il est important de la conserver propre et soignée. C'est la principale raison pour laquelle beaucoup d'hommes portent un turban et que certains d'entre eux enferment leur barbe dans un filet.

Le kangha

Les sikhs utilisent le peigne, que l'on connaît sous le nom de *kangha*, pour conserver à leur chevelure un aspect soigné. La propreté est un principe important chez les sikhs.

Le kara

Le *kara* est le bracelet en acier que portent les sikhs au poignet droit, l'acier symbolisant la force.

Le kirpan

Le *kirpan* est une dague que les sikhs utilisent en tant que symbole de dignité et de respect de soi. Ce symbole leur rappelle aussi de se battre pour défendre la vérité. Beaucoup de sikhs ont été persécutés à cause de leur religion. Aussi le poignard en est-il arrivé à symboliser le devoir de protéger et de défendre non seulement la religion sikhe, mais aussi les droits des autres. Il n'est utilisé qu'en dernier ressort, et non pas en tant qu'arme d'intimidation, comme le pensent certaines personnes qui connaissent mal la religion sikhe.

Le kaccha

Le pantalon court, appelé *kaccha*, s'est imposé en période de guerre parce que, pour se battre, ce vêtement était plus pratique que les pantalons larges.

Vivre ma religion

Figure 9.14

Talwinder Khubar

Âgé de 16 ans, Talwinder Khubar est un étudiant résidant à Brampton, en Ontario. Il fréquente une école secondaire catholique. Il a immigré récemment au Canada avec sa famille. Même s'il a trouvé ici une population qui acceptait très bien sa religion, Talwinder considère qu'il lui était plus facile de pratiquer celle-ci en Inde qu'au Canada.

Pour lui, le fait d'être un adolescent sikh veut dire qu'il est différent des autres. Cela signifie qu'il ne peut pas manger de viande ni boire d'alcool. Cependant, en tant que sikh, il croit que toutes les religions sont importantes, donc il n'en parle pas de façon négative.

Parfois, ses camarades montrent de la curiosité à propos de son turban. Pour l'instant, son turban est petit, mais lorsqu'il sera plus âgé, il en portera un plus grand, car il aura alors le temps de s'en occuper. Il en est de même pour le port des cinq K. Pour l'instant, il trouve qu'il est difficile de les porter. Ses camarades l'interrogent souvent à propos du kirpan. Il leur répond qu'on l'utilise uniquement pour défendre les autres, et non pour se battre.

Talwinder accompagne chaque semaine sa famille au gurdwara. L'une des choses qu'il préfère, c'est que tout le monde y est le bienvenu. On s'attend à ce que les sikhs donnent 10 % de leurs revenus au gurdwara. « Dieu nous a tout donné ; c'est pourquoi le travail que nous faisons avec nos mains doit être rendu à Dieu. » Pour Talwinder, le gurdwara est bien différent de la maison. Il apprécie le fait que, dans le gurdwara où il va, il n'y a pas de meubles, conformément à la tradition. Il croit qu'il ne faut pas changer cette tradition, parce que Dieu en a voulu ainsi. Si les gens changent le gurdwara, dit-il, cela indique qu'ils croient être des dieux et cela brise la tradition.

Pour Talwinder, l'histoire des sikhs s'est écrite dans le sang. Il espère qu'un jour les sikhs auront leur propre pays, le Khalistan. Alors, idéalement, tous les gens seront égaux et il n'y aura plus de différences.

QUESTIONS

1. Pourquoi Talwinder ne porte-t-il pas les cinq K ?
2. Cite deux choses qui sont importantes pour lui en tant que jeune sikh.
3. Que pense Talwinder de sa vie au Canada ?

> **Vérifie ta compréhension**
>
> 1. Fais par écrit une brève description du gurdwara.
>
> 2. De quelle façon les sikhs marquent-ils leur respect envers le Guru Granth Sahib ?
>
> 3. Qu'est-ce que le « langar » et pourquoi le Guru Nanak l'a-t-il instauré ? Pourquoi le « seva » est-il une partie importante du langar ?
>
> 4. Explique pourquoi les sikhs considèrent qu'il est important de célébrer la fête de Baisakhi.
>
> 5. Que sont les cinq K ? Pourquoi sont-ils importants pour les sikhs ?

LES ÉVÉNEMENTS MARQUANTS DE LA VIE

Il y a plusieurs étapes importantes dans la vie d'une personne sikhe. Chacune d'elles est reconnue et célébrée par la communauté.

La naissance

Quelques semaines après la naissance d'un enfant, les parents visitent le gurdwara pour présenter l'enfant au Guru Granth Sahib. Ils offrent un **rumala**, une pièce de tissu brodé, au Guru Granth Sahib. Ils apportent aussi de l'argent et font l'offrande de cadeaux traditionnels de remerciement. Le granthi récite des ardas (prières générales) et demande la protection de Dieu pour le bien-être de l'enfant. On récite souvent l'hymne suivant, extrait du Guru Granth Sahib, lors du **Nam Karam** (cérémonie du nom) :

> *Cher enfant, voici la bénédiction de ta mère.*
> *Puisse Dieu ne jamais quitter ton esprit, ne fût-ce qu'une seule minute.*
> *Méditer sur Dieu doit être ta préoccupation constante.*
> *Cela lave les gens de toutes fautes.*
> *Puisse Dieu le gourou être bon pour toi.*
> *Puisses-tu aimer la compagnie des gens de Dieu.*
> *Puisse Dieu te revêtir d'honneur et puisse ta nourriture chanter les louanges de Dieu.*
>
> (Traduction libre)

Après cette prière, on ouvre le Guru Granth Sahib au hasard. L'hymne dans la partie supérieure de la page de gauche est alors lu par le granthi. La première lettre du premier mot de l'hymne sera la première lettre du nom proposé pour l'enfant. La famille décide du nom, puis le granthi l'annonce à l'assemblée. On ajoute alors Singh s'il s'agit d'un garçon et Kaur si c'est une fille.

On prépare parfois un mélange d'eau bénite et sucrée appelé amrit, un nectar d'immortalité. Un kirpan est trempé dans l'**amrit**, puis placé délicatement contre la langue du bébé, afin de rappeler à tous les gens présents leur devoir d'élever l'enfant dans la foi. On chante ensuite l'**anand sahib**, une prière d'action de grâces. Comme lors de toutes les fêtes, on distribue finalement de la nourriture à tous ceux qui sont présents.

L'amritsanshkar

L'amritsanshkar est la cérémonie la plus importante du sikhisme. On la considère comme une cérémonie d'initiation et comme un engagement public en faveur de sa foi. Cette cérémonie a lieu lorsqu'une personne désire s'engager religieusement et devenir membre de la khalsa.

La cérémonie elle-même rappelle le panj pyare, c'est-à-dire la cérémonie des « cinq bien-aimés ». Les célébrants de la cérémonie sont cinq sikhs, qui représentent les panj pyaras d'origine. Un sixième fait la lecture du Guru Granth Sahib. L'un des cinq célébrants récite les devoirs d'un sikh et les vœux qu'il doit faire. Pendant la cérémonie, la jeune personne s'agenouille dans la position de l'archer pour symboliser sa volonté de défendre la religion sikhe. Après l'ouverture des écritures, la cérémonie commence par une série de questions :

- As-tu le désir de lire, d'apprendre et de vivre selon les enseignements du sikhisme ?
- Prieras-tu uniquement le Dieu unique ?
- Serviras-tu l'ensemble de l'humanité ?

Après la récitation de prières et l'interprétation d'hymnes, chaque personne boit de l'amrit. On verse ensuite de l'amrit sur les yeux et les cheveux de l'initié. On explique à ce dernier les règles de la khalsa, puis on recommence à prier. La cérémonie se termine par le partage du karah parshad entre tous ceux qui sont présents.

Le mariage

Le mariage est très important pour les sikhs. En raison de la grande signification de cette institution, les mariages sont souvent arrangés. Toutefois, les sikhs considèrent qu'il est important que chacun des partenaires apprécie l'autre. Une fois l'arrangement réalisé, il y a généralement une cérémonie de fiançailles, au cours de laquelle le père de la future mariée, accompagné de quelques proches, rencontre les parents du garçon ainsi qu'un membre de sa famille. Des cadeaux sont échangés. L'objectif de cette cérémonie est de rendre publique l'alliance entre les deux familles, et de s'assurer que les promesses seront tenues.

La véritable cérémonie de mariage s'appelle **anand karaj**. On la connaît aussi sous le nom de « cérémonie du bonheur ». On peut considérer le mariage sikh comme un véritable sacrement religieux, car le Guru Granth Sahib lui sert de témoin. L'extrait suivant du Guru Granth Sahib montre bien la conception du mariage qu'ont les sikhs :

Figure 9.15
Durant la cérémonie de mariage sikh, la mariée, qui porte des vêtements de couleur rouge et or symbolisant le bonheur, est assise à la gauche de son futur mari.

> « Ne sont pas mari et femme ceux qui n'ont qu'un contact physique. Seuls sont vraiment mariés ceux qui ont un esprit dans deux corps. »
>
> (Traduction libre)

La cérémonie du mariage (*voir la figure 9.15*) se déroule chez la mariée, ou dans un gurdwara. Pendant la cérémonie, le marié, recouvert d'un foulard spécial, fait face au takhat, tandis que la mariée est assise à sa gauche. Elle porte généralement des vêtements rouge et or, deux couleurs que l'on associe au bonheur. On explique alors au couple les responsabilités qui leur incombent dans le mariage. Ensuite, les mariés et leurs parents se lèvent, et on récite une prière pour leur protection. Ils s'inclinent devant le Guru Granth Sahib afin de montrer qu'ils acceptent le mariage. Le père de la mariée couvre le couple de guirlandes de fleurs, puis place une extrémité du foulard du marié dans la main de la mariée. On procède alors à la lecture du Lavan, l'hymne du mariage, qui fut composé par le Guru Ram Das, le quatrième de la lignée. À la fin de chacun des quatre versets, le couple fait le tour du Guru Granth Sahib, en le conservant toujours à sa droite. À la fin de chaque tour, tous deux s'inclinent devant le livre sacré. Les parents de la mariée souhaitent alors la bienvenue au couple de jeunes mariés avec des bonbons et des guirlandes. Les autres invités s'approchent et offrent de l'argent afin d'aider le nouveau couple à bien débuter dans la vie. Après la cérémonie, tout le monde partage un repas.

La séparation et le divorce sont accordés dans des cas d'abandon du couple, de cruauté répétée, de folie ou d'impuissance. Cependant, le divorce est rare et n'est pas très bien considéré. En général, la famille tente d'aider un couple en difficulté.

Les funérailles

Bien que la mort d'un être aimé soit une expérience difficile, les sikhs ne croient pas que la mort marque une fin. Ils croient à la réincarnation, au transfert de l'âme vers un autre corps au moment de la mort physique. Ils croient aussi que la réincarnation peut se produire de nombreuses fois. Toutefois, ils sont convaincus qu'on ne peut connaître Dieu que si l'on revêt une forme humaine. Cette conviction apparaît de façon explicite dans l'extrait suivant du Guru Granth Sahib :

> « Les âmes terrestres qui méprisent la douceur de Dieu souffrent de douleur en raison de leur vanité. L'épine de la mort s'enfonce de plus en plus. Ceux qui aiment le nom sacré de Dieu briseront les chaînes de la naissance et de la mort. Alors ils trouveront l'éternel, alors ils gagneront l'honneur suprême. Je suis pauvre et humble, garde-moi et sauve-moi, Dieu le plus haut. Donne-moi l'aide que ton nom peut donner. Donne-moi la paix et la joie. Donne-moi la joie de servir tous ceux qui louent le nom de Dieu. »

Lorsque quelqu'un est sur le point de mourir, les parents et les amies et amis essaient de détourner l'attention du mourant du monde matériel, afin qu'il puisse se concentrer sur Dieu. On encourage le mourant à répéter « Waheguru, Waheguru » (« merveilleux Seigneur, merveilleux Seigneur ») afin de consoler l'âme en partance. Les sikhs croient que la mort n'est qu'une autre forme du sommeil. Ils la considèrent donc comme la fin d'une vie et le début d'une autre. Bien qu'il s'agisse d'une période de deuil, on encourage les amies et amis et la famille à se souvenir que la personne s'en va vers une nouvelle vie. Une fois que la personne meurt, on ferme ses yeux et sa bouche, on place ses bras et ses mains de part et d'autre de son corps, puis le corps lui-même est recouvert d'un drap blanc. Le cadavre est toujours incinéré aussitôt que possible.

Le cercueil, recouvert d'une simple étoffe, est transporté au crématorium, où l'on récite des prières pour la paix de l'âme. Le granthi récite à son tour une prière pendant l'incinération du corps.

La période de deuil dure dix jours. Elle se déroule soit à la maison, soit dans le gurdwara. Chaque jour de la période de deuil, on fait une lecture du Guru Granth Sahib. Les sikhs n'érigent pas de pierres tombales ou de monuments commémoratifs, car ils ne considèrent pas la terre comme un lieu de repos permanent.

Vérifie ta compréhension

1. Selon la coutume, comment choisit-on le nom d'un enfant sikh ?

2. Pourquoi les sikhs considèrent-ils que l'amritsanshkar est le rite de passage le plus important ? À ton avis, quel rite de passage important y a-t-il dans la société canadienne ?

3. Décris brièvement les étapes d'un mariage sikh.

4. Pourquoi les sikhs n'érigent-ils pas de monuments aux personnes décédées ?

LES ÉCRITS SACRÉS

Figure 9.16
Le Guru Granth Sahib, texte sacré du sikhisme.

Le texte sacré du sikhisme a pour nom Guru Granth Sahib. Il s'agit d'un recueil de plus de 3000 hymnes. En 1604, le Guru Arjan, cinquième de la lignée, a rassemblé une collection d'hymnes officiels, le Adi Granth. Finalement, le recueil a aussi inclus les hymnes du Guru Nanak et de six autres gourous. On l'appela alors le Guru Granth Sahib.

Ce texte sacré possède une caractéristique digne d'être relevée, qui le différencie des autres livres saints : il comprend des écrits de plusieurs non-sikhs, notamment des hindous et des musulmans. Cela illustre bien toute l'importance qu'accordent les sikhs à l'écoute de la sagesse des autres.

Le Dasam Granth (dixième recueil) est un écrit distinct du Guru Granth Sahib. Ces textes saints furent rassemblés par le Guru Gobind Singh, le dixième de la lignée, après la mort de son père, le Guru Tegh Bahadur, neuvième de la lignée.

Pour les sikhs, le Guru Granth Sahib est l'incarnation de l'autorité de Dieu et des dix gourous. Aussi revêt-il une importance toute particulière pour la communauté sikhe. Anciennement, toutes les copies du texte sacré étaient écrites à la main, afin d'éviter les erreurs de transcription. C'est en 1852 que le livre fut imprimé pour la première fois. À cette époque, les sikhs décidèrent que toutes les copies du livre devaient être absolument identiques. De nos jours, toutes les copies en écriture **gurmukhi** possèdent exactement le même nombre de pages, si bien que chacun des hymnes apparaît toujours sur la même page.

La première page du Guru Granth Sahib exprime en termes clairs le fondement de la croyance sikhe à propos de Dieu :

> « Il y a un dieu ; Il est la vérité suprême. Lui, le Créateur est sans peur et sans haine. Il est l'omniprésence qui envahit l'univers ; Il est l'Incréé et l'Éternel. Par sa grâce nous lui rendons louange. »

Cette proclamation est suivie d'une introduction contenant les prières quotidiennes qui sont récitées au matin, au crépuscule et dans la nuit. Vient ensuite le principal recueil des hymnes, suivi par les hymnes hindous et musulmans. Le Guru Granth Sahib se termine par un recueil d'hymnes d'autres auteurs. On encourage tous les sikhs à étudier les écritures, d'abord en apprenant à lire et à écrire l'écriture gurmukhi dans laquelle les textes sont écrits, puis en étudiant la vie et les enseignements des gourous. Pour se former religieusement, la plupart des adeptes du sikhisme se rendent au lieu du culte sikh, le gurdwara, car beaucoup n'ont pas leur propre copie du Guru Granth Sahib. En effet, non seulement le texte saint est généralement très cher, mais on le considère aussi comme un objet extrêmement sacré. La personne qui en possède une copie doit la placer dans une pièce de la maison qui lui est spécialement dédiée. C'est pourquoi la plupart des sikhs ont un livre plus petit, le gutka, pour prier à la maison. Le gutka contient les hymnes les plus importants du livre sacré, de même que les prières quotidiennes.

Que les sikhs accomplissent le culte dans le gurdwara ou chez eux, ils doivent respecter certaines pratiques lorsqu'ils sont en présence du livre sacré. Avant d'entrer dans la pièce dans laquelle est conservé le Guru Granth Sahib, le sikh doit se laver les mains, se couvrir la tête et retirer ses chaussures. Lorsqu'on n'utilise pas le livre, il faut le couvrir d'un tissu spécial (*rumala*). Par contre, si le livre est ouvert, il doit être placé sur un tissu et trois coussins, appelés *manji sahib*. Enfin, lorsqu'on le déplace, il doit être recouvert d'un tissu et transporté sur la tête. C'est un grand honneur de pouvoir transporter le Guru Granth Sahib (*voir la figure 9.17*).

Figure 9.17
Le Guru Granth Sahib est traité avec le plus grand respect. Lorsqu'on l'utilise, le livre doit être placé sur un tissu et trois coussins. Si on ne l'utilise pas, il faut le couvrir d'un tissu spécial.

Texte sacré

Le Guru Granth Sahib est un texte plein de sagesse et de louanges adressées à Dieu. Au fur et à mesure qu'on le lit, plusieurs thèmes importants émergent.

Thème : Évite de juger les autres

Ô Nanak, si quelqu'un se juge soi-même,
seulement alors il sera reconnu comme un vrai juge.
Si quelqu'un comprend à la fois la maladie et la médecine,
seulement alors il sera un médecin sage.
Ne t'engage pas dans une vaine affaire sur la route ;
souviens-toi que tu n'es ici qu'un invité.
Parle avec ceux qui connaissent Dieu et renonce à tes mauvaises voies.

Guru Granth Sahib

Thème : Le vrai héros

Lui seul est reconnu comme un héros spirituel,
qui se bat pour défendre la rigueur.
On peut le découper en morceaux,
mais il n'abandonnera jamais la bataille.

Guru Granth Sahib

Thème : Le nom de Dieu

Il y a trois choses là dans le vaisseau : la vérité, la satisfaction et l'intelligence. Le Nom de Dieu parfumé d'ambroisie s'y ajoute, ce nom qui est le soutien de tous. Quiconque s'y plonge et l'apprécie sera sauvé. On ne doit pas abandonner ce cadeau, il devrait toujours rester cher à notre cœur. On peut traverser l'océan sombre du monde en se cramponnant à Ses pieds. Nanak, c'est Lui qui se trouve partout.

Guru Arjan Dev, Mundawani

Dieu est le Maître, Dieu est Vérité
Son nom évoque l'amour divin

Hymnes du Guru Nanak

Thème : Non pas la volonté des hommes, mais la volonté de Dieu

… Peu, très peu seulement,
Après ces ravages retournent chez eux,
Et d'autres les interrogent
À propos de leurs êtres chers perdus.
Beaucoup sont perdus pour toujours,
Les pleurs et l'angoisse sont le lot de ceux qui survivent.
Ah Nanak, combien sont impuissants les hommes !
C'est la volonté de Dieu qui est faite, pour toujours et toujours.

Hymnes du Guru Nanak

La durée de la vie s'étendant aux quatre âges
Et dix fois plus,
La connaissance des neuf rivages
Au tout début de l'humanité,
Atteindre la grandeur avec un nom ébruité sur toute la terre,
Si l'on ne trouvait pas la faveur du Seigneur
Tout cela en vaudrait-il la peine ?

Hymnes du Guru Nanak

QUESTIONS

1. Dans le premier extrait, quel est le sens, à ton avis, de la phrase « Tu n'es ici qu'un invité » ? Si tu devais suivre cet enseignement, de quelle façon cela changerait-il ta vie ?
2. Selon le Guru Granth Sahib, qu'est-ce qu'un héros ? Es-tu en accord ou en désaccord ? Explique ta réponse.
3. De tous ces extraits, lequel se rapproche le plus de tes opinions ? Explique ta réponse.

Vérifie ta compréhension

1. Qui a écrit ou réuni les textes du Guru Granth Sahib ?

2. Quelle précaution particulière prend-on lors de la publication d'une copie du Guru Granth Sahib ?

3. Que veut dire l'expression « le Guru Granth Sahib est le dernier gourou » ?

4. Pourquoi les sikhs n'ont-ils généralement pas de copie du Guru Granth Sahib chez eux ?

Les groupes et les institutions

Il existe au Canada de nombreuses organisations sikhes dont le but est de promouvoir et de perpétuer la tradition sikhe.

La Fédération des sociétés sikhes du Canada

Le principal objectif de cette organisation de Toronto est de promouvoir, préserver et perpétuer la religion, la culture et le patrimoine sikhs. Ses membres, actifs à tous les niveaux de gouvernement, interviennent sur les questions qui intéressent ou préoccupent les sikhs. Le groupe organise souvent des conférences pour aborder les problèmes qui touchent les sikhs.

The World Sikh Organization

Il s'agit essentiellement d'un groupe de pression agissant aux États-Unis et au Canada sur les questions touchant les sikhs. Il met tout spécialement l'accent sur la question du Pendjab. Le groupe représente fréquemment des sikhs devant la Commission canadienne des droits de la personne.

The International Sikh Youth Federation

Fondée en 1984, cette fédération regroupe des membres du mouvement fondamentaliste sikh. Elle est engagée en faveur de la libération de la nation sikhe.

Étude d'une communauté

La khalsa Durbar de l'Ontario

Figure 9.18

La khalsa Durbar de l'Ontario est le plus grand gurdwara de la province. Il fut fondé en 1974 à Malton (secteur nord-ouest de Toronto). Au début, il était installé dans une maison mobile sur un terrain de deux acres. Pour répondre au développement du gurdwara, on acheta, en deux étapes, six acres supplémentaires. Puis un bâtiment fut construit.

De nos jours, ce bâtiment comprend une grande salle capable de répondre aux besoins de la communauté. Il comprend aussi une cuisine pour la préparation du langar et une bibliothèque complète, où l'on vend des cassettes, des vidéos et des livres à contenu religieux. Le gurdwara offre un grand nombre de services à la communauté. C'est là que sont célébrés les mariages et les cérémonies funéraires. Le Nam Karam, la cérémonie du nom, se déroule dans le gurdwara, de même que toutes les célébrations. Lors de ces occasions spéciales, ce sont généralement de 5000 à 7000 personnes qui se réunissent, tandis que les cérémonies habituelles du dimanche rassemblent, environ 1000 personnes. Chaque année, au mois d'août, a lieu le tournoi Kabadi, un événement sportif qui attire des foules immenses.

Comme tous les autres, ce gurdwara possède un conseil d'administration actif, dont les directeurs sont élus. Ce sont eux qui sont responsables de la gestion et du financement de ce grand gurdwara. D'autres gurdwaras se sont formés à partir de celui-ci, afin de répondre aux besoins des communautés sikhes locales.

QUESTIONS

1. Qu'est-ce que l'existence de la khalsa Durbar de l'Ontario te révèle à propos de la religion sikhe au Canada ?
2. Quels sont les services offerts par ce gurdwara ?

> **Vérifie ta compréhension**
>
> 1. Révise la partie du chapitre consacrée aux groupes et aux institutions. Que te révèle-t-elle à propos des sikhs?
>
> 2. Si tu visitais un gurdwara sikh, qu'est-ce qui t'intéresserait le plus? Pourquoi?

L'INFLUENCE CULTURELLE

L'immigration sikhe au Canada

Il est ironique de constater que les premiers sikhs du Canada ont souvent dû faire face à la discrimination et aux préjugés, alors que leur religion prêche l'égalité. Lorsque les sikhs ont commencé à émigrer au Canada, au début du XXe siècle, ils furent reçus avec une certaine hostilité. À l'époque, il n'y avait qu'environ 5000 Asiatiques dans l'ensemble du Canada. Les gens du pays s'étonnaient des turbans qui coiffaient les hommes, des vêtements portés par les femmes et de la couleur de leur peau. Certaines Canadiennes et certains Canadiens firent preuve d'hospitalité, mais d'autres manifestèrent de la méfiance. Malgré la discrimination dont ils furent l'objet, les sikhs ont réussi dans les différents secteurs de la société canadienne. C'est ainsi qu'ils sont arrivés à occuper des postes de juges, de professeures et de professeurs, de journalistes et de chefs d'entreprise et à devenir écrivaines et écrivains ou encore athlètes. Aujourd'hui, des sikhs, tels que Herb Dhaliwall et Gurbax Malhi, occupent des fonctions de ministres et de membres d'assemblées législatives. En 2000, Ujjal Dosanjh est devenu le premier Indo-Canadien à occuper le poste de premier ministre de la Colombie-Britannique.

L'incident du *Komagata Maru*

En 1914, les sikhs remirent en question les mesures discriminatoires qui avaient été prises pour arrêter leur immigration au Canada. Un bateau, le *Komagata Maru*, arriva cette année-là à Vancouver avec 376 passagers à son bord, dont la plupart étaient des sikhs. On leur refusa l'entrée au pays et ils furent forcés de rester à bord du navire.

Tandis que les négociations se prolongeaient entre les représentants sikhs et canadiens, la situation se détériorait sur le bateau, à cause de la chaleur et du manque d'hygiène. Lorsque la police locale tenta de monter à bord du navire, une émeute sanglante éclata. Finalement, un navire de guerre canadien menaça de faire sauter le navire s'il ne quittait pas le port. Le voyage du *Komagata Maru* finit en tragédie lorsque, de retour en Inde, un affrontement avec les autorités britanniques se termina dans la violence et la mort. Les Sikhs du Canada en furent très affectés. Sous la pression des Canadiennes et des Canadiens, le gouvernement du Canada avait agi de façon clairement discriminatoire. Plus tard, un fonctionnaire canadien impliqué dans cette crise a été assassiné. Un sikh a été jugé et condamné à la pendaison.

La tragédie d'Air India

Le 23 juin 1985, l'avion du vol 182 d'Air India explosa à proximité des côtes irlandaises. Ses 329 passagers perdirent la vie. Parmi les victimes, on dénombrait 278 Canadiennes et Canadiens. C'est une bombe, placée dans une valise, qui était à l'origine de l'explosion.

La tragédie d'Air India se trouve clairement liée à un certain nombre d'événements historiques qu'il convient de relater. En 1947, les sikhs du Pendjab avaient été écartés de la table des négociations, alors même qu'ils avaient participé activement à la lutte pour

l'indépendance de l'Inde. Tandis que les hindous et les musulmans eurent droit à la création d'États qui répondaient à leurs attentes, les sikhs ont été laissés à l'abandon. Pire encore, ils ont vu la frontière entre l'Inde et le Pakistan diviser le Pendjab en deux parties. Cette situation se trouve à l'origine de la lutte des sikhs pour une nation indépendante, à laquelle ils ont donné le nom de Khalistan.

Le conflit augmenta d'intensité le 8 juin 1984, alors que les forces de sécurité indiennes firent une rafle dans le complexe du Temple d'or, à Amritsar. Le gouvernement indien affirmait que le Akal Takht, un bâtiment faisant partie du complexe du Temple d'or, hébergeait un groupe de terroristes. Alors que le Temple d'or lui-même était laissé relativement intact, le Akal Takht fut gravement endommagé. Les corps des militantes et des militants sikhs jonchaient les décombres.

Les sikhs du monde entier furent outragés d'apprendre que le gouvernement indien pouvait aller jusqu'à attaquer leur sanctuaire le plus sacré. Plusieurs autres gurdwaras sikhs furent encore attaqués en Inde. Ces faits exaspérèrent la communauté sikhe à tel point que, en guise de messages adressés aux autorités indiennes, certains sikhs eurent recours à des actes terroristes.

Le 31 octobre 1984, la première ministre de l'Inde, Indira Gandhi, fut assassinée par deux de ses gardes du corps.

Le 23 juin 1985, deux actions significatives furent lancées. Au Japon, une bombe placée dans une valise explosa, tuant deux bagagistes. Moins d'une heure plus tard, le vol 182 d'Air India, parti de Toronto, sombrait dans l'océan Atlantique.

Alors que la police, tant au Canada qu'en Inde, disposait de bonnes indications quant à l'origine des bombes, elle fut incapable de récolter suffisamment de preuves pour porter une accusation. Le temps passant, les membres de la communauté indienne du Canada perdirent peu à peu leurs illusions sur le pays où ils s'étaient établis. Certains avaient l'impression que l'enquête aurait été poursuivie si les victimes avaient été « canadiennes » de souche. Ce n'est qu'en octobre 2000 que les premières accusations furent portées. Deux membres de la communauté sikhe de la Colombie-Britannique furent accusés. On prévoit que leur procès sera le plus long de l'histoire du Canada.

L'étude de la tragédie du vol 182 d'Air India est importante pour deux raisons : en premier lieu, elle met en évidence l'existence d'une discrimination subtile qui, selon certains, continue à exister au Canada. Cette discrimination prend la

Figure 9.19
Des émigrants sikhs sur le pont du Komagata Maru. *Il y eut un épilogue mémorable à cette histoire : en 1993, le gouvernement canadien présenta ses excuses à la communauté sikhe pour l'incident du Komagata Maru.*

Recherche Internet

Pour en savoir plus, visite notre site au www.dlcmcgrawhill.ca

forme suivante : apparemment, beaucoup de Canadiennes et de Canadiens ont minimisé l'importance de la tragédie parce que les victimes étaient considérées comme des « immigrantes et des immigrants ». La seconde raison qui justifie l'étude de cette tragédie est l'effet de cette dernière sur la communauté sikhe du Canada.

Lorsque les médias ont parlé de l'attentat à la bombe contre l'avion, ses auteurs ont été identifiés comme des « terroristes sikhs ». L'effet a été double sur la communauté sikhe du Canada : d'une part, les sikhs ont fait remarquer que mettre en relation le sikhisme et le terrorisme, comme l'avaient fait certains médias à la suite de la tragédie, était une profonde erreur. D'autre part, même si les terroristes ont pu être effectivement des adeptes du sikhisme, leurs actions s'inscrivaient radicalement à l'opposé des enseignements des gourous et des croyances de la majorité de la communauté sikhe. Il est significatif qu'à la suite de cet attentat à la bombe, le soutien à la formation de l'État du Khalistan a baissé considérablement.

La tragédie d'Air India met donc en évidence les effets de la violence sur des personnes innocentes. À cause de l'action de quelques personnes, c'est l'ensemble de la communauté sikhe qui est devenue suspecte aux yeux des autres Canadiennes et Canadiens. Aujourd'hui encore, les effets de l'attentat se font sentir, tout particulièrement dans les communautés sikhes et indiennes du Canada.

Vérifie ta compréhension

1. Décris brièvement la crise du *Komagata Maru*.

2. Que révèle la tragédie d'Air India sur le caractère à la fois complexe et stimulant de la vie dans une société véritablement multiculturelle ?

3. Est-il plus important de conserver la tradition ou de s'adapter à la modernité ? Donne un exemple de ce type de dilemme.

Une question à explorer : La Gendarmerie royale du Canada

Figure 9.20
On voit ici le gendarme Baltej Singh Dhillon, de religion sikhe, aux côtés de ses compagnons de promotion de la GRC à Regina, peu avant qu'il ne devienne le premier diplômé portant une barbe et coiffé d'un turban.

Pendant longtemps, les sikhs ont essayé d'entrer à la GRC. Dans de nombreux pays, ils ont exercé des fonctions de police et ont été autorisés à porter le turban et les autres symboles sikhs dans le cadre de leurs fonctions. Pour les sikhs, tant le port du turban – qui leur permet de ne pas se couper les cheveux – que les autres symboles sikhs constituent une partie importante de leur tradition religieuse. Mais la GRC n'acceptait pas que les sikhs désireux de faire partie de la gendarmerie portent le turban ou leurs autres symboles religieux. En 1987, le commissaire de la GRC Norman Inkster demanda à modifier le code relatif à la tenue vestimentaire de la GRC, dans le but de faciliter l'accès des sikhs à l'institution. Quelque 200 000 personnes s'opposèrent à cette proposition, faisant valoir qu'un agent de la GRC portant un turban n'inspirerait pas le même respect ni ne recevrait la même coopération du public dans le cadre de son service. En 1986, le service de police du Grand Toronto a permis aux agents sikhs de porter le turban et d'autres symboles sikhs dans l'exercice de leurs fonctions. En 1990, le premier ministre Brian Mulroney a donné son appui aux sikhs en ce qui concerne la question du turban. Enfin, en 1991, Baltej Singh Dhillon (*voir la figure 9.20*) est entré dans l'histoire lorsqu'il fut reçu en tant qu'agent de la GRC. Lors de la cérémonie de promotion à l'Académie de police de Regina, il exhibait fièrement son turban et les autres symboles sikhs.

LE DÉBAT : Doit-on permettre aux sikhs de porter leurs symboles religieux dans l'exercice de leurs fonctions à la GRC ?

La GRC, que l'on connaît aussi sous le nom de « police montée », estimait que si un sikh portait un turban, il risquerait de ne pas être respecté ou pris au sérieux lors de l'exercice de ses fonctions. De plus, l'uniforme étant une identification du corps de police, la GRC craignait qu'en autorisant un sikh à porter un turban comme élément de l'uniforme, cela ne revienne à rabaisser la valeur de cet uniforme. Par ailleurs, il est connu que les forces de police valorisent beaucoup l'uniformité et la discipline. Aussi la GRC craignait-elle que des variations dans l'uniforme n'affaiblissent la cohésion et la discipline du corps de police. Enfin, certains estimaient que l'État ne pouvait laisser supposer qu'il favorisait un groupe religieux en particulier.

Les sikhs marquèrent leur opposition à la position de la GRC. Ils répliquèrent que, dans toute l'histoire de la gendarmerie, l'uniforme de cette dernière avait été modifié pour s'adapter aux styles et aux besoins de ceux qui le portaient. En outre, ils considéraient que la capacité de la GRC à accomplir sa tâche ne dépendait pas de l'uniforme porté, mais de l'entraînement intensif auquel elle soumettait ses membres. Le fait de mettre l'accent sur l'habillement équivalait à rabaisser le travail louable qu'elle effectuait. Enfin, les sikhs signalèrent, avec raison, le fait que, dans de nombreux pays, ils avaient une longue et prestigieuse expérience en tant que soldats et policiers de confiance.

QUESTIONS

1. Selon toi, pour quelles raisons de nombreuses personnes se sont-elles opposées au port du turban par les gendarmes sikhs dans l'exercice de leurs fonctions ?
2. À ton avis, l'habillement d'une personne, dans le cadre de son travail, a-t-il de l'importance ? Explique ta réponse.

Conclusion

Comme tant d'autres religions, la religion sikhe tente d'offrir une réponse aux mystères de la vie et de la mort. Elle représente la tentative de ses fidèles d'appliquer cette réponse à leur vie quotidienne. Pour la communauté sikhe, les éléments essentiels de la vie sont les notions d'égalité, de service rendu aux autres et de vie bonne et honorable, trois valeurs enracinées profondément dans leurs traditions religieuses. Par fidélité à ces valeurs, les sikhs n'ont pas hésité à s'engager résolument, si cela était nécessaire, dans la défense de leur religion. Souvent, au cours de leur histoire, cet engagement a été mis à l'épreuve, sous la forme de guerres, de persécutions et de racisme. Malgré tout, les sikhs n'ont cessé de s'épanouir. Leur dévotion religieuse reste inchangée et leur désir de contribuer au bien-être du pays dans lequel ils vivent reste une constante.

Tout comme les personnes de religions diverses ayant émigré en Amérique du Nord, les sikhs se sont adaptés à la vie dans une société différente. Ils ont parfois éprouvé des difficultés à conserver leur religion et leurs traditions, mais, en même temps, ils ont accepté l'existence d'un environnement nouveau et de coutumes différentes des leurs. De nos jours, les shikhes canadiennes et les sikhs canadiens font partie intégrante de la société canadienne. De même que les citoyens appartenant à d'autres traditions religieuses, elles et ils participent activement à la vie de la société canadienne.

Activités

Vérifie ta compréhension

1. Cherche la signification des mots clés suivants : granthi, gurbani, gurdwara, gourou, Guru Granth Sahib, Khalistan, khalsa, khanda, langar, panj pyaras, seva, takhat.

2. Le sikhisme a été fondé par une lignée de dix gourous, le onzième étant le Guru Granth Sahib. La liste de ces gourous apparaît dans la légende de la figure 9.4 à la page 365. Fais une recherche sur chacun d'eux et, à l'aide d'un tableau, mets en évidence leurs plus importantes contributions.

3. Que sont les cinq K (Panj Kakke), et pourquoi sont-ils importants pour les sikhs ?

4. Quelle est l'importance de la prière dans la vie quotidienne d'une sikhe ou d'un sikh ? Explique ta réponse.

Réfléchis et exprime-toi

5. Ta compréhension du sikhisme a-t-elle changé depuis que tu as étudié ce chapitre ? Dans quel sens ? Précise ta pensée.

6. Les sikhs ont été la cible de beaucoup de persécutions depuis la fondation de leur religion au XVIe siècle. À ton avis, pourquoi ont-ils été victimes de tant de discriminations et de persécutions ?

Applique tes connaissances

7. Imagine que nous soyons au lendemain de l'attentat à la bombe contre le vol 182 d'Air India. Écris deux lettres, la première à la communauté indienne et la seconde à la communauté sikhe, pour faire part de ta sympathie à l'égard de ces deux groupes de Canadiennes et de Canadiens, en indiquant l'effet que cette tragédie a eu sur toi.

8. Le sikhisme est une religion qui fait preuve d'une grande tolérance envers les autres religions. En te référant à l'histoire des sikhs, montre de quelle façon le sikhisme marque sa sympathie à l'égard des autres groupes religieux.

9. Fais une recherche complémentaire sur l'incident du *Komagata Maru* et présente un bref compte rendu.

10. Conçois une affiche pour promouvoir l'égalité entre les femmes et les hommes et les membres de races ou de religions différentes.

11. Fais un tableau indiquant toutes les fêtes que les sikhs célèbrent chaque année. Fais-en un autre avec les fêtes que tu célèbres. Compare les dates.

12. Par groupe de deux, discutez des façons dont, à l'école, vous pouvez servir l'ensemble de la communauté, conformément à la croyance sikhe. Partagez vos idées avec le reste de la classe, puis déterminez celles qui peuvent être réalisées.

Glossaire

Adi Granth. Le texte sacré sikh, connu généralement sous le nom de Guru Granth Sahib.

akhand path (m). La lecture en continu du texte sacré sikh pendant le gurpurb.

amrit. Le nectar d'immortalité, un mélange d'eau bénite et sucrée, utilisé pendant certaines cérémonies.

Amritsar. La ville sacrée des sikhs.

anand karaj. La cérémonie de mariage chez les sikhs.

anand sahib. La prière sikhe de remerciement.

ardas. Les prières récitées à la fin du culte.

Bhai ji (f/m). Dans la religion sikhe, responsable (homme ou femme) de certaines tâches dans les cérémonies, dont la plus importante consiste à amener le texte sacré sikh dans la salle principale du gurdwara, avant le culte.

daswandh. L'acte de faire des donations charitables.

diwan (m). L'office du culte sikh.

gourou (m). Le guide spirituel, le dirigeant ou le maître religieux.

granthi. Personne qui lit le Guru Granth Sahib.

gurbani. Les hymnes des gourous dans le Guru Granth Sahib.

gurdwara (m). La maison du culte chez les sikhs.

gurmukhi. L'écriture dans laquelle est rédigée le Guru Granth Sahib.

Guru Granth Sahib (m). Le livre le plus sacré du sikhisme, connu anciennement sous le nom de Adi Granth.

gutka (m). Le livre contenant une sélection d'hymnes sikhs.

karah parshad. Une sorte de pouding utilisé dans le culte sikh.

Khalistan (m). Le nom du pays indépendant que certains sikhs voudraient établir.

khalsa (f) (élus de Dieu). Le groupe spécialement consacré au sein de la communauté sikhe.

khanda (m). Le symbole du sikhisme.

kirat karni (m). Le fait de gagner sa vie par des moyens honnêtes.

kirtan (m). L'interprétation chantée des hymnes.

langar (m). Le repas distribué gratuitement à la fin du culte sikh.

mukti (m). La libération du cycle des renaissances continuelles.

Nam Karam (m). La cérémonie durant laquelle on donne un nom au nouveau-né.

nishan sahib (m). Le drapeau sikh qu'arborent les gurdwaras.

nit nem (m). La récitation des prières quotidiennes.

pandit (m). Un homme saint.

panj pyaras. Les premiers membres de la khalsa, appelés les « cinq bien-aimés ».

purdah (m). Le voile porté dans certains pays par les femmes musulmanes.

ragis. Les chanteurs.

rumala (m). Le tissu brodé qui couvre le livre sacré.

sati (m) (appelé aussi suttee). Coutume hindoue par laquelle une veuve se donne la mort en s'immolant sur le bûcher funéraire de son mari.

seva. L'action de rendre service aux autres.

sikh (f/m). Étudiant ou disciple.

takhat (m). Dans un gurdwara, trône sur lequel le Guru Granth Sahib est disposé.

Waheguru. Nom sikh de Dieu, qui signifie « merveilleux Seigneur ».

Chapitre dix
La religion dans le nouveau millénaire

Examine la peinture ci-contre et réponds aux questions suivantes :

1. Quel semble être le message ou le thème principal de cette illustration ? Explique ta réponse.
2. Comment le cercle et le feu servent-ils à promouvoir le message de l'illustration ? Précise ta pensée.
3. Identifie les symboles qui entourent l'image.

Introduction

Tout au long de l'histoire, les religions se sont affrontées et se sont fait concurrence. Pendant des siècles, es catholiques et les protestants ont mené des guerres terribles en Europe. Ces conflits religieux se poursuivent encore aujourd'hui dans diverses parties du monde. L'Irlande du Nord a longtemps été mêlée à un combat mortel entre catholiques et protestants, alors que le Moyen-Orient est toujours témoin de conflits entre musulmans, juifs et chrétiens.

Toutefois, au cours des dernières décennies, le monde a été témoin de l'évolution d'un mouvement interconfessionnel croissant, au sein duquel les membres de plusieurs confessions amorcent un dialogue empreint de respect et de tolérance. Ce dialogue est conçu afin de promouvoir l'harmonie et la compréhension entre les différentes religions, plutôt que la division et le conflit. On peut percevoir ce sentiment dans l'illustration de la page ci-contre, qui a été réalisée par une communauté sikhe du Nouveau-Mexique.

Objectifs d'apprentissage

À la fin de ce chapitre, tu pourras :

- démontrer une compréhension du pluralisme religieux en tant que caractéristique déterminante de la société canadienne ;
- reconnaître les différentes religions représentées au Canada, et analyser la façon dont le pluralisme religieux de la population se reflète dans la culture et la société canadiennes ;
- expliquer la manière dont l'élan religieux peut s'exprimer en dehors de la religion officielle ;
- distinguer certains domaines dans lesquels les relations entre les personnes de différentes croyances, traditions et pratiques peuvent générer des conflits ;
- expliquer les concepts d'œcuménisme et de dialogue interconfessionnel ;
- examiner les origines du Parlement mondial des religions et analyser les implications de ses récentes déclarations publiques ;
- démontrer une compréhension des divers systèmes de croyances, par exemple l'humanisme ;
- démontrer une compréhension du terme *fondamentaliste* ;
- analyser des données démographiques afin de prédire le changement religieux au sein d'une société ;
- faire une étude démographique des diverses religions au sein de ta communauté.

Le peuple canadien a la chance de vivre dans une société où règne un pluralisme religieux qui lui permet de mieux connaître et d'observer les diverses traditions confessionnelles du monde.

LE NOUVEAU SIÈCLE – TON SIÈCLE

Malgré les merveilles de la nouvelle technologie et les triomphes de la science, il est évident que l'humanité éprouve encore un besoin de spiritualité. De fait, aux yeux de certains observateurs, l'ère de la technologie a généré un intérêt accru envers une vaste gamme de traditions spirituelles et confessionnelles. Le Canada se trouve dans une position unique pour participer à cette ère nouvelle, parce que sa société multiculturelle est composée de communautés actives et bien ancrées affichant des pratiques religieuses variées. L'avenir de la religion comportera probablement certains des thèmes présentés dans ce chapitre.

L'extrémisme religieux

La plupart des confessions religieuses devront, entres autres objectifs, relever les défis du XXIe siècle. Certaines personnes ont fermement accepté la voie de l'interconfessionnalité et tiennent à partager des informations et des idées avec les membres de différentes religions. Toutefois, certains intervenants religieux désapprouvent ce type d'échanges. Ils proposent un point de vue plus fondamental de leur confession, qui met l'accent sur les pratiques et les croyances traditionnelles. Ces **fondamentalistes** craignent qu'un trop grand nombre de changements n'entraîne une dilution de leur foi et un affaiblissement de leurs valeurs et de leurs pratiques. Ils exigent parfois une interprétation plus littérale, et donc plus étroite, de leurs écritures.

L'**extrémisme religieux** représente l'un des défis de ce siècle. Les extrémistes religieux vont bien au-delà des fondamentalistes dans l'interprétation de leur foi. Ils sont prêts à avoir recours à la violence pour défendre leurs points de vue, et veulent attaquer ceux qu'ils considèrent comme des ennemis. Parfois, les extrémistes religieux peuvent également tenter de répandre leurs opinions au-delà des frontières. Dans certains pays, ils sont devenus actifs sur le plan politique, et ils essaient d'utiliser le pouvoir de l'État pour imposer leurs croyances à leurs concitoyennes et à leurs concitoyens. Les talibans d'Afghanistan (*voir la figure 10.1*) en sont un exemple.

À mesure que le monde évolue de plus en plus rapidement et qu'il devient de plus en plus multiculturel, certaines personnes peuvent choisir la voie de l'extrémisme religieux afin de préserver ce qu'ils considèrent comme la vérité. La plupart des observateurs reconnaissent que toutes les principales religions sont affectées par la présence de groupes extrémistes, qui ne représentent pas de manière juste l'esprit ou les enseignements de leur foi. Au cours du XXIe siècle, tu auras peut-être l'occasion d'assister à la victoire de la tolérance et de la compréhension sur l'ignorance et les préjugés.

Figure 10.1
En mars 2001, le gouvernement extrémiste taliban d'Afghanistan a ordonné la destruction de cette statue de Bouddha vieille de 1500 ans à Bamiyan. Bien que musulmans, les talibans sont considérés comme des extrémistes par la plupart des musulmans et ils ne sont pas représentatifs de l'islam, qui respecte les autres traditions religieuses.

Habiletés de recherche
L'étude démographique

Le Canada est un pays très multiculturel et très diversifié dont la population évolue rapidement. Le peuple canadien a besoin d'un instrument pour surveiller et même prédire ces changements, afin de comprendre le présent, et d'échafauder des plans pour l'avenir. Cette étude de la population s'appelle la démographie.

Les données démographiques se rapportent aux faits et aux chiffres concernant la population, tels que l'âge, le sexe et le revenu des ménages. Le démographe a pour objectif de mesurer les changements passés, ainsi que de prédire les changements futurs dans la population. Les chercheuses et les chercheurs en démographie recueillent souvent des données en ayant recours à des méthodes telles que les sondages, les questionnaires et les entrevues. Parfois, ils utilisent la méthode d'échantillonnage, qui se fonde sur un échantillon de la population pour rassembler des informations.

Comme dans toute recherche, il est essentiel de définir clairement le groupe à l'étude. Par exemple, si le groupe à l'étude est le pourcentage de Canadiennes et de Canadiens qui assistent régulièrement à des services religieux, la chercheuse ou le chercheur doit définir avec précision les caractéristiques de ce groupe avant d'entreprendre sa recherche. Ces caractéristiques définissent essentiellement le type de données à recueillir. La fréquence (le nombre de réponses identiques) se révèle généralement lorsqu'on analyse les données au moyen des pourcentages plutôt que des nombres. Par exemple, la chercheuse ou le chercheur peut découvrir que 35 % de la population canadienne assiste de façon régulière à des services religieux.

Pour tirer des conclusions sur le changement dans la population, la chercheuse ou le chercheur examine deux facteurs : les personnes et les événements. Le décompte des personnes fait référence au recensement de la population, une source de données souvent utilisée. Les naissances, les décès et les mariages pourraient constituer d'importants événements pris en compte par les démographes.

Le recensement de la population

Le recensement de la population représente la principale source de renseignements d'un pays sur ses habitants. Le recensement est une enquête réalisée tous les cinq ans au Canada. Depuis plus de 300 ans, ce recensement fournit une image précise de la population canadienne, ainsi que des villes et des villages dans lesquels nous vivons. Statistique Canada, notre organisme national de statistique, utilise les données qu'il recueille pour produire des tableaux et des rapports statistiques. Les renseignements sont mis à la disposition des chercheuses et des chercheurs qu'emploient les collectivités, les entreprises et les gouvernements pour élaborer des programmes dans les domaines des garderies, des transports publics, de l'éducation, etc.

Les questions que l'on pose d'habitude dans le cadre du recensement canadien ont trait aux caractéristiques géographiques, familiales, personnelles, culturelles et économiques. Le questionnaire peut comporter les éléments suivants :

- l'adresse ;
- le nom ;
- le sexe ;
- l'âge ;
- la situation matrimoniale ;
- le nombre de personnes vivant dans une résidence et leurs relations les unes par rapport aux autres ;
- la langue parlée ;
- la religion.

Le recensement de la population a pour objectif de dénombrer les habitantes et les habitants et de distinguer l'état civil ou l'appartenance ethnique. Cette information est particulièrement importante pour toutes les personnes qui s'intéressent à l'évaluation de la demande des consommatrices et des consommateurs.

Habiletés de recherche L'étude démographique

La réalisation d'un sondage pour une étude démographique

La réalisation d'un sondage dans le cadre d'une étude démographique comprend la récolte et l'analyse de données liées aux opinions et aux habitudes d'une population.

Étape 1. Détermine les renseignements que tu recherches.

Par exemple, le pourcentage de Canadiennes et de Canadiens qui assistent régulièrement à des services religieux.

Étape 2. Conçois le sondage.

Lorsque tu conçois le sondage, suis les conseils suivants :
- choisis minutieusement ton public cible ;
- décide de la façon de réaliser le sondage : en personne, par la poste, par courrier électronique, par téléphone ou par le biais d'un site Web ;
- essaie d'assurer l'anonymat des personnes interrogées ;
- rédige des questions simples auxquelles on peut répondre rapidement. Tu peux décider de produire un sondage à choix multiples, avec des choix de réponses par oui ou par non, ou un classement par ordre de grandeur.

Échantillon de questions à choix multiples :
Encercler la réponse appropriée parmi les choix suivants :
En moyenne, j'assiste à des services religieux
a) une fois par semaine
b) une fois par mois
c) trois à cinq fois par année
d) une à deux fois par année
e) je n'assiste jamais à des services religieux

Étape 3. Réalisation du sondage.

Avant de réaliser le sondage lui-même, effectue un essai auprès d'un petit groupe de personnes. Demande aux personnes interrogées de remplir le sondage. Si tu réalises un sondage auprès d'un large groupe, tiens un registre de tous les sondages remplis et conserve-les soigneusement dans un dossier. Si tu réalises un échantillonnage, travaille rapidement et essaie de superviser le sondage.

Étape 4. Analyse et illustre les données que tu as recueillies.

Inscris les résultats sur un grand tableau de dépouillement. Utilise les pourcentages pour présenter tes résultats. Si elle ou il exprime les données en pourcentage ou en proportion de l'ensemble de la population, la chercheuse ou le chercheur peut rapidement saisir l'indication de fréquence, et comparer plus facilement la fréquence chez un groupe avec celle d'un second groupe. On utilise souvent des tableaux et des diagrammes pour représenter les conclusions d'une étude démographique.

Mets en pratique !

1. Réalise un sondage démographique pour découvrir l'appartenance religieuse des élèves de ton école ou de ta classe. Conçois et réalise ton sondage. Analyse tes données et présente tes résultats en pourcentages.

2. Consulte les renseignements sur la population par religion dans le site Web de Statistique Canada à partir des deux derniers recensements. Quels changements constates-tu dans la population canadienne en ce qui concerne la composition religieuse ? Quels changements, ou quelles tendances, sont susceptibles de survenir dans l'avenir ?

Visite le site Web de Statistique Canada à www.statistiquecanada.ca.

L'humanisme

Figure 10.2
Les organisations comme Greenpeace s'inquiètent de la destruction de l'environnement. Peux-tu nommer d'autres organisations qui partagent cette inquiétude ?

Nombre de gens s'évertuent à mener une bonne vie, à faire preuve d'éthique et à prendre soin des autres êtres humains. Ils ont le sentiment que la vie possède un ordre et un rythme, mais ne se considèrent pas comme étant des personnes religieuses. En fait, ils peuvent douter ou refuser de croire à l'existence de Dieu, d'une âme éternelle ou du concept de la vie après la mort. Les gens qui mettent l'accent sur l'humanité elle-même et s'en préoccupent adhèrent à une philosophie appelée l'**humanisme**.

L'humanisme est une philosophie qui met l'accent sur le bien-être et la dignité des êtres humains, et qui se fonde sur la croyance selon laquelle seuls les êtres humains sont responsables de leur destin. Cette philosophie est surtout issue de l'exubérance de la Renaissance, une époque qui a été témoin d'un intérêt renouvelé pour les arts et le savoir des Grecs et des Romains.

À l'origine, l'humanisme existait parallèlement aux croyances religieuses traditionnelles, mais il s'est de plus en plus opposé aux doctrines, aux superstitions et aux rituels religieux officiels. Emmanuel Kant (1724-1804), un philosophe allemand, affirmait que la loi morale était inscrite dans le cœur de chaque personne, et que la religion n'était pas absolument nécessaire en tant que source d'orientation morale.

Au Canada, les humanistes d'aujoud'hui se préoccupent de plusieurs sujets, dont les droits de la personne, l'égalité, les questions mondiales et le racisme. De plus en plus, les humanistes s'inquiètent de la façon dont notre société matérialiste détruit la planète par son expansion et ses excès économiques (*voir la figure 10.2*). Les humanistes canadiennes et canadiens se trouvent souvent en première ligne en ce qui a trait aux questions liées à la Charte canadienne des droits et libertés.

Plus récemment, les humanistes et les adeptes des religions ont pris conscience du caractère commun de leurs préoccupations, et elles et ils se concentrent moins sur leurs divisions et leurs luttes historiques. Après tout, le désir de mener une bonne vie et le besoin de rendre le monde meilleur et plus heureux sont partagés par à peu près tout le monde.

L'ère interconfessionnelle

Nous vivons à une époque de communication et de dialogue intenses au sein des religions du monde. L'**œcuménisme** est un mouvement, au sein des confessions chrétiennes, qui vise à promouvoir une collaboration plus étroite et à favoriser un esprit d'unité. Il existe un désir encore plus grand de tendre la main aux autres confessions. Bien que la plus grande partie de l'histoire du monde ait démontré une vive rivalité, une concurrence et même de la violence parmi les peuples de différentes confessions, il y a eu un mouvement croissant fondé sur le **dialogue interconfessionnel,** qui met l'accent sur la comparaison et la communication plutôt que

Recherche Internet

Pour en savoir plus, visite notre site au
www.dlcmcgrawhill.ca

sur la concurrence. Étant donné que le Canada devient de plus en plus multiculturel et multireligieux, il est naturel que notre pays soit à l'avant-garde du mouvement interconfessionnel (*voir la figure 10.3*).

La croissance de ce mouvement ne signifie pas que les religions du monde fusionnent ou abandonnent leur identité propre, mais que la recherche d'un dialogue et d'une compréhension mutuelle se poursuit. Il existe bien sûr certains points communs entre plusieurs religions, mais il existe aussi, de façon évidente, une riche diversité. On reconnaît et on accepte cette diversité dans un esprit de tolérance et de respect. Le pluralisme religieux est une caractéristique représentative de la société canadienne, et il se développe de plus en plus au niveau global.

Le Parlement mondial des religions

En 1893 avait lieu dans la ville américaine de Chicago un événement très particulier. À une époque où la concurrence et la rivalité entre les religions étaient encore très intenses, un groupe de dirigeants religieux provenant de traditions confessionnelles radicalement différentes se sont rencontrés afin de favoriser la paix et l'harmonie parmi leurs disciples. Il s'agissait de la toute première rencontre interconfessionnelle de représentantes et de représentants des grandes traditions religieuses orientales et occidentales. Bien que cette première rencontre ait donné lieu à une certaine tension et à des tentatives visant à démontrer la supériorité de l'une sur l'autre, l'esprit d'un véritable dialogue et d'une véritable tolérance entre les confessions était né. Aux yeux de certains, ce sont les paroles et l'esprit du grand maître hindou Swami Vivekananda qui ont amorcé une nouvelle ère parmi les religions du monde. Il s'est exprimé ainsi :

> *Le chrétien n'a pas à devenir un hindou ou un bouddhiste, ni l'hindou ou le bouddhiste à devenir un chrétien, mais chacun doit assimiler l'esprit des autres tout en préservant son individualité et en évoluant selon sa propre règle de conduite.* (Traduction libre)

Au moment où le XXe siècle tirait à sa fin, il s'est tenu à Chicago, en 1993, un deuxième **Parlement mondial des religions**.

En 1999, le troisième Parlement mondial des religions s'est réuni à Capetown, en Afrique du Sud, où les participants ont entendu des discours passionnés de personnes éclairées comme Nelson Mandela et le Dalaï-lama. Des préparations sont actuellement en cours afin de tenir en 2004 un autre Parlement mondial des religions en vue d'accélérer le rythme et d'élargir la portée de la coopération interconfessionnelle.

Figure 10.3
Les discussions interconfessionnelles, comme celle-ci à Scarborough, en Ontario, ont lieu de plus en plus souvent d'un bout à l'autre du Canada. Pourquoi le Canada est-il à l'avant-garde du mouvement interconfessionnel ?

Étude d'une communauté

Le Scarboro Missions Interfaith Desk

Figure 10.4
Le Scarboro Interfaith Desk a participé à la réalisation et à la publication du Golden Rule Poster, une affiche qui contient des passages des livres saints et des symboles de 13 religions du monde.

Avec la migration des peuples, davantage de régions du monde deviennent de plus en plus multiculturelles et multireligieuses, ce qui donne lieu à une rencontre des religions qui ne s'est jamais vue auparavant. En même temps, les grandes confessions du monde établissent un dialogue de façon novatrice, ambitieuse et passionnante. L'Église catholique a demandé à ses membres de participer au dialogue interconfessionnel.

Par le biais de son Interfaith Desk, Scarboro Missions tente de rapprocher les gens de diverses confessions et de favoriser l'harmonie entre les religions, les cultures et les races.

Fondé en 1918 par Mgr John Mary Fraser dans le but d'œuvrer en Chine, l'organisme Scarboro Missions est maintenant présent dans divers pays de l'Asie, de l'Afrique, de l'Amérique latine et des Antilles, de même qu'au Canada. Aujourd'hui, les missions chrétiennes se sont engagées dans le dialogue interconfessionnel, les rencontres interculturelles et la justice sociale, tant au Canada qu'à l'étranger. Les prêtres et les laïcs de Scarboro Missions relèvent ce défi avec enthousiasme.

En 1995, Scarboro Missions parrainait son premier événement interconfessionnel, au cours duquel des membres de huit religions mondiales étaient invités à commenter la philosophie de non-violence prônée par Gandhi à partir du point de vue de leur religion. Œuvrant avec des représentantes et des représentants d'autres confessions religieuses, l'Interfaith Desk continue de parrainer et de participer à plusieurs activités interconfessionnelles dans la région métropolitaine de Toronto, sur des thèmes comme la non-violence, l'écologie et l'unité.

D'autres religions accueillent ces événements dans leur lieu de culte, comme le centre Baha'i, le gurdwara sikh ou le temple jaïn. Ces activités comprennent habituellement l'observation de la cérémonie du culte de la confession hôte, et le partage d'un repas après une journée d'interactions et de dialogues. Le Scarboro Interfaith Desk est particulièrement actif auprès des étudiantes et des étudiants et des professeures et des professeurs des écoles secondaires, et il organise souvent des journées de réflexion pendant lesquelles les élèves peuvent rencontrer des représentantes et des représentants de plusieurs autres religions. L'Interfaith Desk a vu son travail reconnu et on lui a accordé plusieurs prix, dont le *Racial Harmony Award du Community and Race Relations Committee of Toronto East*. Il a publié de nombreux articles interconfessionnels dans son magazine intitulé *Scarboro Missions*.

« En fait, le pluralisme religieux s'est révélé l'un des progrès les plus extraordinaires du XXe siècle. » (Traduction libre)

Paul McKenna (membre du Interfaith Committee)

QUESTIONS

1. Quels sont les principaux buts et activités du Scarboro Missions Interfaith Desk?
2. Aimerais-tu rencontrer des membres d'autres confessions et partager un repas avec eux? Explique ta réponse.

Textes sacrés

Malgré l'histoire et les origines différentes des confessions du monde, il existe un point commun manifeste qui unit les croyantes et les croyants. Lorsqu'on s'aventure au-delà de la riche diversité de l'habillement, de la langue, de la couleur de la peau, de l'ethnicité, de la pratique religieuse et des heures de culte, on trouve souvent des points communs plus profonds et une unité de l'expression religieuse. Voici quelques citations provenant de diverses confessions :

Le confucianisme

« Voici certainement la maxime d'amour : ne pas faire aux autres ce que l'on ne veut pas qu'ils nous fassent. »
Confucius, *Analectes* 15, 23

Le bouddhisme

« Ne blesse pas les autres d'une façon que tu trouverais toi-même blessante. »
Udana-Varga, 5,18

Le christianisme

« Tout ce que vous désirez que les autres fassent pour vous, faites-le vous-même pour eux. »
Jésus, *Matthieu*, 7,12

La spiritualité autochtone

« Nous existons dans la mesure où nous gardons la terre vivante. » (Traduction libre)
Chef Dan George

L'islam

« Nul de vous n'est un croyant s'il ne désire pour son frère ce qu'il désire pour lui-même. »
Mahomet, *Hadith*

L'hindouisme

« Telle est la somme du devoir : ne fais pas aux autres ce qui, à toi, te ferait du mal. »
Mahabharata 5,1517

Le jaïnisme

« On devrait traiter toutes les créatures du monde de la façon dont on aimerait être traité. » (Traduction libre)
Mahavira

Le judaïsme

« Ce que tu tiens pour haïssable, ne le fais pas à ton prochain. C'est là toute la loi ; le reste n'est que commentaire. »
Hillel, *Talmud-Shabbath*, 31a

Le zoroastrisme

« La nature seule est bonne qui se réprime pour ne point faire à autrui ce qui ne serait pas bon pour elle. »
Dadistan-I-Dinik, 94,5

Le taoïsme

« Considère les gains de tes voisins comme tes propres gains, considère les pertes de tes voisins comme tes propres pertes. »
T'ai Shang Kan Ying P'ien, p. 213-218

La foi bahá'í

« Il ne devrait pas souhaiter aux autres ce qu'il ne souhaite pas pour lui-même, ni promettre ce qu'il ne peut donner. »
Tablettes de 'Abdu'l-Baha, 71

Le sikhisme

« Je ne suis un étranger pour personne ; et personne ne m'est étranger. De fait, je suis l'ami de tous. » (Traduction libre)
Guru Granth Sahib, p. 1299

QUESTIONS

1. Quel thème semble commun à toutes ces citations ?
2. Quelles citations trouves-tu les plus inspirantes ? Pourquoi ?

Recherche Internet

Pour en savoir plus, visite notre site au www.dlcmcgrawhill.ca

Ton cheminement personnel

Alors que tu termines ce livre, tu peux ressentir de la fierté : tu as abordé plusieurs confessions, pratiques et principes religieux qui peuvent, dans une certaine mesure, te guider et te renseigner pour accomplir ton propre cheminement spirituel dans la vie. En tant que Canadienne ou Canadien, tu as accès à une vaste gamme d'expériences religieuses à l'intérieur des frontières de ton pays. Tes voisines et voisins, tes camarades constituent la preuve vivante de la diversité religieuse qui t'entoure. Les lois et les traditions du Canada protègent et favorisent l'expression religieuse, afin que tu sois libre de grandir et d'évoluer en tant qu'être humain. Nous espérons que tu connais mieux désormais les différentes approches de la vie proposées par les diverses religions et que tu fais maintenant preuve de plus de tolérance à leur égard. Peut-être que tu comprends un peu mieux tes concitoyennes et tes concitoyens et que tu constates à quel point il peut être enrichissant de vivre dans une société multiculturelle et d'y participer. Souviens-toi que la fin de ce livre n'est en réalité que le début de ton exploration personnelle de la vie et de ses défis. Les auteurs de ce texte souhaitent qu'une part de la riche sagesse présentée ici guidera et inspirera ton évolution spirituelle personnelle.

> « Aucune vie humaine solidaire sans une éthique mondiale pour les nations.
> Aucune paix entre les nations sans une paix entre les religions.
> Aucune paix entre les religions sans dialogue entre les religions. »
> *(Traduction libre)*
>
> Hans Küng, théologien suisse

Figure 10.5
Les jeunes du Canada peuvent poursuivre leur cheminement spirituel personnel au sein d'une nation riche en diversité culturelle et religieuse. Quelles confessions t'impressionnent le plus ? Pourquoi ?

Activités

Vérifie ta compréhension

1. Comment définirais-tu les fondamentalistes ? En quoi sont-ils différents des extrémistes religieux ?

2. Quel est l'attrait de l'humanisme dans le monde d'aujourd'hui ?

3. Que signifie l'expression « l'ère interconfessionnelle » ?

4. Quel est le but du Parlement mondial des religions ?

5. Quels sont les thèmes qui caractériseront sans doute la religion du nouveau siècle ?

Réfléchis et exprime-toi

6. En travaillant en petit groupe, réponds à la question suivante : quelles sont les trois choses les plus importantes que tu as apprises en étudiant quelques-unes des religions mondiales ? Pourquoi ?

7. Prépare un compte rendu d'un des documents publiés par le Parlement mondial des religions. Pour avoir accès à ce site, visite le www.dlcmcgrawhill.ca.

8. En travaillant en petits groupes, produis un tableau sur les religions que tu as étudiées cette année. Choisis au moins six critères de comparaison, par exemple le pays d'origine, les symboles et les croyances fondamentales, et termine ton tableau. Prépare-toi à présenter ton tableau à tes camarades de classe.

9. Décris brièvement où en est ton cheminement personnel à ce moment de ta vie.

Applique tes connaissances

10. Passe en revue les nombreux symboles et emblèmes présentés dans ce livre, et conçois un symbole approprié pour représenter l'unité des confessions du monde. Prépare un bref discours écrit afin d'expliquer ton choix.

11. En travaillant avec d'autres élèves, prépare un guide ou un manuel de référence attrayant sur les communautés religieuses de ta région. Inclus des renseignements sur les lieux et les moments de culte, les ressources communautaires, les porte-parole, les activités, les événements, etc.

Glossaire

dialogue interconfessionnel (m). Le mouvement, parmi les communautés religieuses, visant à communiquer ouvertement entre elles dans un esprit de compréhension, de respect et de tolérance mutuels.

extrémisme religieux (m). La croyance en des opinions religieuses extrêmes et la défense de mesures extrêmes à l'appui de ces opinions.

fondamentalisme (m). Le maintien strict des pratiques et enseignements traditionnels d'une religion quelconque.

humanisme (m). Une vision ou un système de pensée qui considère l'humanité comme la source de toute valeur ou signification, plutôt que les questions spirituelles ou religieuses.

œcuménisme (m). Le mouvement visant à rapprocher toutes les confessions religieuses chrétiennes et à favoriser une compréhension mutuelle.

Parlement mondial des religions (m). Rencontre de représentantes et des représentants des religions du monde dans un but de compréhension mutuelle, de tolérance et d'échanges sur les questions importantes.

Sources des textes

10 « I Still Haven't Found What I'm Looking For » (paroles de la chanson), U2, Universal International Music/Universal/Island Records MCA Music Publishing.

44 Extrait de *Lame Deer, Seeker of Visions*, John Fire Lame Deer et Richard Erdoes, New York, éd. Simon & Schuster, 1972, p. 14-16.

49 Extrait de *People of the Dancing Sky* © 2000 de Myron Zobel et Lorre Jensen. Reproduit avec la permission de Stoddart Publishing Co. Limited.

60 « The Story of the Bell Stand » extrait de *Taoism* de Paula R. Hartz. © 1993 de Paula R. Hartz. Reproduit avec la permission de Facts On File, Inc.

61 Citation de *Taoism* de Paula R. Hartz. © 1993 de Paula R. Hartz. Reproduit avec la permission de Facts On File, Inc.

67 Yasna 30:3-6 extrait de *An Introduction to Ancient Iranian Religion* de W.W. Malandra Minneapolis, éd. University of Minnesota Press, 1983. Reproduit avec la permission de University of Minnesota Press.

82 Extrait de la page 253 dans *Our Religions* publié par Arvind Sharma. © 1993 de HarperCollins Publishers Inc. Reproduit avec la permission de HarperCollins Publishers, Inc.

114 Résumé de « Thousands in Toronto *See* Ganesha Miracle » reproduit avec la permission de *Indo Caribbean World*, Vol. 13, n° 3, 4 octobre 1995.

121 « Svetasvatara Upanishad » extrait de *Hinduism*, 2ᵉ édition, de R.C. Zaehner, Oxford, éd. Oxford University Press, 1966. Reproduit avec la permission de Oxford University Press.

123 Citation de *The Hindu Traditions: Readings in Oriental Thought*, Ainslie T. Ebree, et coll. New York, éd. Vintage Books, 1972.

144 Bhagavad-Gita, chapitre 9, versets 3-8, extraits de *A Source Book in Indian Philosophy*, S. Radhakrishnan, C.A. Moore, et coll. © 1957, renouvelé en 1985, de Princeton University Press. Reproduit avec la permission de Princeton University Press.

192 Jataka n° 100, « A Mother's Wise Advice » de http://www.geocities.com/Athens/Delphi/9241/jatak100.htm Reproduit avec la permission de Mahindarama Sunday Pali School, Penang, Malaisie.

201 Les extraits du discours de réception du Prix Nobel de la Paix de Sa Sainteté le Dalaï Lama sont reproduit grâce à la permission de l'Office de Sa Sainteté le Dalai Lama.

206 Résumé de « Reactionary Nature of Falun Cult Exposed » de *People's Daily Online*, http://english.people.com.cn, reproduit avec permission.

207 Stephen Gregory : « My Understanding about Falun Gong » (résumé) de http://www.clearwisdom.net/eng/clarification/common_mis.html, 9 février 2001.

212 Citations de la Genèse 1:1-5 et de l'Exode 20:2-14 de *The Tanakh: The New JPS Translation According to the Traditional Hebrew Text*. © 1985 de la Jewish Publication Society. Utilisées avec permission.

260, 265, 266, 268, 276, 285, 286, 291, Citations de texte annotées (NIV) extraits de la *Holy Bible*, New International Version ®. NIV ®. Copyright © 1973, 1978, 1984 du International Bible Society. Utilisées avec permission. Tous droits réservés.

288 Extrait de page 90 de *My Life for the Poor: Mother Teresa's Life and Work in Her Own Words* de José Luis Gonzalez-Balado et Janet N. Playfoot. © 1985 de José Luis Gonzalez-Balado et Janet N. Playfoot. Reproduit avec la permission de HarperCollins Publishers, Inc.

314 Citations de 1:1-7, 4:3, 30:21, 33:35, 49:13, et 96:1-5 extraits de *The Meaning of the Holy Qur'an*, Abdullah Yusuf Ali, Brentwood (MD), éd. American Trust Publications, 1991: Propriétaire du copyright: The Islamic Book Service.

326 Résumé du « Sermon d'adieu » de Mohammed (de http://muslim-canada.org/prophetbio.html) de *Introduction to Islam*, Muhammad Hamidullah, Paris, éd. Centre Culturel Islamique, 1969.

358 Extraits de *Sikh Gurus: Their Lives and Teachings* de K.S. Duggal publié par UBS Publishers' Distributors Ltd., New Delhi. Reproduits avec permission.

363 Guru Nanak: Hymne: « He Was Here in the Beginning » extrait de *The Sikh Gurus: Their Lives and Teachings*, K.S. Duggal, New Delhi, éd. Vikas, 1980.

369 Thompson, Jan. The Sikh Experience Londres, éd. Hodder and Stoughton, 2000.

380 Guru Granth Sahib: Hymn for a naming ceremony: « Dear Child, This Is Your Mother's Blessing, May God Robe You with Honour and may your food be the singing of God's praises. » extrait de *The Sikh Gurus: Their Lives and Teachings*, K.S. Duggal, New Delhi, éd. Vikas, 1980, p. 486.

386 Guru Angad Dev: « The Wisdom of the Guru » extrait de *The Sikh Gurus: Their Lives and Teachings*, K.S. Duggal, New Delhi, éd. Vikas, 1980.

386 Guru Granth Sahib: « Theme: Avoid Judging Others » extrait de *The Sikh Gurus: Their Lives and Teachings*, K.S. Duggal, New Delhi, éd. Vikas, 1980.

386 Guru Granth Sahib: « Theme: The Real Hero » extrait de *The Sikh Gurus: Their Lives and Teachings*, K.S. Duggal, New Delhi, éd. Vikas, 1980.

386 Guru Nanek: Hymne: « God Is the Master, God Is Truth, His Name Spelleth Love Divine. » extrait de *The Sikh Gurus: Their Lives and Teachings*, K.S. Duggal, New Delhi, éd. Vikas, 1980.

387 Guru Nanak: « Bright and Brilliant Is the Bronze » extrait de *The Sikh Gurus: Their Lives and Teachings*, K.S. Duggal, New Delhi, éd. Vikas, 1980.

387 Guru Nanek: Hymn: « Few, Some Very Few. It Is God's Will That Is Done, for Ever and Ever. » extrait de *The Sikh Gurus: Their Lives and Teachings*, K.S. Duggal, New Delhi, éd. Vikas, 1980.

387 Guru Nanek: Hymne: « Were Life's Span Extended. What Would It All Be Worth? » extrait de *The Sikh Gurus: Their Lives and Teachings*, K.S. Duggal, New Delhi, éd. Vikas, 1980.

Sources photographiques

h = en haut ; b = en bas ; c = au centre ; g = à gauche ; d = à droite

Bridgeman=Bridgeman Art Library, Christine Osborne=Christine Osborne Pictures/MEP, PC =Les archives photo de la Presse canadienne, Granger=The Granger Collection, New York (NY), Corbis/Magma=CORBIS/MAGMA PHOTO

2-3 Rangée du haut (de g à d) Ivy Images, © Kelly-Mooney Photography/Corbis/Magma, The Toronto Star/R. Bull, **rangée du centre (de g à d)** Toronto Sun/Paul Henry/PC, © Lindsay Hebberd/Corbis/Magma, Shaun Best/PC. **rangée du bas (de g à d)** The Toronto Star/A. Stawicki, The Toronto Star/P. Power, Christine Osborne ; **4 (g)** Winnipeg Free Press/Phil Hossack/PC, **(c)** The Toronto Star/P. Power, **(d)** Christine Osborne ; **8** Gracieuseté de VisionTV ; **9** The Toronto Star/B. Weil ; **12** Gracieuseté de Sandy Mackellar ; **13** Tak Bui www.pccomix.com ; **16 (g) et (c)** Everett Collection, **(d)** M. Aronowitz/New Line © 2000 New Line Cinema/Kobal Collection ; **18 (g et d)** Granger ; **22** Sheena Singh/Creative Cultural Communications ; **26-27** © Macduff Everton/Corbis/Magma ; **26 (h)** Wayne Glowacki/PC, **(b)** Fred Chartrand/PC ; **28** Gracieuseté du UBC Museum of Anthropology, Photo: W. McLennan ; **29 (hg)** BC Archives, Province de C.-B./E-04017, **(hd)** Shaun Best/PC, **(b)** Shaney Komulainen/PC ; **30 (h)** Woodland Cultural Centre, **(b)** Victor Last/Geographical Visual Arts ; **36 (h)** Roy Thomas «Relationship with Nature,» 1990, acrylique sur toile, 61 x 61 cm, Thunder Bay Art Gallery Collection, Thunder Bay (ON), Photos: Judy Flett, Thunder Bay, **(c)** Smithsonian Institution, **(b)** Arnold Jacobs ; **37 (h)** Stanley R. Hill, **(c)** Gracieuseté du UBC Museum of Anthropology, Photo: W. McLennan, **(b)** Blake Debassige ; **38 (h)** © John Eastcott/Yva Momatiuk/Valan Photos, **(b)** © Kelly-Mooney Photography/Corbis/Magma ; **39** Allen Sapp ; **40** BC Archives, Province de C.-B./E-04017 ; **41 (h)** Woodland Cultural Centre, **(b)** Elizabeth Simpson/FPG ; **42** Myron Zabol ; **43** Colin Corneau ; **47** Woodland Cultural Centre ; **48** Paul Bailey ; **50** Woodland Cultural Centre ; **51** Gracieuseté de Sean Dolan ; **53** Shaney Komulainen/PC ; **54** Shaun Best/PC ; **55** Colin Corneau ; **60-61** © Pierre Colombel/Corbis/Magma ; **62 (g)** Ann & Bury Peerless Picture Library, **(d)** Granger ; **63 (g)** Granger, **(c)** © Kelly-Mooney Photography/Corbis/Magma, **(d)** Dick Hemingway ; **64** Collection privée/Ann & Bury Peerless Picture Library/Bridgeman ; **66** The Toronto Star/R. Bull ; **68** Gracieuseté de Sean Dolan ; **70** Dinodia Picture Agency, Bombay, India/Bridgeman ; **71** Chris Sanders/Stone ; **72** Ann & Bury Peerless Picture Library ; **77** © Bettmann/Corbis/Magma ; **80** Private Collection/Bridgeman ; **81** Granger ; **83** Toronto Star/Boris Spremo/PC ; **87** Dick Hemingway ; **89** Granger ; **91** Private Collection/Bridgeman ; **95** © Lindsay Hebberd/Corbis/Magma ; **96** Peter Mong/Confucius Publishing Co. Ltd. ; **99** Werner Forman Archive/Art Resource ; **101** Victoria & Albert Museum, Londres/Art Resource/NY, **(capsule)** © Joyce Photographics/Valan Photos ; **102** Richard T. Nowitz/National Geographic Society ; **107** © Kelly-Mooney Photography/Corbis/Magma ; **114-115** Dick Hemingway ; **116 (g)** © David Samuel Robbins/Corbis/Magma, **(d)** © India Book House Limited, 1998 ; **117 (h)** Dave Thomas/PC, **(b)** © Hulton-Deutsch Collection/Corbis/Magma ; **119** © David Samuel Robbins/Corbis/Magma ; **121** Ann & Bury Peerless Picture Library/Bridgeman ; **122** Freud Museum, Londres, Royaume-Uni/Bridgeman ; **127** © Hulton-Deutsch Collection/Corbis/Magma ; **128** © Bettmann/Corbis/Magma ; **130** The Toronto Star/A. Stawicki ; **132** © Robert Holmes/Corbis/Magma ; **134 (h)** National Museum of India, New Delhi/Bridgeman, **(b)** Circa Photo Library/William Holby ; **135** The Toronto Star/D. Loek ; **140** Ann & Bury Peerless Picture Library ; **142** © India Book House Limited, 1998 ; **145** Private Collection/Bridgeman ; **147** Dave Thomas/PC ; **148** Tannis Toohey/PC ; **150** Gracieuseté de Chaaya Raghunanan ; **151** Dick Hemingway ; **158-159** Friedrich Reg ; **160 (g)** Giraudon/Art Resource (NY), É.-U., **(c)** Martin Gray, **(d)** Collection privée/Bridgeman ; **161 (hg)** Arthur Strange/Valan Photos, **(hd)** Reuters/Kamal Kishore/Archive Photos, **(bg)** Bushnell/Soifer/Stone, **(bd)** Reuters/Andrew Wong/Archive Photos ; **163** Giraudon/Art Resource (NY) ; **165** Martin Gray ; **166** Borromeo/Art Resource (NY) ; **169** Gracieuseté de New Kadampa Tradition ; **173** Gracieuseté de Andy Weber ; **179 (h)** © James Marshall/Corbis/Magma, **(b)** Archive Photos ; **181 (h)** Reuters/Kamal Kishore/Archive Photos, **(b)** Ivy Images ; **182 (h)** Al Harvey/The Slide Farm, **(b)** Scala/Art Resource (NY) ; **183** Martin Gray ; **184** Gracieuseté de Andy Weber ; **185** Musée des Beaux-Arts du Canada, Ottawa/Gift of Max Tanenbaum, Toronto, 1980/Nº 26869 ; **187** © R. Ian Lloyd/Masterfile ; **188** Dennis Cox/First Light ; **190** Gracieuseté de Peter Lawley ; **195** Collection privée/Bridgeman ; **197** Bushnell/Soifer/Stone ; **200** Reuters/Kamal Kishore/Archive Photos ; **203** A. Strange/Valan Photos ; **204** Gracieuseté de Peter Lawley ; **205** Toronto Star/L. Slezic ; **206** Reuters/Andrew Wong/Archive Photos ; **212-213** Steven Hunt/Image Bank ; **214 (g)** Stapleton Collection/Bridgeman, **(d)** © Erich Lessing/Art Resource (NY) ; **215 (g)** Granger Collection, **(c)** Comstock, **(d)** Gracieuseté de Beth Tzedec Congregation ; **217** Stapleton Collection/Bridgeman ; **218** Christine Osborne ; **220** Gallery dell' Accademia, Florence, Italie/Bridgeman ; **222** Klaus Synagoga, Prague, République Tchèque/Scala/Art Resource (NY) ; **223** © Erich Lessing/Art Resource (NY), É-U ; **225** © Steve Vidler/Comstock ; **227** Gracieuseté de Avi Schwartz ; **229** Comstock ; **230** Archive Photos ; **231** Zefa/H. Armstrong Roberts/Comstock ; **232** Associated Press (AP) ; **234** Circa Photo Library/Ged Murray ; **236** Gracieuseté de la famille Marcus ; **238** Toronto Star/Andrew Stawicki/PC ; **240** Granger Collection ; **243** Gracieuseté de Rabbi Ami Eilberg ; **244** Gracieuseté de Miriam Tessler ; **249 (h)** Belsen Concentration Camp — Malnutrition Nº 2 de Aba Bayefsky/CN#10843/Musée canadien de la guerre, **(b)** Gracieuseté de M. Charles Bronfman et Birthright Israel ; **250** Gracieuseté de Breakthrough Films ; **252** Gracieuseté de Beth Tzedec Congregation ; **253** Gracieuseté de Rabbi Baruch Frydman-Kohl ; **260-261** Sygma/Magma Photo ; **262 (g)** Granger, **(c)** Leigh Delamere Church, Wiltshire, R.-U./Bridgeman, **(d)** Mikhail Metzel/AP Photo/PC ; **263 (g)** Galleria degli Uffizi, Florence, Italie/Bridgeman, **(c)** © 1991 Winston Fraser/Ivy Images, **(d)** Reuters/Gary Hersorn/Archive Photos ; **265** Granger ; **267** Leigh Delamere Church, Wiltshire, R.-U./Bridgeman ; **269** © Archivo Iconografico, S.A./Corbis/Magma ; **271** © Erich Lessing/Art Resource (NY) ; **272** AP Photo/PC ; **274** Dick Hemingway ; **277** Ivy Images ; **278** © Michael Nicholson/Corbis/Magma ; **280 (h)** Scala/Art Resource (NY), É-U **(bg)** Granger, **(bd)** Giraudon/Art Resource (NY), É-U ; **282** Andrew J. Cohoon/AP Photo/PC ; **283** Ivy Images ; **285** Gracieuseté de Maria Aprile ; **287** Gracieuseté de Maria Christopoulos ; **288** Sherwin Crasto/AP Photo/PC ; **297** Mikhail Metzel/AP Photo/PC ; **299**

Reuters/Gary Hersorn/Archive Photos; **301** Galleria degli Uffizi, Florence, Italie/Bridgeman; **302** PhotoDisc; **304** Comstock; **307 (g)** CP, **(c)** Colin Corneau, **(d)** © 1991 Winston Fraser/Ivy Images; **308** Gracieuseté de Dennis DesRivieres; **314-315** © Dean Conger/Corbis/Magma; **316 (g)** Canadian Society of Muslims, **(d)** Comstock; **317 (g) et (d)** Canadian Society of Muslims; **319** AP Photo/Amr Nabil/PC; **321** Canadian Society of Muslims; **324** Canadian Society of Muslims; **328** Canadian Society of Muslims; **329** Marlborough Photo Library/Edinburgh University Library; **332** Christine Osborne; **333 (h)** Christine Osborne, **(c)** R. Nowitz/Valan Photos, **(b)** AP Photo/Amr Nabil/PC; **334** Canadian Society of Muslims; **335** Gracieuseté de Abir Karout; **336** Winnipeg Free Press/Phil Hossack/PC; **337 (h)** AP Photo/Murad Sezer/PC, **(c)** © Ed Kashi/Corbis/Magma, **(b)** © Wolfgang Kaehler/Corbis/Magma; **338 (h)** Christine Osborne, **(b)** Canadian Society of Muslims; **339** Comstock; **340** Christine Osborne; **343** National Library, Cairo; **344** Canadian Society of Muslims; **347** Canadian Society of Muslims; **348 (h)** Museum of History of Science, Oxford, **(b)** Canadian Society of Muslims; **351** AP Photo/Henry Griffin/PC; **353** Jeff Greenberg/Valan Photos; **358-359** Christine Osborne; **360** Christine Osborne; **361 (g)** Christine Osborne, **(c)** © Eye Ubiquitous/© Morgan Freeman/Corbis/Magna, **(d)** BC Archives, Province de C.-B./D-09120; **362** Christine Osborne/Valan Photos; **363** Circa Photo Library/Twin Studio; **365** Christine Osborne; **366** Christine Osborne; **368** Maclean's/Bayne Stanley/PC; **372** Christine Osborne; **373** Christine Osborne; **374 (h et b)** Christine Osborne; **376 (h)** © Eye Ubiquitous/© Morgan Freeman/Corbis/Magna, **(b)** Circa Photo Library/John Smith; **377** Al Harvey/The Slide Farm; **379** Gracieuseté de Sean Dolan; **381** Christine Osborne; **384** Circa Photo Library/Twin Studio; **385** Christine Osborne; **389** Dick Hemingway; **391** BC Archives, Province de C.-B./D-09120; **393** Toronto Sun/Paul Henry/PC; **398-399** Khalsa Design Group; **400 (g)** PhotoDisc, **(d)** Dick Hemingway; **401** AP Photo/PC; **404** CP Picture Archive (Sean White); **405** The Toronto Star/Russell; **406** Dick Hemingway; **407** PhotoDisc

Bibliographie pour les rubriques « Habiletés de recherche »

Chapitre 3
CAROLL, Jim et Rick Broadhead. *Canadian Internet Directory and Research Guide*. Toronto, éd. Stoddart Publishing Co. Limited, 2001.

WANG, Wallace et Roger C. Parker. *Microsoft Office 2000 for Windows for Dummies*. Foster City (CA), éd. IDG Books Worldwide Inc., 1999.

Chapitres 4, 5 et 7
ARY, Donald, Lucy Cheser Jacobs et Asghar Razavieh. *Introduction to Research in Education*, 5ᵉ éd. Orlando (FL), éd. Harcourt Brace College Publishers, 1996.

FRAENKEL, Jack R. et Norman E. Wallen. *How to Design and Evaluate Research in Education*, 3ᵉ éd., New York, éd. McGraw-Hill, 1993.

HILLWAY, Tyrus. *Handbook of Educational Research: A Guide to Methods and Materials*. Boston, éd. Houghton Mifflin Company, 1992.

MACMILLAN, James H. *Educational Research: Fundamentals for the Consumer*. New York, éd. Harper Collins Publishers, 1992.

Chapitre 9
WANG, Wallace et Roger C. Parker. *Microsoft Office 2000 for Windows for Dummies*. Foster City (CA), éd. IDG Books Worldwide Inc., 1999.

Chapitre 10
HILLWAY, Tyrus. *Handbook of Educational Research: A Guide to Methods and Materials*. Boston, éd. Houghton Mifflin Company, 1992.

HOPKINS, Charles D. et Richard L. Antes. *Educational Research: A Structure for Inquiry*. Itasca (IL), éd. F.E. Peacock Publishers, 1992.

Index des termes du glossaire

A
Adi Granth, 396
Agni, 156
Agnostique, 24
Ahimsa, 112, 156, 210
Ahura Mazda, 112
Aîné, 59
Akhand path, 396
Aliyah, 257
Allah, 356
Alliance, 257
Amaterasu, 113
Âme, 24
Amrit, 396
Amritsar, 396
Anand karaj, 396
Anand sahib, 396
Anatta, 210
Angra Mainyu, 112
Anicca, 210
Animisme, 59
Antisémitisme, 257
Apôtre, 312
Arche
 d'alliance, 257
 sacrée, 257
Ardas, 396
Arhat, 210
Ascension, 312
Ascète, 210
Ascétisme, 112
Athée, 24
Atman, 156
Atomisme, 112
Autochtone, 59
Avatara, 156
Ayat, 356

B
Baptême, 312
Bar-mitsvah/bat-mitsvah, 257
Bhai ji, 396
Bhakti, 156
Bhikkhu, 210
Bhikkhuni samgha, 210
Bodhisattva, 210
Bouddha, 210
Brahmâ, 156
Brahman, 156
Brahmane, 156

C
Carême, 312
Cérémonie de purification, 24, 59
Chaman, 59
Chapelet, 312
Chi, 112
Chih, 113
Cinq préceptes, 210

Circoncision, 257
Clause filioque, 312
Communion/eucharistie, 312
Confession (réconciliation, sacrement du pardon), 312
Confirmation (chrismation), 312
Coran, 356
Credo, 24
Crime contre l'humanité, 257
Crucifixion, 312

D
Dakhma, 112
Dalaï-lama, 24, 210
Dana, 210
Daswandh, 396
Dernière cène, 312
Dharma, 156, 210
Diable, 24
Dialogue interconfessionnel, 410
Diaspora, 257
Digambaras, 112
Disciple, 312
Diwali, 156
Diwan, 396
Dukkha, 210

E
Élan religieux, 24
Épîtres, 312
Étoile de David, 257
Évangiles, 312
Évolutionniste, 24
Exode, 257
Extrémisme religieux, 410

F
Fluidité verbale, 59
Fondamentalisme, 410

G
Gardien de la foi, 59
Gathas, 112
Genèse, 59
Génocide, 257
Ghetto, 257
Ghousl, 356
Gourou, 156, 396
Granthi, 396
Guerout, 257
Gurbani, 396
Gurdwara, 396
Gurmukhi, 396
Guru Granth, 396
Gutka, 396

H
Hadith, 356
Haggadah, 257
Hajj, 356
Hanoukka, 258
Hégire, 356

Hellénisation, 258
Hijab, 356
Holocauste, 258
Homa, 156
Hsin, 113
Humanisme, 410
Humaniste, 24

I
Idolâtrie, 356
Illumination, 210
Imam, 356
Indigène, 59
Indulgences, 312
Infaillibilité papale, 313
Islam, 356

J
Jen, 113
Jihad, 356
Jina, 112
Jiva, 112
Judaïca, 258
Jugement dernier, 312
Justification, 312

K
Ka'bah, 356
Kami, 113
Karah parshad, 396
Karma, 112, 156, 210,
Kasher, 258
Khalistan, 396
Khalsa, 396
Khanda, 396
Kippa, 258
Kirat karni, 396
Kirtan, 396
Koan, 210
Krishnâ, 156
Kshatriya, 156

L
La Mecque, 24
Lama, 210
Langar, 396
Li, 113
Liturgie de la parole, 312
Longue maison (habitation), 59
Longue Maison (religion), 59

M
Mahabharata, 156
Mahayana, 210
Makkah (La Mecque), 24
Mandala, 210
Manta, 156
Mantras, 211
Martyr, 313
Mât totémique, 59
Maya, 156
Méditation, 112, 156, 211

Index des termes du glossaire

Menora, 258
Messie, 258, 313
Midrash, 258
Ministre pastoral, 313
Minyan, 258
Miradj, 356
Mishnah, 258
Mitsvah, 258
Moksha, 112, 156
Monothéisme, 59, 258
Morale, 24
Mosha, 156
Mosquée, 356
Mouvement Arya Samaj, 156
Mukti, 396
Multiconfessionnel, 24
Mur des Lamentations, 258
Musulman, 356
Mythe, 112

N
Nam Karam, 396
Nativité, 24
Navjote, 112
Néandertalien, 24
Nirvana, 211
Nishan sahib, 396
Noble sentier octuple, 211
Noël, 313
Norito, 113
Nouvel âge, 24

O
Œcuménisme, 410
Om, 157
Oudoue, 356

P
Païen, 24
Pandit, 396
Pandits, 157
Panj pyaras, 396
Pâques, 313
Parabole, 313
Parinirvana, 211
Parlement mondial des religions, 410
Paroisse, 313
Parvat, 157
Péché originel, 313
Pentecôte, 313
Pessah, 258
Peuple élu, 258
Pluralisme religieux, 24
Polygamie, 356
Polythéisme, 59, 112, 357
Pow-wow, 59
Prasâda, 157
Premières Nations, 59
Profane, 24

Prophète, 258
Pûjâ, 157, 211
Purdah, 397
Purgatoire, 313

Q
Quatre nobles vérités, 211
Quatre visions, 211
Quête d'une vision, 59
Quidouch, 257

R
Rabbin, 258
Ragis, 397
Râma, 157
Râmayana, 157
Réforme protestante, 313
Réincarnation, 59, 112, 211
Religieux, 24
Résurrection, 313
Révélation, 357
Rituel, 24
Rois mages, 24
Rosh ha-Shanna, 258
Roue de la vie, 211
Rumala, 397

S
Sachem, 59
Sacré, 25
Sacrement, 313
Saint, 313
Saint-Esprit, 313
Salat, 357
Sallekhana, 112
Samgha, 211
Samsara, 157, 211
Sanctification, 313
Sati (appelé aussi suttee), 397
Satori, 211
Schisme, 313
Seder, 258
Sefer Torah, 258
Seva, 397
Shahada, 357
Shakti, 157
Shariah, 357
Shintoïsme
    d'État, 113
    des sanctuaires, 113
    des sectes, 113
    populaire, 113
Shiva, 157, 258
Shivaisme, 157
Shoah, 259
Shofar, 259
Shruti, 157
Shudra, 157
Sikh, 397

Sionisme, 259
Six perfections, 211
Siyam, 357
Smriti, 157
Sounna, 357
Sourate, 357
Spirituel, 25
Sutras, 211
Svetambaras, 112
Symbole, 25
Synagogue, 25, 259
Système de castes, 157

T
Takhat, 397
Tallit, 259
Talmud, 259
Tanakh, 259
Tao, 112
Tefillin, 259
Terre promise, 259
Thangkas, 211
Théologie, 25
Theravada, 211
Tipi, 59
Torah, 25, 259
Torii, 113
Totem, 59
Transsubstantiation, 313
Trinité, 313
    hindoue (la Trimûrti), 157
Tripitaka, 211

V
Vaisha, 157
Vaishnavisme, 157
Vajrayana, 211
Védas, 157
Vishnou, 157
Voie du milieu, 211

W
Waheguru, 397
Wampum, 59
Wu wei, 113

Y
Yarmulke, 259
Yi, 113
Yin-yang, 113
Yoga, 157
Yogi, 157
Yom Kippour, 259
Yutate, 113

Z
Zakat, 357
Zen, 197-199, 202-203, 211

Index

A

Aaron, 322
Aberhart, William « Bible Bill », 309
Abhidhamma-Pitaka, 191
Abraham, 217-218, 315, 322, 323
Abu Bakr, 327
Actes des Apôtres, 292
Acupuncture, 83
Adam et Ève, 284
Adi Granth. *voir* Guru Granth Sahib
Adrien Arcand, 250
Agama, 75
Âge adulte, rite de passage
    bar-mitsvah/bat-mitsvah, 236
    navjote, 68
    quête d'une vision, 43-44
Agni, 120, 156
Agnostiques, 20, 24
Ahimsa, 70, 71-72, 112, 127, 170-171, 210
Ahura Mazda, 64, 65, 67, 112
Aînés, 27, 48-51, 59
Akhand path, 374, 396
Algonquin, 33, 38
Ali, 327
Ali, Syed Mumtaz, 352
Aliyah, 227, 257
Allah, 330, 344, 356
Alliance, 218, 257
    peuple hébreu, 217-218, 219
Amaterasu, 99, 101, 113
Ambedkar, B. R., 126
Âme, 5, 24
Amrit, 380, 396
Amritsanshkar, 380, 381
Amritsar, 376, 396
Analectes de Confucius, 89, 92-94, 97, 407
Anand
    karaj, 381, 382, 396
    sahib, 380, 396
Anatta, 170, 210
Angra Mainyu, 67, 112
Anicca, 170, 210
Animisme, 35, 59
Antiochos IV Épiphane, 221
Antisémitisme, 213, 247-250, 257
Apôtre, 267, 312
Appartenance ethnique, 16
Arche
    d'alliance, 230, 257
    sacrée, 230, 257

Arctique
    histoires sur la Création, 37
    région culturelle, 33
Ardas, 372, 396
Arhats, 195, 210
Armée du Salut, 274, 304
Artha, 126
Artisan de la paix (Dekanawida), 34, 41
Aryens, et l'hindouisme, 119, 121
Asalha Puja (le jour du dharma), 186
Ascension, 268, 312
Ascète, 164, 210
Ascétisme, 70, 112, 164
Ashoka, le roi, 166
Assemblée des Premières Nations, 49
Association internationale
    pour la conscience de Krishnâ, 146
Athées, 20, 24
Atman, 120, 123, 156
Atomisme, 73, 112
Attention correcte, et le noble
    sentier octuple, 172
Avalokiteshvara, 195
Avatara, 122, 156
Avesta, écrits sacrés, 67
Axis mundi, 41
Ayat, 345, 356

B

Ba'al Shem Tov. *voir* Eliezer, Israël ben
Baba, Satya Sai, gourou, 147
Badr, bataille de, 325
Baha'i, 406-408
Bahadur, Tegh, Guru, 366, 384
Baig, Qadeer, 347, 351-352
Baisakhi, 375
Baptême, 266, 284-285, 312
Bar-mitsvah/bat-mitsvah, 256, 257
Bataille du fossé, 325
Béatitudes, 291
Bellow, Saul, 247
Beothuks, 31, 33
Berakhah, 231
Berry, Gerald L., 5
Bethe, Hans, 247
Bhagavad-Gita, 127, 144
Bhai ji, 372, 396
Bhakti yoga, 124, 156
Bharucha, Sherna, 68
Bhikkhus, 167, 210
Bhikkuni samgha, 167, 193, 210

Bible
    Ancien Testament, 270
    Nouveau Testament, 264
    traduction du latin vers l'allemand, 300
Black Elk (saint homme sioux), 35, 36
Bodhisattva, 174, 195, 210
Bohr, Niels, 247
Bojaxhui, Agnes. *voir* Teresa, mère
Bon message (Gaiwiio), 45-46
Bonevac, Daniel, 11
Boon, William, 11
Booth, William et Catherine, 274, 304
Bouddha, 108, 210
    et l'illumination, 164-165
    origines royales, 162
    premières années de la vie du, 162-163
    renonciation à la vie privilégiée, 164
    et le début de la communauté
        bouddhiste, 167
    et le paranirvana, 167
    et les quatre visions, 163-164
    signification du nom, 167
Bouddhisme
    écrits sacrés, 191-192, 407
    et taoïsme, 81, 86
    fêtes, 186
    groupes et institutions, 193-199
    influence culturelle, 202-205
    origines, 162-168
    hindoues, 167-168
    pratiques et rituels, 178-181
    symboles et emblèmes, 181-185
    tibétains, 196-197, 203
Brahmâ, 121, 156
Brahman, 121, 156
Brahmane, 124, 156, 396
Brent, Joseph, 33
Browne, Lewis, 5
Buckman, Robert, 11
Buddhapadas, 183

C

Califes, 327-328
Canada
    antisémitisme au, 249-251
    bouddhisme au, 203-205
    christianisme au, 307-309
    droits de la personne, 251
    et les peuples autochtones, 52
    hindouisme au, 151
    la religion dans le, 20-22

musulmans au, 351-352
sikhs au, 390-393
zoroastrisme au, 68, 69
Captivité babylonienne (l'exil), 220
Carême, 281-282, 312
Caribes, 31
Carnaval, 282
Catherine d'Aragon, 302
Catholicisme, 298-299
Cayugas, 33
Célébrations chrétiennes
    Ascension, 283
    Carême, 281-282
    Épiphanie, 281
    Noël, 281
    Pâques, 282-283
    Pentecôte, 283
    Toussaint, 283
Centre
    bouddhiste Chandrakirti, 204
    culturel japonais canadien, 106
    culturel Woodland, 50, 53
    international de taï chi taoïste, 86-87
Cérémonie
    de la tente secouée, 40
    de l'étuve, 40
    de purification, 3, 24, 55, 59
    du Potlatch, 39-40
    du thé, japonais, 202-203
Ch'an. *voir* Zen, bouddhisme
Chaman, 40, 59
Chand, Duni, 364
Chang Chiao, 81, 81-82
Chang Tao-ling, 81
Chantre, 231
Chapelet, 276, 312
Charlemagne, 296
Charte canadienne
    des droits et libertés, 20
Chauhan, Jagjit Singh, 367
Chavouot, 225
Chi, 83, 112
Chih, 93, 96, 113
Chiites, 345-346
Chrétiens, 4
Chrismation (confirmation), 286, 312
    funérailles, 289
    mariage, 287
Christian Children's Fund, 305
Christianisme
    changement social, 309
    distribution dans le monde, 306
    écrits sacrés, 290-293
    et travail humanitaire, 305
    icônes, 280-281
    influence culturelle, 305-309
    origines, 264-268
    pratiques et rituels, 275-277
    symboles, 279-280
Chroniques du Japon (Nihongi), 103
Chu His, 97
Ciel-Femme, 35, 36
Cinq
    classiques (Wu Jing), 97
    piliers de l'islam, 332-333
    préceptes, 170-171, 210
Circoncision, 235-236, 257
Civilisation de la vallée
    de l'Indus, 118-119
Clan
    de la Tortue, 47, 51
    du Loup, 47, 51
Clause filioque, 296, 312
Clonage des êtres humains, 272
Cohen, Stanley, 247
Collaboration et coopération,
    dans le travail en groupe, 349
Communion, 276, 285-286, 300, 312
Compagnie Coca-Cola, 19
Concentration correcte,
    et le noble sentier octuple, 173
Concile de Trente, 298
Concile du Vatican
    premier, 298
    second, 298-299
Conduite correcte,
    et le noble sentier octuple, 173
Confession, 286, 312
Confirmation, 286, 312
Confucianisme, 89
    cinq relations, 94
    conception et naissance et, 95
    croyances, 92-94
    et taoïsme, 89
    influence culturelle, 98
    nature du, 89
    origines, 89-91
    sagesse, 92-93
    symboles et emblèmes, 96
    texte sacré, 97, 407
    vénération des ancêtres, 94
    vertu, 93-94
Confucius, 89-90, 92, 109
Congrégation Beth Tzedec, 252-253
Connaissances traditionnelles,
    autochtones, 48
Constantin, empereur, 269, 337
Coon Come, Matthew, 32
Co-operative Commonwealth
    Federation, 309

Coran, 343, 345, 356
Côte nord-ouest du Pacifique
    histoires sur la Création, 36
    potlach, 39-40
    régions culturelles, 33
Credo, 9, 24
    de Nicée, 269-270, 271, 296
Crime contre l'humanité, 248, 257
Criminels de guerre nazis, 254
Cris, 32
    grandes plaines, 33
    nations algonquines, 33
Croisades, 298
Croix, symbole de la, 279
Croyances bouddhistes, 168-174
    cinq préceptes, 170-171
    noble sentier octuple, 172-173
    principaux éléments, 168-169
    quatre nobles vérités, 171-172
    six perfections, 174
    trois caractéristiques de l'existence, 170
    trois refuges (le triple joyau),
        173-174
Croyances chrétiennes, 269-271
    création, 270
    Dieu, 270
    jugement dernier, 271
    salut, 271
    Saint-Esprit, 271
    Sainte Trinité, 270-271
Croyances hindoues
    concept de Dieu, 120
    dharma, 124
    quatre étapes de la vie, 126
    quatre objectifs de vie, 126
    réincarnation, 123
    voies du salut, 123-124
Crucifixion, 267, 312
Culte hindou
    à la maison, 130
    dans les temples, 131
Culte islamique, 334
Culture Harappa, 118
Culture populaire
    et Noël, 19
    et images stéréotypées, 16
Cyrus le grand, 69, 220

D

Dakhma, 65, 112
Dalaï-lama, 19, 24
    quatorzième, 200-201, 405
Dalits. *voir* Intouchables
Dana, 180, 210

Danse
   du Matin (Wabeno), 39
   du Soleil, 39
Daodejing. *voir* Tao Te King
Daoïsme. *voir* Taoïsme
Darbe Meher, 69
Darwin, Charles, 11
Dasam Granth, 384
Daswandh, 374, 396
David, 219
Déesse
   Amaterasu, 99, 113
   Diane, 337
   Izanami, 100-101
   Parvati, 121, 122
   Saraswati, 121
Dekanawida (Artisan de la paix), 34
Dénés, 32
Dernière cène, 267, 312
DesRivieres, Renée, 308
Dev, Arjan, Guru, 376
Deverell, Rita Shelton, 8
Devi Mandir, 114
Dhaliwall, Herb, 390
Dharma, 156, 165, 167, 173, 210
   buts de la vie hindou
   code moral hindou
Diable, 10, 24
Dialogue interconfessionnel, 404, 410
Diane, 337
Diaspora, 221, 257
Dieu
   Ahura Mazda, 64, 65
   concept
      chrétien, 264, 270
      hindou, 120
      islamique, 330
      sikh, 362, 367-368
      judaïsme, 217-218, 226, 228
Digambaras, 75, 76, 112
Dimanche
   de Pâques, 282-283
   des Rameaux, 282
Disciples, 266, 312
Discours correct,
   et le noble sentier octuple, 172
Dissertation, rédaction d'une, 245-246
Divinatoire, 97
Divinités hindoues
   Brahmâ, 121
   Brahman, 121
   Saraswati, 121
Divorce
   et hindouisme, 128
   et islam, 342
   et judaïsme, 237
   et sikhisme, 382

Diwali, 134-135, 156, 375
Diwan, 372, 396
Dix commandements, 219, 239
Dogen, 199
Dosanjh, Ujjal, 390
Douglas, Tommy, 302
Dukkha, 170, 210
Durga (Parvati), 122, 135
Durkheim, Émile, 5

E
École Huang Lao, 80-81, 82
Écoles et sectes bouddhistes
   Mahayana, 195-196
   Rinzai, 198
   Soto, 199
   Theravada, 194-195
   Vajrayana, 196-197
   zen, 197-199
Écrits sacrés hindous
   Mahabharata, 141-144
   Manusmriti, 143
   puranas, 143
   Râmayana, 141-142
   Védas, 141
Effort correct,
   et le noble sentier octuple, 173
Église
   catholique romaine, 298-299
   du Saint-Sépulcre, 278
   éthiopienne, 297
   luthérienne, 300
   orthodoxe orientale, 275, 281, 284, 296-297
   Unie du Canada, 303
Églises
   baptistes, 302
   calvinistes ou réformées, 300
   chrétiennes orientales indépendantes, 297
   méthodistes, 302-303
Églises chrétiennes
   catholique romaine, 298-299
   orthodoxe orientale, 296-297
   protestantes, 300, 302-304
   voir aussi Histoire de l'Église
Ehyeh-asher-Ehyeh, 218
Einstein, Albert, 247
Élan religieux, 24
Eliezer, Israël ben (Ba'al Shem Tov), 241-242
Ellberg, Amy, rabbin, 243
Empire romain
   et le judaïsme, 222
   persécutions des chrétiens, 268-269
Enfer, concept islamique de, 331
Énoch, 322

Entrevue, 294-295
Épiphanie, 281
Épîtres, 290, 292-293, 312
Esdras, 220
Étoile
   de David, 233, 257
   et croissant de lune, symboles, 337
Étude démographique, 402-403
Eucharistie, liturgie de, 276, 312
Évangiles, 264, 312
   de Jean, 292
   de Luc, 292
   de Marc, 290
   de Matthieu, 290
Évolutionniste, 24
Exil (captivité babylonienne), 220-221
Exode, 219, 257
Exposés oraux, 56
Extrême-onction ou sacrement
   des malades, 289

F
Falun Gong, 206-207
Fascisme, 250
Fédération des sociétés
   sikhes du Canada, 388
Femmes
   dans les sociétés iroquoises, 42
   et le bouddhisme, 169
   et le christianisme, 274
   et l'hindouisme, 128, 139
   et l'islam, 334, 353-354
   et le jaïnisme, 76
   et le judaïsme, 243-244
   et le sikhisme, 369
Festival des lumières
   du marché de Kensington, 9
Festivals hindous
   Diwali, 134-135, 156
   Holi, 135
   Mahashivaratri, 135
   Navaratri, 135-136
Fête de la floraison des cerisiers, 107
Feu, symbole sur les reliques
   zoroastriennes, 66
Fluidité verbale, 59
Fondamentalisme, 401, 404, 410
Friedman, Joan, rabbin, 242
Friedman, Milton, 247
Frydman-Khol, Baruch, rabbin, 242
Funérailles
   bouddhistes, 189
   chrétiennes, 289
   hindoues, 140
   sikhes, 382-383
   zoroastriennes, 65-66
   voir aussi Vie et après vie

G

Gabriel, 321-322, 343
Gaiwiio (bon message), 45
Gandhi, Indira, 128, 391
Gandhi, Mohandas, 76, 125, 127
Ganesha, 122
Gardien de la foi, 33, 59
Gathas, 67, 112
Gautama, Siddartha, 162
    voir aussi Bouddha
Gemara, 238
Gemmyo, empereur japonais, 103
Gendarmerie royale du Canada, 393
Genèse, 30, 59
Génocide, 254, 257
Ghetto, 241, 257
Ghousl, 332, 356
Gordimer, Nadine, 247
Gourou, 124, 156, 363, 396
Grand Esprit, 39
Grande Révolution culturelle, 88
Grandes plaines
    et la danse du Soleil, 39
    régions culturelles, 33
Granthi, 369, 380, 396
Green, Dorothy, 42
Guerout, 226, 257
Guide des égarés (Maïmonide), 240
Gurbani, 368, 396
Gurdwara, 364, 396
Gurmukhi, 384, 385, 396
Guru Granth Sahib (Adi Granth),
    365, 369, 380, 384-386, 396, 407
Gutka, 373, 396

H

Hadith (Sounna), 345, 356
Haggadah, 235, 257
Haïda, 32
Hajj, 333, 356
Hamidullah, 326
Hanukkah, 9, 225, 234, 258
Hanuman, 122
Harper, Elijah, 26
Hassidisme, 241-242
Hégire, 322, 325, 356
Hellénisation, 221, 258
Henri VIII, 302
Herzl, Theodore, 248
Hijab, 353-354, 356
Hill, Stanley R., 37
Hindouisme
    groupes et institutions, 145-147
    influence culturelle, 149-151
    origines, 118-120
    symboles et emblèmes, 133-135
    système des castes, 124-126

Hirohito, empereur, 99
Histoire de l'Église
    missionnaires et impérialisme, 305
    persécutions des chrétiens, 268-269
    réforme catholique, 298
    réforme protestante, 299
    schisme d'Orient, 296
    voir aussi Églises chrétiennes
Histoire judaïque
    loi
        hellénique, 221
        romaine, 222-223
    période
        de l'exil, 220-221
        des juges et des rois, 219-220
        mosaïque, 218, 219
        patriarcale, 217-218
        révolte des Maccabées, 221-222
Histoires sur la Création, 36-37
Hola Mohalla, 375
Holi, 135
Holocauste (Shoah), 213, 248, 258, 259
Homa, 130, 156
Hsin, 93, 94, 96, 113
Hsun Tzu, 90, 109
Huang Di, 79
Humanisme, 404, 405, 410
Humaniste, 11, 24

I

I Ching, 97
Id al-Adha, 336
Id al-Fitr, 4, 333, 334, 336
Idolâtrie, 319, 320-321, 356
Illumination, 164-165, 210
Imam, 334, 356
Incident du Komagata Maru, 390
Indigènes, peuples, 27, 30, 59
    voir aussi peuples autochtones
Indulgences, 301, 312
Infaillibilité papale, 298, 313
Innus, 32
International Sikh Youth Federation, 388
Intouchables, 125
Inuit, 31, 33, 36
Iroquois, 33, 34, 37, 41
Islam, 315, 356
    célébrations, 336
    croyances, 329-331
    groupes et institutions, 345-346
    influence culturelle, 348
    origines, 319-326
    pratiques et rituels, 332
    succession, 327-328
    symboles, 337
    textes sacrés, 343-345
Israël (nouvel État), 219, 248

Izanagi, 100-101
Izanami, 100-101

J

Jacobs, Arnold, 36
Jaïnisme
    absence d'absolu, 73
    croyances, 71-75
    écrits sacrés, 75
    enseignement de l'atomisme, 73
    et la non-violence, 71-72
    influence culturelle, 76-77
    origines, 70-71
    sectes, 75-76
    végétarisme, 78
    vie et après vie, 72
Jatakas, 192
Jean-Paul II, 21
Jen, 91, 93, 96, 113
Jésus, 322, 324
    arrestation de, 266-267
    ascension de, 267-268
    baptême de, 266
    ministère de, 266
    mort et résurrection de, 267
    premières années de la vie de, 265
Jeudi Saint, 282
Jeûne, 276-277
    du Ramadan, 336
Jihad, 325-326, 356
Jina, 70, 112
Jiva, 73, 112
Jnana yoga, 124
Jonas, Regina, rabbin, 242
Jore melas, 374
Joseph (père du Christ), 265
Jour du jugement, islamique, 331
    voir aussi Jugement dernier
Journée nationale des autochtones, 53
Juda ha-Nassi, 224
Judaïca, 252, 258
Judaïsme
    rabbinique, 223-224
    réformiste, 242-243, 244
Judaïsme
    berceau du, 216
    conservateur, 243, 244
    croyances, 226-229
    écrits sacrés, 238-240, 407
    emblèmes et symboles, 232-233
    fêtes, 234-235
    groupes et institutions, 241-243
    influence
        culturelle, 247-252
        zoroastrienne, 69
    origines, 217-224
    pratiques et rituels, 230-232
    rites de passage, 235-237

Jugement dernier, 271, 312
Juifs
    d'Europe de l'Ouest, 241
    lauréats du prix Nobel, 247
    réfugiés, 250
Justification, 301, 312

K

Ka'bah, 319, 338, 356
Kaccha, 378
Kacheroute, lois alimentaires, 232
Kâlî (Parvati), 122
Kalpa Sutra, 74-75, 75
Kama, but hindou de la vie, 126
Kami, la mythologie, 100-101, 113
Kangha, 378
Kant, Emmanuel, 404
Kaplan, Mordecai, rabbin, 243
Kara, 378
Karah parshad, 373, 396
Karma, 72, 112, 123, 156, 167, 180-181, 210, 396
    Sutra, 191
    yoga, 124
Kasayaprabhrta, 75
Kasher, 258
Kesh, 378
Khadijah, 321, 322
Khalistan, 367, 396
    voir aussi Tragédie d'Air India
Khalsa, 377-378, 380-381, 396
Khanda, 377, 396
Khi rhô, symbole, 280
Khordeh Avesta, 67
King, Martin Luther, Jr., 77, 302
Kippa. *voir* Yarmulke
Kirat karni, 368, 396
Kirtan, 367, 396
Knox, John, 300
Koans, 198, 210
Krishnâ, 144, 156
Kroto, Harold, 247
Kshatriya, 124, 156
Kuan-yin, 195
Küng, Hans, 408

L

La Mecque, 3, 24
Labrador, Melissa, 26
Lake, Handsome, 45
Lakshmî, 122
    Vijaya, Pandit, 128
Lamas, 197, 210
    voir aussi dalaï-lama
Lame Deer, John Fire, 44
Landau, Lev, 247
Langar, 373, 396
Laozi, 79-80, 81, 109
Lawley, Christopher, 190
Lee, David, 247
Lewis, J., 5
Li, 93, 96, 113
    Hongzhi, 206
Li Erh, 80
Liturgie
    de la parole, 275, 312
    divine, 296
    Yasna, 67
Liu An, 83
Livre
    de Yu, 97
    des Révélations, 293
Longue maison
    habitation, 33, 59
    de Sour Springs, 47
Longue Maison, religion, 33, 59
Loy Krathong
    (le festival des bols flottants), 186
Lu Xiujing, 85
Luther, Martin, 299, 300, 301

M

Mackellar, Sandy, 12
Madeleine, Marie-, 267
Magha Puja (le jour du samhga), 186
Mahabharata, 141-143, 156
Mahasanghika, 193
Mahashivaratri, 135
Mahavira, Vardhamana.
    voir Vardhamana, Mahavira
Mahayana, bouddhisme, 195-196, 210
Mahomet, 324
    à Médine, 325-326
    premières années de la vie de, 320-321
    révélation, 321-322, 407
Maïmonide, rabbin, 240
Makkah (La Mecque), 3, 24
Malhi, Gurbax, 390
Mandalas, 185, 210
Mandela, Nelson, 405
Manta, 129, 156, 179-180, 211
Manusmriti, 143
Maoris, 31
Mardana, 364
Mardi gras, 282
Mariage
    arrangé, 138-139
    bouddhiste, 189
    chrétien, 287
    confucéen, 95
    hindou, 137-140
    judaïque, 236-237
    Mathur, Ira, 138
    musulman, 341
    polygamie, 341-342
    sikh, 381-382
Marie (mère du Christ), 265, 283
Martyr, 268, 313
Mât totémique, 32, 59
Maya
    monde physique, 123, 156
    peuple, 31
    reine, 162, 163
Médecine chinoise, 83
Méditation, 71, 112, 156, 211, 276
    pratique bouddhiste, 164-165, 178-179
    pratique hindoue, 131
Mencius, 90, 91, 108
Mendelssohn, Moses, 242
Mennonite Central Relief Committee, 305
Menora, 233, 258
Mercredi des Cendres, 282
Messie, 258, 264, 313
Mi'kmaq, 33
Midrash, 224, 238, 258
Minbar, 334
Ministre
    des Affaires autochtones du Canada, 52
    pastoral, 309, 313
Minyan, 231, 258
Miradj, 322, 336, 356
Mirhab, 334
Mishnah, 224, 238, 258
    Torah, 240, 258
Missionnaires de la Charité, 288
Mitsvah, 228, 258
Modligliani, Franco, 247
Mohawk, 33
    Institute, 53
Mohr, Joseph, 281
Moine bouddhiste
    et la protestation de la guerre du Vietnam, 202
    ordination, 188-189
    rituels quotidiens, 180-181
Moïse, 218, 219, 322, 323
Moksha, 72, 112, 123, 126, 156
Monothéisme, 35, 59, 213, 258
Mont
    Hira, 321-322
    Horeb, 218
    Sinaï, 219
Montagnais, 32
Moore, Clement, 19

Morale, 5
    définir, 10, 24
    religion et, 10-11
Mormons.
    voir Saints des derniers jours, l'Église de Jésus-Christ des
Mort et vie après la mort, sikhisme, 368
Mosquée, 326, 334, 338, 356
    du Prophète à Médine, 338
Moulid ul-Nabi, 336
Mouvement
    Arya Samaj, 146, 156
    Hare Krishnâ, 146
    interconfessionnel, 404-405
Mouvements hindous
    Arya Samaj, 146, 156
    Hare Krishnâ, 146
    Satya Sai Baba, 147
    Swami Narayan, 147
    Vedanta Society, 147
Mouvements judaïques
    hassidisme, 241-242
    judaïsme
        conservateur, 243
        orthodoxe, 241
        reconstitutionnaliste, 243
        réformiste, 242-243
        rabbinique, 223-224
Moy Lin-Shin, 87-88
Moyens d'existence corrects,
    et le noble sentier octuple, 173
Mozi. *voir* Mencius
Mudras, 182
Mukti, 368, 396
Multiconfessionnel, 19, 24
Mur des Lamentations, 223, 225, 258
Musulmans, 4, 356
    au Canada, 314, 315-352
Muttalib, Abd al-, 320
Mythe, 60, 112

N
Nam Karam, 380, 396
Nanak, guru, 362-364
Narayan, Swami, 147
Narayanan, K.R., 125
Nativité, 18, 24
Navaratri, 135-136
Navjote, 68, 112
Néandertaliens, 5, 24
Néhémie, 220
Nigosian, S.A., 5
Nihongi. *voir* Chroniques du Japon
Nirvana, 165, 167, 211
Nisga'a, 32
Nishan sahib, 372, 396
Nit nem, 373, 396
Noble sentier octuple, 172-173, 211
Noé, 323
Noël, 9, 281, 313
    au XXIe siècle, 19
    changer la signification de, 17-18
    commercialisation de, 19
    communautés orthodoxes orientales, 281
    et culture populaire, 19
    l'essence de, 18-19
    offrir des cadeaux à, 281
Non-violence
    action politique, 72, 76-77
    bouddhisme et, 170-171
    jaïnisme et, 70, 72
Norito, 102, 113
Notre Père, 276
Nouvel
    âge, mouvement du, 7, 24
    an musulman, 336
Nunavut, 54

O
Œcuménisme, 404, 410
Ohoud, bataille d', 325
Ojibways, 33, 37, 39
Oka, confrontation à, 53
Okalik, Paul, 54
Om, 129, 133, 157
Omar, 327
Omnipotent, 330
Omniprésent, 330
Omniscient, 330
Oneidas, 33
Onondagas, 33
Ordination, 286-287
Organisation catholique canadienne pour le développement et la paix (Développement et Paix), 305
Orthodoxe, judaïsme, 241, 244
Othman, 327
Ottawas, (nations algonquines), 33
Oudoue, 332, 356

P
Padmasambhava (gourou Rinpotche), 196
Païen, 9, 24
Pandit, 362, 396
Pandits, 131, 157
Panj pyaras, 377, 381, 396
Pâques, 281-283, 313
Parabole, 266, 313
Paradis, concept islamique du, 331
Parc aux cerfs, première prédication, 167, 193
Parinirvana, 167, 211
Parket, A.C., 45, 46
Parlement mondial des religions, 410
Paroisse, 299, 313
Parsis, 69
Parti du crédit social, 309
Parvati, 119, 122, 135, 157
Patriarche œcuménique, 297
Pauline Johnson Collegiate and Vocational School, 51
Pearlson, Jordan, 21
Péché originel, 284, 313
Pèlerinages
    chrétien, 277
    hindou, 131
Pensée correcte,
    et le noble sentier octuple, 172
Pensionnats indiens, 52
Pentecôte, 268, 283, 313
Pessah (Pâque), 219, 225, 235, 258
Peuple élu, 217, 258
Peuples autochtones, 27, 31 59
    et les contacts avec les Européens, 52-54
    groupes culturels canadiens, 32-33
Phillips, Stephen, 11
Philon d'Alexandrie, 226
Pieds-noirs (siksikas), 33
Pilate, Ponce, 267
Plateau, groupe culturel du, 32
Plume d'aigle, 26, 27
Pluralisme religieux, 24
Poisson, symboles du, 280
Polygamie, Islam et, 341-342, 356
Polythéisme, 35, 59, 64, 112, 356
Pow-wow, 38, 39, 59
Pramukh Swami Maharaj, 148
Prasâda, 130, 157
Pratiques bouddhistes
    bon karma, 181
    des moines, 180-181
    méditation, 178-179
    récitation des mantras, 179-180
Pratiques et rituels hindous
    importance de la vache, 131
    pèlerinages, 131
    yoga et méditation, 131
Pratiques et rituels sikhs
    cinq K, 378
    culte, 372-373
    vie quotidienne, 373
Premières Nations, 32, 59
Présentations

multimédias, 370
PowerPoint, 371
vidéo, 371
Priesand, Sally, rabbin, 242
Profane, 17, 24
Prophète, 220, 258
Pûjâ, 130, 157, 178, 211
Puranas, 143
Purdah, 368, 397
Purgatoire, 298, 313
Purification, rituels Shinto, 101-102

Q
Qouraish de La Mecque, 325
Quatre
Livres (Si Shu), 97
nobles vérités, 171-172, 211
visions, 163-164, 211
Quête d'une vision, 43-44, 59
Quidouch, 231, 257
Qurashi, Yasser, 335

R
Rabbin, 220, 231, 258
Rabin, Yitzak, 247
Raghunanan, Chaaya, 150
Ragis, 372, 397
Raja yoga, 124
Râma, Prince, 142, 157
Ramadan, 4
Râmayana, 141-142, 157
Ramsès II, pharaon, 218
Rashidin, 328
Raths, L.E., 51
RDI, 6, 8
Rébellion des « Turbans jaunes », 81-82
Recherche
dans Internet, 104-105
qualitative, 175-177
quantitative, 152
Récit des faits anciens (Kojiki), 103
Réconciliation, 54, 286
Réforme
catholique, 298
protestante, 299, 313
Région culturelle subarctique, 32
Régions boisées du nord-est
croyance en la réincarnation, 37
et le symboles du pin blanc, 41
histoires sur la Création, 36
régions culturelles, 33
Reid, Bill, 36, 37
Réincarnation
bouddhisme et, 167
définition, 59, 112, 169, 211
et la spiritualité autochtone, 37

hindouisme et, 123
jaïnisme et, 72
Religieux, 5, 24
extrémisme, 401, 405, 410
pluralisme, 3, 24
Religion
caractéristiques communes, 6
définitions, 5
élan religieux, 5, 24
et appartenance, 16
et culture populaire, 16
et morale, 10-11
et science, 11-12
et technologie, 12-13
facteurs de pratique, 6-9
séparation entre religion et État, 20
Renaissance, 404
Réserve de Kanesatake, 53
Résurrection, 267, 313
Révélation, 315, 357
Révolte des Maccabées, 221-222
Révolution culturelle.
voir grande révolution culturelle
Rinpoche, Guru. *voir* Padmasambhava
Rites de passage du cycle
de vie hindoue
attribution d'un nom, 136
funérailles, 140
investiture du cordon sacré, 137
mariage, 137, 140
première
coupe de cheveux, 137
sortie d'un enfant, 136-137
premiers aliments solides, 137
Rites de passage du cycle
de vie islamique
attribution d'un nom, 340-341
enfance, 340
mariage, 341
mort, 342-343
Rites de passage du cycle de vie sikhe
amritsanshkar, 380-381
définition, 359, 397
funérailles, 382-383
mariage, 381-382
naissance, 380
Rituel, 5, 24
Rituels bouddhistes de cycle de vie
enfance, 188
funérailles, 189
mariage, 189
Rois mages, 18, 24
Rosh ha-Shanna, 234, 258
Ross, Floyd H., 21
Roue de la vie, le symbole, 184, 211
Royaume de Shakya, 162

Rumala, 380, 397

S
Sabbat (shabbat), 232
Sachems, 42, 59
Sacré, 17, 25
Sacrement, 285-286, 313
voir aussi Communion
Sagesse, dans le confucianisme, 92-93
Sainte Trinité, 270-271, 313
Saint-Esprit, 266, 268, 313
Saints, 283, 313
des derniers jours,
l'Église de Jésus-Christ des, 303
Salat, 332, 357
Salish, 32
Sallekhana, 73-75, 112
Salomon, 219
Salut
christianisme et, 271
voies hindoue du, 123-124
Samgha, 167, 173, 193, 211
Samouraï, le zen, 199
Samsara, 123, 157, 167, 169, 211
Sanâtana dharma, 124
Sanctification, 300, 313
Saraswati, 121
Dayanand, Swami, 146
Sati (suttee), 368, 397
Satkandagama, 75
Satori, 198, 211
voir aussi Illumination
Satya, 127
Sai Baba, 147
Saul, 219
Scarboro Missions Interfaith Desk, 406
Schisme, 296, 313
d'Orient, 296
Science et religion, 11-12
Sectes hindoues
Shakti, 145-146
shivaïsme, 145, 157
vaishnavisme, 146
Seder, 235, 258
Sefer Torah, 230-231, 258
Semaine Sainte, 281-282
Sénécas, 33
Septante, 221
Service du culte chrétien
communion, 277, 285-286
jeûne, 276-277
méditation contemplative, 276
pèlerinages, 277
pratique du don, 277
prière, 276
principaux éléments, 275

Seva, 368, 397
Shahada, 329, 332, 337, 357
Shakti (Parvati), 122, 145-146, 157
Shariah, 345, 357
Shintoïsme
    croyances, 100-101
    des sanctuaires,106, 113
    des sectes, 106, 113
    d'État, 113
    écrits sacrés, 103
    groupes et institutions, 106
    influence du confucianisme
        et du taoïsme, 99
    origines, 99-101
    populaire, 106, 113
    rituels de purification, 102
    symboles et emblèmes, 102
Shiva, 237, 258
    dieu hindou, 119, 122, 134, 157
Shivaisme, 145, 157
Shoah (Holocauste), 213, 248, 259
Shofar, 234, 259
Shraddha, 140
Shruti, 141, 157
Shuddhodana, le roi. 162-163
Shudra, 124, 157
Sikhisme
    célébrations, 374-375
    croyances, 367-368
    écrits sacrés, 384-387, 407
    groupes et institutions, 388-398
    influence culturelle, 390-392
    origines, 362-364
    symboles et emblèmes, 377
Sikhs
    État sikh indépendant, 367, 391
    immigration au Canada, 390
    incident du Komagata Maru, 390
    signification du mot, 359, 397
Siksikas (Pieds-noirs), 33
Singer, Isaac Bashevis, 247
Singh
    Gobind, guru, 366, 384
    Ranjit, maharajah, 367
Sionisme, 248-249, 259
Sioux, 33
    grandes plaines, 37
Six
    nations, 33
    perfections, 174, 211
Siyam, 332, 357
Smriti, 141, 157
Société
    canadienne des musulmans, 347
    des faux-visages, 49
Société arabe, système
    économique, 320
    religieux, 319
    social, 319-320
Songkran, 186
Souffrance
    et le noble sentier octuple, 172-173
    et les quatre nobles vérités, 171-172
Soufisme, 345
Soukkot, 225
Sounna (Hadith), 345, 357
Sourate, 345, 357
Spiritualité autochtone
    âge adulte, rite de passage, 43-44
    croyances, 35-37
    diversité, 31
    enseignements oraux, 45
    festivals, 41
    groupes et institutions, 48-51
    origines, 30
    pratiques et rituels, 38-40
    symboles et emblèmes, 41
    textes sacrés, 407
Spirituel, 5, 25
Sthaviravada, 193
St-Louis, 250
Stupas, 182-183
Subrahmanya (Kartikeya), 122
Sunnites, 345-346
Sutras, 191, 211
Sutta-Pitaka, 191, 192
Suzuki, D. T., 198
Svastika
    et la paume ouverte, 74
    hindoue, 133
Svetambaras, 75, 76, 112
Swaminarayan Organization, 148
Symbole
    de la fleur de lotus, 183
    de l'arbre, dans la spiritualité
        autochtone, 41
    de la roue du dharma, 172, 173
Symboles, 18, 25
Synagogue, 3, 25, 220, 230, 259
Système de castes, 124-126, 157

T

Tableaux et graphiques, 370
Taï chi, 83, 87-88
Takhat, 372, 397
Talib, Abu, 320
Tallit, 231, 259
Talmud, 259
    babylonien, 238
    palestinien, 238
Tanakh, 220, 259
Tantrique, bouddhisme. *voir* Vajrayana,
    bouddhisme
Tao, définition, 112
Tao Te King, 79, 85
Taoïsme
    bien-être physique, 83
    croyances, 82
    écrits sacrés, 85, 407
    géomancie (feng shui), 84
    influence culturelle, 86-88
    origines, 79-82
    philosophique, 80-81
    religieux, 81
    symboles et emblèmes, 84
Technologies de la communication,
    370-371
Tefillin, 231, 259
Témoins de Jéhovah, 303
Temple
    de Vishvanatha, 132
    d'or d'Amritsar, 376
    Mahabodhi, 166
Tenzin Gyatso. *voir* Dalaï-lama, quatorzième
Teresa, mère, 288
Terre promise, 217-218, 259
Tesher, Ellie, 19
Thangkas, 196, 211
Théologie, 5, 25
Théories évolutionnistes, 11, 24
Theravada, bouddhisme, 194-195, 211
Thèse, 245
Thomas, Courtney, 51
Thomas, Roy, 36
Tipis, 33, 59
Tlingit, 32
Torah, 3, 25, 222, 238, 259
    et le service du culte, 231
    Mishnah, 240
    Sefer (manuscrit de la Torah),
        230-231
    Simkhat, 231
Torii, symbole, 113
Totems, 32, 37, 59
Toussaint, 283
Tradition de l'attribution d'un nom
    hindoue, 136
    judaïque, 235
    musulmane, 340-341
    sikhe, 380
Tradition du Père Noël, 19
Tradition prophétique, 220
Tragédie d'Air India, 390-392
Traitement de texte, 370
Transsubstantiation, 286, 313
Treize articles de foi juive
    (Maïmonide), 240

Trinité. *voir* Sainte Trinité
Trinité hindoue (la Trimûrti), 121, 157
Tripitaka, 191, 211
Trois caractéristiques de l'existence, 170
Turban, 378, 393
Turtle Island, histoire
    sur la Création, 36, 37
Tuscaroras, 33
Tylak, 134

U
U2, 10
Union chrétienne
    des femmes abstinentes, 309
Upanayana, 137
Upanishads, 120, 141
Urbain II, 298

V
Vacances d'hiver, 19
Vaisha, 157
Vaishnavisme, 146, 157
Vaishya, 124
Vajrayana, bouddhisme, 196-197, 211
Varanasi, 132
Vardhamana, Mahavira, 70-71, 75, 108
Vedanta Society, 147
Védas, 119, 144, 157
Végétarisme, 78
Vendidad, 67
Vendredi Saint, 282
Vertu, dans le confucianisme, 93

Vie et après vie
    confucianisme, 96
    christianisme, 271
    islam, 342-343
    jaïnisme, 72
    judaïsme, 237
    karma, 72
    spiritualité autochtone, 37
    zoroastrisme, 65-66
    voir aussi Funérailles ; réincarnation
Vinaya-Pitaka, 191
Visakha Puja (le jour du Bouddha), 186
Vishnou, 122, 157, 167
    Mandir, 114
Visperad, 67
Vivekananda, Swami, 405
Voie
    des Maîtres célestes, 81, 86
    du milieu, 164, 211
Vue correcte,
    et le noble sentier octuple, 172

W
Wabeno (danse du Matin), 39
Waheguru, 367, 397
Wampum, 30, 59
Warner, Chris, 51
Wiesel, Élie, 247
Wise, Leora, 227
Woodsworth, J.S., 309
World Sikh Organization, 388
Wu wei, 82, 113

Y
Yarmulke, 231, 258, 259
Yashts, 67
Yasodhara, princesse, 163
Yeshe Norbu. *voir* Dalaï-lama, quatorzième
Yi, 93, 96, 113
Yin-yang
    concept, 84, 113
    symbole, 84
Yoga, 131, 149, 157
Yogi, 122, 157
Yom
    Hashoah (Jour de l'Holocauste), 251
    Kippour, 225, 234, 259
Young, Brigham, 303
Yutate, 102, 113

Z
Zakat, 332, 357
Zakkai, Yohanan ben, rabbin, 223
Zen, bouddhisme, 197-198, 202-203, 211
Zhuangzi, 61, 80, 109
Zoroastre, 64, 108
Zoroastrisme
    croyances, 65
    écrits sacrés, 67, 407
    influence culturelle, 69
    origines, 64
    rituel de la mort, 65
    symboles, 66